全本点校

太平御覽

（二）

〔北宋〕李昉 等编著
谦德书院 点校

团结出版社

图书在版编目（CIP）数据

太平御览 /（北宋）李昉等编著；谦德书院点校
. -- 北京：团结出版社，2024.3
ISBN 978-7-5234-0257-3

Ⅰ.①太… Ⅱ.①李… ②谦… Ⅲ.①百科全书－中国－北宋 Ⅳ.① Z222

中国国家版本馆 CIP 数据核字 (2023) 第 135958 号

出版：团结出版社
（北京市东城区东皇城根南街 84 号 邮编：100006）
电话：（010）65228880 65244790 （传真）
网址：www.tjpress.com
Email：zb65244790@vip.163.com
经销：全国新华书店
印刷：易阳印刷河北有限公司

开本：145×210 1/32
印张：238
字数：5883 千字
版次：2024 年 3 月 第 1 版
印次：2025 年 5 月 第 2 次印刷

书号：978-7-5234-0257-3
定价：980.00 元（全九册）

目录

卷第一百四　皇王部二十九

卷第一百五　皇王部三十

卷第一百六　皇王部三十一

卷第一百七　皇王部三十二

卷第一百八　皇王部三十三

卷第一百九　皇王部三十四

卷第一百十　皇王部三十五

卷第一百十一　皇王部三十六

卷第一百十二　皇王部三十七

卷第一百十三　皇王部三十八

卷第一百二十三　偏霸部七

卷第一百二十四　偏霸部八

卷第一百二十五　偏霸部九

卷第一百二十六　偏霸部十

卷第一百二十七　偏霸部十一

卷第一百二十八 偏霸部十二

卷第一百二十九 偏霸部十三

卷第一百三十 偏霸部十四

卷第一百三十一 偏霸部十五

卷第一百三十二 偏霸部十六

卷第一百三十三 偏霸部十七

卷第一百三十四 偏霸部十八

卷第一百三十五　皇亲部一

卷第一百三十六　皇亲部二

卷第一百三十七 皇亲部三

卷第一百三十八 皇亲部四

卷第一百三十九 皇亲部五

卷第一百四十 皇亲部六

卷第一百四十一 皇亲部七

卷第一百四十二 皇亲部八

卷第一百四十三 皇亲部九

卷第一百四十四 皇亲部十

卷第一百四十五 皇亲部十一

卷第一百四十六 皇亲部十二

卷第一百四十七 皇亲部十三

卷第一百八十六 居处部十四

卷第一百八十七 居处部十五

卷第一百八十八 居处部十六

卷第一百八十九 居处部十七

卷第一百九十 居处部十八

卷第一百九十一 居处部十九

卷第一百九十二 居处部二十

太平御览卷第九十七 皇王部二十二

惠皇帝

《晋书》曰：孝惠帝讳衷，字正度，武帝第二子也。太始三年，立为皇太子，时年九岁。太熙元年四月己酉，武帝崩。是日，太子即皇帝位，大赦，改元为永熙。尊皇后杨氏曰皇太后，立妃贾氏为皇后。五月辛未，以太尉杨骏为太傅，辅政。秋八月壬午，立广陵王遹为皇太子，以中书监何劭为太子太师，吏部尚书王戎为太子太傅。永平元年春正月，诏改永熙二年为永平元年。又诏子弟及群官并不得谒陵。三月辛卯，诛太傅杨骏，骏弟卫将军瑶，太子太保济，中护军张劭，散骑常侍段广、杨邈，左将军刘预，河南尹李斌，中书令蒋俊，东夷校尉文淑，尚书武茂，皆夷三族。壬辰，大赦，改元，贾后矫诏废皇太后为庶人，徙于金墉城，告于天地宗庙。诛太后母庞氏。壬寅，征大司马、汝南王亮为太宰，与太保卫瓘辅政。六月，贾后矫诏使楚王玮杀太宰、汝南王亮，太保、菑阳公卫瓘。乙丑，以玮音伟擅害亮、瓘，杀之。九月辛丑，征征西大将军、梁王肜为卫将军、录尚书事，以赵王伦为征西大将军、都督雍、梁二州诸军事。三年春二月己酉，贾后杀皇太后于金墉城。五年冬十月，武库火，焚累代之宝。十二月景戌，新作武库，大调兵器。六年八月，秦雍氐、羌悉叛，推氐羌帅齐万年僭号称帝，围于泾阳。七年春正月癸丑，周处及齐万年战于六陌，王师败绩，处死之。九年春正月，左积弩将军孟观伐氐，战于中亭，大破之，获齐万年。征征西大将军、梁王肜录尚书事。以北中郎将、河间王颙为镇西将军，镇关中；成都王颖为镇北大将军，镇邺。十二月壬戌，废皇太子遹为庶人，及其三子幽于金墉城，杀太子之母谢氏。永康元年正月，大赦，改元。三月癸未，贾后矫诏害庶人遹于许昌。夏四月辛卯朔，日有食之。癸巳，梁王肜、赵王伦矫诏废贾后为庶人，司空张华、尚书仆射裴頠皆遇害，頠音隗，文毁切。侍中贾谧及党与数十人皆伏诛。甲午，伦矫诏大赦，自为相国、都督中外诸军，如宣帝辅魏故事，追复故皇太子位。丁酉，以梁王肜为太宰。己亥，赵王伦矫诏害贾庶人于金墉城。五月己巳，立皇孙臧为太孙。秋八月，淮南王允举兵讨赵王伦，不克，允及其二子秦王郁、汉王迪皆遇害。永宁元年，春正月乙丑，赵王伦篡帝位。景寅迁帝于金墉城，号曰太上皇，改金墉曰永昌宫。废皇太孙臧为濮阳王。五星经天，纵横无常。癸酉，伦害濮阳王臧。三月，平东将军、齐王冏起兵以讨伦，传檄州郡，屯于阳翟。征北大将军、成都王颖，征西大将军、河间王颙，常山王乂，豫州刺史李毅，兖州刺史王彦，南中郎将、新野公歆，皆举兵应之，众数十万。伦遣其将闾和出伊阙，张泓、孙辅出堮坂以拒冏，孙会、士猗、许超出黄桥以拒颖。及颖将赵骧、石超超战于沮音蛆水，会等大败，弃军走。四月辛酉，左卫将军王舆与尚书、淮南王漼七隗反勒兵入宫，擒伦党孙秀、孙会、许超、士猗于离反骆休等，皆斩之。逐伦归第，即日乘舆反正。群臣顿首谢罪，帝曰："非诸卿之过也。"诏大赦，改元。诛赵王伦、义阳王威、九门侯质等及伦之党与。五月，立襄阳王尚为皇太孙。六月戊辰，大赦，增吏位二等。庚午，东莱王蕤、左卫将军王舆谋废齐王冏，事泄，废蕤为庶人，舆伏诛，夷三族。甲戌，以齐王冏为大司马、都督中外诸军事，成都王颖为大将军、录尚书事，河间王颙为太尉。罢丞相，复置司徒官。太安元年，五月癸卯，以清河王遐子覃为皇太子，赐孤寡帛，大酺五日。以齐王冏为太师，东海王越为司空。秋七月，兖、豫、徐、冀等四州大水。冬十月，地震。十二月丁卯，河间王颙表齐王冏窥伺神器，有无君之心，与成都王颖、新野王歆、范阳王虓许交切。同会洛阳，请废冏还第。长沙王乂奉乘舆屯南上东门，攻冏，杀之，幽其诸子于金墉城，废乂弟北海王实。大赦，改元。以长沙王乂为太尉、都督中外诸军事。二年七月，中书令卞粹、侍中冯荪、河南尹李含等贰于长沙王乂，乂疑而害之。八月，河间王颙、成都王颖举兵讨长沙王乂，帝以乂为大都督，帅军御之。庚申，刘弘及张昌战于清水，斩之。颙遣其将张方，颖遣其将陆机、牵秀、石超等来逼京师。乙丑，帝幸十三里桥，遣将军皇甫商拒方于宜阳。己巳，帝旋军于宣武场。庚午，舍于石楼。天中裂，无云而雷。九月丁丑，帝次于河桥。壬午，皇甫商为张方所败。甲申，帝军于芒山。丁亥，幸偃师。辛卯，舍于豆田。癸巳，帝旋于城东。景申，进军缑氏，击牵秀，走之。大赦。张方入京城，烧清明、开阳二门，死者万计。石超逼乘舆于缑氏。冬十月壬寅，帝旋于宫。石超焚缑氏，服御无遗。丁未，破牵秀、范阳王虓于东阳门外。戊申，破陆机于建春门，石超走，斩其大将军贾崇等十六人，悬首铜驼街。张方退屯十三里桥。十一月辛巳，星昼陨，声如雷。王师攻方垒，不利。方决千金堰，水碓皆涸音鹤，乃发王公奴婢手舂给兵廪，一品已下不从征者，男子十三以上皆从役。又发奴助兵，号为四部司马。公私穷踧子六反，米石万钱。诏命所至，一城而已。壬寅夜，赤气竟天，隐隐有声。景辰，地震。癸亥，东海王越执长沙王乂，幽于金墉城，寻为张方所害。甲子，大赦。永兴元年春正月，成都王颖自邺讽于帝，乃大赦，改元为永安。帝逼于河间王颙，密诏雍州刺史刘沉、秦州刺史皇甫重以讨之。沈举兵攻长安，为颙所败。张方大掠洛中，还长安。于是军中大喂，人相食。以成都王颖为丞相。颖遣从事中郎成夔等以兵五万屯十二城门，殿中宿所忌者，颖皆杀之，以三部兵代宿卫。二月乙酉，废皇后羊氏，幽于金墉城，黜皇太子覃复为清河王。三月，河间王颙表请立成都王颖为太弟。戊申，诏曰："朕以不德，纂承鸿绪，于兹十有五载。祸乱滔天，奸逆仍起，至乃幽废重宫，宗庙几绝。成都王颖温仁惠和，克平暴乱。其以颖为皇太弟、都督中外诸军事，丞相如故。"秋七月，景申朔，右卫将军陈眕音轸。以诏召百僚入殿中，因勒兵讨成都，王颖。戊戌，大赦，复皇后羊氏及皇太子覃。己亥，司徒王戎、东海王越、高密王简、平昌公模、吴王晏、豫章王炽、襄阳王范、右仆射荀藩等奉帝北征。至安阳，众二十余万，颖遣其将石超拒战。己未，六军败绩于汤阴，矢及乘舆，百官分散，侍中嵇绍死之。帝伤颊，中三矢，亡六玺。帝遂幸超军，馁甚，超进水，左右奉秋桃。超遣弟熙奉帝之邺，颖帅群官迎谒道左。帝下舆涕泣，其夕幸于颖府颖府有九锡之议，陈留王送貂蝉文衣鹖尾，明日，乃备法驾幸于邺，唯豫章王炽、司徒王戎、仆射荀藩从。庚申，大赦，改为建武。八月戊辰，颖杀东安王繇。张方复入洛阳，废皇后羊氏及皇太子覃。匈奴左贤王刘元海反于离石，自号大单于。安北将军王俊遣乌丸骑攻成都王颖于邺，大败之。颖与帝单车走洛阳，御服分散，仓卒上下无赍，侍中黄门被囊中赍私钱三千，诏贷用。所在买饮食以供，宫人止食于道中客舍。宫人有持升余粳米饭及燥蒜盐豉以进帝，帝啖之，御中黄门布被。次获嘉，市粗米饭，盛以瓦盂，帝啖两盂。有父老献蒸鸡，帝受之。至温，将谒陵，帝丧履，纳从者之履，下拜流涕，左右皆歔欷。及济河，张方帅骑三千，以阳燧青盖车奉迎。方拜谒，帝躬止之，辛巳，大赦，赏从者各有差。冬十一月乙未，方请帝谒陵，因劫帝幸长安。以所乘车入殿中，帝驰避后园竹中。方逼帝升车，左右中黄门鼓吹十二人步从，唯中书监卢志侍侧。方以帝幸其垒，帝令方具车载宫人宝物，军人因略妻后宫，分争府藏。魏晋以来所积之物，扫地无遗矣。行次新安，寒甚，帝堕马伤足，尚书高光奉进面衣，帝嘉之。河间王颙帅官属步骑三万，迎于灞上。颙前拜，帝下车止之。以征西府为宫。唯仆射荀藩、司隶刘暾他昆切、太常郑球音求、河南尹周馥与其遗官在洛阳，为留台，承制行事，号为东西台焉。景午，留台大赦，改元复为永安。辛丑，复皇后羊氏，李雄僭号成都王，刘元海僭号汉王。十二月丁亥，诏曰："天祸晋邦，家嗣莫继。成都王颖自在储贰，政绩亏损，四海失望，不可承重器，其以王还第。豫章王炽先帝爱子，令问日新，四海注意，今以为皇太弟，以隆我晋邦。以司空越为太傅，与太宰颙夹辅朕躬。司徒王戎参录朝政，光禄大夫王衍为尚书左仆射。百官皆复职。齐王冏前应还第，长沙王乂轻陷重刑，封其子绍为乐平县王，以奉其嗣。自顷戎车屡征，劳费人力，供御之物，皆减三分之二，户调田租三分减一。蠲除苛政，爱人务本。清通之后，当还东京。"大赦，改元。以河间王颙都督中外诸军事。二年春正月甲午朔，帝在长安。夏四月，景子，张方废皇后羊氏。七月，东海王越严兵徐方，将西迎大驾。成都王颖部将公师藩等聚众攻陷郡县，害阳平太守李志、汲郡太守张延等，转攻邺，平昌公模遣将军赵骧击破之。九月壬子，以成都王颖为镇军大将军，都督河北诸军事，镇邺。河间王颙遣将军吕朗屯洛阳。冬十月景子，诏曰："得豫州刺史刘乔檄，称颍川太守刘舆迫胁骠骑将军虓，拒逆诏命，造构凶逆，擅劫郡县，合聚兵众，擅用荀晞为兖州，断截王命。镇南大将军、荆州刺史刘弘，平南将军、彭城王释等，各勒所统，径会许昌，与乔并力。今遣右将军张方为大都督，统精卒十万，建武将军吕朗、广武将军骞貙敕俱反、建威将军刀默等为军前锋，共玄许昌，除舆兄弟。"丁丑，使前车骑将军石超、北中郎将王阐讨舆等。赤气见于北方，东西竟天。有星孛于北斗，平昌公模遣将军宋胄等屯河桥。十一月，立节将军周权诈被檄，自称平西将军，复皇后羊氏。洛阳令何桥攻权，杀之，复废皇后。十二月，吕朗等东屯荥阳，成都王颖进据洛阳，张方、刘弘等并按兵不能御，范阳王虓济自官渡，拔荥阳，斩石超，袭许昌，破刘乔于萧，乔奔南阳。右将军陈敏举兵反，自号楚公，矫称被中诏，从沔汉奉迎天子；逐杨州刺史刘机、丹阳太守王旷；遣弟恢南略江州，刺史应邈奔弋阳。光熙元年春正月戊子朔，日有蚀之。帝在长安。河间王颙闻刘乔破，大惧，遂杀张方，请和于东海王越，越不听。宋胄等破颖将娄裒，进逼洛阳，颖奔长安。甲子，越遣其将祁弘、宋胄、司马纂等迎帝。己亥，弘等奉帝还洛阳，帝乘牛车，行宫藉草，公卿跋涉。六月丙辰朔，至自长安，升旧殿，哀戚流涕。谒于太庙。复皇后羊氏。辛未，大赦，改元。八月，以太尉东海王越录尚书事，骠骑将军、范阳王虓为司空。九月，顿丘太守冯嵩执成都王颖，送之于邺。冬十月，司空、范阳王虓薨。长史刘舆害成都王颖。十一月庚午，帝崩于显阳殿，在位十六年，时年四十八，葬太阳陵。帝之为太子也，朝廷咸知不堪政事，武帝亦疑焉。卫瓘常侍宴，抚武帝所坐床曰："可惜此坐！"和峤亦以为言，曰："皇太子有淳古风，而季代多伪，恐不了陛下家事。"武帝默然不答。后武帝欲废太子，杨后曰："立嫡以长，不以贤，岂可动乎？”太子遂定。及居大位，政出群下，纪纲大坏，货赂公行，天下为之市贾焉。帝又尝幸华林园，闻蛙声，谓左右曰：“此鸣者为官乎，为私乎？”或对曰：“在官地者为官，在私地者为私。”及天下荒乱，百姓馁甚，帝曰：“何不食肉糜？”其蒙蔽皆此类也。

王隐《晋书》曰：高堂隆刻邺宫屋材云：“后若干年，当有天子居此宫。”惠帝止邺宫，治屋者土剥更泥，始见刻字，计年正合。

赵王伦

《晋书》曰：赵王伦，字子彝，宣帝第九子也。母曰柏夫人。魏嘉平初，封安乐亭侯。五等建，改封东安子，拜谏议大夫。武帝受封琅琊郡王。元康初，迁征西将军，开府仪同三司，镇关中。伦刑赏失中，氐音低羌反叛，征还京师。寻拜车骑将军、太子太傅。深交贾、郭，谄事中宫，大为贾后所亲信。求录尚书，张华、裴頠固执不可。又求尚书令，华、頠复不许。敏怀太子之废也，使伦领右军将军。时左卫司马督司马雅及常从督许超，并常给事东宫，二人伤太子无罪，与殿中中郎士猗节谋废贾后，复太子，以华、頠不可移，难与图权，伦执兵之要，性贪冒，可假以济事，乃说伦嬖人孙秀曰：“中宫凶妒无道，与贾谧等共废太子。今国无嫡嗣，社稷将危，大臣将起大事。而公名奉事中宫，与贾、郭亲善，太子之废，皆云预知，一朝事起，祸必相及。何不先谋之乎？”秀许诺，言于伦，伦纳焉。事将起，而秀知太子聪明，若还东宫，将与贤人图政，量已必不得志，更说伦曰：“太子刚猛，不可私请。明公素事贾后，时议皆以公为贾氏之党。今虽欲建大功于太子，太子含宿怒，必不加赏于明公矣。当谓逼百姓之望，翻覆以免罪耳。此乃所以速祸也。今且缓其事，贾后必害太子，然后废后，为太子报仇，亦足以立功，岂徒免祸而已。”伦从之。秀乃微泄其谋，使谧党颇闻之。伦、秀因劝谧等早害太子，以绝众望。太子既遇害，伦、秀之谋益甚，而超、雅惧后难，欲悔其谋，乃辞疾。秀复告右卫佽飞督闾和，和从之，期四月三日景夜一筹，以鼓声为应。至期，乃矫诏敕三部司马曰：“中宫与贾谧等杀害太子，今使车骑入废中宫。汝等皆当从命，赐爵关中侯。不从，诛三族。”于是众皆从之。伦又矫诏开门夜入，陈兵道南，遣翊军校尉、齐王冏将三部司马百人，排阁入华林，令骆休为内应，迎帝幸东堂。遂废贾后为庶人，幽之于建始殿，中书监、侍中黄门侍郎、八座，皆夜入殿，执张华，裴頠、解绍、杜斌等，于殿前杀之。尚书始疑诏有诈，郎师景露板奏请手诏。伦等以为沮众，斩之以殉。明日，伦坐端门，屯兵北向，遣尚书和郁送贾庶人于金墉。伦寻矫诏自为使持节、大都督、督中外诸军事、相国，侍中、王如故，一依宣文辅魏故事，以其世子散骑常侍荂音拱领冗从仆射；子馥前将军，封济阳王；虔黄门郎，封汝阴王；诩况羽反散骑侍郎，封霸城侯。孙秀等皆封大郡，并据兵权，文武官侯封者数千人，百官总己听于伦。伦素庸下，无智策，复受制于秀，秀之威权振于朝廷，天下皆事秀而无求于伦。秀起自琅琊小吏，累官于赵国，以谄媚自达。既执机衡，遂恣其奸谋，多杀忠良，以逞私憾。前卫尉石崇、黄门郎潘岳皆与秀有嫌，并见诛。于是京邑君子不乐其生矣。淮南王允、齐王冏以伦、秀骄僭，内怀不平。秀等亦深忌焉，乃出冏镇许，夺允护军。允发起兵讨伦。允既败灭，伦加九锡，增封五万户。伦无学，不知书；秀亦以狡黠胡八反小才，贪淫昧利。所共立事者，皆邪佞之徒，唯竞荣利，无深谋远略。伦、秀并惑巫鬼，听妖邪之说。秀使牙门赵奉诈为宣帝神语，令伦早入西宫。又言宣帝于北邙为赵王佐助，于是别立宣帝庙于邙山，谓逆谋可成。秀等部分诸军，分布腹心，使散骑常侍、义阳王威兼侍中、出纳诏命，矫作禅让之诏，使持节、尚书令满奋，仆射崔随为副，奉皇帝玺绶以禅位于伦。伦伪让不受。于是宗室诸王、群公卿士咸假称符瑞天文以劝进，伦乃许之。左卫王舆、前军司马雅等率甲士入殿，譬喻三部司马，示以威赏，皆莫敢违。其夜，使张林等屯守诸门。义阳王威及骆休逼夺天子玺绶。夜漏未尽，内外百官以乘舆法驾迎伦。惠帝乘云母车，卤簿数百人，自华林西门出居金墉城。尚书和郁，兼侍中、散骑常侍、琅琊王睿，中书侍郎陆机从，到城下而反。使张衡卫帝，实幽之也。伦从兵五千人，自端门登太极殿，满奋、崔随、乐广进玺绶于伦，乃僭即帝位，大赦，改元建始。诸党皆登卿将，并列大封。其余同谋者咸超阶越次，不可胜纪，至于奴卒厮役亦加以爵位。每朝会，貂蝉盈坐，时人为之谚曰："貂不足，狗尾续。"而以苟且之惠取悦人情，府库之储不充于赐，金银冶铸不给于印，故有白板之侯，君子耻服其章，百姓亦知其不终矣。伦亲祠太庙，还，遇大风，飘折麾盖。孙秀既立非常之事，伦敬重焉。秀在文帝为相国时所居内府，事无巨细，必咨而行。伦之诏令，秀改革，有所与夺，自书青纸为诏，或朝令夕改者数四，百官转易如流矣。时齐王冏、河间王颙、成都王颖并拥强兵，各据一方。秀知冏等必有异图，乃选亲党及伦故吏为三王参佐及郡守。秀本异与张林有隙，虽外相推崇，内实忌之。及林为卫将军，深怨不得开府，潜与荂笺，具说秀专权，动违众心，而功臣皆小人，挠乱朝廷，可一时诛之。荂以书白伦，伦以示秀。秀劝伦诛林，伦请宗室会于华林园，召林、秀及王舆入，因收林，杀之，诛三族。及三王起兵讨伦檄至，伦、秀始大惧，遣其中坚孙辅为上将军，督诸军以拒义师。伦复授太子詹事刘琨节，督河北将军，率步骑千人催诸军与义军战于激水，大败，退保河上，刘琨烧断河桥。自义兵之起，百官将士咸欲诛伦、秀以谢天下。秀知众怒难犯，不敢出省。及闻河北军悉败，忧懑不知所为。义阳王威劝秀至尚书省与八座议征战之备，秀从之。使京城四品以下子弟十五以上，皆诣司隶，从伦出战。内外诸军悉欲劫杀秀，秀惧，自崇礼闼走还下舍。卫将军赵泉斩秀等以徇，使伦为诏曰："吾为孙秀等所误，以怒三王。今已诛秀，其迎太上复位。吾归老于农亩。"传诏以驺音邹虞幡敕将士解兵。文武官皆奔走，莫敢有居者。黄门将伦自华林东门出，及荂皆还汶阳里第。于是以甲士数千迎天子于金墉，百姓咸称万岁。帝自端门入，升殿，御广室，送伦及荂付金墉城。梁王肜表伦父子凶逆，宜伏诛。百官会议于朝堂，皆如肜表。遣尚书袁敞持节赐伦死，饮以金屑苦酒。伦惭，以巾覆面，曰："孙秀误我！"于是收荂、馥、虔、诩付廷尉狱考，竟百官是伦所用者，皆斥免之，台省府卫仅有存者。自兵兴六十余日，战及杀害仅十万人。

太平御览卷第九十八 皇王部二十三

怀皇帝

《晋书》曰：孝怀皇帝讳炽，字丰度，武帝第二十五子也。光熙元年，封豫章郡王。属惠帝之时，宗室构祸，帝冲素自守，门绝宾游，不务世事，专玩史籍，有誉于时。初拜散骑常侍，及赵王伦篡，见收。为射声校尉。累迁车骑大将军、都督青州诸军事，未之镇。永兴元年，改授镇北大将军、都督邺中诸军事。十二月丁亥，立为皇太弟。帝以清河王覃本太子也，惧不敢当。典书令庐陵修肃曰："二相经营王室，志宁社稷，储贰之重，宜归时望，亲贤之举，非大王而谁？清河幼弱，未允众心，是以既升东宫，复赞藩国。今乘舆播越，二宫久旷，常恐氐羌饮马于泾川，蚁众控弦于灞水。宜及吉辰，时登储副，上翼大驾，早宁东京，下允黔首颙颙之望。"帝曰："卿，吾之宋昌也。"乃从之。光熙元年十一月孝惠帝崩。羊皇后以于太弟为嫂，不得为太后，催清河王覃入，已至尚书阁，侍中华混等急召太弟。癸酉，即皇帝位，大赦，皇后羊氏为惠皇后，居弘训宫，追尊所生太妃王氏为皇太后，立妃梁氏为皇后。十二月，南阳王模杀河间王颙于雍谷。永嘉元年春正月癸丑朔，大赦，改元，除三族刑。以太傅、东海王越辅政。二月辛巳，东莱人王弥起兵反，寇青、徐二州。三月庚午，立豫章王诠为皇太子。辛未，大赦。庚辰，东海王越出镇许昌。五月，马牧帅汲桑聚众反叛，败魏郡太守冯嵩，遂陷邺城，害新蔡王腾。烧邺宫，火旬日不灭。入掠平原，山阳公刘秋遇害。洛阳步广地里陷，有二鹅出，色苍者冲天，白者不能飞。秋七月己酉朔，东海王越进屯官渡，以讨汲桑。己未，以平东将军、琅琊王睿为安东将军、都督扬州江南诸军事、假节，镇建邺。八月己卯朔，抚军将军苟晞败汲桑于邺。十二月戊寅，并州人田兰、簿盛等斩汲桑于乐陵。甲午，东海王越矫诏囚清河王覃于金墉城。癸卯，越自为丞相。以抚军荀晞为征东大将军。二年春正月丙子朔，日有蚀之。丁未，大赦。二月辛卯，清河郡王覃为东海王越所害。冬十月甲戌，刘元海僭帝号于平阳，仍称汉。三年三月丁巳，东海王越归京师。乙丑，勒兵入宫，于帝侧收近臣中书令缪播、帝舅王延等十余人，并害之。丁卯，大旱，江、汉、河、洛皆竭，可涉。九月景寅，刘聪寇浚仪，遣平北将军曹武讨之。丁丑，王师败绩。东海王越入保京城。聪至西明门，越御之，战于宣阳门外，大破之。使车骑将军王堪、平北将军曹武讨刘聪，王师败绩，堪奔还京师。刘聪攻洛阳西明门，不克。冬十一月，石勒陷长乐，安北将军王斌遇害，因屠黎阳。乞活师李恽、薄盛等帅众救京师，聪退走。恽等又破王弥于新汲。四年十月壬子，以骠骑将军王浚为司空，平北将军刘琨为北平大将军。京师饥。东海王越羽檄征天下兵，帝谓使者曰："为我语诸征镇，若今日尚可救，后则无逮矣。"时莫有至者。十一月甲戌，东海王越帅众出许昌，以行台自随。宫无复守卫，荒馑日甚，殿内死人交横，府寺营署并掘堑自守，盗贼公行，桴鼓之音不绝。越军次项，自领豫州牧。镇东将军周馥表迎大驾，迁都寿阳，越使裴頠讨馥，为馥所败，走保东城，请救于琅琊王睿。五年春正月，帝密诏荀頠讨东海王越罪状，告方镇讨之。以征东大将军荀晞为大将军。丙子，东海王越薨。五月，进司空王浚为大司马，琅琊王睿为镇东大将军。东海王越之出也，使河南尹潘滔居守。大将军荀晞表迁都仓垣，帝将从之，诸大臣畏滔，不敢奉诏，且宫中及黄门恋资财，不欲出。至是饥甚，人相食，百官流亡者十八九。帝召群臣会议，将行而警卫不备。帝抚手叹之曰："如何曾无车舆！"乃使司徒傅祗出诣河阴，修理舟楫，为水行之备。朝士数十人导从。帝步出西掖门，至铜驼街，为盗所掠，不得进而还。六月癸未，刘曜、王弥、石勒同寇洛川，王师频为盗贼所败，死者甚众。庚寅，司空荀藩、光禄大夫荀组奔轘辕，太子左率温夷夜开广莫门奔小平津。丁酉，刘曜、王弥入京师。帝开华林园门，出河阴藕池，欲幸长安，为曜等所追及。曜等遂焚烧宫庙，逼辱妃后，吴王晏、竟陵王楙音茂、尚书左仆射和郁等皆遇害，百官士庶死者三万余人。帝蒙尘于平阳，刘聪以帝为会稽公。荀藩移檄州镇，以琅琊王为盟主。豫章王端东奔荀晞，晞立为皇太子，自领尚书令，且置官属，保梁国之蒙县。百姓饥，米斛万余价。八月，刘聪使子粲攻陷长安，太尉、征西将军、南阳王模遇害，长安遗人四千余家奔汉中。九月癸亥，石勒袭阳夏，至于蒙县。大将军荀晞、豫章王端并没于贼。六年春正月，帝在平阳。九月辛巳，前雍州刺史贾匹讨刘粲于三辅，走之，关中小定，乃与卫将军梁芬、京兆太守梁综共奉秦王业为皇太子于长安。七年春正月，刘聪大会，使帝著青衣行酒。侍中庾珉号哭，聪恶之。丁未，帝遇弑，崩于平阳，在位七年，时年三十。

《晋阳秋》曰：怀帝天姿清劭，少有声名，若遭承平之世，足为守文佳主。而继惠帝扰乱之后，东海专政，禄去王室，无幽、厉之衅，而有犬戎之祸，悲夫！

愍皇帝

《晋书》曰：愍皇帝讳邺，字彦旗，武帝孙，吴孝王晏之子也。出继伯父秦献王东，袭封秦王。永嘉二年，拜散骑常侍、抚军将军。及洛阳倾覆，避难于荥阳密县，与舅荀藩、荀组相遇，自密南趣许颍。豫州刺史阎鼎与前抚军长史王毗、司徒长史刘畴、中书郎李昕及藩、组等同谋奉帝归于长安，而畴等中途复叛，鼎追杀之，藩、组仅而获免。鼎遂扶帝乘牛车，自宛趣武关，归于长安，频遇山贼，士卒亡散，次于蓝田。鼎告雍州刺史贾匹，匹遽遣州兵迎卫，达于长安，又使辅国将军梁综助守。时有玉龟出霸水，神马鸣城南。元年九月辛巳，奉秦王为皇太子，登坛告类，建宗庙社稷，大赦。加匹征西将军，以秦州刺史、南阳王保为大司马。贾匹讨贼张连，遇害，众推始平太守麴允领雍州刺史，为盟主，承制选置。建兴元年夏四月丙午，奉怀帝崩问，举哀成礼。壬申即皇帝位，大赦，改元。以卫将军梁芬为司徒，雍州刺史麴允为使持节、领军将军、录尚书事，京兆太守索綝为尚书右仆射。五月，诏琅琊王曰："朕以冲昧，纂承洪绪，未能枭夷凶逆，奉迎梓宫，枕戈烦冤，肝心抽裂。前得魏浚表，知公帅先三军，已据寿春，传檄诸侯，协齐威势，想今渐进，已达洛阳。凉州刺史张轨，乃心王室，连旗万里，已到汧陇；梁州刺史张光，亦遣巴汉之卒，屯在骆谷；秦州骁勇，其会如林。间遣使适还，具知平阳定问，云幽并隆盛，余胡衰破，然犹恃险，当须大举。未知公今所到，是以息兵秣马，未便进军。今为已至何许，当须来旨，便乘舆自出，会除中原也。公宜思弘谟猷，勗济远略，使山陵旋反，四海有赖。故遣殿中都尉刘蜀、苏马等具宣朕意。公茂德昵属，宣隆东夏，恢融六合，非公而谁！但洛都陵庙，不可空旷，公宜镇抚，以绥山东，右丞相当入辅弼，追踪周邵，以隆中兴也。”二年秋七月，刘曜、赵舟等，又逼京都，领军将军麴允讨破之。四年七月，刘曜攻北地，麴允帅步骑三万救之。王师不战而溃，北地太守曲昌奔于京师。曜进至泾阳，渭北诸城悉溃，建威将军曾充、散骑常侍梁纬、少府皇甫阳等皆死之。八月，刘曜逼京师，内外断绝，镇西将军焦嵩、平东将军宋哲、始平太守竺恢等同赴国难。麴允与公卿守长安小城以自固，散骑常侍华辑监京兆、冯翊、弘农、上洛四部兵东屯霸上，镇军将军胡崧帅城西诸郡兵屯遮马桥，并不敢进。冬十月，京师饥甚，米斗金二两，人相食，死者太半。太仓有曲数十饼，麴允屑为粥以供帝，至是复尽。帝泣谓允曰：“今窘厄如此，外无救援，死于社稷，是朕事也。然念将士暴离斯酷，今欲闻城未陷为羞死之事，庶令黎元免屠烂之苦。行矣遣书，朕意决矣。”十一月乙未，使侍中宋敞送笺于曜，帝乘羊车、肉袒衔璧，舆榇出降。群臣号泣，攀车执帝之手，帝亦悲不自胜。御史中丞吉朗自杀。曜焚榇受璧，使宋敞奉帝还宫。初，有童谣曰：“天子何在豆田中。”时王浚在幽州，以豆有藿，杀隐士霍原以应之。及帝如曜营，营实在城东豆田壁。辛丑，帝蒙尘于平阳，麴允及群官并从。刘聪假帝光禄大夫、怀安侯。壬寅，聪临殿，帝稽首于前，麴允伏地恸哭，因自杀。五年春正月，帝在平阳。庚子，虹霓弥天，三日并照。平东将军宋哲奔江左。十一月，刘聪出猎，令帝行车骑将军，戎服执戟为导，百姓聚而观之，故老或歔欷流涕。聪后因大会，使帝行酒洗爵，反而更衣，又使帝执盖，晋臣在座多失声而泣，尚书郎辛宾抱帝恸哭，为聪所害。十二月戊戌，帝遇弑，崩于平阳，在位五年，时年十八。帝之继皇统也，属永嘉之乱，天下崩离，长安城中户不盈百，墙宇颓毁，蒿棘成林。朝廷无车马章服，唯桑板署号而已。众唯一旅，公私有车四乘，器械多阙，运馈不继。巨猾滔天，帝京危急，诸侯无释位之志，征镇阙勤王之誉，故君臣窘迫，以至杀辱。

东晋元皇帝

《晋书》曰：元皇帝讳睿，字景文，宣帝曾孙，琅琊恭王觐之子也。咸宁二年生于洛阳，有神光之异，一室尽明，所藉藁如始刈。及长，白毫生于日角之左，隆准龙颜，目有精曜，顾眄炜如也。年十五，嗣位琅琊王。幼有令问，惠皇之际，王室多故，每恭俭退让，以免于祸。沈敏有度量，不显灼然之迹，故时人未之识焉。唯侍中嵇绍异之，谓人曰："琅琊王毛骨非常，殆非人臣之相。元康二年，拜员外散骑常侍。累迁左将军，从讨成都王颖。荡阴之败，叔父东安王繇为颖所害。帝惧祸及，将出奔。其夜月正明，而禁卫严警，无由得去，甚窘迫。有顷，云雾晦冥，雷雨暴至，徼者皆弛，因得潜出。颖先令诸关无得出贵人，帝既至河阳，为津吏所止。从者宋典后来，以策鞭帝马而笑曰："舍长！官禁贵人，汝亦被拘耶！"吏乃听过。至洛阳，迎太妃归国。东海王越之收兵下邳也，假帝辅国将军。寻加平东将军，都督扬州诸军事。越西迎大驾，留帝居守。永嘉初，用王导计，始镇建业，以顾荣为军司马，贺循为参佐，王敦、王导、周顗音拟、刁协等为腹心股肱，宾礼名贤，存问风俗，江东归心焉。及怀帝蒙尘于平阳，司空荀藩等移檄天下，推帝为盟主。愍帝即位，加左丞相。岁余，进位丞相、大都督中外诸军事。建武元年春二月辛巳，平东将军宋哲至，宣愍帝诏曰："时遭屯否，皇纲不振。朕以寡德，奉承洪绪，不能祈天永命，绍隆中兴，至使凶胡敢帅犬羊，逼迫京辇。朕今幽塞穷城，忧虑万端，恐一旦崩溃。卿指诣丞相，具宣朕意，使摄万机，时据旧都，修复陵庙，以雪大耻。”三月，帝素服出次，举哀三日。西阳王义及群僚参佐、州郡牧守等上尊号，帝不许。义等以死固请，至于再三。帝慨然流涕曰：“孤，罪人也，唯有蹈节死义，以雪天下之耻，庶赎鈇钺之诛。吾本琅琊王，诸贤见逼不已！”乃呼私奴命驾，将反国。群臣乃不敢迫，请依魏晋故事为晋王，许之。辛卯，即王位，大赦，改元。大兴元年，春正月戊申朔，临朝，悬而不乐。三月癸丑，愍帝崩问至，帝斩缞居庐。景辰，百僚上尊号。即皇帝位，诏曰：“昔我高祖宣皇帝诞膺期运，廓开王基。景、文皇帝奕世重光，缉熙诸夏。爰暨世祖，应天顺时，受兹明命。功格天地，仁济宇宙。昊天不融，降此鞠凶，怀帝短世，越去王都。天祸荐臻，大行皇帝崩殂，社稷无奉。肆群后三司六事之人，畴谘庶尹，至于华戎，致辑大命于朕躬。予一人畏天之威，罔弗敢违。遂登坛南面，受终文祖，燔柴颁瑞，告类上帝。惟朕寡德，缵戎洪绪，若涉大川，罔知攸济。惟尔股肱爪牙之佐，文武熊罴之臣，用能弼宁晋室，辅予一人。思与万国，共兹休庆。”于是大赦，改元。庚午，立太子绍为皇太子，永昌元年春正月乙卯，大赦，改元。戊辰，大将军王敦举兵于武昌，以诛刘隗为名，龙骧将军沈充帅众应之。三月，征征西将军戴若思、镇北将军刘隗还卫京都。刘隗军于金城，右将军周礼守石头，帝被甲徇六师于郊外。遣平南将军陶侃领江州，安南将军甘卓领荆州，各帅所统，以蹑敦后。夏四月，敦前锋攻石头，周礼开城应贼，奋威将军侯礼死之。敦据石头，戴若思、刘隗帅众攻之，王导、周顗、郭逸、虞潭等三道出战，六军败绩。尚书令刁协奔于江垂，为贼所害。镇北将军刘隗奔于石勒。帝遣使谓敦曰：“公若不忘本朝，于此息兵，则天下尚可安也。如其不然，朕当归于琅琊，以避贤路。”辛未，大赦。敦自为丞相、都督中外诸军、录尚书事，封武昌郡公，邑万户。十一月己丑，帝崩于内殿，在位六年，时年四十七，葬平陵，庙号中宗。

孙盛《晋阳秋》曰：昔秦始皇东游，望气者云：“五百年后，东南金陵之地有天子气。”于是始皇改曰秣陵。吴人以为：孙权，帝之表也。盛案：始皇游岁至权僭号四百三十七年，考之年数既不合，校之基守又非伦，岂应帝王之符而见兆于上代乎？有晋金行，奄君四海，金陵之祥，其在斯乎？且秦政东游，至是五百二十六年，所谓“五百年之后当有王者”也。又孙皓将亡，吴郡临芜湖，一夜草木自除，于湖边得石函，中有小石，青白色，长四尺，广二寸余，上有白帝字。时人莫察其祥意者，岂中宗兴五湖之征欤？太康三年，建业有寇，馀姚人任振以《周易》筮之曰：“寇已灭矣，后三十八年，扬州当有天子。”又太安中童谣曰：“五马浮渡江，一马化为龙。”永嘉大乱，王室沦覆，唯琅琊、西阳、汝南、南顿、彭城五王获济，至是中宗登祚。先是，岁、镇、辰、太白四星聚于牛、斗之间，五铎又见于晋陵，置数玄感，若合符契焉。又初玄石图有牛继马后，故宣帝深忌牛氏，遂为二榼，共一口以贮酒。帝先饮佳者，以毒者鸩其将牛金，而恭王妃夏氏通小吏牛钦，而生元帝，亦有符云。

《世说》曰：元帝始过江，谓顾骠骑曰：“寄人国事，志常怀惭。”荣跪答曰：“臣闻王者天下为家，是以秋毫无定处，九鼎后洛邑，愿陛下无以迁都为念。”

又曰：元帝正会，引丞相王导登御床，王公既固辞，中宗引之弥苦。文献曰：“使太阳与万物同晖，臣下何以仰瞻？”

明皇帝

《晋书》曰：明皇帝讳绍，字道畿，元皇帝长子也。幼而聪哲，为元帝所宠异。年数岁，尝坐置膝前，属长安使来，因问帝曰：“汝谓日与长安孰远？”对曰：“长安近。不闻人从日边来，居然可知也。”元帝异之。明日，宴群寮，又问之。对曰：“日近。”元帝失色，曰：“何乃异间者之言？”对曰：“举目则见日，不见长安。”由是益奇之。建兴初，拜东中郎将，镇广陵。元帝为晋王，及即帝位为皇太子。性至孝，有文武才略。永昌元年闰月己丑，元帝崩。庚寅，太子即皇帝位，大赦。尊所生荀氏为皇太后。大宁元年三月戊寅朔，改元，临轩，停飨宴之礼，悬而不乐。二年夏五月，王敦矫诏拜其子应为武卫将军，兄含为骠骑大将军。帝所亲信常从督公乘雄、冉曾并为敦所害。六月，敦将举兵内向，帝密知之，乃乘巴滇骏马微行，至于湖，阴察敦营垒而出。军士疑帝非常人。又敦昼寝，梦日环其城，惊起曰："此必黄须鲜卑奴来也。"帝母荀氏，燕代人，帝状类外氏，须黄，敦故谓帝云。于是使五骑物色追帝。帝亦驰去，仅以获免。秋七月壬申朔，敦遣其兄含及钱凤、周抚、邓岳等水陆五万，至于南岸。南温峤移屯水北，烧朱爵桁，以挫其锋。帝躬帅六军，出次南堂。至癸酉夜，募壮士，遣将军段秀、中军司马曹浑、左卫参军陈嵩、锺寅等甲卒千人渡水，掩其未备，平旦，战于越城，大破之，斩其前锋将何康。王敦愤惋而死。三年春二月戊戌，复三族刑，唯不及妇人。三月戊辰，立皇太子衍为皇太子，大赦，增文武位二等，大酺三日，赐鳏寡孤独帛，人二匹。闰八月壬午，帝不豫，召太宰、西阳王义，司徒王导，尚书令卞壶，车骑将军郄鉴，护军将军庾亮，领军将军陆晔，丹阳尹温峤并受遗诏，辅太子。戊子，帝崩于东堂。在位三年，时年二十七，葬武平陵，庙号肃祖。

《晋阳秋》曰：明帝文武鉴断，初在东宫，敬礼贤士，昵近明德。自王导、庾亮、温峤、桓彝、阮放皆见亲待，分好绸缪，雅好辞章，谈论辩，明理义。与二三君子并著诗论，粲然可观。于时，东宫号为多士。王敦既平，思求民瘼，诏尚书令、仆射、尚书曰："吾饥于餐直言，渴于求亮正，想诸君达此怀矣。予违汝弼尧舜之相君臣，吾虽虚暗，庶不距逆耳之谈。稷契之任，诸君居之矣。望共勗之！"

《世说》曰：晋明帝欲起池台，元帝不许之。明帝为太子，好养武士，夕中作池，比晓便成，即今谓太子池是也。

成皇帝

《晋书》曰：成皇帝讳衍，字世根，明帝长子也。大宁三年三月戊辰，立为皇太子。闰月戊子，明帝崩。己丑，太子即皇帝位，大赦，增文武位二等，赐鳏寡孤老帛，人二匹，尊皇后庾氏为皇太后。秋七月癸卯，皇太后临朝称制。咸和元年春二月丁亥，大赦，改元，大酺五日，赐鳏寡孤老米，人二斛。二年十一月，豫州刺史祖约、历阳太守苏峻等反。十二月辛亥，苏峻使其将韩晃入姑孰，屠芜湖。三年二月庚戌，峻至于蒋山。假领军将军卞壶节，六师及峻战于西陵，王师败绩。景辰，峻攻青溪栅，因风纵火，王师又大败。尚书令、领军将军卞壶，丹阳尹羊宪，黄门侍郎周导，庐江大守陶瞻并遇害，死者数千人。庾亮又败于宣阳门内，遂携其诸弟与郭默、赵裔奔寻阳，于是司徒王导、右光禄大夫陆旷、荀崧等卫帝于太极殿，太常孔愉守宗庙。贼乘胜麾戈接于帝座，突入太后后宫，左右侍人皆见掠夺。是时大官惟有烧余米数石，以供御膳。百姓号泣，震响都邑。丁巳，峻矫诏大赦，又以祖约为侍中、太尉、尚书令，自为骠骑将军、录尚书事。五月乙未，峻逼迁天子于石头，帝哀泣升车，宫中恸哭。峻以仓屋为宫。九月戊申，司徒王导奔于白石。庚午，陶侃使督护杨谦攻峻于石头。温峤、庾亮阵于白石，竟陵太守李阳拒贼南偏。峻轻骑出战，坠马，斩之，众遂大溃。贼党复立峻弟逸为帅。四年二月，大雨霖。丙戌，诸军攻石头。李阳与苏逸战于祖浦，阳军大败。建威长史滕含以锐卒击之，逸等大败。含奉帝御于温峤舟，群臣顿首号泣请罪。丁亥，大赦。时大兵之后，宫阙灰烬，以建平园为宫。甲午，苏逸以万余人自延陵湖将入吴兴。乙未，将军王允之及逸战于溧阳，获之。咸康元年春正月庚午朔，帝加元服，大赦，改元，增文武位一等，大酺三日，赐鳏寡孤独不能自存者米，人五斛。二月，扬州诸郡饥，遣使赈给。八年夏六月庚申，帝不豫，诏曰："朕以眇年，获嗣洪绪，托于群公之上，于兹十有八年。未能阐融政道，翦除逋寇，夙夜战兢，匪遑宁处。今遘疾殆不兴，是用震悼于厥心。年龄眇眇，未堪艰难。司徒、琅琊王岳，亲则母弟，体则仁长，君人之风，允塞时望。肆尔群公卿士，其辅之以祗奉祖宗明祀，协和内外、允执其中，呜呼，敬之哉！无坠祖宗之显命。"壬辰，引武陵王晞、会稽王昱、中书监庾冰、中书令何充、尚书令诸葛恢受顾命。癸巳，帝崩于西堂，在位十七年，时年二十二，葬兴平陵，庙号显宗。

太平御览卷第九十九 皇王部二十四

康皇帝

《晋书》曰：康皇帝讳岳，字世同，成帝母弟。咸和元年封吴王，二年徙封琅琊王；九年，拜散骑常侍，加骠骑将军；咸康五年迁侍中、司徒。八年六月庚寅，成帝不豫，诏以琅邪王为嗣。癸巳，成帝崩。甲午，即皇帝位，大赦。己亥，封成帝子丕为琅琊王，奕为东海王。时帝谅阴不言，委政于庾冰、何充。十二月壬子，立皇后褚氏。建元元年春正月，改元，赈恤鳏寡孤独。三月，以中书监庾冰为车骑将军。二年九月丙申，立皇子聃为皇太子。戊戌，帝崩于式乾殿，在位三年，时年二十三，葬崇平陵。初，成帝有疾，中书令庾冰自以舅氏当朝，权侔人主，恐异世之后，戚属将疏，乃言国有强敌，宜立长君，遂以帝为嗣。制度年号，再兴中朝，因改元曰建元。或谓冰曰："郭璞谶云：立始之际丘山倾。立者，建也；始者，元也；丘山，讳也。"冰瞿然，既而叹曰："如有吉凶，岂改易所能救乎？"至是果验云。

《世说》曰：何次道、庾季坚二人并为元辅。成帝初崩，于时嗣君未定。何欲立嗣子，庾及朝议以外方强寇，嗣子幼，欲立康帝。康帝既登祚，会群臣，谓何曰："朕今所以承大统，为谁之议？"何曰："陛下龙飞，臣冰之功，使于时用微臣议，今不睹圣明之世。"上有惭色。

穆皇帝

《晋书》曰：穆皇帝讳聃，字彭子，康帝子也。建元二年九月景申，立为皇太子。戊戌，康帝崩。己亥，太子即皇帝位，时年二岁。大赦，尊皇后为皇太后。壬寅，皇太后临朝摄政。永和元年，春正月甲戌朔，皇太后设白纱帷于太极殿，抱帝临轩。改元。二年十一月辛未，安西将军桓温帅虏将军周抚，辅国将军、谯王元忌，建武将军袁乔伐蜀，拜表辄行。十二月，枉矢自东南流于西北，其长半天。三年春三月，桓温攻成都，克之。李势降，益州平。十年二月己丑，大尉、征西将军桓温帅师伐关中。废扬州刺史殷浩为庶人。六月，苻健将苻雄悉众及桓温战于白鹿原，王师败绩。九月辛酉，桓温以粮尽，遂还。升平元年春正月壬戌朔，帝加元服，告于太庙，始亲万机。大赦，改元，增文武位一等。皇太后居崇德宫。五年五月丁巳，帝崩于显阳殿，在位十七年，时年十九。葬永平陵，庙号孝宗。

哀皇帝

《晋书》曰：哀皇帝讳丕，字千龄，成帝长子也。咸康八年，封为琅琊王。永和九年，拜散骑常侍，十二年，加中军将军，升平三年，除骠骑将军。五月丁巳，穆皇帝崩。皇太后令曰："帝奄不救疾，胤嗣未建。琅琊王丕，本中兴正统，明德懋亲。昔在咸康，属当储贰。以年在幼冲，未堪国难，故显宗高让。今议望情地，莫与为比，其以王奉大天统。"于是百官备法驾，迎于琅琊第。庚申，即皇帝位，大赦。八月己卯夜，天裂，广数丈，有声如雷。九月戊申，立皇后王氏，穆帝皇后何氏称永安宫。兴宁元年九月壬戌，大司马桓温帅众北伐。癸亥，以皇子生，大赦。二年二月癸卯，帝亲耕籍田。三月庚戌朔，大阅人户，严法禁。辛亥，帝不豫。帝雅好黄老，断谷，饵长生药，服食过多，遂中毒，不识万机，崇德太后复临朝摄政。三年二月庚申，帝崩于西堂，在位四年，时年二十五。葬安平陵。

废帝海西公

《晋书》曰：废帝讳奕，字延龄，哀帝母弟也。咸康八年封为东海王。永和八年拜散骑常侍，寻加镇军将军；升平四年拜车骑将军。五年，改封琅耶王。隆和初，转侍中、骠骑大将军、开府仪同三司。兴宁三年二月景申，哀帝崩，无嗣。丁酉，皇太后诏曰："帝遂不救厥疾，艰祸仍臻，遗绪泯然，哀恸切心。琅耶王奕，明德茂亲，属当储副，宜奉祖宗，纂承大统。便速正大礼，以宁人神。”于是百官奉迎于琅琊王第。是日，即皇帝位，大赦。太和四年夏四月庚戌，大司马桓温率众伐慕容暐。秋七月辛卯，暐将慕容垂帅众拒温，温击败之。九月戊寅，桓温裨将邓遐、朱序遇暐将傅末波于林渚，又大破之。戊子，桓温至枋头。景申，以粮运不继，焚舟而归。六年冬十一月，癸卯，桓温自广陵屯于白石。丁未，诣阙，因图废立，诬帝在藩夙有痿疾，嬖人相宠，计好、朱灵宝等参侍内寝，而二美人田氏、孟氏生三男，长欲封树，时人惑之，温因讽太后以伊、霍之举。己酉，集百官于朝堂，宣崇德太后令曰：“王室艰难，穆、哀短祚，国嗣不育，储宫靡立。琅琊王奕亲则母弟，故以入纂大位。不图德之不建，乃至于斯。昏浊溃乱，动违礼度。有此三孽，莫知谁子。人伦道丧，丑声遐布。既不可以奉守社稷，敬承宗庙，且昏孽并大，便欲建树储藩。诬罔祖宗，倾移皇基，是而可忍，孰不可怀！今废奕为东海王，以王还第，供卫之仪，皆如汉朝昌邑故事。”初，桓温有不臣之志，欲先立功河朔，以收时望。及枋头之败，威名顿挫，遂潜谋废立，以长威权。然惮帝守道，恐招时议。以宫闱重闼，床笫易诬，乃言帝为阉，遂行废辱。初，帝平生每以为虑，尝召术人扈谦筮之。卦成，答曰：“晋室有盘石之固，陛下有出宫之象。”竟如其言。咸安二年正月，降封帝为海西县公。

臧荣绪《晋书》曰：太和元年，桓温表率方伯北伐。秋九月，温以王师败绩于枋头，温自广陵屯于白石，集百官于朝堂，称崇德太后诏，废帝为东海王。妖贼卢悚遣弟殿中监许龙晨到，称太后密诏，奉迎称覆。帝曰：“我得罪到此，幸蒙宽宥，岂敢妄动。且太后有诏，便应官属来迎，何得如此？必狂乱。”因叱左右缚之，龙惧，逸走。由是朝廷以帝安于屈辱，无侥幸之望，不复怀疑。帝亦知天命不再，而深虑人祸，乃闭聪塞明，无思无虑，终日酣畅，耽于内宠，有子不养，庶保天年。吴民怜之，为作歌谣。帝崩于吴宫，年三十五。因葬吴地。

《续晋阳秋》曰：帝少同阉人之疾，而昵比左右。初，在东海琅琊，因亲近嬖人，相龙计好，朱灵宝等并侍卧内，美人田氏遂生三男。

众致疑惑，然莫能审其虚实。至是，将建储贰，大司马桓温因之以定废立之计，遂率百僚并还朝堂本省。温平旦以众入，分兵屯宫门，呈草于皇太后。曰："今废奕为东海王以还第，供卫之仪如汉朝昌邑故事。丞相录尚书事、会稽王昱，体自中宗，明德劭令，民望依系，为日已久，宜顺天人，以统皇极。主者明依旧典，以时施行。但未亡人不幸罹此百忧，感念存没，心焉如割，社稷大计，议者不获已！临纸悲塞，如何可言？"时太后在佛屋烧香，内侍启云："外有急奏。"太后乃出堂。倚户前视表数行，乃曰："我本自疑。"比至半，便止，求笔题奏，后云："未亡人离此百忧，感念存没，心焉如割"温奏未有此十五字。即奏，遂回换内之。

简文皇帝

《晋中兴书》曰：太宗简文帝讳昱，字道成，中宗少子也。母曰：郑夫人，永昌二年，封琅琊王。咸和元年，郑夫人薨。上时年七岁，哀号守诚，乞得服重，朝议哀之，故徙封会稽王。康献皇后临朝，建位抚军大将军、录尚书六条事。二年，骠骑将军何充薨，皇太后诏上内总万机。海西公即位。七月，以琅琊王封绝，复徙上为琅琊王，封王子昌明为会稽王，固让不受。太和元年十月，诏以为丞相、尚书，入朝不趋，赞拜不名，剑履上殿，给羽葆鼓吹班剑六十人，固让不受。海西公废，于是大司马温及百官进太极前殿，具乘舆法驾，奉迎于朝堂变服，著平巾帻单衣，东向拜受玺，流涕即位。改太和六年为咸安元年。乙卯，废太宰、武陵王为庶人。二年七月，上不豫。己未，立皇太子昌明为皇太子，封皇子道子为琅琊王，领会稽国。是日，帝崩于东堂，在位一年，时年五十二。

《续晋阳秋》曰：桓温始以雄盛入辅，系以废立。帝虽登祚，内不自安。初，荧惑入太微，寻废海西公。至是，荧惑犹在太微，帝恶之。因谓郗超曰："命之修短，本欲不计，故当无复近日事耶！"超云："大司马臣温方内固社稷，外布经略，非常之事，臣以百口保之。"超假还东，帝谓之曰："致意尊公，家国之事，一至于此！由吾不能以道自卫，思患预防，愧叹之深，言何能喻。"又诵庾阐诗云："志士痛朝危，忠臣哀主辱。"因泣下。及不预，诏温曰："吾遂委顿，足下便入，冀得相见。"又诏曰："不谓疾患遂至于此，今者惙然，势不复久。且虽有诏，岂复相及，慨恨兼深，如何可言！天下艰难，而昌明幼冲眇然，非阿衡辅导之计，当何以宁济社稷？国事家计，一托之于公。"

又曰：帝以太兴三年生，弱而慧异，中宗深器焉。及长，美风姿，好清言，举止端详，器服陈素，与刘恢、王蒙等为布衣之友。由登庸历位散骑常侍、右将军、抚军将军，以懿亲民望，任登宰辅。值穆帝幼冲，母后临朝，桓温有平蜀洛之勋，擅强西陵。帝于家国之寄，具瞻所归，而自断之弱，无以抗之。陈郡人殷浩，素有盛名，时论比之管、葛。又琅琊王洽，丞相导子，既是名公子，少有声望。乃以浩为湘州刺史，屈洽为长史。徐州刺史葛美，亦以清贵名藩，同心忧国。温见此树置，知在抗己。温既以雄武专朝，任兼将相，悉众北讨以成乐推之势，及枋头奔败，知民望之去，乃屠豫州刺史袁真于寿阳城，既而问郄超曰："足下以何雪枋头之耻乎？"超因说温以废立之事。温既宿有此谋，深纳超言。既废昏立明，民人悦服，然恭己南面，政自温出。帝性韵深沉，雅有局镇。常与太宰、武陵王晞，桓温同乘至板桥，温密敕令，无因而鸣角鼓噪，部伍并皆惊驰。温佯为骇异，而晞大震惊，急求下车，帝举止自若，音颜不变，温每以此称其德量。故论者谓服惮之深，若假帝修年，则温篡逆之图绝矣。

《世说》曰：桓公既废太宰武陵王晞父子，仍上表云："应割近情，以存远计。欲除太宰父子，可无后忧。"简文手答表云："所不忍言，况过于言？"桓公得此答，又重有表，辞转苦切，为家国之计，必应行事。简文复手答云："若使晋室灵长，明公便应奉诏书；若大运去矣，请避贤路。"桓公读诏，手战汗流而止。太宰父子远徙新安而已。

孝武皇帝

《晋书》曰：孝武皇帝讳曜，字昌明，简文帝第三子也。兴宁三年七月甲申，封会稽王。咸安二年秋七月己未，立为皇太子。是日，简文帝崩，太子即皇帝位，诏曰："朕以不造，奄丁愍凶，号天扣地，靡知所诉。藐然幼冲，眇若缀旒，深惟社稷之重，大惧不克负荷。仰凭祖宗之灵，积德之祀，先帝淳风玄德，遗咏在民。宰辅英贤，勋隆德盛。顾命之托，实赖匡训。群后率职，百僚勤政。冀孤弱之躬有寄，皇极之基不坠。先恩遗惠，播于四海，思弘余润，以康黎庶。其大赦天下，与民更始。"九月甲寅，追尊皇妣会稽王妃曰顺皇后。冬十一月甲午，妖贼卢悚晨入殿庭，游击将军毛安之讨擒之。是岁，三吴大旱，人多饿死。诏所在赈给。宁康元年，春正月乙丑改元。二月，大司马桓温来朝。秋七月己亥，使持节、侍中、都督中外诸军事、丞相、录尚书、大司马、扬州牧、平北将军、徐兖二州刺史、南郡公桓温薨。三年九月，帝讲《孝经》。冬十月癸酉，日有蚀之。十二月甲申，神兽门灾。癸未，皇太后诏曰："顷者日蚀告变，水旱不适，虽克己思救，未尽其方。赐百姓穷者米，人五斛。"癸巳，帝释奠于中室，祠孔子，以颜回配。泰元元年春正月，帝加元服，见于太庙。皇太后归政。甲辰，大赦，改元。景午，帝始临朝。六年春正月，帝初奉佛法，立精舍于殿内，引诸沙门以居之。八年八月，苻坚率众渡淮，遣征讨都督谢石、冠军将军谢玄、辅国将军谢琰、西中郎将桓伊等拒之。九月，诏司徒、琅琊王道子录尚书六条事。冬十月，苻坚弟融陷寿春。乙亥，诸将及苻坚战于肥水，大破之，俘斩数万计，获坚舆辇及云母车。十二年六月癸卯，束帛聘处士戴逵、龚玄之。秋八月辛巳，立皇子德宗为皇太子，大赦。二十一年九月庚申，帝崩于清暑殿，在位二十四年，时年三十五。葬隆平陵。帝幼称聪悟，简文之崩也，时年十岁，至晡不临，左右进谏，答曰："哀至则哭，何常之有？"谢安尝叹以为精理不减先帝。既威权已出，雅有人主之量。既而溺于酒色，殆为长夜之饮。末年长星见，帝心甚恶之，夜于华林园举酒祝之曰："长星，劝汝一杯酒，自古何有万岁天子耶！"太白连年昼见，地震水旱为变者相属。醒日既少，而傍无正人，竟不能改焉。时张贵人有宠，年三十，帝戏之曰："汝以年当废矣。"贵人潜怒，向夕帝醉，遂暴崩。时道子昏惑，元显专权，竟不推其罪。初，简文帝见谶云："晋祚尽昌明。"及帝之在孕也，李太后梦神人谓之曰："汝生男，以昌明为字。"及产，东方始明，因以名焉。简文帝后悟，乃流涕。及为清暑殿，识者以为"清暑"，反为"楚声"，哀楚之征也。俄而帝崩，晋祚自此倾矣。

《续晋阳秋》曰：初，帝耽于色。末年，殆为长夜之饮。醒治既少，多居内殿，留连于盘樽之间。时张贵人宠冠后宫，威行阃内，年几三十。帝妙列伎乐陪侍，嫔少，乃笑而戏之云："汝已年废矣，吾已属诸妹少矣。"贵人潜怒，上不觉。上稍醉卧，贵人遂令其婢蒙之以被，既绝，云以魇崩。至丑时，方迁登太极前殿。

《异苑》曰：晋孝武太元末，帝每闻手巾箱中有鼓吹鼙角之飨音。于是请僧斋会，夜见一臂，长三丈许，手长数尺，来摸经案。晋祚自此而衰。

太平御览卷第一百　皇王部二十五

安皇帝

《晋书》曰：安皇帝讳德宗，孝武帝长子也。泰元十二年八月辛巳，立为皇太子。二十一年九月庚申，孝武崩，辛酉，太子即位，太赦。癸亥，以司徒、会稽王道子为太傅，摄政。隆安元年春正月己亥朔，帝加元服，改元，增文武位一等。太傅、会稽王道子归政。四月甲戌，兖州刺史王恭、豫州刺史庾楷举兵，以讨尚书左仆射王国宝、建威将军王绪为名。甲申，杀国宝及绪以悦于恭，恭乃罢兵。二年七月，兖州刺史王恭、豫州刺史庾楷、荆州刺史殷仲堪、广州刺史桓玄、南蛮校尉杨佺期等举兵反。八月，江州刺史王愉奔于临川。九月辛卯，加太傅、会稽王道子黄钺。遣征虏将军、会稽王元显等讨桓玄等。辅国将军刘牢之次新亭，使子敬宣击败恭，恭奔曲阿长塘湖，湖尉收送京师，斩之。寻遣太常殷茂谕仲堪及玄，玄等走于寻阳。三年十一月甲寅，妖贼孙恩陷会稽，内史王疑之死之，吴国内史桓谦等并委官而遁，遣卫将军谢琰等逆击，走之。四年夏四月，孙恩寇浃口。五月，谢琰为孙恩所陷，死之。恩转寇临海。六月，辅国司马刘裕破恩于南山。恩将卢循陷广陵。元兴元年正月庚午朔，大赦，改元。以后将军元显为骠骑大将军、征讨大都督，镇北将军刘牢之为元显前锋，将军、谯王尚之为后部，以讨桓玄。二月景午，帝戎服饯元显于西河。丁巳，遣兼侍中、齐王柔之以驺虞幡宣告荆、江二州。丁卯，桓玄败王师于姑孰。三月壬申，桓玄自为侍中、丞相、录尚书事。二年春二月辛丑，建威将军刘裕破徐道覆于东阳。乙卯，桓玄自称大将军。丁巳，冀州刺史孙无终为桓玄所害。秋八月，玄又自号相国、楚王。九月，南阳太守庾仄起义兵，为玄所败。冬十一月壬午，玄迁帝于永安宫。癸未，移太庙神主于琅琊国。十二月壬辰，玄篡位，以帝为平固王。辛亥，帝蒙尘于寻阳。三年春二月，帝在寻阳。庚寅夜，涛水入石头，漂杀人户。乙卯，建武将军刘裕帅沛国刘毅、东海何无忌等举义兵。景辰，斩桓玄所署徐州刺史桓脩于京口，及青州刺史桓弘于广陵。丁巳，义师济江。三月戊午，刘裕斩玄将吴甫之于江乘，斩皇甫敷于罗落。己未，桓玄众溃而逃。庚申，刘裕置留台，具百官。壬戌，桓玄司徒王谧推刘裕行镇军将军、徐州刺史、都督杨徐兖豫青冀幽并八州诸军事、假节。刘裕以谧领扬州刺史、录尚书事。辛酉，刘裕诛尚书左仆射王愉及愉子荆州刺史绥、司州刺史温详。辛未，桓玄逼帝西上。景戌，密诏以幽逼于玄，万机虚旷，令武陵王遵依旧典，承制总百官行事，加侍中，余如故。并大赦谋反大逆已下，唯桓玄一祖之后不宥。夏四月己丑，大将军武陵王遵称制，总万机。庚寅，帝至江陵。庚戌，辅国将军何无忌、振武将军刘道规及桓玄将庾稚、何澹之战于湓口，大破之。玄复逼帝东下。五月癸酉，冠军将军刘毅及玄战于峥嵘洲，又破之。己卯，帝复幸江陵。辛巳，荆州别驾王康产、南郡太守王腾之奉帝居于南郡。壬午，督护冯迁斩桓玄于南貊盘州。乘舆反正于江陵。闰月己丑，桓玄故将扬武将军桓振陷江陵，帝复蒙尘于贼营。义熙元年正月，帝在江陵。南阳太守鲁宗之起义兵，袭破襄阳。己丑，刘毅次于马头。桓振以帝屯于江津。辛卯，宗之破振将温楷于柞溪，进次纪南，为振所败。振武将军刘道规击桓谦，走之。乘舆反正，帝与琅琊王幸道规舟。二月丁巳，留台备乘舆法驾，迎帝于江陵。三月，桓振复袭江陵，荆州刺史司马休之奔于襄阳。建威将军刘怀简讨振，斩之。帝至自江陵。六年十二月壬辰，刘裕破卢循于豫章。七年春二月壬午，右将军刘藩斩徐道覆于始兴，传首京师。夏四月，卢循走，交州刺史杜慧斩之。十二年八月，刘裕及琅琊王德文率众伐姚泓。景午，大赦。冬十月丙寅，姚泓将姚光以洛阳降。己丑，兼司空、高密王恢之修谒五陵。十三年秋七月，刘裕克长安，执姚泓，收其彝器，归京师。十四年十二月戊寅，帝崩于东堂，在位二十三年，时年四十七。葬休平陵。帝不慧，自少及长，口不能言，虽寒暑之变，无以辨也。凡所动止，皆非己出。故桓玄之篡，因此获全。

桓玄

《晋书》曰：桓玄，字敬道，一名灵宝，大司马温之孽子也。其母马氏尝与同辈夜月下坐，见流星坠铜盆中，忽为二珠，灿然明静，竞以瓢接取，马氏得而吞之，若有感，遂有娠。及生，有光照室，占者奇之，故小名曰灵宝。奶媪每抱诣温，辄易人而后至，其重兼常儿，温甚爱异之。临终，命以为嗣，袭爵。年七岁，温服终，府州文武辞其叔父冲，冲抚玄头曰："此汝家故吏也。"玄因涕泣被面，众并异之。及长，形貌瑰奇，风神疏朗，博综艺术，善属文。常负其才地，以雄豪自处，时咸惮之。年二十三，拜为太子洗马，时议谓温有不臣之迹，故折玄兄弟而为素官。后出补义兴太守，郁郁不得志。尝登高望震泽，叹曰："父为九州伯，儿为五湖长！"弃官归国。自以元勋之门而负谤于世，乃上疏曰："臣闻周公大圣而四国流言，乐毅王佐而被谤骑劫，巷伯有豺兽之慨，苏公兴飘风之刺，恶直丑正，何代无之？先臣蒙国殊遇，姻娅皇极，西平巴蜀，北清伊洛，使窃号之寇系颈北阙，园陵复修，大耻载雪，饮马灞浐，悬旌赵、魏，勤王之师，功非一捷。泰和之末，皇基有潜移之惧，遂奉顺天人，翼登圣朝，晋室之基危于殷、汉，先臣之功高于伊、霍矣。至于先帝龙飞九五，陛下之所以继明南面，请问谈者，谁之由也？若陛下忘先臣大造之功，信贝锦萋斐之说，臣等自当奉还三封，受戮市朝，然后下从先臣，归先帝于玄宫耳。"疏寝不报。玄在荆楚积年，优游无事，荆州刺史殷仲堪敬惮之。及中书令王国宝用事，谋削弱方镇，内外骚动，知王恭有忧国之言，玄潜有意于功业，乃说仲堪："宜兴晋阳之师，以内匡朝廷，已当悉荆楚之众顺流而下，推王恭为盟主，此桓文之举也。"俄而王恭信至，招仲堪及玄匡正朝廷。国宝既死，于是罢兵。诏以玄为广州刺史。其年王恭又与庾楷起兵讨江州刺史王愉及谯王尚之兄弟。玄、仲堪谓恭事必克捷，一时响应。仲堪令玄与杨佺期为前锋，玄至盆口，获王愉。既而诏以玄为江州，各西还，屯于寻阳，共相结约，推玄为盟主。后荆州大水，仲堪赈恤饥者，仓廪空竭。玄乘其虚而伐之，至江陵，仲堪数道拒之，不克。

佺期自襄阳来救，期败走。殷仲堪亦见害。于是平荆、雍，诏以玄督八州、荆州牧。玄于是树腹心，兵马日盛。其后孙恩逼京师，玄建牙旗聚众，外托勤王，实欲观衅。以兄伟为冠军、江州刺史，留伟守江陵，抗表率众，下至寻阳，移檄京邑，罪状元显。玄既兴师犯顺，虑众不为用，恒有回旆之计。既过寻阳，不见王师，意甚悦，将吏亦振。先使其将冯该等攻谯王尚之，败之。刘牢之遣子敬宣降玄。玄至新亭，元显自溃。玄入京师，矫诏加己总百揆为丞相，加黄钺、羽葆鼓吹、府置官属。乃徙太傅道子于安成，害元显于市。多戮朝望，改易百官，各置所亲，大赦，改元为大亨。玄将出居姑孰，访之于众，其中书令王谧对曰："《公羊》有言，周公何以不之鲁？欲天下一乎周也。愿静根本，以公旦为心。"玄善其对而不从。遂大筑城府，乃出镇焉。大政皆咨之，小事则决于仆射桓谦及卞范之。后讽朝廷，封诸子弟为公。自知怨满天下，欲速定篡逆，殷仲文、卞范之等又共催促之，于是先改授郡司，其党皆三公。又矫诏封十郡为楚王，加九锡备物，楚国丞相以下，一遵旧典。又讽天子御前殿而策授焉。玄屡伪让，诏遣百僚敦劝，乃就命。玄伪上表求归藩，又自作诏留之，遣使宣旨，玄又上表固请，又讽天子作诏固留。十一月，矫制加其备天子礼，服御礼乐皆僭焉。又矫诏使王谧兼太保，奉皇帝玺禅位于己，帝出居永安宫，移晋神主于琅琊庙。

初，玄恐帝不肯为手诏，又虑玺不可得，逼临川王宝请帝自为手诏，因夺取玺。比临轩，玺已久出，玄甚喜。百官到姑孰，玄伪让，朝臣固请，玄乃于城南七里立郊坛，以玄牡告天，百僚陪列，而仪注不备，妄称万岁。遂升坛燎于南郊，大赦，改元永始。初，伪诏改年为建始，右丞王攸之曰："建始赵王伦伪号也。"又改为永始，复是王莽始执权之岁也，其兆号不祥，冥符僭逆如此。国号大楚，以南康平固县奉晋帝为平固王，车旗正朔如旧典。迁帝居寻阳，依陈留王处邺宫故事。追尊其父温宣武皇帝，诸子皆为王。玄入建康宫，逆风迅雷激，旌旗仪饰皆倾。及小会西堂，设妓乐，殿上施绛绫帐，镂黄金为颜，四角作金龙，头衔五色羽葆旒苏，群臣窃相谓曰："此颇似輀车，亦王莽仙盖之流也。”玄以其妻刘氏为皇后，更造大辇，容三十人坐，以二百人舁之。性好畋游，以体大不堪乘马，又作徘徊舆，施转关，令回动无滞。玄自篡盗之后，骄奢荒侈，游猎无度，以夜继昼。性又急暴，呼召严速，直官咸系马省前，禁内杂乱，无复朝廷之体。于是百姓疲苦，朝野劳悴，怨怒思乱者十室八九焉。刘裕、刘毅、何无忌等共谋克复。裕等斩桓修于京口，斩桓弘于广陵。裕率义军至竹里，玄遣吴甫之、皇甫敷北拒义军。裕等于江乘与战，临阵斩敷及甫之。玄闻之大惧，乃召诸道术人推算数为厌胜之法，乃问众曰："朕其败乎！"曹靖之对曰："神怒人怨，臣实惧焉。"玄曰："人或可怨，神何为怒？"对曰："移晋宗庙，飘泊无所，大楚之祭，不及于祖，此其所以怒也。"玄曰："卿何不谏？"对曰："辇上君子自以为尧舜之世，何敢妄言！"玄愈忿惧，使桓谦、何澹之屯东陵，卞范之屯覆舟山西，帅众二万拒义军。裕至蒋山，使羸弱登山，分张旗帜，数道并前。玄侦候还云："裕军四塞，不知多少。"玄益忧惶。于时东北风急，义兵放火，烟尘张天，鼓噪之音震骇京邑。刘裕执钺麾而进，谦等诸军一时奔溃。玄率亲信数千人声言赴战，遂出南掖门，西至石头，使殷仲文具船，相与南奔。或劝其战，玄不暇答，直以策指天。而经日不得食，左右进以粗饭，咽不能下。其子升，时年数岁，抱玄胸而抚之，玄悲不自胜。刘裕以武陵王遵摄万机，立行台，总百官。遣刘道规蹑玄。

玄至寻阳，江州刺史郭昶之给其器用。殷仲文自后至，望见玄舟，旌旗舆服备帝者之仪，叹息曰："败中复振，故可也。"玄于是逼乘舆西上。于道作起居注，叙其拒义军之事，自谓经略指授，算无遗策，诸将违节度，以致亏丧，非战之罪。玄至江陵，石康纳之。未三旬，众盛，谓其群党曰："卿等并清途翼从朕躬，都下窃位者方应谢罪军门，其观卿等入石头，并云霄中人也。"玄遣何澹之守湓口，何无忌、刘道规等破之。帅舟舰二百发江陵、以徐放为常侍，遣说无忌等解义军，谓放曰："诸人不识天命，致此妄作，遂惧祸屯结。卿三州所信。可明示朕心，若退军解甲，当与之更始授任。江水在此，朕不食言。"时道规已至，玄与战于峥嵘洲。于时义军数千，玄兵甚盛，而玄惧败，常漾轻舸于舫侧，故其众莫有斗心。义军乘风纵火，尽锐争先，玄众大溃。玄留永安太后及皇后于巴陵。殷仲文时在玄舰，求出别船收集散军，因叛玄，奉二后奔于江陵。玄欲出投汉川，投梁州刺史桓希而制令不行。玄乘马出城至门，左右于暗中斫之，不中，前后相杀交横，玄仅免。于是荆州别驾王康产奉帝入南郡。时益州刺史毛璩使其从孙佑之送弟璠丧葬江陵，有众二百，璩弟子脩之先为玄校尉，诱玄以入蜀。达枚回洲，佑之迎击玄，矢下如雨。玄被箭，其子升拔去之。益州督护冯迁抽刃而前，玄拔头上玉簪与之，仍曰："是何人邪？敢杀天子！"迁曰："欲杀天子之贼耳！"遂斩首。时年三十六，自篡逆至败，凡八旬矣。

恭皇帝

《晋书》曰：恭帝，讳德文，安帝母弟也。初封琅耶王，历中军将军、散骑常侍、卫将军、开府仪同三司，加侍中、领司徒、录尚书六条事。元兴初，迁车骑大将军。桓玄执政事，进位太宰，加衮冕之服，绿綟绶。玄篡位，以帝为石阳县公，与安帝俱居寻阳。及玄败，随至江陵。玄死，桓振奄至，跃马奋戈，直至阶下，瞋目谓安帝曰："臣门户何负国家，而屠灭若是？"帝乃下床谓振曰："此岂我兄弟意耶！"振乃下马致拜。振平，复为琅耶王。又领徐州刺史，寻拜大司马，领司徒，加殊礼。义熙五年，置左右司马、长史、从事中郎四人，加羽葆鼓吹。十二月戊寅，安帝崩。是日，即帝位，大赦。元熙元年春正月壬辰朔，改元。以山陵未厝，不朝会。立后褚氏。甲午，征刘裕还朝。二年夏六月壬戌，刘裕至于京师。傅亮承裕密旨，讽帝禅位，草诏，请帝书之。帝欣然谓左右曰："桓玄之时，天命已去，为刘公所延二十载矣，今复何恨。"乃书赤纸为诏。甲子，遂逊于琅耶第。刘裕以帝为零陵王，居于秣陵，行晋正朔，车旗服色一如其旧，有其文而不备其礼。宋永初二年九月崩于内房，时年三十六。谥恭皇帝，葬冲平陵。

《续晋阳秋》曰：初，安皇不慧，起居动止不自己出，帝每侍左右，消息凉温饥饱之中，而恭谨备焉，时人称其顺悌。又雅信佛法，铸贝货十万，造丈六金像于瓦官寺，外国齐日，迎像宫步从十许里。安皇帝归陵，有诏当出送，八座奏谏，以为宜加珍摄，乃止。

沈约《宋书》曰：褚秀之妹为恭帝后，兄弟并尽忠事高祖，恭帝每生男，辄令方便杀焉，或诱赂内人，或密加毒害，前后如此非一。恭帝居秣陵宫，常惧见祸，与褚后共止一室，虑鸩毒，自煮食于床前。高祖将杀之，不欲遣人入内，令褚淡之兄弟侍褚后，褚后出别宫相见，兵人乃逾垣而入，进药于恭帝。恭帝不肯饮，曰："佛教自杀者，不得复人身。"乃以被掩杀之。

《中兴书》曰：昔中宗以丁丑之岁始称晋王，改筑宗庙，使郭璞筮之，云："载祀二百。"暨今禅代庚申之岁，凡百有二年，而天禄永终。璞精于数术，理无乖二，抑以百四期促，故谬其嗣为二百乎？

史臣曰：安帝即位之辰，锺无妄之日，道子、元显并倾朝政，主昏臣乱，未有不亡者也。虽有手握戎麾，心存旧国，回首无良，忽焉消散。于是桓玄承衅，势逾飚指，六师咸泯，只马徂迁。是以宋高非典午之臣，孙恩岂金行之寇。若乃世遇颠覆，则恭皇斯甚。于越之民，讵熏丹穴，会稽之侣，宁叹入臣。去黄屋而归来，洒丹书而不恨。夫五运攸革，三微数尽，犹高秋凋候，理之自然。观其零落，人有为之流涕者也。

太平御览卷第一百一　皇王部二十六

后魏诸帝

《后魏书·序纪》曰：黄帝有子二十五人，或内列诸华，或外分荒服。昌意少子，受封北国，有大鲜卑山，因以为号。其后，世为君长，统幽都之北，广漠之野，畜牧迁徙，射猎为业，淳朴为俗，简易为化，不为文字，刻木纪契而已。世事远近，人相传授，如史官之纪录焉。黄帝以土德王，北俗谓土为托，谓后为跋，故以为氏。其裔始均，入仕尧世，逐女魃于弱水之北，民赖其勋，帝舜嘉之，命为田祖。爰历三代，以及于秦，熏鬻、猃狁、山戎、匈奴之属，累代残暴，作害中州，而始均之裔，不交南夏，是以载籍无闻焉。积六十七世，至成皇帝讳屯立。聪武明智，远近所推，统国三十六，大姓九十，威振北方，莫不率服。成帝崩，节皇帝讳贷立。节帝崩，其后四世，宣帝讳推寅立，南迁大泽，方千馀里，厥土昏冥沮洳。谋更南徙，未行而崩。其后六世，献皇帝讳邻立。时有神人言于国曰："此土荒遐，未足以建都邑，宜复徙居。"帝时年衰老，乃以位授子。

圣武帝讳诘汾。献帝命令南移，山谷高深，九难八阻，于是欲止。有神兽，其形似马，其声类牛，先行导引，历年乃出。始居匈奴之故地。其迁徙策略，多出宣、献二帝，故时人并号曰："推寅"。盖俗云"钻研"之义。初，圣武帝常率数万骑田于山泽，欻见辎軿自天而下。既至，见美妇人，侍卫甚盛。帝异而问之，对曰："我，天女也，受命相偶。"遂同宿。旦，请还，曰："明年同时，复会于此。"言终而别，去如风雨。及期，帝至先所游处，果复相见。天女以所生男授帝曰："此君之子也，善视之。子孙相承，当世为帝王。"语讫而去。即始祖神元皇帝也。故时人谚曰："诘汾皇帝无妇家，力微皇帝无舅家。"帝崩。始祖神元皇帝立，讳力微，生而聪睿。元年，岁在庚子。先是，西部内侵，国民离散，依于没鹿回部大人窦宾。始祖有雄杰之度，时人莫测。后与宾攻西部，宾军败，失马步走，始祖使人以所乘骏马给之。宾归，令其部内求与马之人赏，当加重赏，始祖隐而不言。宾后知大惊，将分国之半，以奉始祖，始祖不受，乃进其爱女。宾犹思报恩，固问所欲。宾临终戒其二子，使谨奉始祖。其子不从，乃阴谋为逆。始祖召而杀之，尽并其众，诸部大人悉皆从服，控弦士马二十馀万。三十九年，迁于定襄之盛乐。始祖乃告诸大人曰："我历观前世匈奴、蹋顿之徒，苟贪财利，抄掠边民，虽有所得，而多其死伤，复不足相补，更招寇雠，百姓涂炭，非长计也。"于是与魏和亲。四十二年，遣子文帝如魏，且观风土。是岁魏景元二年也。文皇帝讳沙漠汗，以国太子留洛阳，为魏宾之冠。魏晋禅代，和好仍密。始祖春秋已迈，帝以父老求归，晋武帝具礼护送。四十八年，帝至自晋。五十六年，帝复如晋；其年冬，还国。晋遗帝锦、罽、缯、彩、绵、绢诸物，咸丰厚，车牛马百乘。行达并州，晋征北将军卫瓘，以帝为人雄异，恐为后患，乃密白晋帝，请留不遣。晋帝难于失信，不许。瓘复请以金帛赂国之大人，令致间隙，使相厄害。晋帝从之，遂留帝。于是国之执事及部人皆受瓘货。五十八年，方遣帝。始祖闻帝归，大悦，使诸部大人诣阴馆迎之。酒酣，帝仰视飞鸟，谓诸大人曰："我为女曹取之。"授弹飞丸，应弦而落。时国俗无弹，众咸大惊，并先驰还。始祖曰："我子既历他国，进德何如！"皆对曰："太子才艺非常，引空弓而落飞鸟，似得晋人异法怪术，乱国害民之兆，唯愿察之。"自帝在晋之后，诸子爱宠日进，始祖年逾期颐，颇有所惑，闻大人语，意乃有疑。因曰："不可容者，便当除之。"于是诸大人乃驰诣塞南，害帝。后乃追谥焉。始祖寻崩，凡享国五十八年，年一百四岁。太祖即位，尊为始祖。

章皇帝讳悉鹿立，始祖之子也。享国九年而崩。平皇帝讳绰立，章帝之少弟也。雄武有智略，威德复举。享国七年而崩。惠帝讳弗立，文帝少子也，聪哲有大度，为诸父兄所重。政崇宽简，百姓怀服，即位一年崩。昭皇帝立，讳禄官，始祖神元之子也。九年，分国为三部，帝自以一部居东，在上谷北，须源之西，东接宇文部，以文帝之长子桓皇帝讳猗㐌统一部，居代郡之参合陂北；以桓帝之弟穆皇帝讳猗卢统一部，居定襄之盛乐故城。自始祖以来，与晋和好，百姓乂安，财畜富实，控引骑士四十馀万。十年，晋惠帝为成都王颖逼留在邺。匈奴别种刘渊反于离石，号汉王。并州刺史司马腾来乞师。帝与桓帝同时大举以助之，大破渊众于西河、上党。晋假桓帝大单于，金印紫绶。是岁，桓帝崩。帝英杰魁岸，马不能胜。常乘安车，驾大牛，牛角容一石。帝曾中蛊，呕吐之地仍生榆木。参合陂土无榆树，故世人异之，至今传记。十三年，昭帝崩。是岁，羯胡石勒与晋马牧帅汲桑反。穆皇帝天资英特，勇略过人，昭帝崩后，遂总摄三部，以为一统。元年，刘渊僭帝，自称大汉。三年，晋并州刺史刘琨遣使，以子遵为质。又遣使乞师救洛阳，帝遣步骑二万助之，晋大傅东海王司马越辞以洛中饥馑，师还。是年，刘渊死，子聪僭立。五年，刘琨遣使乞师以讨刘聪、石勒。帝以琨忠义，矜而许之。会聪遣其子粲攻洛阳，害琨父母而据其城，琨来告难，帝大怒，遣长子六修、桓帝子普根，及卫瓘、范班、姬澹等为前锋，帝统大众二十四万为后继。粲惧，弃辎重，突围遁走。纵骑追斩其将刘儒、刘丰，伏尸数百里。琨来拜谢，帝以礼待之。琨固请进军，帝曰："吾不早来，致卿父母见害，诚以后时相愧，今卿已复州境，然吾远来，士马疲弊，且待后期，贼岂可尽乎？"与琨马牛羊各千馀，车牛百乘，金百镒，又留劲锐戍之而还。六年，城盛乐以为北都，修故平城以为南郡。帝登平城西山，望观地势，乃更南百里，于㶟水之阳黄瓜堆筑新平城，晋人谓之小平城，使长子六修镇之，统领南部。九年，帝召六修不至，帝怒，讨之，失利，乃微服民间，遂崩。普根先守外境，闻难来赴，攻六修，灭之。普根立，月馀而薨也。

平文皇帝讳郁律立，惠帝之子也。二年，西兼乌孙故地，东吞勿吉以西，控弦上马将有百万。刘聪死焉。渊族子曜僭立。帝闻晋愍帝为曜所害，顾谓大臣曰："今中原无主，天其资我乎？"刘曜遣使请和，帝不纳。是年，司马叡称大位于江南。五年，桓帝后以帝得众心，恐不利于己子，害帝，遂崩，大人死者数十人。天兴初，尊曰太祖。惠皇帝讳贺傉立，桓帝之中子也。未亲政事，太后临朝，遣使与石勒通和，时人谓之女国使。四年，帝始临朝。五年崩。炀皇帝讳纥那立，惠帝之弟也。五年出居于宇文部。贺兰及诸部大人，共立烈帝。烈皇帝讳翳槐立，平文之长子也。石勒遣使来和，帝遣弟昭成皇帝如襄国。二年，石勒僭立，自称大赵王。烈皇帝崩，昭武皇帝讳什翼犍立，平文之次子也。生而奇伟，宽仁大度，喜怒不形于色。身长八尺，隆准龙颜，立发委地，卧则乳垂至席。烈帝崩，顾命曰："必迎立什翼犍，社稷可安。"烈帝崩，帝弟弥乃自诣邺奉迎，与帝俱还。建国元年十一月，帝即位于繁畤之北，时年十九。二年春，始置百官，分掌众职。八年，张骏私署假凉王。十三年，魏郡人冉闵，杀石鉴僭立。十四年，氐苻健僭称天王，自号大秦。十五年，慕容俊灭冉闵，僭称尊号。二十七年春，车驾还云中。冬十一月，讨没歌部，破之，获牛马羊数百万头。三十四年春，长孙斤谋反，伏诛。斤之反也，拔刃向御座，太子献明皇帝讳实格之，伤胁。夏五月，薨，后追谥焉。秋七月，皇孙珪生，大赦。三十九年，苻坚遣其大司马苻落率众二十万，朱肜、张蚝、邓羌等诸道来寇，侵逼南境。冬十一月，白部、独孤部御之，败绩。南部大人刘库仁走云中。复遣库仁率骑十万逆战于石子岭，王师不利。帝时不豫。十二月，至云中，旬有二日，帝崩，时年五十七。太祖即位，尊曰高祖。帝雅性宽厚，智勇仁恕，时国中少缯帛，代人许谦盗绢二匹，守者以告，帝匿之，谓燕凤曰："吾不忍视谦之面，卿勿泄言，谦或惭而自杀，为财辱士，非也。"

太祖道武皇帝

《后魏书》曰：太祖道武皇帝，讳珪，昭成皇帝之嫡孙，献明皇帝之子也。母曰献明贺皇后，初因迁徙，游子云泽，既而寝息，因梦日出室内，寤而见光自牖属天，欻然有感。以建国三十四年七月七日，生太祖于参合陂北，其夜复有光明。昭成大悦，群臣称庆，大赦，告于祖宗。保者以帝体重倍于常儿，窃独奇怪。明年，有榆生于埋胞之坎，后遂成林。弱而能言，目有光曜，广颡大耳，众咸异之。年六岁，昭成崩。元年，葬昭成皇帝于金陵，营梓宫，木材尽生成林。帝虽冲幼，而嶷然不群，刘库仁常谓其子曰："帝有高天下之志，兴复洪业，光扬祖宗者，必此王也。"登国元年春正月戊申，帝即代王位，郊天，建元，大会于牛川。复以长孙嵩为南部大人，以叔孙普洛为北部大人。班叙勋旧各有差。夏四月，改称魏王。是岁，慕容垂僭称皇帝于中山，自号大燕。姚苌僭称皇帝于长安，自号大秦。六年秋七月，讲武于牛川。慕容永使其大鸿胪慕容钧奉表劝进尊号。冬十月，北征蠕蠕如蠢切，追之，及于大碛南商山下，大破之，班赐从臣各有差。十有二月，出居于马邑。是岁，起河南宫。七年秋八月，行幸汉南，仍筑巡台。八年春正月，帝出南巡。二月，幸羖羊原，赴白楼。皇始元年春正月，大蒐于定襄之虎山。三月，慕容垂来寇桑乾川。陈留公元虔先镇平城。时帝征兵未集，虔率麾下邀击，失利，死之。垂遂至平城西北，逾山结营，闻帝将至，乃筑城自守。疾甚，遂遁走，死于上谷。子宝迎丧而还，至中山乃僭立。秋七月，左司马许谦上书劝进尊号，帝始建天子旌旗，出入警跸，于是改元。八月，治兵于东郊。大举讨慕容宝，帝亲勒六军四十馀万，南出马邑，逾于句注，旌旗骆驿二千馀里。宝并州牧辽西王农弃城东遁，并州平。初建台省，置百官，封拜公侯、将军、刺史、太守，尚书郎已下悉用文人。帝初拓中原，留心慰纳，诸王、大夫诣军门者，无少长，皆引入赐见，存问周悉，人得自尽，苟有微能，咸蒙叙用。冬十月，车驾出井陉。十一月，进军中山，引骑围之。二年春正月，飨群臣于鲁口。慕容宝遣其左卫将军慕容腾寇博陵，杀中山太守及高阳诸县令长，抄掠租运。是时，信都未下。帝乃进军，引骑围之。宝将军张让、护军将军徐超率将吏以下举城降。宝闻帝幸信都，乃趣博陵之深泽，屯滹沱水，遣弟贺麟寇杨城。三月，车驾次于卢奴。宝遣使求和解焉。仍请割常山以西奉魏，乞守中山以东，帝许之。已而宝背约，辛亥，车驾次中山，命诸将围之。是夜，宝弟贺麟将妻子出走西山。宝见贺麟走，恐先据和龙，壬子夜，遂将其妻子及兄弟亲族数千骑北遁。城内共立慕容普邻为主。麟复入中山，杀普邻而自立。九月，贺麟饥穷，率三万馀人出寇新市。甲子晦，帝进军讨之，太史令晁崇奏曰："不吉。"帝曰："其义云何？"对曰："昔纣以甲子亡，兵家忌之。"帝曰："纣以甲子亡，周武不以甲子胜乎？"崇无以对。冬十月，帝进军新市，贺麟退阻泒水，依渐洳泽以自固。甲戌，帝临其营，战于义室坞，大破之，斩首九千馀级。贺麟单马走西山，遂奔邺，慕容德杀之。甲申，中山平。丁亥遣三万骑赴卫王仪将以攻邺，天兴元年春正月，慕容德走保滑台，克邺，车驾幸邺，巡登台榭，观览宫城，将有定都之意。乃置行台，以龙骧将军日南公和跋为尚书，与左丞贾寻率郎吏及兵五千人镇邺。车驾自邺还中山，所过存问百姓。诏大军所在州郡，复赀租一年，除山东民租赋之半。车驾将北还，发卒万人治直道，自望都铁关凿恒岭至代五百馀里。六月，诏有司议定国号。群臣奏曰："昔周秦以前，帝王居所生之土，有国有家，及王天下，即承为号。自汉以来，罢侯置守，时无世继，其应运而起者，皆不由尺土之资。今国家万世相承，启基云代。臣等以为若取长远，应以代为号。"诏曰："昔朕远祖，总御幽都，控制遐国，虽践王位，未定九州。逌于朕躬，处百代之季，天下分裂，诸华乏主。民俗虽殊，抚之在德，故躬率六军，扫平土宇，凶逆荡除，遐迩率服。宜仍先号，以为魏焉。"秋七月，迁都平城，始营宫室，建宗庙，立社稷。八月，诏有司正封畿，制郊甸，端经术，标道里，平五权，较五量，定五度。冬十月，起天文殿。十有一月，诏尚书吏部郎中邓渊典官制，立爵品，定律吕，协音乐；仪曹郎中卢谧撰郊庙、社稷、朝觐、飨宴之仪；三公郎中王德定律令，申科禁；太史令晁宗造浑仪，考天象；吏部尚书崔玄伯总而裁之。十有二月，帝驾临于天文殿，太尉、司徒进玺绶，百官咸称万岁。大赦，改年。追尊成皇帝已下及后号谥。乐将皇始之舞。诏有司议定行次，尚书崔玄伯等奏从土德，服色尚黄，数用五，未社辰腊，牺牲用白，五郊立气，宣赞时令，敬授民时，行夏之正。徙六州二十二郡守宰、豪杰、吏民二千家于代都。二年春正月，初祠上帝于南郊，以始祖神元皇帝配，降坛视燎，成礼而反。二月，破高车，以所获之众起鹿苑于南台阴，北距长城，东苞白登，属之西山，广轮数十里，凿渠引武川水注之苑中，疏为三沟，分流宫城内外。又穿鸿雁池。三月初，令《五经》群书各置博士，增国子太学生员三千人。秋七月，起天华殿。大阅于鹿苑，飨赐各有差。冬十月，太庙成，迁神元、平文、昭成、献明皇帝神主于太庙。三年三月戊午，立皇后慕容氏。是月，穿城南渠通于城内，作东西鱼池。夏四月，姚兴遣使朝贡。五月，车驾东巡，遂幸涿鹿，遣使者以太牢祀帝尧、帝舜庙。七月，车驾还宫。起大中殿及云母堂、金华室。四年三月，帝亲渔，荐于寝庙。五月，起紫极殿、玄武楼。冬十二月，集博士儒生，比众经文字，义类相从，凡四万馀字，号曰《众文经》。六年冬十月，起西昭阳殿。乙卯，立皇子嗣为齐王，加车骑大将军，位相国。是年，岛夷桓玄废其主司马德宗而自立，僭称大楚。天赐三年九月，幸漠南盐池。至漠中，观天盐池。六年夏，帝不豫。初，帝服寒食散，自太医令阴羌死后，药数动发，至此逾甚。而灾变屡见，忧懑不安，或数日不食，或不寝达旦。归咎群下，喜怒乖常，谓百寮左右，曰人不可信，虑如天文之占，或有肘腋之虞。追思既往成败得失，终日竟夜独语不止，若傍有鬼物对扬者。朝臣至前，追其旧恶便见杀害，其馀或以颜色变动，或以喘息不调，或以行步乖节，或以言辞失措，帝皆以为怀恶在心，变见于外，乃手自殴击，死者皆陈天安殿前。于是朝野人情各怀危惧，有司废怠，莫敢相督摄，百工偷劫，盗贼公行，巷里之间人为稀少。帝亦闻之，曰："朕故纵之使然，待过灾年，当更清治之耳。"冬十月，帝崩于天安殿，在位十四年，时年三十九岁。先时国内有谶曰："琏厄清河死万人。"帝破灭清河郡，手杀万人以厌之，夜恒变易寝处，人莫得知，唯爱妾万人知处。帝子清河王绍与万人通，惧罪，同害帝。帝叹曰："清河万人，乃是汝耶！"元帝立诛绍及万人。永兴二年，九月，上谥宣武皇帝，葬于盛乐金陵，庙号太祖。太常五年，改谥曰道武。

太平御览卷第一百二　皇王部二十七

太宗明元皇帝

《后魏书》曰：太宗明元皇帝，讳嗣，太祖道武皇帝之长子，母曰刘贵人，登国七年生云中宫。太祖晚有男，闻而大悦，乃大赦天下。帝明睿宽毅，非礼不动，太祖甚奇之。天兴六年，封曰齐王，加车骑大将军，拜相国。初，帝母既赐死，太祖乃召帝告曰："昔汉武帝将立其子而杀其母，不令妇人预国政，使外家为乱，汝当继统，故吾远同汉武，为长久之计。"帝素纯孝，哀泣不能自胜，太祖怒之。帝还宫，哀不自止，日夜号泣。太祖知又召之。帝欲入，左右谏曰。"孝子事父，小杖则受，大杖则避之。今陛下怒盛，入或不测，陷帝于不义。不如且出，待怒解而进，不晚也。"帝从之，乃游行于外。天赐六年冬十月，即皇帝位，大赦，改年为永兴元年。追尊皇妣为宣穆皇后。公卿大臣先罢归第不与朝政者，悉复登用之。是岁，乞伏乾归，自称秦王。海夷冯跋僭号天王，国称大燕。三年春二月，诏曰："衣食足，知荣辱。夫人饥寒切己，惟恐朝夕不济，所急者温饱而已，何暇及于仁义之事乎？王教之多违，盖由于此，非夫耕妇织，内外相承，何以家给人矣足。其简宫人非所当御，及执作伎巧，自馀悉出以赐鳏民。"三月，诏侍臣常佩剑。四年二月，登虎圈射虎。夏四月，宴群臣于西宫，使各献言，勿有所讳。秋七月，东巡。置四厢大将，又于十二时置十二小将。以山阳侯奚斤、元城公元屈行左右丞相。是年，沮渠蒙逊僭称河西王。神瑞元年春正月，以祯瑞频集，大赦，改元。二年六月，幸去畿陂，观渔。辛酉，次于濡源，立蜯台，遂射白熊于颓牛山，获之。丁卯，幸赤城，亲见长老，问民之疾苦，复租一年。南次石亭，幸上谷，问百年，访贤俊，复田租之半。壬申，幸涿鹿，登桥山，观温泉，使以太牢祠黄帝、唐尧庙。幸广宁，事如上谷，登广宁之历山，以太牢祠虞舜庙，帝亲加礼焉。泰常元年六月，帝自白鹿陂西行，大猎于牛川，发釜山，临殷繁水而南，观于九十九泉。三年春正月，帝自长川诏护高车中郎将薛繁率高车丁零十二部大人众二万北至弱水，招怀伐叛，降者二千馀落，获牛马二万馀头。是年，赫连勃勃僭称皇帝。四年夏四月，车驾有事于东庙，远蕃助祭者数百国。五年五月，诏曰："宣武皇帝体得一之玄远，应自然之冲妙，配纯化而御世，演大道以宣风，大行大名未尽盛美。其改宣曰道，更上尊谥曰道武皇帝，以彰灵命之先启，圣德之玄同。"是年，刘裕废杀其主司马德文，僭称皇帝，自号为宋。七年夏四月，封皇子焘为太平王，拜相国。初，帝服寒食散，频年动发，不堪万机。五月，诏皇太子临朝听政。冬十月，车驾南巡，出自天门关，逾恒岭。四方蕃附大人各率所部从者五万馀人。十有一月，皇太子亲统六军出镇塞上。八年二月，筑长城于长川之南，起自赤城，西至五原，延袤二千馀里，备置戍卫。三月，田于邺南韩陵山，幸汲郡，至于枋头。济自灵昌津，幸陈留、东郡。济河而北，西之河内，造浮桥于冶坂津。夏四月，幸成皋城，观虎牢。而城内乏水，悬绠汲河。帝令连舰上施轒轀，绝其汲路。轒，符分切；轀，于云切，兵车也。又穿地道以夺其井。丁丑，幸洛阳，观《石经》。蛮王梅安率渠帅数千人来朝。闰月，还幸河内，北登太行，幸高都。还晋阳，赐百官，王公已下至于厮贱，无不沾洽。五月，还次雁门。皇太子率留台王公迎于句注之北。庚寅，车驾至自南巡。冬十月，广西宫，起外墙，周回二十里。是岁民饥，诏所在开仓赈给。十有一月，帝崩于西宫，在位十五年，时年三十二。遗诏以司空奚斤所获军实赐大臣，自司徒长孙嵩以下至于士卒各有差。十二月，上谥曰明元皇帝，葬于云中金陵，庙称太宗。帝礼爱儒生，好览史传，以刘向所撰《说苑》、《新序》于经典正义多有所阙，乃撰《新集》三十篇，采摭经史，该洽古义，兼资文武焉。

世祖太武皇帝

《后魏书》曰：世祖太武皇帝，讳焘，太宗明元皇帝长子也，母曰杜贵嫔。天赐五年生于东宫，体貌瓌异，太宗奇而悦之，曰："成吾业者，此子也。"泰常七年四月，封太平王，五月，为监国。太宗有疾，命帝总摄百揆，聪明大度，意豁如也。八年十一月，即皇帝位，大赦天下。十有二月，追尊皇妣为密皇太后，进司徒长孙嵩爵为北平王，司空奚斤为宜城王，蓝田公长孙翰为平阳王，其馀普增爵位各有差。始光元年，夏四月，东巡，幸大宁。二年三月，尊保母窦氏曰保太后。营故东宫为万寿宫，起永安、安乐二殿，临望观、九华堂。初造新字千馀，诏曰："昔帝轩创制造物，乃命仓颉因鸟兽之迹以立文字。继历久远，传习多失其真。今制定文字，世所用者，颁下远近，永为楷式。"是年，赫连屈丏死，子昌僭立。三年春二月，起太学于城东，祠孔子，以颜渊配。十有一月，帝率轻骑二万袭赫连昌，至其城下，徙万馀家而还。十有二月，武都氐王杨玄及沮渠蒙逊等皆遣使内附。四年春正月，赫连昌遣其弟平原公定率众二万向长安。帝闻之，乃遣就阴山伐木，大造攻具。二月，车驾还宫。三月，遣高源王礼镇长安。诏执金吾桓贷造桥于君子津。五月，车驾西讨赫连昌，济君子津，至于黑水，帝亲祈天告祖宗之灵而誓众焉。六月，昌引众出城，大破之。车驾入城，虏昌群弟及其诸母、姊妹、妻妾、宫人万数，府库珍宝车旗器物，不可胜计。八月，车驾至自西征，饮至策勋，告于宗庙，班军实以赐留台百寮，各有差。冬十一月，以氐王杨玄为都督荆梁益宁四州诸军事、假征南大将军、梁州刺史、南秦王。神䴥音加元年春正月，以天下守令多行非法，精选忠良悉代之。二月，改元。是岁，皇子晃生。三年春正月，行幸广宁，临温泉，作《温泉之歌》。三月，帝闻刘义隆将寇边，乃诏冀、定、相三州造船三十艘，简幽州以南戍兵集于河上以备之。秋七月，诏诸征镇将军、王公杖节边远者，听开府辟召其次，增置吏员。诏大鸿胪卿杜超假节、都督冀、定、相三州诸军事、行征南大将军、太宰，进爵为王，镇邺，为诸军节度。九月立密皇太后庙于邺。甲辰，行幸统万，遂往平凉。十一月，车驾至平凉。先是，赫连定将数万人东御于鄜城，留其弟上谷公杜于、广阳公度洛孤城守。帝至平凉，登北原，使赫连昌招喻之，杜于不降。遂掘堑围守之。十二月，定弟杜于、度洛孤面缚出降，平凉平，收其珍宝。定长安，临晋、武功守将皆奔走，关中平。车驾东还，留巴东公延普等镇安定。四年九月，加太尉长孙嵩柱国大将军，特进、左光禄大夫崔浩为司徒，征西大将军长孙道生为司空。诏曰："顷逆命纵逸，方夏未宁，戎车屡驾，不遑休息。今二寇摧殄，士马无为，方将偃武修文，遵太平之化，昧旦思求，想遇师辅。访诸有司，咸称范阳卢玄、博陵崔绰、赵郡李灵、河间邢颖、渤海高允、广平游雅、太原张伟等，皆贤俊之胄，冠冕州邦，有羽仪之用。庶得其人，任之政事，共臻邕熙之美。《易》曰：我有好爵，吾与尔靡之。如玄之比，隐迹衡门、不耀名誉者，尽敕州郡以礼发遣。"遂征玄等，及州郡所遣，至者数百人，皆差次叙用。冬十月，诏司徒崔浩改定律令。延和元年春正月，尊保太后为皇太后，立皇后赫连氏，立皇子晃为皇太子，谒于太庙，大赦，改年。大延元年，出太祖、太宗宫人，令得嫁。大赦，改年。六月，诏曰："去春小旱，冬作不茂。忧勤克己，祈请灵祇，上下咸秩。岂朕精诚有感，何报应之速，云雨震洒，流泽沾渥。有鄙妇人持方寸玉印，诣潞县侯孙家，既而亡去，莫知所在。玉色鲜白，光照内映。印有三字，为龙鸟之形，要妙奇巧，不类人迹，文曰旱疫平。推寻其理，盖神灵之报应也。朕用嘉焉。比者以来，祯瑞仍臻，所在非一。天降嘉贶，将何德以酬之。所以内省警震，欣惧交怀。其令天下大酺五日，礼报百神，守宰祭界内名山大川，上答天意，以来福禄。"二年十一月，行幸棝音固。阳，驱野马于云中，置野马苑。三年，高丽、契丹国、龟兹、悦般、焉耆、车师、栗特、疏勒、乌孙、渴盘陀、鄯善诸国各遣使朝献，奉汗血马。四年春，罢沙门年五十以下。五年六月，车驾西讨沮渠牧犍，侍中、宜都王穆寿辅皇太子决留台事。八月，车驾至姑臧，牧犍兄子祖逾城来降，乃分军围之。九月，牧犍兄子万年率麾下来降。是日，牧犍与左右文武五千人面缚军门，帝解其缚，待之以蕃臣之礼。收其城内户口二十馀万，仓库珍宝不可称计。冬十月，车驾东还宫，徙凉州民三万馀家于京师。太平真君元年六月，皇孙濬生，大赦，改年。三年春正月，帝至道坛，亲受符箓，备法驾，旗帜尽青。十月，封皇子伏罗为晋王，翰为秦王，谭为燕王，建为楚王，余为吴王。四年冬十一月，诏曰："朕承祖宗重光之绪，思阐洪基，恢隆万世。自经营天下，剪暴除乱，扫清不顺，二十年矣。夫阴阳有往复，四时有代谢。授子任贤，所以休息，优隆功臣，式固长久，盖古今不易之令典也。其令皇太子副理万机，总统百揆。诸朕功臣，勤劳日久，皆当以爵归第，随时朝请，飨宴朕前，论道陈谟而已，不宜复烦剧职。更举贤俊，以备百官。主者明为科制，以称朕心。"

五年春正月，皇太子始总百揆。诸上书者皆称臣。诏曰："愚民无识，信惑妖邪，私养师巫，挟藏谶记、阴阳、图纬、方伎之书；又沙门之徒，假西戎虚诞，生致妖孽。非所以一齐政化，布淳德于天下也。自王公已下至于庶人，有养沙门、师巫及金银工巧之人在其家者，皆遣诣官曹，不得容匿。限今年二月十五日，过期不出，师巫、沙门身死，主人门诛。明相宣告，咸使知闻。"诏曰："自顷已来，军国多事，未宣文教，非所以整齐风俗，示轨则于天下也。今制自王公已下至于卿士，其子息皆诣太学，其百工伎巧，驺率子息，当习其父兄所业，不听私立学校。违者师身死，主人门诛。"六年春正月，车驾行幸定州，引见长老，存问之。二月，遂西幸上党，观连理树于玄氏。十一月，遣殿中尚书、安定公朝茂率骑屯相州之阳平郡，发冀州民造浮桥于碻苦交切磝五交切津。七年二月，幸长安，存问父老。丁亥，幸昆明池。三月，诏诸州坑沙门，毁诸佛像。徙长安城内工巧二千家于京师。车驾旋轸，幸洛水。夏四月，车驾至自长安。毁邺城五层佛图，于泥像中得玉玺二，其文皆曰："受命于天，既寿永昌"。其一刻其旁曰："魏所受汉传国玺"。八年六月，西征诸将扶风公元处真等八将坐盗没军资，所在虏掠，赃各千万计，并斩之。九年冬十月，以婚姻奢靡，丧葬过度，诏有司更为科限。十一年春正月，行幸洛阳，所过郡国，皆亲对高年，存恤孤寡。遂征悬瓠。夏四月，车驾还宫，赐从者及留台郎吏已下生口各有差。六月，诛司徒崔浩。九月，车驾南伐。冬十月，车驾济河，诏诸将分道并进，使征西大将军、永昌王仁自洛阳出寿春，尚书长孙真趋马头，楚王建趋锺离，高凉王那自青州趋下邳。车驾自中道，十一月至邹山，刘义隆鲁郡太守崔耶利率属城降。使使者以太牢祀孔子。次于彭城，遂趋盱音吁眙音怡。十二月，车驾至淮。诏刘藋苇，作筏数万而济。义隆盱眙守将臧质闭门距守。将军胡崇之等率众二万援盱眙。燕王谭大破之，枭崇之等，斩首万馀级，淮南皆降。是月，永昌王仁攻悬瓠，拔之。获义隆守将赵淮，送京师斩之。车驾临江，起行宫于瓜步山。义隆使献百牢，贡其方物。又请进女于皇孙以求和好。帝以师婚非礼，许和而不许婚，使散骑侍郎夏侯野报之。帝诏皇孙为书致马通问焉。正平元年二月，车驾济河，次于鲁口，皇太子朝于行宫。三月，车驾至自南伐，饮至策勋，告于宗庙。夏五月，大赦。六月，改年。十月，封皇孙濬为高阳王。寻以皇孙世嫡，不宜在藩，乃止。改封秦王翰为东平王，燕王谭为临淮王，楚王建为广阳王，吴王余为南安王。二年二月，帝崩于永安宫，在位二十九年，时年四十五。秘不发丧，中常侍宗爱矫皇后令，杀东平王翰，迎南安王余入而立之，大赦，改年为承平。三月，上尊谥曰太武皇帝，葬于云中金陵，庙号世祖。冬十月，余为宗爱所贼。殿中尚书长孙渴侯与尚书陆丽迎立皇孙，是为高宗。帝生不逮密太后，及有所识，言则非恸，哀感傍人，太宗闻而嘉叹。暨太宗不豫，衣不释带。性清俭率素，服御饮膳，取给而已，不好珍丽，食不二味，所幸昭仪、贵人，衣无缣綵。群臣白帝更峻京邑城隍，以从《周易》设险之义，又陈萧何壮丽之说。帝曰："古人有言，在德不在险。屈丐蒸土筑城，而朕灭之，岂在地也？天下未平，方须民力，土功之事，朕所未为，萧何之对，非雅言也。"每以财者军国之本，无所轻费，至于赏赐，皆是死事勋绩之家，亲戚爱宠，未曾横有所及。

高宗文成皇帝

《后魏书》曰：高宗文成皇帝，讳濬，景穆皇帝之长子也。母曰闾氏。真君元年六月生于东宫。帝少聪达，世祖爱之，常置左右，号世嫡皇孙。年五岁，世祖北巡，帝在后，逢虏帅桎一奴欲加其罚。帝谓之曰：“奴今遭我，汝宜释之。”帅奉命解缚。世祖闻之，曰：“此儿虽小，欲以天子自处。”意奇之。既长，风格异常，每有大政，常参决可否。正平二年二月，中常侍宗爱弑逆立南安王余，十月又贼余于殿中，尚书长孙渴侯与尚书陆丽奉迎皇孙即帝位于永安前殿，大赦改元。兴安元年十二月，初复佛法。二年二月，发京师五千人穿天渊池。是月，刘义隆子劭杀其父而自立。夏五月，行幸崞音郭山。是月，刘劭弟骏杀劭而自立。闰月，太后赫连氏崩。八月，诏曰：“朕以眇身，纂承大业，即位以来，百姓晏安，风雨顺序，边方无事，众瑞兼呈，不可称数。又于内苑获方寸玉印，其文曰子孙长寿。群公卿士咸曰：休哉！岂朕一人克臻斯应，实由天地祖宗降祐之所致也。思与兆庶共兹嘉庆，其令民大酺三日，诸殊死已下各降罪一等。”兴光元年二月，帝至道坛，登受图箓。七月，皇子弘生。大赦，改元。大安元年，遣尚书穆伏真等二十人，巡行州郡，观察风俗。二年春正月，立皇后冯氏。二月丁巳，立皇子弘为皇太子，大赦天下。三年冬十月，将东巡狩，诏太宰常英起行宫于辽西黄山。四年春正月，至辽西黄山宫。二月，登碣石山，观沧海，大飨群臣于山上，班赏进爵各有差。改碣石山为乐游山，筑坛记日行于海滨。冬十月，北巡。至阴山，有古冢毁发，诏曰：“昔姬文葬枯骨，天下归仁。自今有穿毁坟冢者斩之。”和平二年正月，诏曰：“刺史牧民，为万里之表。自顷每因发调，逼发假贷，大商富贾，要射时利，旬日之间，增赢十倍。上下同通，分以润屋。故编户之家，困于冻馁；豪富之门，日有兼积。为政之弊，莫过于此。其一切禁绝，犯者十匹以上皆死。布告天下，咸令知禁。”二月，行幸中山。遂幸信都。车驾所过，皆亲对高年，问民疾苦。诏民年八十以上，一子不从役。灵丘南有山，高四百馀丈。乃诏群臣仰射山峰，无能逾者，帝弯弧发矢，出山三十馀丈，过山南二百二十步，遂刊石勒铭。三年冬十月，诏曰：“夫三代之隆，莫不崇尚年齿。今选举之官，多不以次，令班白处后，晚进居先。岂所谓彝伦攸叙者也！诸曹选补，宜各先尽劳旧才能。”十二月，制战阵之法十有馀条，因大傩曜兵，有飞龙、腾蛇、鱼丽之变，以示威武。四年春三月，赐京师民年七十已上太官厨食，以终其年。夏四月，上幸西苑，观射虎三头。五月行幸阴山。秋七月，诏曰："朕每岁闰月，命群臣讲武平壤。所幸之处，必立宫坛，糜费之功，损劳非一。宜仍旧贯，何必改作也。"八月，遂畋于河西。诏曰："朕顺时田猎，而从官杀获过度，既殚禽兽，乖不围之义。其敕从官及典围者诸将校，自今已后，不听滥杀。其田获皮肉，别自颁赖。"十二月，诏曰："名位不同，礼亦异数，所以殊等级，示轨仪。今丧葬嫁娶之礼未备，贵势豪富越度奢靡，非所谓式昭典宪者也。有司可为之条格，使贵贱有章，上下咸序，著之于令。"诏曰："夫婚姻者，人道之始。尊卑高下，宜令区别。然中古以来，贵族之门多不率法，或贪利财赂，或因缘私好，在于苟合，无所择选。令贵贱不分，巨细同贯，尘秽清化，亏损人伦，将何以宣示典谟，垂于来裔。今制皇族、师傅、王公侯伯及士民之家，不得与百工、伎巧、卑姓为婚，犯者加罪。"六年四月，破洛那国献汗血马，普岚国献宝剑。五月，帝崩于太华殿，在位十四年，时年二十六。六月，上尊谥曰文成皇帝，庙号高宗。葬云中之金陵。

太平御览卷第一百三　皇王部二十八

显宗献文皇帝

《后魏书》曰：显宗祖献文皇帝，讳弘，高宗文成皇帝之长子也，母曰李贵人。兴光元年秋七月，生于阴山之北。太安二年二月，立为皇太子。聪睿机悟，幼有济民神武之规，仁孝纯至，礼敬师友。和平六年夏五月，即皇帝位，大赦天下。秋七月，太尉乙浑为丞相，事无大小，皆决于浑。是岁，刘子业叔父彧杀子业僭立。天安元年春正月，大赦，改元，二月，丞相、太原王乙浑谋反伏诛。皇兴元年闰月，刘彧青州刺史沈文秀、冀州刺史崔道固并遣使请举州内属。二年夏四月，高丽、库莫奚、契丹、于阗、波斯诸国各遣使朝献。四年三月，诏宣告天下，民有病者，所在官司遣医就家诊视，所须药物，任医所须量给之。五年八月，帝欲禅位于叔父京兆王子推，群臣固请，帝乃止。后下诏曰：“朕承洪业，运属太平，淮、岱率从，四海清晏。是以希心玄古，志存淡泊。躬览万务，则损颐神之和；一日或旷，政有淹滞之失。且子有天下，归尊于父；父有天下，传之于子。今稽叶灵运，考会群心，爰命储宫，践升大位。朕方优游恭已，栖心浩然，社稷乂安，克广其业，不亦善乎？百官有司，其祗奉元子，以答天休。宣布宇内，咸使闻悉。”于是群公奏曰：“三皇之世，澹泊无为，故称皇。是以汉高祖既称皇帝，尊其父为太上皇，明不统天下。今皇帝幼冲，万机大政，犹宜陛下总之。谨上尊号太上皇帝。”乃从之。太上皇帝徙御崇光宫，采椽不斫，土阶而已。国之大事咸以闻。承明元年，年二十三，崩于永安殿，在位六年，谥曰献文皇帝，庙号显祖，葬云中金陵。

高祖孝文皇帝

《后魏书》曰：高祖孝文皇帝，讳宏，显祖献文皇帝之长子，母曰李夫人。皇兴元年八月，生于平城紫宫，神光照室，天地氤氲，和气充塞。帝生而洁白，有异姿，襁褓岐嶷，长而渊裕仁孝，卓然有君人之表。显祖尤爱异之。三年夏六月，立为皇太子。五年秋八月，即皇帝位于太华前殿，大赦，改元。延兴元年冬十月，沃野、统万二镇叛。诏太尉、陇西王元贺追击，至枹罕，灭之，斩首三万馀级；徙其遗逆于冀、定、相三州为营户。十二月，诏访舜后，获东莱郡民妫苟之，复其家毕世，以彰盛德之不朽。二年春二月，诏曰："尼父禀达圣之资，体生知之量，穷理尽性，道光四海。顷者淮、徐未宾，庙隔非所，致令祠典寝顿，礼章殄灭，遂使女巫妖觋，淫进非礼，杀生鼓舞，倡优媟狎，岂所以尊明神敬圣道者也。自今已后，有祭孔子庙，制用酒脯而已，不听妇女杂合，以祈非望之福。犯者以违制论。"夏四月，诏工商杂类，尽听赴农。诏沙门不得去寺浮游民间。是月，刘彧死，子昱僭立。秋七月，诏州郡县各遣二人才堪专对者，赴九月讲武，当亲问风俗。三年二月，诏县令能静一县劫盗者，兼治二县，即食其禄；能静二县者，兼治三县，三年迁为郡守。二千石能静二郡，上至三郡，亦如之，三年迁为刺史。三月，诏诸仓屯谷麦充积者，出赐贫民。夏四月，诏以孔子二十八世孙鲁郡孔乘为崇圣大夫，给以十户供洒扫。四年九月，以刘昱内相攻战，诏将军元兰将三万骑及假东阳王丕为后继，伐蜀汉。承明元年六月，太上皇帝崩。大赦，改年。尊皇太后为太皇太后，临朝称制。秋七月，追尊皇妣李贵人为思皇太后。太和元年七月，刘昱死，弟准僭立。二年夏四月，京师旱。祈天文于北苑，亲自礼焉。减膳，避正殿。澍雨大洽。曲赦京师。九月，龟兹国遣使献龙马。三年四月，吐谷浑国遣使献犛牛五十头。是年，岛夷萧道成废其主刘准而僭立，自号曰齐。四年春，罢畜鹰鹞之所，以其地为报德佛寺。五月，诏会京师耆老，赐锦彩、衣服、几杖、稻米、蜜、面，复家人不徭役。六年三月，萧道成死，子赜僭立。七年闰四月，皇子生，大赦天下。定州上言，为粥给饥民，所活九十四万七千馀口。八年八月，诏曰："帝业至重，非广询无以至治。今制百辟卿士，工商吏民，各上便宜利民益治，损化伤政，直言极谏，勿有所隐，务令辞无烦华，理从简实。朕将亲览，以知世要，使言之者无罪，闻之者足以戒。”九年春正月，诏曰：“图谶之兴，起于三季。既非经国之典，徒为妖邪所凭。自今图谶、秘纬及名为《孔子闭房记》者，一切皆焚之。留者以大辟论。又诸巫觋假称神鬼，妄说吉凶，及委巷诸卜非坟典所载者，严加禁断。”大飨群臣于大华殿，班赐《皇诰》。十年春正月，帝始服衮冕朝，飨万国。二月，初立党、里、邻三长，定民户籍。夏四月，始制五等公服。帝初以法服御辇，祀于西郊。八月给尚书五等品爵已上朱衣、玉佩、大小组绶。九月，诏起明堂，辟雍。冬十月，有司议依故事，配始祖于南郊。十有一年，春正月，诏定乐章，非雅者除之。十有一月诏罢尚方锦绣绫罗之工，四民欲造，任之无禁。其御府衣服、金银、珠玉、绫罗、细锦，太官杂器，太仆乘具，内库弓矢，出其太半，班赉百官及京师民庶，下至工商皂隶，逮于六镇戍士，各有差。十二月，诏秘书丞李彪、著作郎崔光改析国记，依纪传之体。十有二年春正月，初建五牛旌旗。五月，诏云中、河西及关内六郡，各修水田，通渠灌溉。增置彝器于太庙。九月，起宣文堂、经武殿。十三年春正月，车驾有事于圆丘。于是初备大驾。七月，幸灵泉池，与群臣御龙舟，赋诗而罢。立孔子庙于京师。十有四年八月，诏议国之行次。九月，皇太后冯氏崩。冬十月，葬文明太皇太后于永固陵。车驾谒永固陵。群臣固请公除，帝不许。帝居庐，引见群寮于太和殿。太尉、东阳王丕等据权制固请，帝引古礼往复，群臣乃止。十五年春正月，帝始听政于皇信东室。初分置左右史官。夏四月，帝始进蔬食。自正月不雨，至于六月癸酉，有司奏祈诏百神，曰：“昔成汤遇旱，齐景逢灾，并不由祈山川而致雨，皆至诚发中，澍润千里。万方有罪，在于一人。今普天丧恃，幽显同哀，神若有灵，犹应未忍安飨，何宜四气未周，便行祀事。唯当考躬责己，以待天谴。”五月，议改律令，上于东明观析，疑狱。八月，议养老，又议肆类上帝、禋于六宗之礼，帝亲临决。诏郡国有时物可以荐宗庙者，贡之。移道坛于桑乾之阴，改曰：“崇灵寺”。诏诸州举秀才先尽才学，亲定禘祫之礼，议律令。十有一月，诏二千石考在上上者，假四品将军，赐乘黄马一匹；上中者，五品将军；上下者，赐衣一袭。十有二月，帝为高丽王琏举哀于城东行宫。车驾迎春于东郊。十有六年春正月，飨群臣于太华殿。帝始为王公兴，悬而不乐。宗祀显祖献文皇帝于明堂，以配上帝。遂升灵台，以观云物。诏定行次，以水承金。制诸远属，非太祖子孙及异姓为王者，皆降为公，公为侯，侯为伯，伯为子，子为男。二月，诏祀唐尧于平阳。祀虞舜于广宁，夏禹于安邑，周文王于洛阳。改谥宣尼曰文圣尼父，告谥孔庙。夏四月，颁新律令，大赦天下。八月，司徒尉元以老逊位。以尉元为三老，游明根为五更。又养国老、庶老。诏曰："夫文武之道，自古并行，威福之施，必也相籍。故三、五至仁，尚有征伐之事；夏殷明睿，未舍兵甲之行，今则训文有典教，国家虽崇文以怀九服，修武以宁八荒。然于习武之方，犹为未尽。今则训文有典，教武阙然。将于马射之前，先行讲武之式。可敕有司豫修场埒。其列阵之仪，五戎之数，别俟后敕。"冬十月，太极殿成，大飨群臣。十有七年夏四月，立皇后冯氏。六月，帝将南伐，诏造河桥。立皇子恂为皇太子。秋七月，以皇太子立，诏赐民为父后者爵一级。是月，萧赜死，孙昭业僭立。八月，车驾发京师，南伐，步骑三十馀万。太尉丕奏请以宫人从，诏曰："临戎不语内事，宜停。"车驾至肆州，幸并州。亲见高年，问所疾苦。车驾所经，伤民秋稼者，亩给谷五斛。戊辰，济河。诏洛、怀、并、肆所过四州，赐高年爵。百年以上假县令，九十以上赐爵三级，八十以上赐爵二级，七十以上赐爵一级，鳏寡孤独不能自存者，人粟五斛，帛二匹；孝悌廉义、文武应求者，皆以名闻。幸洛阳，周巡故宫基趾。帝顾谓侍臣曰："晋德不修，早倾宗祀，荒毁至此，用伤朕怀。"遂咏《黍离》之诗，为之流涕。观河桥，幸太学，观《石经》。诏六军发轸。帝戎服，执鞭御马而出，群臣稽颡于马前，请停南伐，帝乃止。仍定迁都之计。冬十月，幸金墉城。诏征司空穆亮与尚书李冲、将作大匠董爵经始洛阳。帝幸河南城。幸豫州。解严设坛于滑台城东，告行庙以迁都之意。大赦天下。还，幸邺城。十有八年春，朝群臣于邺宫。车驾南巡。幸洛阳西宫。

二月，行幸河阳，规建方泽之所。车驾北巡，至平城宫。临朝堂，部分迁留。三月，罢西郊祭天。帝临太极殿，喻在代群臣以迁移之略。秋七月，以宋王刘昶为大将军。是月，岛夷萧鸾杀其主萧昭业，立业弟昭文。冬十月，亲告太庙，奉迁神主。车驾发平城宫。次于山中之唐湖。是月，萧鸾废杀其主萧昭文而僭立。车驾幸邺。经比干墓，伤其忠而获戾，亲为吊文，树碑而刊之。车驾至洛阳。萧鸾雍州刺史曹虎据襄阳降。十有二月，车驾至悬瓠。诏寿阳、锺离、马头之师，所获男女之口皆放还南。十有九年春正月，飨群臣于悬瓠。讲武于汝水之西，大赍六军。车驾济淮。二月，幸八公山。路中雨甚，诏去盖；见军士病者，亲恤之。车驾至锺离，军士擒鸾三卒，帝曰："在君为君，其民何罪。"于是免归之。车驾发锺离，遣使临江，数萧鸾罪恶。幸小沛，遣使从太牢祭汉高祖庙。行幸瑕丘，以太牢祠岱岳。诏选诸孔宗子一人，封崇圣侯，邑百户，以奉孔子之祀。又诏兖州为孔子起園柏，修饰坟垅，更建碑铭，褒扬圣德。行幸滑台，次于石济。车驾至自南伐。六月，诏始为汉语，不得以北俗之语言于朝廷，若有违者，免所居官。诏求天下遗书，秘阁所无、有裨时用者加以优赏。诏迁洛之民，死葬河南，不得还北。于是代人南迁者，悉为河南洛阳人。诏改长尺大升，依周制度，班之天下。八月，诏选天下武勇之士十五万人为羽林、虎贲，以充宿卫。九月，六宫及文武尽迁洛阳。十有二月，引见群臣于光极堂，宣示品令第，为大选之始。二十年春正月，诏改姓为元氏。二月，诏介山之邑，听为寒食，自馀禁断。帝以久旱，咸秩群臣；自癸未不食至于乙酉，是夜澍雨大洽。十有二月，开盐池之禁，与民共之。置常平仓。二十有一年春正月，立皇子恪为皇太子。夏四月，行幸长安。遣使者以太牢祭周文王于丰，祭武王于镐。六月车驾至自长安，帝亲为群臣讲丧服于清徽堂。八月，车驾南讨。九月，车驾至新野。冬十月，四面进攻，不克，诏左右军筑长围以守之。二十有二年，春正月，拔新野。三月，大破萧鸾平北将军崔惠景、黄门郎萧衍军于邓城，斩获首虏二万有馀。秋七月，诏曰："朕以寡德，属兹丧乱，实赖群英，凯清南夏，宜约躬赏效，以劝茂绩。后之私府，便可损半；六宫嫔御，五服男女，恒恤恒供，亦令减半；在我之亲，三分省一。”是月，萧鸾死，子宝卷僭立。九月，当以萧鸾死，礼不伐丧，乃诏反旆。二十有三年春正月，朝群臣于邺宫。三月，车驾南伐，帝不豫，司徒、彭城王勰侍疾禁中，摄百揆。车驾至马圈，贼将蔡道福、成公期率万人弃顺阳遁走。帝疾甚，车驾北次谷塘原。诏司徒勰征太子于鲁阳践祚。夏四月，帝崩于谷塘原之行宫，在位二十九年，时年三十三，秘讳，至鲁阳发丧，还京师。上谥曰孝文皇帝，庙曰高祖。葬长陵。帝幼有至性，寡欲宽慈，每垂矜舍。进食者曾以热羹伤帝手，又曾于食中得虫秽之物。帝笑而恕之。宦者谮帝于太后，太后大怒，杖帝数十，帝默而不自明。太后崩后，亦不以介意。听览政事，从善如流；哀矜百姓，恒思所以济益。天地、五郊、宗庙二分之礼，常必躬亲，不以寒暑为倦。雅好读书，手不释卷。《五经》之义，览之便讲，学不师授，探其精奥。史传百家，无不该涉。善谈《庄》《老》，尤明释义。才藻富赡，好为文章，诗赋铭颂，有兴而作。有大文笔，马上口授，及其成也，不改一字。自泰和十年已后诏册，皆帝之文也。自馀文章，百有馀篇。爱奇好士，情如饥渴。待纳朝贤，随才轻重，常寄以布素之意，悠然玄迈，不以世务婴心。又少而善射，有膂力。年十馀岁，能以指弹碎羊髆骨。及射禽兽，莫不随志而毙之。至年十五，便不复杀生，射猎之事悉止。性俭素，常服浣濯之衣，鞍勒铁木而已。帝之雅志，皆此类也。

世宗宣武皇帝

《后魏书》曰：世宗宣武皇帝，讳恪，高祖孝文皇帝之第二子也母曰高夫人。初，梦为日所逐，避之床下，日化为龙，绕夫人数匝，寤而惊悸，既而有娠。泰和七年闰四月，生帝于平城宫。二十一年正月，立为皇太子。二十三年夏四月，即皇帝位于鲁阳，大赦天下。帝居谅暗，委政宰辅。秋八月，遵遗诏，高祖二夫人以下悉归家。景明元年春正月，车驾谒长陵。大赦，改年。丁未，萧宝卷豫州刺史裴叔业以寿春内属。二年春正月，帝始亲政。三月，诏曰："治尚简静，任贵应事。州府佐史，除授稍多，诚为损弊，无益政道。又京师百司，寮属殷杂，官有闲长者，亦同此例。苟非精要，悉从蠲省。"是月，萧衍立宝卷弟南康王宝融为主，年号中兴。东赴建业。九月发畿内夫五万五千筑京师三百二十三防，四旬而罢。立皇后于氏。十有一月，筑圆丘于伊水之阳，仍有事焉。是月，宝卷直后张齐杀宝卷降萧衍，衍克建业。三年三月，宝卷弟建安王宝寅来降。是月，萧衍又废其主宝融而僭立，自称曰梁。九月，车驾行幸邺。诏使者吊殷比干墓。阅武于邺南。冬十月，帝亲射，远及一里五十步，群臣勒铭于射所。四年春正月，车驾籍田于千亩。三月，皇后先亲蚕于北郊。夏四月，南天竺国献辟支佛牙。正始元年春正月，大赦，改年。八月，诏洛阳令有大事听面敷奏。元英攻义阳，拔之，擒送萧衍冠军蔡灵恩等十馀将。英又大破衍将，仍清三关。冬，十有一月，敕有司依汉魏旧章，营缮国学。十二月，以苑牧公田分赐代迁之户。诏群臣议定律令。二年，诏尚书李崇、太府卿于忠、散骑常侍游肇、谏议大夫邓羡，俱为大使纠断畿内。其守令之徒，各失彰露者，即便施决，州镇重职，听为表闻。三年春正月，皇子生，大赦天下。十一月，帝为京兆王愉、清河王怿、广平王怀、汝南王悦讲《孝经》于式乾殿。四年十一月，禁河南畜牝马。自碣石至于剑阁，东西七千里，置二十二都尉。永平元年六月，诏曰："慎重狱刑，著于往诰。朕御兹宝历，明鉴未远，断决烦疑，实有攸愧。可依洛阳旧图，修听讼观，农隙起功，及冬令就。当与王公卿士亲临录问。"八月，冀州刺史、京兆王愉据州反。假尚书李平镇北将军、行冀州刺史讨之。大赦，改元。平克信都，执愉。群臣请诛，帝弗许，诏送京兆，二年春正月，胡密步就磨、忸切密、盘是、悉万斤、辛豆那、越状切拔忸诸国并遣使朝献。嚈哒、薄知国遣使来朝，贡白象一。高昌国遣使朝贡。冬十月，郢州献七宝床，诏不纳。十一月，诏禁屠杀含孕，以为永制。己丑，帝于式乾殿为诸僧、朝臣讲《维摩诘经》。三年冬十月，诏曰："朕乘乾御历，年周一纪，而道谢击壤，教惭刑措。至于下人之茕鳏疾苦，心常愍之，此而不恤，岂为民父母之意也。可敕太常于闲敞之处。别立一馆，使京畿内外疾病之徒，咸令居处。严敕医署，分师疗治，考其能否，而行赏罚。虽龄数有期，修短分定，然六疾不同，或赖针石，庶秦扁之言，理验今日矣。又经方浩博，条流处广，应病投药，卒难穷究。更令有司，集诸医士，寻篇推简，务存精要，取三十馀卷，以班九服，郡县备写，布下乡邑，使知救患之术。”延昌元年三月，京师谷贵，出仓粟八十万石以赈贫者。夏四月，诏曰：“肆州地震陷裂，死伤甚多，言念毁没，有酸怀抱，亡者不可复追，生病之徒宜加疗救。可遣太医、折伤医，并给所须之药，就治之。”大赦，改年。二年，夏四月庚子，以绢十五万匹赈恤河南郡饥民。三年春二月，诏曰：“肆州秀容郡敷城县、雁门郡原平县，并自去年四月以来，山鸣地震，于今不已，告谴彰咎，朕甚惧焉，祗畏兢兢，若临渊谷，可恤瘼宽刑，以答灾谴。”四年正月，帝不豫，丁巳，崩于式乾殿，时年三十三，谥曰宣武皇帝，庙号世宗。葬景陵。帝幼有大度，喜怒不形于色。雅性俭素。初，高祖欲观诸子志尚，乃大陈宝物，任其所取，京兆王愉等皆竞取珍玩，帝惟取骨如意而已。高祖大奇之。及庶人恂失德，高祖谓彭城王勰曰：“吾固疑此儿有非常志相，今果然矣。”雅爱经史，尤长释氏之义，每至讲论，连夜忘疲。善风仪，美容貌，临朝渊默，端严若神，有君人之量矣。

肃宗孝明皇帝

《后魏书》曰：肃宗孝明皇帝，讳诩，世宗宣武皇帝之第二子，母曰胡充华。永平三年三月，帝生于宣光殿之东北，有光照于庭中。延昌元年十月，立为皇太子。四年春正月丁巳夜，即皇帝位，大赦天下。诏太保、高阳王雍入居西柏堂，决庶政，又诏任城王澄为尚书令，百官总己以听于二王。二月，尊皇后高氏为皇太后。三月，皇太后出俗为尼，徙御金墉城。八月，尊皇太妃为皇太后。帝朝皇太后于宣光殿，大赦天下。群臣奏请皇太后临朝称制。九月，皇太后亲览万机。熙平元年，春正月，大赦，改年。二年八月，宴太祖已来宗室年十五已上于显阳殿，申家人之礼。九月，诏曰："察讼理冤，实惟政首，躬亲听览，民信所由。自今月望，当暂出城闉，亲决滞枉。主者可宣诸近远，咸使闻知。"神龟元年二月，诏以神龟表瑞，大赦改年。七月，开恒州银山之禁，与人共之。二年九月，皇太后幸崧高山。正光元年秋七月，侍中元乂、刘腾奉帝前殿，矫皇太后诏曰："世宗宣武皇帝，以叡明承业，廓宁区夏，而鸿功未半，早年登遐。乃令车书弗同，勍寇尚炽。幼主稚弱，夙纂宝历，曾是宗祏，莫克祗奉，朕所以敬慎群请，临朝总政。僶俯从事，以迄于兹。自此春来，先疾屡发，夏首及今，数加动剧，恐不堪日厘万务，巨细兼省。帝齿周星纪，识学逾跻，日就月将，人君道茂，足以抚缉万邦，谐决百揆。朕当率前志，敬逊别宫。"乃幽皇太后于北宫，杀太傅、领太尉、清河王怿。乂等，总勒禁旅，决事殿中，帝加元服，大赦改年。九月，蠕蠕而蠢切主阿那瓌来奔。戊戌，以太师、高阳王雍为丞相。十月，诏曰："蠕蠕世雄朔方，擅制漠表，邻通上国，百有馀载。宜且优以宾礼，期之立功，疏爵胙土，大启河岳，可封朔郡公、蠕蠕王，食邑一千户，锡以衮冕，加之轻盖，禄秩仪卫，同于戚藩。"二年三月，驾幸国子学，讲《孝经》。祠孔子，以颜渊配。十有二月，诏司徒崔光，安丰王延明等议定服章。三年春正月辛亥，帝耕籍田。十有一月，车驾有事圆丘。诏曰："治历明时，前王茂轨，孝成正律，奕代通规。至神龟中，始命儒官，改度易宪，如会旅衡。今天正斯始，阳煦将开，品物初萌，宜变耳目，所谓魏虽旧邦，其历维新者也。便可班宣内外，号曰《正光历》。思与亿兆共此维新，可大赦天下。"十二月，以牧守妄立碑颂，辄兴寺塔；第宅丰侈，店肆商贩，诏中尉端衡肃厉威风，以见事纠劾，七品六品，禄足代耕，亦不听锢店占肆，争利城市也。四年春二月，蠕蠕主阿那瓌帅众犯塞，遣尚书左丞元孚兼尚书，为北道行台，持节喻之。四月，阿那瓌执元孚驱掠畜牧北遁。诏骠骑大将军、尚书令李崇，中军将军、兼尚书右仆射元纂帅骑十万讨蠕蠕，出塞三千馀里，不及而还。五年，秦州城人莫折大提据城反，自称秦王，杀刺史李彦。诏雍州刺史元志讨之。南秦州城人孙獠、张长命、韩祖香据城反，杀刺史崔游以应大提。遣城人卜朝袭克高平，杀镇将赫连略、行台高元荣。太提寻死，子念生代立，僭称天子，年号天建，置立百官。孝昌元年春正月，徐州刺史元法僧据城反，害行台高谅，自称宋王，年号天启，遣其子景仲归于萧衍。遣其将朝龙牙、成景俊、元略等帅众赴彭城。诏秘书监、安乐王鉴回师以讨之。鉴于彭城南击元略，大破之，尽俘其众；既而不备，为元法僧所败。衍遣子豫章王综入守彭城，法僧拥其寮属，守令兵武及郭邑士女万馀口南入。夏四月辛卯，皇太后复临朝摄政，引群臣面陈得失。诏曰："神龟之末，权臣擅命，元乂、刘腾阴相影响，遂使皇太后幽隔后宫。无君之心，积习稍久；不臣之迹，缘事弥彰。蔽耳目之明，专生杀之柄，天下为之不康，四郊由兹多垒。此而可忍，孰不可怀？腾身既往，可追削爵位。乂之罪状，诚合徽纆，但以宗枝舅戚，特全弘贷之法，可除名为民。"秋八月，诏断远近贡献珍丽，违者免官。九月，诏减天下租调之半。十二月，山胡刘蠡升反，自称天子，置官僚。二年春正月，五原降户鲜于修礼反于定州，号鲁兴元年。二月，帝、皇太后临大夏门，亲览冤讼。六月，诏曰："自运属寇难，历载于兹，烽驿交驰，征鼓不息。朕威德不能遐被，经略无以及远，俾是苍生罹此荼炭，何以苟安黄屋，无愧黔黎。今便避居正殿，蔬餐素服。当亲自招募，收集忠勇。其有直言正谏之士，敢决徇义之夫，二十五日悉集华林东门，人别引见，共论得失。班告内外，咸使闻知。"八月，贼元洪业斩鲜于修礼，请降，为贼党葛荣所杀。都督尔朱荣于肆州执刺史尉庆宾，令其从叔羽生统州事。九月，葛荣败都督广阳王渊、章武王融于博野白牛逻，融殁于阵。荣自称天子，号曰齐国，年称广安。冬十一月，杜洛周攻陷幽州，执刺史王延年及行台常景。丙午，税京师田租，每亩五升，借赁公田者亩一升。闰月，税市人入者各一钱，居店舍为五等。三年春正月，葛荣陷殷州，刺史崔楷固执节死之。三月，诏金紫光禄大夫源子邕为大都督，讨葛荣。冬十月，以卫将军、讨虏大都督尔朱荣为车骑将军、仪同三司。雍州刺史萧宝寅据州反，自号曰齐，年称隆绪。武太元年春正月，定州为杜洛周所陷，执刺史杨津。是月，皇女生，秘言皇子，大赦，改元。二月，帝崩于显阳殿，年十九。皇子即位，大赦天下。皇太后诏曰："皇家握历受图，年将二百，祖宗累圣，社稷载安。朕以寡昧，亲临万邦，识谢涂山，德惭文母。属妖逆递兴，四郊多故。实望穹灵降祐，麟趾众繁。自潘充华有孕椒宫，冀诞储贰，而熊罴无兆，唯虺遂彰。于时以国步未康，假称统胤，欲以底定物情，系仰宸极。何图一旦，弓剑莫追，国道中胤，大行绝祀。皇曾孙故临洮王宝晖世子钊，体自高祖，天表卓异，大行平日养爱特深，义齐若子，事符当璧。及翌日弗愈，大渐弥留，乃延入清蒲，受命玉几。暨陈衣在庭，登策靡及，允膺大宝，即日践祚。朕是用惶惧忸怩，心焉靡诉。今丧君有君，宗祐惟固，宜议赏卿士，爰及百辟，凡厥在位，并加陟叙。"幼主即位。仪同三司、大都督尔朱荣抗表请奔丧，乃勒兵而入。三月，上尊谥曰孝明皇帝，葬于定陵，庙号肃宗。夏四月，尔朱荣济河。皇太后、幼主皆崩。

太平御览卷第一百四　皇王部二十九

敬宗孝庄皇帝

《后魏书》曰：孝庄皇帝，讳子攸，彭城王勰之第三子，母曰李妃。肃宗初，以勰有鲁阳翼卫之功，封帝武城县开国公，幼侍肃宗书于禁内。及长，风神秀慧，姿貌甚美。拜中书侍郎、城门校尉，兼给事黄门侍郎，雅为肃宗所亲待，长直禁中。迁散骑常侍、御史中尉。孝昌二年八月，进封长乐王。转侍中、中军将军。及武太元年春二月，肃宗崩，大都督尔朱荣将兵向京师，谋欲废立。以帝家有忠勋，且兼人望，阴与帝通，荣乃帅众来赴。夏四月，帝与兄弟夜北渡河，会荣于河阳。南济河，即帝位。以兄彭城王劭为无上王，弟霸成公子正为始平王。荣为侍中、都督内外诸军事、大将军、尚书令、领军将军，领左右卫，封太原王。百僚相率，有司奉玺绶，备法驾，奉迎于河梁。车驾巡河，西至陶渚。荣以兵权在己，遂有异志，乃害灵太后及幼主，次害无上王劭、始平王子正，公卿已下二千馀人。列骑卫帝，迁于便幕。车驾入宫，御太极殿，大赦天下，改武太为建义元年。是月，汝南王悦、北海王颢、临淮王彧前后奔萧衍，郢州刺史元愿达据城叛。五月，加大将军尔朱荣北道大行台，以尚书右仆射元荣为东道大使，征东将军、光禄勋元欣副之，循方黜陟，先行后闻。大将军尔朱荣还晋阳，帝饯于邙阴。六月，通直散骑常侍高乾邕及弟帅合流民，起兵于齐州之太原，频破州军，诏东道大使元欣喻旨，乃降。是月，葛荣饥，使其仆射任褒帅车三万馀乘南寇，至沁水。幽州平北府主簿河间邢杲，帅河北流民十馀万户反于青州之北海，自署濮王，年号天统。诏诸有私马仗从戎者，职人优两大阶。诏当亲御六戎，扫清燕代，大将军、太原王尔朱荣帅精锐十万为左军，上党王天穆总众八万为前军，司徒公杨椿勒兵十万为右军，司空公穆绍统卒八万为后军。是月，葛荣众退，屯相州之北。七月，齐献武王于邺西北招慰葛荣别帅称王者七人，众万馀，降之。加大将军尔朱荣柱国大将军、录尚书事。光州人刘举聚众数千反于濮阳，自称皇武大将军。是月，高平镇人万俟莫其二音丑奴僭大位，署置百官。八月，葛荣帅众围相州。九月，诏太尉公、上党王天穆讨葛荣，次于朝歌，以征东将军、齐州刺史元欣为沛郡王。柱国大将军尔朱荣率骑七千讨葛荣于滏口，破擒之，馀众悉降。冀、定、沧、瀛、殷五州平。大赦天下，改为永安元年。以柱国大将军、太原王尔朱荣为大丞相、都督河北畿外诸军事。冬十月，萧衍以北海王颢为魏主，年号孝基，入据南兖之铚城。二年夏四月，上党王天穆、齐献武王大破邢杲于齐州之济南，杲降，送京师。五月，元颢克梁国。内外戒严。癸酉，元颢陷荥阳。甲戌夜，车驾北巡，幸河内。丙子，元颢入洛。戊寅，太原王尔朱荣会车驾于长子，即日反旆。上党王天穆北渡河，会车驾于河内。秋七月，都督尔朱兆、贺拔胜从硖石夜济，破颢子冠受及安丰王延明军，元颢败走。车驾入居华林园，升大夏门，大赦天下。宴劳天柱大将军尔朱荣、上党王天穆及北平来督于都亭，出宫人三百、缯锦杂彩数万匹，班赐有差。三年春三月，雍州刺史尔朱天光讨丑奴、萧宝寅于安定，破擒之，囚送京师。六月，嚈哒国献狮子。九月，天柱大将军尔朱荣、上党王天穆自晋阳来朝。帝杀荣及天穆于明光殿，大赦天下。遣武卫将军奚毅、前燕州刺史侯渊帅众镇北中。是夜，左仆射尔朱世隆、荣妻乡郡长公主，帅荣部曲焚西阳门，出屯河阴。攻河桥，擒毅等屠害之。据北中城，南逼京邑。十月，通直散骑常侍、假平西将军、都督李苗以火船焚河桥，尔朱世隆退走。壬寅，尔朱世隆停建兴之高都，尔朱兆自晋阳来会之，共推太原太守、行并州刺史长广王晔为主，大赦所部，号年建明。十二月，尔朱兆寇丹谷，都督崔伯凤战殁。都督羊文义、史五龙降兆，大都督源子恭奔退。尔朱兆、尔朱度律自富平津上，率骑涉渡，以袭京城。事出仓卒，禁卫不守。帝步出云龙门。兆逼帝幸永宁之佛寺，杀皇子，乱兵杀司徒公、临淮王彧，仆射、范阳王诲。戊申，元晔大赦天下。尔朱度律自镇京师。尔朱兆迁帝于晋阳，崩于城内三级佛寺，时年二十四。中兴二年，谥为武怀皇帝。太昌元年，又谥孝庄皇帝，庙号敬宗。葬静陵。

节闵皇帝

《后魏书》曰：节闵皇帝，讳恭，字修业，广惠王羽之子也。母曰王氏。少端谨，有志度。长而好学，事祖母、嫡母以孝闻，正始中，袭爵。延昌中，拜通直散骑常侍。正光三年，加散骑常侍，领给事黄门侍郎。以元义擅权，遂称疾不起。久之，因托喑病。五年，就除金紫光禄大夫。建义元年，除仪同三司。既绝言，垂将一纪，居于龙华佛寺，无所交通。永安末，有白庄帝者，言王不语将有异图；民间游声又云有天子之气。王惧祸，逃匿上洛。寻见追蹑，执送京师，拘执多日，以无状获免。及庄帝崩，尔朱世隆等以元晔疏远，又非人望所推，以王潜默晦身，有过人量，将谋废立，恐实不语，乃令王所亲申其意旨，且兼迫胁。王遂答曰："天何言哉！"世隆等大悦。春三月，晔迫至邙南，世隆等奉王东郭之外，行禅让之礼。太尉公尔朱度律进玺绶衮冕之服，及就辂车，百官侍卫，入自建春云龙门，开太极殿前，群臣拜贺。礼毕，遂登阊阖门，诏大赦天下，以魏为大魏，改建明二年为普泰元年。是月，幽州刺史刘灵助起兵于蓟。抚军将军、金紫光禄大夫、兼侍中、河北大使高乾邕及弟平北将军、通直散骑常侍高敖曹，率众夜袭冀州，执刺史元嶷，共推前河内太守封隆之行州事。三月，封长广王为东海王，颍州王尔朱兆为天柱将军，晋州刺史、平阳郡开国公高欢封渤海信都王。夏四月，诏有司不得复称伪梁，罢细作之条，无禁邻国还往。高欢以尔朱逆乱，始兴义兵于信都。西定殷州，斩其刺史尔朱羽生，命南赵郡太守李元忠为刺史，镇广河。八月，追尊皇考为先帝，皇妣为先太妃，封皇弟永业为高密王，皇子子恕为青州渤海王，既而高欢推立安定王为帝于信都。二年三月，高欢败尔朱天光等于韩陵。夏四月，高欢使魏兰根慰喻洛邑，且观帝之为人。兰根忌帝雅德，还致毁谤，竟从崔㥄议，废帝于崇训佛寺，而立平阳王修，是为孝武帝。五月，帝遇弑殂于门下外省，时年三十五。孝武帝诏百司赴会，大鸿胪监护事，葬用王礼，加以九旒、銮辂、黄屋、左纛，班剑百二十人。后西魏追谥节闵皇帝。

后废帝安定王

《后魏书》曰：后废帝，讳朗，字仲哲，章武王融第三子也，母曰程氏。帝少称明悟。永安二年，为肆州鲁郡王后军府司马。元晔之建明二年正月，为冀州渤海太守。及高欢起义兵，将诛暴逆，乃推戴之。冬十月，即皇帝位于信都城西，升坛柴燎，大赦，称中兴元年。以高欢为侍中、丞相、都督中外诸军事、大将军、录尚书、大行台，增邑三万户；以兼侍中、抚河北大使高乾邕为侍中、司空；以前平北将军、通直散骑常侍高敖曹为骠骑大将军，仪同三司，冀州刺史以终其身。十一月，高欢率师攻邺城。二年春正月，拔邺，擒刺史刘诞。二月，以高欢为大丞相、柱国大将军、太师，增封三万户，并前为六万户。三月，以齐文襄王起家为骠骑大将军、仪同三司。车驾幸邺。闰月，尔朱天光、兆、度律、仲远等屯于洹水之南。高欢出屯紫陌。尔朱兆率轻骑三千，夜袭邺城，叩西门，不克，退走。高欢大破尔朱天光等四胡于韩陵，前废帝镇军将军贺拔胜、徐州刺史杜德于阵降。尔朱兆走并州，仲远奔东郡，天光、度律将赴洛阳。大都督斛斯椿、贾显智倍道先还。夏四月，椿等据河桥，惧罪自効，寻擒天光、度律于河桥。西北大行台长孙雅、都督贾显智等率骑入京师，执尔朱世隆、彦伯，斩于都街口，送天光、度律于高欢。尔朱仲远奔萧衍。车驾至河阳，仍逊于别邸。太昌元年五月，封安定郡王，邑一万户。后以罪殂于门下外省，时年二十。永熙二年葬于邺西南野马岗。

孝武皇帝

《后魏书》曰：孝武皇帝，讳修，字孝则，广平武穆王怀之第三子，母曰李氏。性沉厚少言，好武事。始封汝阳县公，拜通直散骑侍郎，转中书侍郎。建义初，除散骑常侍，寻迁平东将军、兼太常卿，又为镇东将军、宗正卿。永安三年，封平阳王。普泰初，转侍中、镇东将军、仪同三司、兼尚书右仆射，又加侍中、尚书右仆射。中兴二年夏四月，安定王自以疏远，未允四海之心，请逊大位。齐献武王高欢与百僚会议，佥谓高祖不可无后，乃共奉王。戊子，即帝位于东郭之外，入自东阳、云龙门，御太极前殿，群臣朝贺。礼毕，升阊阖门，大赦天下。改中兴二年为太昌元年。帝以世易，复除齐献武王为大丞相、大将军，还邺，车驾饯别于乾脯山。杀大司马、汝南王悦。大赦天下，改太昌为永兴，以同太宗时号，寻改为永熙元年。二年春正月，车驾幸崧高石窟灵岩寺。十二月，车驾狩于嵩阳，遂幸温汤，车驾还宫。三年春二月壬子，大赦。壬午，封左卫将军元斌之为颍川王。夏四月癸丑，日有蚀之。五月丙戌，置勋府庶子，箱别六百人，骑官箱别二百人，阁内部曲数千人。帝内图高欢，乃以斛斯椿为领军使，与王思政等统之，以为心膂。军谋朝政咸决于椿，分置督将及河南关西诸刺史。辛卯，下诏戒严，扬声伐梁，实谋北讨。秋七月己丑，帝亲总六军，率南阳王宝炬、清河王亶、广阳王湛、斛斯椿，以五千骑宿于瀍西阳王别舍，沙门都维那惠臻负玺、持千牛刀以从。有牛百头，尽杀以食军，士众知帝将出，其夜亡者过半。清河、广阳二王亦逃归。略阳公宇文泰遣都督骆超、李贤和各领数百骑赴，骆超先至。甲戌，贤和会帝于崤中。己酉，高欢入洛，遣匹娄昭及河南尹元子思领左右侍官追帝，请回驾。高昂率劲卒及帝于陕西。帝扬鞭长骛至湖城，饥渴甚。有王思村人以麦饭壶浆献帝，帝甘之，复一村。十年，帝至稠桑，潼关大都督毛洪宾迎献食。八月，宇文泰遣大都督赵贵梁御甲骑二千来赴，乃奉迎帝过河，谓御曰："此水东流而朕西上，若得重谒洛阳庙，是卿等功也。"帝及左右皆流涕。宇文泰迎于东阳，帝劳之，将士皆呼万岁。遂入长安，以雍州公廨为宫。大赦。甲寅，高欢推司徒清河王亶为大司马，承制总万机，居尚书省，欢追车驾至潼关。九月己酉，欢东还洛阳。帝亲督众攻潼关，斩其行台华长瑜。冬十月，高欢推清河王亶子善见为主，徙都邺。是为东魏。魏于此始分为二。十二月，帝崩，时年二十五，谥曰孝武，葬云陵。

文皇帝

《后魏书》曰：文皇帝，讳宝炬，孝文皇帝之孙，京兆王愉之子也。母曰杨氏。帝正始初，坐父愉罪，兄弟皆幽宗正寺。及宣武崩，乃得雪。正光中，拜直阁将军。时胡太后嬖宠，帝与明帝谋诛之。事泄，免官。武泰中，封邵县侯。永安三年，追封南阳王。孝武即位，拜太尉加侍中。永熙二年，进位太保、开府尚书令。三年，孝武与高欢构难，以帝为中军，四面大都督，及从入关，拜太宰、录尚书事。孝武崩，丞相、洛阳公宇文泰率群公卿士奉表劝进，三让乃许焉。大统元年春三月戊申，帝即位于西城，大赦，改元。追尊皇考为文景皇帝，皇妣杨氏为后。己酉，进丞相略阳公宇文泰都督中外诸军、录尚书事、大行台，改封安定郡公；以尚书令斛斯椿为太保，广平王赞为司徒。乙卯，立妃乙氏为皇后。二年春正月辛亥，祀南郊，改以神元皇帝配。东魏攻陷夏州。三年冬十月，安定公宇文泰大破东魏军于沙苑，拜泰柱国大将军。四年春正月辛酉，拜天于清晖室，终帝世遂为常。二月，东魏攻陷南汾颍豫广四州，废皇后乙氏。三月立蠕蠕而蠡切女都九闾氏为皇后，大赦。秋七月，东魏将侯景等围洛阳，帝与安定公宇文泰东伐。九月，车驾自东伐。五年冬十月，于阳武门外悬鼓置纸笔以求得失。六年春正月庚戌，朝群臣。自西迁至此，礼乐始备。七年十二月，御凭云观，引见诸王，叙家人之礼，手诏为宗诫十条以赐之。八年春正月，初置六军。十六年五月，东魏静帝逊位于齐。秋七月，安定公宇文泰东伐至恒农，齐师不出，乃还。九月，大赦。十七年春正月庚戌，帝崩于乾安殿，时年四十五，葬于永陵，谥曰文皇帝。

废帝

《后魏书》曰：废帝，名钦，文皇帝之长子也。母曰乙皇后。大统元年正月乙卯，立为皇太子。十七年三月，即皇帝位。二年秋八月，大将军尉迟迥克成都，剑南平。冬十一月，安定公宇文泰杀尚书元烈。三年正月，安定公宇文泰废而立齐王廓。帝自元烈之诛，有怨言。淮安王育、广平王赞等并垂泣谏，帝不听，故及于辱。

恭皇帝

《后魏书》曰：恭皇帝，讳廓。文帝之第四子也。大统十四年，封为齐王。废帝三年五月，即皇帝位，改年。十一月，魏师灭梁，戕梁元帝。梁太尉王僧辩奉元帝子方智为王承制，居建业。三年春正月丁丑，初行周礼，建六官。以安定公宇文泰为太师、冢宰，以柱国李弼为大司徒，以赵贵为太保、太宗伯，以尚书令独孤信为大司马，以于谨为大司寇，以侯莫陈荣为司空。冬十月乙亥，安定公宇文泰薨。十二月庚子，帝逊位于周闵帝。元年正月，东魏封帝为宋公。寻殂。

东魏孝静皇帝

《后魏书》曰：孝静皇帝，讳善见，清河文宣王亶之世子也，母曰胡妃。永熙二年，拜通直散骑侍郎。秋八月，为骠骑大将军、开府仪同三司。孝武既入关，渤海王高欢奉迎不克，乃与百僚会议，推帝以奉肃宗 之后，时年十一。冬十月即位，大赦天下，改永熙三年为天平元年。有事于太庙，诏曰："安安能迁，自古之明典；所居靡定，往昔之成规。是以殷迁八城，周卜三地。吉凶有数，隆替无恒。事由于通变，理出于不得已故也。高祖孝文皇帝式观乾象，俯协人谋，发自武州，来幸嵩县，魏虽旧国，其命维新。及正光之季，国步孔棘，丧乱不已，寇贼相侵，俾我生民，无所措手。今远遵古式，深验时事，考龟袭吉，迁泽漳、滏。庶克隆洪基，再昌宝历。主者明为条格，及时发迈。"车驾北迁。诏渤海王高欢留后部分，以卫军大将军、尚书令元弼为骠骑大将军，仪同三司、洛州刺史，镇洛阳。十一月，车驾幸邺。是冬，萧衍以元庆和为镇北将军、魏王，入据平濑乡。孝武崩于长安。二年春正月，渤海王高欢袭击山胡刘蠡升，大破之。诏以高欢为相国，假黄钺、剑履上殿，入朝不趋，王固让不受。三月，高欢讨刘蠡升，斩之。蠡升子高海王复僭帝号，欢进击，破擒之，及其弟西海王、皇后、夫人王公以下四百馀人，并获逋逃之民二万馀户。八月，发七万六千人营新宫。十二月车驾狩于邺。是岁，西魏文帝大统元年。三年春正月，诏加渤海王高欢九锡之礼，遣侍中元子思敦喻，固让乃止。二月，诏加渤海王世子澄使持节、尚书令、大行台、大都督。秋七月，大赦天下。四年夏四月，迁七帝神主入新庙，大赦天下。先是，萧衍因益州刺史傅和请通好。遣李谐等使于萧衍。冬十月，西魏遣其大行台元季海、大都督独孤如愿逼洛州，行军事广阳王湛弃城退还，季海、如愿遂据金墉。颍州长史贺若徽执刺史田迅西叛，引西魏都督梁回据城。西魏又遣其都督赵继宗、右丞韦孝宽等攻陷豫州。元象元年春正月，有巨象至自砀郡陂中，南兖州获送于邺。大赦，改年。大都督贺拔仁攻西魏南汾州，拔之。率豫州刺史尧雄等与大行台侯景、司徒高敖曹、大都督万俟受洛干等于北豫相会，俱讨颍州。梁回等弃城遁走，颍州平。秋七月，行台侯景、司徒高敖曹围西魏将独孤如愿于金墉城。八月，大败西魏于河阴。司徒高敖曹、仪同三司大都督李猛、宗显并战殁。西魏留其长孙子彦守金墉。渤海王高欢济河，子彦弃城走。兴和元年五月，立皇后高氏，大赦天下。秋七月，诏渤海王高欢为相国、录尚书事、大行台，固辞相国。九月，发畿内民夫十万人城邺城，四十日罢。十一月，以新宫成，大赦改元。二年春正月徙新宫，大赦天下。三年冬十月，诏群臣于麟趾阁，议新定制令，颁于天下。发夫五万人筑漳滨堰。四年夏五月，渤海王高欢请令百官月一面敷政事，明扬仄陋，纳谏屏邪，亲理狱讼。武定元年春正月，大赦，改年。车驾蒐于邯郸之西山。三月，渤海王高欢讨宇文黑獭于邙山，大破之。擒西魏临洮王森，蜀郡王荣宗，江夏王升，钜鹿王阐，谯郡王亮。追奔至恒农而还。豫、洛二州平。二年春正月，渤海王高欢请在并州置晋阳宫，以处配没之口。三月，渤海王世子高澄为大将军。五年春正月，渤海王高欢薨于晋阳。司徒侯景反，颍州刺史司马世云以城附之。景入据颍城，诱执豫州刺史高元成、广州刺史暴显等。司空韩轨，骠骑大将军、仪同三司贺拔仁，骠骑大将军、仪同三司可朱浑道元，左卫将军刘丰等率众讨之。景乃遣使降于西魏，请师救援。西魏遣其将李景和、王思政帅骑赴之。思政等入据颍州，景乃出走豫州。侯景复背西魏，归于萧衍。衍署景河南王大将军，承制。六月。司徒韩轨、司空可朱浑道元等自颍州班师。大将军高澄迎劳于石济，高澄还晋阳。秋七月，以大将军高澄为使持节、大丞相、都督中外诸军事、录尚书事、大行台、渤海王。九月，萧衍遣其兄子贞阳侯渊明率众寇徐州，堰泗水于寒山，以灌彭城。冬十月，以尚书左仆射慕容绍宗为东南道行台，与骠骑大将军、仪同三司、大都督高岳，潘相乐讨渊明。十一月，大破之，擒渊明及其二子。六年正月，大都督高岳等战于涡阳，大破侯景，俘斩五万馀人，溺于涡水，水为之不流。景走淮南。冬十月，侯景济江，推萧衍子临贺王正德为主，以攻建业。七年，萧衍弟子北徐州刺史、封山侯萧正表以锺离内属。三月，侯景克建业，还以萧衍为主。衍弟子北兖州刺史、定襄侯萧祗，湘潭侯萧退来降。夏四月，诏渤海王高澄绿绶绂，赞拜不名，入朝不趋，剑履上殿。是月，侯景杀萧衍，立子纲为主。六月，克颍州，擒西魏大将军、尚书左仆射，东道大行台、太原郡开国公王思政，颍州刺史皇甫僧显及战士男女数万口。八月，盗杀渤海王高澄。甲午，太原公高洋如晋阳。八年春正月，帝为渤海王高澄举哀于东堂。诏太原公高洋嗣事。三月，进爵为齐王。夏五月，诏齐王为相国，总百揆，备九锡之礼。以齐国太妃为王太后。诏归帝位于齐国，即日逊于别宫。齐天保元年，封中山王。二年冬十二月殂，时年二十八，谥曰孝静皇帝，葬于漳西山冈。

太平御览卷第一百五　皇王部三十

后周太祖文皇帝

《周书》曰：太祖文皇帝，姓宇文氏，讳泰，字黑獭，代郡武川人。其先出自炎帝，炎帝为黄帝所灭，子孙遁居朔野。有葛乌兔者，雄武多算略，鲜卑慕之，奉以为主，遂总十二部落，世为大人。其后裔孙曰普回，因狩得玉玺三纽，有文曰：皇帝玺，普回异之，以为天授。其俗谓天子曰宇文，因号宇文国，并以为氏焉。太祖，德皇帝之少子也。母曰王氏，初孕五月，夜梦抱子升天，才不至而止。寤而告德皇帝，德皇帝喜曰："虽不至天，贵亦极矣。"魏孝昌二年，燕州乱，太祖始以统军从尔朱荣征之。先是，北海王颢奔梁，梁人立为魏王，令率兵入洛。魏孝庄帝出居河内以避之。荣遣贺拔岳讨颢，仍迎孝庄帝。太祖与岳有旧，乃以别将从岳。及孝庄帝反正，以功封宁都子，邑三百户，迁镇远将军、步兵校尉。万俟丑奴作乱关右，孝庄帝遣尔朱天光及岳等讨之，太祖遂从岳入关，先锋破魏行台尉迟菩萨等。及平丑奴，定陇右，太祖功居多，迁征西将军、金紫光禄大夫，增邑三百户，加直阁将军，行原州事。太常元年，岳以太祖为左丞相，领岳府司马，加散骑常侍。事无巨细，皆委决焉。表太祖为持节卫将军、夏州刺史。魏永熙三年正月，岳与侯莫陈悦讨曹泥。二月，岳为悦所害。四月，太祖率轻骑临悦军，悦大惧，太祖统兵奋击，大破之，悦遁走，追及斩之。魏帝遣著作郎姚幼瑜持节劳军，进太祖侍中、骠骑大将军开府，仪同三司。关西大都督洛阳县公承制封拜，使持节如故。七月丁未，从帝洛阳，率轻骑入关。太祖备仪卫奉迎，谒见东阳驿。八月，齐神武袭陷潼关，侵华阴。太祖率诸军屯霸上以待之。齐神武留其将薛瑾守关而退。太祖乃进军袭瑾。虏其卒七千，还长安，进位丞相。冬十月，齐神武推魏清河王亶子善见为主，徙都于邺，是为东魏。闰十二月，魏孝武帝崩。

太祖立魏南阳王宝炬为嗣，是为文皇帝。大统十七年春三月，魏文帝崩，皇太子嗣位，太祖以冢宰总百揆。三年，魏帝有怨言。魏临淮王育、广平王赞等垂泣谏之，帝不听。于是太祖与公卿定议，废帝，立齐王廓，是为恭帝。元年夏四月，帝大飨群臣，魏史柳虬执简书告于朝曰："废帝，文皇帝之嗣子。年七岁，文帝托于安定公曰：是子也才，由于公；不才，亦由于公。公宜勉之。公既受兹重寄，居元辅之任，又纳女为皇后，遂不能训诲有成，致令废黜，负文皇帝付嘱之意，此咎非安定公而谁？"太祖乃令太常卢辩作诰谕公卿曰："呜呼！我群后暨众士，维文皇帝以襁褓之嗣托于予，训之诲之，庶厥有成。而予罔能革变厥心，庸暨乎废，坠我文皇帝之志。呜呼！兹咎予其焉避。予实知之，矧尔众人之心哉。惟予之颜，岂惟今厚，将恐来世以予为口实。"乙亥，魏帝诏封太祖子邕为辅城公，宪为安城公，邑各二千户。三年九月，太祖有疾，还至云阳，命中山公护受遗辅嗣子。冬十月乙亥，崩于云阳宫，还长安发丧。时年五十二。葬于成陵，谥曰文公。孝闵帝受禅，追尊为文王，庙曰太祖。武成元年，追尊为文皇帝。

孝闵皇帝

《后周书》曰：孝闵皇帝，讳觉，字陁罗尼，太祖第三子也。母曰元皇后。大统八年，生于同州。七岁，封略阳郡公。时有善相者史元华见帝，退谓所亲曰："此公子有至贵之相，但恨其寿不足以称之耳。"魏恭帝三年二月，命为安定公世子。十月乙亥，太祖崩，丙子，世子嗣位为太师、大冢宰。十二月丁亥，魏帝诏以岐阳之地封帝为周公。庚子，禅位于帝。元年春正月辛丑，即天王位。柴燎告天，朝百官于路门。追尊皇考文公为文王。皇妣为文后。大赦天下。封魏帝为宋公。帝性刚果，见晋公护执政，深忌之。司会李植、军司马孙恒以先朝佐命，入侍左右，亦疾护权重，乃与宫伯乙弗凤、贺拔提等潜谋，请帝诛护，帝许之。又引宫伯张光洛同谋，光洛密白护，护乃出植为梁州刺史，恒为潼州刺史。凤等遂不自安，更奏帝，将召群臣入，因此诛护。先洛又白之。时小司马尉迟纲总统宿卫兵，护乃召纲共谋废立。令纲入殿中，诈呼凤等论事。既至，以次执送护第，并诛之。纲乃罢禁兵，帝方悟，无左右，独在内殿，令宫人持兵自守。护又遣大司马贺兰祥逼帝逊位。遂幽于旧邸，月馀以弑崩，时年十六。护诛后，谥曰孝闵皇帝，陵曰静陵。

明皇帝

《后周书》曰：世宗明皇帝，讳毓，小名统万突，太祖长子也。母曰姚夫人。永熙三年，太祖临夏州生帝于统万城，因以名焉。大统十四年，封宁都郡公。十六年，行华州事。寻拜开府仪同三司、宜州诸军事、宜州刺史。魏恭帝三年，授大将军，镇陇右。孝闵践祚，进位柱国，转歧州诸军事、歧州刺史。治有美政，黎民怀之。及孝闵帝废，晋公护遣使迎帝于歧州。秋九月癸亥，至京师，止于旧邸。甲子，群臣上表劝进，备法驾奉迎。帝固让，群臣固请，是日，即天王位，大赦天下。乙丑，朝群臣于延寿殿。武成元年春正月乙酉，太师、晋公护上表归政，帝始亲览万机。军旅之事，护犹总焉。初改都督诸州军事为总管。八月己亥，改天王称皇帝，追尊文王为文皇帝，大赦改年。二年春正月癸丑朔，大会群臣于紫极殿，始用百戏。三月辛酉，重阳阁成，会群公列将卿大夫及突厥使者于芳林园，赐钱帛各有差。夏四月，帝因食遇毒。庚子，大渐。辛丑，崩于延寿殿。时年二十七，谥曰明皇帝，庙称世宗。葬昭陵。

武皇帝

《后周书》曰：高祖武皇帝，讳邕，字祢罗突，太祖第四子也。母曰叱奴太后，大统九年，生于同州，有神光照室。幼而孝敬，聪敏有器质。太祖异之，曰："成吾志者，必此儿也。"年十二，封辅城郡公。孝闵帝践祚，拜大将军，出镇同州。世祖即位，迁柱国，授蒲州诸军事、蒲州刺史。武成元年，入为大司空、治御正，进封鲁国公，领宗师。甚为世宗所亲爱，朝廷大事，多共参议。性沉深有远识，非因顾问，终不辄言。世宗每叹曰：“夫人不言，言必有中。”武成二年，世宗崩，遗诏传位于帝，帝固让，百官劝进，乃从之。壬寅，即皇帝位，大赦天下。保定元年春正月，戊寅，诏曰：“寒暑亟周，奄及徂岁，改元命始，国之典章，朕承宝图，宜遵故实。可改武成三年为保定元年。嘉号既新，惠泽宜溥，文武百官，各增四级。”以大冢宰、晋国公护为都督中外诸军事。四年十月，诏大将军、大冢宰、晋国公护率军伐齐，帝于太庙庭授以斧钺。于是护总大军出潼关，大将军权景宣率山南诸军出豫州，少师杨标出轵关。天和元年正月，大赦改元。五月甲午，诏曰：“道德交丧，礼义嗣兴。褒四始于一言，美三千于为敬。是以在上不骄，处满不溢，富贵所以长守，邦国于焉久安。故能承天静地，和民敬鬼，明并日月，道合四时。朕虽愚昧，有志前古。甲子乙卯，礼云不乐。苌弘表昆吾之稔，杜蒉苦怪切。有杨觯之文。自世道丧乱，礼义紊毁，此典茫然，已坠于地。昔周王受命，请闻颛顼。庙有戒盈之器，室为复礼之铭。矧伊未学，而能忘此。宜依是日，省事停乐。庶知为君之难，为臣不易。贻 之后昆，殷鉴斯在。”四年春正月辛卯朔，废朝，以齐武成薨故也。遣司会、河阳公李纶等会葬于齐，仍吊赙焉。建德元年三月癸卯朔，日有食之。齐遣使来聘。丙辰，诛大冢宰晋国公护、其子柱国谭国公会、会弟大将军莒国公至、崇业公静，并柱国侯伏侯龙恩、龙恩弟大将军万寿、大将军刘勇等。大赦，改元。罢中外府。二年秋七月己巳，祠太庙。自春末不雨，至于是月。壬辰，集百寮于文德殿，帝责躬罪己，问以治政得失。五年十月乙酉，帝总戎东伐。以越王盛为右一军总管，杞国公亮为右二军总管，隋国公杨坚为右三军总管，谯王俭为左一军总管，大将军窦恭为左二军总管，广化公丘崇为左三军总管，齐王宪、陈王纯为前军。六年春正月，尉迟勒擒齐王及其太子恒于青州。四月乙巳，至自东伐。列齐主于前，其王公等并从，车舆旗帜及器物以次陈于其后。大驾布六军，备凯乐，献俘于太庙。京邑观者皆称万岁。戊申，封齐王为温国公。宣政元年三月，于蒲州置宫。废同州及长春宫。甲戌，初服常冠，以皂纱为之，加簪而不施缨道，其制若今之折角巾也。上大将军、郯国公王轨破陈师于吕梁，擒其将吴明彻等，俘斩三万馀人。五月己丑，帝总戎北伐。遣柱国平原公姬愿、东平公宇文绅举等率军五道俱入。发关中公私马驴，悉从军。癸巳，帝不豫，止于云阳宫。丙申，诏停诸军事。六月丁酉，帝疾甚，还京。其夜，崩于乘舆。时年三十六。谥曰武皇帝，庙称高祖。葬孝陵。

宣皇帝

《后周书》曰：宣皇帝，讳赟，字乾伯，高祖长子也。母曰李太后。武成元年，生于同州。保定元年五月丙午，封鲁国公。建德元年四月癸巳，高祖亲告庙，冠于阼阶，立为皇太子。诏皇太子巡抚西土。文宣皇后崩，高祖谅暗，诏太子总朝政，五旬而罢。高祖每巡幸四方，太子常留监国。五年二月，又诏皇太子巡西土，因讨吐谷浑。宣政元年六月丁酉，高祖崩。戊戌，太子即皇帝位。尊皇后为皇太后。大象元年春正月癸酉，受朝于露门，帝服通天冠、绛纱袍，群臣皆服汉魏衣冠。大赦，改年大成。初置四辅官，以上柱国大冢宰越王盛为大前疑，相州总管蜀国公尉迟迥为大右弼，申国公李穆为大左辅，大司马隋国公杨坚为大后丞。二月辛巳，诏曰："皇太子衍，地居上嗣，正统所归。远凭积德之休，允协无疆之祚。帝王之量，不肃而成；天禄之期，不谋已至。朕今传位于衍，乃睠四海，深合讴歌之望；俾予一人，高蹈风尘之表。万方兆庶，知朕意焉。可大赦天下，改大成元年为大象元年。"帝于是自称天元皇帝，所居称天台，冕二十有四旒，车服旗鼓，皆以二十四为节。内史、御正皆置上大夫。皇帝衍称正阳宫，置纳言、御正、诸卫等官，皆准天台。尊皇太后为天元皇太后。二年五月甲午夜，帝备法驾幸天兴宫。乙未，帝不豫，还宫。诏隋国公坚入侍疾。己酉，大渐。御正下大夫刘昉，与内史上大夫郑译矫制，以隋国公坚受遗辅政。是日，帝崩于天德殿。时年二十二，谥曰宣皇帝。葬定陵。

静皇帝

《后周书》曰：静皇帝，讳衍，后改为阐，宣帝长子也。母曰朱皇后。建德二年六月，生于东宫。大象元年正月癸卯，封鲁王。戊午，立为皇太子。二月辛巳，宣帝于邺宫传位授帝，居正阳宫。二年夏五月乙未，宣帝寝疾，诏帝入宿于露门学。己酉，宣帝崩，帝入居天台，废正阳宫。大赦天下，停洛阳宫作。大定元年春正月壬午，诏曰："朕以不天，夙遭极罚。光阴遄速，遽及此辰。穷慕缠绵，言增号绝。逾祀革号，宪章前典，可改大象三年为大定元年。"二月庚申，大丞相、隋王杨坚为相国，总百揆，备九锡之礼。又加冕十有二旒，建天子旌旗，出警入跸，并依魏晋故事。甲子，隋王杨坚称号，帝逊于别宫。隋氏奉帝为介国公，邑万户，车服礼乐一如周制，上书不为表，答不称诏。有其文，事竟不行。开皇元年五月壬申，崩，时年九岁，谥曰静皇帝，葬恭陵。

太平御览卷第一百六 皇王部三十一

隋高祖文皇帝

《隋书》曰：高祖文帝，姓杨氏，讳坚，弘农郡华阴人也。汉太尉震八代孙铉，仕燕为北平太守。铉生元寿，后魏代为武川镇司马，子孙因家焉。元寿生太原太守惠嘏，惠嘏生平原太守烈，烈生宁远将军祯，祯生忠，忠即皇考也。皇考从周太祖起义关西，赐姓普六茹氏，位至柱国、大司空、隋国公。薨，赠太保，谥曰桓。皇妣吕氏，以大统七年六月癸丑夜，生高祖于冯翊般若寺，紫气充庭。有尼来自河东，谓皇妣曰："此儿所从来甚异，不可于俗间处之。"尼将高祖舍于别馆，躬自抚养。皇妣尝抱高祖，忽见头上角出，遍体鳞起。皇妣大骇，坠高祖于地。尼自外入见曰："已惊我儿，致令晚得天下。"为人龙颜，额有五柱入顶，目光外射，有文在手曰："王"。长上短下，深沉严重。初入太学，虽至亲昵，不敢狎也。年十四，京兆尹薛喜辟为功曹。十五，以太祖勋授散骑常侍、车骑大将军、仪同三司，封成纪县公。武帝即位，迁左小宫伯。出为隋州刺史，进位大将军。后征还，遇皇妣寝疾三年，昼夜不离左右，世称纯孝。宇文护执政，尤忌高祖，屡将害焉，大将军侯伏侯寿等匡护得免。其后袭爵隋国公。武帝娉高祖长女为皇太子妃，益加礼重。齐王宪言于帝曰："普六茹坚相貌非常，臣每见之，不觉自失。恐非人下，请早除之。"帝曰："此止可为将耳。"内史王轨骤言于帝曰："皇太子非社稷主，普六茹坚貌有反相。"帝不悦，曰："必天命有在，将若之何？"高祖甚惧，深自晦匿。建德中，率水军三万，破齐师于河桥。明年，从帝平齐，进位柱国。与宇文宪破齐任城王高湝于冀州，除定州总管。宣帝即位，以后又征拜上柱国、大司马。大象初，迁太仆丞、右司武，俄转大府丞，帝每巡幸，恒委以居守。大象二年五月，以高祖为扬州总管，将发，暴有足疾，不果行。乙未，宣帝崩。时静帝幼冲，未能亲理政事。内史大夫郑译、御正大夫刘昉以高祖皇后之父，众望所归，遂矫诏引高祖入总朝政，都督内外诸军事。周氏诸王在藩者，高祖恐其生变，称赵王招将嫁女于突厥为词以征之。丁未，发丧。庚戌，周帝拜高祖假黄钺，左丞相，百官总己而听焉。十二月甲子，周帝诏以郢州之汉东二十郡为隋国，剑履上殿，入朝不趋，赞拜不名，备九锡之礼。加玺绂远游冠，相国印，绿綟绶，位在诸王上。隋国置丞相已下一依旧式，高祖再让不许。于是建台置官。大定元年二月丙辰，诏王冕十有二旒，建天子旌旗，出警入跸，乘金根车，驾六马，备五时副车，置旄头云罕，乐舞八佾，设钟虡宫悬。王妃为王后，长子为太子。前后三让，乃受。俄而周帝以众望有归，乃下诏遣大宗伯、大将军、金城公赵煚奉皇帝玺绂，百官劝进。高祖乃受焉。

开皇元年二月甲子，上自相府常服入宫。备礼即皇帝位于临光殿。设坛于南郊，遣使柴燎告天。是日大赦，改年为开皇。六月癸未，诏以初受天命，赤雀降祥，五德相生，赤为火色。其郊及社庙，依服冕之仪，而朝会之服、旗帜、牺牲，各令尚赤。戎服以黄。秋七月乙卯，上始服黄，百僚毕贺。二年六月丙申，诏曰："龙首山川原秀丽，卉物滋阜，卜食相土，宜建都邑，定鼎之基永固，无穷之业所在。公私府宅，规模远近，营构资费，随事条奏。"仍诏左仆射高颎、将作大匠刘龙、钜鹿郡公贺娄子干、太府少卿高龙乂等创造新都。三年春正月庚子，将入新都，大赦天下。六年二月丁亥，发丁男十一万修筑长城，三旬而罢。七年春正月癸巳，有事于太庙。乙未，制诸州岁贡三人。丁巳，祀朝日于东郊。己巳，陈遣兼散骑常侍王亨、兼通直散骑常侍王眘来聘。壬申，车驾幸醴泉宫。是月，发丁男十万馀修筑长城，二旬而罢。夏四月己酉，幸晋王第。庚戌，于扬州开山阳渎，以通运漕。八年冬十月甲子，将伐陈，有事于太庙。命晋王广、秦王俊、清河公杨素并为行军元帅，以伐陈。九年春正月己巳，白虹夹日。辛未，贺若弼拔陈京口，韩擒虎拔陈南豫州。癸酉，以尚书右仆射虞庆则为右卫大将军。景子，贺若弼败陈师于蒋山，获其将萧摩诃。韩擒虎进师于建业，获其将任蛮奴，获陈主叔宝。陈国平，得州三十，郡一百，县四百。癸巳，遣使持节巡抚之。夏四月己亥，幸骊山，亲劳旋师。乙巳，三军凯入，献俘于太庙，拜晋王广为太尉。五月己卯，以吏部尚书苏威为尚书右仆射。六月乙丑，以荆州总管杨素为纳言。丁丑，以吏部侍郎卢恺为礼部尚书。时朝野物议，咸愿登封。秋七月景午。诏曰："岂可命一将军，除一小国，遐迩注意，便谓太平。予以薄德而封名山，用虚言而干上帝，非朕攸闻。而今以后，言及封禅，宜即禁绝。"二十年冬十月乙丑，皇太子勇及诸子并废为庶人。杀柱国、太平县公史万岁。己巳，杀左卫大将军、五原郡公元旻。十一月戊子，天下地震，京师大风雪。以晋王广为皇太子。十二月戊午、诏东宫官属不得称臣于皇太子。仁寿元年春正月乙酉朔，大赦，改元。以尚书右仆射杨素为尚书左仆射，纳言苏威为尚书右仆射。丁酉，徙河南王昭为晋王。三年七月，诏令州县搜扬贤哲，皆取明知今古，通识治乱，究政教之本，达礼乐之源。不限多少，不得不举。以三旬，咸令进路。征召将送，必须以礼。四年春正月景辰，大赦。甲子，幸于仁寿宫。乙丑，诏赏罚支度，事无巨细，并付皇太子。夏四月乙卯，上不豫。六月庚申，大赦天下。八月甲辰，上疾甚，卧于仁寿宫，与百僚辞诀，并握手歔欷。是时，唯太子及陈宣华夫人侍疾，太子无礼，宣华诉之。帝怒曰："死狗，那堪付后事？"遽令召勇。杨素秘不宣，乃屏左右，令张衡入，拉帝血溅屏风，冤痛之声闻于外。年六十四，在位二十四年。

史臣曰："高祖龙德在田，奇表见异，晦明藏用，故知我者稀。始以外戚之尊，受托孤之任，与能之议，未为当时所许，是以周室旧臣，咸怀愤惋。既而王谦固三蜀之阻，不逾期月，尉迟迥举全齐之众，一战而亡，斯乃非止人谋，抑亦天之所赞也。乘兹机运，遂迁周鼎。于时蛮夷、猾夏，荆、扬未一，劬劳日昃，经营四方。楼船南迈则金陵失险，骠骑北指则单于款塞，《职方》所载，并入疆理，《禹贡》所图，咸受正朔。虽晋武之克平吴、会，汉宣之推亡固存，比义论功，不能尚也。七德既敷，九歌已洽，要荒咸暨，尉侯无警。于是躬节俭，平徭赋，仓廪实，法令行，君子咸乐其生，小人各安其业，强无凌弱，众不暴寡，人物殷阜，朝野欢娱。二十年间，天下无事，区宇之内晏如也。考之前王，足以参踪盛烈。但素无学术，不能任下，无宽仁之度，有刻薄之资，暨乎暮年，此风愈扇。又雅好符瑞，暗于大道，建彼维城，权侔宗室，人皆同帝制，靡所适从，听哲妇之言，惑邪臣之说，溺宠废嫡，托付失人，灭父子之道，开昆弟之隙，纵其寻斧，剪伐本枝。坟土未干，子孙继踵屠戮，松檟才列，天下皆非隋有。惜哉！迹其衰怠之源，稽其乱亡之兆，起自高祖，成于炀帝，所由来远矣，非一朝一夕。其不祀忽诸，未为不幸也。

炀皇帝

《隋书》曰：炀皇帝，讳广，一名英，小字阿麽，高祖第二子也。母曰文献独孤皇后。上美姿仪，少敏慧，高祖及后于诸子中特所钟爱。在周，以高祖勋封雁门郡公。开皇元年，立为晋王，拜柱国、并州总管，时年十三。寻授武卫大将军，进位上柱国、河北道行台尚书令，大将军如故。高祖令项城公韶、安道公李彻辅导之。上好学，善属文，沉深严重，朝野属望。高祖密令善相者来和遍视诸子，和曰："晋王眉上双骨隆起，贵不可言。"既而高祖幸上居第，见乐器弦多断绝，又有尘埃，若不用者，以为不好声妓，善之。上尤自矫饰，当时称为仁孝。尝观猎遇雨，左右进油衣，上曰："士卒皆沾湿，我独衣此乎！"乃令持去。六年，转淮南道行台尚书令。其年，征拜雍州牧、内史令。八年冬，大举伐陈，以上为行军元帅。及陈平，进位太尉，赐辂车、乘马、衮冕之服，玄圭、白璧各一，复拜并州总管。高祖之祠太山，领武候大将军。明年，归藩。后数载，突厥寇边，复为行军元帅，出灵武，无虏而还。及太子勇废，立上为皇太子。是月，当受册。高祖曰："吾以大兴公成帝业。"令上出舍大兴县。其夜，烈风大雪，地震山崩，民舍多坏，压死者百馀口。仁寿初，奉诏巡抚东南。是后，高祖每避暑仁寿宫，恒令上监国。四年七月，高祖崩，上即皇帝位于仁寿宫。八月，奉梓宫还京师。并州总管汉王谅举兵反，诏尚书左仆射杨素讨平之。十一月癸丑，诏可於伊雒营建东京，即设官分职以为民极也。

大业元年正月壬辰朔，大赦，改元。立妃萧氏为皇后。改豫州为秦州，洛州为豫州。废诸州总管府。景申，立晋王昭为皇太子。三月丁未，诏尚书令杨素、纳言杨达、将作大匠宇文恺建东京，徙豫州郭下居民以实之。辛亥，发河南诸郡男女万馀，开通济渠，自西苑引谷、洛水达于河，自板渚引河通于淮。庚申，遣黄门侍郎王弘、上仪同于士澄往江南采木，造龙舟、凤舸，黄龙、赤舰、楼船等数万艘。七月景子，诏曰："今宇宙平一，文轨攸同，十步之内，必有芳草，四海之中，岂无奇秀！诸在家及见入学者，若有笃志好古，耽悦典坟，学行优敏，堪膺时务，所在采访，具以名闻，即当随其器能，擢以不次。"八月壬寅，上御龙舟，幸江都。以左武卫大将军郭衍为前军，李景为后军，文武官五品以上给楼船，九品以上给黄筏。舳舻相接，二百馀里。冬十月己丑，赦江淮以南。阳州给复五年，旧总管内给复三年。

二年春正月辛酉，东京成，赐监督者各有差。三月庚午，车驾发江都。夏四月，庚戌，上自伊阙，陈法驾，备千乘万骑，入于东京。辛亥，上御端门，大赦，免天下今年租赋。三年四月甲午，诏曰："夫孝悌有闻，人伦之本；德行敦厚，立身之基。或节义可称，或操履清洁，所以激贪厉俗，有益风化。强毅正直，执宪不挠，学业优敏，文才秀美，并为廊庙之用，实乃瑚琏之资。才堪将略，则拔之以御侮，膂力骁壮，则任之爪牙。爰及一艺可取，亦宜采录，众善毕举，与时无弃。以此求治，庶几非远。文武有职事者，五品已上，宜依今十科举人。有一于此，不必求备。朕当待以不次，随才升擢。"景申，车驾北巡狩。六月戊子，次榆林郡。丁酉，启民可汗来朝。己亥，吐谷浑、高昌并遣使贡方物。甲辰，上御北楼，观渔于河北宴百僚。秋七月辛亥，启民可汗上表请变服，袭冠带。诏启民赞拜不名，位在诸侯王上。甲寅，上于郡城东御大帐，其下备仪卫，建旌旗，宴启民及其部落三千五百人，奏百戏之乐。赐启民及其部落各有差。八月壬午，车驾发榆林。乙酉，启民饰庐清道，以候乘舆。帝幸其帐，启民奉觞上寿，宴赐极厚。上谓高丽使者曰："归语尔王，当早来朝见。不然吾，吾与启民巡彼土矣。"皇后亦幸义城公主帐。己丑，启民可汗归蕃。癸巳，入楼烦关。壬寅，次太原，诏营晋阳宫。九月己未，次济源。幸御史大夫张衡宅，宴享极欢。己巳，至东都。

五年三月，己巳，车驾西巡河右。己亥，幸扶风旧宅。夏四月己亥，大猎于陇西。壬寅，高昌、吐谷浑、伊吾并遣使来朝。乙巳，狄道、党项羌来贡方物。癸亥，出临津关，渡黄河，至西平，陈兵讲武。五月乙亥，上猎于拔延山，长围周亘二十里。庚辰，入长宁谷，度星岭。甲申，宴群臣于金山之上。六月，景午，次张掖。辛亥，诏诸郡学业该通、才艺优敏，膂力骁壮、超绝等伦，在官勤奋、堪理政事，立性正直、不避强御，四科举人。壬子，高昌王麹伯雅来朝，伊吾吐屯设等献西域数千里之地。上大悦。景辰，上御观风行殿，盛陈文物，奏九部乐，设鱼龙幔延，宴高昌王、吐屯设于殿上，以宠异之。其蛮夷陪列者三十馀国。戊午，大赦天下。开皇已来，流配悉放还乡，晋阳逆党，不在此例。陇右诸郡，给复一年；行经之所，给复二年。秋七月丁卯，置马牧于青海渚中，以求龙种，无效而止。九月癸未，车驾入长安。六年二月庚申，征魏、齐、周、陈乐人，悉配太常。三月癸亥，幸江都宫。甲子，以鸿胪卿史祥为左骁卫大将军。夏四月丁未，宴江淮以南父老，颁赐各有差。

七年二月己未，上升钓台，临扬子津，大宴百寮，颁赐各有差。庚申，百济遣使朝贡。乙亥，上自江都御龙舟入通济渠，遂幸于涿郡。八年春正月辛巳，大军集于涿郡。壬午，下诏曰："高丽小丑，昏迷不恭，崇聚渤、碣之间，荐食辽、秽之境。亲总六师，用伸九伐，拯厥阽危，协从天意。若高丽泥首辕门，自归司寇，即宜解缚焚榇，弘之以恩。其馀臣人归朝奉顺，咸加抚慰，各安生业，随才任用，无隔夷夏。营垒所次，务在整肃，刍荛有禁，秋毫勿犯。布以恩宥，喻以祸福。若其同恶相济，抗拒官军，国有常刑，俾无遗类。明加晓示，称朕意焉。"总一百一十三万三千八百，号二百万，其馈运者倍之。癸未，第一军发，终四十日，引师乃尽。旌旗亘千里，近古出师之盛，未有之也。三月癸巳，上御师。甲子，临戎于辽水桥。戊戌，大军为贼所拒，不果济。右屯卫大将军、左光禄大夫麦铁杖，武贲郎将钱士雄、孟金义等，皆死之。甲午，车驾度辽。大战于东岸，击贼破之，进围辽东。时诸将各奉旨，不敢赴机。既而高丽各城守，攻之不下。六月己未，幸辽东，责怒诸将。止城西数里，御六合城。七月壬寅，宇文述等败绩于萨水，右屯卫将军辛士雄死之。九军并陷，将帅奔还亡者二千馀骑。癸卯，班师。九月庚寅，上至东都。

九年春正月丁丑，征天下兵，募民为骁果，集于涿郡。三月戊寅，幸辽东，以越王侗、民部尚书樊子盖留守东都。庚子，北海人郭方预聚徒为盗，自号卢公，众至三万，攻陷郡城，大掠而去。夏四月庚午，车驾渡辽。壬申，遣宇文述、杨义臣趣平壤。五月丁丑，荧惑入南斗。己卯，济北人甄宝车聚众万馀，寇掠城邑。六月乙巳，礼部尚书杨玄感反于黎阳。丙辰，玄感逼东都。河南赞治裴弘策拒之，反为贼所败。戊辰，兵部侍郎斛斯政奔于高丽。庚午，上班师，高丽犯后军。八月壬寅，左翊卫大将军宇文述等破杨玄感于阌乡，斩之。馀党悉平。十年二月辛卯，诏曰："蕞尔高丽，僻居荒表，鸱张狼噬，侮慢不恭，抄窃我边陲，侵轶我城镇。是以去岁出军，问罪辽、碣，殪长蛇于玄菟，戮封豕于襄平。扶馀众军，风驰电逝，追奔逐北，径逾沮水，沧海舟楫，冲贼腹心，焚其城郭，污其宫室。高元伏锧泥首，送款军门，寻请入朝，归罪司寇。朕以许其改过，乃诏班师。而长恶靡悛，宴安鸩毒，此而可忍，孰不可容！便可分命六师，百道俱进。朕当亲执武节，临御诸军，秣马九都，观兵辽水，顺天诛于海外，救穷民于倒悬。征伐以正之，明德以诛之，止除元恶，馀无所问。"三月壬子，行幸涿郡。癸亥，次临渝宫，亲御戎服，祃祭黄帝，斩叛军者以衅鼓。秋七月甲子，高丽遣使请降，囚送斛斯政。上大悦。八月己巳，班师。十二月壬申，上如东都。其日，大赦天下。戊子，入东都。

十二年七月甲子，幸江都宫，以越王侗、光禄大夫段达、大府卿元文都、检校民部尚书韦津、右武卫将军皇甫无逸、右司郎卢楚等总留后事。十三年二月己丑，马邑校尉刘武周杀太守王仁恭，举兵作乱，北连突厥，自称定杨可汗。庚寅，贼帅李密、翟让等陷兴洛仓。越王侗遣虎贲郎将刘长恭、光禄少卿房崱击之，反为所败，死者十五六。庚子，李密自号魏公，称元年，开仓以赈群盗，众至数十万，河南诸郡相继皆陷焉。五月甲子，唐公起义师于太原。丙寅，突厥数千寇太原，唐公击破之。秋七月壬子，荧惑守积尸。丙辰，武威人李轨等举兵反，攻陷河西诸郡，自称凉王，建元安东。八月辛巳，唐公破武牙郎将宋老生于霍邑，斩之。十一月景辰，唐公入京师。辛酉，遥尊帝为太上皇，立代王侑为帝，改年义宁。帝在江都闻唐公举兵，动容者久之。以手琢案曰："渠有奇相，渠得之矣。"如此者再三，遂欲渡江幸丹阳。时宿卫诸将皆是秦人，各有怀土之志。宇文化及因人之心与裴虔通作乱，入犯宫闱。宿卫皆走，遂执帝，将出示众，数以十罪。复引帝入，求鸩不得。令狐行达牵帝使坐，以练布缢之。时年五十。萧后令宫人撤床箦为棺以埋之。化及发后，右御卫将军陈稜奉梓宫于成象殿，葬吴公台下。发敛之始，容貌若生，众咸异之。唐平江南之后，改葬雷塘。初，上自以藩王，次不当立，每矫情饰行，以钓虚名，阴有夺宗之计。时高祖雅信文献皇后，而性忌媵妾，皇太子勇内多嬖幸，以此失爱。帝后庭有子，皆不育之，示无私宠，取媚于后。大臣用事者，倾心与交。中使至第，无贵贱，皆曲承颜色，伸以厚礼。婢仆往来者，无不称其仁孝。又常私入宫掖，蜜谋于献后，杨素等因机构扇，遂成废立。

太平御览卷第一百七　皇王部三十二

隋恭皇帝

《隋书》曰：恭皇帝讳侑，元德太子之子也。母曰韦妃。性聪敏，有器度。大业三年。立为陈王。后数载，徙为代王，邑万户。及炀帝亲征辽东，令于京师总留事。十一年，从幸晋阳，拜太原太守。寻镇京师。义兵入长安，尊炀帝为太上皇，奉帝纂业。大业十三年十一月壬戌，上即皇帝位于大兴殿，诏大赦天下，改义宁元年，大辟罪已下，咸赦除之。甲子，以光禄大夫、大将军、太尉唐公为假黄钺、使持节、大都督内外诸军事、尚书令、大丞相，进封唐王。二年三月丙辰，左屯卫将军宇文化及弑太上皇于江都宫，立秦王浩为帝。戊辰，诏唐王备九锡之礼，加玺绂、远游冠、绿綟绶，位在诸侯王上。唐国置丞相以下，一依旧式。五月，戊午，诏曰："天祸隋国，大行太上皇遇盗江都，酷甚望夷，衅深骊北。悯予小子，奄逮不愆，哀号永感，心情糜溃，仰惟荼毒，仇复靡申，形影相吊，罔知启处。相国唐王，膺期命世，扶危拯溺，自北徂南，东征西怨，总九合于一匡，决百胜于千里，纠率夷夏，大庇氓黎，保乂朕躬，繄王是赖。德侔造化，功格苍旻，兆庶归心，历数斯在，屈为人臣，载违天命。在昔虞、夏，揖让相推，苟非重华，谁堪命禹！当今九服崩离，三灵改卜，大运去矣，请避贤路，兆谋布德，顾己莫能，私僮命驾，须归藩国。予本代王，及予而代，天之所废，岂其如是！庶凭稽古之圣，以诛四凶，幸值维新之恩，预充三恪。雪冤耻于皇祖，守禋祀于孝孙，朝闻夕殒，及泉无恨，今遵故事，逊于旧邸。庶官群辟，改事唐朝，宜依前典，趣上尊号。若释重负，感泰兼怀，假手真人，俾除丑逆。济济多士，明知朕意。"仍敕有司，凡有表奏，皆不得以闻。是日，上逊位于大唐。唐以上为酅国公。武德二年夏五月崩，时年十五。

史臣曰：“恭帝年在幼冲，遭家多难，一人失德，四海土崩。群盗蜂起，豺狼塞路，南巢遂往，流彘不归。既钟百六之期，躬践数终之运，讴歌有属，笙镛变响，虽欲不遵尧舜之迹，其庸可得乎！”

李密附

《唐书》曰：李密，字玄邃，本辽东襄平人也。父宽，隋上柱国、蒲山公。密以父荫为左亲侍，常在仗下，炀帝顾见之，退谓许公宇文述曰：“向者左仗下黑色小儿为谁？”许公对曰：“故蒲山公李宽子密也。”帝曰：“个小儿视瞻异常，勿令宿卫。”他日，述谓密曰：“弟聪令如此，当以才学取官，三卫丛脞，非养贤之所。”密大喜，因谢病，专以读书为事，时人希见其面。尝欲寻包恺，乘一黄牛，被以蒲鞯，仍将《汉书》一帙挂于角上，一手捉牛靷，一手翻卷书读之。尚书令、越国公杨素见于道，从后按辔蹑之。既及，问曰：“何处书生，耽学若此？”密识越国公，乃下牛再拜，自言姓名。又问所读书，答曰：《项羽传》。越公奇之，与语大悦，谓其子玄感等曰：“吾观李密识度，汝等不及。”于是玄感倾心结托。大业九年，炀帝伐高丽，使玄感于丽阳监运。时天下骚动，玄感将谋举兵，潜遣人入关迎密，以为谋主。密至，谓玄感曰：“今天子出征，远在辽外，今公拥兵出其不意，长驱入蓟，直扼其喉。前有高丽，退无归路，不过旬朔，赍粮必尽。举麾一召，其众自降，不战而擒，此计之上也。关中四塞，天府之国，若西入长安，掩其无备，天子虽还，失其襟带。据险临之，故当必克，万全之势，此计之中也。若随近逐便，先向东都，顿坚城之下，胜负殊未可知，此计之下也。”玄感曰：“公之下计，乃上策也。”密计遂不行。及玄感败，密乃间行入关，为捕者所获。时炀帝在高丽，密与其党俱送帝所，及出关外，防禁渐弛，密请通市酒食，每夜宴饮，喧哗竟夕，使者不以为意。行至邯郸，密等七人夜穿墙而遁。诣淮阳，隐姓名，自称刘智远，聚徒教授。经数月，密郁郁不得志，为诗曰：“金风荡初节，玉露凋晚林。此夕穷途士，郁陶伤寸心。野平葭苇合，村落藿藜深。眺听良多感，徙倚独沾襟。沾襟何所为，怅然怀古意。秦俗犹未平，汉道将何冀？樊哙市井屠，萧何刀笔吏。一朝时运会，万古传名谥。寄言世上英，虚生真可愧。”诗成而泣下数行。会东都贼帅翟让聚党万馀人，密往归之。密因王伯当以策干让曰：“当今主昏于上，人怨于下，锐兵尽于辽东，和亲绝于突厥，方乃巡游扬、越，委弃京都，此亦刘、项奋起之会。以足下雄材大略，席卷二京，诛灭暴虐，则隋氏之不足亡也。”翟让深加敬异，遣说诸小贼，所至皆降。密又说让曰：“今兵众既多，粮无所出，若直取荥阳，休兵馆谷，待士勇马肥充，然可与人争利。”让以为然。于是破金堤关，掠荥阳诸县堡城，多下之。荥阳太守杨庆及通守张须陁以兵讨让，让大惧，将远避之。密曰：“须陁勇而无谋，兵又骤胜，既骄且狠，可一战而擒之。公但列阵以待，为公破之。”将战，密分兵千馀人于林木间设伏。让与战不利，稍却，密发伏自后掩之，须陁众溃，与让合击，大破之，遂斩须陁于阵。让于是令密别统所部。密寻复说让曰：“昏主蒙尘，播荡吴、越，群兵竞起，海内饥荒。明公以英杰之才，统骁雄之旅，宜当廓清天下，诛剪群凶，岂可求食草间，常为小盗而已。今东都士庶，中外离心，留守诸官，政令不一。明公亲率大众，直掩兴洛仓，发粟以赈穷乏，远近孰不归附？百万之众，一朝可聚，先发制人，此机不可失也！”让曰：“请君先发，仆领诸军便为后殿。得仓之日，当别议之。”大业十三年春，密与让领精兵七千人出阳城北，逾方山，自罗口袭兴洛仓，破之。开仓恣人所取，老弱襁负，道路不绝，众至数十万。隋越王侗遣虎贲郎将刘长恭率步骑二万五千讨密，密一战破之，长恭仅以身免。让于是推密为主，号为魏公。二月，于巩南设坛场，即位，称元年，其文书行下称行军元帅魏公府。拜翟让为司徒，封东郡公。于是城洛口以居之。隋虎贲郎将裴仁基率其子行俨以武牢归密，因遣仁基与孟让率兵二万馀人袭兴洛仓，破之。入东都郛郭，掠居人，烧天津桥，东都出兵乘之，仁基等大败，密复亲率兵三万逼东都，将军段达等出兵七万拒之，战于故都城，隋军败走。密复下兴洛仓而据之，大修营堑，以逼东都，仍作书数炀帝十罪以移郡县。密兵锋甚锐，每入苑与隋军连战，会密为流矢所中，卧于营内，东都复出兵乘之，密众大溃，弃兴洛仓，归于洛口。炀帝遣王世充率劲卒五万击之。密与战不利，世充营于洛西，与密相拒百馀日，大小六十馀战。武阳郡丞元宝藏、黎阳贼帅李文相、平原贼帅郝孝德并归于密，共袭破黎阳仓，据之。翟让部将王儒信劝让为大冢宰，总统众务，以夺密之权。让兄宽复谓让曰："天子止可自作，安得与人！若汝不能作，我当为之。"密闻其言，阴有图让之计。会世充列阵而至，让出拒之，为世充所击，让军少失利，密率精锐赴之，世充败走。明日，让至密所，欲为宴乐，具馔以待之。密引让而坐，以良弓示让，让方引满，密遣壮士自后斩之，并杀其兄宽及王儒信。让部将徐世勣、单雄信等顿首求哀，密并释而慰喻之。乃命徐世勣、单雄信、王伯当分统其众。未几，世充袭仓城，密复破之。世充复移营洛北，造浮桥，悉众以击密，密与千馀骑拒之，不利而退。世充因薄其城下，密简锐卒数百人以邀之，世充大溃，乘胜陷偃师，于是修金墉城居之，有众三十馀万。将作大匠宇文恺叛东都，降于密。东至海、岱，南至江、淮，郡县莫不遣使归密。窦建德、朱粲、杨士林、孟海公、徐图朗、卢祖尚、周法明等并随使通表于密劝进，于是密下官属咸劝密即尊号，密曰："东都未平，不可议此。"及义旗建，密负其强盛，欲自为盟主，乃致书于高祖为请兄合从以灭隋，高祖览书笑曰："李密陆梁放肆，不可以折简招之。吾方安辑京师，未遑东讨，即相阻绝，此便是更生一秦。密今适所以为吾拒东都之兵。令作书报密曰："今日銮舆南幸，恐同永嘉之势。顺此中原，鞠为茂草，兴言感叹，实疚于怀。脱知动静，迟数贻报，未面虚襟，用增劳轸。名利之地，锋镝纵横，深慎垂堂，勉兹鸿业。"密得书甚悦，示其部下曰："唐公见推，天下不足可定。"于是不虞义师而专意于世充。

俄而宇文化及率众自江都北指黎阳，兵十馀万，密乃自将步骑二万拒之。隋越王侗称尊号，遣使者授密太尉、尚书令、东南道大行台行军元帅、魏国公，令先平化及，然后入朝辅政。密将与化及相抗，恐前后受敌，因卑辞以报谢焉。化及至黎阳，与密相遇，密遣徐世勣守仓城，化及攻之不能下。密知化及粮且尽，因伪与和，以弊其众。化及弗之悟，大喜，恣其兵食，冀密馈之。后知其计，化及怒，与密大战于卫州之童山下，密为流矢所中，顿于汲县。化及力竭粮尽，众多叛之，掠汲县，北趣魏县。密引兵而西，遣使朝于东都，执弑炀帝者于弘达以献越王侗。侗召密入朝，至温县，闻世充作难而止，乃归金墉城。密虽据仓而无府库，兵数战皆不获赏，又厚抚初附之兵，由是众心渐怨。武德元年九月，世充以其众五千来决战，密留王伯当守金墉，自引精兵就偃师，北阻邙山以待之。世充军至，密遂败绩，至是万馀人驰向洛口。密将入洛口仓城，邴元真已遣人潜引世充，密阴知之，不发其事，欲待世充兵半渡洛水，然后击之。及世充军至，密候骑不时觉，比将出战，世充军已济矣。密自度不能支，引骑而遁，径赴武平，元真以城降于世充。密将如黎阳，或谓密曰："杀翟让之际，徐世勣几至于死，今向其所，安可保乎？"时王伯当弃金墉，保河阳，密以轻骑自武牢归之，谓伯当曰："兵败矣，久苦诸君！我今自刎，请以谢众。"伯当抱密，号叫恸绝，众皆泣，莫敢仰视。密复曰："诸军幸不相弃，当共归关中，密身虽愧无功，诸君必保富贵。"于是，从入关者尚二万人。高祖遣使迎劳，相望于道，密大喜，谓其徒曰："我有众百万，一朝至此，命也。今事败归国，幸蒙殊遇，当思竭忠，以事所奉耳？且山东连城数百，知吾至此，遣使招之，尽当归国。比于窦融，勋亦不细，岂不以一台司见处乎？"及至京师，礼数益薄。寻拜光禄卿，封邢国公。未几，闻其所部将帅，皆不附世充，高祖使密领本兵往黎阳，招集故时将士，经略世充。时王伯当为左武卫将军，亦令为副。密行至桃林，高祖复征之，密大惧，谋将叛。伯当颇止之，密不从，因谓密曰："义士之立志也，不以存亡易心。伯当荷公恩礼，期以性命相报。"乃简骁勇数十人，着妇人衣，戴幂䍦，藏刀裙下，诈为妻妾，自牵之入桃林县舍。须臾，变服突出，因据县城，驱掠畜产，直趣南山。时右翊卫将军史万宝留镇熊州，遣副将盛彦师率步骑数千追蹑，至陆浑县南七十里，与密相及。彦师伏兵山谷，密军先渡，横出击，败之，遂斩密，时年三十七。

王世充附

《唐书》曰：王世充，字行满，本姓支，西域胡人也。世充颇涉经史，尤好兵法及龟策，推步之术，开皇中，以军功拜仪同。善敷奏，明习法律，然舞弄文法，高下其心。或有驳难之者，世充利口饰非，辞义锋起，众虽知其不可而莫能屈。大业中，累迁江都郡丞，兼领江都宫监。时炀帝数幸江都，世充善候人主颜色，阿谀顺旨，每入言事，帝必称善。乃雕饰池台，阴奏远方珍物，以媚于帝，由是益昵之。十年，齐郡贼帅孟让自长白山寇掠诸郡，至盱眙，有众十馀万。世充以兵拒，大破之。炀帝以世充有将帅才略，复遣领兵讨诸小盗，所向尽平。十一年，突厥围炀帝于雁门。世充尽发江都人将往赴难，在军中蓬首垢面，悲泣无度，晓夜不解甲，藉草而卧，炀帝闻之，以为忠，益信任之。十二年，迁江都通守。及李密攻陷洛口仓，进逼东都，炀帝特诏世充大发兵于洛口，以拒密。又遣就军拜世充为将军，趣令破贼。世充引军渡洛水与李密战，世充军败绩，乃率馀众归河阳。时天寒大雪，兵士在道冻死者数万，比至河阳，才以千数。世充自系狱请罪，越王侗遣使赦之，征还洛阳，置营于含嘉仓城，收合亡散，复得万馀人。俄而宇文化及作难，越王侗嗣位于东都，拜世充为吏部尚书，封郑国公。进拜尚书左仆射，总督内外诸军事。世充去含嘉城，移居尚书省，专宰辅政。以其兄世恽为内史令，入居禁中，子弟咸拥兵马，镇诸城邑。未几，李密破，宇文化及还，其劲兵良马多战死，士卒疲倦。世充欲乘其弊而击之，恐人心不一，乃假托鬼神，言梦见周公。乃立祠于洛水，遣巫宣言周公欲令仆射急讨李密，当有大功，不音否则兵皆疫死。充兵多楚人，俗信妖言，众皆请战。世充简练精勇，得二万馀人，马二千馀匹，军于洛水南。密军偃师北山上。世令军人秣马蓐食，迟明而薄密。密军溃，以数十骑走河阳，率馀众入朝。世充尽收其众，振旅而还。侗进世充太尉，以尚书省为府，备置官属。世充尝于侗前赐食，还家，遂大呕吐，疑遇毒所致，自是不复朝请，与侗绝矣。遣云定兴、段达入奏于侗，请加九锡之礼。二年三月，遂策授相国，总百揆，封郑王，加九锡备物。段达、云定兴等入见于侗曰："天命不常，郑王功德甚盛，愿陛下揖让告禅，遵唐、虞之迹。"侗怒。四月，假为侗诏策禅位，遣兄世恽废侗于含凉殿，世充僭即皇帝位，建元曰开明，国号郑。立子玄应为皇太子。世充每听朝，必殷勤诲谕，言词重复，千端万绪。或轻骑游历街衢，亦不请道，百姓但避路而已，按辔徐行。谓百姓曰："昔时天子深坐九重，下情无由闻彻。世充非贪宝位，本欲救时，今当如一州刺史，每事亲览，当与士庶共评朝政。今止于顺天门外，置座听朝。"又令西朝堂抑屈，东朝堂受直谏。于是献书上事，日有数百，条疏既烦，省览难遍，数日后不复更出。

世充遣其侄行本鸩杀侗，谥曰恭皇帝。十月，世充率众东徇地，至于滑州，仍以兵临黎阳。世充屯兵不散，仓粟日尽，城中人相食。七月，秦王率兵攻之，陈兵于青城宫，世充悉兵来拒，隔涧而言曰："隋末丧乱，天下分崩，长安、洛阳各有分地，世充唯愿自守，不敢西侵。王乃盛相侵轶，远入吾地，三崤之道，千里馈粮，以此出师，未见其可。"太宗谓曰："四海之内，皆承正朔，唯公执迷，独阻声教，东都士庶，亟请王师，关中义勇，咸思致力。至尊重违众愿，有斯吊伐。若转祸来降，则富贵可保，如欲相抗，无假多言。"世充无以报。太宗分遣诸将攻其城镇，所至辄下。九月，王君廓攻拔世充之轘辕县，于是河南州县相次降附。十一月，窦建德遣人结好，并陈救援之意。世充乃遣其兄子琬及内史令长孙安世报聘，且乞师。四年二月，世充率兵出方诸门，与王师相抗，世充兵败，因乘胜追之，屯其城门，世充不复敢出，但婴城自守，以待建德之援。三月，秦王擒建德并王琬、长孙安世等于武牢，回至东都城下以示之，且遣安世入城，使言败状。世充惶惑，不知所为，将溃围而出，南走襄阳，问于诸将，皆不答，乃率其将吏诣军门请降。秦王以世充至长安，高祖数其罪，世充对曰："计臣之罪，诚不容诛，但陛下爱子秦王许臣不死。”高祖乃释之。与兄芮、妻、子同徙于蜀，将行，为仇人独孤修德所杀。世充自篡位，凡三岁而灭。

窦建德附

又《唐书》曰：窦建德，贝州漳南人也。少时颇以然诺为重。初，为里长，犯法亡去，会赦得归。父卒，送葬者千馀人，有所赠，皆让而不受。大业七年，募人讨高丽，本郡遂补建德为二百长。时山东大水，人多流散，同县有孙安祖家为水所漂，妻子馁死。县以安祖骁勇，亦选在行中。安祖辞贫，自言于漳南令，令怒笞之。安祖刺杀令，亡投建德，建德舍之。是岁，山东大饥，建德谓安祖曰：“丈夫不死，当立大功，岂可为逃亡之虏也。我知高鸡泊中广大数百里，莞蒲阻深，可以逃难，承间而去虏掠，足以自资。既得聚人。且观时变，必有大功于天下矣。”安祖然其计。建德招诱逃亡兵及无产者，得数百人，令安祖率之，入泊中为群盗，安祖自称将军。时鄃人张金称亦结聚得万人，在河阻中。蓨人高士达又起兵得千馀人，在清河界中。时诸盗往来漳南者，所遇皆杀掠居人，焚烧舍宅，独不入建德之闾。由是，郡县意建德与贼徒交结，收系家属，无少长皆杀之。建德闻其家被屠灭，乃率麾下二百人亡归士达。士达自称为东海公，以建德为司兵。后安祖为张金称所杀，其兵数千人又尽归于建德。自此渐盛，兵至万余人，犹往来高鸡泊中。十二年，涿郡通守郭绚率兵万馀人来讨士达，士达自以智略不及建德，乃推为军司马，咸以兵授焉。建德既初统众，欲立奇功以威群贼，请士达守辎重，自简精兵七千人以拒绚，大破绚军。绚以数十骑遁走，遣将追及于平原，斩其首以献士达。由是，建德之势益振。隋遣太仆卿杨义臣率兵万馀人讨张金称，破之于清河，所获贼众皆屠灭，馀散草泽间者复相聚而投复建德。义臣乘胜至平原，欲入高鸡泊，建德谓士达曰：“吾观隋将，善用兵者唯义臣耳。新破金称，远来袭我，其锋不可当，请引兵避之，令其欲战不得，空延岁月。必将疲倦，乘便袭击，可有大功。今若争锋，恐公不能敌也。”士达不从其言，因留建德守壁，自率精兵迎击义臣，义臣果大破士达于阵前，斩之，乘胜追奔，将围建德。守兵既少，闻士达败，众皆溃散。建德率百馀骑亡去。义臣既杀士达，以为建德不足忧。建德急还平原，招集亡卒，得数千人，军复大振，始自称将军。此后，隋郡县长吏稍以城降之，军容益盛，胜兵十馀万人。十三年正月，筑坛场于河间乐寿界中，自称长乐王，年号丁丑，置官属。于是建德进攻河间，频战不下。其后城中食尽，又闻炀帝被杀，郡丞王琮率士吏发丧，建德遣使吊之，琮因使者请降，建德退舍具馔以待焉。始都乐寿，号曰金城宫，自是郡县多下之。

武德二年，宇文化及僭号于魏县，建德即日引兵讨化及，连战大破之，化及保聊城，建德四面攻城，陷之。建德入城，先谒隋萧皇后，与语称臣，悉收弑炀帝元谋者斩之，枭首辕门之外。囚化及并其二子同载以槛车，至大陆县斩之。攻陷洺州，虏刺史袁子干。迁都于洺州，号万春宫。又与王世充结好，遣使朝隋越王侗于洛阳。后世充废侗自立，乃绝之。始自尊大，建天子旌旗，出入警跸，下书言诏。追谥隋炀帝为闵帝，然犹依附突厥。隋义城公主，先嫁突厥，又传化及首以献公主。既与突厥相连，兵锋益盛。南侵相州，河北大使淮安王神通不能拒，退奔黎阳，相州陷。又进攻卫州，陷黎阳。九月，建德自帅师围幽州，罗艺出与战，大破之，斩首千二百级。先是，曹州济阴人孟海公拥精兵三万，据周桥城以掠河南之地。其年十一月，建德自率兵渡河以击之。四年二月，建德克周桥，虏海公，留其将范愿守曹州，悉发海公及徐圆朗之众来救世充。军至滑州，世充行台仆射韩洪开城纳之，遂进逼元州、梁州、营州，皆陷之。屯于荥阳。三月春，秦王入武牢进薄其营，多所伤杀，并擒其将殷秋、石瓒。时世充弟世辩为徐州行台，遣其将郭士衡领兵千人从之，合众十馀万，号为三十万。次成皋，筑宫于坂堵，以示必战。又遣间使约世充共为表里。秦王遣将军王君廓领轻骑千馀，抄其粮运，获其大将张青特，虏获其众。建德数不利，人情危骇，将帅已下破孟海公，皆有所获，思归洺州。凌敬进说曰："宜悉兵济河，攻取怀州河阳，使重将居守。更率众鸣鼓建旗，逾太行，入上党，先声后实，传檄而定。渐趋壶口，稍骇蒲津，收河东之地，此策之上也。行此必有三利：一则入无人之境，师有万全；二则招士得兵；三则郑围自解。”建德将从之，而世充之使长孙安世阴赍金玉啖其诸将，以乱其谋。众咸进谏曰：“凌敬书生耳，岂可与言战乎？”建德从之。敬固争，建德怒，扶出焉。于是悉众进逼武牢，官军按甲挫其锐。建德结阵于汜水，秦王遣骑挑之，建德进军而战，窦杭当之。建德少却，秦王驰骑深入，大破之。建德中疮，窜于牛口渚，车骑将军白士让、杨武威生获之。建德所领兵众，一时奔溃。妻曹氏及其左仆射齐善行将数百骑遁于洺州，馀党欲立建德养子为主，善行曰：“夏王平定河朔，士马精强，一朝既被擒如此，岂非天命有所归也？不如委心请命，无为涂炭生人。”遂以府库财物悉分与故将，各令散去。善行乃与建德右仆射裴矩、行台曹旦及建德妻率伪官属，举山东之地，奉传国八玺来降。七月，秦王俘建德至京师，斩于长安市，年四十九。自起军至灭，凡六岁，河北悉平。

太平御览卷第一百八　皇王部三十三

唐高祖神尧皇帝

《唐书》曰：高祖神尧皇帝姓李氏，讳渊。其先陇西狄道人。凉武昭王暠七代孙也。暠生歆。歆生重耳，仕魏为弘农太守。重耳生熙，为金门镇将，领豪族镇武川，因家焉。仪凤中，追尊宣皇帝。熙生天赐，仕魏为幢主。仪凤中，追尊光皇帝。生皇祖，讳虎，后魏左仆射，封陇西郡公，与周文帝及太保李弼、大司马独孤信等以功参佐命，当时称为“八柱国”，家仍赐姓大野氏。周受禅，追封唐国公。至隋文帝作相，还复本姓。武德初，追尊景皇帝，庙号太祖。皇考讳昞，周安州总管、柱国大将军，袭唐国公，谥曰仁。武德初，追尊元皇帝，庙号世祖。高祖以周天和元年生于长安，七年袭唐国公。及长，倜傥豁达，任性直率，宽仁容众，无贵贱咸得其欢心。隋受禅，补千牛备身。文帝独孤皇后，即高祖从母也。由是特见亲爱，累转谯、陇、岐三州刺史。有史世良者，善相人，谓高祖曰：“公骨法非常，必为人主，愿自爱，勿忘鄙言。”高祖颇以自负。大业初，为荥阳、楼烦二郡太守，征为殿内少监。九年，迁卫尉少卿。辽东之役，督运于怀远镇。及杨玄感反，诏高祖驰驿镇弘化郡，兼知关右诸军事。高祖历试中外，素树恩德，及是结纳豪杰，众多款附。时炀帝多所猜忌，人怀疑惧。会有诏征高祖诣行在所，遇疾未谒。时甥王氏在后宫，帝问曰：“汝舅何迟？”王氏以疾对，帝曰：“可得死不？”高祖闻之益惧，因纵酒沉湎，纳贿以混其迹焉。十一月，炀帝幸汾阳宫，命高祖往山西、河东黜陟讨捕。师次龙门，贼帅毋端儿帅众数千薄于城下，高祖从十馀骑击之，所射七十发，皆应弦而倒，贼乃大溃。十三年，为太原留守，郡丞王威、武牙郎将高君雅为副将。群贼蜂起，江都阻绝，太宗与晋阳令刘文静及门下客长孙顺德、刘弘基各募兵，旬日间，众且一万，密遣使召世子建成及元吉于河东。威与君雅见兵大集，恐高祖为变，相与疑惧，请高祖祈雨于晋祠，将为不利。晋阳乡长刘世龙知之，以告高祖，阴为之备。五月甲子，高祖与威、君雅视事，太宗密严兵于外，以备非常。遣开阳府司马刘政会告威等谋反，即斩之以徇，遂起义兵。遣刘文静使于突厥始毕可汗，令率兵相应。六月甲申，命太宗将兵徇西河，下之。癸巳，建大将军府，并置三军，分为左右；开仓库以赈穷乏，远近响应。秋七月，高祖率兵西图关中，以元吉为镇北将军、太原留守。癸丑，发自太原，有兵三万。景辰，师次灵石县，营于贾胡堡。隋武牙郎将宋老生屯霍邑以拒义师。会霖雨积旬，馈运不给，高祖命旋师，太宗切谏乃止。有白衣老父诣军门曰："余为霍山神使谒唐皇帝曰：八月雨止，路出霍邑东南，吾当济师。"高祖曰："此神不欺赵无恤，岂负我哉！"八月辛巳，高祖引师趋霍邑，斩宋老生，平霍邑。景戌，进下临汾郡及绛郡。癸巳，至龙门，突厥始毕可汗遣康稍利率兵与刘文静会于麾下。隋骁卫大将军屈突通镇河东，津梁断绝，关中向义者颇以为阻。于是水滨居人，竞进舟楫，不谋而至者，前后数百人。九月壬寅，冯翊贼帅孙华、土门贼帅白玄度各率其众送款，并具舟楫以待义师。高祖令华与统军王长谐、刘弘基引兵渡河。屈突通遣其虎牙郎将桑显和率兵数千，夜袭长谐，义师不利。太宗以游骑数百掩其后，显和溃散，义师复振。丙辰，冯诩太守萧造以郡来降。戊午，高祖亲率众围河东，屈突通自守不出，乃命攻城，不利而还。文武将吏请高祖领太尉，加置僚佐，从之。华阴令李孝常以永丰仓来降。庚申，唐高祖率军济河，舍长于春宫。三秦士庶至者日以千数，高祖礼之，咸过所望，人皆喜悦。景寅，遣陇西公建成、司马刘文静屯兵永丰仓，兼守潼关，以备他盗。太宗率刘弘基、长孙顺德等前后数万人，自渭北徇三辅，所至皆下。高祖从父弟神通起兵鄠县，柴氏妇起兵于司竹，至是并与太宗会。乙亥，命太宗自渭汭屯兵阿城，陇西公建成自新丰趣霸上。高祖率大军自下邽西上，经炀帝行宫园苑，悉罢之，宫女放还亲属。冬十月辛巳。至长乐宫，有众二十万。隋京师留守刑部尚书卫文升、右翊将军阴世时、京兆郡丞滑仪挟代王侑以拒义师。高祖遣使至城下，喻以匡服之意，再三，皆不报。诸将固请围城。十一月景辰，攻拔京城。卫文升先以病死，以阴世师、滑仪等拒义兵，并斩之。癸亥，率百僚，备法驾，立代王侑为天子，遥尊炀帝为太上皇，大赦，改元为义宁。甲子，隋帝诏加高祖假黄钺、使持节、大都督内外诸军事、大丞相，进封唐王，总录万机。以武德殿为丞相府，改教为令。以陇西公建成为唐国世子；太宗为京兆尹，改封秦王；姑臧公元吉为齐公。十二月癸未，丞相府置长史、司录以下官僚。金城贼帅薛举寇扶风，命太宗为元帅击之。遣赵郡公李恭招慰山南，所至皆下。癸巳，太宗大破薛举之众于扶风。屈突通自潼关奔东都，刘文静等追擒于阌乡，虏其众数万。河南大守萧瑀以郡降。丙午，遣云阳令詹俊、武功县正李仲究徇巴蜀，下之。二年春正月戊辰，世子建成为抚宁大将军、东讨元帅，太宗为副，总兵七万，徇地东都。三月景辰，右屯卫将军宇文化及弑隋太上皇于江都宫，立秦王浩为帝，自称大丞相。徙封太宗为赵国公。戊辰，隋帝进高祖位相国，总百揆，备九锡之礼。唐国置丞相已下，立皇高祖以下四庙于长安通义里第。夏四月戊戌，世子建成及太宗自东都班师。五月乙巳，天子诏高祖冕十二旒，建天子旌旗，出警入跸。王后与王子王女爵命之号，一遵旧典。戊午，隋帝诏遣使持节、兼太保、刑部尚书、光禄大夫、梁郡公萧造，兼太尉、司农少卿裴之隐奉皇帝玺绶于高祖。高祖辞让，百僚上表劝进，至于再三，乃从之。隋帝逊于旧邸。改大兴殿为太极殿。

甲子，高祖即皇帝位于太极殿，命刑部尚书萧造兼太尉，告于南郊，大赦天下，改隋义宁二年为唐武德元年。官人百姓，赐爵一级，义师所行之处，给复三年。罢郡置州，改太守为刺史。丁卯，宴百官于太极殿，赐帛有差。东都留守共立隋越王侗音同为帝。壬申，命相国长史裴寂等修律令。六月甲戌，太宗为尚书令，废隋《大业律令》，颁新格。己卯，备法驾，迎皇高祖宣简公已下神主，祔于太庙。追谥妃窦氏为穆皇后。庚辰，立世子建成为皇太子。封太宗为秦王，齐国公元吉为齐王。诸州总管加号使持节。癸未，封隋帝为酅国公。薛举寇泾州，命秦王为西讨元帅征之。改封永康王神通为淮安王。壬辰，加秦王雍州牧，馀官如故。秋七月，秦王与薛举大战于泾州，我师败绩。八月壬午，薛举死，其子仁杲复僭称帝，命秦王为元帅以讨之。凉州贼帅李轨以其地来降，拜凉州总管，封凉王。九月乙巳，亲录囚徒。辛未，追谥隋太上皇为炀帝。宇文化及至魏州，鸩杀秦王浩，僭称天子，国号许。冬十月，李密率众来降。十一月，秦王大破薛仁杲于浅水原，降之，陇右平。乙巳，凉王李轨僭称天子于凉州。诏颁五十三条格，以约法缓刑。十二月壬申，加秦王太尉、陕东道大行台。庚子，李密叛于桃林，行军总管盛彦师追讨，斩之。二年春二月丁酉，窦建德攻宇文化及于聊城，斩之，传首突厥。闰月辛丑，刘武周侵我并州。己酉，李密旧将徐世勣以黎阳之众及河南十郡降，授黎州总管，封曹国公，赐姓李氏，庚戌，上微行都邑，以察甿俗，即日还宫。甲寅，贼帅朱粲杀我使散骑常侍段确，奔洛阳。夏四月乙巳，王世充篡越王侗位，僭称天子，国号郑。辛亥，李轨为其伪尚书安兴贵所执以降，河右平。九月辛未，贼帅李子通据江都，僭称天子，国号吴。沈法兴据毗陵，僭称梁王。丁丑，和州贼帅杜伏威遣使来降，授和州总管、东南道行台尚书令，封楚王。裴寂与刘武周将宋金刚战于介州，我师败绩，右武卫大将军姜宝谊死之。并州总管、齐王元吉惧武周所逼，奔于京师，并州陷。乙未，京师地震。甲子，上亲祠华岳。十一月景子，窦建德陷黎阳，尽有山东之地。淮安王神通、左武卫大将军李世勣皆没于贼。十二月景申，永安王李基、工部尚书独孤怀恩、总管于筠为刘武周将宋金刚掩袭，并杀焉。甲辰，狩于华山。壬子，大风拔木。三年春正月辛巳，幸蒲州，命祀舜庙。癸巳上至自蒲州。甲午，李世勣于窦建德所自拔归国。建德僭称夏王。四月甲寅，加秦王益州道行台尚书令。秦王大破宋金刚于介州，金刚与武周俱奔突厥，遂平并州，伪总管尉迟敬德寻相以介州降。六月壬辰，徙封楚王杜伏威为吴王，赐姓李氏，加授东南道行台尚书令。景午，亲录囚徒。七月壬戌，命秦王率诸军讨王世充。遣皇太子镇蒲州，以备突厥。景申，突厥杀刘武周于白道。冬十月庚子，怀戎贼帅高开道遣使降，授蔚州总管，封北平郡王，赐姓李氏。四年五月己未，秦王大破窦建德之众于武牢，擒建德，河北悉平。丙寅，王世充举东都降，河南平。秋七月甲子，秦王凯旋，献俘于太庙。丁卯，大赦天下。废五铢钱，行开元通宝钱。斩窦建德于市，流王世充于蜀。甲戌，建德馀党刘黑闼据漳南反，置山东道行台尚书省于洺州。秋八月，兖州总管徐圆朗举兵反，以应刘黑闼，僭称鲁王。冬十月乙丑，加秦王天策上将军，位在王公上，领司徒、陕东道大行台尚书令；齐王元吉为司空。乙巳，赵郡王李恭平荆州，获萧铣。五年春正月景申，刘黑闼据洺州，僭称汉东王。三月丁未，秦王破刘黑闼于洺水上，尽复所陷州县，黑闼亡奔突厥。蔚州总管、北平王高开道叛，寇易州。夏四月庚戌，秦王还京师，高祖迎劳于长乐宫。壬申，代州总管、定襄郡王大恩为虏所败，战死。六月，刘黑闼引突厥寇山东。置谏议大夫官员。秋七月，隋汉阳太守冯盎以南越之地来降，岭表悉定。八月辛亥，以洺、荆、并、幽、交五州为大总管府。改封恒山王承乾为中山王。葬隋炀帝于扬州。景辰，突厥颉利寇雁门。己未，进寇朔州。遣皇太子及秦王讨击，大败之。冬十月己酉，遣齐王元吉击刘黑闼于洺州。时山东州县多为黑闼所守，所在杀长吏以应之。行军总管、淮阳王道玄与黑闼战于下博，道玄败没。十一月甲申，命皇太子率兵讨刘黑闼。景申，幸宜州，简阅将士。十二月景辰，校猎于华池。庚申，至自宜州。皇太子破刘黑闼于魏州，斩之，山东平。六年春二月辛亥，校猎于骊山。三月乙未，幸昆明池，宴百官。夏四月己未，幸旧宅，改为通义宫，曲赦京城系囚，于是置酒高会，赐从官帛各有差。癸酉，以尚书右仆射、魏国公裴寂为左仆射，中书令、宋国公萧瑀为右仆射。秋七月，突厥颉利寇朔州，遣皇太子及秦王屯并州以备之。八月壬子，东南道行台仆射辅公祏据丹阳反，僭称宋王。遣赵郡王孝恭及岭南道大使、永康县公李靖讨之。景寅，吐谷浑内附。九月景子，突厥退，皇太子班师。七年二月丁巳，幸国子学，亲临释奠。改大总管府为大都督府。三月戊寅，废尚书省六司侍郎，增吏部郎中秩正四品，掌选事。戊戌，赵郡王孝恭大破辅公祏，擒之，丹阳平。夏四月庚子，大赦天下，颁行新律令。以天下大定，诏遭父母丧者听终制。五月，造仁智宫于宜州之宜君县。李世勣讨徐圆朗，平之。六月辛丑，幸仁智宫。秋七月，巂州地震山崩，江水咽流。八月戊辰，突厥寇并州，京师戒严。壬午，突厥退。乙未，京师解严。八年夏六月甲子，幸太和宫。突厥寇定州，命皇太子往幽州，秦王往并州，以备突厥。八月，并州道总管张公谨与突厥战于大谷，王师败绩，中书令温彦博没于贼。九月，突厥退。冬十月辛巳，幸周氏陂校猎，因幸龙跃宫。九年春正月景申，命州县修城隍，备突厥。尚书左仆射、魏国公裴寂为司空。二月庚申，加齐王元吉为司徒。戊寅，亲祀社稷。三月辛卯，幸昆明池。

六月庚申，秦王以皇太子建成与齐王元吉同谋害己，率兵诛之。诏立秦王为皇太子，总统万机，大赦天下。八月癸亥，诏传位于皇太子。尊帝为太上皇，徙居弘义宫，改名太安宫。贞观八年三月甲戌，高祖宴西突厥使者于两仪殿，顾谓长孙无忌曰：“当今蛮夷率服，古未尝有。”无忌上千万岁寿。高祖大悦，以酒赐太宗。太宗又奉觞上寿，流涕而言曰：“百姓获安，四夷咸附，皆尊奉圣旨，岂臣之力！”于是太宗与文德皇后互进御膳，并上服御衣物，一同家人常礼。是岁，阅武于城西，高祖亲自临视，劳将士而还。置酒于未央宫，三品已上咸侍。高祖命突厥颉利可汗起舞，又遣南越酋长冯智戴咏诗，既而笑曰：“胡、越一家，自古未之有也。”太宗奉觞上寿曰：“臣早蒙慈训，教以文道，爰从义旗，平定京邑。重以薛举、武周、世充、建德，皆上禀圣神算，幸而克定。三数年间，混一区宇，天慈崇宠，遂蒙重任。今上天垂佑，时和岁阜，被发左衽，并为臣妾。此岂臣智力，皆由上禀圣算。”高祖大悦，群臣皆呼万岁。九年五月庚子，高祖大渐，下诏从汉制，以日易月，园陵制度，务从俭约。是日，崩于太安宫之垂拱前殿，年七十。谥曰：大武皇帝，庙号高祖。葬献陵。高宗上元元年，改上尊号曰神尧皇帝。天宝十三年，上尊号曰神尧大圣大光孝皇帝。

太平御览卷第一百九　皇王部三十四

唐太宗文皇帝

《唐书》曰：太宗文皇帝，讳世民，高祖第二子也。母曰太穆顺圣皇后窦氏。隋开皇十八年十二月戊午，生于武功之别馆。时有二龙戏于馆门之外，三日而去。高祖之临岐州，太宗时年四岁。有书生自言善相，谒高祖曰："公贵人也，且有贵子。"因见太宗，曰："龙凤之资，天日之表，年将二十，必能济世安民矣。"高祖惧其言大，将杀之，忽失所在，阴采"济世安民"之义以为名焉。太宗幼聪睿，玄鉴深远，临机果断，不拘小节，时人莫能测也。大业末，炀帝于雁门为突厥所围，太宗应募救援，隶屯卫将军云定兴营。将行，谓定兴曰："必赍旗鼓，以设疑兵。且始毕可汗举国之师，敢围天子，必以国家仓卒无援。我张军容，令数十里幡旗相续，夜则钲鼓相应，虏必谓救兵云集，望尘而遁矣。不然，彼众我寡，悉军来战，必不能支矣。"定兴从之。师次崞音郭。县，突厥候骑驰告始毕曰："王师大至。"由是解围而遁。及高祖之守太原，太宗时年十八。有高阳贼帅魏刀儿，自号历山飞，来攻太原，高祖击之，深入贼阵。太宗轻骑突围而进，射之，所向皆披靡，拔高祖于万众之中。适会步兵至，高祖与太宗又奋击，大破之。时隋祚已终，太宗潜图义举，每折节下士，推财养客。及义兵起，乃率兵略徇西河，克之。拜右领军大都督，右三军皆隶焉，封敦煌郡公。大军西上贾胡堡音保隋将宋老生率精兵二万屯霍邑，以拒义师。会久雨粮尽，高祖与裴寂议，且还太原，以图后举。太宗曰："本兴大义，以救苍生，当须先入咸阳，号令天下；遇小敌即班师，将恐从义之徒一朝解体。还守太原一城之地，以为贼耳，何以自全！"高祖不纳，促令引发。太宗遂号泣于外，声闻帐中。高祖召问其故，对曰："今兵以义动，战则必克，退还则必散。众散于前，敌乘于后，死亡须臾而至，是以悲耳。"

高祖乃悟而止。八月己卯，雨霁，高祖引师趣霍邑。太宗恐老生不出战，乃将数骑先诣其城下，举鞭指麾，若将围城者，以激怒之。老生果怒，开门出兵，背城而阵。高祖与建成合阵于城东，太宗及柴绍阵于城南。老生麾兵疾进，先薄高祖，而建成坠马，老生乘之，高祖与建成军咸却。太宗自南原率二骑驰下峻坂，冲断其军，引兵奋击，贼众大败，各舍仗而走。悬门发，老生引绳欲上，遂斩之，平霍邑。至河东，关中豪杰争走赴义。太宗请进师入关，取永丰仓以赈穷乏，收群盗以图京师，高祖称善。太宗以前军济河，先定渭北。三辅吏民及诸豪猾诣军门请自效者日以千计，扶老携幼，满于麾下。收纳英俊，以备僚列，远近闻者，咸自托焉。师次于泾阳，胜兵九万，破胡贼刘鹞子，以并其众。留殷开山、刘弘基屯长安故城。太宗自趣司竹，贼帅李仲文、何潘仁、向善志等皆来会，顿于阿城，获兵十三万。长安父老赍牛酒诣旌门者不可胜纪，劳而遣之，一无所受，军令严肃，秋毫无所犯。寻与大军平京城。高祖辅政，授唐国内史，改封秦国公。会薛举以劲卒万人来逼渭滨，太宗亲击之，大破其众，追斩万馀级，略地至于陇坻。义宁元年十二月，复为右元帅，总兵十万徇东都。及将旋，谓左右曰："贼见吾还，必相追蹑。"设三伏以待之。俄而隋将段达率万馀人自后而至，度三王陵，发伏击之，段达大败，追奔至于城下。因于宜阳、新安置熊、谷二州，戍之而还。徙封赵国公。高祖受禅，拜尚书令、左武侯大将军，进封秦王，加授雍州牧。三年七月，总率诸将攻王世充于洛邑，师次谷州。世充率精兵三万阵于慈涧，太宗以轻骑挑之。时众寡不敌，陷于重围，左右咸惧。太宗命左右先归，独留后殿。世充骁将单雄信数百骑夹道来逼，交枪竞进，太宗几为所败。太宗遣行军总管左右射之，无不应弦而倒，获其大将燕颀。世充乃拔慈涧之镇归于东都。太宗遣行军总管史万宝自宜阳南据龙门，刘德威自太行东围河内，王君廓自洛口断贼粮道。又遣黄君汉夜从孝永河中下舟师袭回洛城，克之。黄河已南，莫不响应，城堡相次来降。大军进屯邙山。九月，太宗以五百骑先观战地，卒与世充万馀人相遇，会战，复破之。斩首三千馀级，获大将陈智略，世充仅以身免。其总管杨庆遣使请降，遣李世勣率师出轘辕道安抚其众。荥、汴、洧、豫九州相继来降。世充遂求救于窦建德。四年二月，又进屯青城宫。营垒未立，世充率众二万自方诸门临谷水而阵。太宗以精骑阵于北邙山，令屈突通率步卒五千渡水以击之，因诫通曰："待兵交即放烟，吾当率骑军南下。"兵才接，太宗以骑冲之，挺身先进，与通表里相应。贼众殊死战，散而复合者数焉。自辰至午，贼众始退。纵兵乘之，俘斩八千人，于是进营城下。世充不敢复出，但婴城自守，以待窦建德之援。建德以兵十馀万来援世充，至于酸枣。萧瑀音禹、屈突通、封德彝皆以腹背受敌，恐非万全，请退师于谷州以观之。太宗曰："世充粮尽，内外离心，我当不劳攻击，坐收其弊。建德新破孟海公，将骄卒惰，吾当进据武牢，扼其襟要。贼若冒险与我争锋，破之必矣。如其不战，旬日间世充当自溃。若不速进，贼入武牢，诸城新附，必不能守。二贼并力，将若之何？"通又请解围就险以就其变，太宗不许。于是留通辅齐王元吉以围世充，亲率步骑三千五百人趣武牢。建德自荥阳西上，筑垒于板渚，太宗屯武牢，相持二十馀日，谍者曰："建德伺军刍尽，俟牧马于河北，因将袭武牢。"太宗知其谋，遂牧马于河北以诱之。诘朝，建德果悉众而至，陈兵汜水，世充将郭士衡阵于其南，绵亘数里，鼓噪，诸将大惧。太宗将数骑升高丘以望之。谓诸将曰："贼起山东，未见大敌。今度险而嚣，是无政令；逼城而阵，有轻我心。我按兵不出，彼乃气衰，阵久卒饥，必将自退，追而击之，无往不克。吾与公等约，必以午时后破之。如或不然，寡人为无谋矣。"建德列阵，自辰至午，兵士饥倦，皆坐列，又争饮水，逡巡欲退。太宗曰："可击矣。"亲率轻骑诱之，众继之，建德回师而阵，未及整列，太宗先登击之，所向皆靡。俄而众军合战，嚣尘四起。太宗率史大奈、程咬金、秦叔宝、宇文歆等缠幡而入，直突出其阵后，张我旗帜。贼顾见之，大溃。追奔三十里，生擒建德于阵。太宗数之曰："我以干戈问罪，本在王世充，得失存亡，不预汝事，何故越境，犯我兵锋？"建德股栗而言曰："今若不来，恐劳远取。"乃将建德至东都城下。世充惧，率其官属二千馀人诣军门请降，山东悉平。太宗入据宫城。令萧瑀、窦轨等封守府库，一无所取，令记室房玄龄收隋图籍。于是诛其同恶段达等五十馀人。大飨将士，班赐有差。高祖令尚书左仆射裴寂劳于军中。六月，凯旋。太宗亲披金甲，铁马一万骑，甲士三万人，前后部鼓吹，俘二伪主及隋氏器物辇辂献于太庙。高祖大悦，行饮至礼以享焉。高祖以自古旧官不称殊功，乃别表徽号，用旌勋德。十月，加号大策上将军、陕东道大行台，位在王公上。增邑二万户，通前三万户。赐金辂一乘，衮冕之服，玉璧一双，黄金六千斤，前后部鼓吹及九部之乐，班剑四十人。

于时海内渐平，太宗乃锐意经籍，开文学馆以待四方之士。行台司勋郎中杜如晦等十有八人为学士，每更直阁下，降以温颜，与之讨论经义，或夜分而罢。八年，加中书令。九年，皇太子建成、齐王元吉谋害太宗。六月四日，太宗率长孙无忌、尉迟敬德、房玄龄、杜如晦等于玄武门诛之。甲子，立为皇太子，庶政皆断决。八月癸亥，高祖传位于皇太子。太宗即位于东宫显德殿。遣司空裴寂柴告于南郊，大赦天下。癸酉，放掖庭宫女三千馀人。景子，立妃长孙氏为皇后。己卯，突厥寇高陵。辛巳，行军总管尉迟敬德与突厥战于泾阳，大破之，斩首千馀级。癸未，突厥颉利至于渭水便桥之北，遣其酋帅执失思力入朝为觇，自张形势，太宗命囚之。亲出玄武门，驰六骑幸渭水之上，与颉利隔津而语，责以负约。俄而众军继至，颉利见军容既盛，又知思力就拘，由是大惧，遂请和，诏许焉。即日还宫。乙酉，又幸便桥，与颉利刑白马设盟，突厥引退。九月景戌，颉利献马三千匹，羊万口，帝不受，令颉利归所掠中国户口。丁未，引诸军卫骑兵统将等习射于显德殿庭，谓将军以下曰："自古突厥与中国，更有盛衰。若轩辕善用五兵，即能北逐獯鬻；周宣驱驰方、邵，亦能制胜太原。至汉、晋之君，逮于隋代，不使兵士素习干戈，突厥来侵，莫能抗御，致遗中国生民涂炭于寇手。我今不使汝等穿池筑苑，造诸淫费，农民恣令逸乐，兵士唯习弓马，庶使汝斗战，亦望汝前无横敌。"于是每日引数百人于殿前教射，帝亲自临试，射中者随赏弓刀布帛。自是后，士卒皆为精锐。十月癸亥，立中山王承乾为皇太子。贞观元年春正月乙酉，改元。三月癸巳，皇后亲蚕。十二月壬午，上谓侍臣曰："神仙事本虚妄，空有其名。秦始皇非分爱好，遂为方士所诈，乃遣童男女数千人随其入海求仙药，方士避秦苛虐，因留不归。始皇犹海侧以待之，还至沙丘而死。汉武帝为求仙，乃将女嫁道术人，事既无验，便行诛戮。据此二事，神仙不烦妄求也。"二年春二月景戌，靺音末鞨音曷内属。三月丁卯，遣御史大夫杜淹巡关内诸州。出御府金宝，赎男女自卖者还其父母。庚午，大赦天下。夏四月己卯，诏骸骨暴露者，令所在埋瘗。景申，契丹内属。初诏天下州县并置义仓。六月庚寅，皇子治生。三年春正月辛亥，契丹渠帅来朝。戊午，谒太庙。癸亥，亲耕籍田。四月辛巳，太上皇徙居太安宫。甲子，太宗始于太极殿听政。六月戊寅，以旱，亲录囚徒。遣长孙无忌、房弘龄等祈雨于名山大川，中书舍人杜正伦等往关内诸州慰抚。又令文武百官各上封事，极言得失。是岁，户部奏言：中国人自塞外来归及突厥前后内附、开西夷为州县者，男女一百二十馀万口。四年春正月乙亥，李靖大破突厥，获隋皇后萧氏及炀帝之孙正道，送之京师。二月癸亥，幸温汤。甲辰，李靖又破突厥于阴山，颉利可汗轻骑远遁。甲寅，大赦，赐酺五日。三月庚辰，大同道行军副总管张宝相生擒颉利可汗，献于京师。甲午，以俘颉利告于太庙。夏四月，御顺天门，军吏执颉利以献捷。自是西北诸蕃咸请上尊号为"天可汗"，于是降玺书册命其君长，则兼称之。九月庚午，令收瘗长城之南骸骨，仍令致祭。壬午，令自古明王圣帝、贤臣烈士坟墓无得刍牧，春秋致祭。冬十月壬辰，幸陇州，曲赦岐陇二州，给复一年。十月校猎于贵泉谷。十二月，校猎于鱼龙川，自射鹿，献于太安宫。十一月甲子，至自陇州。戊寅，制决罪人不得鞭背，以明堂孔穴针炙所失。高昌王麹文泰来朝。是岁，断死刑二十九人，几致刑措。山东至于海，河南至于岭，皆外户不闭，行旅不赍粮焉。六年十二月辛未，亲录囚徒，归死罪者二百九十人于家，令明年秋未就刑。其后应期毕至，诏悉原之。是岁，党项诸羌前后内属三十万口。八年二月乙巳，皇太子加元服。景午，赐天下酺三日。三月庚辰，幸九成宫。五月丁丑，上初服翼善冠，贵臣服进德冠。九年五月，太上皇崩于太安宫。七月甲寅，增修太庙为六室。冬十月庚寅，葬高祖于献陵。十三年春正月乙巳朔，谒献陵。曲赦三原县及行从大辟罪。四月戊寅，幸九成宫。甲申，阿史那结社尔犯御营，伏诛。壬寅，云阳石燃者方丈，昼如灰，夜则有光，投草木于上则焚，历年而止。十二月壬辰，狩于咸阳。是岁，滁州言："野蚕食槲叶，成茧大如柰，其色绿，凡收六千五百七十石。"高丽、新罗、西突厥、吐火罗、康国、安国、波斯、疏勒、于阗、焉耆、高昌、林邑、昆明及荒服蛮酋，相次遣使朝贡。十五年，诏以来年二月有事太山，所司详定仪制。五月壬申，并州僧道及老人等抗表，以太原王业所因，明年登封已后，愿时临幸。上于武成殿赐宴，因从容谓侍臣曰："朕少在太原，喜群聚博戏，暑往寒逝，将三十年矣。"时会中有旧识上者，相与道旧以为笑乐。因谓之曰："他人之言，或有面谀。公等朕之故人，实以告朕，即日政教，于百姓何如？人间得无疾苦耶？"皆奏："即日四海太平，百姓欢乐，陛下之力也。臣等馀年，日惜一日，但眷恋圣化，不知疾苦。"因固请过并州。上谓曰："飞鸟过故乡，犹踯躅徘徊，况朕于太原起义兵，定天下，复少小游观，诚所不忘，岱礼若毕，或冀与公等相见。"于是赐物各有差。六月戊申，诏天下诸州，举学综古今及孝悌淳笃、文章秀异者，并以来年二月总集泰山。己酉，有星孛于太微，犯郎位。丙辰，停封泰山，避正殿以思咎，命尚食减膳。秋七月甲戌，孛星灭。十六年冬十一月景辰，狩于岐山。辛酉，使祭隋文帝陵。丁卯，宴武功士女于庆善宫南门。酒酣，上与父老等涕泣论旧事，老人等递起为舞，争上千万岁寿，上各尽一杯。庚午，至自岐州。十二月癸卯，幸温汤。甲辰，狩于骊山，时阴塞晦冥，围兵断绝。上乘高望见之，欲舍其罚，恐亏军令，乃回銮辔入谷以避之。十七年正月戊申，诏图画司徒、赵国公无忌等勋臣二十四人于凌烟阁。三月丁巳，荧惑守心前星，十九日而退。夏四月，皇太子承乾有罪，废为庶人。景戌，立晋王治为皇太子，大赦，赐酺三日。己丑，加司徒、长孙无忌太子太师，司空房玄龄太子太傅，特进、萧瑀太子太保，兵部尚书李勣为太子詹事，仍同中书门下三品。庚寅，上亲谒太庙，以谢承乾之过。五月乙丑，手诏举孝廉茂才异能之士。十八年十一月，命太子詹事、英国公李勣为辽东道行军总管，出柳城，礼部尚书、江夏郡王道宗副之；刑部尚书、郧国公张亮为平壤道行军总管，以舟师出莱州，左领军常何、泸州都督左难当副之。发天下甲士，召募十万，并趣平壤，以伐高丽。十九年春二月庚戌，上亲统六军发洛阳。乙卯，诏皇太子留定州监国；高士廉摄太子太傅，与侍中刘洎、中书令马周、太子少詹事张行成、太子右庶子高季辅五人同掌机务；以吏部尚书、安德郡公杨师道为中书令。赠殷比干为太师，谥曰忠烈，命所司封墓，葺祠堂，春秋祀以少牢，上自为文以祭之。三月壬辰，上发定州，以司徒长孙无忌、中书令岑文本、杨师道从。夏四月癸卯，誓师于幽州城南，大飨六军以遣之。癸亥，李世勣攻盖牟城，破之。五月丁丑，车驾渡辽东。甲申，上亲率铁骑与世勣会围辽东城，因烈风发火弩，斯须城上屋及楼皆尽，麾战士令登，乃拔之。六月景辰，师次安市城。丁巳，高丽别将高延寿、高惠真帅兵十五万来援安市，以拒王师。李世勣率兵奋击，上自高峰引军临之，高丽大溃，杀获不可胜纪。延寿等以其众降，因名所幸为驻跸山，刻石纪功焉。赐天下大酺二日。秋七月，李世勣进军攻安市城，至九月不克，乃班师。冬十月景辰，入临渝关，皇太子自定州迎谒。戊午，次汉武台，刻石以纪功德。十一月幸幽州。癸酉，大飨，还师。十二月，幸并州。二十年春正月，上在并州。遣大理卿孙伏伽、黄门侍郎褚遂良等二十二人，以六条巡察四方，黜陟官吏。庚辰，曲赦并州，宴从官及起义元从，赐粟帛，给复有差。三月，车驾至京师。六月，遣兵部尚书、固安公崔敦礼，特进、英国公李世勣击破薛延陁于郁督军山北，前后斩首五千馀级，虏男女三万馀人。二十一年春正月，诏以来年二月有事泰山。甲寅，赐京师酺三年。八月，诏以河北大水，停封禅。辛未，骨利干国遣使贡名马。二十三年三月辛酉，大赦。丁卯，太宗以不豫，敕皇太子于金液门听政。是月，日赤无光。夏四月己亥，幸翠微宫。五月己巳，上疾甚，令草遗诏，有顷崩于含风殿。年五十二。遗命于皇太子即位柩前，丧纪宜依汉制。秘不发丧。庚午，遣旧将统飞骑劲兵从皇太子先还京，发六府甲士四千人，分列于道及安化门，翼从乃入；大行与从官官侍卿如常。壬申，发丧。六月甲戌，殡于太极殿。谥曰文皇帝，庙号太宗。葬昭陵。上元元年，改上尊号曰文武圣皇帝。天宝十二载，改上尊号为文武大圣大广孝皇帝。

太平御览卷第一百十　皇王部三十五

唐高宗天皇大帝

《唐书》曰：高宗天皇帝，讳治，太宗第九子也。母曰文德顺圣皇后长孙氏。以贞观二年六月，生于东宫之丽正殿。五年，封晋王。七年，遥授并州都督。幼而歧嶷端审，宽仁孝友。初授《孝经》于著作郎萧德言，太宗问曰："此书中何言为善？"对曰："夫孝，始于事亲，中于事君，终于立身。君子之事上也，进思尽忠，退思补过，将顺其美，匡救其恶。"太宗悦曰："行此，足以事父兄，为臣子矣。"及文德皇后崩，晋王时年九岁，哀慕感动左右，太宗屡加慰抚，由是特深宠异。寻拜右武候大将军。十七年，皇太子承乾废，魏王泰亦以罪黜，太宗与长孙无忌、房玄龄、李世勣等计议，立晋王为皇太子。太宗每视朝，常令在侧，观决庶政，或令参议，太宗数称其善。十八年，太宗将伐高丽，命太子留镇定州。及驾发有期，悲啼累日，因请飞驿递表起居，并递敕垂报，并许之。及军旋，太子从至并州。时太宗患痈，太子亲吮之，扶辇步从数日。二十二年五月己巳，太宗崩。六月甲戌，皇太子即皇帝位，时年二十二。诏大赦天下。内外文武赐勋官一级。永徽元年春正月辛丑朔，上不受朝，诏改元。景午，立妃王氏为皇后。二年春正月戊戌，诏曰："去岁关辅之地，颇弊蝗螟，天下诸州，或遭水旱，百姓之间，致有罄乏，此由朕之不德，兆庶何辜？矜物罪己，载深忧惕。今献岁肇春，东作方始，粮廪或空，事资赈给。其遭虫水处有贫乏者，量以正义仓赈贷，五年春三月戊午，幸万年宫。辛未，曲，赦所经州县系囚。以工部尚书阎立德领丁夫四万筑长安罗郭。八月，大理奏决死囚，总有七十馀人。六年九月庚午，尚书右仆射褚遂良以谏立武昭仪，贬授潭州都督。乙酉，洛州大水，毁天津桥。冬十月己酉，废皇后王氏为庶人，立昭仪武氏为皇后，大赦天下。七年正月辛未，废皇太子忠为梁王，立代王弘为皇太子。壬申，大赦，改年为显庆。

元年五月己卯，太尉长孙无忌进史馆所撰梁、陈、周、齐、隋《五代史志》三十卷。五年八月庚辰，苏定方等讨平百济，面缚其王扶馀义慈。国分为五部，郡三十七，城二百，户七十六万，以其地分置熊津等五都督府。麟德元年三月辛亥，展大射礼。十二月景戌，杀西台侍郎上官仪。戊子，庶人忠坐与仪交通，赐死。二年十月，司礼太常伯刘常道上疏请封禅。癸亥，高丽王高藏遣其子福男来朝。丁卯，将封泰山，发自东都。是岁大稔，米斗五钱，麰音牟麦不列于市。麟德三年春正月戊辰朔，车驾至泰山顿。是日，亲祀昊天上帝于封祀坛，以高祖、太宗配飨，己巳，帝升山行封禅之礼。庚午，禅于社首，祭皇地祇，以太穆太皇太后、文德皇太后配飨；皇后为亚献，越国太妃燕氏为终献。辛未，御降禅坛。壬申，御朝觐坛受朝贺。改麟德三年为乾封元年，正月景戌，发自泰山。甲午，次曲阜县，幸孔子庙，追赠太师，增修祠宇，以少牢致祭。其褒圣侯德伦子孙，并免赋役。二月己未，次亳州。幸老君庙，追号曰太上玄元皇帝，创造祠堂，改阳谷县为真源县，县内宗姓特给复一年。夏四月甲辰，车驾至自泰山，先谒太庙而后入。庚寅，改铸乾封泉宝钱。冬十月己酉，司空、英国公勣为辽东道行军大总管，以伐高丽。三年二月景寅，以明堂制度历代不同，汉、魏以还，弥更讹舛，遂增损古今，新制其图。下诏大赦，改元为总章元年。二月戊寅，幸九成宫。九月癸巳，司空、英国公勣破高丽，拔平壤城，擒其王高藏及其大臣男建等以归。境内尽降，其城一百七十。

上元二年三月丁巳，天后亲蚕于邙山之阳。时帝风疹，不能听朝，政事皆决于天后。自诛上官仪后，上每视朝，天后垂帘于御座后，政事大小皆预闻之，内外称为“二圣”。帝欲下诏令天后摄国政，中书侍郎郝处俊谏止之。调露元年十月，单于大都护府突厥阿史德温傅及奉职二部相率反叛。二年八月甲子，废皇太子贤为庶人，幽于别所。乙丑，立英王哲为皇太子。改调露二年为永隆元年，大赦天下。二年闰七月庚申，上以服饵，令皇太子监国。景寅，雍州大风害稼，米价翔踊。

是月，裴行俭大破突厥史伏念之众，伏念为程务挺急追，遂执温傅来降，行俭于是尽平突厥馀党。行俭执伏念、温傅，振旅凯旋，永淳二年春正月甲午朔，幸奉天宫，遣使祭嵩岳、少室、箕山、具茨等山，西王母、启母巢父、许由等祠。十一月丁未，自奉天宫还东都。上疾甚，宰臣以下并不得谒见。十二月丁巳，诏改永淳二年为弘道元年。将宣赦书，上欲亲御则天门楼，气逆不能上马，遂召百姓于殿前宣之。礼毕，上问侍曰："民庶喜否？"对曰："百姓蒙赦，无不感悦。"上曰："苍生虽喜，我命危笃。天地神祇若延吾一两月之命，得还长安，死亦无恨。"是夕，帝崩于贞观殿，时年五十六。谥曰天皇大帝，庙号高宗。文明元年八月，葬于乾陵。天宝十三载，改谥曰天皇大弘孝皇帝。

则天皇后

《唐书》曰：则天皇后武氏，讳明空，并州文水人也。父士彟，隋大业末为鹰杨府队正。高祖行军于汾、晋，每休止其家。义旗初起，从平京城。贞观时，累迁工部尚书、荆州都督、封应国公。初，则天年十四时，太宗闻其美容止，召入宫，立为才人。及太宗崩，遂为尼，居感业寺。大帝于寺见之，复召入宫，拜昭仪。时皇后王氏、良娣萧氏频与武昭仪争宠，互谗毁之，帝皆不纳。进号宸妃。永徽六年，废王皇后而立武宸妃为皇后。高宗称天皇，武后亦称天后。后素多智计，兼涉文史。帝自显庆已后，多苦风疾，百司表奏，皆委天后详决。自此内辅国政数十年，威势与帝无异。当时称为"二圣"。弘道元年十二月，大帝崩，皇太子显即位，尊天后为皇太后。既将篡夺，是日自临朝称制。嗣圣元年春正月甲申朔，改元。二月戊午，废皇帝为庐陵王，幽于别所，仍改名哲。己未，立豫王轮为皇帝，令居于别殿。大赦天下，改为文明。皇太后仍临朝称制。庚申，废皇太孙重照为庶人。九月，柳州司马徐敬业杀扬州长史陈敬之举兵，移檄天下，左玉钤卫大将军李孝逸讨平之。垂拱四年五月，皇太后加尊号曰圣母神皇。是秋七月，大赦天下。八月壬寅，博州刺史、琅琊王冲据博州起兵，命左金吾大将军丘神勣为行军总管讨之。庚戌，冲父豫州刺史、越王贞又举兵与冲相应。九月，命内史岑长倩，凤阁侍郎张光辅、左监门大将军鞠崇裕率兵讨之。景寅，斩贞及冲等，传首神都，改其姓为虺音卉氏。曲赦博州。韩王元嘉、鲁王灵夔、元嘉子黄国公撰音选、灵夔子左散骑常侍范阳王蔼、霍王元轨及子江都王绪、故虢王元凤子东莞公融坐与贞通谋，元嘉、灵夔自杀，元轨配流黔州，撰等伏诛，改姓虺氏。自是宗室诸王相继诛死者，殆将尽矣。其子孙年幼者咸配流岭外，并诛其亲党数百馀家。

载初元年春正月，神皇亲享明堂，大赦天下。依周制建子月为正月，改十二月为腊月，改旧正月为壹月，大酺三日。神皇自以"曌"字为名，遂改诏书为制书。秋九月，革唐命，改国号为周。改元为天授，大赦天下。乙酉，加尊号为神圣皇帝，降皇帝轮为皇嗣。景戌，立武氏七庙，追尊神皇父士彟为孝明皇帝，证圣元年春正月，加尊号曰慈氏越古金轮圣神皇帝，大赦天下，改元大酺七日。二月，上去慈氏越古尊号。秋九月，亲祀南郊，加尊号天册金轮圣神皇帝，大赦天下，改元为天册万岁，大辟罪已下及犯十恶常赦所不原者，咸赦除之，大酺九日。万岁登封元年腊月甲申，上登封于嵩岳，大赦天下，改元大酺九日。丁亥，禅于少室山。圣历元年正月，亲享明堂，大赦天下，改元，大酺九日。三月，召庐陵王哲于房州。九月景子，庐陵王哲为皇太子，令依旧名显，大赦天下。神龙元年春正月，大赦，改元。上不豫，制自文明元年已后得罪人，除扬、豫、博三州及诸逆魁首，咸赦除之。癸卯，麟台监张易之与弟司仆卿昌宗谋反，皇太子率左右羽林军桓彦范、敬晖等，以羽林兵入禁中诛之。甲辰，皇太子监国，大赦天下。是日，上传皇帝位于皇太子，徙居上阳宫。戊申，皇帝上尊号曰则天大圣皇帝。冬十一月壬寅，则天将大渐，遗制祔庙，归陵，令去帝号，称则天大圣皇后。是日，崩于洛阳宫之仙居殿，年八十三，谥曰则天大圣皇后。二年五月庚申，祔葬于乾陵。

中宗孝和皇帝

《唐书》曰：中宗孝和皇帝讳显，高宗第七子，母曰则天顺圣皇后。显庆元年十一月生于长安。明年封周王，授洛州牧。仪凤二年，徙封英王，改名哲，授雍州牧。永隆元年，章怀太子废，其年立为皇太子。弘道元年十二月，高宗崩，皇太子即帝位，皇太后临朝称制。改年嗣圣。元年二月，皇太后废帝为庐陵王，幽于别所。其年五月，迁于均州，寻徙居房陵。圣历元年，召还东都，立为皇太子，依旧名显。时张易之与弟昌宗潜图逆乱。神龙元年，凤阁侍郎张柬之、鸾台侍郎崔玄暐、左羽林将军敬晖、右羽林将军桓彦范、司刑少卿袁恕己等定策率羽林兵诛易之、昌宗，迎皇太子。大赦天下。凤阁侍郎韦承庆、正谏大夫房融、司礼卿崔庆等下狱。甲辰，命地官侍郎樊忱往京师告陵庙。乙巳，则天传位于皇太子。景午，即皇帝位于通天宫，大赦天下，惟易之党与不在原限。二月甲寅，复国号，依旧为唐。社稷、宗庙、陵寝、郊祀、行军旗帜、服色、天地、日月、寺宇、台阁、官名，并依永淳已前故事。甲子，立妃韦后为皇后，大赦天下。诏九品以上及朝集使极言朝政得失，兼举贤良方正直言极谏之士。景龙三年，十一月乙丑，亲祀南郊，皇后登坛亚献，左仆射舒国公韦巨源为终献。大赦天下，四年五月丁卯，前许州司兵参军燕钦融上书，言皇后干预国政，安乐公主、武延秀、宗楚客等同危宗社。帝怒，召钦融庭见，扑杀之。时安乐公主志欲皇后临朝称制，而求立为皇太女，由是与后合谋进鸩。六月壬午，帝遇毒药，崩于神龙殿。年五十五。秘不发丧，皇后亲总庶政。立温王重茂为皇太子。甲申，发丧于太极殿，宣遗制。皇太后临朝，大赦天下，改元为唐隆。丁亥，皇太子即帝位于柩前，时年十六。皇太后韦氏临朝称制，大赦天下，常赦所不原者咸赦除之。内外兵马令诸亲王掌，仍令韦温总知。时召诸府折冲兵五万人分屯京城，列为左右营，诸韦子侄分统之。庚子夜，临淄王讳举兵诛诸韦、诸武，皆枭首于安福门外，韦太后为乱兵所杀。九月丁卯，上谥曰孝和皇帝，庙号中宗。葬定陵。天宝十三载二月，改谥曰太和大圣大昭孝皇帝。

睿宗玄贞皇帝

《唐书》曰：睿宗玄贞皇帝，讳旦，高宗第八子，中宗母弟，龙朔二年六月己未，生于长安。其年封殷王，遥领冀州大都督、单于大都护、右金吾卫大将军。及长，谦恭孝友，好学，工草隶，尤爱文字训诂之书。乾封元年，徙封豫王。总章二年，徙封冀王。上初名旭轮，至是去“旭”字。上元二年，徒封相王，拜右卫大将军。仪凤三年，迁洛州牧；改名旦，徙封豫王。嗣圣元年，则天临朝，废中宗为庐陵王，立豫王为皇帝，仍临朝称制，及革命，改国号为周，降帝为皇嗣，令依旧名轮，徙居东宫，其仪一比皇太子。圣历元年，中宗自房陵还。帝数称疾不朝，请让位于中宗，则天遂立中宗为皇太子，封帝为相王，又改名旦，授太子右卫率。长安中，拜司徒、右羽林卫大将军。自则天初临朝及革命之际，王室屡有变故，帝每恭俭退让，竟免于祸。神龙元年，以诛张易之兄弟功，进号安国相王，迁太尉，加实封。其年立为皇太弟，固辞不受。景龙四年，夏六月，中宗崩，韦庶人临朝，引用其党，分握政柄。忌帝望实素重，潜谋危害。庚子夜，临淄王与太平公主子薛崇简、前朝邑尉刘幽求、长上果毅麻嗣宗、宫苑总监锺绍京等率兵入北军，诛韦温、纪处讷、宗楚客、武延秀、马秦客、叶静能、赵履温、杨均等，诸韦、武党与皆诛之。辛丑，帝挟少主御安福门楼，慰谕百姓，大赦天下。其日，王公百寮上表，咸以国家多难，宜立长君，以帝众望所归，请即尊位。甲辰，少帝诏曰：“叔父相王，高宗之子，昔以天下，让于先帝，孝友宽简，彰信兆人。神龙之初，已有明旨，将立太弟，以为嗣君，为王恳辞，未行册命，所以东宫虚位，至于历年。撤缀在辰，祸变仓卒，然后称制，计立冲人。钦奉前怀，愿遵理命。上申先圣之旨，下遂苍生之心；俯稽图纬之文，仰峻祖宗之烈。起今日，请叔父相王即皇帝位。朕退守本藩，归于旧邸。凡百卿士，敬承朕言，克赞我天人之休期，光我有唐之勋业。布告遐迩，咸使闻知。”相王上表，让曰：“臣以宗社事重，国家情深，诛锄巨逆，奉戴嗣王。今承制旨，猥推宸极。在臣虚薄，不敢祇膺，循环震惊，无任感哽！”制答曰：“皇极大宝，天下至公，王者临之，盖非获已。王先圣旧意苍生推仰，龙光紫宸，实允系望。请遵前旨，勿或让推。”于是少帝逊于别宫。是日即皇帝位，御承天门楼，大赦天下。景云三年春正月辛未朔，亲谒太庙。癸酉，上始释惨七糁切服，御正殿受朝贺。甲戌，并、汾、绛三州地震，坏人庐舍。辛巳，亲祀南郊。戊子，躬耕籍田。己丑，大赦天下，改元为太极。二月丁亥，皇太子释奠于国学，追赠颜回为太子太师，曾参为太子太保。每年春秋释奠，以四科弟子及曾参从祀，列于二十三贤之上。八月庚子，帝传位于皇太子，自称曰太上皇帝。五日一受朝于太极殿，自称曰朕，三品已上除授及大刑狱，并自决之，其处分事称诰、令。皇帝每日受朝于武德殿，自称曰予，三品已下除授及徒罪并令决之，其处分事称制、敕。甲辰，大赦天下，改年为先天。二年秋七月甲子，太平公主与左仆射窦怀贞、侍中岑羲等谋逆，事觉，皇帝率兵诛之。穷其党与，太子少保薛稷、左散常侍贾膺福、右羽林将军李慈、李钦、中书舍人李猷、中书令崔湜、尚书左丞卢藏用、太史令傅孝忠、僧惠范等皆诛之。兵部尚书郭元振从上御承天门楼，大赦天下，自大辟罪已下，无轻重咸赦除之。翌日，太上皇诰曰：“朕将高居无为，自今后军国刑政一事已上，并取皇帝处分。”开元四年夏六月甲子，太上皇帝崩于百福殿，时年五十五。谥曰大圣贞皇帝，庙号睿宗。冬十月葬于桥陵。天宝十三载，改谥曰玄贞大圣大兴孝皇帝。

太平御览卷第一百十一 皇王部三十六

玄宗明皇帝

《唐书》曰：玄宗明皇帝，讳隆基，睿宗第三子也，母曰昭成顺圣皇后窦氏。垂拱元年秋八月戊寅，生于东都。性英断多艺，尤知音律，善八分书。仪范伟丽，有非常之表。三年闰七月丁卯，封楚王。天授二年十月戊戌，出阁，开府置官属，年始七岁。朔望车骑至朝堂，金吾将军武懿宗忌上严整，诃排仪仗，因欲折之。上叱之曰："吾家朝堂，干汝何事？敢迫吾骑从！"则天闻而特加宠异。寻即入阁。长寿二年腊月丁卯，改封临淄郡王。圣历元年，出阁，赐第于东都积善坊。大定元年，从幸西京，赐宅于兴庆坊。长安中，历右卫郎将、尚辇奉御。神龙元年，迁卫尉少卿。景龙二年四月，兼潞州别驾。十二月，州境有黄龙白日升天。尝出畋，有紫云在其上，后从者望而得之。前后符瑞凡一十九事。四年，中宗将祀南郊，来朝京师。将行，使术士韩礼筮之，蓍一茎孑然独立。礼惊曰："蓍立，奇瑞非常也，不可言。"属中宗末年，王室多故，上常阴引材力之士以自助。上所居宅外有水池，浸溢顷馀，望气者以为龙气。四月，中宗幸其第，因游其池，结彩为楼船，令巨象踏之。至六月，中宗暴崩，韦后临朝称制。韦温、宗楚客、纪处讷等谋倾宗社，以睿宗介弟之重，先谋不利。道士冯道力、处士刘承祖皆善占兆，诣上布诚款。上所居里名隆庆，时人语讹以"隆"为"龙"；韦庶人称制，改年又为唐隆，皆符御名。上益自负，乃与太平公主谋之，公主喜，以子崇简从。上乃与崇简、朝邑尉刘幽求、长上折冲麻嗣宗、押万骑果毅葛福顺、李仙凫宝昌寺僧普润等定策诛之。或曰："先启大王。"上曰："我拯社稷之危，赴君父之急，事成福归于宗社，不成身死于忠孝，安可先请，怖忧大王乎！若请而从，是王与危事，请而不从，则吾计失矣。"遂以庚子夜率幽求等数十人，自苑南入总监锺绍京又率丁匠百馀人以从。分遣万骑往玄武门杀羽林将军韦璿、韦播、高嵩，持首而至，众欢叫大集。攻白兽、玄德等门，斩关而进，左万骑自左入，右万骑自右入，合于凌烟阁前。时太极殿前有宿卫梓宫万骑，闻噪声，皆披甲应之。韦庶人惶恐走入飞骑营，为乱兵所害。于是分遣诛韦氏之党，比明，内外讨捕，皆斩之。乃驰谒睿宗，谢不先启请之罪。睿宗遽前抱上而泣曰："宗社祸难，由汝安定，神祇万姓，赖汝之力也。"拜殿中监、同中书门下三品，兼押左右万骑，进封平王。睿宗即位，与侍臣议立皇太子，佥曰："除天下之祸者，享天下之福；拯天下之危者，受天下之安。平王有圣德，定天下，又闻成器已下咸有推让，宜膺主鬯，以副群心。"睿宗从之。景午，制立为皇太子。延和元年，凶党因术人间睿宗曰："据玄象，帝座及前星有灾，皇太子合作天子，不合更居东宫矣。"睿宗曰："传德避灾，吾意决矣。"七月壬午，下制曰："皇太子某有大功于天地，定阽危于社稷，温文既习，圣敬克跻。委之监抚，已移年岁，时政益明，庶工惟序。朕之知子，庶不负时，历数在躬，宜陟元后。可令即皇帝位，有司择日授册。朕方比迹洪古，希风太皇，神与化游，思与道合，无为无事，岂不美欤！王公百寮，宜识朕意。"上惶惧，遽驰见叩头，请所以传位之旨。睿宗曰："吾因汝功业得宗社，今帝座有眚，思欲逊避，唯盛德大勋，始转祸为福。易位于汝，吾知晚矣。上始居武德殿视事，三品以下除授及徒罪皆决之。先天二年七月三日。尚书左仆射窦怀贞、侍中岑羲、中书令萧至忠、崔湜、雍州长史李晋、左羽林大将军常元楷、右羽林将军李慈等与太平公主同谋，期以其月四日，以羽林兵作乱。上密知之，因以中旨告岐王范、薛王业、兵部尚书郭元振、将军王毛仲、殿中监姜皎、中书侍郎王琚、吏部侍郎崔日用等定计，因毛仲取闲厩马及家人三百馀人，率太仆少卿李令问、王守一、内侍高力士、果毅李守德等亲信十数人，出武德殿，入虔化门。枭常元楷、李德于北阙。擒贾膺福、李猷于内客省以出，执萧至忠、岑羲于朝堂，皆斩之。睿宗明日下诏曰："朕将高居无为，自今军国政刑一事已上，并取皇帝处分。"上御承天门楼，下制大赦天下。冬十一月甲申，幸新丰之温汤。癸卯，讲武于骊山。兵部尚书、代国公郭元振坐亏失军容，配流新州；给事中、摄太常少卿唐绍以军礼有失，斩于纛下。甲辰，畋猎于渭川。同州刺史、梁国公姚元崇为兵部尚书、同中书门下三品。十一月戊子，上加尊号为开元神武皇帝。十二月庚寅朔，大赦天下，改元为开元。

四年六月癸亥，太上皇崩。九年四月甲戌，上亲策试应制举人于含元殿，谓曰："古有三道，今减二策。近无甲科，朕将存其上第，务收贤俊。"十三年冬十月辛酉，东封泰山，发自东都。十一月丙戌，至兖州岱宗顿。丁亥，致斋于行宫。己丑，日南至，备法驾登山，仗卫罗列岳下百馀里。诏行从留于谷口，上与宰臣、礼官升山。庚寅，祀昊天上帝于上坛，有司祀五帝百神于下坛。礼毕，藏玉册于封祀坛之石礷，然后燔柴。燎发，群臣称万姓，传呼自山顶至岳下，震动山谷。上还斋宫，庆云见，日抱戴。辛卯，祀皇地祇于社首，藏玉册于石礷，如封祀坛之礼。壬辰，御帐殿受朝贺，大赦天下。封太山神为天齐王，礼秩加三公一等，环山十里，禁其樵采，赐酺七日。甲午，发岱岳。景申，幸孔子宅，亲设奠祭。十二月己巳，至东都。时累岁丰稔，东都米斗十钱，青、齐米斗五钱。是冬分吏部为铨，敕礼部尚书苏颋、刑部尚书韦杭、工部尚书卢从愿等分掌选事。十四年五月癸卯，户部进计帐，今年管户七百六万九千五百六十五，管口四千一百四十一万九千七百一十二。二十二年五月，关中大风拔木，同州尤甚。是夏，上自于苑中种麦，率皇太子已下躬自收获，谓太子等曰："此将荐宗庙，是以躬亲，亦欲令汝等知稼穑之难也。"因分赐侍臣，谓曰："比岁令人巡检苗稼，所对多不实，故自种植以观其成；且《春秋》书麦禾，岂非古人所重也！"二十五年春正月壬午，制曰："朕猥集休运，多谢哲王，然而哀矜之情，小大必慎。自临寰宇，子育蒸黎，未尝行极刑，起大狱。上玄降鉴，应以祥和，思协平邦之典，致之仁寿之域。自今有犯死刑，除十恶罪，宜令中书门下与法官详所犯轻重，具状奏闻。"秋七月己卯，大理少卿徐岵奏："天下今岁断死刑五十八人，几致刑措。"二十七年八月甲申，制追赠孔宣父为文宣王，颜回为兖国公，馀十哲皆为侯，夹坐。后嗣褒圣侯改封为文宣公。二十九年正月，制两京、诸州各置玄元皇帝庙，并置崇玄学。

天宝元年春正月丁未朔，大赦天下，改元，常赦不原咸赦除之。百姓有欠负租税及诸色并免之。前资官及白身人有儒学博通、文词秀逸及军谋武艺者，所在具以名荐。京文武官才堪官为刺史者，各令封状自举。改黄钺为金钺。内外官各赐勋两转。甲寅，陈王府参军田同秀上言："玄元皇帝降见于丹凤门之通衢，告锡灵符在尹喜之故宅。"上遣使就函谷故关尹喜台西发得之，乃置玄元庙于大宁坊。二月丁亥，上加尊号为开元天宝圣文神武皇帝。辛卯，亲享玄元皇帝于新庙。甲午，亲享太庙。景申，合祭天地于南郊。制天下囚徒，罪无轻重并释放。三载正月景辰朔，改年为载。四载秋八月甲辰，册太真妃杨氏为贵妃。七载三月乙酉，大同殿柱产玉芝，有神光照殿，群臣请加皇帝尊号曰开元天宝圣文神武应道，许之。夏五月壬午，上御兴庆宫受册徽号，大赦天下。六月，范阳节度使安禄山赐实封及铁券。十一载十一月庚申，御史大夫兼蜀郡长史杨国忠为右相兼文部尚书。十三载二月，禄山奏前后讨奚契丹立功将士跳荡等，请超三资，于是超授将军者五百馀人，中郎将者二千馀人。十四载冬十月壬辰，幸华清宫。景寅，范阳节度使安禄山率蕃汉之兵十馀万，自幽州南向指阙，以诛杨国忠为名，先杀太原尹杨光翙于博陵郡。壬申，闻于行在所。癸酉，以郭子仪为灵武太守、朔方节度使。封常清自安西入奏，至行在。甲戌，以常清为范阳、平卢节度使，令募兵三万以御逆胡。戊寅，还京。十二月景戌朔，禄山于灵昌郡渡河。辛卯，陷陈留郡，杀张介然。甲午，陷荥阳郡，杀太守崔无诐。景申，封常清与贼战于成皋罂子谷，官军败绩，常清奔于陕郡。丁酉，安禄山陷东京，杀留守李憕、中丞卢奕、判官蒋清。时高仙芝镇陕郡，弃城西保潼关。常山太守颜杲卿与长史袁履谦、贾深等杀贼将李钦凑，执贼将何千年、高邈送京师。辛丑，诏皇太子统兵东讨。十五年春正月乙卯，御宣政殿受朝。其日，禄山僭号于东京。六月庚寅，哥舒翰将兵八万与贼将崔乾祐战于灵宝西原，官军大败，死者十六七。甲午，将谋幸蜀，乃下诏亲征，仗下后，士庶恐骇，奔走于路。乙未，凌晨，自延秋门出，微雨沾湿，扈从唯宰相杨国忠、韦见素、内侍高力士太子、亲王，妃主、皇孙已下多从之不及。平明渡便桥，国忠欲断桥。上曰："及来者何以能济？"命缓之。辰时，至咸阳望贤驿置顿，官吏骇散，无复储拟。上憩于宫门之树下，亭午未进食。俄有老父献麨，上谓之曰："尔可进饭。"于是百姓献食相继。俄又尚食持御膳至，上颁给从官而后食。是夕次金城县，官吏已遁，令魏方进男允招诱，俄得智藏寺僧进刍粟，行从方给。景辰，次马嵬驿，诸卫顿军不进。龙武大将军陈玄礼奏曰："逆胡指阙，以诛国忠为名，然中外群情，不无嫌恐。今国步艰阻，乘舆震荡，陛下宜徇群情，为社稷大计，杨国忠之徒，可致之于法。"会吐蕃使二十一人遮国忠告诉于驿门，众即呼曰："杨国忠连蕃人谋逆！"兵士围驿四合，及诛杨国忠、魏方进一族，兵犹未解。上令高力士诘之，回奏曰："诸将既诛国忠，以贵妃在宫，人情恐惧。"上即命力士赐贵妃自尽。玄礼等见上请罪，命释之。丁酉，将发马嵬驿，朝臣唯韦见素一人，乃命见素子京兆府司录谔为御史中丞，充置顿使。议其所向，军士或言河、陇，或言灵武、太原，或言还京为便，韦谔曰："还京，须有捍贼之备，今兵马未集，恐非万全，不如且幸扶风，徐图所向。"上询于众，众以为然。及行，百姓遮路乞留皇太子，愿戮力破贼，收复京城，即日留太子。戊戌，次扶风县。己亥，次扶风郡。军士各怀去就，咸出丑言，陈玄礼不能制。会益州贡春彩十万匹，上悉命置于庭，召诸将谕之曰："卿等国家功臣，陈力久矣，朕之优奖，常亦不轻。逆胡背恩，事须回避。甚知卿等不得别父母妻子，朕亦不及亲辞九庙。"言发流涕。又曰："朕须幸蜀，路险狭，人若多往，恐难供承。今有此彩，卿等即宜分取，各图去就。朕自有子弟中官相随，便与卿等诀别。"众咸俯伏涕泣曰："死生愿从陛下。"上曰："去住任卿。"自是悖乱之言稍息。庚子，以司勋郎中、剑南节度留后崔圆为蜀郡长史、剑南节度副大使。以颍王璬为剑南节度大使，以监察御史宋若思为御史中丞充置顿使。韦谔充巡阁道使，并令先发。辛丑，发扶风郡，是夕，次陈仓。壬寅，次散关。分部下为六军，颍王璬先行，寿王瑁等分统六军，前后左右相次。景午，次河池郡，崔圆奏剑南岁稔民安，储供无缺，上悦，授圆中书侍郎、同中书门下平章事，蜀郡长史、剑南节度如故。以前华州刺史魏仲犀为梁州长史。秋七月壬戌，次益昌县，渡吉柏江，有双鱼夹舟而跃，议者以为龙。甲子，次普安郡，宪部侍郎房琯自后至，上与语，甚悦，即日拜为吏部尚书、同中书门下平章事。丁卯，诏以皇太子讳充天下兵马元帅，都统朔方、河北、河东、平卢等节度兵马，收复两京。庚午，次巴西郡。庚辰，车驾至蜀郡，扈从官吏军士到者一千三百人，宫女二十四人而已。八月癸未朔，御蜀郡府衙宣诏，大赦天下。癸卯，灵武使至，始知皇太子即位。丁酉，上用灵武册称上皇，诏称诰。己亥，上皇临轩降册，册肃宗，命宰臣韦见素、房琯使灵武，册命曰："朕称太上皇，军国大事先取皇帝处分，后奏朕知。俟克复两京，朕当怡神姑射，偃息大庭。"明年九月，郭子仪收复西京。十月，肃宗遣中使啖廷瑶入蜀奉迎。丁卯，上皇发蜀郡。十一月景申，次凤翔郡。肃宗遣精骑三千至扶风迎卫。十二月景戌，肃宗具法驾至咸阳望贤驿，迎奉上皇御宫之南楼。肃宗拜庆楼下，呜咽流涕不自胜，为上皇徒步控辔，上皇抚背止之，即骑马前导。丁未至京师，文武百寮、京城士庶夹道欢呼，靡不流涕。即日，御大明宫之含元殿，见百寮，上皇亲自抚问，人人感咽。上皇诣庙请罪，遂幸兴庆宫。三载二月，肃宗与群臣奉上皇尊号曰太上至道圣皇帝。乾元三年七月丁未，移幸西内之甘露殿。时阉官李辅国离间肃宗，故移居西内。高力士、陈玄礼等迁谪，上皇寖不怿。上元二年四月甲寅，崩于神龙殿，时年七十八，谥曰至道大圣大明孝皇帝，庙号玄宗。初，上皇亲拜五陵，至桥陵，见金栗山岗有龙盘凤翥之势，复近先茔，谓侍臣曰："吾千秋后宜葬此地，得奉先陵，不忘孝敬矣。"至是，追奉先旨以创寝园。广德元年三月辛酉，葬于泰陵。

安禄山附

《唐书》曰：安禄山，营州柳城杂种胡人也。本无姓氏，名轧荦山。母阿史德氏，亦突厥巫师，以卜为业。开元初，与将军安道买男俱逃出突厥中。安道买次男贞节为岚州别驾，收获之。年十馀岁矣，冒姓为安。及长，解六蕃语。二十年，张守珪为幽州节度，禄山盗羊事觉，守珪剥坐，欲棒杀之，大呼曰："大夫不欲灭两蕃耶？何为打杀禄山！"守珪见其肥白，壮其言而释之。令与乡人史思明同捉生，行必克获，授为偏将。以骁勇闻，遂养为子。二十八年，为平卢兵马使。性巧密，人多誉之。授营州都督、平卢军使。厚赂往来者，乞为好言，玄宗益信向之。天宝元年，以平卢为节度，以禄山摄中丞为使。入朝奏事，玄宗益宠之。三载，代裴宽为范阳节度，河北采访、平卢军等使如故，采访使张利贞尝受其赂，及李林甫，并言其美。玄宗意益坚。后请为贵妃养儿，入对皆先拜太真，玄宗怪问之。对曰："臣是蕃人，先母而后父。"玄宗大悦，遂命杨銛已下并约为兄弟姊妹。晚年益肥壮，垂手过膝，重三百三十斤，每行以肩膊左右抬挽其身，方能移步。至玄宗前，作胡旋舞，疾如风焉。为置第宇，穷极壮丽。上御勤政楼，于御座东为设一大金鸡障，前置一榻坐之。十载入朝，又求为河东节度，因拜之。长子庆宗，太仆卿；少子庆绪，鸿胪卿。庆宗又尚郡主。禄山阴有逆谋，于范阳北筑雄武城，外示御寇，内贮兵器，积谷为保守之计，战马万五千匹，牛羊称是。秉三道节度，进奏无不允。每月进奉生口驼马鹰犬不绝，人无聊生矣。禄山既肥大，不任战。十一载八月，禄山并率河东等军十五万以讨契丹，去平卢千馀里，至土护真河，即北黄河也。倍程奄至契丹牙帐。属久雨，弓箭皆涨湿，将士困极，奚又夹攻之，杀伤略尽。禄山被射，以麾下奚小儿二千馀人走上出，坠坑中，其男庆绪等扶之。会夜，解走，投平卢城。杨国忠屡奏禄山必反，玄宗使中官辅璆琳觇之，得其贿赂，盛言其忠。十三载正月，谒于华清宫，因涕泣言："臣蕃人，不识字，陛下擢臣不次，被杨国忠欲得杀臣。"玄宗益亲厚之，遂以为左仆射，却回。又请为闲厩、陇右群牧等都使，又请知总监事。既为闲厩、群牧等使，上筋脚马，皆阴选择之。三月，归范阳，疾行出关，日三四百里，至范阳。人言反者，玄宗必大怒，缚送与之。十四载十一月，反于范阳，矫称奉恩命以讨逆贼杨国忠。以诸蕃马步十五万，以高尚、严庄为谋主，孙孝哲、高邈、何千年为腹心。天下承平日久，人不知战，闻其兵起，朝廷震惊。禁卫皆市井商贩之人，乃以高仙芝、封常清等击之。禄山又严肃，得士死力，无不一当百，遇之必败。十二月渡河，遂入陈留郡。太守郭纳出降。至荥阳，太守崔无诐拒战，城陷死之。次于汜水罂子谷，乃取谷南而过。东京留守李憕、中丞卢奕、使采访判官蒋清烧绝河阳桥。禄山入东京，杀李憕、卢奕、蒋清，召河南尹达奚珣，使之莅事。十五年正月，贼窃号燕国，年号圣武，达奚珣已下署为将相。五月，南阳节度鲁炅率荆、襄、黔中、岭南子弟十万，与贼将武令珣战于叶县城北滍河，王师尽没。六月，李光弼、郭子仪出土门路，大败贼众于常山郡东嘉山，河北诸郡归顺者十馀，禄山窘急，图欲却投范阳。会哥舒翰自潼关领马步八万，与贼将崔乾祐战于灵宝西，为贼覆败，翰西奔潼关，为其帐下执送与贼。关门不守，玄宗幸蜀。十一月，遣阿史那承庆攻陷颍州，屠之。禄山以体肥，及造逆后而眼渐暗，至是不见物。又着疽疾。至德二年正月朔，受朝，疮甚而中罢。尤躁急，动用斧钺，严庄亦被捶挞；庄谋立庆绪，领竖李猪儿同入禄山帐中，猪儿以大刀斫其腹。禄山眼无所见，扪床头刀不得，但撼幄帐中大呼曰："是我家贼！"肠已数斗流在床上。言讫气绝。庄即宣言于外，言禄山传位于晋王庆绪。庆绪纵乐饮酒无度，呼庄为兄，事之小大必咨之。庆绪为伪主，素懦弱，精神言词无序。二月，肃宗南幸凤翔郡，始知禄山死，使仆固怀恩使于回纥，结婚，请兵讨逆。九月，广平王领蕃汉之众收西京，走安守忠，贼之死者积如山阜。王师乘胜至陕郡，贼惧，令严庄倾其骁勇而来拒。广平王遣副元帅郭子仪等与贼战于陕西曲沃，大破之，斩首十馀万。严庄奔至东京，告庆绪，庆绪率其馀众奔河北，保邺郡。严庄至河内，南来归顺。贼将阿史那承庆等麾下三万馀众，悉奔恒、赵、范阳。从庆绪者，唯疲卒一千，骑三百而已。乾元元年九月，肃宗遣郭子仪等九节度率步骑二十万以攻之，子仪使善射者三千人伏于垒垣内。明日接战，子仪麾其属伪奔，庆绪逐之，伏者齐发，贼军大溃。使薛嵩求救于史思明，言禅让之礼。思明先遣李归仁以步骑一万、马军三千，先往滏阳以应之。及至滏阳，子仪之围已固，筑城穿壕各三重，引水以灌城下。思明南攻魏州，节度使崔光远南走，思明据其城。乾元二年正月，思明伪称燕王。庆绪自十月被围至二月，城中人相食。思明引众来救。三月，子仪等战败，遂解围而南，断河阳桥以守谷水。思明领其众营于邺县南。庆绪使收子仪等营中粮尚六七万石。张通儒、高尚、平列谓庆绪曰："史王远来，臣等皆合迎谢。"对曰："任公暂往见思明。"思明与之涕泗，厚其礼。复令归城。经三日，庆绪以三百骑诣思明。思明引入，令三军擐甲执兵待之。及诸弟领至子庭，再拜稽首曰："臣不克负荷，弃失两都，久陷重围，不意大王以太上皇之故，将兵远救。"思明曰："弃失两都，用兵不利，亦何事也。尔为人子，杀汝父以求位，庸非大逆乎？吾为太上皇讨贼。"即牵出，并其四弟及高尚、孙孝哲、崔乾祐皆缢杀之。禄山父子僭逆三年而灭。

太平御览卷第一百十二 皇王部三十七

肃宗宣皇帝

《唐书》曰：肃宗宣皇帝，讳亨，玄宗第三子也，母曰元献皇后杨氏。景云二年乙亥生，初名嗣升。二岁封陕王，五岁拜安西大都护、河西四镇诸蕃落大使。上仁爱英悟，得之天然；及长，聪敏强记，属辞典丽，耳目之所听览，不复遗忘。开元十五年正月，封忠王，改名浚。五月，领朔方大使、单于大都护。十八年，奚、契丹犯塞，以上为河北道元帅，信安王祎为副元帅，御史大夫李朝隐、京兆尹裴伷先等八总管兵以讨之。仍命百寮设次于光顺门，与上相见。左丞相张说退谓学士孙逖、韦述曰："尝见太宗写真图，忠王英姿颖发，仪表非常，雅类圣祖，此社稷之福也。"二十年，诸将大破奚、契丹，以上遥统之功，加司徒。二十三年改名玙。后皇太子瑛得罪，立上为皇太子。天宝十二载正月，安禄山来朝，上尝密奏，云禄山有反相，玄宗不听。十四载十一月，禄山果叛。十二月丁未，陷东京。辛丑，制太子监国，仍遣上亲总诸军进讨。时禄山以诛杨国忠为名，由是军民切齿于杨氏。国忠惧，乃与贵妃谋间其事，上遂不行。乃诏河西节度哥舒翰为皇太子前锋兵马元帅，今率众二十万守潼关。明年六月，哥舒翰为贼所败，关门不守，玄宗幸蜀。丁酉，至马嵬顿兵，军不进，请诛杨氏。于是诛国忠，赐贵妃自尽。车驾将发，留上在后宣谕百姓，众泣而言曰："逆胡背恩，主上播越，臣等生于圣代，世为唐民，愿力勠一心，为国讨贼，请从太子收复长安。"玄宗闻之曰："此天启也。"乃令高力士与寿王瑁送太子内人及服御等物，留后军厩马军从上。令力士口宣曰："汝好去！百姓属望，慎勿违之。莫以吾为意。且西戎北狄，吾尝厚之，今国步艰难，必得其用，汝其勉之。"上回至渭北，便桥已断，水暴涨，无舟楫，上号令水滨百姓，归者三千馀人。渭水可涉，又过潼关，散卒误以为贼，与之战，士众多伤。乃收其馀众以北上，军既济，后者皆溺。上喜，以为天之睠佑。时从上唯广平、建宁二王及四军将士，才二千人。自奉而北，夕次永寿，百姓遮道献牛酒。有白云起西北，长数丈，如楼阁之状，议者以为天子气。戊戌，至新平郡。时昼夜奔驰三百馀里，士众器械亡失过半，所存之众，不过一旅。时贼据长安，知上治兵河西，三辅百姓皆曰："吾太子大军即至。"贼望西北尘起，有时奔走。七月辛酉，上至灵武，时魏少游预备供帐，无不毕备。裴冕、杜鸿渐等从容进曰："今寇逆乱常，毒流函、洛，主上倦勤大位，移幸蜀川。江山阻修，奏请路绝，宗社神器，须有所归。万姓颙颙，思崇明圣，天意人事，不可固违。伏愿殿下，顺其乐推，以安社稷，王者之大孝也。"上曰："俟平寇逆，奉迎銮舆，从容储闱，侍膳左右，岂不乐哉！公等何悤悤也？"冕等凡六上笺，辞情激切，上不获已而从之。是月甲子，上即皇帝于灵武。即日奏上皇。是日，御灵武南门，下制，大赦天下，改元曰至德。以朔方度支副使、大理司直杜鸿渐为兵部郎中，朔方节度判官崔漪为吏部郎中，并知中书舍人事。以御史中丞裴冕为中书侍郎、同中书门下平章事。改灵武郡为大都督府。癸巳，上所奉表始达成都。丁酉，上皇逊位称诰，遣左相韦见素、吏部尚书房琯、门下侍郎崔涣等奉册书赴灵武。九月戊辰，上南幸彭原郡。景子，至顺化郡，韦见素、房琯、崔涣等自蜀郡赍上册书及传国宝等至。上素知房琯名，至是琯请为兵马元帅收复两京，许之。二载春正月庚戌朔，上在彭原受朝贺。是日通表入蜀贺上皇。上皇遣平章事崔圆奉诰赴彭原。乙卯，逆胡安禄山为子其庆绪所杀。九月，持四节，与回纥叶护太子率兵四千助国讨贼。叶护入见，宴赐加等。丁亥，元帅广平王统朔方、安西、回纥、南蛮、大食之众二十万，东向讨贼。壬寅，与贼将安守忠、李归仁等战于香积寺西北，贼军大败，斩首六万级，贼帅张通儒弃京城东走。癸卯，广平王收西京。甲辰，捷书至行在，即日告捷于蜀。上皇遣裴冕入京，启告郊庙社稷。冬十月癸丑，贼将尹子琦陷睢阳，害张巡、姚訚，执许远。贼自香积之败，悉众保陕郡，广平王统郭子仪等进攻，与贼战于陕西之新店，贼众大败，斩首十万级，横尸三十里。庚申，安庆绪与其党奔河北。壬戌，广平王入东京，陈兵天津桥南，士庶欢呼路侧。陷贼官伪署侍中陈希烈等三百馀人素服待罪。癸亥，上自凤翔还京，仍遣太子太师韦见素入蜀迎上皇，凤阳郡给复五载。景寅，至望贤宫，得东京捷书至，上大喜。丁卯，入长安。士庶涕泣拜抃曰："不图复见吾军！"上亦为之感恻。九庙为贼所焚，上素服哭于庙三日，入居大明宫。十二月景午，上皇至自蜀，上至望贤宫奉迎。上皇御宫南楼，上望楼辟易，下马趋进楼前，再拜蹈舞称庆。上皇下楼，上匍匐捧上皇足，涕泗呜咽，不能自胜。遂扶侍上皇御殿，亲自进食；自试御马以进，又躬拢辔而行，止之后退。上皇曰："吾享国长久，吾不知贵，见吾子为天子，吾知贵矣。"上乘马前导，自开远门至丹凤门，旗帜烛天，彩棚夹道。士庶舞抃路侧，皆曰："不图今日再见二圣！"百寮班于含元殿庭，上皇御殿，左相苗晋卿率百辟称贺，人人无不感咽。礼毕，上皇诣长乐殿谒九庙神主，即日幸兴庆宫。上请归东宫，上皇遣高力士再三慰喻而止。三载正月，甲戌朔。戊寅，上皇御宣政殿，册皇帝尊号曰光天文武大圣孝感皇帝。乙巳，上御兴庆殿，奉册上皇徽号曰太上至道圣皇大帝。丁未，御丹凤门，大赦天下，改至德三载为乾元元年。二年九月庚寅，逆胡史思明陷洛阳，副元帅李光弼守河阳，汝、郑、滑等州陷贼。三年闰四月朔，彗出西方，其长数丈，己卯，以星文变异，上御丹凤门，大赦天下，改乾元为上元。追封周太公望为武成王，依文宣王例置庙。时大雾，自四月雨至闰月末不止。米价翔贵，人相食，饥死者委骸于路。二年三月甲子，史朝义率众夜袭我陕州，卫伯玉逆击败之。戊戌，史思明为其子朝义所杀。九月壬午，制：自今已后，朕号唯称皇帝，其年号但称元年，去上元之号。其以今年十一月为岁首，便数建丑建寅，每月以所建为数。建卯月，辛亥朔，上御丹凤门，大赦，以京兆府为上都，河南府为东都，凤翔为西都，江陵为南都，太原为北都。建巳月庚戌朔，壬子，楚州刺史崔侁表献定国宝玉十三枚。甲寅，太上皇崩于西内神龙殿。上自仲春不豫，闻上皇登遐，不胜哀悸，因兹大渐。

乙丑，诏皇太子监国，又曰："上天降宝，献自楚州，因以体元，叶乎五纪。其元年宜改为宝应，建巳月为四月，馀月并依常数，乃依旧以正月一日为岁首。"丁卯，宣遗诏。是日，上崩于长生殿，年五十二。谥曰文明武德大圣大宣孝皇帝，庙号肃宗。宝应二年三月，葬于建陵。

史思明附

《唐书》曰：史思明，本名窣干，营州宁夷州突厥杂种胡人也。狭瘦，少须，鬖鼻，伛背、眼目㾭枯，性急躁。与安禄山同乡里，相校一日生，思明除日生，禄山岁日生。及长，相善，俱以骁勇闻。初事特进乌知义，每令轻骑觇贼，必生擒以归。又解六蕃语，与禄山同为互市郎。张守珪为幽州节度，奏为折冲。天宝初，频立战功，官至将军，知平卢军事。尝入奏，玄宗赐坐，与语，甚奇之。问其年，曰"四十矣"。玄宗抚其背曰："卿贵在后，勉之。"迁大将军、北平太守。十一载，禄山奏授平卢节度、都知兵马使。十四载，禄山反，命思明讨饶阳等诸郡，陷之。十五载正月六日，思明与蔡希德围颜杲卿于常山，九日拔之。又围饶阳，二十九日不能拔。李光弼出土门，收常山郡，思明解围而拒光弼。光弼列兵于城南，相持累月，光弼草尽，使精卒以车数乘于旁县取草，辄被击之，其后率十匹唯共得两束草，至剉蒿荐以饲之。初，禄山以贾循为范阳留后，谋归顺，为副留守向润客所杀，以思明代之。又以征战在外，令向润客代其任。四月，朔方节度郭子仪以朔方蕃、汉二万人自土门而至常山，军威遂振，南收赵郡，思明退保博陵。五月十日，子仪、光弼败思明于沙河上。思明以骑卒奔嘉山，光弼击之，思明又败走入博陵郡。光弼围之，城方拔。属潼关失守，肃宗理兵于朔方，使中官邢延恩追朔方、河东兵马。光弼入土门，思明随后邀击之。思明将卒颇精锐，皆破平卢战士，因南收常山、赵郡。又攻河间、平原，颜真卿以兵食既尽，乃渡河而南，由是河北之地悉陷于思明。至德二年正月，思明以蔡希德合范阳、上党兵马十万，围李光弼于太原。光弼使为地道，至贼阵前。骁贼方戏弄城中人，地道中人擒而曳之，贼以为神，呼为“地藏菩萨”。思明留十月，会安禄山死，庆绪令归范阳，希德留百馀日，竟不能拔而归。自禄山陷两京，常以骆驼运两京御府珍宝于范阳，不知纪极。由是，资其逆谋，思明转骄，不用庆绪之命。庆绪为王师所败，投邺郡。其下蕃、汉兵五万人，初不知所从，思明击杀三千人，然后降之。庆绪使阿史那承庆、安守忠征兵于思明，且欲图之。判官耿仁智，忠谋之士，谓思明曰：“大夫威重，人不敢言，仁智请一言而死。”思明曰：“试言之。”对曰：“大夫久事禄山，禄山兵权若是，谁敢不服。如大夫比者，逼于凶威耳，固亦无罪。今闻孝感皇帝聪明勇智，有少康、周宣之略。大夫发使输诚，必开怀见纳，此转祸为福之上策也。”思明曰：“善。”庆承等以三千骑至范阳，思明悉众介胄以逆之，众且数万，去之一里，使人谓之曰：“相公及王远至，将士等不胜喜跃。此皆边兵怯懦，颇惧相公之众，莫敢进也。请弛弓以安之。”从之。思明遂以承庆守忠入内厅，饮乐之。别令诸将于其所分收其甲仗。其诸郡兵皆给粮，恣归之。欲留者，分隶诸营。遂拘承庆，斩守忠及李立节之首。会李光弼使衙官敬俯招之，思明遂令衙官窦子昂奉表以所管兵众八万人兼以伪河东节度高秀岩来降。肃宗大悦，封思明为归义王、范阳长史、御史大夫、河北节度使，朝义以下并为列卿，秀岩云中太守，以其男如岳等七人为大官。使内侍李思敬、将军乌承恩宣慰，便令讨残贼。明年改元乾元，四月，肃宗使乌承恩为副使，候伺其过而杀之。初，承恩父知义为节度，思明常事知义，亦有开奖之恩。以此，光弼冀其无疑，因谋杀之。承恩至范阳，数漏其情，夜取妇人衣衣之，诣诸将家，以翻动之意谕之。诸将以白思明，思明甚惧，无以为验。有顷，承恩与思敬从上京来，宣恩命毕，将归私第。思明留承恩且于馆中，思明当有所议已令帏其所寝之床，伏二人于其下。承恩有小男，先留范阳，思明令省其父。夜后，承恩私于其子曰：“吾受命除此逆胡，便授吾节度矣。”床下二人叫呼而出，以告思明。思明令执之，搜其衣囊，得朝廷所与阿史那承庆铁券及光弼与承恩之牒，云：“承庆事了，即付铁券；不了，不可付之。”又得簿书数百纸，皆载先所从反军将名。思明语之曰："我何负于汝而至是耶？"承恩称："死罪，此太尉光弼之谋也。"思明集军将官吏百姓，西向大哭曰："臣以十三州之地，十万众之兵降国家，赤心不负陛下，何至杀臣！"因榜杀承恩父子，囚李思敬，遣使表其事。朝廷又令中使慰谕云："国家与光弼无此事，乃承恩所为，杀之善也。"又有使从京至，执三司议罪人状，以示思明。思明曰："陈希烈已下，皆重臣，上皇弃之幸蜀，既收复天下，此皆当慰劳之。今尚见杀，况我本从禄山反乎！"诸将皆云："乌承恩之前事，情状可知，光弼尚在，忧不细也。大夫何不取诸将状以诛光弼，以谢河北百姓。主上若不惜光弼，为大夫诛之，大夫乃安；不然，为患未已。"思明曰："公等言是。"乃令耿仁智、张不矜修表："请诛光弼谢河北，若不从臣请，臣则自领兵往太原诛光弼。"不矜初以表示思明，及封入函，耿仁智尽削去之。写表者密白思明，思明怒甚，执二人于庭曰："汝等何得负我！"命斩之。仁智事思明颇久，意欲活之，却令召入，谓之曰："我任使汝向三十年，今日之事，我不负汝。"仁智大叫曰："人生固有一死，须存忠节。今大夫纳邪说，为反逆之计，纵延旬月，不如早死，请速加斧锧。"思明大怒，乱捶杀之，脑流于地。十月，郭子仪领九节度围相州，安庆绪偷道求救于思明，思明惧军威之盛，不敢进。十二月，萧华以魏州归顺，诏遣崔光远替之。思明击而拔其城，光远脱身南渡。思明于魏州杀三万人，平地流血数日，即乾元二年正月一日也。思明于魏州北设坛，僭称为大圣燕王，以周贽为行军司马。三月，引众救相州，官吏败而引退。思明召庆绪等杀之，并有其众。四月，僭称大号，以周贽为相，以范阳为燕京。九月，寇汴州，节度使许叔冀合于思明，思明益振。又陷洛阳，与太尉光弼相拒。思明恣行凶暴，下无聊矣。上元二年，潜遣人反说官军曰："洛中将士，皆幽、朔人，咸思归。"鱼朝恩以为然，告光弼及诸节度仆固怀恩、卫伯玉等："可速出兵以扫残贼。"光弼等然之，乃出师两道齐进。次榆林，贼委物伪遁，将士等不复设备，皆入城虏掠。贼伏兵在北邙山下，因大下，士卒咸弃甲奔散。鱼朝恩、卫伯玉退保陕州，光弼、怀恩弃河阳城，退居闻喜。步兵散死者数千人，军资器械尽为贼有，河阳、怀州、尽陷于贼。思明至陕州，为官军所拒于姜子坂，战不利，退归永宁。使朝义筑三角城，约一月内毕，以贮军粮。朝度筑城毕，未泥，思明至，诟之。对曰："缘兵士疲乏，暂歇耳。"又怒曰："汝惜部下兵，违我处分。"令随身数十人立马看泥，斯须而毕。又曰："待收陕州，斩却此贼。"朝义大惧。是夕，思明居驿，朝义在店中，思明令心腹曹将军总中军兵严卫，朝义将骆悦并许骥男季常等言："主上欲害王，悦与王死无日矣。"因言"废兴之事，古来有之，欲唤取曹将军举大事，可乎？"朝义回面不应王，悦曰："王若不应，悦等即归李家，王亦不全矣。"朝义然之，令许季常命曹将军至。悦等告之，不敢拒。其夜，思明梦而惊悟，据床惆怅。每好伶人，寝食置左右，以其残忍，皆恨之。及此，问其故，曰："吾向梦见水中沙上群鹿渡水而至，鹿死水干。"言毕如厕。伶人相谓曰："鹿者，禄也；水者，命也。胡禄命俱尽矣。"骆悦入，问思明所在，未及对，杀数人，因指在厕。思明觉变，逾墙出，至马槽，鞴马骑之。王悦等至，令傔人周子俊射，中其臂，落马，曰："是何事？"悦等告以怀王。思明曰："我朝来误错，今有此事。然汝杀我太疾，何不待我收长安？终事不成矣。"因急呼怀王者三，曰："莫杀我！囚我！"却骂曹将军曰："这胡误我，这胡误我！"悦遂令心腹手擒思明赴柳泉驿，曰："事已成矣。"朝义曰："莫惊圣人否？莫损圣圣否？"悦曰："无。"时周贽、许叔冀统后军在福昌，朝义令许季常往告之。贽闻，惊欲仰倒。朝义领兵回，贽等来迎，因杀贽。思明至柳泉驿，缢杀之。朝义便僭伪位。宝应二年，为李怀所擒，枭首送阙下。

代宗孝武皇帝

《唐书》曰：代宗孝武皇帝，讳豫，肃宗长子。母曰章敬皇太后吴氏，以开元十四年十二月生于东都上阳宫。初名俶，年十五封广平王。玄宗诸孙百馀，上为嫡皇孙。宇量弘深，宽而能断，喜怛不形于色。仁孝温恭，动必由礼，幼好学，尤专《礼》《易》，玄宗钟爱之。禄山之乱，京城陷贼，从肃宗蒐兵灵武，以上为天下兵马元帅。时朝廷草创，兵募寡弱，上推心示信，招怀流散，比至彭原，兵众数万。后肃宗回幸凤翔，时房琯、郭子仪继战不利，贼锋方锐，屡来寇袭。上选求勇干，频挫其锋，圣虑遑宁，士心大振。及帅师进讨，雪涕辞违，步出阙门，方始乘马。回纥叶护王子率兵入助，勇冠诸蕃，上接以优恩，结为兄弟，故香积之战，贼徒大败，遂委西京而遁。虽子仪、嗣业之奋命，由上恩信结于士心，故人思自效。既收京城，民庶安堵，秋毫不犯，遗老欢迎，对之歔欷。闻贼残众犹保陕郊，即日长驱，东趋虢略。新店之役，一战大捷，庆绪之党，十歼七八。数旬之间，河南底定，两都恢复，二圣回銮，统率之功，推而不受。肃宗还京，改封楚王。乾元元年三月，改封成王。四月庚寅，立为皇太子，改名豫。上元末年，两宫不豫，太子往来侍疾，躬尝药膳，衣不解带者久之，及承监国之命，流涕从之。宝应元年四月，肃宗大渐，所幸张皇后无子，后惧上功高难制，阴引越王系于宫中，将图废立。己丑，皇后矫诏居太子。中官李辅国、程元振素知之，乃勒兵于凌霄门，俟太子至，即卫从太子入飞龙厩以俟其变。是夕，勒兵于三殿，收捕越王系，及内官朱光辉、马英俊等禁锢之，幽皇后于别殿。丁卯，肃宗崩，程元振等始迎上于九仙门，见群臣，行监国之礼。己巳，即皇帝位于柩前。二年秋七月壬寅朔。戊申，群臣上尊号曰宝应元圣文武皇帝，御含元殿授册。壬子御宣政殿宣制，改元曰广德，大赦天下。是月，吐蕃大寇河、陇，陷秦、成、渭三州，又大震关西，陷兰、廓、河、鄯、洮、岷等州，盗有陇右之地。己丑，吐蕃寇泾州，刺史高晖以城降，因为吐蕃乡导。冬十月庚午朔。辛未，高辉引土蕃犯京畿，寇奉天、武功、盩厔等县。蕃军自司竹园渡渭，循南山而东。丙子，车驾幸陕州。戊寅，吐蕃入京师，立广武王承宏为帝，仍逼前翰林学士于可封为制封拜。辛巳，车驾至陕州，子仪在商州会六军使张知节，乌崇福、长孙全绪等率兵继至，军威遂振。旧将王甫诱集京城恶少年，齐击鼓于朱雀街，蕃军震摄，狼狈奔溃。庚寅，子仪收京城。壬辰，以宰臣元载判天下元帅。癸巳，以郭子仪为京城留守。十二月丁亥，车驾发陕郡还京。辛卯，鄂州大风，火发江中，焚舡三千艘，焚居人庐舍二千家。甲午，上至自陕州。二年二月己巳朔，册天下兵马元帅、尚书令、雍王适为皇太子。癸酉，上亲荐献太清宫、太庙。乙亥，祀昊天上帝于圆丘。冬十月丙寅，仆固怀恩引吐蕃二万寇邠州，节度使白孝德闭城拒守。丁卯，寇奉天，京师戒严。先锋将郭晞斩贼营于邠州西，俘斩数百计。三年春正月癸卯朔，制大赦天下，改为永泰元年。三月庚戌，吐蕃请和。制宰臣元载、杜鸿渐与蕃使同盟于兴唐寺。辛亥，大风拔木。是春大旱，京师米贵，斛至万钱。九月丁酉，仆固怀恩死于灵州之鸣沙县。时怀恩诱吐蕃数十万寇邠州。蕃将尚给思赞磨、尚悉东赞等寇奉天、醴泉，党项羌浑如剌寇同州及奉天，逼凤翔府、盩厔县，京师戒严。九年八月辛未，幽州节度使朱泚，遣弟滔奉表请自入朝，兼自率五千骑防秋。许之，诏所司筑第待之。十年春正月乙未朔。丁酉，昭义牙将裴志清逐其帅薛崿，崿奔名州，上章待罪。志清率众归田承嗣。乙未，朱泚乞留京师，西征吐蕃，请以弟滔权为幽州留后，许之。十二年三月，宰相元载、王缙得罪下狱，命吏部尚书刘晏讯鞫之。辛巳，制：中书侍郎、平章事元载赐自尽，门下侍郎、平章事王缙贬抚州刺史。十四年五月癸卯，上不康，至辛亥不视朝。辛酉，诏皇太子监国。是夕，上崩于紫宸之内殿。谥曰睿文孝武皇帝，庙号代宗。十月己酉，葬元陵。

太平御览卷第一百十三　皇王部三十八

德宗孝文皇帝

《唐书》曰：德宗孝文皇帝，讳适，代宗长子。母曰睿真皇后沈氏。天宝元年四月癸巳，生于长安东宫。其年十二月拜特进，封奉节郡王。代宗即位之年五月，以上为天下兵马元帅，改封鲁王。八月，改封雍王。广德二年二月，立为皇太子。大历十四年五月辛酉，代宗崩。癸亥，即位于太极殿。六月己亥朔，御丹凤楼，大赦天下。八月，以门下侍郎、平章事崔佑甫为中书侍郎、平章事，以道州司马同正杨炎为门下侍郎、平章事。乙巳，遣太常少卿韦伦使吐蕃，以蕃俘五百人还之，示修好也。冬十月，吐蕃合南蛮之众，号二十万，三道寇茂州，扶、文、黎、雅等州，连陷郡邑。发禁兵四千助蜀，大破之。十二月乙卯，立宣王诵为皇太子。建中元年春正月丁卯朔，御含元殿，改元建中，群臣上尊号曰圣神文武皇帝。己巳，朝太清宫。庚午，谒太庙。辛未，有事于郊丘，还宫，御丹凤门，大赦天下。自艰难以来，征赋名目颇多，今后除两税外，辄率一钱，以枉法论。二年三月，筑汴州城。初，大历中李正已有淄、青、齐、海、登、莱、沂、密、德、棣、曹、濮、兖、郓十五州之地，李宝臣有恒、定、易、赵、深、冀、沧七州之地，田承嗣有魏、博、相、卫、洺、贝、澶七州之地，梁崇义有襄、邓、均、房、复、郢六州之地，各聚兵数万。始因叛乱得立，虽朝廷宠待加恩，心犹疑贰，皆连衡盘结以自固。先是，汴州以城隘不容众，请广之。至是筑城。五月丙寅，以军兴十一而税。冬十一月，尚书左仆射杨炎贬崖州司马，寻赐死。三年四月，封朱滔为通义郡王。朱滔、王武俊与田悦合众而叛。十一月，朱滔、田悦、王武俊于魏县军垒各相推奖，僭称王号。署官名如国初亲王行台之制。丁丑，李希烈自称天下都元帅、太尉、建兴王，与朱滔等四盗胶固为逆。四年春正月，凤翔节度使张镒与吐蕃宰相尚结赞同盟于清水。庚寅，李希烈陷汝州，执州将李元吉而去，东都震骇。甲午，遣颜真卿宣慰李希烈军。八月丁未，李希烈率众三万攻哥舒曜于襄城，东都危急。冬十月，诏泾原节度使姚令言率泾原之师救哥舒曜。丁未，泾原军出京城，至浐水，倒戈谋叛，姚令言不能禁止。上令载缯彩二车，遣晋王往慰谕之，乱兵已阵于丹凤阙下，促神策军拒之，无一人至者。上与太子诸王妃主百馀人出苑北门，右龙武军使令狐建方教射于军中，闻难，聚射士得四百人扈从。其夕，至咸阳，饭数匕而过。戊申，至奉天。己酉，元帅都虞候浑瑊以子弟家属至，乃以瑊为行在都虞候。乱兵既剽京城，屯于白华，乃于晋昌里迎朱泚为帅，称太尉，居含元殿。上以奉天隘，欲幸凤翔，壬子，凤翔军乱，杀节度使张镒，乃止。癸丑，李希烈陷襄城，哥舒曜走洛阳。丁巳，邠宁节度韩游瑰与托惟明率兵三千至，才入奉天，贼军亦至，乃出拒之，王师不利。贼攻城愈急，矢石雨下，死伤者众，人心危蹙，上与浑瑊对泣。朱泚据乾陵作乐，下瞰城中，辞多侮慢。戊子，朔方节度使李怀光遣兵马使张韶奉表，言大军将至。乃令升韶巡城，叫呼欢声动地，贼不之测，疑惧缓攻。癸巳，怀光军次醴泉，是夜贼解围而去。神策将李晟自定州率师赴难，军于渭桥。

兴元元年春正月，上在奉天诏曰："克致兴化，必在推诚；忘已济人，不吝改过。朕嗣服丕构，君临万邦，失守宗祧，越在草莽。不念率德，诚莫追于既往；永言思咎，期有复于将来。明征其义，以示天下。予小子惧德不嗣，罔敢怠荒。然以长于深宫之中，暗于经国之务，积习易溺，居安忘危，不知稼穑之艰难，不恤征戍之劳苦。致泽靡下究，情未上通，事既拥隔，人怀疑阻。犹昧省已，遂用兴戎，征师四方，转饷千里。赋车籍马，远近骚然；行赍居送，众庶劳止。力役不息，田莱多荒。暴令峻于诛求，疲民空于杼轴，转死沟壑，离去乡闾，邑里丘墟，人烟断绝。天谴于上而朕不寤，人怨于下而朕不知。驯致乱阶，变起都邑，贼臣乘衅，肆逆滔天，曾莫愧畏，敢行凌逼。万品失序，九庙震惊，上辱于祖宗，下负于蒸庶。痛心靦面，罪实在予，永言愧悼，若坠泉谷。赖天地降佑，人祇叶谋，将相竭诚，爪牙宣力，群盗斯屏，皇维载张。将弘永图，必布新令。朕晨兴夕惕，惟省前非。乃者公卿百寮用加虚美，以圣神文武之号，被蒙暗寡昧之躬，固辞不获，俯遂群议。昨因内省，良所瞿然。自今已后，中外书奏不得言圣神文武之号。今上元统历，献岁发祥，宜革纪年之号，式敷在宥之泽，可大赦天下，改建中五年为兴元元年。李希烈、田悦、王武俊、李纳，咸以勋旧，继守藩条，联抚驭乖方，致其疑惧，皆由上失其道而下罹其灾。一切并与洗涤，复其爵位，待之如初，仍即遣使宣谕。朱滔以泚连坐，路远必不同谋，永念旧勋，务存弘贷，如能效顺，亦与维新。朱泚反易天常，盗窃名器，暴犯陵寝，所不忍言，获罪祖宗，朕不敢赦。除泚外，并从原宥。"二月甲子，加连城郡王李怀光太尉，仍赐铁券，赦三死罪。怀光怒曰："凡人臣反逆，乃赐铁券，恕以不死，今赐怀光，是反定矣！"因投之于地。上闻怀光将叛，令翰林学士陆贽往慰谕之。其词礼益倨悖，寻李晟自咸阳移兵东渭桥，避怀光也。晟以怀光反状已明，请上幸蜀。丁卯，车驾幸梁州，留戴休颜守奉天。三月，怀光烧营，走归河中。庚寅，车驾次城固。壬辰，至梁州。四月辛丑朔。时将士未给春衣，上犹夹服，汉中早热，左右请御暑服，上曰："将士未易冬服，独御春衫可乎！"俄而贡物继至，先给诸军而始御之。五月，李晟自渭北移军于光泰门外。贼来薄，我军士奋击，大败之，斩馘千计，戊戌，晟列阵于光泰门外。遣骑将史万顷往神麚村，开苑墙二百馀步，贼树栅当之。我军争拔栅，与贼血战，贼党大败，追击至白华，朱泚、姚令言率众万馀遁去。晟收复京城。是日，浑瑊与戴休颜亦破贼三千于咸阳，韩游瓌追朱泚于泾州。六月，李晟上《收城露布》，上览之，涕下沾襟。泾州田希鉴斩姚令言，幽州军士韩旻于彭原斩朱泚，并传首至行在。乙巳，遣吏部侍郎班宏入京宣慰。六月戊午，车驾发兴元。秋七月景子，次凤翔府。壬子，至自兴元。辛卯，御丹凤楼，大赦天下。九月丁卯，上顾谓宰臣曰："今大盗虽除，时犹多难，宜广延纳，以达下情。近日谏官都无论奏，自今每正衙及延英坐日，常令朝臣三两人面奏时政得失，庶有弘益也。”贞元元年正月丁酉朔，御含元殿受朝贺，礼毕，宣制，大赦天下，改元。时关东大饥，赋调不入，国用益窘，关中饥民蒸蝗虫而食之。五月，分命朝臣祷群神以祈雨。蝗自海而至，群飞蔽天，每下则草木及畜毛无复孑遗，谷价腾踊。九月，朔方大将牛名俊斩李怀光，传首阙下。马燧收复河中。十月，上御正殿，策贤良方正、能直言极谏等三科举人。十一月癸卯，上亲祀昊天上帝于圆丘。礼毕，御丹凤楼，大赦天下。二年四月丙寅，淮西李希烈为其牙将陈仙奇所鸩，并诛其妻子，仙奇以淮西归顺。九月乙巳，吐蕃寇好畤，京师戒严。李晟部将王佖击吐蕃于汧阳城，败其中军。辛亥，寇凤翔，李晟出师御之，一夕而退。冬十月，李晟拔吐蕃摧沙堡。十一月，册淑妃王氏为皇后。丁酉，后崩，谥曰昭德。辛丑，吐蕃陷盐州。三年三月，河东马燧来朝。时吐蕃相结赞使大将论颊热卑辞厚意告马燧，请两国同盟，上疑其不诚，不允，故燧自将论颊热入朝，盛言蕃相请盟，可以保信。上从之。五月辛未，侍中浑瑊与吐蕃宰相尚结赞同盟于平凉，为蕃兵所劫，瑊遁而获免，崔汉衡已下将吏陷没者六十馀人。四年春正月，上御丹凤楼，大赦天下。京师地震，辛亥又震，壬子又震。甲寅地震。宴群臣于麟德殿。己未，地震。丁卯，有司条奏省官，其左右常侍、太子宾客请依前置四员，从之。壬戌，加置谏议大夫八员，分中书四员为右，门下四员为左。是月，吐蕃寇泾、邠、宁、鄜、庆等州，焚彭原县，边将闭城自固。贼驱人畜三万计，凡二旬而退。五年春正月乙卯，诏：“自今宜以二月一日为中和节，以代正月晦日，备三令节数，内外官司休假一日。”二月庚子，以大理卿董晋为门下侍郎、同平章事；以御史中丞窦参为中书侍郎、平章事，兼转运使。六年春正月，大雪。二月戊辰朔，百僚会宴于曲江亭，上赋《中和节群臣赐宴》诗七韵。是日，百僚进《兆人本业》三卷。八年四月乙未，贬中书侍郎、平章事窦参为郴州别驾，以尚书左丞赵憬、兵部侍郎陆贽并为中书侍郎、同中书门下平章事。八月，以天下水灾，命朝臣宣抚赈贷。河南、河北、山南、江淮凡四十馀州大水，漂溺死者二万馀人。九年正月癸卯，初税茶，岁得钱四十万贯。从盐铁使张滂所奏，茶之有税，自此始。五月乙巳，韦皋破吐蕃峨和城、定廉城、通鹤军，凡平堡五十馀所。冬十月，环王国献犀牛，上令见于太庙。十年冬十月，御宣政殿，试贤良方正、能直言极谏等举人。十二月，贬中书侍郎、平章事陆贽为太子宾客。十二年三月，以户部侍郎裴延龄为户部尚书。六月初，置左右护军中尉。十二月乙未，大雪，平地二尺，竹柏多死。环王国所献犀牛，是冬冻死。上著《刑政箴》一首。癸未，回纥、南诏、剑南、西山八国女国王并来朝贺。十三年春正月，吐蕃赞普遣使修好，塞上以闻，上以犬戎负约，不受其使。十六年春正月，恒冀、易定、陈许、河阳四镇之师与贼战，皆不利而退。二十一年春正月，御含元殿受朝贺。是日，上不康。癸巳，会群臣于宣政殿，宣遗诏：皇太子宜于柩前即位。是日，崩于会宁殿，享寿六十四。谥曰神武孝文皇帝，庙号德宗，葬崇陵。

朱泚附

《唐书》曰：朱泚，幽州昌平人。曾祖利，赞善大夫，赠礼部尚书。祖思明，太子洗马，赠太子太师。父怀珪，天宝初，事范阳节度使裴宽为衙前将，授折冲将军。及安禄山、史思明反叛，累为管兵将。宝应中，李怀仙归顺，奏为蓟州刺史、平卢军留后、柳城军使。卒赠左仆射。泚以父资从军，幼壮伟，腰带十围，骑射武艺亦不出人。外若宽和，中颇忍忌。然轻财好施，每征战所得赏物，辄分与麾下将士，以是为众所推，故得济其凶谋。初隶李怀仙为十将，改经略副使。朱希彩既杀李怀仙，自为节度，以泚宗姓，甚委信之。希彩为政苛酷，人不堪命。大历七年秋，竟为孔目官李怀瑗所杀，仓卒之际，未有所从。泚营在城北，弟滔主衙内兵，亦得众心。滔变诈多端，潜使百馀人于众中大言曰："节度使非城北朱副使莫可。"众既无从，因共推泚，泚遂权知留后，遣使奉表京师。十月，拜检校左散骑常侍、兼御史中丞、幽州卢龙节度等使。八年三月，迁幽州卢龙节度等使、幽州长史、兼御史夫夫。其年，泚上表令弟滔率兵二千五百人赴京西防秋，代宗嘉之，手诏褒美。九年，就加检校户部尚书、赐实封百户。幽州及河北诸镇，自天宝末便为逆乱之地。李怀仙、朱希彩与连境三节度，名虽向顺，未曾朝谒。至是，泚率先上表，请自领部骑三千人入觐，诏修甲第以待之。九月，泚至京师，代宗御内殿引见，赐御马两匹，战马十匹，金银锦彩甚厚，又以器物十床、马四十匹、绢二万匹、衣一千七百袭赐其将士，宴犒之盛，近时未有。泚又上表，请留京师，从之。因授其弟滔兼御史大夫、幽州节度留后。仍以河阳永平军防秋兵，郭子仪统之；决胜军杨猷兵，李抱玉统之；淮西凤翔兵，马璘统之；汴宋、淄青兵，俾泚统焉。十一年八月，加拜同平章事。寻令出镇奉天行营，复赐金银缯彩并内库弓箭以宠之。十二年，加检校司空，代李抱玉为陇右节度使，权知河西、泽潞行营兵马事。德宗嗣位，加太子太师、凤翔尹，实封至三百户。建中元年，泾州将刘文喜阻兵为乱，加泚四镇北庭行军、泾原节度使，与诸军讨伐。泾州平，加泚中书令，还镇凤翔，而以舒王谟遥领泾原节度。二年，又加泚太尉。朱滔将反叛，阴使人与泚计议，以帛书内蜡丸中，置发髻间。河东节度马燧搜获之，以闻，并送帛书及所遣使。泚惶惧，顿首乞归罪有司。上勉之曰："千里不同谋，非卿之过。"三年四月，以张镒代泚为凤翔陇右节度留后，留泚京师，加实封至一千户，与一子正员官，其幽州卢龙节度、太尉、中书令并如故。四年十月，泾原兵叛，銮驾幸奉天。叛卒等以泚尝统泾州，知其失权废居，怏怏思乱，群寇无帅，幸泚政宽，乃相与谋曰："朱太尉久囚空宅，若迎而为主，事必济矣。"姚令言乃率百馀骑迎泚于进昌里第，泚乘马拥从北向，烛炬星罗，观者万计，入居含元殿。明日，移处白华殿，但称太尉。朝臣有谒泚者，悉劝奉迎銮驾，既不合泚意，皆逡巡而退。源休至，遂屏人移时，言多悖逆。又盛陈成败，称述符命，劝其僭伪，泚甚悦之。又李忠臣、张光晟继至，咸以官闲积愤，乐于祸乱。凤翔泾原大将张庭芝、段诚谏以溃卒三千馀自襄城而至。贼泚自谓众望所集，僭窃之心，自此而定。乃以源休为京兆尹、判度支，李忠臣为皇城使。段秀实久失兵柄，故推心委之。遂发锐师三千，言奉迎乘舆，实阴有逆谋。秀实与刘海宾谋诛泚，且虑叛卒之震惊法驾，乃潜为贼符，追所发兵。至六日，兵乃骆绎而回，因与海宾同入见泚，为陈逆顺之理，而海宾于靴中取匕首，为其所觉，遂不得前。秀实知不可以义动，遽夺源休象笏，挺而击泚，仍大呼曰："反虏当斩！"泚举臂卫首，秀实格拉之，汹汹然。李忠臣驰助泚，泚素多力，才破其面，逆徒噪集，秀实、海宾遂并见害。明日，声言以亲王权主社稷，士庶竞往观之。八日，源休、姚令言、李忠臣、张光晟等八人导泚自白华入宣政殿，僭即伪位，自称大秦皇帝，号应天元年，愚智莫不愤怒。侍卫皆卒伍，僚吏行列不过十馀人。下伪诏曰："幽囚之中，神器自至，岂朕薄德所能经营。"彭偃之词也。伪署姚令言为侍中，李忠臣为司空、兼侍中，源休为中书侍郎、平章事、判度支，蒋镇为吏部侍郎，樊系为礼部侍郎、仪制使，许季常为京兆尹，洪经纶为太常少卿，彭偃为中书舍人，裴揆、崔玄真为给事中，崔宣为御史中丞，张光晟、仇敬忠、敬钉、张宝、何望之、段诚谏、张庭芝、杜如江为节度使，仍以其兄子遂为太子，遥封弟滔为冀王、太尉、尚书令，寻又号皇太弟。十日，泚自领兵侵逼奉天，窃威仪辇辂，阗隘道途，蚁聚之众，军势颇盛。以姚令言为元帅，张光晟为副。以李忠臣为京兆尹，皇城留守，居中书省。寻以蒋镇为门下侍郎，李子平为谏议大夫并平章事。泚军合于城下，浑瑊、韩游瓌御之，泚众大败，死者万计。泚收军于奉天东三里下营，大修攻具。明日，泚又分兵营于乾陵，下瞰，城内大震。十一月三日，杜希全与泚众战于莫谷，官军不利，自是，贼众骄怠。王师乘城而战，人百其勇，贼多败衄。或出野战，官军又获利焉。泚乃大驱百姓填堑，夜攻城，城中设奇以应之，贼乃退缩。西明寺僧法坚有巧思，为泚造云梯。十五日辰时，梯临城东北隅，城内震骇。浑瑊、侯仲庄设火坑，为地道陷之。又纵火焚其梯，东风起，吹我军，众颇危。俄而风回，吹贼军，瑊益薪泼油，鼓齐震，风火俱炽。须臾，云梯与凶党同为灰烬。城中三门悉出兵，王师又捷。其夜兵复出攻，泚众败绩。李怀光以五万人来援，自河北至，泚众惶骇，因而溃，长围遂解。众以为怀光三日不至，城则危矣。二十日夜，泚走至京城。时姚令言于城造战格抛楼，每坊团练，人心大扰。泚自奉天回，乃悉令去之，曰："攻战吾自有计。"前此每三五日，即使人伪自城外来，周走号令曰："奉天已破。"百姓闻之，莫不饮泣，道路阒寂。时有入台省吏人，不过十数辈，郎官六七人，而亦令依常年举选，初有数十人陈状，旬日亦皆屏退。泚自号其宅曰潜龙宫，悉移内库珍宝以实之。识者曰："《易》称潜龙勿用，此败征也。"无几，百姓剽夺其珍宝，泚不能禁止。明年正月一日，泚改伪国号曰汉，称天皇元年。二月，李怀光既图叛逆，遣使与泚通和。銮驾幸梁、洋，自此衣冠之潜匿者，出受伪官十七八焉。怀光初与泚往复通好甚密，以钱谷金帛互相馈遗。泚与书，事之如兄，约云："削平关中，当割据山河，永为邻国。"及怀光决计背叛，逼乘舆迁幸，泚乃下伪诏书，待怀光以臣礼，仍征兵马。怀光既为所卖，惭怒愤耻，遂领众遁归河中。三月，李晟、骆元光、尚可孤之众，悉于城东累败泚众。四月，泚使韩旻、宋归朝、张庭芝等寇武功，浑瑊以其众与吐蕃论莽罗大败旻归朝，杀逆党万馀人于武亭川。五月，泚又使仇敬忠寇蓝田，尚可孤击之，大破泚众，擒敬忠斩之。李晟、骆元光、尚可孤悉还师齐进，晟屯光泰门，逆徒拒官军，王师累捷。二十八日，官军入苑，收京师，逆党大溃。泚与姚令言、张庭芝、源休、李子平、朱遂以数千人西走，其馀党或奔窜，或来降。泚众缘路溃散，乃奔泾州，才百馀骑而已。田希鉴闭门登陴，泚令人谓希鉴曰："我与尔节度，何故背恩？"希鉴乃使人自城上掷泚所送旌节于外，续又投火焚之。泚遂过数里，息于逆旅。泚将梁庭芬入泾州说田希鉴曰："我公比日杀冯河清背叛，今虽归顺，国家必不能久容公，他日不免受祸。何如开门纳朱公，与共成事。"希鉴以为然。庭芬乃追及朱泚言之，泚大悦，使庭芬却往泾州。庭芬请授已尚书、平章事，泚不从。庭芬既求宰相不得，不复往泾州，从泚至宁州彭原县西城屯，与泚心腹宋惟孝共射泚，泚走，坠故窖中。泚左右韩旻、薛纶、高幽岩、武震、朱进卿、董希芝共斩泚，使宋应传首以献。泚死时年四十三。姚令言投泾州，源休、李子平走凤翔，寻并斩获。宋归朝之败武功，降于李怀光，送兴元斩之。唯不获朱遂，传为野人所杀，或云与泚子婿为金吾将军马悦潜走党项部落，数月得达幽州。泚之潜逆，宦竖朱重曜颇亲密用事，泚每呼之为兄。时贼中以腊月大雨，伪星官谓泚曰："当以宗中年长者禳其灾变。"泚乃毒杀重曜，以王礼葬焉。及京师平，出其尸而斩之。

顺宗安皇帝

《唐书》曰：顺宗安皇帝，讳诵，德宗长子，母昭德皇后王氏。上元二年正月生于长安之东内。大历十四年，封宣王。建中元年正月，立为皇太子。贞元二十一年正月癸巳，德宗崩。景申，即位于太极殿。上自二十年九月风疾，不能言，暨德宗不豫，诸王亲戚皆侍医药，独上卧病不能侍。德宗弥留，思见太子，涕咽久之。大行发丧，人情震惧。上力疾缞服，见百寮于九仙门。既即位，知社稷有奉，中外始安。庚子，群臣上书请听政。二月，以吏部郎中韦执谊为尚书右丞、同中书门下平章事。壬寅，以太子侍书、翰林待诏王伾为左散骑常侍，充翰林学士。以将仕郎、前苏州司功参军翰林待诏王叔文为起居舍人，充翰林学士。甲子，御丹凤楼，大赦天下。三月癸酉，诏册广陵郡王淳为皇太子，改名纯。赦京城系囚，以给事中陆质、中书舍人崔枢并为太子侍读。七月，诏："朕承九圣之烈，荷万邦之重。顾以寡德，涉道未明，虔恭畏惧，不克负荷。恐上坠祖宗之训，下贻卿士之忧，夙夜祇勤，如临渊谷。而积疾未复，至于经时，怡神保和，常所不暇。永惟四方之大，万务之殷，不躬不亲，虑有旷废。加以山陵有日，霖潦逾旬，是用儆于朕心，以答天戒。其军国政事，宜令皇太子勾当。"时上久疾，不复延纳宰臣共论大政。事无巨细，皆决于李忠言、王伾、王叔文。物论喧杂，以为不可。藩镇屡上笺于皇太子，指三竖之挠政，故有是诏。以太常卿杜黄裳为门下侍郎、左金吾卫大将军。袁滋为中书侍郎，并同中书门下平章事。皇太子见百寮于朝堂。八月庚子，诏："惟皇天祐命烈祖，诞受方国，九圣储祉，万邦咸休，肆予一人，获缵丕业，严恭守位，不遑暇逸。而天祐不降，疾恙无瘳，将何以奉宗庙之灵，展郊禋之礼！畴兹庶尹，对越上玄，内愧于朕心，上畏于天命。夙夜祗栗，深惟永图。一日万机，不可以久旷；天工人代，不可以久违。皇太子纯睿哲温文，宽和仁惠，孝友之德，爱敬之诚，通乎神明，格于上下。是用法皇王至公之道，遵父子传归之制，付之重器，以抚兆人。必能宣祖宗之重光，荷天地之休命，奉若成宪，永绥四方。宜令皇太子即皇帝位，朕称太上皇，居兴庆宫，制称诰。”辛丑，诰曰：“有天下传归于子，前王之制也。钦若大典，斯为至公，式扬耿光，用体文德。朕获奉宗庙，临御万方，降疾不瘳，庶政多阙。乃命元子，代予守邦，爰以令辰，光膺册礼，宜以今月九日册皇帝于宣政殿。国有大命，思俾惟新，宜因纪元之庆，用覃在宥之泽。宜改贞元二十一年为永贞元年。天下死罪降从流，流已下递减一等。”立良娣王氏为太上皇后，良媛董氏为太上皇德妃。壬寅，贬王伾为开州司马，王叔文为渝州司户。元和元年正月景寅朔，皇帝率百寮上太上皇尊号曰应乾圣寿。甲申，太上皇崩于兴庆宫之咸宁殿，享年四十六，谥曰至德大圣大安孝皇帝，庙号顺宗。葬于丰陵。

史臣韩愈曰：顺宗之为太子也，留心艺术，善隶书。德宗工为诗，每赐大臣方镇诗制，必命书之。性宽仁有断，礼重师傅，必先致拜。从幸奉天，贼泚逼迫，常身先禁旅，乘城拒战，督励将士，无不奋激。德宗在位岁久，稍不假权宰相。左右幸臣如裴延龄、李齐运、韦渠牟等，因间用事，刻下取功，而排陷陆贽、张滂辈，人不敢言，太子从容论诤，故卒不任延龄、渠牟为相。常侍宴鱼藻宫，张水嬉彩舰雕靡，宫人引舟为棹歌，丝竹间发，德宗欢甚，太子引诗人“好乐无荒”为对。每于敷奏，未尝以颜色假借宦官。居储位二十年，天下阴受其赐。惜乎寝疾践祚，近习弄权；而能传政元良，克昌运祚，贤哉！

太平御览卷第一百十四 皇王部三十九

宪宗章武皇帝

《唐书》曰：宪宗章武皇帝，讳纯，顺宗长子，母曰庄宪皇后。大历十三年，生于长安之东宫内。六七岁时，德宗抱置膝上，问曰："汝谁子，在吾怀？"对曰："是第三天子。"德宗异之。贞元四年六月，封广陵王。顺宗即位之年四月，册为皇太子。八月乙巳，即皇帝位于宣政殿。先是，连月霖雨，是日晴霁，人情忻悦。丁未，始御紫宸殿，对百寮。庚戌，诏曰："朕以寡昧，纂丕洪业，永思理本，所宝惟贤。至如嘉禾神芝，奇禽异兽，盖王化之虚美也。所以光武形于诏令，《春秋》不书祥瑞？朕诚德薄，思及前人。自今已后，所有祥瑞，但令准式，申报有司，不得上闻；其珍禽奇兽，亦宜停进。"冬十月壬申，贬中书侍郎、同中书门下平章事韦执谊为崖州司马，以交王叔文也。元和元年春正月景寅朔，皇帝率群臣于兴庆宫，奉上太上皇尊号。丁卯，御含元殿受朝贺。礼毕，御丹凤楼，大赦天下，改元。癸未，诏以太上皇旧恙愆和，亲侍药膳，权不听政。以高崇文检校工部尚书、充神策行营节度使。甲申，太上皇崩。乙酉，宰相杜佑摄冢宰。戊子，制曰："剑南西川，疆界素定，藩镇守备，各有区分。顷因元臣薨谢，邻藩不睦，刘辟乃因虚构隙，以忿结仇，遂劳三军，兼害百姓。朕志存含垢，务欲安人，遣使宣谕，委之旄钺。如闻道路拥塞，未息干戈，轻肆攻围，拟图吞并。为君之体，义在胜残，命将兴师，盖非获已。宜令兴元严砺、东川李康掎角应接，神策行营节度使高崇文、神策兵马使李元奕率步骑之师，与东州、兴元之师类会进讨。"甲午，高崇文由斜谷路，李元奕由骆谷路，俱会于梓潼关。辛卯，群臣请听政。戊戌，上谓宰臣曰："前代帝王，或怠于听政，或躬览繁务，其道何如？"杜黄裳对曰："帝王之务，在于修己简易，择贤委任，不宜怠肆安逸。然事有纲领小大，当务其远者大者；至如簿书狱讼，百吏能否，本非人主所自任也。但择人委任，责其成效，赏罚必信，谁不尽心。《传》称帝舜之德曰：夫何为哉？恭己正南面而已！诚以能举十六相，去四凶也。岂与劳神疲体自任耳目之主同年而语哉！但人主常势，患在不能推诚；人臣之弊，患在不能自竭。由是上疑下诈，礼貌或亏，欲求致理，自然难致。苟无此弊，何患不至于理。"上称善久之。五月辛卯，册太上皇后王氏为皇太后。九月辛亥，高崇文奏收成都，擒刘辟以献。癸丑，以山人李渤为左拾遗，征不至。二年春正月，上亲朝献太清宫，御丹凤楼，大赦天下。己酉，以户部侍郎武元衡为门下侍郎、同平章事，以中书舍人、翰林学士李吉甫为中书侍郎、同平章事。二月庚午，司天造新历成，诏题为《元和观象历》。九月庚申，李锜据润州反，杀判官王澹、大将赵琦。遂令苏、常、湖、杭、睦五州戍将杀刺史，修石头故城，欲谋僭逆。癸酉，润州大将张子良、李奉仙等执李锜以献。十一月斩锜，诏削属籍。十二月景辰，上谓宰臣曰："朕览国书，见文皇帝行事，少有过差，谏臣论诤，往复数日。况朕之寡昧，涉道未明，今后事或未当，卿当每事十论，不可一二而止已。"己卯，史官李吉甫撰《元和国计簿》，总计天下方镇凡四十八，管州府二百九十五，县一千四百五十三，户二百四十四万二百五十四，其凤翔、鄜坊、邠宁、振武、泾原、银夏、灵盐、河东、易定、魏博、镇冀、范阳、沧景、淮西、淄青十五道，凡七十一州，不申户口。每岁赋入倚办，止于浙江东西、宣歙、淮南、江西、鄂岳、福建、湖南等八道，合四十九州，一百四十四万户。比量天宝供税之户，则四分有一。天下兵戎仰给县官者八十三万馀人，比量天宝士马，则三分加一，率以两户资一兵。其他水旱所损，征科发敛，又在常役之外。是岁，吐蕃、回纥、奚、契丹、渤海、牂牁、上音藏，下音哥。南诏并朝贡。三年春正月癸巳，群臣上尊号曰睿圣文武皇帝。御宣政殿受册，礼毕，御丹凤楼，大赦天下。庚子，泾原段祐请修临泾城，在泾州北九十里，扼犬戎之冲要，诏从之。四年秋七月，御制《前代君臣事迹》十四篇，书于六扇屏风。是月，出书屏以示宰臣。丁未，渭南暴水，坏庐舍二百馀户口，溺死六百人，命府司赈给。八月，安南都护张舟奏破环王国三万馀人，获战象、兵械，并王子五十九人。十月，册邓王宁为皇太子。癸巳，以册储，肆赦系囚，死罪降从流已下递减等。工部侍郎归登、给事中吕元膺为皇太子诸王侍读。五年八月乙亥，上谓宰臣曰："神仙之事信乎？"李藩对曰："神仙之说，出于道家；道家所宗《老子》五千文为本。《老子》指归，与六经无异。前代好怪之流，假托老子为神仙之说。故秦始皇遣方士载童女入海求仙药，汉武帝嫁女与方士求不死药，二主受惑，卒无所得。文皇帝服胡僧长生药，遂致暴疾不救。古诗曰：服食求神仙，多为药所误。诚哉是言也。君人者，但务求理，四海乐推，社稷延永，自然长年也。"上深然之。六年十一月乙丑，制以户部侍郎李绛为中书侍郎同平章事。十二月辛卯，皇太子宁薨，谥曰惠昭。七年五月，上谓宰臣曰："卿言吴越去年水旱，昨有御史自江淮回，言不至为灾，人非甚困。"李绛对曰："臣得两浙、淮南状，继言歉旱。方隅授任，皆朝廷信重之臣。御史非良，或容希媚，此正当出奸佞之臣。况推诚之道，君人大本，任大臣以事，不可以小臣言间之。伏望明示御史姓名，正之典刑。"上曰："卿言是也。朝廷大体，以恤人为本，一方不稔，即宜赈救，济其饥寒，况可疑之耶！向者不思而有此问，朕言过矣。"八年三月辛未，上以久旱，亲于禁中祈雨，是夜，澍雨沾足。六月景寅，京师大风雨，毁屋飘瓦，人多压死。所在川渎暴涨，行人不通。辛丑，出宫人二百车，任从所适，以水灾故也。九年十月甲子，制："朕嗣膺宝位，于兹十年。每推至诚，以御方夏，庶以仁化，臻于太和，宵衣旰食，意属于此。今淮西一道，未达朝经，擅自继袭，肆行寇掠。将士等迫于受制，非是本心。思去三面之罗，庶遵两阶之义。宜以山南东道节度使严绶兼充申、光、蔡等州招抚使。"十年正月，严绶帅师次蔡州界。己亥，制削夺吴元济官爵。六月，镇州节度使王承宗遣盗夜伏静安坊，刺宰相武元衡，死之；刺御史中丞裴度，伤首而免。十二年五月，随唐节度使李愬奏败贼于吴房，获贼将李佑。七月，以裴度守门下侍郎、同平章事，充彰义军节度、申光蔡观察处置等使，仍充淮西宣慰使。十月，李愬率师入蔡州，执吴元济以献，淮西平。十三年正月，御含元殿受朝贺，礼毕，御丹凤楼，大赦天下。七月，诏削夺淄青节度使李师道官爵，仍令宣武、魏博、义成武宁、横海等五镇之师，分路进讨。十二月，上谓宰相曰："人臣事君，但力行善事，自致公望，何乃好树朋党？朕甚恶之！"裴度对曰："君子小人，未有无徒者。君子之徒，则同心同德；小人之徒，是朋是党。"上曰："他人之言，亦与卿等相似，岂易辨之哉？"度曰："君子小人，观其所行，当自区别矣。"上曰："凡好事口说则易，躬行则难。卿等既言之，须行之，勿空言说。"度等谢曰："陛下处分，可谓至矣，臣等敢不激励。然天下之人，从陛下所行，不从陛下所言，臣等亦愿陛下每言之则行之。"上颇忻纳。十四年春正月，以东师宿野，不受朝贺。三月，上谓宰臣曰："听受之间，大是难事。推诚选任，所谓委寄，必合尽心；及至所行，临事不无偏党。朕临御以来，岁月斯久，虽不明不敏，然渐见物情，每于行为，务欲详审。比令学士集前代昧政之事，为《辩谤略》，每欲披阅，以为鉴戒耳。"崔群对曰："无情曲直，辩之至易；稍怀欺诈，审之实难。故孔子有众好众恶之论，浸润肤受之说，盖以暧昧难辩故也。若择贤而任之，待之以诚，纠之以法，则人自归公，孰敢行伪？陛下详观载籍，以广聪明，实天下幸甚。"七月，群臣上尊号曰元和圣文神武法天应道皇帝。是日，御宣政殿受册，御丹凤楼，大赦天下。八月，上谓宰臣曰："天下事重，不可一日旷废，若遇连假不坐，有事即诣延英请对。"崔群以残暑方甚，目同列将退。上止之曰："数日一见卿等，时虽暑热，朕不为劳。"九月，上谓宰相曰："朕读《玄宗实录》，见开元初，锐意求理，至十六年已后，稍似懈倦，开元末又不及中年，何也？"崔群对曰："玄宗少历民间，身经迍难，故即位之初，知民疾苦，躬勤庶政。加之姚崇、宋璟、苏颋、卢怀慎等守正之辅，孜孜献纳，故致治平。及后承平日久，安于逸乐，渐远端士，而近小人。宇文融以聚敛媚上心，李林甫以奸邪惑上意，加之以国忠，故及于乱。愿陛下以开元初为法，以天宝末为戒，即社稷无疆之福也。”时皇甫镈以谄刻欺蔽在相位，故群因奏以讽之。上服方士柳泌金丹药，起居舍人裴邻上表切谏，以“金石含酷烈之性，加烧炼则火毒难制。若金丹已成，且令方士自服一年，观其效用，则进御可也。”上怒，贬邻为江陵令。十五年春正月甲戌朔，上以饵金丹小不豫，罢元会。庚子夕，上崩于大明宫之中和殿，享年四十三。谥曰圣神章武孝皇帝，庙号宪宗，葬于景陵。

穆宗文惠皇帝

《唐书》曰：穆宗文惠皇帝，讳恒，宪宗第三子也。母曰懿安皇后郭氏。贞元十一年七月，生于大明宫之别殿。初名宥，封建安郡王。元和七年七月，册为皇太子，改名讳。十五年正月，宪宗崩。闰月丙午，即皇帝位于太极殿东序。戊申，上见群臣于紫宸门外。辛亥以萧俯、段文昌为中书侍郎、同平章事。上始御延英对宰臣。二月丁丑，御丹凤楼，大赦天下。壬寅，敕举贤良方正、直言极谏科目人，宜令中书门下尚书省四品已上于尚书省同试。三月壬子，召侍讲学士韦处厚、路随于太液亭讲《毛诗·关雎》、《尚书·洪范》等篇。既罢，并赐绯。九月辛丑，大合乐于鱼藻宫，观竞渡。又召李诉、李光颜入朝，欲于重阳日宴群臣。拾遗李班等上疏谏云：“元朔未改，园陵尚新，虽易月之期，俯从人欲；而三年之制，犹服心丧。夫遏密弛禁，盖为齐人；合乐内庭，事将未可。”不听。十月，镇州王承元以所部四州请命以魏博节度等使，田弘正为镇州节度使，以承元为滑州节度使。长庆元年正月己亥朔，上亲荐献太清宫、太庙。是日，法驾赴南郊。日抱珥，宰臣贺于前。辛丑，祀昊天上帝于圆丘，即日还宫，御丹凤楼，大赦天下。改元长庆。内外文武及致仕官三品已上赐爵一级，二月景子，上观杂伎乐于麟德殿，欢甚，谓给事中丁公著曰：“比闻外间公卿士庶时有欢宴，盖时和民安，甚慰予心。”公著对曰：“诚有此事。然臣之愚见，风俗如此，亦不足嘉。百司庶务，渐恐劳烦圣虑。”上曰：“何至，于是？”对曰：“夫宾宴之礼，务达诚敬，不继以淫。故诗人美乐且有仪，璘异屡舞，前代名士，良辰宴聚，或清谈赋诗，投壶雅歌，虽以杯酌献酬，不至于乱。国家自天宝以后，风俗奢靡，宴席以喧哗沉湎为乐，而居重位、秉大权者，优杂倨肆于公吏之间，曾无愧耻。公私相效，渐以成俗，由是物务多废。独圣心求理，安得不劳宸虑乎！陛下宜颁训令，禁其过差，则天下幸甚。”时上荒于酒乐，公著因对讽之，颇深嘉纳。三月，幽州刘总请分割地土，入朝，公卿皆疑，独上推诚纳之。以宣武节度使张弘靖为幽州节度使，以总为郓州节度使。秋七月壬子，群臣上尊号曰文武孝德皇帝。上受册于宣政殿，礼毕，御丹凤楼，大赦天下。甲寅，幽州监军使奏：“军乱，囚节度使张弘靖于别馆，害判官韦雍、张宗元、崔仲卿、郑埙。军人取朱滔子洄为留后。”洄自以年老，令军人立其子克融为留后。八月己巳，镇州监军宋惟澄奏：“军乱，节度使田弘正并家属将佐三百馀口并遇害。军人推衙将王庭凑为留后。”二年二月甲子，诏雪王庭凑，仍授镇州大都督府长史，充成德军节度等使。三军将士，待之如初。仍令韩愈往彼宣谕。十月，诏：“江淮诸州旱损田苗颇多，所在米价不免踊贵，眷言疲瘵，须议优矜，宜委淮南、浙东、浙西、宣歙、江西、福建等道观察使，各于当道有水旱处，取常平义仓斛斗，据时估减半价出粜，以惠贫民。”十一月庚午，命景王率禁军五百骑，侍从皇太后幸华清宫，又幸石瓮寺。癸酉，上幸华清宫迎皇太后，巡狩于骊山下，即日驰还，太后翌日方还。庚辰，上与内官击鞠禁中，有内官欻然坠马，如物所击。上恐，罢鞠升殿，遽足不能履地，风眩就床。自是外不闻上起居者三日。十二月丁亥朔，诏五坊鹰隼并解放，猎具并毁之。庚寅，宰臣李逢吉率百僚至延英门请见，上不许。中外失色，与裴度等三上疏，请立皇太子。辛卯，上于紫宸殿见百官，李逢吉奏景王成长，请立为皇太子，左仆射裴度又极言之。癸巳，诏立景王为皇太子。景午，上御宣政殿册皇太子。受册毕，百寮谒太子于东宫。三年正月丁巳，上以疾苦不受朝贺。是日大风，昏翳竟日。四年正月辛亥，上御正殿受朝如常仪。上饵金石之药，处士张皋上疏切谏，上悦，召之，求皋不获。辛未，上大渐，诏皇太子监国事。壬申，上崩于寝殿，时年三十。谥曰睿圣文惠孝皇帝，庙号穆宗。葬于光陵。

敬宗昭愍皇帝

《唐书》曰：敬宗昭愍皇帝，讳湛，穆宗长子。母曰恭僖太后王氏。元和四年六月七日生于东内之别殿。长庆元年，封景王。二年立为皇太子。四年正月，穆宗崩。皇太子即位，时年十六。二月辛巳朔，上縗服见群臣于紫宸门外。癸未，贬户部侍郎李绅为端州司马。辛卯，敕没掖庭宫人、先配内园宫人，并宜放出，任其所适。己亥，册大行皇帝皇太后为太皇太后。三月，上御丹凤楼，大赦天下。天下常贡之外不得进献。六宅、十宅诸王女，宜令每年于选人中选择降嫁。甲寅，始于延英对宰臣。甲子，故山南东道节度使牛元翼家属悉为王庭凑所害，上惜其冤横，伤悼久之，仍叹宰执非才，纵奸臣跋扈。翰林学士韦处厚奏曰："理乱之本，非有他术，顺人则理，违人则乱。陛下当食叹惜，恨无萧、曹，今有一裴度，尚不能用，此冯唐所以感悟汉文，虽有颇牧不能用也。"戊辰，群臣入阁，日高犹未坐，有不任立而踣者。谏议大夫李渤出次白宰相，俄而始坐。班退，左拾遗刘栖楚极谏，叩头龙墀，血流，上为动之容。景申，贼张韶等百馀人，至右银台门，杀阍者，挥兵大呼，进至清思殿，登御榻而食，攻弓箭库。左神策军兵马使康艺全率兵入宫讨平之。是日，上闻变，急幸左军。丁酉，上还宫，群臣称庆。谏议大夫李渤以上轻易致盗，言甚激切。五月，制以吏部侍郎李程、户部侍郎窦易直，并同中书门下平章事。十二月，回鹘、吐蕃、奚、契丹遣使朝贡。宝历元年春正月辛亥，亲祀昊天上帝于南郊。礼毕，御丹凤楼，大赦，改元。二月，桂管防御观察使李德裕献《丹扆箴》六首，上深嘉之，命学士韦处厚优其答诏。四月，群臣上徽号曰文武大圣广孝皇帝，御宣政殿授册。礼毕，御丹凤楼，大赦天下。七月甲申，拾遗李汉、舒元褒、薛延老于阁内记曰："近日除授，往往不由中书进拟，多是内中宣出。臣恐纪纲寖坏，奸邪恣行，伏希详察。"上然之。诏度支进铜三千斤、金薄十万翻，修清思院新殿及升阳殿图障。

二年五月，幽州军乱，杀其帅朱克融及男延龄，军人立其第二子延嗣为留后。辛巳，神策军苑内古长安城中修汉未央宫，掘池获白玉床，长六尺。六月，减放苑内役二千五百人。帝性好土木，自春至冬，兴作相继。庚申，郓州进驴打球人石定宽等四人。辛酉，幸凝碧池，令兵士千馀人于池中取大鱼送入新池。癸亥，以旱，命京城诸司疏理系囚。帝好深夜自捕狐狸，宫中谓之“打夜狐”。十二月辛丑，帝夜猎还宫，与中官刘克明、田务澄、许文瑞打球，军将苏佐明、王嘉宪、石定宽等饮酒。帝方醉，入室更衣，殿上烛忽灭，刘克明等同谋害帝，即时殂于室内，时年十八。谥曰睿武昭愍孝皇帝，庙号敬宗。葬庄陵。

太平御览卷第一百十五　皇王部四十

文宗昭献皇帝

《唐书》曰：文宗昭献皇帝，讳昂，穆宗第二子也。母曰贞献皇后萧氏。元和四年十月生。长庆元年封江王，初名涵。宝历二年十二月，敬宗遇弑，贼苏佐明等矫制立绛王勾当军国事。枢密使王守澄、中尉梁守谦率禁军讨贼，诛绛王，迎上于江邸。癸卯，见宰臣于阁内，下教处分军国事。宰臣百寮三上表劝进。乙巳，即位于宣政殿。景午，上赴西宫成服。丁未，宰臣百寮上表请听政，三表，许之。戊申，尊圣母为皇太后。乙酉，敕凤翔、淮南先进女乐二十四人，并放归本道。庚戌，以兵部侍郎、翰林学士韦处厚为中书侍郎、同中书门下平章事。太和元年二月乙巳，御丹凤楼，大赦，改元。六月，诏："元和、长庆中，皆因用兵，权以济事，所下制敕，难以通行。宜令尚书省取元和已来制敕，参详删定讫，送中书门下议定闻奏。"甲戌，以旱放系囚。七月，李同捷除兖海，不受诏，结幽镇谋叛。徐州王智兴请全军讨之。帝自撰集《尚书》中君臣事迹，命画工图写于太液亭，朝夕观览。三年五月己卯朔。柏耆斩李同捷于将陵，沧景平。丁亥，御兴安楼，受沧州所献俘。九月，敕两军、诸司、内官不得著纱縠绫罗等衣服。帝性俭素，不喜华侈。驸马韦处仁载夹罗巾，帝谓之曰："比慕卿门地清素，以之选尚。如此巾服，从他诸戚为之，惟卿非所宜也。"十一月甲午，帝亲祀昊天上帝于南郊，礼毕，御丹凤门，大赦。禁止奇贡。四方不得以杂样织成非常之物为献。十二月，蛮陷邛、雅等州。戊午，以右领军卫大将军董重质充神策西川行营都知兵马使。蛮陷成都府，入梓州西郭门下营。又诏促诸镇兵马救援两川。乙巳，郭钊奏蛮退，遣使赐蛮帅蒙箞巅国信。四年四月，诏曰："俭以足用，令出唯行，著在前经，斯为理本。朕自临四海，愍元元之久困，日昃忘食，宵兴疚怀。虽绝文绣之饰，尚愧茅茨之俭。示喻卿士，形于诏条。如闻积习流弊，馀风未革。车服第室，相尚以华靡之制；资用货宝，固启于贪冒之源。有司不禁，侈俗滋扇。盖朕教条之未敷，使兆庶昧于耻尚也。其何以足用行令，臻于致理欤！永念惭叹，追兹申敕。自今内外班列职位之士，各务素朴，弘兹国风。有僭差尤甚者，御史纠上。主者宣示知朕意焉。”上承长庆、宝历奢靡之风，锐意惩革，躬行俭素，以率厉之。五年春正月庚子朔，以积阴浃旬，罢元会。太原旱，赈粟十万石。二月，神策中尉王守澄奏宰相宋申锡与漳王谋反，即令追捕。庚子，诏贬宋申锡为太子右庶子。壬寅，左常侍崔玄亮及谏官等十四人伏奏玉阶：“北军所告事，请不于内中鞫问，乞付法司。”帝曰：“吾谋于公卿矣，卿等且退。”崔玄亮泣涕陈谏久之，帝改容劳之曰：“朕即与宰臣商议。”玄亮等方退。癸卯，诏漳王庭凑可降为巢县公，宋申锡开州司马同正。初，京师恟恟，以宰相实联亲王谋逆，三四日后，方知诬构。人士侧目于守澄、郑注，故谏官号泣论之，申锡方免其祸。六年春正月乙未朔，以久雪废元会。壬子，诏曰：“朕闻天听自我人听，天视自我人视。朕之菲德，涉道未明，不能调序四时，导迎和气。自去冬已来，逾月雨雪，寒气尤甚，颇伤于和。念兹庶民，或罹冻馁，无所假贷，莫能自存。中宵载怀，旰食兴叹，怵惕若厉，时予之辜。思弘惠泽，以顺时令。天下死罪囚，除官典犯赃，故意杀人外，并降从流，流已下递降一等。”七年正月诏曰：“朕承上天之眷佑，荷列圣之丕图，宵旰忧劳，不敢暇逸，思致康乂，八年于兹。而水旱流行，疾疫作沴，兆庶艰食，札瘥相仍。盖德未动天，诚未感物，一类失所，其过在予。载怀罪己之心，深轸纳惶之虑。如闻关辅、河东，去年亢旱，秋稼不登，今春作之时，农务尤切，若不能赈救，惧至流亡。京兆府赈粟十万石，河中府、绛州各赐七万石，同、华、陕、虢、晋等州各赐十万石，并以常平义仓物充。”七月，以旱，命京城诸司疏决系囚。闰七月乙卯，诏曰：“朕嗣守丕图，覆妪生类，兢业寅畏，上承天休。而阴阳失和，膏泽愆候，害我稼穑，灾于黔黎。有过在予，敢忘咎责。从今避正殿，减供膳，停教坊乐，厩马量减刍粟，百司厨馔亦宜权减。阴阳郁堙，有伤和气，宜出宫女千人，五坊鹰犬量须减放。内外修造事非急务者，并停。”八月甲申，御宣政殿，册皇太子永。是日降诏：“应犯死罪降从流，流已下递减一等。”九年冬十月，内出曲江新造紫云楼采霞亭额，左军中尉仇士良以百戏于银台门迎之。时郑注言秦中有灾，宜兴土功以厌之，乃浚昆明、曲江二池。上好为诗，每诵杜甫《曲江行》云：“江头宫殿锁千门，细柳新蒲为谁绿？”乃知天宝已前，曲江四岸皆有行宫台殿、百司廨署，思复升平故事，故为楼殿以壮之。王涯献榷茶之利，乃以涯为榷茶使。茶之有税，自涯始。十一月壬戌，中尉仇士良率兵诛宰相王涯、贾餗、舒元舆、李训、王璠、郭行馀、郑注、罗立言、李孝本、韩约等十馀家，皆族诛。时李训、郑注谋杀内官，诈言金吾仗舍石榴树有甘露，请上往观之。内官先至金吾仗，见幕下伏甲，遽扶帝辇入内，故训等败，流血涂地。京师大骇，旬日稍安。十二月庚辰，上御紫宸殿，谓宰相曰：“坊市之间，人渐安未？”李石奏曰：“人情虽安，然刑杀过多，致此阴沴。又闻郑注在凤翔募兵不少，今皆被刑戮，臣恐乘此生事，切宜原赦以安之。”上曰：“然。”郑覃又陈理道。上曰：“我每思贞观、开元之时，观今日之事，往往愤气填膺耳。”开成元年正月辛丑，帝常服御宣政殿受贺，遂宣诏大赦天下，改元。乙巳，上御紫宸对宰臣，李石奏曰：“陛下改元御殿，人情大悦，全放京兆一年租赋，又停四节进奉，恩泽所该，实当要切。”帝曰：“朕务行其实，不欲崇长空文。”石曰：“赦书须内留一本，陛下时看之。又十道黜陟使发日，更付与公事根本，令向外与长吏详择施行，方尽利害之要矣。”二年三月戊辰夜，彗长八丈有馀，西北行，东指，在张十四度。壬申，诏曰：“朕嗣守丕构，对越上玄，虔恭寅畏，于今一纪。何尝不宵衣念道，旰食思愆，师周文之小心，慕《易·乾》之夕惕，惧德不类，贻列圣羞。将欲俗致和平，时无殃咎。然诚未格物，谪见于天，仰愧三灵，俯惭庶汇，思获攸济，浩无津涯。昔宋景发言，星因退舍，鲁僖纳谏，饥不害人。取鉴往贤，深惟自励。载轸在予之责，宜降恤辜之恩，式表殷忧，冀答昭诫。天下死罪降从流，流已下并释放。”三年九月，上以皇太子慢游败度，欲废之，中丞狄兼谟垂涕切谏。是夜，移太子于少阳院，杀太子宫人左右数十人。十月，皇太子薨于少阳院，谥曰庄恪。十一月乙卯夜，彗孛东西竟天。壬戌，诏曰：“上天盖高，感应必由乎人事；寰宇虽广，理乱尽系于君心。从古以来，必然之义。朕嗣膺宝位，十有三年，常克己以虔恭，每推诚于众庶。将以导迎休应，渐致辑熙，期克荷于宗祧，思保宁于华夏。而德有所未至，信有所未孚，灾气上腾，天文谪见，再周期月，重扰星躔。当求衣之时，睹垂象之变，兢惧惕厉，若蹈泉谷。是用举成汤之六事，念宋景之一言，详求谴咎之端，采听销禳之术。必有精理，蕴于众情，冀屈法以安人，爰恤刑而原下。应犯死罪，并降从流，流已下递减一等。”五年春正月戊寅，上不康，不受朝贺。辛巳，崩于大明宫之太和殿，谥曰元圣昭献皇帝，庙号文宗，葬章陵。

武宗昭肃皇帝

《唐书》曰：武宗昭肃皇帝，讳炎，穆宗第五子也，母曰宣懿皇后韦氏。元和九年六月十三日生于东宫。长庆元年三月封颍王，本名瀍。初，文宗追悔庄恪太子殂不由道，乃以敬宗子陈王成美为皇太子，开成四年冬十月宣制，未遑册礼。五年正月，文宗暴疾，宰相李珏、枢密刘弘季奉密旨，以皇太子监国。两军中尉仇士良、鱼弘志矫诏迎颍王于十六宅，曰：“朕自婴疾疹，有加无瘳，惧不能躬总万机，日厘庶政。稽于古训，谋及大臣，用建亲贤，以贰神器。亲弟颍王瀍昔在藩邸，与朕常同师训，动成仪矩，性禀宽仁。俾奉昌图，必谐人欲。可立为皇太弟，应军国政事，便令权勾当。百辟卿士，中外庶臣，宜竭乃心，辅成予志。陈王成美先立为皇太子，以其年尚冲动，未渐师资，比日重难，不遑册命，回践诸邸，式协至公，可复封陈王。”四日，文宗崩，宣遗诏：皇太弟宜于柩前即皇帝位，宰臣杨嗣复摄冢宰。十四日，受册于正殿，年二十七。二月，制穆宗妃韦氏追谥宣懿皇太后，帝之母也。上御正殿，降德音，以开府、右军中尉仇士良封楚国公，右军中尉鱼志弘为韩国公，太常卿崔郸、户部尚书判度支崔珙，并本官同中书门下平章事。帝在藩邸时，颇好道术修摄之事。是秋，召道士赵归真八十一人入禁中，于三殿修金箓道场，乃幸三殿，于九天坛亲受法箓。右拾遗王哲上疏，言王业之初，不宜崇信过当，疏奏不省。

会昌元年正月庚戌，有事于郊，礼毕，御丹凤楼，大赦，改元。二月，以淮南节度使李绅为中书侍郎、同平章事。二年四月，司空、平章事李德裕等上章，请加尊号曰仁圣文武至神大孝皇帝。戊寅，御宣政殿受册。八月，回鹘乌介可汗过天德，至杞头峰北，俘掠云朔、北川，诏刘沔出师守雁门诸关。回鹘首领屈武降幽州，授左武卫将军。诏以"回鹘犯边，渐侵内地，或攻或守，于理何安？令少师牛僧孺、陈夷行与公卿集议可否以闻。"僧孺曰："今百寮议状，以固守关防，俟其可击则用兵。"宰相李德裕议以"回鹘所恃者嗢没、赤心耳，今已离叛，其强弱之势可见。戎人犷悍，不顾成败，以失二将，乘忿入侵，出师急击，破之必矣。守险恃弱，虏无由退。击之为便。"天子以为然。乃征发许、蔡、汴、滑等六镇之师，以太原节度使刘沔为回鹘南面招讨使；以张仲武为幽州卢龙节度使，充回鹘东面招讨使；以李思忠为回鹘西南面招讨使：皆会军于太原。十月，幸泾阳，校猎白鹿原。谏议大夫高少逸、郑朗等于阁内论："陛下校猎太频，出城稍远，万机废弛，晨出夜归，方用兵师，且宜停止。"上优劳之。谏官出，上谓宰相曰："谏官甚要，朕时闻其言，庶几减过。"三年春正月，以宿师于野，罢元会。二月，太原刘沔奏："昨率诸道之师至大同军，遣石雄袭回鹘牙帐，大败回鹘于杀胡山，其乌介可汗被疮而走。已迎得太和公主至云州。"是日，御宣政殿，百寮称贺。三月，太和公主至京师，百官班于章敬寺迎谒，仍令所司告宪宗、穆宗二室。四月，昭义节度使刘从谏卒，率三军以从谏侄稹为兵马留后，上表请授节钺。寻遣中使赍诏潞府，令稹护从谏之丧归洛阳。稹拒朝旨，寻以成德军节度使王元逵、魏博节度使何弘敬，并以本官充招讨泽潞使。四年三月，以道士赵归真为左右街道门教授先生。时帝志学神仙，师归真。归真乘宠，每排毁释氏，言非中国之教，蠹耗生灵，尽宜除去，帝颇信之。七月，王元逵奏邢州刺史裴问、别将高元武以城降。洺州刺史王钊、磁州刺史安玉皆以城降何弘敬。山东三州平。潞州大将郭谊、张谷、陈扬廷遣人至王宰军，请杀刘稹以自赎。王宰以闻，乃诏石雄率军三千入潞州，郭谊斩刘稹首以迎雄，泽、潞五州平。八月，王宰传稹首与大将郭谊等一百五十人，露布献于京师，上御安福门受俘，百寮楼前称贺。十月，车驾幸鄠县。十一月幸云阳。五年正月，宰臣李德裕、杜悰等率文武百寮上徽号曰仁圣文武章天神功盛德明道皇帝。辛亥，有事于郊庙，礼毕，御承天门，大赦天下。秋七月庚子，敕并省天下佛寺。所拆寺四千六百馀所，还俗僧尼二十六万五百人，收充两税户，拆招提、兰若四万馀所，收膏腴上田数千万顷，收奴婢为两税户十五万人。六年三月壬寅，上不豫，制改御名曰炎。帝重方士，颇服食修摄，亲授法箓。至是药躁，喜怒失常，既笃，旬日不能言。宰相李德裕等请见，不许。中外莫知安否，人情危惧。是月二十三日，宣遗诏以皇太叔光王柩前即位。是日崩，年三十三。谥曰至道昭肃孝皇帝，庙号武宗，葬端陵。

宣宗献文皇帝

《唐书》曰：宣宗献文皇帝，讳忱，宪宗第十三子，母曰孝明皇后郑氏。元和五年六月，生于大明宫。长庆元年三月，封光王，名怡。会昌六年三月，武宗疾笃，宣遗诏立为皇太叔，权勾当军国政事。翌日，即帝位，改今名，时年三十七。帝外晦而内朗，严重寡言，视瞻特异。幼时宫中以为不慧。十岁馀时，遇重疾沉缀，忽有光辉烛身，蹶然而兴，正身拱揖，如对臣寮。乳媪以为心疾，穆宗往视之，抚其背曰："此吾家英物，非心惫也。"赐以玉如意、御乌、金带。尝梦乘龙升天，言之于郑太后，乃曰："此不宜人知，毋幸勿复言。"历太和、会昌朝，愈事韬晦，群居游处，未尝有言。文宗、武宗幸十六宅宴集，强诱其言，以为戏剧，谓之"光叔"。武宗气豪，尤不以礼。及监国之日，哀毁满容，接待群寮，决断庶务，人方见其隐德焉。四月辛未，释服，尊母郑氏曰皇太后。以兵部侍郎、翰林学士承旨白敏中，同中书门下平章事。大中元年正月，有事于郊庙，礼毕，御丹凤楼，大赦，改元。帝雅好儒士，留心贡举。有时微行人间，采听舆论，以观选士之得失。每山池曲宴，与学士诗什属和，公卿出镇，亦赋诗饯行。凡对臣寮，肃然拱揖，鲜有轻易之言。大臣或献章疏，即烧香盥手，受而览之。当时以大中之政有贞观之风焉。闰三月，敕："会昌季年，并省寺宇。虽云异方之教，无损为理之原。中国之人，久行其道，厘革过当，事体未弘。其灵山胜境、天下州府，应会昌五年四月所废寺宇，如有宿旧名僧，复能修创，一任住持，所由不得禁止。"七月，太子少保分司东都、卫国公李德裕为人所讼，贬潮州司马员外置。二年春正月，宰相率文武百寮上徽号曰圣敬文思和武光孝皇帝，御宣政殿受册。三年春正月，泾原节度康季荣奏，吐蕃宰相伦恐热以秦、原、乐安三州及石门等七关之兵民归国。诏太仆卿陆耽往喻旨，仍令灵武节度使朱叔明、邠宁节度使张景绪各出本道兵马应接。六月，康季荣奏收复原州城及石门、驿藏、木峡、制胜、六盘、石峡等六关讫。邠宁张景绪奏收复萧关。敕于萧关置武州，改乐安为威州。七月三日，七关军人百姓，皆河、陇遗黎，数千人见于阙下。上御延喜门抚慰，令其解辫，赐之冠带，共赐绢十五万匹。八月，凤翔节度使李玭奏收复秦州，制曰："自昔皇王之有国也，何尝不文以守成，武以集事，参诸二柄，归于大宁。朕猥荷丕图，思弘景运，忧勤戒惕，四载于兹。每念河、湟土疆，绵亘遐阔。洎天宝末，犬戎乘我多难，无方御奸，遂从腥膻，不远京邑。事更十叶，时近百年。进士试能，靡不谒其长策；朝廷下议，皆亦听其直词。尽以不生边事为永图，且守旧地为明理，荏苒于是，收复无由。今者天地储祥，祖宗垂佑，左衽输款，边垒连降，刷耻建功，所谋必克。实赖枢衡妙算，将师雄棱，副玄元不争之文，绝汉武远征之悔，瓯脱顿空于内地，斥堠全据于新封，莫大之休，指期而就。况将士等栉沐风雨，暴露郊原，披荆榛而刁斗夜严，逐豺狼而穹庐晓破。动皆如意，古无与京，念此诚勤，宜加宠赏。泾原宜赐绢六万匹，灵武五万匹，凤翔、邠宁各四万匹。呜呼！七关要害，三都膏腴，候馆之残耻可寻，唐人之遗风尚在。追怀往事，良用兴嗟。夫取不在广，贵保其金汤；得必有时，讵计于迟速。今则便务修筑，不进干戈，必使足食足兵，有备无患，载洽爱育之道，永置生灵之安，中外臣寮，宜体朕意。”十二月，追谥顺宗曰至德大圣大安孝皇帝，宪宗曰昭文章武大圣孝皇帝。初以河、湟收复，百寮请加徽号，帝曰：“河、湟收复，继成先志，朕欲追尊祖宗，以昭功烈。”白敏中等对曰：“非臣等愚昧所能及。”至是，上御宣政殿行事，及册出，上俯偻自送，流涕呜咽。四年春正月，以追尊二圣，御正殿，大赦天下。五年八月，汝州刺史张义潮遣兄义潭以瓜、沙、伊、肃等十一州户口来献，自河、陇陷蕃百馀年，至是悉复陇右故地。八年正月，陕州黄河清。二月，南蛮进犀牛，诏还之。十一年九月，右补阙陈嘏、左拾遗王谱、右拾遗薛廷杰上疏谏遣中使往罗浮山迎轩辕先生。上曰：“朕以万机事繁，躬亲庶务，访闻罗浮山处士轩辕集，善能摄生，年龄益寿，乃遣使迎之，或冀有少保理也。朕每观前史，见秦皇、汉武为方士所惑，常以之为诫。卿等位当论列，职在谏司，阅示来章，深纳诚意。”仍谓崔慎由曰：“为吾言于谏官，虽少翁、栾大复生，不能相惑。如闻轩辕生高士，欲与之一言耳。”十二年春正月，罗浮山人轩辕集至京师，上召入禁中，谓曰：“先生遐寿而长生可致乎？”曰：“彻声色，去滋味，哀乐如一，德施周给，自然与天地合德，日月齐明，何必别求长生耶！”留之月馀，坚求还山。十三年五月，上不豫，月馀不能视朝。八月，宣遗诏立郓王为皇太子，勾当军国事。是日，崩于大明宫，圣寿五十。谥曰圣武献文孝皇帝，庙号宣宗，葬贞陵。

懿宗恭惠皇帝

《唐书》曰：懿宗恭惠皇帝，讳漼，宣宗长子，母曰元昭皇太后晁氏。大和七年十一月，生于藩邸。会昌六年十月，封郓王，本名温。大中十三年八月，遗诏立为皇太子监国，改今名。十三日，即帝位，时年二十七。帝姿貌瑰杰，有异稠人。藩邸时尝经重疾，郭淑妃侍医药，见黄龙出入于卧内。既间，妃以异告，帝曰："慎勿复言。"又尝大雪数尺，而帝寝室之上独无，人皆异之。宣宗制《泰边陲乐曲词》有，"海岳晏咸通"之句。又大中末，京城小儿叠布渍水，纽之向日，谓之拔晕。帝果以郓王即大位，以咸通为年号。九月，释服，追尊母后晁氏为太后，谥曰元昭。咸通元年春正月，上御紫宸殿受朝。十一月丁未，有事于郊庙，礼毕，御丹凤门，大赦，改元。二年九月，林邑蛮寇安南府，遣神策将军康承训率禁军及江西、湖南之兵赴援。三年春正月，左仆射、门下侍郎、平章事杜悰率百寮悰上徽号曰睿文明圣孝德皇帝。四年春正月庚午，有事于圆丘，礼毕，御丹凤门，大赦。五年四月，南蛮寇邕管，以秦州经略使高骈率禁军五千赴邕管，会诸道之师御之。五月，制："朕以寡昧，获承高祖、太宗之丕构，六载于兹矣。罔畋游是娱，罔声色是纵，罔刑戮是滥，罔邪佞是惑。蚤夜悚惕，以忧以勤，庶几乎八表用康，兆人以泰。而西戎款附，北狄怀柔，独惟南蛮，奸宄不率。侵陷交址，突犯朗宁，爰及嶲州，亦用攘寇。劳我士卒，兴吾甲兵，骚动黎元，役力飞挽，每一轸念，悯然疚怀。顾惟生人，罹此愁苦，宜布自天之泽，俾垂及物之仁。如闻湖南、桂州，是岭路系口，诸道兵马纲运，无不经过，顿递供承，动多差配，凋伤转甚，宜有特恩。应潭、桂两路，各赐钱三万贯，以助军钱，以充馆驿息利本钱。其江陵、江西、鄂州三道，比于潭、桂，徭配稍简，宜令本道观察使详其间剧，准此例与置本钱。黎嶲等州，因蛮寇杀伤，宜令本道收拾埋瘗。"六年秋，高骈自海门进军破蛮军，收复安南府。自李琢失政，交趾陷没十年，蛮军北寇邕容界，人不聊生，至是方复故地。七年十月，安南都护高骈奏蛮寇悉平。十一月，御宣政殿，大赦，以复安南故也。九年七月，徐州赴桂林戍卒五百人，官健许佶、赵可立杀其主将王仲甫，以粮料判官庞勋为都头，剽掠湘潭、衡山两县，有众千人，擅还本镇。九月甲午，庞勋陷宿州。知州判官焦璐奔归于徐。乙未，庞勋陷徐州。十年九月，贼宿州守将张玄稔以城降，有兵万人，马举率师赴之。庞勋闻之，以其众将攻玄稔。玄稔，贼之劲将也，遂与举合势，急围徐州。许佶登城拒守者三日，佶败出走，稔收复徐州。庞勋方来赴援，闻城已破，欲南趋濠州，马举追及涣河，击败之，勋溺水而死。萧县主将又斩许佶首来降，徐寇悉平。十一月，南诏蛮骠信坦绰酋龙率众二万寇嶲州。十二月，敕荆南节度使杜悰："据司天奏，有小孛星气经历分野，恐有外夷兵水之患。缘边藩镇，最要提防，宜训习师徒，增筑城堡。凡关制置，以其事闻。"十一年八月，同昌公主薨，追赠卫国公主，谥曰文懿。主，郭淑妃所生，上尤钟念，悲惜异常。以待诏韩宗绍等医药不效，杀之，收捕其亲族三百馀人，系京兆府。宰相刘瞻，京兆尹温璋上疏论谏行法太过，上怒。十二年春正月，宰相路岩率文武百寮上徽号曰睿文英武明德至仁大圣广孝皇帝，御含元殿，受册礼毕，大赦。五月庚申，敕："慎恤刑狱，大《易》格言。《诏》曰：如得其情，则哀矜而勿喜。而狱吏苛刻，务在舞文，守臣因循，罕闻视事。以此械系之辈，溢于狴牢；追捕之徒，繁于简牍。实伤和气，用致沴氛。况时属熇蒸，化先茂育，并赦罪戾，式顺生成。应天下所禁系罪人，除十恶五逆、故意杀人外，馀并宜疏理释放。"十四年六月，帝不豫。七月戊寅，疾大渐。制立普王俨为皇太子，权勾当军国政事。辛巳，遗诏曰："皇太子儇性禀宽和，生知忠孝，德包睿哲，圣表徇齐，必能扬祖宗之重光，荷邦家之丕构。宜令所司具礼，于柩前即皇帝位。"是日，崩于咸宁殿，圣寿四十一。谥曰睿文昭圣恭惠孝皇帝，庙号懿宗，葬于简陵。

太平御览卷第一百十六　皇王部四十一

唐僖宗恭定皇帝

《唐书》曰：僖宗恭定皇帝，讳儇，懿宗第五子，母曰惠安皇后王氏。咸通三年五月，生于东内。初封普王，名俨。十四年七月，懿宗疾大渐。其月十八日。制曰："朕守大器之重，居兆人之上，日慎一日，如履如临。旰昃劳怀，寝兴思理，涉道犹浅，导化未孚。而摄养乖方，寒暑成疠，实有虑于阙政，且无暇于怡神。恙未少瘳，日加寝剧，万务繁总，须有主张。爰考旧章，谋于卿士，思阐鸿业，式建皇储。第五男普王俨改名儇，孝敬温恭，宽和博厚，日新令德，天假英姿，言皆中规，动必由礼。俾崇邦本，允叶人心，宜立为皇太子，权勾当军国政事。咨尔中外卿士，洎于腹心之臣，敬保天子，辅成予志，各竭乃心，以安黎献。"是日，懿宗崩。即皇帝位于柩前，年十二。左军中尉刘行深、右军中尉韩文约居中执军政，并封国公。八月，皇帝释服，册圣母王氏为皇太后。河南大水。九月，守司空、门下侍郎、平章事韦保衡贬贺州刺史。乾符元年十一月庚寅，上有事于郊庙，礼毕，御丹凤门，大赦，改元。二年春正月己丑，宰相崔彦昭率文武百官上尊号，上御正殿受册。四月，海贼王郢攻剽浙西郡邑。五月，濮州贼首王仙芝聚徒于长垣县，其众三千，进陷濮州，俘丁壮万人。郓州节度使牛穜出兵击之，为贼所败。三年七月，王仙芝寇掠河南十五州，其众数万。是月，贼逼颍、许，攻携曲，下之。四年三月，冤朐贼黄巢聚数万人攻郓州，陷之。七月，黄巢自沂、海，其徒数万，趋颍、蔡，入查牙山，遂与王仙芝合。八月，贼陷随州。五年二月，王仙芝馀党攻江西，招讨使宋威出军屡败之，仍宣诏书招谕仙芝。仙芝致书于威，求节钺，威伪许之。仙芝令其大将尚君长、蔡温玉奉表入朝，威乃斩君长、温玉以徇。仙芝怒，急攻洪州，陷其郛。宋威赴援，与贼战，大败之，杀仙芝，传首京师。

广明元年春正月乙卯朔，上御宣政殿，改元。二月，黄巢自衡、永州下岭，陷湖南、江西属郡。三月，黄巢、尚让东下攻鄂州，陷江南饶、信等十五州。七月，渡江寇淮南。十月，乃悉众渡淮。巢自号率土大将军，其众富足，自淮已北整众而行，不剽财货，唯驱丁壮为兵。十一月，陷东都，留守刘允章率分司官属迎谒之，贼供顿而去，坊市晏然。壬申，陷虢州。丙子，犯潼关，守关诸将望风自溃。十二月辛巳，贼据潼关。时左军中尉田令孜专政，宰相卢隽曲事之，相与误谋，以致倾败。令孜恐众罪加己，请贬隽官，命学士王徽、裴彻为相。甲申，宣制以户部侍郎、翰林院学士王徽、裴彻同平章事。贬右仆射、门下侍郎、平章事卢隽为太子宾客。隽闻贼至仰药而死。是日，上与诸王妃后数百骑，自子城由含光殿金光门出幸山南，文武百寮不之知，并无从行者，京城晏然。是日晡晚，贼入京城，时右骁卫大将军张直方率武官十馀迎黄巢于坡头。壬辰，黄巢据大内，僭号大齐，称年号金统，悉陈文物，据丹凤门伪赦。中和元年春正月，车驾在兴元。六月，车驾幸成都府，西川节度使陈敬瑄自来迎奉。七月乙卯，车驾至西蜀。丁巳，御成都府，改广明二年为中和元年，大赦天下。二年春正月，天下勤王之师，云会京畿，京师食尽。贼食树皮，以金玉买人于行营之师，人获数百万。山谷避乱百姓，多为诸军之所执卖。八月庚子，贼同州防御使朱温杀其监军严实，与大将胡真、谢瞳等来降，王铎承制拜温华州刺史。三年四月庚子，沙陁忠武、义成、义武等军趋长安，贼悉众拒之于渭桥，大败而还；李克用乘胜追之。己卯，黄巢收其残众，由蓝田关而遁。庚辰，收京城。天下行营兵马都监杨复光上章告捷行在。四年七月癸酉，贼将林言斩黄巢、黄揆、黄秉三人首级降时溥。初，徐将李师悦与贼战于瑕丘，贼殊死战，其众殆尽。林言与巢走至太山狼虎谷之襄王村，惧追至并命，乃斩贼降师悦。壬午，捷书至行在。十二月丁亥朔，大明宫留守王徽与留司百官上表，请车驾还宫。诏以来年正月还京。光启元年春正月，车驾在成都府。己卯还京。三月丁卯，车驾至京师。御宣政殿，大赦，改元。时李昌符据凤翔，王重荣据蒲、陕，诸葛爽据河阳、洛阳，孟方立据邢、洺，李克用据太原、上党，朱全忠据汴、滑，秦宗权据许、蔡，时溥据徐泗，朱瑄据郓、齐、曹、濮，王敬武据淄、青，高骈据淮南八州，秦彦据宣、歙，刘汉宏据浙东，皆自擅兵赋，迭相吞噬，朝廷不能制。江淮转运路绝，两河、江淮赋不上供，但岁时献奉而已。国命所能制者，河西、山南、剑南、岭南西道数十州。大约郡将自擅，常赋殆绝，藩侯废置，不自朝廷，王业于是荡然。五月，宰臣萧遘率文百寮上徽号曰至德光烈孝皇帝，御宣政殿受册，大赦。十二月乙亥，沙陀逼京师，田令孜奉僖宗出幸凤翔。初，黄巢据京师，九衢三内，宫室宛然。及诸道兵破贼，争货相攻，纵火焚剽，宫室居市里，十焚六七。贼平之后，令京兆尹王徽经年补葺，仅获安堵。至是，乱兵复焚，宫阙萧条，鞠为茂草矣。二年春正月，车驾在凤翔。李克用旋师河中，与朱玫、王重荣同上表，请驾驻跸凤翔，仍数田令孜之罪。乃以飞龙使杨复恭知内枢密事。戊子，田令孜迫乘舆请幸兴元。庚寅，车驾次宝鸡，授刑部尚书孔纬兼御史大夫，令率从官赴行在。时车驾夜出，宰相萧遘、裴彻、郑昌国及文武官寮不之知，扈从不及，故令孔纬从之。萧遘恶令孜弄权，再乱京国，因邠州奏事判官李松年至凤翔，乃令亟召朱玫迎奉。癸巳，朱玫别领步骑五千至凤翔。令孜闻邠州军至，奉帝入大散关，令禁军守灵壁。玫至，禁军溃散，遂长驱追驾至遵途驿。嗣襄王煴疾，为玫所得。时兴元节度使石君涉闻车驾入关，乃毁撤栈道，栅绝险要，车驾由他道仅达，为邠州军踵后，崎岖危殆者数四，四月壬子，朱玫、李昌言迫宰相萧遘等于凤翔驿舍，请嗣襄王煴权监军国事。玫自为大丞相，兼左右神策十军军容使，遂驱率文武百寮奉襄王还京师。五月庚辰，襄王僭即皇帝位，年号建贞。十二月，朱玫将王行瑜受密诏，自凤州率众还长安。辛酉，行瑜斩朱玫及其党与数百人，纵兵大掠。是冬苦寒，九衢积雪，兵入之夜，寒冽尤剧，民吏剽剥 之后，僵冻而死者蔽地。百官奉襄王奔河中，王重荣绐称迎奉，执李煴斩之。文德元年春正月，车驾在凤翔，蔡贼孙儒斩秦彦、毕师铎于高邮。二月壬午，车驾至京师。戊子，御承天门，大赦，改元。宰臣韦昭度率文武百寮上徽号曰圣文睿德光武弘孝皇帝。三月戊戌朔，御正殿受册。庚子，上暴疾不康。壬寅，大渐。癸卯，立亲弟寿王杰为皇太弟，勾当军国事。是夕，崩于武德殿，寿二十七，谥曰惠圣恭定孝皇帝，庙号僖宗，葬靖陵。

黄巢附

《唐书》曰：黄巢，曹州冤句人，本以贩盐为事。乾符中，仍岁凶荒，人饥为盗，河南尤甚。初，里人王仙芝、尚君长聚盗，起于濮阳，攻剽城邑，陷曹、濮及郓州。诏左金吾卫上将军齐克让为兖州节度使，以本军讨仙芝。仙芝惧，引众历陈、许、襄、邓，无少长皆虏之，众号三十万。三年七月，陷江陵。十月，又遣将徐唐莒陷洪州。时仙芝表请符，不允。以神策统军节度使宋威为荆南节度招讨使，中使杨复光为监军。复光遣判官吴彦宏谕以朝旨释罪，别加官爵，仙芝乃令尚君长诣阙请罪，且求恩命。时宋威害复光之功，擒送阙斩之。贼怒，悉锐击官军，威军大败，复光收其馀众以统之。朝廷以王铎代为招讨。五年八月，收复荆州，斩仙芝首献于阙下。先是，君长弟让以兄奉使见诛，率部众入查岈山。黄巢、黄揆昆仲八人，率盗数千依让。月馀，众至数万。陷汝州，大掠关东，官军加讨，屡为所败，其众十馀万。尚让乃与群盗推巢为主，曰冲天大将军。署官属，藩镇不能制。时天下承平日久，人不知兵。僖宗以幼主临朝，号令出于臣下，巢驰檄四方，章奏论列，皆指目朝政之弊。巢徒党既盛，与仙芝为影援。及仙芝败，东攻亳州不下，乃袭破沂州虏之，仙芝馀党悉附焉。时王铎缓于攻取。高骈镇淮南，表请招讨贼，许之，巢及渡淮，伪降于骈。骈遣将张璘率兵受降于天长镇，巢擒璘杀之，因虏其众。寻南陷湖、湘，遂据交、广。托越州观察使崔璆奏乞天平军节度，朝议不允。又自表乞安南都护广州节度，亦不允。是岁，自春及夏，其众大疫，死者十三四，众劝请北归，以图大利。广明元年，北逾五岭，犯湖、湘、江、浙，进逼广陵，高骈闭门自固，所过镇戍，望风降贼。九月，渡淮。十一月，陷洛阳，继攻陕、虢，逼潼关，陷华州，留将乔钤守之。朝廷以田令孜率神策、博野等军十万守潼关。关之左有谷，可通行人，平时禁人出入，谓之禁谷。及贼至，官军但守潼关，不防禁谷，尚让、林言率前锋由禁谷而入，夹攻潼关，官军大溃。博野都径还京师，燔掠西市。十二月三日，僖宗夜自开远门出，趋骆谷。四日，贼至昭应。五日，陷京师。时巢众累年为盗，行伍不胜其富，遇穷民于路，争行施遗。既入青门，坊市聚观，尚让慰晓市人曰："黄王为生灵，不似李家不惜汝辈，但各安家业。"贼众竞投物遗人。十三日，巢僭位，国号大齐。仍御楼宣赦，且陈符命曰："唐帝知朕起义，改元广明，以文字言之，唐已无天分矣。唐去丑口而安黄，天意令黄在唐下，乃黄家日月也。土生金，予以金生，宜改年为金统。"中和元年二月，尚让寇凤翔，郑畋出师御之，大败贼于龙尾坡，畋乃驰檄告谕天下藩镇。四月，泾原行军唐弘夫之师屯渭北，河中王重荣之师屯沙苑，易定王处存之师屯渭桥，鄜延托跋思恭之师屯武功，凤翔郑畋之师屯盩厔。六月，邠宁朱玫之师屯兴平，忠武之师三千屯武功。是岁，诸侯勤王之师，四面俱会。十二月，宰臣王铎率荆、襄之师自行在至。郑畋帐下小校窦玫者，骁敢无敌，每夜率敢死之士百人，直入京师，放火燔诸门，斩级而还，贼人悚骇。二年，王处存合忠武之师，败贼将尚让，乘胜收复京师。贼遁去，处存不为备，是夜复为贼寇袭，官军不利。九月，贼将同州刺史朱温降王重荣。十一月，李克用率代北之师，自夏阳渡河，屯沙苑。三年春正月，败黄揆于沙苑，进营乾坑。二月，尚让率众十万援华州。克用合河中、易定、忠武之师，战于梁田坡，大败贼军，俘斩数万，乘胜攻华州，堑栅以环之。黄揆弃华州，官军收城。四月八日，克用合忠武骑将宠从遇贼于渭南，决战三捷，大败贼军。十日夜，巢党散走，诘旦，克用收京师。巢贼出蓝田、七盘路，东走关东。五月，巢贼先锋将孟楷攻蔡州，节度使秦宗权称臣于贼，遂攻陈、许，营于溵水。陈州刺史赵犨逆战，败贼前锋，生擒孟楷，斩之。巢乃悉众攻陈州营。于是，自唐、邓、许、汝、孟、洛、郑、汴、曹、濮、徐、兖数十州，毕罹其毒。贼围陈郡三百日，关东仍岁无耕稼，人饿倚墙壁间，贼俘人而食。赵犨求援于太原。四年二月，李克用率山西诸军，由蒲、陕济河，会关东诸侯，赴援陈州。三月，诸侯之师复集。四月，官军败贼于太康，俘斩万计，收其四壁。又败贼将黄邺于华西，收其壁。巢败大恐，收军营于故阳里，官军进攻之。五月，大雨震电，平地水深三尺，坏贼垒，贼自离散。复聚于尉氏，逼中牟。翌日，营汴水北。是夜，复大雨震雷，沟塍涨溢。贼分寇汴州，李克用自郑州引军袭击，大败之。残众保胙县、冤句，官军追讨，贼无所保。其将李谠、张归霸等各率部下降于大梁，尚让率部下万人归时溥。贼自相猜间，相杀于营中，所残者千人。中夜遁去，克用追击至济阴而旋。贼散于兖、郓界。黄巢入泰山，徐帅时溥遣将张友与尚让之众掩捕之。至狼虎谷，巢将林言斩巢及二弟邺、揆等七人首，并其妻子函送徐州。

昭宗景文皇帝

《唐书》曰：昭宗景文皇帝，讳晔，懿宗第七子，母曰惠安太后王氏。以咸通八年三月生于东内。十三年，封寿王，名桀。乾符四年，授开府仪同三司、幽州大都督、幽州卢龙等军节度使。帝于僖宗，母弟也，尤相亲睦。自艰难播越，尝随侍左右。文德元年二月，僖宗暴不豫。初复宫闱，人心倾瞩，遽闻被疾，军民骇愕。及大渐之夕，未知所立。军容杨复恭请以寿王监国。遗诏立为皇太弟，柩前即帝位。时年二十二。以司空韦昭度摄冢宰。己丑，见群臣，始听政。帝攻书好文，尤重儒术，神气雄俊，有会昌之遗风。以先朝威武不振，国命寖微，而尊礼大臣，详延道术，意在恢张旧业，号令天下。即位之始，中外称之。四月庚午，追谥圣母惠安太后曰恭献。龙纪元年春正月，上御武德殿受朝贺，大赦，改元。文武臣寮进秩颁爵有差。五月，汉州刺史王建陷城都府，迁陈敬瑄于雅州，建自称西川兵马留后。用田令孜为监军。十一月己丑朔，将有事于圆丘。改名曰晔。辛亥，上宿斋于武德殿。甲寅，圆丘礼毕，御承天门，大赦。大顺元年春正月，御武德殿受朝贺。宰臣百寮上徽号曰圣文睿德文武弘孝皇帝，礼毕，大赦，改元。乾宁元年春正月，上御武德殿受朝贺，大赦，改元。二年五月甲子，李茂贞、王行瑜、韩建等各率精甲数千人入觐，京师大骇，人皆亡窜，吏不能止。帝御安福门以俟之。三帅既至，拜舞楼下，帝临轩喻之曰："卿等藩侯，宜存臣节，称兵入朝，不由奏请，意在何也？"茂贞、行瑜汗流洽背，不能对。唯韩建陈叙入觐之由。上并召升楼，赐卮酒，宴于同文殿。茂贞、行瑜极言南北司相倾，深蠹时政，请诛其太甚者。乃贬宰相韦昭度、李磎，寻杀之。杀内官数人而去。王行瑜留弟行约，茂贞留假子阎圭，各以兵二千人宿卫。时三帅同谋废帝立吉王，闻太原起军乃止，留兵宿卫而还。七月，李克用举军渡河，以讨王行瑜、李茂贞、韩建等。庚申，同州节度使王行实弃郡入京师，谓两军中尉骆金瓘、刘景宣曰："沙陀十万至矣！请奉车驾幸邠州，且有城守。"时景宣附凤翔，癸亥夜，阎圭与刘景宣子继晟、同州王行实纵火剽东市，胁上出幸。上闻乱，登承天门，遣诸王率禁兵御之。捧日都头李筠率本军侍卫楼前。阎圭以凤翔之卒攻李筠，矢及御座之楼扉。上惧，下楼与亲王、公主、内人数百幸永兴坊李筠军。扈跸都头李君实以兵继至，乃与筠两都兵士侍卫出启夏门，憩于华严寺，以俟内人继至。其日晚，幸莎城镇。京师士庶从幸者数十万，比至南山谷口，暍死三之一。至暮，为盗寇掠，恸哭之声，殷动山谷。信宿，宰相徐彦若、王抟、崔胤三人至，乃移幸石门镇之佛宫。乃令知枢密刘光裕、薛王知柔归京师制置，令禁军以备宫禁。丙寅，李克用遣牙将阎谔奉表奔问，奏屯军河中，候进止进发赴邠州。丁卯，上遣内官张承业传诏克用军，便令监太原行营兵马，发赴新平。又令内官郄廷立传诏泾州，令张鐇起泾原之师会克用军。上在南山半月馀，克用仍在河中，未至渭北。上惧凤翔兵士劫迁，乃令延王将御服、鞍马、玉器等至河中宣谕。八月，李克用遣子存贞奉表行在，请车驾还宫。辛亥，车驾还宫。三年六月，凤翔军犯京畿，覃王拒之于娄馆，接战不利。七月，岐军逼京师，诸王率禁兵奉车驾将幸太原。癸巳，次渭北。华州韩建遣子允奉表起居，请驻跸华州。

乙未，次下邽。丙申，驻跸华州，时岐军犯京师，宫室廛闬，鞠为灰烬。光化元年八月，车驾自华还京师。御端门，大赦，改元。三年十一月，左右军中尉刘季述、王仲先废帝幽于东内问安宫，请皇太子裕监国。是日，迎太子裕监国，矫宣昭宗命称上皇。甲午，宣上皇制，太子登皇帝位。十二月癸未夜，护驾孙昭德、周承诲等以兵攻刘季述、王仲先。杀仲先，携其首诣东宫门，呼曰："逆贼王仲先已斩首讫，请陛下出宫慰谕兵士。"宫人破钥，帝与后方得出。天复元年正月，昭宗反正，登长乐门楼，受朝贺。四月甲戌，有事于宗庙。是日，御长乐门，大赦，改元。十月戊戌，朱全忠引四镇之师七万赴河中，京师闻之大恐，民间亡窜山谷。十一月，中尉韩全诲与凤翔护驾都将李继徽奉车驾出幸凤翔。三年正月，车驾出凤翔幸全忠军，全忠素服待罪，泣下不自胜，上亲解玉带赐之。乙丑，次扶风，令朱友伦总兵侍卫。丁卯，次兴平，宰臣崔胤率百官迎谒。戊辰，次咸阳。己巳，入京师。天子素服哭于太庙，改服冕旒，谒九庙。礼毕，御长乐楼，大赦。天祐元年正月，全忠率师屯河中，遣牙将寇彦卿奉表请车驾迁都洛阳，全忠令长安居人按籍迁居，撤屋木，自渭浮河而下，连甍号哭，月馀不息。秦人大骂于路曰："国贼崔胤、朱温倾覆社稷，俾我及此，天乎！天乎！"丁巳，车驾发京师。癸亥，次陕州，全忠迎谒于路。四月甲辰，车驾由徽安门入，朱全忠、张全义、宰相裴枢、独孤损前导。是日，大风雨土，跬步不辨物色，日暝稍止。上谒太庙，礼毕还宫，御正殿宣劳从官卫士。乙巳，上御光政门，大赦。八月壬寅夜，朱全忠令朱友恭、氏叔琮、蒋玄晖弑帝于椒殿。帝自离长安，日忧不测，与皇后、内人惟沉饮自宽。时年三十八，谥曰圣穆景文孝皇帝，庙号昭宗。葬和陵。

哀帝

《唐书》曰：哀帝，讳柷，昭宗第九子，母曰积善太后何氏。景福元年九月生，乾宁四年封辉王，改名祚。天复三年拜开府仪同三司，充诸道兵马元帅。天祐元年八月，昭宗遇弑。翌日，蒋玄晖矫宣遗诏，又矫宣皇太后令皇太子柩前即位。二年四月甲辰夜，彗起北河，贯文昌，其长三丈，在西北方。十二月戊申，全忠令知枢密王殷害皇太后何氏于积善宫。四年二月，禅位于梁，全忠建国，奉帝为济阴王，迁于曹州。时太原、幽州、凤翔、西川犹称天祐正朔。天祐五年二月，帝为全忠所害，时年十七，谥曰哀皇帝，以王礼葬于济阴县之定陶乡。

太平御览卷第一百一十七 偏霸部一

刘备

《蜀志》曰：先主姓刘，讳备，字玄德，涿郡人，汉景帝子中山靖王胜之后也。胜子贞，元狩六年封涿县陆城亭侯，坐酎金失侯，因家焉。《典略》：备本临邑侯支属。先主祖雄，父弘，世仕州郡。雄举孝廉，官至东郡苑令。先主少孤，母贩履织席为业。舍东南角篱上有桑树，上高五尺余，遥望重重如小车盖，往来者皆怪此树非凡，或谓当出贵人。《汉晋春秋》曰：涿人李定云：此家必出贵人也。先主少时，与宗中诸儿于树下戏，言："吾必当乘此羽葆盖车。"叔父子敬谓曰："汝勿妄语，灭吾门矣。"年十五，母使行学，与同宗刘德然、辽西公孙瓒俱事故九江太守同郡卢植，德然父元起常资给先主，与德然等。元起妻曰：各自一家，何能常尔耶！"起曰："吾宗中有此儿，非常人也。"而瓒深与先主相友。瓒年长，先主以兄事之。先主不甚乐读书，喜狗马、音乐、美衣服。身长七尺五寸，垂臂下膝，顾自见其耳。少语言，善下人，喜怒不形于色，好交结豪侠，年少争附之。中山大商张世平、苏双等赀累千金。贩马周旋于涿郡，见而异之，乃多与之金。先主由是得用合徒众。

灵帝末，黄巾起，州郡各举义兵，先主率其属从校尉邹靖讨贼有功，除安喜尉。大将军何进遣都尉诣丹阳募兵，先主与俱行，至下邳遇贼，力战有功，除下密丞。复去官。后为高唐尉，迁为令。为贼所破，往奔公孙瓒，表为别部司马，使为青州刺史田楷拒冀州牧袁绍。数有功，守平原令，后领平原相。郡民刘平素轻先主，耻为之下，使客刺之。客不忍刺，语之而去。其得人心如此。

袁绍攻公孙瓒，先主与楷东屯齐。曹公征徐州，徐州牧陶谦遣使告急于楷，楷与先主俱救之。时先主有兵千余人，谦以丹阳兵四千人益先主，先主遂去楷归谦。谦表先主为豫州刺史，屯小沛。谦病，谓别驾糜竺曰："非刘备不能安此州。"谦死，竺帅州人迎先主，先主未敢当。下邳陈登谓先主曰："今汉室凌迟，海内倾覆，立功立事，在于今日。彼州殷富，户口百万，欲屈使君抚临州事。"北海相孔融谓先主曰："今日之事，百姓与能，天与不取，悔不可追。"先主遂领徐州。袁术来攻，先主拒之于盱眙、淮阴。曹公表先主为镇东将军，封宜城亭侯，是岁，建安元年也。先主与术相持经月，吕布乘虚袭下邳。守将曹豹反，间迎布。布虏先主妻子，先主求和于布，布还其妻子。

先主还小沛，复合兵得万余人，布恶之，自出攻先主，先主败走归曹公。曹公厚遇之，以为豫州牧。曹公助先主围布于下邳，生擒布。复得妻子，从曹公还许。表先主为左将军，礼之愈重，出则同舆，入则同席。袁术欲经徐州北就袁绍，曹公遣先主督朱灵、路招要击术。未至，术病死。曹公从容谓先主曰："天下英雄，唯使君与操耳。本初之徒，不足数也。"先主方食，失匕箸。

先主据下邳，乃杀操徐州刺史曹胄，留关羽守下邳，身还小沛。曹公东征，先主败绩。曹公尽收其众，虏先主妻子，并擒关羽以归。

先主走青州，青州刺史袁谭，先主故茂才也，将步骑迎先主。先主随谭到平原，谭驰使白绍。绍遣将道路奉迎，身去邺二百里，与先主相见。关羽亡归先主。曹公遣曹仁将骑击先主，先主还绍军，阴欲离绍，乃说绍南连荆州刘表。绍遣先主将本兵至汝南。先主遣糜竺、孙乾与刘表相闻，表自郊迎，以上宾待之。

先主在荆州数年，尝于表坐起至厕，见髀里肉生，慨然流涕。还坐，表怪问，备曰："平常身不离鞍，髀肉皆消。今不复骑，髀里肉生。日月若驰，老将至矣，而功业不建，是以悲耳。"一日，徐庶谓先主曰："诸葛孔明，卧龙也，将军岂不欲见乎？"先主曰："可以俱来。"庶曰："此人可就见，不可屈致也。宜枉驾顾之。"由是先主遂诣亮庐，凡三，见之，因屏人曰："汉室倾颓，奸臣窃命。孤不度德量力，欲仗大义于天下而智术浅短，遂用猖蹶，然志由未已，君为计将安出？"亮曰："自董卓已来，豪杰并起，跨州连郡者不可胜计。曹操比于袁绍，则名微而众寡，操遂能克绍，以弱为强，非唯天时，抑亦人事。今操已拥百万之众，挟天子而令诸侯，此诚不可与争锋也。孙权据有江东，已历三代，国险而民附，贤能为之用，此可与为援而不可图也。荆州北据汉、江，利尽南海，东连吴会，西通巴、蜀，此用武之国也，而其主不能守，殆天所以资将军也。益州隘塞，沃野千里，天府之土，高祖因之以成帝业。刘璋暗弱，张鲁在北，人殷国富而不知恤，智能之士思得明君。将军既帝室之胄，信义著于四海，总揽英雄，思贤如渴，若跨有荆、益，保其岩阻，西和诸戎，南抚夷越，结好孙权，内修政事；天下有变，则命上将将荆州之军以向宛、洛，将军身率益州之众出于秦川，百姓孰不箪食壶浆以迎将军者乎？诚如是，则霸业可成，汉室可兴矣。”先主曰：“善！”于是与亮情好日密。关羽、张飞不悦，先主解之曰：“孤之有孔明，如鱼之有水也。愿诸君勿复言。”

十二年，曹公北征乌丸，先主说表袭许，表不能用。及曹公南征，会表死，子琮代立，遣使请降。先主屯樊城，遂将其众去，过襄阳，诸葛亮说攻琮，荆州可有。先主曰：“荆州临亡，托我以孤，背信自济，死何何目见刘荆州乎！吾不忍也。”琮左右及荆州人多归先主。比到当阳，众且十万，辎重数千辆，日行十余里。或谓先主曰：“宜速行保江陵，今虽拥大众，被甲者少，若曹公兵至，何以拒之？”先主曰：“夫济大事者以人为本，今人归吾，何忍弃去！”是时，曹公又以江陵有军实，恐先主据之，乃释辎重，轻军到襄阳。闻先主已过，曹公将精骑五千急追之，一日一夜行三百余里，及于当阳之长坂。先主弃妻子，与诸葛亮、张飞、赵云等数十骑走，遣诸葛亮自结于孙权，权遣周瑜等助之，与曹公战于赤壁，大破之，焚其舟船。群下推先主为荆州牧，治公安。

益州牧刘璋内怀恐惧，遣法正迎先主。先主留诸葛亮、关羽等据荆州，将步卒数万人入益州。璋推先主行大司马，领司隶校尉；先主推璋行镇西大将军，益州牧。璋敕关戍诸将文书勿复关通先主。先主大怒，进围成都，数十日，璋出降。蜀中殷盛丰乐，先主置酒大飨士卒，蜀城中金银分与将士，还其谷帛。先主复领益州牧。群下尊先主为汉中王，还治成都。

魏文帝称尊号，传闻汉帝见害，先主乃发丧制服，追谥曰孝愍皇帝。是后建立礼仪，上尊号，即皇帝位于成都。章武元年夏四月，大赦，改年。永安三年，先主病笃，托孤于丞相亮。夏四月，先主殂于永安宫，时年六十三。五月，梓宫自永安还成都，谥昭烈皇帝。秋八月，葬惠陵。

《华阳国志》曰：汉末大乱，雄杰并起。若董卓、吕布、二袁、韩、马、张杨、刘表之徒，兼州董郡，众动万计，叱咤之间，皆自谓汉祖可踵，桓、文易迈。而魏武神武肆略，戡屠荡尽。于时先主名微众鲜，而能龙兴凤举，假翼荆楚，番飞梁、益，建元胤汉，与之鼎峙。非英才命世，孰克如是！

刘禅

《蜀志》曰：后主讳禅，字公嗣，先主子也。建安二十四年，先主为汉中王，立为王太子。即尊号，为皇太子。先主殂于永安宫，后主袭位于成都，时年十七。是岁，魏黄初四年也。景耀六年夏，魏大兴徒众，命征西将军邓艾数道并攻。用光禄大夫谯周策，奉书于艾。后主舆榇自缚，诣垒门。艾解缚焚榇，延请相见。因承制拜后主为骠骑将军。诸围守悉被后主敕，然后降下。艾使后主止其故宫，身往造焉。后主乃举家东迁，在位凡四十年。既至洛阳，策命为安乐县公，食邑万户，赐绢万匹，奴婢百人。后司马文王与后主宴，为之作乐，故蜀妓、旁人皆感怆，而后主喜笑自若。王谓贾充曰："人之无情，乃至于是！虽使诸葛亮在，亦不能辅之，况姜维邪？"充曰："不如是，殿下何由并之？"他日，王问禅曰："颇思蜀否？"禅曰："此间乐，不思蜀也。"蜀故秘书令郄正闻之，求见禅曰："王复问，可言'先人坟墓远在陇、蜀，乃心西悲，无日不思'因闭其目。"会王复问，禅以此答。王曰："何乃似郄正之语也！"禅惊曰："此实如尊命。"左右皆大笑。后薨于洛阳。

《魏略》曰：始，备在小沛，不意曹公卒至，迫遽弃家属，奔荆州。禅时年数岁，匿窜，随人西入汉中，为人所卖。及建安十六年，关中破乱，扶风人刘括避乱入汉中，买得禅，问知其良家子，遂养为子，与娶妇，生一子。始禅与父相失时，识其父字玄德。比舍人有姓简者，及备得益州而简为将军。备遣简到汉中，舍都邸。禅乃诣简，简相验讯，事皆符验。简喜，以语张鲁，鲁乃洗沐送诣益州。备乃立为太子。始备以诸葛亮为太子太傅，及禅立，以亮为丞相，委以诸事，谓亮曰："政由葛氏，祭则寡人。"亮亦以禅未闲于政，遂总内外。

太平御览卷第一百一十八 偏霸部二

孙坚

《吴志》曰：孙坚，字文台，吴郡富春人，盖孙武之后也。少为县吏。府召署校尉。会稽妖贼许昌起于句章，坚以郡司马募精勇，得千余人，与州郡合讨破之。刺史臧旻列上功状，诏书除坚盐渎丞，又徙下邳丞。

汉中平元年，黄巾贼张角起于魏郡。遣车骑将军皇甫嵩、中郎将朱俊将兵讨击之。俊表请坚为佐军司马。坚又募精兵千许人与俊并力奋击，所向无前。拜别部司马。

中平三年，司空张温西讨边章、韩遂。温表请坚参军事。温以诏书召董卓，卓良久乃诣，应对不顺。坚数卓三罪，劝温斩之。温不忍发举。军还，拜坚议郎。时长沙贼区星自称将军，以坚为长沙太守，克破星等。汉朝录前后功，封坚乌程侯。

灵帝崩，董卓专擅朝政，州郡举义兵讨卓，坚亦举兵。比至南阳，众数万人。南阳太守张咨晏然自若，牵咨于军门斩之。郡中震栗，无求不获。前到鲁阳，与袁术相见。术表坚行破虏将军，领豫州刺史。遂治兵于鲁阳城，进军讨卓。卓惮坚猛壮，乃遣将军李傕音觉等求和亲。坚曰：“卓逆天无道，荡覆王室；今不夷汝三族，悬示四海，则吾死不瞑目，岂与汝和耶？”复进军大谷，距雒九十里。卓寻徙都入关，焚雒邑。坚至雒，修诸陵，平塞卓所发掘。讫，引军还，住鲁阳。

初平三年，术使坚征荆州，击刘表。表遣黄祖逆于樊、邓之间。坚破之，追渡汉水，围襄阳，单马行岘山，为祖军士射杀。追谥武烈皇帝。兄子贲，帅将士众还就术，术复表贲为豫州刺史。坚四子：策、权、翊、匡。

孙策

《吴志》曰：策，字伯符。坚初兴义兵，策将母徙居舒，与周瑜相友，江、淮间人咸向之。坚薨，还葬曲阿。已乃渡江，居江都。策舅吴景，时为丹阳太守，策乃载母徒曲阿。

兴平元年，从袁术。术甚奇之，以坚故部曲还策。太傅马日磾间岻杖节安集关东，辟策，表拜怀义校尉。术常叹曰："使术有子如孙郎，死复何恨！"先是，刘繇为扬州刺史，州旧治寿春。寿春，术已据之。繇乃渡江治曲阿。时吴景尚在丹阳，策从兄贲又为丹阳都尉，繇至，皆迫逐之。景、贲退舍历阳。繇遣樊能等屯江津，张英屯当利，以距术。术以景为督军中郎将，与贲共将兵击英等，连年不克。策乃说术，乞助景等平定江东。术表策为折冲校尉，行殄寇将军，兵才千余，骑数十匹，宾客愿从者数百人。比至历阳，众五千。策又徙母阜陵，渡江转斗，所向皆破，莫敢当其锋，而军令整肃，百姓怀之。

策为人，美姿颜，好笑语，性阔达听受，善于用人，是以士民乐为致死。刘繇弃军遁逃，诸郡守皆捐城奔走。吴人严白虎等众各万人，处处屯聚。策引兵渡浙江，据会稽，乃攻破虎等。更置长吏，策自领会稽太守，彭城张昭、广陵张纮、秦松等为谋主，时袁术僭号，策以书责而绝之。曹公表策为讨逆将军，封为吴侯。后术死，长史杨弘、大将张勋等将其众欲就策，庐江太守刘勋要击，悉虏之。策轻军袭拔庐江，勋众尽降，勋与数百人自归曹公。是时袁绍方强，而策并江东，曹公乃以弟女配策小弟匡，又为子彰取贲女，又命扬州刺史严象举权茂才。

建安五年，曹公与袁绍相拒于官渡，策阴谋袭许，迎汉帝，密治兵。未发，为故吴郡太守许贡客所刺伤，创甚。谓张昭等曰："中国方乱，以吴、越之众，三江之固，足观成败。公等善相吾弟！"呼权佩以印绶。至夜卒，时年二十六。追谥长沙桓王。

孙权

《吴志》曰：孙权，字仲谋。兄策既定诸郡，时权年十五，以为阳羡长。郡察孝廉，举茂才，行奉义校尉。汉以策远修贡职，遣使者刘琬加锡命。琬语人曰："吾观孙氏兄弟，虽各才秀明达，然皆禄祚不终；惟中弟孝廉，形貌奇伟，骨体不恒，有大贵之表，年又最寿。"

策薨，以事授权，权哭未及息，策长史张昭谓权曰："孝廉，此宁哭时耶？"扶令上马，使出巡军，曹公表权为讨虏将军，领会稽太守，屯吴。建安八年，权西征黄祖，破其州军。刘备表权行车骑将军，领徐州牧。十六年，权徙治秣陵。明年，城石头，改秣陵为建业。二十一年冬，曹公攻濡须。权令都尉徐详诣曹公，报修好，誓重结婚。二十三年十月，权将如吴，亲乘马射虎，马为虎所伤，权投以双戟，虎却废，常从张世击以戈，获之。二十四年，关羽围曹仁于襄阳。权内惮羽，外欲以为己功，飞笺于曹公，乞讨关羽。闰月，权征羽，遂定荆州。曹公表权为骠骑将军，持节领荆州牧，封南昌侯。权自公安都鄂，改名武昌。魏文帝践祚，加权九锡，为吴王。

初，权外托事魏，而诚心不款。魏欲遣侍中辛毗、尚书桓阶往与盟誓，并征任子。权辞让不受，遂改元为黄武元年，临江拒守。权使太中大夫郑泉聘刘备于白帝，始复通好。犹与魏文帝相往来，至后年乃绝。七年二月，公卿百司皆劝正尊号。夏四月，武昌言黄龙、凤皇见。丙申，祭南郊，即皇帝位，是日大赦，改元黄龙元年。追尊父破虏将军坚为武烈皇帝，母吴氏为武烈皇后，兄讨逆将军策为长沙桓王。六月，与蜀为盟。九月，迁都建业。嘉禾四年，魏使以马求易珠玑、翡翠、瑇瑁，权曰："此皆孤所不用，而可得马，听与交易。"赤乌七年，步陟、朱然等各上疏云："自蜀还者，咸言蜀欲背盟与魏交通。宜为之备。"权曰："吾待蜀不薄，无以负之。人言若不可信，朕为君破家保之。"蜀竟无谋，如权所筹。太元元年，权祭南郊还，寝疾。二年四月，薨，时年七十一。谥曰大皇帝，葬蒋陵。

《吴志》评曰：孙权屈身忍辱，任才尚计，有勾践之奇，英人之杰矣。能自擅江表，成鼎峙之业。然性多嫌忌，果于杀戮，暨臻末年，弥以滋甚。至于谗说殄行，胤嗣废毙，岂所以贻厥孙谋以宴翼子者哉？

其后遂致覆国，未必不由此也。

《吴志》曰：权自陆口，遂征合肥。合肥未下，撤军还，兵皆就路，权与凌统、甘宁等在津北。为魏将张辽所袭，统等以死捍权，权乘骏马越津渠得去。

《献帝春秋》曰：张辽问吴降人曰："向有紫髯将军，长上短下，大便马善射，是谁？"降人答曰："是孙会稽耶。"张辽、乐进相谓言：早知之，急追即获。"举军叹恨。

《吴历》曰：曹公出濡须。权数挑战，公坚守不出。权乃自乘船，从濡须口入。公见舟船器仗法伍整肃，喟然叹曰："生子当如孙权，刘景升儿若豚犬耳！"权为笺与曹公说："春水方生，公宜速去。"别纸言："足下不死，孤不得安。"曹公语诸将曰："孙权不欺孤。"乃撤还。

《江表传》曰：坚为下邳丞时，权生，方颐大口，目有精光，坚异之，以为有贵象。及坚亡，策起事江东，权常随从。性度弘朗，仁而多断，好侠养士，始知名，侔于父兄矣。每参问计谋，策甚奇之，自以为不及也。每请会宾客，顾权曰："此诸军之将军也。"

孙亮

《吴志》曰：孙亮，字子明，权少子也。权春秋高，而亮最少，故尤留意。姊全氏公主尝譖太子和子母，心不自安，因倚权意，欲豫自结，数称述全尚女，劝权为亮纳焉。赤乌十三年，和废，权遂立亮为太子，以全氏为妃。权薨，太子即尊号。大赦，改元建兴元年。冬十月，大傅诸葛恪率军遏巢湖，城东兴。十二月，魏使将军诸葛诞等出骑七万围东兴。恪以大兵赴敌，大破魏军。太平元年，以从兄偏将军綝丑林切为侍中、武卫将军，领中外诸军事。二年四月，亮临正殿，大赦，始临政事。又料兵家子弟十八已下十五以上，得三千余人，选大将子弟年少有勇者为之将帅。亮曰："吾立此军，欲与之俱长。"日于苑中习焉。三年，亮以綝专恣，与太常全尚、将军刘承谋诛綝。九月，綝以兵取尚，遣弟恩攻杀承于苍龙门外，召大臣会宫门，黜亮为会稽王，时年十六。

《吴历》曰：亮出西苑，方食生梅，使黄门至中藏取蜜渍梅，蜜中有鼠屎，召问藏吏，吏叩头。亮问吏曰："黄门从汝求蜜耶？"吏曰："向求，实不敢与。"黄门不服，侍中刁玄、张邠启："黄门、藏吏辞语不同，请付狱推。"亮曰："此易知耳。"令破鼠屎，屎里燥。亮大笑谓玄、邠曰："若久在蜜中，中外当湿，今里燥，必黄门所为。"黄门首服，左右莫不惊悚。

孙休

《吴志》曰：孙休，字子烈，权第六子。年十三，从中书郎谢慈、郎中盛冲受学。太元二年正月，封琅耶王，居虎林。四月，权薨，休弟亮承统，诸葛恪秉政，不欲诸王在滨江兵马之处，徙休于丹阳郡。太守李衡数以事侵休，休上书乞徙他郡，诏徙会稽。居数岁，梦乘龙上天，顾不见尾，觉而异之。孙亮废，孙綝使宗正孙楷与中书郎董朝迎休。休初闻问，意疑，楷、朝具述奉迎本意，留一日一夜，发。行至曲阿，有老公干休叩头曰："事久变生，天下喁喁，愿陛下速行。"休善之，是日进及布塞亭。武卫将军孙恩行丞相事，率百僚以乘舆法驾迎于永昌亭。綝以兵千人迎拜于道侧，休下车答拜。即日，御正殿，大赦，改元永安元年。冬，綝一门五侯，皆典禁兵，权倾人主。休闻綝逆谋，阴与张布图计。十二月戊辰腊辰，百僚朝贺，公卿升殿，诏令武士缚綝，即日伏诛。五年，以卫将军濮阳兴为丞相。休以丞相兴及左将军张布有旧恩，委之以事，布典宫省，兴关军国。休锐意于典籍，欲毕览百家之言，又好射雉，春夏之间常晨出夜还，唯此时舍书。休欲与博士祭酒韦曜、博士盛冲讲论艺，曜、冲素皆切直，布恐入侍，发其阴失，令己不得专，因妄饰说以拒遏之。休答曰："孤之涉学，群书略偏，所见不少也。其明君暗主，奸臣贼子，古今贤愚成败之事，无不览也。今曜等入，但欲与讲论书耳，不为从曜等始更受学也。纵复如此，亦何所损？君特当以曜等恐道臣下奸变之事，以此不欲令入耳。如此事，孤已自备之，不须曜等然后乃解也。此都无所损，君意特有所忌故耳。”布得诏陈谢，重自序述，又言惧妨政事。休答曰：“书籍之事，患人不好，好之无伤也。此无所为非，而君以为不宜，是以孤有所及。圣王务学业，其流各异，不相妨也。不图君今日在事，更行此于孤也，良甚不敢。”布拜表叩头，休答曰：“卿相开悟耳，何至叩头乎！如君之忠诚，远近所知。往者所以相感，今日之巍巍也。《诗》云：‘靡不有初，鲜克有终。’终之实难，君其终之。”初，休为王时，布为左右将督，素见信爱，及至践祚，厚加宠待，专擅国事，多行无礼，自嫌瑕短，惧曜、冲言之，故尤患忌。休虽解此旨，心不能悦，更恐其疑惧，竟如布意，废其讲业，不复使冲等入。七年七月，休薨，时年三十。谥曰景皇帝。

《江表传》曰：休寝疾，口不能言，乃手书呼丞相濮阳兴入，令子𩅦音湾出拜之。休把兴手，而指𩅦以托之也。

《襄阳记》曰：李衡为丹阳太守，时休在郡，衡数以法绳之。妻习氏每谏衡，衡不从。会休立，衡惧，谓妻曰：“不用卿言，以至于此。”遂欲奔魏。妻曰：“琅邪王素好善慕名，方欲自显于天下，终不以私嫌杀君明矣。可自囚诣狱，如此，乃当逆见优饶，非但直活而已。”衡从之。果得无恙，又加威远将军。授以棨戟。

《吴志》曰：休诏曰：“丹阳太守李衡，以往事之嫌，自拘有司。夫射钩斩袪，在君为君，遣衡还郡，勿令自疑。”

孙皓

《吴志》曰：孙皓，字元宗，权孙和之子也；一名彭祖，字皓宗。孙休立，封皓为乌程侯，遣就国。西湖民景养相皓当大贵，皓阴喜而不敢泄。休薨，是时蜀初亡，而交阯携叛，国内震惧，贪得长君。左典军万彧昔为乌程令，与皓相善，称皓才识明断，是长沙桓王之俦，又加之好学，奉遵法度，屡言之于丞相濮阳兴、左将军张布。布、兴说休妃太后朱，欲以皓为嗣。朱曰：“我寡妇人，安知社稷之虑，苟吴国无陨，宗庙有赖可矣。”于是遂迎立皓，时年二十三。改元，大赦。

皓既得志，粗暴骄盈，多忌讳，好酒色，大小失望。兴、布窃悔之。或以语皓，十一月，诛兴、布。天纪三年冬，晋命镇东将军司马伷音宙向涂中，安东将军王浑，扬州刺史周浚向牛渚，太尉贾充为大都督，量宜处要，尽军势之中。初，皓每宴会群臣，无不咸令沉醉。置黄门郎十人，特不与酒，侍立终日，为司过之史。宴罢之后，各奏其阙失，罔有不举。大者即加威刑，小者咸以为罪。后宫千数，而采择无已。激水入宫，宫人有不合意者，辄杀流之。或剥人面，或凿人眼。岑昏险諛贵幸，致位九列，好兴功役，众所患苦。是以上下离心，莫为皓尽力，盖积恶已熟，不复堪命故也。晋军所至，则土崩瓦解，而王濬顺流，司马伷、王浑皆临近境。皓用光禄勋薛莹、中书令胡冲等计，分遣使奉书于濬。濬先到，于是受皓之降，解缚焚榇，延请相见。伷以皓致印绶于己，遣使送皓。皓举家西迁，以太康元年三月丁亥就集于京邑。四月，诏赐号为归命侯，给衣服车乘，田三十顷，岁给谷五千斛，钱五千万，绢五百匹，绵五百斤。皓太子瑾拜郎中。五年，皓死于洛阳。《吴录》曰：皓以四年十二月死，时年四十二，葬河南县也。

《世说》曰：晋武帝问孙皓：“闻南吴人好作女歌，颇能不？”时正饮酒，因举觞，劝帝而言曰：“昔与汝国邻，今为汝作臣。上汝一杯酒，令汝寿万春。”帝悔之。

《吴志》评曰：皓淫刑所滥，殒毙流黜者，盖不可胜数。是以群下人人惴恐。虐用其民，穷淫极侈，宜其腰首分离，以谢百姓。既蒙不死之诏，复加归命之宠，岂非旷荡之恩，过厚之泽也哉！

太平御览卷第一百一十九 偏霸部三

刘元海

《晋书·载记序》叙曰：刘元海以惠帝永兴元年据离石称汉。后九年，石勒据襄国称赵。张氏先据河西，是岁，自石勒后三十六年也，重华自称凉王。后一年，冉闵据邺称魏。后一年，符健据长安称秦。慕容氏先据辽东称燕，是岁，自符健后一年也，俊始僭号。后三十一年，后燕慕容垂据邺。后二年，西燕慕容冲据阿房。是岁也，乞伏国仁据枹罕称秦。后一年，慕容永据上党。是岁也，吕光据姑臧称凉。后十二年，慕容德据滑台称南燕。是岁也，秃发乌孤据廉川称南凉，段业据张掖称北凉。后三年，李玄盛据敦煌称西凉。后一年，沮渠蒙逊杀段业，自称后凉。四月，谯纵据蜀称成都王。后二年，赫连勃勃据朔方称大夏。后二年，冯跋杀离班，据和龙称北燕。堤封天下，十丧其八，莫不龙旌帝服，建社开祊，华夷咸暨，人物斯在。或篡通都之乡，或拥数州之地，雄图内卷，师旅外并，穷兵凶于胜负，尽人命于锋镝，其为战国者一百三十六载，抑元海为之祸首云。

前赵刘渊

崔鸿《十六国春秋·前赵录》曰：刘渊，字元海，新兴匈奴人。先夏后氏之苗裔曰淳维，世居北狄，千有余岁，至冒顿，袭破东胡，西走月氏，北服丁零，内侵燕、岱，控弦四十万。汉祖患之，使刘敬奉公主以妻之，约为兄弟，故子孙遂冒姓刘氏。建武初，入居西河美稷。后汉中平，单于羌渠使子於扶罗将兵助汉，讨平黄巾。会羌渠为国人所杀，扶罗以其众留汉，立为单于。属董卓之乱，寇掠太原、河东，屯于河内。扶罗死，弟呼厨泉立，以於罗子豹为左贤王，即元海之父也。入朝，魏武因留之，为分其众为五部，以左贤王豹为左部帅，其余帅皆以刘氏为之。太康中改置都尉。虽分属五部，皆家于晋阳汾、涧之宾。

豹妻呼延氏，魏嘉平中祈子于龙门，有一大白鱼，顶有二角，轩鬐跃鳞而至祭所，久之乃去。巫觋皆异之，曰："此嘉祉。"其夜，梦所见鱼变为人，左手把一物，大如鸡子，光景非常，授呼延曰："此是日精，服之生贵子。"寤以告豹，豹曰："吉征也。"自是十二月而生渊。渊生，左手有文曰渊海，遂以名焉。幼而好学，不舍昼夜，常谓同门生朱纪、范隆等曰："吾每观书传，常鄙随、陆无武，绛、灌无文。一物之不知，固君子耻之也。二生遇高皇不能建封侯之业，两公属太宗不能开庠序之美，惜哉！"于是学武事，并皆工绝，猿臂善射，膂力过人。身长八尺四寸，须长三尺余，当心有赤毫毛三根，长三尺六寸。太原王浑虚衿友之，命子济拜焉。

咸熙中，为任子在洛阳，晋文王深待之，时东莱王弥等皆凭结浑，言之于晋武帝。帝召见，与言，大悦之。后谓王济曰："刘元海容貌风仪，机谈鉴智，虽由余、日磾无以加也。"会父豹卒，帝以渊代为左部帅，转宁朔将军，监五部军事。

大安中，惠帝失政，诸王迭相残废，州郡奸豪，所在蜂起。从祖北部都尉、右贤宣等议曰："右贤渊姿器绝人，干宇超世，天下恢崇单于，终不虚生此人也。"于是共推渊为大单于。渊曰："当为崇冈峻阜，何能为培嵝乎！夫帝王岂有常哉，大禹生于西戎，文王生于东夷，顾惟德所授耳。今见众十余万，皆一当晋十，鼓行摧乱晋，犹拉枯耳。上可成汉高之业，下不失为魏氏，何呼韩耶足道哉！"宣等称善。

元熙元年，迁于左国城，晋人东附者数万。宣等上尊号，渊曰："今晋氏犹在，四方未定，可仰遵高皇初法，且称汉王，权停皇帝之号，听宇宙混一当更议之。"十月，为坛南郊，僭汉王位，改晋永兴元年为元熙元年，大赦天下，追尊刘禅为孝怀皇帝，立三宗五祖之神主而祭之。置百官，以刘宣为丞相，拜授各有差。四部之东莱王弥起兵青、徐，遣使来降，拜镇东大将军、青州刺史、东莱郡公。四月，汲桑叛，自称赵王，选置州郡。十一月，石勒及胡部等帅众来降。

永凤元年秋七月，凤凰集于蒲子，丞相刘宣等六十四人上尊号。十月，僭即皇帝位于南郊，大赦，改元。以卫将军和为大将军，抚军刘聪为车骑大将军，建武曜为龙骧大将军。河瑞元年，迁都平阳，汾水中得玉玺，大赦，改元。二年，以大司马、梁王和为皇太子。八月，渊寝疾，以刘洋为太傅，延年为太宰，司徒聪为大司马、大单于，并录尚书，置单于台平阳西。渊薨于光极殿，太子和即位。聪自西明门攻，斩和于西室。九月，葬渊永陵，谥曰光文皇帝，庙号高祖。

刘聪

崔鸿《十六国春秋·前赵录》曰：刘聪，字玄明，一名载，渊第四子。母张夫人之孕，梦日入怀，寤而告渊，渊曰："吉征也。"自是十五月而生聪，夜有白光之异。左耳有一白毫，长二尺余。幼而聪寤，究通经史百家之言，孙吴兵法靡不通之。猿臂善射，弯弓三百斤，膂力骁捷，冠绝一时。以永嘉四年僭即帝位于光极前殿，大赦，改年光兴元年。以卫尉呼延宴为前锋大都督，配禁兵二万七千，自宜阳入洛州；命东莱弥、龙骧曜、镇军勒进军会之。比及河南，十二败晋师，长驱围洛阳，陷之，纵兵大掠。幽晋帝于端门，煞晋太子及诸百官已下二千余人，洛水北筑为京观。迁帝及太后、侍中庾珉等于平阳。大赦，改光兴为嘉平元年。二月，晋帝进号仪同三司、会稽郡公。聪引帝入宴，谓曰："卿为豫章王时，朕曾与王武子相造，武子示朕于卿，言闻其名久矣。以卿所作乐府歌文示朕，谓朕曰：'闻君善为辞赋，试为看之。'朕时与武子俱为《盛德颂》，卿称善久之，又引朕射于皇堂，朕得十二筹，卿与武子俱得九筹，卿赠朕柘弓、银砚，颇忆不？"帝曰："臣敢忘之，俱恨尔日不早识龙颜。"聪曰："卿家骨肉相残，何其甚也？"帝曰："此殆非人事，皇天之意。大汉将应乾受历，故为陛下自相驱除。且臣家若能奉武帝之业，九族敦睦者，陛下何由得之！"三年正月，宴于光极前殿，逼晋帝行酒，庾珉、王隽等起而大哭，聪恶之。二月丁未，怀帝崩于平阳，于是诛珉等。三月，立贵嫔刘氏为皇后。四月，愍帝即位于长安，车骑曜等攻长安。河东地震，雨于平阳。

建元元年正月，黑雾四塞，着人如墨，五日而止。辛酉庚时，日落地，三月相承出于西方东行，平阳地震，崇明观陷为池，水赤如血，赤气至天，有赤龙奋迅而去。流星起于牵牛，入紫微，龙形逶迤，其光照地，落于平阳北十里。视之，则肉臭闻于平阳，长三十步，广二十七步，肉旁常有哭声，昼夜不止。聪甚恶之。癸未，刘后产一蛇一虎，各害人而走，寻之不得，顷之，见在陨肉之旁。己丑，刘氏卒，乃失此肉，哭声亦止。十一月，以晋王粲为国相、大单于，总百揆。十二月，宣光陵石人皆行数步，宫中鬼哭。

麟嘉元年，武库陷入地一丈五尺。聪自去冬至是，遂不复受朝贺，军国之事一决于粲，立市于后庭，与宫人宴戏，或三日不醒。秋七月，河东大蝗，唯不食粟豆。司隶靳准率部民收而埋之，哭声闻于十余里，然后钻土飞出，复食黍豆。大司马曜攻陷长安外城。九月，犬与豕交于宫门，有豕着进贤冠，升聪御坐。犬冠带绶，与豕并升。俄而，斗死殿上，宿卫莫有见其入者。长安饥甚，死半。麴允为粥以供帝膳，帝泣曰："今窘厄如此，外无救援，势不自支。"乃使侍中宗敞奉笺降曜。敞随使者至，帝肉袒牵羊，舆榇衔璧，出降东门。曜受璧焚榇，迁愍帝及司徒梁汾、骠骑麴允等诸臣百余人至于平阳。聪临光极殿，帝稽颡于前，麴允伏地大哭，扶不能起，聪大怒，允自杀。以帝为光禄大夫、怀安侯。以大司马曜假黄钺，大都督陕西诸军事、太宰、秦王。

二年正月，东平王约卒。十一月，聪校猎上林，以晋帝行车骑大将军，戎服执戟前导，行三驱之礼。观者皆指帝曰："此故长安天子。"聚而观之，故老亦有悲泣者。十二月，大飨于光极前殿，聪欲观晋臣之意，使帝行酒洗爵更衣，又使帝执盖。多有涕泣，或有失声者。尚书郎辛宾起而抱帝大哭，引出斩之。戊戌，愍帝崩于平阳。

三年，聪所居螽斯则百堂灾，会稽王康已下二十一子焚焉而卒。自此鬼哭宫，至于九月，夜声不绝。四月，尚书令王监、崔懿之等极谏，聪大怒，收监等斩之。七月，鬼哭于光极殿，聪昼见东平王约，甚恶之。征秦王曜为丞相，录尚书事；固辞，仍以丞相领雍州牧。靳准为大司空，领司隶校尉。癸亥，薨于建始殿。甲子，粲即位，大赦，改元汉昌。葬宣光陵，为谥昭武皇帝，庙号烈宗。八月，以丞相曜为相国、大都督；司空靳准为将军，领尚书事。粲荒酗酒色，游宴后庭，军国之事一决于准。准遂勒兵入宫，执粲，数而杀之。追谥灵帝。刘氏无少长男子尽刑于市，发掘二陵，焚烧宗庙。鬼大哭，声闻百里。准自号汉大王，置百官，遣使称蕃于晋。相国曜自长安赴难。

《前赵录》曰：麟嘉元年十二月，大将军、东平王约卒，一指犹暖，遂不殡殓。至甲戌乃苏，言见渊于不周山，经五日，遂复从至昆仑山，三日而复反于不周，见诸王公卿将相死者悉在，大有人民宫室，甚壮丽，号曰蒙珠离国。渊谓约曰："东北遮须夷国，无主久，待汝父为之。汝后二年当来，后国中大乱相杀害，吾家死亡略尽，但可永明辈十数人在耳。汝但还，后年当来，见汝不迟。"不久，约拜辞而归，道过一国曰猗尼渠余国，引约入宫，与皮囊一枚，曰："为吾遗汉皇帝。"约辞而归，谓约曰："刘郎后年来必见过，当以女相妻。"约归，置皮囊于机上，俄而苏，谓左右曰："机上取囊来。"左右取得，开有一方白玉，题文曰："猗尼渠馀国天王敬信遮须夷国天王，岁在摄提，当相见。"驰使奏呈聪曰："若当如此，吾不惧死也。"及聪以戊寅岁薨，与此玉并葬焉。

刘曜

崔鸿《十六国春秋·前赵录》曰：刘曜，字永明，渊之族子。少孤，见养于渊。幼而聪惠，性托落高亮，与众不群。铁厚一寸，射而洞之。身长九尺三寸，手垂过膝，生而眉白，目有赤光，须不过百余根，皆长五尺。光初元年十月，太保呼延晏等自平阳来奔，上尊号于曜，僭即皇帝位。十二月，靳准左右军骑乔太、王腾等杀准，奉六玺来降。二年夏四月，徙都长安，立子熙为皇太子。六月，缮宗庙，社祭，南北郊于长安，令曰："盖王者之兴，必禘始祖，我皇家之先出自夏后，居于北夷，世跨燕朔，光文以汉有天下岁久，恩德结于民庶，故立汉祖宗之庙以怀民望，昭武因循，遂未悛革。今欲除宗庙，改国号，御以大单于为太祖，其速议以闻。”于是太保呼延晏等议曰：“今宜承晋母子传号，以光文本封卢奴，中山之属城，陛下勋功懋于平、洛，终于中山，中山分野属大梁，赵也。宜革称大赵，遵以水行。”曜从之。于是以冒顿配天，渊配上帝。

三年五月，西明门内大树风吹折，一宿，树拔拔变为人形，发长一尺，须眉长三寸，皆黄白色，有敛手之状，亦有两脚着履形，唯无目鼻，每夜有声，十日而生柯条，遂为大树，枝叶甚茂。四年，将于霸陵西南营寿陵。侍中乔豫、和苞上疏谏曰：“伏闻敕旨营陵，将周回四十，下深二十五丈，以铜为棺椁，黄金饰之。臣闻尧葬谷林，市不改肆；颛顼葬广阳，下不及泉。圣王之终也如是。秦始皇下固三泉，周逾七里，身亡之后，毁不旋踵，暗王之终也如此。从丧乱已来，汉帝诸陵咸见践辱，唯霸陵独全。此虽太宗之达至然，抑亦释之之功。兴亡奢俭，冏然于前，唯陛下览之。”曜大悦。终南山崩，崩所得白玉一尺，有字曰：“皇亡，皇亡，败赵昌。”以为己瑞，群臣咸贺。中书监刘均曰：“山崩石坏，国倾民乱。‘皇亡，皇亡，败赵昌’者，此言皇室将为赵所败，赵因之而昌。大赵都于秦、雍，而勒跨全赵，赵昌之应，当在石勒，不在我也。”曜抚然改容。五年，曜后羊氏卒，故晋惠后也，洛阳之陷纳之。六年正月，天裂，广一丈余，长五十丈。

十一年七月，石虎帅众四万人寇扰河东，进攻蒲坂。曜尽中外精锐，自潼关北济。虎惧，引师而还。曜追而败之，枕尸二百余里，虎奔朝歌。遂攻石生于金墉，分遣诸将攻讨汲郡、河内。十二月，勒自帅众拒之，阵于洛西。曜性少酗酒，末年尤甚。将战，饮数斗。常乘赤马无故局顿，乃乘小马。比出，复饮斗余。至于西阳门，扐阵就平，勒将石堪因而乘之，师遂大溃。曜昏醉奔退，马陷石渠，坠于水上，为堪所执。勒将还襄国，喻曜使与太子毗书，令速降，但敕毗“与诸大臣匡维社稷，勿以吾易意。”建平末，为勒所杀。

十二年正月，太子毗、大司马南阳王胤等议欲西保秦州，遂相率奔上邽。石虎乘胜追战，枕尸千里，上邽溃。虎执毗及王公已下三千余人皆杀之。自刘渊建号西河，至是二十有六载。

《晋书·载记》曰：曜在位十年而败。始，元海以怀帝永嘉四年僭立，至曜三世，凡二十有七载，以成帝咸和四年灭。

太平御览卷第一百二十 偏霸部四

后赵石勒

崔鸿《十六国春秋·后赵录》曰：石勒，字世龙，上党武乡羯人。父周曷朱。勒生时赤光满室，白气自天属于庭中。长而壮健有胆力，雄武好骑射。幼而力耕，每闻鞞铎之声，或在前后，惧以告父母，曰："作劳耳鸣，无不祥也。"会并州刺史司马腾执诸胡山东卖充军实，将诣冀州，两胡一枷。勒亦在中。东至平原，卖在平人师懽为奴。每夜于野，尝闻鼓角之声，诸奴亦闻，归以白懽，懽奇而免之。邻于马牧率汲桑往来，勒以能马自托于桑。而佣武安临水，为游军所囚。会有群鹿旁过，军人竞逐之，勒乃获免。俄而见一老父，谓勒曰："群鹿者，我也。君应为中州主，故相救耳。"勒拜而受命。遂招集王阳、夔安等十八骑，复东如赤龙骑诸苑中，乘苑马远掠缯宝，以赂汲桑。永兴元年，关东所在兵起。二年，阳平人公师蕃等自称将军，起兵赵、魏，众至数万。勒与桑率牧人乘苑马数百骑以赴之。桑始命勒以石为姓，以勒为名。

永嘉元年，勒归刘渊，渊拜为辅汉将军、平晋王。渊薨，聪袭位。刘曜、王弥围洛阳，勒帅精骑三万会之。王弥既平洛阳，将先诛勒。勒请弥宴于己营，手斩弥，并其众。将军郭默获沙门天竺浮图澄，以其有道术，进之于勒。试澄有効，甚尊重之。前赵嘉平二年，张宾说勒曰："邯郸、襄国，赵之旧都，依山凭险，形势之国。可择此二邑而都之。然后命将四出，授以奇略，王业可图。"勒于是进据襄国。聪授勒都督幽、冀、并、营四州诸军事、冀州牧，进封本国上党公，邑万户。三年，以征虏将军为魏郡太守镇业三台，基谋之萌，兆于此矣。前赵麟嘉元年，刘琨遣姬澹帅众来讨。勒与战，澹军大败。琨长李弘史以并州来降。七月，刘聪疾甚，以勒为大将军、录尚书事，受遗辅政，勒固辞，乃止。

刘曜称尊号，将授勒太宰、大将军，加九锡，增封十郡，并前二十郡，出入警跸，如曹公辅故事。曜闻曹平乐之言，停太宰之授。勒大怒曰："赵王、赵帝，孤自取之，名号大小，岂尔所呼耶！"征虏虎与左右长史张敬、张宾等上疏曰："大司马虽位冠九台，非霸者之号，请改称大将军、大单于、领冀州牧、赵王，依魏王在邺故事，以二十四郡、户十九万为赵国。"十一月，勒即位，改光初二年为赵王元年。建社稷、宗庙。主书司典胡人出内，重其禁法，不得侮易衣冠华族。号胡为国人。二年，令曰："国人不得报嫂，在丧婚聚，至于烧葬，令如本俗。"八月，缮轩悬，舞八佾，作金银大辂、黄屋左纛，天子礼乐于斯备矣。三年，黎阳民陈武妻产三男一女，上书自陈。令曰："昔周之兴也，四乳八子。今武妻乳四子，可谓庆过姬祥，美加曩日。其赐乳婢一人，谷百石、杂缯四十匹，庶以肃迎嘉祥。"冬十月，勒与乡亲齿坐，语及平生。勒曰："李阳，壮士也。孤方任之。何以不来？父老归语令速来，沤麻麻之忿是布衣之恨，孤方崇信于天下，宁仇匹夫乎！"令曰："武乡，吾之丰，沛也。其复之三世。"十一月，李阳至，引入欢酣，宣阳臂笑视之，曰："卿虽老，臂中犹有力，颇复与人斗不？孤往日厌卿老拳，卿亦饱孤毒手。"赐甲第一，拜为都尉。阳与勒邻居，岁常争沤麻池，迭相殴击。四年二月，拜子弘为世子。勒雅好文学，虽在军旅之中，常令儒生读《春秋》、《史》、《汉》诸传而听之，闻郦食其劝立六国后，大惊曰："此法当失，何以得成天下？"至留侯谏，乃曰："赖有此侯耳。"其天资英达如此。八年八月，修三台。十月，以世子卫将军弘镇邺。太和十年，刘曜围洛阳，襄国大震。勒统步骑四万赴金墉，济河，先是流澌风猛，军至冰泮清和，济毕流澌大至。以为神灵之助，命曰灵昌津。战于西阳门，曜军大溃，石堪执曜送之。二年，曜子熙等去长安，奔于上邽。车骑虎克上邽，遣主簿赵封奉传国玉玺送之。秦、陇悉平。

建元元年二月，车骑虎等上尊号，勒不许。固请，勒以赵天王行皇帝事，大赦。八月，群臣又固请，以名位不正，宜即尊号。九月，僭即皇帝位，大赦，改年。正月，勒南郊，有白气自坛属天，勒大悦。四月，如邺，议营新宫，廷尉续咸谏曰："臣闻唐虞之治，采椽茅茨，土阶三尺，美彰于《诗》、《书》。汉文惜百金，不营露台，称之于千古。迨夏商之琼台瑶室，楚秦章华阿房，资财内竭，华夷外叛。"诏曰："且敕停作，申吾直臣之气。"九月，以太尉中山王虎为大司马，程遐开府仪同。是月，大雨霖，中山西北暴水，流巨木万馀根，集于堂阳。勒大悦，谓公卿曰："此非为灾，天意欲吾营邺都耳。"于是营之。勒以成周汉晋旧京，欲有移都之意，乃命洛阳为南都，置行台治书侍御史于洛阳。

三年正月，大飨于建德殿，酒酣，勒谓徐光曰："朕方自古开基何等主也？"光对曰："陛下神武筹略迈于高皇，雄艺卓荦超绝魏祖，自三王已来无可比也，其轩辕之亚乎！"勒笑曰："人岂不自知，卿言亦已太过。朕若逢高皇，当北面而事之，然犹与韩、彭竞鞭而争先耳。朕遇光武者，当并驱于中原，未知鹿死谁手。丈夫行事当礧礧落落，如日月皎然，终不能如曹孟德、司马仲达父子，欺他孤儿寡妇，狐媚以取天下。朕当在二刘之间，轩辕岂所拟乎！"群臣皆称万岁。

四年，雍州刺史石生上言："西乡竹死。蛇鼠斗于安定府间，二日，蛇死。临泾马生角。长安城中鸡鸣，音皆曰基兹。安定厅事前夜闻诵书声，求之不得，七日乃止。陨石于肥乡。"六月，勒寝疾，召中山王虎、太子弘、侍中严震等侍疾禁中。七月，薨于西阁，伪谥明皇帝，庙号高祖。

《晋书》曰：勒年十四，随邑人行贩洛阳，倚啸上东门。王衍见而异之，顾谓左右曰："向胡雏，吾观其声视有奇志，恐将为天下之患。"驰遣收之，会勒已去。

石弘

崔鸿《十六国春秋·后赵录》曰：石弘，字大雅，勒第三子。母程夫人，右光禄遐之妹。建平元年立为太子。虚衿爱士，好为文咏，其所亲昵，莫非儒素。勒谓徐光曰："大雅愔愔，殊不似将家子。"光曰："汉祖以马上取天下，孝文以玄默治之，圣人 之后，必世胜残，天之道也。”勒大悦。程遐言于勒曰：“中山怏怏，不可以辅少主，宜早除之，以便大计。”勒不从。勒薨，虎执政临轩，召子冀州刺史邃帅兵入禁宿卫，文武无不奔散。弘大惧，策拜中山王虎为丞相，以十三郡封为魏王，又加九锡。虎伪让，后乃受之。延熙元年七月，改顿丘为魏国，公魏郡立黎阳。十月，弘赍玺绶亲诣魏宫，喻禅意。虎曰：“弘昏昧愚暗，处丧无礼，不可以君临万国，奉承宗庙，便当废之，云何禅让也。”十一月，废弘为海阳王，弘就车，容色自若。幽弘及太后、南阳王恢于崇训宫，煞之，时年二十二。

石虎

崔鸿《十六国春秋·后赵录》曰：石虎，字季龙，勒之从子。勒父朱幼而子之，故或谓之为勒弟。晋永兴中与勒相失。嘉平元年，刘琨送勒母王及虎于葛陂，时年十七。残忍，好驰猎，喧游无纪度，尤善弹人，军中每患之。勒白王曰：“此儿凶暴，无使军人煞之，声名可惜，宜自除也。”王曰：“快牛犊子，小时多能破车，为复小忍，勿怯之。”至十八，检摄恭谨，严重爱士，弓马迅健，勇冠当时。勒深嘉焉，拜征虏将军。性酷虐无道，军中勇干策略与己侔者，辄因事害之。至于降城陷垒，坑斩士女，鲜有遗类。勒屡加责诲，而行意自若。然御众严而不烦，莫敢犯者，指授攻讨，所向无前，故勒宠信弥隆，杖以专征之任。

既废杀弘，称居摄赵大王。建武元年正月，大赦，改年。虎志荒内游。外耽营缮，使太子邃省可尚书奏事，选守牧，祀郊庙；征伐刑断乃亲览之。三月，南游，临江而还，江东地震。是日，鹳省台成，赐匠有差。九月，迁都邺宫。二年，徙洛阳锺簴、九龙等于邺。是岁，大武殿、东西宫皆就。大武殿基高二丈八尺，穿为伏室，置卫士五百人于其中。东西七十五步，南北六十五步，皆漆瓦、金铛、银楹、珠帘、玉璧，穷极伎巧。起灵台之殿于显阳后，采召百官、州郡民女以充之。后庭服绮縠珍奇者万余人，内置宫女十八等，教宫人星占及马步射。置女太史灵台，仰观灾祥，以考外太史虚实。禁郡国不得私知学星谶。左校令成公段造庭燎于崇杠之末，高十余丈，上置燎，下盘置人，縆缴上下。虎试而悦之。

三年，太保安夔等文武五百九十人上皇帝尊号劝进，方入，而庭燎油灌下盘，死者七人。虎大怒，腰斩成公段于阊阖门。即天王位，南郊，大赦。亲王贬为郡公，藩王为县侯。太子邃总百揆，其后荒酒淫色，骄恣无道，或盘游于畋，悬管而入，或夜百骑宿于宫臣家，淫其妻妾。装饰宫人美淑者，斩首洗血置盘上，传首视之。又纳诸比丘尼有姿色者，与其交亵后煞之，合牛羊肉煮而食，亦赐左右，所以识其味也。虎荒耽内游，威恕违度，邃以事可呈之，怒曰："此小事，何足呈也。"时有所不闻，复怒曰："何以不呈？"诮责杖捶，月至再三。邃甚愠，私谓中庶子李颜等曰："官家难称，吾欲行冒顿之事，卿从我乎？"颜等伏不敢对。事发，幽邃于东宫。杀之，及妃张氏男女二十六人尽赐死，合一棺埋之。诛其宫臣友党二百余人。立河间公宣为太子。建武六年，追尊号考乐平孝公为太宗孝皇帝。八年六月，上党孟门上有神人之像，坐于山上，三日而去。虎遣使以太牢祀之。九年十二月，武乡送雄虎，变为雌，乳一狼子，七日，噬虎脑而杀之，后三日，狼子亦死。佛图澄闻之流涕。

十年，虎起河桥于灵昌津，采石为中济，石无大小辄随流，用功五百余万，不成。虎如灵昌津，沉璧告诚，璧浮于渚上，水波腾上，津所殿观莫不倾坏，死者百余人。虎恚甚，斩工匠而还。十一年，发雍、梁十六万人城长安未央宫，又发司、豫、荆、兖二十六万人成洛阳宫。十三年正月，虎亲耕籍田于桑梓苑。十四年三月，虎梦龙飞西南，自天落地。旦而问澄公，公曰："祸将至矣，陛下宜父慈子和，深以慎之。"四月，秦公韬起宣光殿于太尉府，梁长九丈。太子宣视而恶之，斩匠截梁而去。韬怒，增之十丈。宣闻之，恚甚，谓杨柸、牟成等曰："韬凶竖勃逆，敢违我如是！汝等能杀之者，吾入宫，尽以韬之国邑分封汝等。韬既死，主上必亲临丧，因行大事，无不济矣。"柸等许诺。八月，煞韬，宣奏之，虎哀绝，久之乃苏。召太子宣锁系于邺北，火焚杀之。议立太子于东堂，虎曰："吾欲以纯灰三斗洗吾腹，腹秽恶，故生凶子，儿年二十便欲煞父。今世方十岁，比其二十，吾已老矣。"齐公世为皇世子，立昭仪刘氏为皇后。十一月，飨群臣于大武殿前，佛图澄殿上褰衣而行吟曰："棘子成林，将坏人衣。"虎发石而视之，有棘子生焉。冉闵小字棘奴也。十二月，辛巳，雷，大雨霖。虎问佛图澄，澄曰："其为我乎！"至戊子而澄卒。

大宁元年正月，虎僭即皇帝位于南郊，大赦，改年。二月，有沙门从雍州来，称见佛图澄西入关。虎掘之，无尸，唯有一石。虎恶之，曰："石者，朕也。葬我而去，吾将死矣。"因而寝疾。四月，薨于金华殿。

《晋书》曰："季龙始咸康元年僭立，至此太和六年，凡在位十五岁。"

子世即位，尊刘后为太后。彭城王遵先镇关右，至是勒兵而还，戎卒九万，次于汤阴，石闵为前锋都督。太后令授遵丞相，加九锡，增封十郡。己丑，至安阳亭。庚甲，曜兵，入自凤阳门，升太武前殿，尽哀，退如东阁。群臣敦劝即位，大赦。封世为谯王，邑万户；废太后刘氏为昭仪，寻皆杀之。世立凡三十三日。尊其母郑氏为皇太后，立妃张氏为皇后，大司马义阳王鉴为太傅，沛王冲为太保，石闵为都督中外诸军事、录尚书事。甲午，太武殿灾，诸门观阁荡然，服御烧者太半，光炎照天，月余乃灭。乙未，雨血周遍邺城。六月，葬虎显原陵，伪谥武皇帝，庙号太祖。

十一月，石闵劫司空李农、右卫王基密，谋共废遵。闵使将军苏彦、周成帅甲士三十人执遵于南台如意观。遵时方与妇人弹棋，问成等曰："反者谁也？"成曰："义阳王鉴当立。"遵曰："我尚如是，汝等立鉴，复几时！"遂杀之于琨华殿，并诛郑太后、张皇后。遵字太祗，虎第九子，凡在位百八十三日。

鉴即位，大赦。以石闵为将军，封武德王；李农为大司马。鉴使中书令李松、殿中将军张才等夜诛闵、农于琨华殿，不克，禁中扰乱。

鉴伪不知，夜斩松、才于西中华门。龙骧将军孙伏都、刘铢等结羯士三千人伏于胡天，亦欲诛闵等。鉴在中台，伏都帅三十人将升台挟鉴以攻之。鉴见，问其故。伏都曰："闵、农等反，已在都掖门，臣严帅卫士，谨先启知。"鉴曰："卿好陈力，勿忧无报也。"伏都等攻闵、农，不克。闵、农攻斩伏都等，自凤阳门至琨华，横尸相枕。诸胡羯无少长斩之，死者二十余万人，于时高鼻多须至有滥死者。

初，青龙元年正月，石闵欲灭二石之号，议曰："孔子曰：'易姓而王七月者，七十有二国。'继赵李，谶书炳然，且德星镇卫，宜改号大卫，易姓李氏。"又大赦，改元。闰月，废鉴，煞之。诛虎孙三十八人，尽殪石氏。鉴在位一百三日。鉴字太朗，虎第三子也。

《晋书》曰：季龙十三子，五人为冉闵所杀，八人自残害。谶言灭石者陵，寻而石闵徙封兰陵公。季龙恶之，改兰陵为武兴郡，至是终为闵所灭。石勒以成帝咸和三年僭立，二主四子，凡二十三年，以穆帝永和五年灭。

石闵

崔鸿《十六国春秋·后赵录》曰：石闵，字永曾，虎之养孙也。父瞻，字弘武，本姓冉，名良，魏郡内黄人也。其先汉黎阳骑督，累世牙门。勒破陈午于河内，获瞻，时年十二。长而勇悍，便弓马，临阵不顾。勒奇之曰："此儿壮健可嘉。"命虎子之。历位左积射将军，封西华侯。闵幼而果锐，虎抚之如孙。及长，身长八尺，善谋，勇力绝人。虎即位，为修武侯，历北中郎将。虎之败昌黎，闵军独全，由此功名大显。

永兴元年闰月，司徒申锺、司空郎闿等四十八人上尊号于闵，僭皇帝位于南郊，大赦，改元，号称大魏，复姓冉氏。追尊祖隆元皇帝，考瞻烈祖皇帝，母王氏为皇太后，妻董氏为皇后，子智为皇太子。以司马李农为太宰，诸子皆为县公。

新兴王祗闻石鉴之死，称尊号于襄国，改年永宁。石祗遣相国汝阴王石琨帅众十万伐邺。六月，进据邯郸。闵尽众拒之。琨军大败。二年三月，闵攻襄国百余日，祗惧，乃去皇帝之号，改称赵王，遣太尉张举乞师于慕容俊，中军张春请救于姚弋仲。三月，祗相国汝阴王琨自冀州救祗，弋仲遣子襄帅骑三万八千，俊遣将军悦绾帅甲士三万，劲卒十三万，四方攻之，祗卫其后，闵师大败。闵与十余骑奔还邺。祗使刘显帅众七万追奔伐邺。闵尽众出战，大败之，追奔至于阳平。显惧，密使请降，求煞石祗为效。四月，刘显煞祗及其丞相乐安王炳、太保张举等。遣拜显上大将军，大单于、冀州牧。祗、炳皆虎之庶子也。

七月，刘显称尊号襄国。三年二月，刘显帅众伐常山，守苏彦告难。闵率骑八千救彦，败显于常山，追奔及于襄国。显大将军曹伏驹开门为应，遂入襄国，诛显及其公卿已下百余人，焚襄国宫室，迁其民于邺。

三月，慕容俊已克幽、蓟，略地至于冀州。闵帅骑击之，与慕容恪遇于广台。恪方阵而前，闵众寡不敌。所乘赤马曰朱龙，日行千里，溃围出，东奔二十余里，马无故而死，遂为恪所擒。送之于蓟，俊立闵而问之曰："汝奴仆下才，何敢妄称天子？"闵曰："天下大乱，尔曹夷狄，人面兽心，尚欲篡逆。我一时英雄，何为不可作王耶！"俊怒，鞭之三日。遣慕容评帅众围邺。五月，送闵龙城，告庙而煞之。邺中饿人相食，虎时宫人略尽。冉智尚幼，蒋干遣詹事刘猗奏表降晋。八月，长水校尉马愿、龙骧将军田香开门降评。蒋干悬而下，奔于仓垣。评送闵后董氏、太子智、太尉申锺及诸王公卿于蓟。初，慕容俊斩闵于遏陉山，山左右七里草木悉枯，蝗虫大起，自五月不雨，至于十二月。俊遣使者祀之，谥曰武悼天王，其日大雨雪。是岁永和八年也。

太平御览卷第一百二十一　偏霸部五

前燕慕容廆

崔鸿《十六国春秋·前燕录》曰：慕容廆，字奕洛环，昌黎棘城人。昔高辛氏游于海滨，留少子厌次以君北夷，世居辽左，号曰东胡。秦汉之际为匈奴所败，分保鲜卑山，因复以为号。曾祖莫护跋，于魏初率其诸部入居辽西，从司马宣王讨公孙渊，拜率义王，始建国大棘城之北。见燕代少年多冠步摇冠，意甚好之，遂敛发袭冠，诸部因呼之步摇，其后音讹，遂为慕容焉。祖木延从毋丘俭征高丽有功，加号大都督。父涉归，以全柳城勋进拜单于，迁邑辽东，于是渐变胡风。自云慕二仪之德，继三光之容，遂以慕容为姓。廆身长八尺，有大度。晋安北将军张华一见奇之，谓曰："君后必为命世之器，匡难济时者也。"

涉卒，弟耐立，将谋杀廆，廆亡潜于辽东徐郁家。太康元年，国人杀耐，迎廆立之。太康十年，又还于徒河之青山。元康四年，定都大棘城，所谓紫蒙之邑也。永嘉六年，王沉承制以廆为散骑常侍、冠军将军、前锋大都督、大单于，皆让不受。擢举贤才，官方授任。鲁国孔纂，宿德清望，请为宾友；平原刘赞，儒学洽通，为东庠祭酒；世子率国胄受业焉。太兴四年，晋遣谒者拜廆使持节、督幽平东夷诸军事、车骑将军、平州牧，封辽东郡公，丹书铁券，承制海东。咸和元年，加侍中，位特进。八年夏五月，薨于文德殿，年六十五，葬于青山。晋遣使者赠车骑大将军开府仪同三司，谥襄公。皝为燕王，追谥武宣王。俊称尊，追尊曰武宣帝。庙号高祖。

《晋书》曰：廆在位四十九年。

慕容皝

崔鸿《十六国春秋·前燕录》曰：慕容皝字元真，廆第二子，小字万年。长七尺八寸，雄毅善权略，博学多才艺。晋建武元年，拜振武将军。永昌初，拜左贤王，太宁末，拜平北将军、朝鲜公。咸和八年六月，即辽东公位，行平州刺史，督摄部内。九年八月，晋遣谒者拜皝镇军大将军、平州刺史、大单于、辽东公，承制一如廆故事。咸康二年七月，立子俊为世子。四年，以左司马封奕为左长史。九月，奕等以皝任重位轻，宜称燕王，于是上议。十月，僭即燕王位于文德殿，大赦境内。改备群司，以封奕为相国。追尊先公为武宣王，先妣为王后。起文昌殿，出入警跸。立夫人段氏为王后，世子俊为太子。是岁，棘城黑石谷有大石自立而行。八年七月，晋使鸿胪郭悕持节拜皝侍中、大都督河北诸军事、大将军、燕王，余如故，封诸功臣百余人。九月，迁都龙城宫阙。十二年四月，黑龙一、白龙一见于龙山。皝率群僚观龙，去龙二百步。祭以太牢。二龙交首嬉翔，解角而去。皝大悦，赦境内，号新宫曰和龙，立龙翔寺于山。皝雅好文籍，亲造《太上章》以代《急就》，又著《典诫》十五篇，并以教胄子。十四年，皝亲临东庠考试学生，其通经秀异者，擢充近侍。十月，飨群僚于承乾殿，右长史宋谚性贪，赐布百匹，令自负而归，以愧其心。十五年八月，皝因见白兔，驰射，马倒。辇而还宫，引太子俊嘱以后事，谓曰："今中原未平，方须经建，委贤任哲，此其时也。恪智勇兼济，力堪任重，汝其委之，以成吾志。"九月，薨于承乾殿，年五十二。十月，葬龙山，谥文明王。俊称尊，追尊曰文明皇帝，庙号太祖，陵曰龙平。

《晋书》曰：皝尝田于西鄙，将济河，见一老父，服朱衣，乘白马，举手麾皝曰："此非猎所，王其还也。"秘之不宣。遂济河，连日大获，后见白兔，驰射之，马倒被伤，乃说所见。辇而还宫，引俊嘱以后事。以永和四年死，在位十五年。

慕容儁

崔鸿《十六国春秋·前燕录》曰："慕容儁，字宣英，皝第二子，小字贺赖跋。十三月而生，有神光之异。身长八尺一寸，善属文，雅长辞赋，至于器物、车、室皆著赞以为劝戒。皝之八年，晋遣使者拜皝燕王，以俊为安北将军、东夷校尉。十一年，进拜使持节、镇东将军。皝薨，即燕王位，赦其境内。元年春正月，俊依春秋列国故事，称元年。五月，闻赵大乱，乃严兵将为进取之计。七月，晋使谒者陈沈拜俊侍中、都督河北诸军事、幽冀并平四州牧、大将军、燕王，承制封拜，一如廆、皝故事。元玺元年正月，司南车成，儁大悦，告于皝庙。四月，遣辅国恪、相国奕讨冉闵，战于魏昌廉台，闵师大败，擒送之。闵大将军蒋干辅闵子智固守邺城。遣辅弼评等帅骑一万以讨之，邺北郡县悉降。辅国奕等二百一十人劝称尊号，令曰："非常之事，匪寡德所宜闻也。"八月，克邺。辅弼评等送闵后董氏、太子智、太尉申锺并乘舆服物及六玺送于中山。传国玺蒋干先以送晋。俊欲神其事业，言历运在己，乃诈云闵妻得之以献，赐闵妻号奉玺君。封冉智为海滨侯，以辅弼评为司州刺史镇邺。十月，辅国恪等三百五人奉皇帝玺。十一月，僭即皇帝位于正阳前殿，大赦，改年。时晋遣使诣，俊谓之曰："还白汝天子，我承人乏，为中国所推，已为帝矣。"庚午，书曰："追崇祖考，古人之令典。武宣王遵为高祖武宣皇帝，文明王为太祖文明皇帝。"二年正月，立后可足浑氏为皇后。

升平元年正月，立中山王暐为皇太子，赦其境内，改年曰光寿。初，廆有骏马曰赭白，有奇相逸力。石虎之伐棘城，皝将出避难，欲乘之，马悲鸣蹄啮，人莫能近。皝曰："此马见异先朝，孤尝仗之济难，今不欲出者，盖先君之旨也。"乃止。虎寻奔退，皝益奇之。至是年四十九岁，而骏逸不亏，儁比之鲍氏骢，命铸铜以图其像，亲为铭赞，镌颂其旁，置之蓟城东掖门。是月，象成而马死。十一月，自蓟迁邺。十二月，入邺宫，大赦。缮宫殿，复铜雀台。以吴王垂为东夷校尉、平州刺史，镇辽东。二年三月，常山寺大树自拔根，出璧七十三，光色精奇，有异常玉。以为岳神之命，遣尚书郎段勤以太牢祀之。五月，辽西获黑兔。三年三月，俊夜梦石虎啮其臂，寤而恶之，命发其墓，剖棺出尸，踏而骂之曰："死胡，安敢梦生天子！"遣御史中尉阳约数其残酷之罪，鞭而投之漳水。十二月，俊寝疾，谓大司马恪曰："吾患惙顿，恐不济。修短命也，复何所恨！但二寇未除，景茂冲幼，虑其未堪家国多难。吾欲远追宋宣，以社稷属汝。"恪曰："太子虽幼，天纵聪圣，必能胜残致治，不可以乱正统。"俊怒曰："兄弟之间岂虚饰乎！"恪曰："陛下若以臣堪荷天下之任者，宁不能辅少主也！"儁曰："若汝行周公之事，吾复何忧！"四年正月，儁薨于应福前殿，年五十三。伪谥景昭皇帝，庙号烈祖，葬龙陵。儁雅好文籍，性严重，未曾以慢服临朝，虽闲居宴处，亦无懈怠之色。

《晋书》曰：儁在位十一年，自初即位至于末年，讲论不倦，览政之暇，唯与侍臣错综义理，凡所著述四十余篇也。

慕容暐

崔鸿《十六国春秋·前燕录》曰：慕容暐，字景茂，俊之第三子。元玺三年，封中山王，寻立为皇太子。光寿四年，僭即帝位，大赦，改元。建熙元年，以太原王恪为太宰、录尚书，行周公事，专百揆上；庸王评为太傅，副赞朝政；司空阳骛为太保；吴王垂为河南大都督十州诸军事，兖州牧，镇梁国。四年正月，暐南郊。十月，太尉奕迎神主和龙。初，暐委政太宰恪，专受经于博士王劝、助教尚锋、秘书郎杜诠，并以明经讲论左右。至是通诸经，祀孔子于东堂，以劝为国子祭酒，锋国子博士，诠散骑侍郎，其执经侍讲皆有拜授。八年，太宰恪卒。九年十二月，有神降于邺，自称湘女，有声，与人相接，数日而去。十年四月，立贵妃可朱浑氏为皇后。六月，晋大司马桓温率众五万来伐，遂至枋头，吴王垂大败之，斩获三万余级，温奔还淮南。垂既败温，威德弥振。太傅评大不使之，太后遂与评谋杀垂。十二月，垂出奔秦。

十一年六月，秦辅国将军王猛、镇南将军杨安率众六万来伐。以太傅评、下邳王厉等帅精卒三十万，拒秦师于潞川。州郡盗贼大起，邺中怪异非常。十月，评及猛战于潞川，评师败绩，单骑遁还。猛乘胜追奔，长驱至邺。十月，苻坚帅众会猛来攻，拔邺。城外乱，散骑侍郎徐蔚等率扶馀、句丽及上党质民子弟五百余人夜开城北门，引纳秦师。暐与太傅评、左卫将军孟高等数十骑出奔昌黎。坚遣将军郭庆帅骑五千追之，及暐于高阳，秦将巨虎执暐，将缚之，暐曰："汝何小人，而敢缚天子！"虎曰："我梁山巨虎，受诏缚贼，何谓天子也！"执暐送邺。坚问其本状，暐曰："狐死首丘，欲归死于先人陵墓！"坚哀而释之，令还宫率文武出降。坚入邺宫，升正阳殿，徙暐及王公已下并诸鲜卑四万余户于长安，封暐新兴郡侯，邑五千户，寻拜尚书。坚征台城，为平南将军别部都督。淮南之败，随坚还长安。既而吴王垂攻苻丕于邺，中山王冲起兵关中，暐谋杀坚，事发，为坚所诛，年三十五。德称尊号，伪谥幽皇帝。

《晋书》曰：始廆以武帝太康六年称公，至暐四世。暐在位十一年，以海西公太和五年灭，通䜣凡八十五年。

前秦符洪

崔鸿《十六国春秋·前秦录》曰：符洪，字广世，略阳临渭氐人。其先有扈氏之苗裔，子孙强盛，世为氐酋。其后家池生蒲，长五丈，节如竹形，于时咸异之，谓之蒲家，因以氏焉。父怀归，为部落小帅。母姜氏，寝产洪。先是陇右大雨霖，百姓苦之，谣曰："雨若不止，洪水必起。"故名之曰洪。年十二，父卒，代为部帅。好学多权略，善骑射。

属刘氏之乱，散千金，招延俊杰，戎晋襁负奔之，推为盟主。刘聪遣使拜平远将军，不受，自称护氐校尉、秦州刺史、略阳公，群氐推为首。刘曜以洪为氐王，及曜败于洛阳，洪率部人西堡陇山。石虎将军攻上邽，洪诣虎，降。虎跣出迎之，拜冠军将军、监六夷诸军事、泾阳伯。赵建平四年，石生起兵于关中，洪遂西结张骏，自称晋北平将军、雍州刺史。石虎既灭生，洪遂率户二万下陇东，如冯翊，虎拜洪护氐校尉，进爵为侯。徙秦雍州民羌十余万户于关东，迁洪龙骧将军、流民都督，处之枋头。从征段辽有功，进封西平郡公。佛图澄言符氏有王气，虎阴欲杀之。洪称疾不朝。

太宁元年，进位侍中、车骑大将军、开府仪同三司、雍州刺史，进封本国洛阳郡公。时姚弋仲亦图据关中，恐洪先之，遣子襄率众五万来伐洪。洪逆击，败之。于是安定梁扰楞等并关西民望说洪曰："今胡运已终，中原丧乱，明公神武自天，必继踪周、汉，宜称尊号，以副四海之望。"洪以谶文有"草付应王"，又孙坚之生背有"符"字，遂改姓符氏，自称大将军、单于、三秦王。初，赵将军麻秋西镇枹音符罕，闻冉闵之乱，率众归邺，洪使子龙骧雄逆击获之，以为军师将军。秋说洪西都长安。既而秋因宴鸩洪，将并其众，世子健收而杀之。洪将死，谓健曰："关中周、汉旧都，形胜之国，吾亡。之后便可鼓行而西。"言终而薨，年六十六。

符健

崔鸿《十六国春秋·前秦录》曰：健字建业，洪第三子。母姜氏梦感大羆而生。生之夜，洪梦族曾氏王蒲健谓之曰："是儿兴家门，可以吾名字之。"于是名羆，字世健，后避石虎外祖张羆之名，故改焉。晋永和六年，自称晋征西大将军、开府、都督关西诸军事、雍州刺史。于是尽众西行，至盟津，起浮桥以济，济讫焚桥。三辅堡壁悉降。十一月，入都长安，于是左长史贾玄硕等依诸葛亮、刘备故事，表健为秦王。玄硕等乃上尊号，健伪让再三，乃从之。皇始元年正月，僭即天王位于南郊，大赦，改晋永和七年为皇始元年。追尊父洪为太祖武惠皇帝，缮宗庙、社稷于长安。立妻强氏为皇后，子苌为皇太子，靓为平原公，生为淮南公，弟雄丞相、东海公，其余封授各有差。是年，野蚕成茧，野禾被原，百姓采野茧而衣，收野粟而食，关西家给人足。

二年正月，丞相雄等固请："宜依汉、晋，兼皇王之美，不可过自谦冲，同赵之初号。"健从之，僭即皇帝位于太极殿，大赦。诸公进爵为王，立五等之封，以次进之。三年正月下书曰："其令公卿已下，岁举贤良方正、孝廉、清才多略、博学秀才、异行各一人，或献书规谏，或面陈朕过。其速以闻，勿俱贵贱。"四年，丞相东海王雄卒，赠相国，进封魏王，谥敬武王。雄字元才，洪之季子，赵建武中拜龙骧将军，头大足短，故军中称为大头龙骧。健甚重之，曰："元才，吾之姬旦。"五年四月，立淮南王生为皇太子。六月，健寝疾，引太师鱼尊、丞相雷弱儿、太傅毛贵、司空王随等嘱以后事，受遗辅政。乙酉，薨于太极前殿，年四十九。葬原陵，伪谥明皇帝，庙号世宗。永兴初，追尊曰景明皇帝，庙号高祖。

符生

崔鸿《十六国春秋·前秦录》曰：符生，字长生，健第三子。幼而粗暴，昏酒无赖，祖洪甚恶之。生无一目，七岁，洪戏之，问侍者曰："吾闻瞎儿一泪，信乎？"侍者曰："然。"生怒，引佩刀自刺出血，曰："此亦一泪耶！"洪大惊，鞭之。生曰："性耐刀槊，不堪鞭捶。"洪曰："汝为尔不已，吾将以汝为奴。"生曰："可不如石勒也。"及长，力举千钧，走及奔马。

皇始五年，僭即皇帝位，大赦，改年。群臣奏"先帝晏驾甫尔，不宜改号。"生怒，不从，穷推议主。寿光元年七月，杀右仆射段纯，以太子门大夫赵韶为仆射，太子舍人赵诲为中护军，著作佐郎董荣为尚书，并以佞幸进也。九月，中书监胡文言于生："昆频有客星孛于大角，荧惑入东井。大角为帝座，东井秦之分野，不出三年，国有大丧，大臣戮死。愿陛下远追周文，修德以攘之"。生曰："皇后与朕对临天下，足塞大丧之变。"于是杀皇后梁氏，诛太傅录尚书毛贵、车骑尚书令梁楞、左仆射梁安。后，安之女孙。又诛丞相雷弱儿。诸羌悉叛。弱儿，南安羌酋也。生虽在谅阇，游饮荒淫，杀戮无道，弯弓露刃以见朝臣，锤钳锯凿备置左右。未几，后妃公卿已下至于仆隶，诛五百余人。二年正月，嬖臣右仆射董荣言于生曰："日蚀之灾，宜以贵臣应之。"生曰："唯有大司马。""国之懿戚，不可，其在王司空。"生从之，诛司空王随。壬戌，飨群臣于太极殿，乐奏，生亲歌以和之。命尚书令辛牢典劝，既而生怒曰："何不强酒？犹有坐者！"引弓矢射牢杀之。于是百僚大惧，无不引满昏醉，污服，蓬头僵仆，生以为乐。

三年四月，姚襄遣姚兰等众二万七千进据黄洛。生遣平王黄眉、东海王坚、建节将军邓羌等步骑万五千以讨之。羌伪不胜，引骑而退。襄追之，至于三原，羌回骑拒襄，大战，获襄。襄有骏马，日行千里，是战也，马倒而擒之。眉等振旅而归。

初，长安谣曰："东海大鱼化为龙，男为王，女为公，问在何所洛门东。"东海，即坚封也，第在洛门东。生荒暴日滋，残虐弥甚。群臣朔望漏尽请见，生曰："知尽乎？须待饮讫。"或日暮而不出，百僚饥弊。或至申酉之间方出临朝，酒怒色厉，多有杀戮。或连月昏醉，弗堪省览。或使宫人与男子裸交于殿前，引群臣临而观之。或生剥牛羊驴马，烂鸡鸭，三五十为群，放之殿中。或生剥死囚面皮，令其歌舞，观以为乐。勋戚忠良，杀害略尽。朝士奔逃草野，皆曰从虎口出。左右得度一日，如过十年。至于截胫、刳胎、拉胁、锯头杀者动有千数。生夜对侍婢曰："阿法兄弟亦不可信，明当除之。"是夜清河王苻法梦神告之："旦将祸集汝门，先觉，可以免。"寤而心悸。会侍婢来告，乃与特进梁平老等帅壮士数百人潜入云龙门，东海王坚帅麾下三百人继集，宿卫将士皆舍仗归坚。生犹昏寝不悟，坚众既至，生惊问左右曰："此辈何等人？"引生至别室，废为越王，俄而杀之，时年二十三岁。谥厉王，封子馗为越侯。

太平御览卷第一百二十二 偏霸部六

符坚

崔鸿《十六国春秋·前秦录》：符坚，字永固，健弟雄之子。赵建武中，母苟氏祈西门豹祠，归而夜梦与神交，遂孕，十二月而生。有神光之异，自天属庭，背有赤文，隐起成字，曰："草付臣又土王咸阳。"秘而莫之传也。姿貌魁杰，臂垂过膝，目有紫光。祖洪奇而爱之，名"坚头"，因而谓健曰："此儿头大镇重，身长任大，足短安下，非常相。"赵右光禄大夫司隶校尉高平徐统有知人之鉴，遇坚于路，异之，执其手曰："符郎，此官之御街，小儿敢戏！"统顾左右曰："此儿有霸王之相。"后复遇之，统下车谓曰："符郎当大贵，但仆不及见，如何？"坚曰："若如公言，不敢忘德。"八岁，请就师学。洪曰："尚小未可，吾年十三，方欲求师，时人犹以为速成。"健之入关，次于曲沃，梦天神遣使，朱衣赤冠，命拜坚为龙骧将军。旦而为坛于曲沃，拜坚，泣谓曰："先王昔始受此号，汝父次为之，今若复为神明所授，若，汝也。可不勉之！"性至孝，有器度，博学多才艺，年十一，便有经略大志。

坚既杀符生，永兴元年六月去皇帝之号，僭称大秦天王，即位太极殿，诛董龙等二十余人，改寿光三年为永兴元年。追尊父为文桓皇帝，世子宏为皇太子。兄清河王法为丞相、东海公，永安公符侯为太尉，诸王皆贬爵为公。符柳为尚书令，封弟融为阳平公，双河南公，子丕为长乐公，晖为平原公，熙为广平公。李威为左仆射，梁平老为右仆射，席宝为丞相长史，王猛为中书令侍郎，权翼为黄门郎。诸公卿为生所诛者，悉复本官。十月，丞相东海公法以疑忌赐死，苟太后之意也。坚性友爱，与法诀于东堂，恸哭呕血。二年四月，坚如雍，祀五畤。六月，如河东，祀后土。八月，自临晋登龙门，顾谓群臣曰："美哉！山河之固。"权翼对曰："吴起有言：'在德不在险。'愿陛下追踪唐、虞，怀远以德，山河之固不足恃也！坚大悦。至韩原，观晋魏颗鬼结草抗秦军之处，赋诗而归。

甘露元年正月，起明堂，禅南北郊。六月，甘露降，乃大赦，改年。八月，坚下书曰："咸阳内史猛声彰出纳，所在著绩，有卧龙之才，宜入赞百揆，丝纶王言，可征拜侍中、中书令、领京兆尹。"中丞邓羌性鲠直，与猛协规齐志，于是百僚肃整，豪右屏气，风化大行。坚叹曰："吾今始知天下之有法也！"以猛为吏部尚书，迁太子詹事。十一月，以猛为司隶、侍中，领选如故，猛上疏曰："伏见阳平公融明德懿亲，光禄西河任群，忠祯淑慎，处士朱彤博识聪辩，并宜左右弥纶，晖赞九棘。愚臣庸鄙，请避贤路。"坚曰："机务俟才，允属明哲，朝野所望，岂容致辞？所举融等，寻别铨授。"于是以融为侍中、中书监、右仆射，任群为光禄大夫、领太子家令，朱彤为中书侍郎、领太子庶子。

三年九月，凤皇集于东阁，大赦天下。初，将为赦，与左仆射猛、右仆射融议于露堂，悉屏左右。坚自为文，猛、融进纸笔。有一大苍蝇入自牖间，鸣声甚大，集于笔端，驱而复来，坚恶之，久而乃去。俄而长安街巷市里民相告曰："官今大赦。"有司以闻。坚惊谓融曰："事何从而泄？"敕外穷推，咸言有一小人衣黑衣，呼于市曰："官今大赦。"须臾不见。坚叹曰："其向苍蝇乎？声状非常，吾固恶之。"四年七月，黄龙见于成纪，梁山崩。五年，白虎见天水。六年，遣鸿胪拜张天锡为大将军、凉州牧、西平公。建元元年正月，雍州秀才段铿对策上第，拜吏部郎中。孝廉通经者十馀人皆拜令长。

五年六月，晋大司马桓温伐燕，次于枋头。燕师屡败，遣散骑侍郎乐嵩来乞师，请赂秦以虎牢以西之地。八月，遣将军苟也、洛州刺史邵羌帅步骑二万救燕。温败归。是月，京兆民王攸上书献十略："一曰君道宜明，二曰臣尚忠敬，三曰子贵孝养，四曰民生在勤，五曰教无偏党，六曰养民在惠，七曰延聘耆贤，八曰惩恶显善，九曰伐叛柔服，十曰易简弘大。"坚纳之，以攸为谏议大夫。十一月，燕车骑吴王垂来奔。桓温既走，慕容暐悔割河洛之地以赂秦，乃曰："行人失辞。分灾救患，理之常也。”坚大怒。六年，令辅国王猛帅镇南杨安、虎牙将军张蚝、建节邓羌等步骑六万讨平燕冀。八月，猛攻克壶关。暐遣太傅上庸王评等帅四十万屯于潞川。猛觇丑艳切。觇，候也。知评卖水鬻樵，不抚将士，大笑谓杨安等曰：“慕容评真奴才，虽亿兆之众，尚不足为虑，况数十万乎！今破之必矣。”甲戌，陈于渭原，猛誓众曰：“王景略受国厚恩，任兼内外，今与诸君深入贼地，宜各勉进，不可退也。受爵明君之朝，庆觞父母之室，不亦美乎！”众皆勇奋，破釜弃粮，大呼竞进。猛望燕师之众，恶之，谓邓羌曰：“今日之事，非将军莫可以捷也。成败之机，在此一举。”羌曰：“若以司隶见与，公无以为忧。”猛曰：“此非吾所及，必以安定太守、万户侯相处。”羌不悦而退。俄而兵交，猛召羌，羌寝而不应。猛乃驰就许之，羌于是饮，与张蚝、徐成等跨马驰入，旁若无人，搴旗斩将。燕师败绩，进师围邺。猛之未至邺也，劫盗公行，及猛至，远近怗然。十一月，坚自帅精锐十万攻邺，七日而至于安阳故宅，引诸耆老语及祖父旧事，泫然流涕。猛潜如安阳迎坚，坚谓曰：“昔亚夫不出军迎汉文，将军何以临敌背众乎？”猛曰：“臣每览亚夫之事，常谓前却人主，以此而为名将，窃未多之。臣奉陛下神算，击垂亡之虏，若摧枯拉朽，何足忧也！”戊寅，克邺。慕容暐出奔，将军郭庆执暐于高阳，送之。辛巳，坚入邺宫，大赦。阅其图籍，郡百五十七，县一千五百七十九，户二百四十五万八千九百六十九。以王猛为都督诸军事、车骑大将军、开府仪同、冀州牧，镇邺，封清河郡侯，以伪太宰恪、太傅评之第尽赐之，加美妾五人、上女妓十人、中女妓三十八人。猛辞，坚曰：“昔魏绛和戎，犹有金石丝竹之赏，山甫翼周，实受四牡之锡。卿功超二子，任过管、葛，安得辞也！其敬受之，无逆朕命。”以邓羌为散骑常侍、安定太守、真定郡侯，邑三千户，赏潞川之功。

七年七月，坚如洛阳，下书曰：“士死知己，犹来格模，故乔公一言，魏祖追恸。赵司隶高平徐统往在邺都，识朕于童稚，每思其殷勤之言，弗敢忘也。可召其子孙诣行所。”八年五月，以高平徐攀为琅琊太守。攀，统之少子，以旧恩拔之也。六月，冀州牧猛入为丞相、中书监、司隶校尉，猛固辞丞相，改授司徒，又固辞，不拜，乃停司徒之授。四月，天鼓鸣，彗出于尾箕，长十余丈，或名蚩尤旗。太史令张猛言于坚曰："尾，燕之分野；而扫东井，东井秦之分，灾深祸大，十年之后，燕灭秦之象。二十年之后，燕当为岱所灭。慕容暐父子兄弟，亡虏也，而布列朝廷，贵盛不二，宜除渠帅以宁皇秦。若旦诛鲜卑，不夕灭客彗者，臣请就妖言之戮。"坚不纳，更以暐为尚书，垂为京兆尹，冲为平阳太守。

十年三月，侍中太尉李威卒。威字伯龙，汉阳人，苟太后姑子。少与苻雄刎颈之交，苻生屡欲诛坚，赖威以免。坚深德之，事威如父。诛苻生及法，皆威与太后潜决大谋，遂有辟阳之宠。雅重王猛，劝坚以国事任之。坚常谓猛曰："李公知卿，犹鲍叔之于夷吾，罕虎之于子产。"猛兄事之。夏四月，坚下书曰："巴夷崄逆，寇乱益州，招引吴军为唇齿之势，特进镇军将军护羌校尉邓羌可帅甲士五万星夜赴讨。"五月，蜀人张育、杨光等起兵二万以应巴獠音老晋威远将军桓石帅众三万入据垫江。张育自号蜀王，称藩于晋。八月，邓羌败晋师于涪，西击张育、杨光于绵竹，皆斩之。益州平，羌勒铭于岷山而还。十二月，羌至自成都，坚引见东堂，谓之曰："将军之先仲华遇汉世祖于前，将军复逢朕于后，何邓氏之多幸！"羌曰："臣常谓光武之遇仲华，非独仲华之遭光武！"坚笑："将军盖以自觊，非直将军之幸，亦朕之遇贤。"

十一年正月，以征士乐陵王忻为国子祭酒，坚雅好文学，英儒毕集，纯博之精，莫如忻也，终于太子少傅。五月，猛寝疾，坚亲祈南北郊、宗庙、社稷，分遣使臣祷河岳诸神，无不周备。以猛少瘳，赦殊死。七月，坚临省疾，问以后事，猛曰："晋僻陋吴越，乃正朔相承。臣没之后，愿不以晋为图。鲜卑，羌虏，我之仇雠，终为大患，宜渐除之，以便社稷。"言终而卒，年五十一。坚哭之恸，谓太子宏曰："天不欲使吾平一六合，何夺吾景略之速也！"赠侍中、丞相，余如故，谥武侯。朝野巷哭三日。

十二年正月，高陆民穿井得龟，大三尺六寸，背有八卦文。命太卜池养之，食之以粟。四月，坚下书曰："凉州刺史张天锡虽称藩受位，而臣道未纯，可遣步兵校尉姚苌等自石城津伐。"天锡率劲勇五万来拒。战于赤岸，凉师大溃。天锡率骑数千奔还姑臧，笺降于苌。甲午，大军至姑臧，天锡素车白马，面缚舁榇，降于军门。苌释缚焚榇，送之长安。诸郡悉降，凉州平。九月，以梁熙为西中郎将、凉州刺史，镇姑臧。徙豪右七千户于关中。封天锡重光县之东宁乡二百户，号归义侯，拜北部尚书，迁右仆射。苌之征也，坚为天锡立第，既至如归。

十三年正月，太史奏："有星见于外国之分，当有圣人之辅中国，得之者昌。"坚闻西域有鸠摩罗什，襄阳有释道安，并遣求之。十七年正月，不雨，至于六月，彻乐减膳，出宫女以迎和气。八月，坚收起居注及著作所录而观之，见苟太后、李威之事，惭怒，乃焚其书。著作郎董朏音斐虽更书时事，然十不留一。十八年三月，徙邺铜驼、铜马、飞廉、翁仲于长安。十月，坚引群臣于太极殿议曰："东南一隅，未宾王化，今欲起天下兵讨之。计其兵仗精卒九十七万，吾将先启行，薄伐南裔。此行也，朕与阳平公之任，非诸将之事。"左右仆射权翼、沙门道安、阳平公融、尚书石越等上书面谏，前后数十，坚终不纳。

十九年，晋车骑桓冲率众十万攻襄阳，遣其前将军刘波攻沔北。坚大怒，遣其子征南钜鹿公睿、冠军慕容垂，佐卫毛当等将步卒五万救襄阳。坚下书曰："吴人敢恃江山，屡寇王境，宜时进讨，以清宇内。便可戒严，速修戎备，发州民则十丁遣一，兵若门在灼然者为崇文义从。朕将登会稽，复禹绩，伐国存君，义同三王。其以司马昌明为左仆射，谢安为吏部尚书，桓冲为侍中，势还不远，可并为起第。"八月戊午，遣征南大将军阳平公融、骑从张蚝、抚军大将军高阳公符方，卫军梁成、平南慕容暐、冠军慕容垂步骑二十五万为前锋。甲子，坚发长安戎卒六十余万、骑二十七万，前后千里。九月，坚至项城，凉州之兵始达咸阳，蜀汉之军顺流而下，幽冀之众至于彭城，东西万里，水陆齐进。融等攻寿春。晋遣都督谢石、徐州刺史谢玄、豫州刺史桓伊水陆七万，败坚于淝水。坚为流矢所中，单骑遁还于淮北，顾谓夫人张氏曰："朕用朝臣之言，岂见今日之事耶！何面目复临天下？"泫然流涕。坚诸军悉溃，及慕容垂一军独全。比至洛阳，百官威仪，军容粗备。未及关而垂有贰志，说坚请巡抚燕、代，并求拜墓，坚许之。权翼固谏，以为不可，坚不从。坚至自淮南，次于长安东之行宫，入告罪于太庙。

丁零翟斌反于河南，长乐公符丕遣慕容垂及符飞龙讨之。垂南结丁零，杀飞龙，尽坑其众。垂引丁零、乌丸之众二十余万，为飞梯、地道以攻邺城。慕容暐弟泓先为北城长史，闻垂攻邺，亡命奔关东，收诸马牧鲜卑，众数千，还屯华阴。暐乃潜使诸弟及宗人起兵于外。坚遣将军强永击之，为泓所败。泓自称大都督、雍州牧、济北王，推叔父垂为丞相、大司马、冀州牧、吴王。

坚谓权翼曰："将若泓何？"翼曰："慕容垂正可据山东为乱，不暇近逼。今暐宗族尽在京师，鲜卑之众布在畿甸，实社稷之忧，宜遣重将讨之。"坚乃以广平公符熙镇蒲坂；符叡为都督，配兵五万，姚苌为司马，讨泓于华阳。平原太守慕容冲起兵河东，有众二万，进攻蒲阪，坚命窦冲讨之。符叡勇果轻敌，战于华阴，叡败绩，被杀。坚大怒，苌惧诛，遂叛。窦冲大破慕容冲于河东，冲奔于泓。泓众至十万余，遣使谓坚曰："秦师倾败，将欲兴复大燕。吴王以定关东，可速资备大驾，奉送家兄皇帝返邺都，与秦以虎牢为界，分王天下。"坚大怒，召暐责之。暐叩头流血陈谢。坚曰："此自三竖之罪，非卿之过。"复其位，待之如初。命暐以书招谕垂及泓、冲，使息兵。暐密遣使谓之曰："今秦数已终，当不能复久。吾笼中之人，必无还理，勉建大业，以兴复为务。"泓于是进向长安。

坚率步骑二万讨姚苌于北地。苌率众七万来攻，坚为苌所败。闻慕容冲去长安二百余里，退师而归，使符方戍骊山，符晖都督中外诸军事，配兵五万拒冲。晖师败绩。坚又以尚书姜宇与苻琳率众三万，击冲于霸上，为冲所败，宇死之，琳中流矢，冲遂据阿房城，进逼长安。坚登城观之，叹曰："此虏从何出也？吾不用王景略、阳平公之言，使白虏敢以至于此。"长乐公符丕在邺粮竭，马又无草，削松木而食之。会丁零叛慕容垂，引师去邺，始具西问，知长安危逼，遣从弟求救于谢玄。

二十一年，慕容冲僭称尊号于阿房，改年更始。冲率众登城，坚身贯甲胄，督战拒之，飞矢满身，血流被体。时虽兵寇危逼，冯翊诸堡犹有负粮冒难而至者，多为贼所杀。先是，谣言"坚入五将久长得"。坚乃留太子宏守长安，谓之曰："天或导余，留汝兼总戎政，勿与争利，吾当出陇收兵运粮以给汝。"自将张夫人及中山公诜率骑数百出，如五将山。六月，太子宏将母、妻、数千骑出奔，冲入据长安。

坚至五将山，姚苌遣将军吴忠围之。坚众奔散，独侍御数十人而已，神色自若，召宰人进食。俄而忠至，执坚以归新平县，幽之别室。苌求传国玺于坚曰："苌次应符历，可以为惠。"坚叱之曰："小羌乃敢干逼天子，岂以传国玺授汝羌乎！五胡次序，无汝羌名。违天不祥，其能久乎！玺已送晋，不可得也。"苌遣右仆射尹伟说坚，求为尧舜禅代之事。坚曰："姚苌叛贼，奈何拟之古人！"因问伟曰："卿于朕朝作何官？"对曰："尚书令史。"坚叹曰："卿宰相才也，王景略之流，而朕不知卿。亡也，不亦宜乎！"。

八月，缢坚于新平佛寺中，时年四十八。张夫人、中山公等皆自杀。三军莫不哀恸。苌欲匿煞坚之名，乃谥为庄烈天王。长乐公称尊号，伪谥坚为世祖宣昭皇帝。初，太子之奔也，假道归晋，历位辅国将军，桓玄篡位，以为梁州刺史。

《晋书》曰："坚在位二十七年。"

符丕

崔鸿《十六国春秋·前秦录》曰：符丕字永叙，坚之长庶子。少而聪慧好学，坚与之言将略，嘉之。才干亚于符融，为将善收士卒，时出镇于邺，东夏安之。

坚败归长安，丕为慕容垂所逼，自邺奔于枋头。坚之死也，建元二十一年丕复入邺城，将收兵赵、魏，西赴长安。会平州刺史符冲帅幽、并之众击慕容垂，频为垂将带方等所败，乃率众三万进屯壶关，使招丕。丕乃去邺，率男女六万进如潞州。骠骑将军张蚝、并州刺史王腾迎之，入据晋阳，始知长安不守，坚为姚苌所杀，乃举哀于晋阳。僭即皇帝位于晋阳南，立坚行庙，大赦，改建元二十一年为太平元年。九月，置百官。是月，安西吕光自西域还师。二年正月，慕容垂僭称尊号。二月，慕容冲左将军韩延煞冲，立段随为燕王，改年昌平。五月，丕以吕光为车骑将军、梁州牧、酒泉公。是月，姚苌僭称尊号，氐有啖青者，谓诸将曰："狄道长符登，虽王室疏属，而志略雄明，请共立之，以赴大驾。"于是推登为使持节，督陇右、雍河二州牧，率众五万，东下陇右，据南安，驰使请命。八月，丕以登为征南大将军、开府仪同、南安王、持节、雍州牧，因其所称而授之。九月，丕下书："鲜卑慕容永，我之骑将，首乱京畿，祸倾社稷，其遣丞相王永帅禁卫虎旅覆而取之。"十月，与慕容永战于襄陵，王师大败。丕惧，帅骑数千南奔东垣。晋扬威将军冯该自陕要击，斩之，送丕首于江东。符登称尊号，谥为哀平皇帝。

符登

崔鸿《十六国春秋·前秦录》曰："符登字文高，丕之族子。父敞，太尉司马。登少勇，有壮气。建元元年初，拜殿中将，迁羽林监、长安令，坐事黜为狄道长。

太平二年，与姚苌战于胡奴堆，大破之。十一月，丕子渤海王懿自杏城奔登，登乃具丕死问，于是为丕发丧行服。为坛于陇东。僭即皇帝位，改太平二年为太初元年。十二月，立坚神主于军中，引师而告坚神主曰："今收合义旅，众余五万，星言电迈，直造贼庭，庶上报皇帝酷怨，下雪民人大耻。"二年，登次于凡亭。九月，进据胡空堡，戎夏归之者十有余万。姚苌掘坚尸，鞭挞无数，裸剥衣裳，附之以棘，坎土埋之。三年，登次朝那，姚苌据武都相持，累战互有胜负。苌以登战胜，谓坚神象所助，亦于军中立坚神主，谓曰："往年新平之祸，非苌之罪。陛下假臣龙骧曰：'朕以龙骧建业，卿其勉之。'明诏昭然，言犹在耳，岂假手符登而图臣，忘前征时之言耶！今为陛下立神像，可归休于此，勿计臣过，听臣至诚。"四年正月，登升楼谓苌曰："自古安有杀君反立神像！"大呼曰："杀君贼姚苌出来，与汝决之，何为枉害无辜！"苌惮而不应。苌自立坚神像，战未有利，军每夜惊，乃斩像首送登。六年三月，登自雍攻长安。七月，登攻新平，姚苌救之，登引退。八年十二月，姚苌薨。

九年，登闻苌死，喜曰："姚兴小儿，吾折杖以笞之。"于是大赦，尽众而东。四月，登从六陌趣废桥，兴将军尹纬据桥以待。登与纬大战，为纬所败，登单马奔雍。初，登之东也，留太子崇守胡空堡。崇闻登败，弃城出奔。登至无归，乃奔平凉，收集遗兵入马毛山。七月，兴攻登于马毛，登遣子崇质于陇西鲜卑乞伏乾归，结婚请援。乾归遣骑二万救登。登引军出迎，与兴战于山南，为兴所败，死之，时年五十二。子崇奔隍中，复称尊号，改年延初。谥登为高皇帝。十月，崇为乾归所逐，奔于杨定，与崇帅众二万攻乾归，为乾归所败，崇、定皆死之。自符健皇始元年，岁在辛亥，晋永和七年；是岁，岁在甲午，四十四年，晋太元十九年也。

《晋书》曰：登在位九年，始健以穆帝永和七年僭立，至登五世，凡四十有四年，以孝武帝太元十九年灭。

太平御览卷第一百二十三 偏霸部七

后秦姚弋仲

崔鸿《十六国春秋·后秦录》曰：姚弋仲，南安赤亭羌人也。其先有虞氏之苗裔。昔夏禹封舜少子于西戎，世为羌长。其后烧当雄于洮罕之间，当七世孙填虞。虞九世孙迁那率种人内附，汉朝嘉之，假西羌校尉、归顺王，处之赤亭。那玄孙柯迴，魏假绥戎校尉、西羌都督。迴生弋仲，少而聪猛，英果雄毅。永嘉之乱，戎夏随之数万，自称雍州刺史、护羌校尉、扶风公。

刘曜以弋仲为平西将军。石虎废石弘自立，仲称疾不贺。虎累召之，乃赴。太宁元年，拜侍中、征西大将军。石祗称尊号于襄国，以仲为右丞相。石祗为刘显所杀，仲乃与燕连和。仲有子四十二人，诫诸子曰："我死之后，汝归晋家，竭尽臣节。"乃使使降晋。晋永和七年，拜仲使持节、六夷大都督、江北诸军事、仪同三司、大单于，封高陵郡公。八年，薨，七十三。后仲尸柩为苻生所得，生以王礼葬之于天水。苌称尊号，追谥景元皇帝，庙号始祖，陵曰高陵。

姚襄

崔鸿《十六国春秋·后秦录》曰：姚襄，字景国，仲第五子。雄武多才艺，能明察，善抚纳。士民爱敬之，咸请为嗣。仲以襄非长，不许。石祗僭号，以襄为使持节、骠骑将军，护乌丸校尉。晋遣使拜襄持节、平北将军、并州刺史、即丘县公。

弋仲薨，率户六万南至荥阳。晋处襄于谯城，遣弟为任，单骑度淮，见豫州刺史谢尚，一面交款，便若平生。杨州刺史殷浩惮其威名，遣谢万讨襄，逆击破之。鼓行济淮，屯于盱眙，朝廷大震。襄方轨引北，自称大将军、大单于。据许昌，自许遂攻洛阳，逾月不克。晋征西大将军桓温自江陵伐襄，温至伊水，襄彻围拒之，为温所败。襄奔还洛阳，率数千骑奔于北山。百姓随襄者四千余户。襄寻从北山将图关中，进屯杏城，遣辅国将军姚兰略地鄜城。符生遣符飞拒战。襄率众西引，与符坚战于三原，为坚所杀，时年二十七。苌称尊，追谥魏武王。

姚苌

崔鸿《十六国春秋·后秦录》曰：姚苌，字景茂，仲之第二十四子。少聪哲，多权略，不修行业。兄襄为符坚所杀，苌率诸弟降秦，符坚以为扬武将军、步兵校尉。潞川之战有殊功，迁左卫将军，累受幽州刺史。符坚伐晋，以苌为龙骧将军、督益梁二州诸军事，谓曰："朕本以龙骧建业，龙骧之号未曾假人，特以相授，山南之事一以委焉。"左将军窦卫进曰："王者无戏言，此不祥之征也。"坚默然。

白雀元年，慕容泓起兵，坚遣子睿讨之，苌为睿司马。既而，为泓所败，睿死。苌遣参军姜协讨罪，坚怒，杀之。苌惧，奔于渭北。归者五万余家，咸推苌为盟主。自称大将军、大单于、万年秦王，大赦，改元，称制行事。二年六月，慕容冲入长安，司隶崔翼、尚书赵迁等数百人来奔。苌闻符坚在五将山，遣骁骑吴忠车骑围之，苌自故县如新平。吴忠执坚，送之。苌将求禅代，坚不许，慕容冲遣率骑大将军尚书令高盖来伐，战于新平，大破之，盖率麾下数千人来降。

建初元年，僭即皇帝位于长安，大赦，改年，国号大秦，改长安为常安。追尊考仲景元皇帝，妣曰德皇后，兴为皇太子。秋七月，苌如安定。二年，徙秦州三万户于安定。七月，以太子兴镇长安。四年十月，立社稷于长安。六年，大败符登于长安。七年三月，苌寝疾，遣镇东姚硕德守长安，召太子兴诣行在所。八年十月，苌如长安，至于新支堡，疾笃，舆疾而进。十二月，至长安，召太尉姚旻、仆射尹纬等，受遗诏辅政。苌曰："吾气力转微，将不能复临天下，卿等善相吾子。"谓兴曰："有毁此诸人者，慎勿受之。汝抚骨肉以仁，接大臣以礼，待物以信，遇民以恩，四者既备，吾无恨矣。"庚子，薨于永安宫，年六十四。

谥武昭皇帝，葬元陵，庙号太祖。

姚兴

崔鸿《十六国春秋·后秦录》曰：姚兴，字子略，苌之太子。苌薨，秘不发丧。皇初元年，乃发丧行服。即天子位于槐里，大赦，改元。七月，如泾阳，与符登战，斩登。徙阴密三万户于长安。二年，以叔父绪为晋王，征西将军硕德为陇西王，弟崇为齐公，显为常山公。三年，以绪为并、冀二州牧，镇蒲坂。四年二月，遣齐公崇伐洛阳。

弘始元年九月，大赦，改元。冬十月，克洛阳，以东平公绍为都督山东诸军事、豫州牧，镇洛阳。四年五月，遣大将军陇西王硕德率步骑六万伐吕隆于凉州。先是，吐蕃傉内沃切檀据西平，沮渠蒙逊据张掖，李暠据敦煌，各制方域，共相侵伐。硕德从金城济河，直趣广武，径苍松，至隆城下。隆遣弟辅国超、龙骧邈等率众拒硕德。硕德大破之，生擒邈。傉檀、蒙逊、李暠等各修表奉献。九月，隆奉表请降。兴答报嘉美，以隆为镇西将军、凉州刺史、建康公。十一月，鸠摩罗什至长安。七年正月，兴如逍遥园，引诸沙门听什说佛经。九年，以太子泓录尚书事。慕容超遣使称蕃。十年，与魏通和，贡马千匹。十一年，蜀谯纵遣使称藩。

十六年五月，兴疾于内寝，太子泓以兵屯东华门，侍疾于谘议堂。尚书令广平公弼潜谋为乱，招集数千人，持兵于第。兴疾损，升前殿，百官咸会，征虏刘羌泣曰："陛下寝疾数旬，奈何忽有斯事！"兴曰："朕过庭无训，诸子交恶，含耻胡颜，愧于四海。"兴以弼文武兼才，未忍致法，免其尚书令，以公就第。十七年十二月，兴疾重，广平公弼告病不朝，集兵于第，兴怒，乃收弼囚之。十二月，兴疾甚，遣收广平公弼第甲仗，还武库。于是弼党率甲仗攻端门，兴力疾临前殿，赐弼死。丁未，薨于前殿，年五十三。谥文桓皇帝，庙号高祖，墓曰偶陵。

姚泓

崔鸿《十六国春秋·后秦录》曰：姚泓，字元子，兴之太子。兴薨，即位，大赦，改为永和元年，庐于谘议堂。讫葬，乃亲庶政。

晋相刘裕来伐，遣冠军檀道济、龙骧王镇恶入自淮肥。二年七月，刘裕次于陕城，泓次于灞上。裕至潼关，泓自灞上还军，次于石桥。裕进据郑城，泓遣姚裕屯兵宫中，将军姚丕守渭桥，泓军于逍遥园。丕为晋所败。泓自赴之，因丕之败，遂相践而退。泓与河间公裕等数百骑出奔于石桥。大将军东平公赞闻泓之败，率诸军赴难。会泓于石桥，晋人已固青门一云诸门，诸军不得入，众皆惊散。泓与河间公裕等诣裕请降，泓子彭城公伏念，年十二，谓泓曰："陛下今虽降晋，刘裕待人无礼，终必不全，愿自裁决。"泓怃然不答。念遂登宫墙自投而死。平原公璞、并州刺史尹昭以蒲坂降晋。东平公率宗室子弟百余人降于裕，裕尽杀之。九月，裕至长安，送泓于建康市戮之，时年三十。建康百里之内，草木焦死。自姚苌白雀元年，岁在甲申，至于是岁，岁在丙辰，三十有三岁。

蜀李特

崔鸿《十六国春秋·蜀录》曰：李特，字玄休，巴西宕渠人。其先廪君之苗裔。秦并天下，以为黔中郡，薄赋其人，口岁出钱四十。巴人谓赋为賨，遂因名焉。及高祖为汉王，始募賨民平定三秦，既而不愿出关，求还乡里。高祖以其功，复同丰、沛，更其地为巴郡。土有盐漆之利，民用殷阜，俗性剽勇，又善歌舞。高祖爱其舞，诏乐府习之，今巴渝舞是也。其后繁昌，分为数十姓。及魏武克汉中，特祖父虎归魏，魏武嘉之，迁略阳，拜虎等为将军。内徙者亦万余家，散居陇右诸郡及三辅、弘农。所在号为巴人。虎子慕为东羌猎将，慕凡有五子：辅、特、庠、流、骧。特身长八尺，雄武善骑射，沉毅有大度。元康中，氐齐万年扰乱，天水、略阳、扶风、始平诸郡皆被兵寇。民频岁大饥，流移就谷，相与入汉川者数万家。特至剑阁，顾盼险阻，曰："刘禅有如此地而面缚于人，岂非庸才耶！”同移者阎彧音郁等咸叹异之。

初，流民既至汉中，上书求寄食巴、蜀，朝廷从之。由是散在梁、益，不可禁止。元康九年，诏征益州刺史赵廞音歆为大长秋，以成都内史耿胜代廞。廞遂谋叛，有刘氏割据之志，胜率众入州，廞遣众逆之，战于西门，胜败走，邽获煞之。廞自称大将军、益州牧。时李庠与兄弟及李合、任回等以四千骑归廞，廞以庠为威寇将军，使断北道。庠素东羌良将，晓兵阵，军部肃然。邽恶其齐整，煞之，复以特为督将。特兄弟既怨廞，引兵归绵竹。廞恐朝廷讨己，遣长史费远、犍为太守李苾督万余人断北道，次绵竹之石亭。特密收合得七千人，夜袭远军，远军大溃，因放火烧之，死者十八九。进攻成都。廞闻兵至，惊惧不知所为。李苾等夜斩关走出，文武尽散。廞独与妻子乘小船走至广都，为其下人朱竺所煞。

先是，梁州刺史罗尚闻廞叛，上表称廞非雄才，又蜀人不愿为乱，事终无成，愿欲征之。惠帝遣尚为平西将军、益州刺史，率七千余人入蜀。特等闻尚来，甚惧，使弟骧于道奉迎，并贡宝物。尚甚悦。

冬十月，六郡流人推特行镇北将军，承制封拜，其弟流行镇东将军，弟骧骁骑将军，少子雄为前将军，以相统领。进兵攻尚于成都。尚频为特所败，乃阻长围，缘水作营，自都安至犍为七百里，与特相距。大安二年，都下推特为大将军，改元为建初元年。益州从事任明说尚曰：“特既凶逆，侵暴百姓，又分人散众在各村堡，骄怠无备，是天亡之时也。可告诸村密刻期日，内外击之，破之必矣。”尚从之。遣大众奄袭特营，尚出逆战，到官桑，特军败绩，死之。雄称成都王，追谥景王。及称尊号，追尊曰景皇帝，庙号始祖。

李流

崔鸿《十六国春秋·蜀录》曰：李流，字玄通，特第四子也。少好学，便弓马。东羌校尉何攀称流有贲育之勇，举为东羌校尉。平赵廞于成都，晋朝论功，拜奋威将军，封武阳侯。建初元年，特既见杀，流自称大将军、益州牧。九月，流疾笃，谓诸将曰："骁骑高明仁爱，识量多奇，固足以济大事，然前军李雄也英武，殆天所相，可共受事于前军，以为成都王也。"遂薨，年五十六。诸将共立雄为主。雄称尊号，追谥流秦文王。子龙嗣。

李雄

崔鸿《十六国春秋·蜀录》曰：李雄，字仲俊，特第三子。母罗氏，梦双虹自门升天，一虹中断，既而生荡。后罗氏汲水，忽然而寐，梦大虹绕其身，遂有孕，十四月而生雄。常言二子若有先亡，在者必大贵。荡以李流世卒。雄身长八尺三寸，美容貌。相工相之曰："此君将贵，其相有四：目如重云，鼻如龟龙，口方如器，耳如相望。法为贵人，位过三公不疑。"雄少以烈气闻，识者皆器重之。特称益州牧，以雄镇梓潼，又拜前将军。

流薨，雄称大将军、益州牧，治郫城。以西山范长生岩居穴处，求遵养之志，雄欲迎为君。长生固辞曰："推步太元，五行大会甲子，祚锺于李，非吾节也。"建兴元年十月，雄即成都王位于南郊，大赦，改元。约法七章。以叔父骧为太傅，兄虎威为太保。晏平元年三月，范长生乘素舆诣城，雄迎于大门，执版延坐，长生请雄对坐，即拜丞相，尊曰范贤。长生劝雄称尊号。夏六月，僭即帝位，大赦，改年，国号大成。追尊父特为景帝，母罗氏为太皇后。十月，加丞相范长生为天地太师之号，封西山侯。玉衡五年正月，立妻任氏为皇后。八年四月，范长生卒，以其子侍中贲为丞相。长生善天文，有术数，民奉之如神。十四年，立兄子班为太子。二十四年五月，雄寝疾。六月丁卯，薨，年六十一。谥武皇帝，庙号太宗。十月，葬安都陵。太子班袭位。

李期

崔鸿《十六国春秋·蜀录》曰：李期字世运，雄第四子。聪惠好学，弱冠能属文。雄薨，班即位。雄子车骑将军越自江阳奔丧，以班非雄所生而嗣位，心不平。十月，因夜哭临，越煞班于殡宫。班字世文，雄兄荡第四子。雄妻任氏无子，养班为子。越既煞班，于是矫太后令罪状，谥戾太子，立期为主。甲子，期僭即皇帝位。玉恒元年正月，大赦，改年，立妻阎氏为后。四月，大将军汉王寿率步骑一万自涪向成都。期不虞至，预不设备，至即克城，屯兵宫门。杀相国建宁王越、尚书令景骞、尚书田衮等，废期为邛都公，幽之别宫。期自杀，年二十五。谥曰幽公。

李寿

崔鸿《十六国春秋·蜀录》曰：李寿，字武考，特季弟骧之子。少尚礼容，敏而好学。雄奇其才秀，以为足荷重任，封为建宁王。既而期立，改封汉王，领梁州刺史，治涪城。寿见期兄弟十余人并有强兵，惧不自全，阴谋据成都，称藩于晋。乃誓文武，得数千人，袭成都，克之，放兵虏掠，数日乃定。于是僭即皇帝位于南郊，大赦，改咸康四年为汉兴元年。追尊父骧献皇帝。

三年六月，寿下书曰："吴会遗烬，久逋天诛，今将太兴百万，躬行天罚。"九月，大阅，军士七万余人，舟师溯江而上。过成都，鼓噪盈江，寿登城观之。群臣以国小众寡，江吴险远，图之未易，叩头泣谏，乃止兵，人咸呼万岁。十月，宴礼于太学，举明经者封好学侯。四年，以太子势领大将军、录尚书事。六年，分宁州兴古、永昌、云南、朱提、越巂、河阳六郡为汉州。四月，寿寝疾，常见李期为祟。八月，薨，年四十。谥昭文皇帝，庙号中宗，葬安昌陵。

李势

崔鸿《十六国春秋·蜀录》曰：李势，字子仁，寿之长子。身长七尺九寸，腰带十四围，善于俯仰，时人异之。寿既薨，僭即帝位，大赦，改元太和。元年正月，尊母阎氏为皇太后，妻季氏为皇后。

嘉宁二年，晋遣安西将军、荆州刺史桓温来伐，势大发军御之。

镇东李位都逆往降。温达成都之十里陌，势众自溃。三月，温至城下，纵火烧其大城诸门。势众惶惧，无复固志。势乃夜开东门，走九百里至晋寿，然后送降文于温。寻舆榇面缚军门，温解缚焚榇，送势及叔父福《载记》云：及弟福等十余人于建康，晋封为归义侯。升平五年，卒。

常璩，字道将，蜀成都人，少好学，著《华阳国志》十篇，序开辟以来，迄于李势，皆有条理，云："宕渠，古賨国。今有賨城。秦始皇时，有长人长五丈见宕渠。"秦史胡母敬曰："五百年外，其地必有异人为大人者。"及雄之称号，祖先出自宕渠，有识者皆以为应之。谯周云："我死后三十年，当有异人入蜀。"又著谶云："广汉城北有大贼，曰流曰特攻难得，岁在玄宫自相克。"又惠帝之世，蜀童谣曰："江桥头，阙下市，成都北门十八字。"至是而应焉。李特以晋永和元年，岁在辛酉起兵，至势嘉宁二年，晋永和三年，岁在壬戌而降晋，合四十七年。

太平御览卷第一百二十四 偏霸部八

前凉张轨

崔鸿《十六国春秋·前凉录》曰：张轨，字士彦，安定乌氏人，汉常山王耳十七世孙。祖烈，魏外黄令。父温，太官令。母陇西辛氏。轨少好学，明经，与同郡皇甫士安友善，拜宫守舍人。京兆杜预以所注《易》遗之。太康中，为尚书郎、太子洗马、中庶子，迁散骑常侍、征西军司马。

轨以晋室多难，阴图据河西、追窦融故事，筮之，遇《泰》之《观》，轨喜曰："霸者之兆。"乃求为凉州，公卿亦举轨，拜凉州刺史。课农桑，拔贤才，置崇文祭酒，征九郡胄子五百人，立学校以教之。永兴二年，拜西安将军，封安乐乡侯。惠帝崩，遣长史北宫纯、司马纂、别驾阴监奉表京师。是岁，大城姑臧。姑臧城，匈奴所筑也，南北七里，东西三里，地有龙形，故名卧龙城，永嘉四年十一月，黄龙出于临羌河，发水升天，身长十余丈。五年，帝遣使拜车骑大将军、开府仪同三司。策命未至，而刘曜攻陷长安，迁晋帝于平阳。建兴元年，晋愍帝即位于长安，遣使者拜轨镇西大将军、开府仪同三司，加侍中，封西平郡公，固让不受。二年，进拜太尉、凉州牧，以轨年老多疾，拜子实行抚军，副凉州刺史。五月，轨寝疾，立子实为世子。己丑，薨于正寝，年六十。葬建陵，册赠侍中、太尉，谥武穆公。张祚僭号，追尊武王，庙号太宗。

张寔

崔鸿《十六国春秋·前凉录》曰：张寔，字安逊，轨之世子也。学尚明察，敬贤爱士，晋举秀才，除尚书郎。永嘉元年，固辞骁骑将军，请还凉州，帝许之，改授议郎、西中郎将。建兴元年，长史张玺等表实嗣位。十月，帝遣使授西中郎将，凉州刺史、西平公。二年十一月，帝将降刘曜，进寔侍中、司空、凉州牧。三年，始知刘曜逼迁天子平阳，大临三日。五年，南阳王宝闻愍帝崩，自称晋王，号年建康，置百官，遣拜寔征西大将军，开府仪同三司，增邑三千户。

六年六月，京兆人刘弘使左道以眩惑百姓，密与寔左右十余人谋杀寔，皆怀刃入内，斩寔于外寝，时年五十。葬宁陵，晋元宝册赠实大司马、凉州牧，谥元公。张祚僭号，追尊曰明王，庙号高祖。

张茂

崔鸿《十六国春秋·前梁录》曰：张茂，字成逊，实之母弟。虚靖好学，不以势利为心。建兴元年，相国南阳王宝辟从事中郎，又荐为给事黄门侍郎，皆不就。二年，征为侍中，以父疾固辞。四年，拜秦州刺史，加散骑常侍，领雍州，皆不受。实左司马阴元等以实既被害，子骏冲幼，宜立长君，乃推茂为大都督、太尉、凉州牧，茂不从，以平西将军行都督凉州诸军事、护羌校尉、凉州牧、西平公，大赦境内。九月，立实子骏为世子。三年，刘曜遣鸿胪拜茂太师、凉王。四年，茂寝疾，执骏手泣曰："吾先人以孝友见称，自汉以来，世康忠顺。汝谨守忠节，无或失堕。"薨于正寝，年四十八。刘曜遣使赠太宰，谥成烈王。张祚僭号，追尊曰成王，庙号太宗。

张骏

崔鸿《十六国春秋·前凉录》曰：张骏，字公庭，实之世子。永嘉元年生，幼而奇伟，十岁能属文。茂之四年，拜使持节、大都督、大将军、梁州牧、西平公，大赦境内。刘曜遣使拜大将军、梁州牧。元年正月，亲耕籍田。二月，始承晋元帝崩问，大临三日。四年十二月，刘曜为勒所擒，曜太子毗及刘胤等率众奔上邽。六年二月，石勒称天王，遣使拜骏征西大将军、凉州牧，加五锡之礼。

八年，群寮劝骏称凉王，置百官，骏曰："此非人臣所言，敢有此言，罪在不赦。”又请立世子，乃立重华为世子。十二月，鄯善王元孟献女殊好，号曰美人，立宾遐观以处之。十四年五月，雨雪降霜，骏避正殿，素服，命群寮极言得失。十五年，以右长史任处领国子祭酒，立辟雍、明堂而行礼焉。命西曹椽集阁内，外事付索绥，以著《凉春秋》。十一月，以世子重华行凉州事。十九年八月，田于建西，逾玉石县。九月，改玉石县为金泽县。

二十一年，始置百官官号，皆拟天朝，车服旌旗，一如王者。酒泉太守马岌上言：“酒泉南山，既昆仑之体。周穆王见西王母，乐而忘归，即谓此山。有石室王母堂，珠玑镂饰，焕若神宫。《禹贡》‘昆仑在临羌之西’，即此明矣。宜立西王母祠，以裨朝廷无疆之福。”骏从之。二十二年六月，薨于正德前殿，年四十。晋遣策赠大司马，谥忠成公。七月，葬大陵。张祚僭号，追尊文王，庙号世祖。

张重华

崔鸿《十六国春秋·前凉录》曰：张重华，字泰临，骏第二子。宽和懿重，沉毅少言。骏薨，右长史任处上华为使持节、大都督、太尉、凉州牧、护羌校尉、西平公、假凉王，大赦境内。三年九月，晋遣使者拜侍中、大都督陇右诸军事、大将军、凉州刺史、领护羌校尉、西平公。重华以位号未称，怒不受诏。群寮上重华为丞相、凉王、雍秦凉三州牧。

五年，重华宴群寮于闲预庭，论讲经义，硕问索绥曰：“孔子妇谁家女？老聃父字为何？四皓既安太子，住乎还山乎？”绥曰：“孔子妇姓并官氏女。聃父名乾，字元杲，胎则无耳，一目不明，孤单，年七十二，无妻，与邻人益寿氏老女野合，怀胎，十年乃生老子。四皓还否，臣所未悉。”重华曰：“卿不知乎？四皓死于长安，有四皓冢，为不还山也。”七年十月，重华寝疾临春坊，遣左长史马岌策拜子灵曜为世子，大赦境内。十一月，薨于平章殿，年二十七，葬显陵。张祚僭号，追谥桓王，庙号世祖。

张祚

崔鸿《十六国春秋·前凉录》曰：张祚，字太伯，骏之长庶子。博学雄武，有政治之才。骏之二十一年，拜延兴太守，封宁侯。重华薨，子灵曜嗣，七年十一月，右长史赵长等矫称遗令，以祚为使持节、都督中外诸军事、抚军大将军辅政。十二月，赵长等议，以灵曜冲幼，世难未夷，宜立长君，废曜为凉宁侯，立祚为大将军、护羌校尉、凉州牧、凉公。又从赵长等议，僭即王位于谦光殿，大赦，改年为和平元年。立叱干氏为皇后，子太和为太子，封弟天锡为长宁侯，重华少子玄靖为凉武侯，置百官。二月，尊祖父，郊祀天地。

二年，有神降于玄武殿，自称玄冥，与人交语。祚日夜祈之，神言与福利，祚甚信之。征东张瓘遣兵，传檄废祚，以侯还第，复立灵曜。八月，祚收瓘弟琚及其子嵩等。骁骑将军宋混兄修素与祚有隙，祚疑之，混西奔，招合夷晋，众至万余人，还向姑臧。祚大惧，遣杨秋胡将灵曜于苑，拉其腰而杀之，埋于沙坑。九月，宋混次于武始大泽，为灵曜发哀。闰月，混至姑臧。祚登神雀观。张琚、张嵩煞祚守卒，死者四百余人，斩西门关内混。领军赵长开宫门以应琚，长驰入殿中，大呼称万岁。祚以长败贼，下观劳之。长奋槊刺祚中额，奔入万秋阁，为厨士徐里所杀。以庶人礼葬之。天锡即位，备礼改葬于愍陵，追谥威王，封子廷坚为金泽侯。

张玄靖

崔鸿《十六国春秋·前凉录》曰：张玄靖，字元安，重华少子。母郭夫人。和平二年，宋混、张琚等上玄靖为大将军、凉州牧、护羌校尉、西平公，时年七岁。张瓘至姑臧，推立玄靖为大将军、凉王，自为使持节、都督中外诸军事、尚书令、凉州牧、张掖郡公。

四年五月，东苑大冢上忽有池，东大泽地燃，广袤数丈。执法御史杜逸言于瓘曰："此皆变之大者，可移之它族"瓘征兵数万，集于姑臧，谋讨宋氏。混与弟澄及左右壮士杨和等四十余骑奄入南城，申令诸营曰："张瓘谋逆，被太后诏诛之。"俄而众至二千。瓘率众出战，混击败之，众悉去，瓘自杀。混入见玄靖，以混为使持节、都督中外外诸军事、骠骑大将军、酒泉郡侯辅政。

五年六月，大旱，令诸祈雨之官皆咏《云汉诗》，儒林祭酒索绥曰："《云汉》，陈周宣之美，非旱之文。昔神鼎之出汉，虞丘不贺。今辞与事违，恐非致泽之意也。"绥字士艾，燉煌人。父戢，晋司徒。绥家贫好学，举孝廉，为记室祭酒，母丧去官，又举秀才，著《凉春秋》五十卷，又作《六夷颂》，《符命传》十余篇，以著述之功封平乐亭侯。六年，宋混卒，天锡以使持节、都督中外诸军辅政。八月，右将军齐肃等议，以靖多难务殷，须立长君，劝天锡自立。闰月，天锡遣肃等夜害玄靖，时年十四，葬平陵，谥冲王。

张天锡

崔鸿《十六国春秋·前凉录》曰：张天锡，字纯嘏，骏之少子。母曰刘美人。玄靖八年即位，年十八，谒于太庙，尊母刘氏为太后。元年四月，秦遣鸿胪回国拜天锡大将军、凉州牧、西平公。三年，姑臧北山杨树生松叶，西苑牝鹿生角，东苑铜佛生毛，延兴地震，陷裂水出。天锡避正殿，引咎责躬。晋遣使拜陇右关中诸军大将军、凉州牧、西平公。

八年，郡国火燃于泥中三十所。符坚复有并兼之规。天锡大惧，遣从事中郎韩博奉表于晋，又与桓温书，克其年大举，都会上邽。十年，以世子怀为使持节、镇西将军、高昌郡公，次子太豫为世子，豫母焦氏为左夫人。七月，大水，地震西平，五十日中地十动，土楼崩。天锡疾，美人阎姬、薛姬皆自杀。二姬，国色，并有殊宠，天锡每谓之曰："汝二人将何以报我？我死 之后，岂可更为人妻！"皆曰："尊若不讳，妾请效死于前，洒扫于地下，无他志。"十月，天锡疾瘳，大赦境内，追悼二姬，葬以夫人礼。

十三年五月，符坚遣武卫将军苟长等率众十万来伐。天锡遣中卫将军史景等拒战赤岸，为秦所败。天锡纳左长史马芮之言，面缚降秦。

东徙长安，拜归义侯、北部尚书，迁右仆射。随符坚败于淮南，又入晋为员外散骑常侍，复本封。薨，赠镇西将军，谥悼公。张轨以晋永宁九年，辛酉之岁牧凉州，至天锡败亡之岁，岁在丙午，八主，七十六年。

西凉李暠古老切

崔鸿《十六国春秋·西凉录》曰：李暠，字玄盛，陇西狄道人也，汉前将军广十六世孙，广子侍中敢之后。世李氏世为西州右姓。祖父弇音掩前凉武卫将军、天水太守、安世亭侯。父昶，字中坚，幼有令名，世子侍讲，年十八卒。暠，昶之遗腹子，少而好学，沉敏有器度。后凉龙飞二年，建康太守段业自称凉牧，号神玺。元年，拜暠郊谷令。二年，燉煌索仙等以暠温毅有惠政，推暠为敦煌太守。段业复暠镇西将军，领护西夷校尉。

庚子元年十一月，晋昌太守唐瑶移檄六郡，推暠为大将军、凉公、领秦凉二州牧。大赦，改年。追尊祖弇凉公，父昶凉简公。以瑶为征东将军。三年，于南门起靖恭堂，以议朝政，图赞自古圣帝明王、忠臣孝子、烈士贞女，亲为序颂，以作鉴戒。五年正月，起泮宫，增高门学生百人。四月，敦煌有葛缘木而生，作黄鸟之形。世子谭卒。九月，立好歆为世子。正月，大赦，改年为建初元年。三月，宴于曲水，命群寮赋诗，暠亲为之序文，写诸葛亮训厉以诫诸子。十三年正月，寝疾，顾命长史宋繇曰："吾终之后，嗣子即卿子也，善相辅导。"二月，薨于恭德殿，年六十七。葬建世陵，谥武昭王，庙号太祖。

初，暠为群雄所推，定千里之地，谓张氏之业不足成，河西十郡，岁月而一。既而傉檀入据姑臧，蒙逊基宇稍广，于是慨然著《述志赋》。初，河右不生楸、槐，张骏之世，取秦陇植之，皆死，至是，酒泉宫西北有槐生焉，乃作《槐树赋》，又作《妇辛氏诔》。自余赋数十篇。

李歆

崔鸿《十六国春秋·西凉录》曰：李歆字士业，暠第二子。暠薨，左长史宋繇等上为大将军、凉公、领凉州牧、护羌校尉。大赦，改年为嘉兴元年。七月，歆闻蒙逊南伐西秦，命中外戒严，将攻张掖。尹太后以为不可，宋繇亦谏，歆怒不从。遂率步骑三万东伐，次于都渎涧。蒙逊自浩亹来，战于怀城，歆败。左右劝还，歆曰："吾违太后明诲，远取败辱，不煞此胡，复何面目以见母也！"勒众复战，败于蓼泉，为蒙逊所杀。歆弟骁骑将军翻、击虏将军豫等西奔敦煌，逊遂入酒泉。

翻及燉煌太守恂与诸子等弃燉煌，奔于北山。郡人宋承、张弘等以恂在郡有惠政，密信招恂。恂率数千骑入于燉煌，宋承推恂为凉州刺史。逊率众二万攻恂，宋承等开门出降，恂自煞。恂，暠之第六子也。逊获翻子宝，徙于姑臧，岁余，北奔伊吾。

后二十余年，至魏太平三年，宝自伊吾率流人及虏骑南袭燉煌，据之。遣使降魏，魏以宝为使持节、侍中、都督西垂诸军事、镇西大将军、开府仪同三司、领护西戎校尉、沙州牧、燉煌公，承制玉门以西。宝宽雅有度量，甚著威惠于西土，在敦煌三年，徙并州刺史。薨，谥宣公。自暠元年岁在庚子，至为蒙逊所灭，二十一年。

北凉沮渠蒙逊

崔鸿《十六国春秋·北凉录》曰：沮渠蒙逊，临松卢水胡人。其先世为匈奴左沮渠，遂以官为氏。逊好学，涉群史，雄烈有英略。后凉龙飞二年，逊伯父罗仇、麴粥从吕光征河南，光前军大败，皆为光所煞。宗部会葬者万余人，逊哭谓众曰："昔汉祚中微，吾之乃祖翼奖窦融，保宁河右。吕王耄荒，虐民无道，岂可坐观成败，不上继先祖安民之志，下使二父有恨黄泉！"众咸称万岁，遂立盟约，一旬之间，众至万余。与从兄男成推建康太守段业为凉州牧、康公，改龙飞二年为神玺元年。业以逊为张掖太守，男成为辅国大将军，委以军国之任。

永安元年三月，逊以为业所惮，内不自安，请为安西太守。四月，业收男成，赐死。逊闻男成死，泣告众曰："男成忠于段公，枉见屠害，诸君能为报仇乎？"成素有恩信，众皆愤泣从之，北至氐地，众余一万。业遣右将军田昂、武卫将军梁中庸等攻侯坞。逊自氐地救之。昂率骑五百归逊，军遂大溃，中庸来奔。五月，逊至张掖，田昂兄子承爱斩关内逊，业左右散走，逊大呼曰："镇西何在？"军人曰："在此。"业曰："孤单飘一己，为贵门所推，可见乞余命，投身岭南，庶得东还，与妻子相见。"逊遂斩之。六月，右长史梁中庸等推逊为大将军、凉州牧、张掖公。大赦，改元。四年，秦遣鸿胪梁斐拜逊镇西大将军、开府仪同三司、沙州牧、西海公。九年二月，两月并出。

正始元年冬十月，迁都姑臧。十一月，僭即河西王位于谦光殿，大赦，改元，置百官，始如吕光为三河王故事。二年四月，立子政德为世子。三年二月，与西秦通和。逊西巡，遂循海至盐池，祀西王母寺。寺中有玄石神图，命中书侍郎张穆赋焉，铭之于寺前。十四年，起游林堂于内苑，图列古圣贤之像。九月，堂成，遂宴群臣，谈论经传，顾谓郎中刘昞曰："仲尼何如人也？"昞曰："圣人也。"逊曰："圣人者，不凝滞于物，而能与世推移。畏于匡，辱于陈，伐树削迹，圣人固若是乎！"昞不能对。逊曰："卿知其外，未知其内。昔鲁人有浮海而失津者，至于亶州，仲尼及七十二子游于海中，与鲁人一木杖，令闭目乘之，使归告鲁侯，筑城以备寇。鲁人出海，投杖水中，乃龙也。具以状告鲁侯，不信。俄而有群燕数万衔土培城，鲁侯信之，大城曲阜。讫而齐寇至，攻鲁，不克而还。此其所以称圣也。"义和元年十二月，魏遣太常李慎拜逊太傅、凉州牧、凉王，加九锡之礼。三年夏四月，逊寝疾，立子茂虔为世子。薨于路寝。五月，葬元陵，谥武宣王，号太祖。

沮渠茂虔

崔鸿《十六国春秋·北凉录》曰：沮渠茂虔，逊第三子。聪颖好学，和雅有度量。义和三年，立为世子，加中外都督、大将军、录尚书。逊薨，僭即河西王位，大赦，改元为永和元年。立子封疆为世子，加抚军大将军、录尚书事。

三年正月，西中郎将、燉煌太守沮渠唐儿上言曰："有一老父见于郡城东门，投书于地，忽然不见，其书一纸，八字满之，文曰：‘凉王三十年若七年。’”虔访于奉常张慎，慎曰：“昔虢将亡，神降于莘，深愿陛下克念修政，以副三十之庆。若盘于游田，荒于酒色，臣恐七年将有大变。”虔不悦。七年正月，朝群臣于谦光殿，有狐在于东序，门者不见其入，左右以告，命射之，不获。二月，端门崩。初，虔为酒泉太守，起浮图于中街，有石像在焉。是月，目流血。五月，太庙基陷。六月，当阳门崩。魏常山王赤坚率众至姑臧，虔婴城拒守。九月，面缚出降。魏释其缚，徙虔及宗室、士民十万户于平城，拜虔征西大将军、王如故。八年，赐死，谥哀王。自逊永安元年岁在辛丑，至是岁庚寅，三十九载。

《晋书》曰：蒙逊以安帝隆安元年自称牧，义熙八年僭立，后八年而宋氏受禅，以元嘉十年死，时年六十六，在位三十二年。子茂虔立六年，为魏所灭。

太平御览卷第一百二十五 偏霸部九

后凉吕光

崔鸿《十六国春秋·后凉录》曰：吕光，字世明，洛阳人。其先自沛迁洛阳，因家焉，世为氐酋。父婆楼，字广平，佐命前秦，官至太尉。光以赵建武中生于方头，夜有神光之异，故名焉。年十岁，与诸童儿游戏邑里，为战阵之法，童儿咸推为主。长而身长八尺四寸，目重童子，左肘有肉印。沉粹凝重，宽简有大量。人莫之知，惟王猛异之，曰："此非常人。"言之符坚，举贤良，除美阳令，民夷惮爱，邻境肃清。迁鹰扬将军，以功赐爵关内侯。

建元十九年，以光为使持节、都督西讨诸军事，率将军姜飞、彭晃、杜进等步骑七万讨西域。十二月，至龟兹，龟兹王帛纯捍命不降。光军其城南，五里为一营，深沟高垒，广设疑兵，为木被甲，罗之垒上，以为持久之计。二十五年五月，帛纯乃倾财宝，请救于狯胡。狯胡王遣弟率二十余万救之。胡便弓马，善矛槊，铠如连锁，射不可入，及以革索为羂，策马掷人，多有中者。众甚惮之。姑默、宿、尉头等国及诸胡外内七十万人。光迁营相接，阵为勾锁之法，精骑为游军，弥缝其阙。秋七月，战于城西，大败之。帛纯逃奔，王侯降者三十余国。进入其城，城有三重，广轮与长安地等。城中塔庙千数，帛纯宫室壮丽，焕若神居。胡人奢侈，富于生养，家有蒲桃酒至千斛，经十年不败，士卒沦没酒藏者相继。诸国贡款属路，立帛纯弟震为王以安之。

光抚宁西域，威恩甚著，秦以光为使持节、散骑常侍、都督玉门已西诸军事、安西将军、西域校尉，进封顺乡侯。二十一年正月，大飨文武，博议进止。众咸请还，光从之。三月，引还，以驼二万余头致外国珍异千馀品、骏马万馀匹而还。九月，光入姑臧，自领凉州刺史，护羌校尉。大安元年，符丕以光为车骑大将军、凉州牧，领护西域大都督、酒泉公。

光始闻符坚为姚苌所害，奋袂哀怒，三军缟素，大临于城南。传檄诸州，期孟冬大举。谥坚为文昭皇帝。十月，大赦境内，改建元为大安。十一月，群寮劝进曰："长蛇未殄，方扫清国难，宜进位元台。"十二月，上光为侍中、中外都督陇右诸军、大将军、凉州牧、酒泉公。三年八月，甘露降逍遥园，白燕翔于酒泉，众燕成列而从之。麟嘉元年正月，麟见金泽县，百兽从之。于是群寮奉请崇进名号，光从之。二月，僭即王位于南郊，大赦，改元。置官司，丞郎以下犹摄州县事。三年九月，大庙新成，追尊父为景昭王，祖为宣公，曾祖为恭公，高祖为敬公。

龙飞元年，五龙见于浩亹，群臣咸贺，劝光称号。六月，僭即天王位于南郊。大赦，改年。备置群司，立世子绍为太子。四年九月，光寝疾。十二月，疾甚，立太子绍为天王，光自号为太上皇帝，以子纂为太尉，弘为司徒，诏曰："吾疾病不济，吾终 之后，使纂统六军，弘管朝政，汝恭己无为，委重二兄，庶可以济。今外有强寇，民心未宁，汝兄弟辑睦，则贻厥万世。若内相图，则祸不旋踵。"纂、弘泣曰："不敢有二心。"薨，葬高陵。谥武皇帝，庙号太祖。

吕纂

崔鸿《十六国春秋·后凉录》曰：吕纂，字永绪，光之长庶子。母赵淑媛。少便弓马，不好书。大安元年，至于姑臧。光临薨，执手戒之曰："汝性粗武，深为吾忧。开基既难，守成不易。善辅永业，勿听谗言。"光薨，绍秘不发丧，纂排阁入哭，尽哀而出。绍惧，以位让之曰："兄功高年长，宜承大统。"纂曰："臣虽长，陛下国家之嫡，不可以私爱而乱大伦。"骁骑吕超谓绍曰："纂临丧不哀，步高视远，观其举止，恐成大变，宜早除之。"纂闻超谋，遂率壮士数百，逾北城，攻广夏门，入自青角门，升谦光殿。绍登紫阁自杀，吕超出奔广武。纂遂僭即天王位，大赦，改龙飞四年为咸宁元年。谥绍隐王。

纂游田无度，荒耽酒色，常与左右因醉驰猎于坑涧之间。殿中侍御史王回扣马谏，不纳。番和太守吕超擅伐鲜卑思盘。思盘诉超于纂，纂召超入朝，怒曰："卿恃兄弟桓桓，欲欺吾也，要当杀卿，然后天下可定。"超顿首曰："不敢。"纂引诸臣宴于内殿，吕隆屡劝纂酒，已至昏醉，乘步輓车将超等游于内。至琨华堂东阁，车不得过，纂亲将窦川、骆腾倚剑于壁，推车过阁。超取剑击纂，纂下车擒超，超刺纂洞胸，奔于宣德堂。将军魏益入，斩纂首以徇。隆既篡位，谥纂灵帝，葬白石陵。

吕隆

崔鸿《十六国春秋·后凉录》曰：吕隆，字永基，光弟宝之子。既杀纂，遂僭即王位。大赦，改咸宁三年为神鼎元年。二月，追尊父宝为文皇帝。超有佐命之勋，拜为侍中、都督中外诸军事、辅国大将军、录尚书事，封安定公。二年，秦遣鸿胪恒敦拜隆征北大将军、都督河西诸军事、凉州牧、建康公。

三年，隆以二凉之逼，遣超赍珍宝请迎于秦。秦遣尚书、左仆射齐难率步骑四万来迎。隆率户一万随难东迁。既至长安，秦以隆为散骑常侍、尚书、公如故，超为安定太守。其后坐与姚兴少子广平公弼谋反，诛。吕光以乙酉岁据凉州，至于是岁，岁在癸卯，凡一十九年。

后燕慕容垂

崔鸿《十六国春秋·后燕录》曰：慕容垂，字道明，皝第五子，小字阿六敦。母兰淑仪。垂少有器度，身长七尺七寸，手垂过膝。皝甚宠之，常曰："此儿阔达好奇，终能破人家，或能成人家。"故名霸，字道业。因坠马伤前二齿。后改名𡙇，外以慕郤𡙇为名，内实恶而改之。寻以谶记之文，去夬，以垂为名。及俊僭称尊号，封吴王。

建熙十年，以车骑大将军败桓温于枋头，威名大震。太傅上庸王评深忌之，垂遂出奔秦。符坚闻垂至，大悦，郊迎执手，礼之甚重。王猛恶垂雄略，劝坚杀之。坚不从，以为冠军将军，封宾都侯，历京兆尹。

符坚败于淮南，垂军独全，坚以千余骑奔之。世子宝言于垂曰："家国倾丧，皇纲废弛，当隆中兴之业，建少康之功。宜恭承皇天之意，因而取之。"垂曰："彼悉心投命，若何害之！"乃以兵属坚，垂至渑池，言于坚曰："王师不利，北境之民或因此轻动，臣请奉诏辑宁朔裔。且龙、邺旧都，陵庙所在，乞过展拜，以申罔极。"坚许之。权翼谏曰："垂爪牙名将，今之韩、白，且世豪东夏，志不为人下。顷避祸归诚，非慕义也。而恐冠军之号不饱其志，列地百里未满其心。且垂犹鹰也，饥则附人，饱便高扬，遇风尘之会，必有凌霄之志。"坚曰："卿言是也，但朕已许之，匹夫犹重信，况万乘之主乎！"翼曰："陛下重小信而忽轻社稷，臣见其往，不见其还，关东之变，垂其首乎！"

自凉马台结草筏而渡，至安阳，修笺于长乐公丕。垂至，馆之于邺西。会符晖告丁零翟斌聚众四千谋逼洛阳，丕于是配垂兵二千，遣广武将军符飞龙率氐骑一千为垂之副贰。戒飞龙曰："垂为三军之统，卿为垂之谋主。"符晖告急，简书相寻，垂方图飞龙，停河内不进，悉诛氐兵，命左右杀飞龙，济河焚桥，众三万。及洛阳，符晖闭门拒守，不与交通。翟斌率众会垂，劝称尊号，垂曰："新兴侯国之正统，孤之君也。若以诸军之力，得平关东，当以大义喻秦，奉迎反正。诬上自尊，非孤心也。"乃自称大将军、燕王，承制行事。翟斌为建义将军，封河南王；弟德为范阳王。众至二十万，济自石门，长驱攻邺。元年正月，朝群寮于清阳宫，以晖在长安，依晋愍帝在平阳，中宗称王，改年建武故事，改秦建元为燕元元年，立太子宝为燕王太子。攻弘邺郛，丕固守中城，垂堑而围之。于魏郡肥乡筑新兴以置辎重，进师攻邺，开其西奔之路。二年三月，符丕弃邺，奔并州，以鲁阳王和为南中郎将镇邺。

十二年，垂定都中山。建兴元年正月，群寮劝垂正尊号。辛卯，僭即皇帝位于南郊。大赦，改元。立子宝为皇太子。十年五月，太子宝率众八万伐魏，范阳王德为。之后继。魏闻宝将至，徙于河西。宝临河不敢济，引师还，次于参合。俄而魏军大至，三军奔清，宝与德等数千骑奔免。十一年三月，垂大众出参合，太子宝出天门。垂至参合，见积骸如山，设祭吊之，死者父兄各皆号哭，军中哀恸。垂惭愤呕血，因而寝疾，筑燕昌城而还。宝等至云中，闻垂疾，皆引归，及垂于平城。夏四月，薨于上谷沮阳，年七十一。谥武成皇帝，庙号世祖。

《晋书》曰：垂以太元二十一年死，在位十三年。墓曰宣平陵。

慕容宝

崔鸿《十六国春秋·后燕录》曰：慕容宝，字道祐，垂第四子。元玺四年生于信都。少轻果无志操，好人佞己。段后谓垂曰："太子姿质雍容，柔而不断，非济世之雄。辽西、高阳，陛下儿之贤者，宜择一树之。"垂不纳，谓曰："汝谓我为晋献公乎！"建兴十一年四月，僭即皇帝位。大赦，改为永康元年。宝遣将军赵王麟逼段后曰："常谓主上不能嗣守大统，今竟能不？宜早自裁，以全段氏。"后怒曰："汝兄弟尚逼杀母，岂能保守社稷？吾岂惜死，念国灭。"不久，遂自杀。八月，立妃段氏为皇后，濮阳公策为皇太子。

二年正月，魏使修和，宝不许。二月，魏攻中山。其夜，尚书慕容皓谋杀宝，立赵王麟。宝与太子荣等万骑就清河王公于蓟，以开封公慕容详守中山。五月，详遂僭称尊号。九月，赵王麟率众入中山杀详，麟复僭尊号。中山饥，麟出据新市，与魏师战于义台，败绩，南奔。魏入中山。

宝遣御史中丞兼鸿胪鲁遂持节，授司徒、范阳王德丞相、冀州牧，承制南夏，封公、侯、牧、守。三年二月，宝发龙城，以抚军慕容腾为前军，步骑三万，将南伐，次于乙连。长上段速骨、宋赤眉因民之惮远役，杀司空乐浪王宙，众既幸乱，投仗奔走。宝驰还龙城，又与长乐王盛等南奔。尚书兰汗杀速骨等十余人，奉太子策承制，大赦，遣迎宝还，及于蓟，宝欲北还，盛等咸以汗忠款虚宝未明，宜就范阳王德。宝从之，乃自蓟而南。四月，宝至邺，邺中遗民固请留之，宝不从。南至黎阳城西，闻范阳王德称制，惧而退，乃还龙城，次于广都。兰汗又遣左将军苏超迎宝，具申款诚，忠节无差，宝于是命发。汗遣弟难率五百骑逆宝至龙城。难引宝入于外邸，杀之，年四十四。杀太子荣及王公卿士百余人。汗自称大将军、大单于、昌黎王，号年青龙。七月，长乐公盛袭诛汗。盛即位，伪谥宝惠愍皇帝，庙号列宗。

慕容盛

崔鸿《十六国春秋·后燕录》曰：慕容盛，字道运，宝之庶长子。秦建元十年，生于长安。二十年，符坚诛慕容氏，盛奔。东归至垂，问以西事，画地成图，垂笑，谓之曰："昔魏武抚明帝之首，遂乃侯之。祖之爱孙，有由来矣。"于是封长乐公。建兴六年，领北中郎将镇蓟，进爵为王。

及宝为兰难所杀，盛驰赴哀。盛潜结大众，谋讨难及汗等，斩之。建平元年七月，告成宗庙，大赦，改青龙元年为建平元年。谦揖自卑，不称尊号，以长乐王称制，诸王贬爵为公。东阳公慕容根等九十八人上尊号，盛不许。十月，根等又请，盛许之。丙子，僭即皇帝位。正月，朝群臣于承乾殿，大赦，改建平元年为长乐元年。二年正月，大赦，盛去皇帝之号，称庶民天王。

三年八月，右将军慕容国谋率禁兵袭盛，前将军段玑等因众心阻动，潜于禁中，鼓噪大呼。盛闻变，率左右出战，众皆披溃，一贼从暗中击盛，伤足。遂取辇升前殿，召叔公河间公熙嘱以后事。熙未至而薨，年二十九，伪谥昭武皇帝，庙号中宗。

《晋书》曰：盛幼而羁贱流漂，长则遭家多难，夷险安危，备尝之矣。惩宝暗而不断，遂峻极威刑，纤介之嫌，莫不裁之于未萌，防之于未兆。于是上下震恐，人不自安，虽推忠诚亲戚亦皆离贰，旧臣靡无夷灭，安忍无亲，所以卒于不免。是岁，隆安五年也。

慕容熙

崔鸿《十六国春秋·后燕录》曰：慕容熙，字道文，一名长生，垂之少子。燕元二年，生于常山。建兴八年，封河间王。永康初，随宝奔龙城，拜司隶校尉。长乐元年，迁仆射、中外督领、昌黎尹。盛薨，遂僭即皇帝位。大赦，改长乐三年为光始元年。

二年正月，熙引见州郡耆旧于东宫，问以民所疾苦。司隶部民刘瓒对问称旨，拜带方太守。是春，大治宫室。四月，立符贵人为昭仪。五月，筑龙腾苑，广十里余，役徒二万人。起景云山于苑内。又起逍遥宫、甘露殿，连房数百，观阁相交。凿天河渠，引水入宫。又为符昭仪凿曲光海、清凉池。季夏暑热，士卒不得休息，暍死者半。四年二月，昭仪符氏卒，符贵宾为皇后。九月，符后游畋，熙从之，北登白鹿山，东过青岭，南临沧海，冬十一月乃还。百姓苦之，士卒为狼虎所害及冻死者五千余人。五年十月，拟邺之凤阳作弘光门，累级三层。

建始元年正月，大赦天下。三月，太史丞梁延年梦月化为五白龙，梦中占之，曰："月，臣也；龙，君也，月化为龙，当有臣为君。"寤而告人，曰："国符，其将尽乎。"是月，符后起承华殿，高承光一倍。负土于北门，土与谷同价。典军杜静载棺诣阙上书谏，熙大怒，斩之。后尝季夏思冻鱼鲙，冬须生地黄，皆下有司切责，不得，加以大辟。四月，符后卒，熙悲号躃踊，若丧考妣，拥其尸而抚之曰："体已就冷，命遂断矣！"于是僵仆绝息，久而乃苏。服斩缞，食粥。百寮宫内设位哭临，有司按检哭者，有泪则不，无泪则加罪，群臣振惧，莫不含辛以为泪。高阳王妃张氏，熙之嫂也，美姿容。熙欲以为殉，乃毁其襚靴，中有弊毡，遂赐死。三女叩头求哀，熙弗许。营陵周轮数里，下固三泉，内图画尚书八座之像。熙曰："善为之，朕将随后入此陵。"轜车高大，毁北门而出。

中卫将军冯跋、左卫将军张兴，先皆坐事亡奔，以熙政之虐也。与跋从兄万泥等二十二人结盟，推夕阳公慕容云为主，发尚方徒五千人分屯四门，入宫授甲，闭门拒守。中黄门赵洛生奔告熙，熙曰："此鼠盗耳，朕还，当诛之。"乃收发贯甲，驰还赴难。夜至龙城，攻北门不克，遂入龙腾苑，左右溃散，熙微服逃于林中，为人执送云等，杀之，年二十三。云葬之徽平陵，谥曰昭文皇帝。

《晋书》曰：垂以孝武帝太元八年僭立，至熙四世，凡二十四年，以安帝义熙二年灭。

慕容云

崔鸿《十六国春秋·后燕录》曰：慕容云，字子雨，宝之养子。祖父和，高勾丽之支庶，自云高阳氏之苗裔，故以高为氏。宝之为太子，云以武艺给侍东宫。永康初，拜侍御郎，以疾去官。

及熙葬后，冯跋诣之，告以大谋，云惧，跋等强之。四月，即天王位，复姓高氏，大赦，改建始元年为正始元年，国仍号大燕。以冯跋为侍中、中外都督、录尚书事、武邑公。二年，慕容归为辽东公，主燕之宗祀。

三年冬十月，云临东堂，幸臣离班、桃仁怀剑执纸而入，称有启，抽剑击云，云以几拒班，桃仁进而杀之。推立冯氏为主，跋即位，谥为懿惠皇帝。始垂以丙戌之岁建号中山，冯跋即位之岁，岁在己酉，二十四年。

太平御览卷第一百二十六　偏霸部十

秃发乌孤

崔鸿《十六国春秋·南凉录》曰：秃发乌孤，河西鲜卑人也。八世祖疋孤自塞北迁于河西。孤卒，子寿阗立。阗孙机能，壮果多谋略。晋太始中，杀秦州刺史胡列于万斛堆，败凉州刺史苏愉于金山，又杀凉州刺史杨欣于丹岭，尽有凉州之地。武帝为之肝食。能死，从弟务丸代立。丸死，孙推斤立。斤死，子思复鞬立，部落转盛，遂据凉土。鞬卒，子乌孤袭位，养民务农，循结邻好。吕光进封孤广武郡公、益州牧、左贤王。

太初元年正月，改元，自称大将军、大单于、西平王。以弟鹿孤为骠骑将军，傉檀为车骑将军。二年，改称武威王。三年正月，徙治乐都。八月，孤因酒走马，马倒伤胁，笑曰："几使吕光父子大喜。"俄而患甚，顾谓群臣曰："方难未靖，宜立长君。"言终而薨。谥武王，庙号高祖。

《晋书》曰：秃发乌孤，其先与后魏同出。八世祖疋孤率其部自塞北迁于河西，其地东至麦田、牵屯，西至显罗，南至浇河，北接大漠。疋孤子寿阗之在孕，母胡掖氏因寝而产于被中，鲜卑谓被为秃发，因而氏焉。

秃发利鹿孤

崔鸿《十六国春秋·南凉录》曰：利鹿孤，乌孤弟。太初三年八月，即位，大赦，改治西平。建和元年正月，大赦，改元。延耆老访政治。二年，群臣固请即尊号，不许，乃僭称河西王。

三年三月，寝疾，令曰："昔我诸兄弟传位非子者，盖以泰伯三让，周道以兴故也。武王创践宝历，垂诸樊之试，终能克昌家业者，其在车骑乎！吾寝疾惙顿，是将不济，内外多虞，国机务广，其令车骑经总百揆，以成先王之志。”薨，谥康王，葬西平陵。

秃发傉檀

崔鸿《十六国春秋·南凉录》曰：傉檀，利鹿孤弟也。少机警，有才略。建和三年袭位，徙号凉王，迁于乐都，改为弘昌元年。秦遣使拜车骑将军、广武公。四年六月，秦遣授河右诸军事、凉州刺使，镇姑臧。

七月，宴群寮于宣德堂，仰视而叹曰："古人言作者不居，居者不作，信矣。"前昌松太守孟祎进曰："张文王筑城苑，缮宗庙，构此堂为贻厥之资，万世之业，秦师济河，濯然瓦解。此堂之建，年垂百载，十有三主，唯信顺可以久安，仁义可以永固。愿大王勉之。"檀曰："非君无以闻谠言也。"八月，以镇南大将军文支镇姑臧。檀迁于乐都，虽受制于秦，车服礼制一如王者。十一月，迁于姑臧。

嘉平元年十一月，即凉王位于南郊，大赦，改年嘉平，置百官。立世子虎台为太子。二年正月，以子明德归为南中郎将，领昌松太守。归俊爽聪悟，檀甚宠之，年始十三，命为《昌高殿赋》，援笔即成，影不移漏，檀览而善之，拟之曹子建。

七年，傉檀议欲征西乙弗，孟恺谏曰："连年不收，上下饥弊，南逼炽盘，北迫蒙逊，今远征虽克，后患必深。"傉檀曰："孤将略地，卿无阻众。"谓其太子武台曰："今不种多年，内外俱窘，事宜西行，以拯此弊。蒙逊近去，不能卒来，旦夕所虑，唯在炽盘。彼名微众寡，易以讨御，吾不过一月，自足周旋。汝谨守乐都，无使失坠。"傉檀乃率骑七千西袭乙弗，大破之，获牛马羊四十余万。

炽盘乘虚来袭，一旦而城溃。安西樊尼自西平奔告傉檀，傉檀谓众曰："今乐都为炽盘所陷，卿等能与吾藉乙弗之资，取契汗以赎妻子者，所望也。"遂引师而西，众多逃返，遣镇北段苟追之，苟亦不还。于是将士皆散。傉檀曰："炽盘昔委质于吾，今而归之，不亦鄙乎！四海之广，无所容其身，何其痛哉！吾老矣，宁见妻子而死。"遂归炽盘。六月，至西平，盘遣使郊迎，以上宾之礼。岁余，为炽盘所鸩。谥景王，时年五十一。武台亦为炽盘所害。少子保周归魏，魏以为张掖王。自乌孤太初元年岁在丁酉，至檀薨之岁甲寅，十有八岁。

《晋书》曰：乌孤以安帝隆安元年僭立，至傉檀三世，凡十九年，以安帝义熙十年灭。

南燕慕容德

崔鸿《十六国春秋·南燕录》曰：慕容德，字玄明，皝之少子。皝每对诸宫人言："妇人妊娠，梦日入怀，必生天子。"公孙夫人方娠，梦日入脐中，独喜而不敢言。晋咸康二年，昼寝生德，左右以告，方寤而起。皝曰："此儿易生，似郑庄公，必有大德。"遂以德为名。年十二而皝薨，哀毁过礼。年十八，长八尺二寸，额上有日月两角，下偃月重文。元玺初，封梁公。建熙初，进号安北将军，封范阳王，入为魏尹。秦灭燕，徙于长安。秦伐凉，德请征自效，后为张掖太守。符坚伐晋，垂请德为副。坚败，德乃随垂如邺。垂称燕王，复封范阳王。建兴元年，为司隶校尉。八年，拜司徒。垂临薨，谓太子宝曰："邺是旧郡，宜委范阳王。"永康元年，以德镇邺。

及宝失中山，奔龙城，以德为丞相，领冀州，承制南夏。德曰："中山既没，魏必乘胜来攻邺。"元年正月，德率户四万三千、车二万七千乘，自邺徙滑台黎阳。魏军垂至，三军危惧，欲堡据黎阳，昏日流凘冰合，是夜济讫，冰亦寻消。德大悦，改黎阳津为天桥津。德入滑台，赵王麟等九十八人上言："今中山倾陷，龙都萧条，赵魏遗黎，鹄企皇泽，伏愿仰承俯顺，以安宗庙，谨上皇帝尊号。"德许之，令曰："令假顺来议，且依燕元故事，统符行帝制奏诏而已。"改永康三年为元年，大赦殊死以下，置百官，封进有差。

宝自龙城南奔，至黎阳城西数里，伏于河西，遣中黄门赵思告北地王锺曰："上以去二月得丞相表即自南征，段速骨作逆于乙连，今失据来此，呼丞相奉迎。"锺驰使白状。宝遣思之后，见采樵者，知德称帝，惧而北奔。

初，符登既灭，登弟广率所部三千来降，拜冠军将军，处之乞活堑。至是复叛，称秦王。德留抚军鲁阳王和守滑台，德率众攻广，斩之。和长史李辨杀和，以滑台降魏。德曰："符广虽平，抚军失据，进有强敌，退无所托，计将安出？"尚书潘聪曰："滑台四通八达，非帝王之居。青、齐沃壤，号曰东秦，地方二千里，户余十万，四塞之固，可谓用武之国。"德犹预未决。于是遣牙门苏抚问沙门朗公，报曰："山栖绝俗之士，不应预问朝议，但有待之累，非有托无以立。陛下今来，即朗之檀越，敬览潘尚书之议，可谓兴邦。"抚又问以年世，朗以《周易》筮之，曰："燕衰庚戌。"抚曰："几何？"曰："年则一纪，世则及子。"抚曰："何其促乎？"朗曰："卦兆然也，岂关人哉！"抚秘不敢言，德大悦。三月，德引归而南。五月，次薛城。八月，入广固，即皇帝位于南郊。大赦，改元为建平元年。又曰："汉宣悯吏民犯讳，故改名，朕今增一备字，以为复名，庶开臣子避讳之路。"于是叙赏有差。褒德仕贤，新旧咸悦。十月，太极、端门并就，以公匠张刚为材官将军、尚方令。

二年十月，徐州刺史潘聪、青州刺史鞠仲来朝，宴于延贤堂，酒酣，德叹谓群臣曰："朕虽寡薄，拱己南面，在上不骄，夕惕于位，可称自古何等主也？"仲曰："陛下中兴之圣后，少康、光武之俦也。"顾命左右赐仲帛千匹。仲疑，多陈让。德曰："卿知调朕，朕不知戏卿乎！卿饰对非实，故亦虚言相赏。赏不谬加，何足谢也！"韩范进曰："臣闻天子无戏言，忠臣无妄对。今日之论，可谓君臣俱失。"德大悦，赐范绢五十匹。

三年三月，德如齐城，登营丘，望见晏婴冢，顾左右曰："礼，大夫不逼城葬。平仲，古之一贤人达者，而生居近市，死葬近城，岂有意乎？"青州秀才晏谟对曰："孔子称臣先人平仲贤矣，岂不知高其梁，丰其礼？盖政在家门，故俭以矫世。存居湫隘，卒岂择地而葬乎！所以不远门者，犹冀悟平生意也。"德悦之。三月，以太牢祀汉城阳景王庙，遂北登社首山，东望鼎足，因目牛山，问谟以齐之山川、贤哲故事。谟历对详辩，画地成图。德深嘉之，拜尚书郎。

五年二月，夜地震，在栖之鸡皆惊扰飞散。三月，德疾动经旬，几于不振，会前尚书右丞曹默自冀州来奔，以白酒解之，乃瘳。以默为御史中丞，封永熙侯。五年正月，兄子超自秦还。九月，汝水竭。十一月，德疾笃，夜梦虢曰："汝既无子，何不早立超为太子。不尔，恶人生心。"戊午，引见群臣于东阳殿，议立超为太子，俄而震起，百寮惊越，德亦不安，还宫，疾甚，呼段后、公主及超申以后事，执超手曰："若得至晓更见公卿，顾托以汝，死无所恨。"目视公主，欲有所言，竟遂不能。段后大言："今日召董中书造诰立超。"开目颔之。是夕，薨于显安宫，年七十。为十余棺，夜分出门，潜瘗山谷，莫知其尸所在，虚葬于东阳陵。谥献武皇帝，庙号世宗，在位五年。

慕容超

崔鸿《十六国春秋·南燕录》曰：慕容超，字祖明，德兄北海王纳之子。秦灭燕，以纳为广武太守，数岁去官，与母公孙太妃就弟德于张掖。德从符坚南征，留金刀，辞母而去。及垂兵山东，张掖太守符昌诛纳及德之诸子，公孙太妃以耄不合刑，纳妻段氏以怀妊未决，执于郡狱。狱掾呼延平，德之故吏也，将公孙、段氏逃于羌中，而生超焉。公孙氏临卒，授超金刀，曰："闻汝伯已中兴于邺都，吾朽病将没，相见理绝。汝脱得东归，可以此刀还汝叔也。"后因吕隆归秦，秦徙凉州民于长安，超因而东归。母谓超曰："母子得全济者，呼延氏之力也。惠而不报，天不佑人。平今虽死，吾欲为汝纳其女，以答厚惠。于是纳之。超至长安，佯狂行乞，由是往来无禁。济阴人宗正谦善卜相，西至长安，卖术于路，超行而遇之，因就谦相。谦奇其姿貌。超乃内断于心，不告母妻，辞母诣霸上，乃与谦俱归。至诸关禁，自称张伏生。二十日达梁父。建平六年四月，至广固，呈以金刀，且宣祖母临终之言，德抚之号恸。

超身长八尺，腰带九围，姿器魁杰，有类于德。德爱之，名之曰超，封北海王，拜侍中、骠骑大将军、司隶校尉，开府置佐。十一月，立为太子。己未，僭即皇帝位，大赦，改建平六年为太上元年。

三年七月，遣中书令韩范聘秦，姚兴许还超母妻。八月，秦使兼员外散骑常侍韦宗还聘，赠以千金。超复遣右仆射张华、给事中宗正元聘秦，送大乐伎一百二十人。姚兴大悦，还超母妻。十月，华发长安，宗正元驰先反命。超大悦，遣征虏公孙五楼率骑二千迎于境上，超亲率六宫迎于马耳关。四年正月，大赦，尊父北海穆王为穆皇帝，母段氏为皇太后，居长乐宫，妻呼延氏为皇后。

五年二月，晋相刘裕率众来伐。三月，晋师渡淮，超闻晋军之盛，自率众四万拒战，大败，奔还广固，徙郭内民入保小城。晋攻陷大城，长围列守，超请为藩臣，以大岘为界，裕不许。六年正月，超登天门，朝群臣于城上，杀马以飨将士。十一月，尚书悦寿开门纳晋师，超出奔，为晋所执。送建康市斩之，时年二十六。杀鲜卑王公已下三千余人，以男女万余口为军赏。始德建平元年岁在己亥僭号居齐，至为刘裕所灭在己酉，凡二十二年。

《晋书》曰：超在位六年，初德以安帝隆安四年僭立，至超二世，凡十一年，以义熙六年灭。

太平御览卷第一百二十七 偏霸部十一

西秦乞伏国仁

崔鸿《十六国春秋·西秦录》曰：乞伏国仁，陇西鲜卑人。其先自漠北南出太阴山。五世祖拓邻，晋太始五年率户五万迁居高平川。邻卒，子结权立，迁于牵屯。权卒，子利那立。那卒，弟祁泥立。祁泥卒，那子述延立，迁于苑川。延卒，祁泥子傉大寒立，石勒之灭刘曜也，惧而迁于麦田无孤山。寒卒，子司繁立，秦皇始中迁于度坚山。建元七年，秦将王统来伐，繁率骑三万拒统于苑川，统潜袭度坚山，部民五万余落悉降于统。繁乃诣统归降，符坚拜南单于，留之长安。后以为镇西将军，镇勇士川，甚有威惠之称。

司繁卒，国仁即位。闻符坚征晋奔败，仁收众至十余万。又闻坚为姚苌所杀，于是自称大都督、大将军、大单于、领秦河二州牧，改秦建元二十一年为建义元年。置武陵、苑川等十一郡，筑勇士都城以都之。三年，符登遣使拜仁大将军、苑川王。四年六月，薨，伪谥曰烈王，庙号烈祖。

乞伏乾归

崔鸿《十六国春秋·西秦录》曰：乞伏乾归，国仁弟。雄武有度略。仁薨，群僚以仁子公府幼稚，乃立乾归为将军、大单于、河南王。大赦，改四年为太初元年。立妻边氏为后，以南川侯出连乙都为丞相。

二年正月，符登遣使拜为大将军、金城王。六年，立子炽盘为太子。七年，登遣使授左丞相、河南王、假黄钺，加九锡之礼。十月，氐王杨定步骑四万来伐，归勒众而进，大败定军，斩定及首级万有七千。于是尽有陇西之地。十二月，僭称秦王，大赦。八年，吕光来伐，归乃称藩，遣子勃勃为质，既而悔之。

十三年，秦征西大将军姚硕德率众来伐，入自南安峡。乾归次于陇西以拒硕德。兴潜师继发。归闻兴至，自率轻骑数千候兴。俄与中军相失，为兴追骑所逼，战败。遁归苑川，乃率骑数百驰至允吾。秃发利鹿孤迎归，处之于晋。归将叛，谋泄，惧为利鹿孤所害，谓其子炽盘曰："姚兴方盛，吾将归之。今送汝兄弟及汝母为质。"于是送炽盘兄弟于西平，归遂奔长安。姚兴大悦，拜河南诸军事、河州刺史、归义侯。十四年，姚兴遣归还镇苑川，尽以部民配之。十八年正月，乾归自长安。十九年五月，苑川地震裂。十一月，又朝于长安。二十年，姚兴虑归终为西州之患，留拜主客尚书，以其子炽盘为西夷校尉，行河州刺史。

二十一年，盘以长安乱将始，乃招结诸部，筑城于嵻㟍山以据之。更始元年，归随姚兴如平流。盘攻枹罕，克之，遂遣使来告，归奔还苑川。遂如枹罕，留炽盘镇之。归将众二万迁于度坚山。诸将劝称王，七月，僭称秦王，大赦，改年，置百官，公卿以下皆复命本位，四年五月，归畋于五溪山，有枭集于其手，归恶之。六月，为兄子公府所杀，公府出奔。盘迁于枹罕，遣弟广武将军智达追擒公府于嵻㟍山南，轘裂之。八月，葬归于枹罕元平陵。伪谥武元王，庙号高祖。

乞伏炽盘

崔鸿《十六国春秋·西秦录》曰：乞伏炽盘，乾归太子。归薨，自称大将军、河南王，改年为永康元年。以尚书令翟就为相国，封拜各有差。

二年，讨吐谷浑别统屈达于渴浑川，大破之，俘获男女二万三千。三年正月，有五色云起于南山。盘大悦，谓群臣曰："吾今年应有所定，王业成矣！"于是缮甲整兵，以待四方之隙。五月，傉檀西征，率步骑二万袭乐都，傉檀降。遂并南凉，兵强地广。

十月，僭即秦王位，置百官，立妻吐蕃氏为皇后。四年，盘子元基自长安逃归，拜尚书左仆射。建弘元年，立第二子慕末为太子，领抚军。改年，大赦。九年，盘寝疾，顾命太子慕末，乃薨于外寝。六月，葬武平陵。谥文昭王，庙号太祖。

乞伏慕末

崔鸿《十六国春秋·西秦录》曰：乞伏慕末，字安石，炽盘之太子。幼而好学，有文才。建弘元年立为太子。盘薨，即秦王位，大赦，改年为永弘元年。二月，立子万载为太子。

三年九月，部民多叛，末焚城邑，毁宝器，率户五千东如上邽，为赫连定所拒，遂国南安。十一月，魏遣尚书库结率骑五千迎末。卫军吉毗固谏，以为不宜遂内徙，从之。库结引还。

四年，赫连定遣其叔北平公韦代率众一万攻南安。城内大饥，人相食，傅侍中乞伏延祚、吏部尚书乞伏跋跋逾城奔代，末乃衔璧出降。送于上邽，及宗族五百余人，悉为赫连定所诛。自国仁建义元年乙酉岁，至辛未，四十七载。

《晋书》曰：炽盘在位七年而宋氏受禅，以宋元嘉四年死。子慕末嗣，在位三年，为赫连定所杀。始，国仁以孝武太元十年僭位，至慕末，四世，凡四十有六载而灭。

北燕冯跋

崔鸿《十六国春秋·北燕录》曰：冯跋，字文起，长乐信都人。其先毕万。之后也。子孙食菜冯乡，因以氏焉。晋永嘉之乱，祖父和避地上党。父安，雄武有器量，为慕容永将。永灭，跋东徙和龙。长乐中，跋夜见天门开，神光赫然，烛于庭中。永康末，拜中卫将军。

建始元年，与二弟结谋，袭杀慕容熙，立高云为主。正始元年，以跋为中外都督、开府仪同三司、录尚书，封武邑公。太平元年，云为离班、桃仁所杀。帐下督张垂等诛班及仁。群臣推跋为主，僭即天王位，大赦，令曰："义贵适时，不必改作，故陈氏代姜，不徙齐号。即号燕国，改为太平元年。"追尊祖和为元皇帝，父安为宣帝，子永为太子。

三年七月，以太子永领大单于，内置四辅。七年，建太学，以长乐刘轩、营丘张炽、成周翟崇为博士，简二千石已下子弟年十五以上教之。十四年，宿军地燃，一旬乃灭。十七年二月，北部人赵寿女既嫁，化为男，娶妻而无子。跋问诸群臣曰："此何祥乎？"尚书左丞傅权对曰："汉世雌鸡为雄，阴变为阳，君替臣僭之象。卒有妇人专宠，王莽篡集。今女为男，臣将为君之征。"跋曰："将何以禳之？"权曰："桑谷生朝，大戊修德，而殷道中兴。荧惑守心，宋景责躬，延龄二纪。唯修身崇善可以转祸。"十八年八月，立子翼为太子，跋戒之曰："吾闻君人以学为本，不学无以立尊。敬师傅，人伦之始。汝其夙夜虔虔，钦承明训。"

二十二年八月，跋寝疾，召中书监申秀、侍中阳哲于内寝，谓之曰："吾患当不济，卿等善相吾子，参决万机。"九月，跋疾甚，辇而临轩，命太子翼勒兵听政，以备非常。宋夫人规立其子受，恶翼听政，谓之曰："上疾将瘳，奈何便欲代临天下乎！"翼性仁弱，遂还东宫，一日三省疾。宋夫人矫绝内外，遣阍寺传问而已，翼及大臣皆不得见。跋弟弘于是举壮士数十人裹甲入禁中，宿卫皆不战而散。宋夫人命闭东阁。弘家僮库斗头径捷有勇力，逾阁而入，至于黄堂，射杀女御一人。跋惊惧而薨。弘遣巡城告曰："天降凶祸，大帝崩背，太子不侍疾，群公不奔丧，疑有逆谋国危社稷。吾备太弟之亲，遂摄大位以宁国家。百官叩门入者进阶二等。"太子翼率东宫兵出战，败退，兵皆奔散。弘遣使赐死。命宗正冯哲、黄门卢昭典葬事于东宫。葬跋于长谷陵。伪谥文成皇帝，庙号太祖。

冯文通

崔鸿《十六国春秋·北燕录》曰：冯弘，字文通，跋之季弟。高云篡位，拜中领军，封汲郡公。太平元年，拜尚书右仆射，改封中山公，迁尚书令、司徒、录尚书事。

跋薨，僭即天王位。大兴元年正月壬午朔，大赦，改年。二月，立夫人慕容氏为皇后。二年正月，立少子玉仁为太子。六月，有鼠集城西，盈数里地中，西行至水，前者衔马尾，后者迭相衔尾而渡。识者以为民迁之象。七月，魏师来伐神高。八月，石城、辽东、营丘、城周四郡并降魏。九月，魏师引还，徙民四万余户而西。

三年六月，魏永昌王健来伐。五年四月，遣右卫孙德乞师于宋。十二月，又遣尚书阳伊请迎于句丽。六年三月，端门崩。四月，魏又遣侍中建兴公虞弼、东平公鹅青来伐，攻克白狼。句丽将葛居、孟光率数万随阳伊来迎，屯于临川。尚书令郭生因民之惮迁，开门而引魏军。魏军疑而不赴，生遂勒众攻弘。弘引句丽兵入自东门，与生战于阙下，生中流矢卒。句丽军既入城中，取武库甲以给其众，城内美女皆句丽军人所掠。五月乙卯，弘率龙城见户东徙，焚烧宫殿，火一旬不绝。令妇人被甲居中，阳伊等勒精兵于外，葛居、孟光率骑后殿，方轨而进，前后八十余里。魏军追至辽水，不击而还，遣使征弘于句丽。后二年为句丽所杀。伪谥昭成皇帝。自冯跋太平元年岁在己酉，至弘亡之岁丙子，二十八载。

夏赫连勃勃

崔鸿《十六国春秋·夏录》曰：赫连勃勃，朔方人。匈奴右贤王去卑。之后，刘元海之族也。曾祖父刘虎，前赵嘉平中以宗室封楼烦公，拜安北将军、丁零中郎将。祖父豹，后赵建武中拜平北将军、左贤王。父卫辰，符坚以为西单于，督摄河西诸虏，屯于代来城。因秦末兵乱，遂有朔方之地，控弦之士三万八千。姚苌拜辰大将军、河西王、大单于。魏师来伐。辰遣子右地代率骑二万拒战河东，为魏所败。遂乘胜济河，攻克代来，执辰杀之。勃勃，辰第三子，奔秦。高平公没弈于妻之以女。姚兴以勃勃为持节、安北将军、五原公，配以三交五部鲜卑及杂虏二万余落，镇朔方。

时河西鲜卑杜伦献马八千匹于秦，济河至大城，勃勃留之。召其众二万袭杀高平公没弈于而并其众。众至数万。自称天王、大单于，大赦，改弘始十年为龙升元年，置百官。以匈奴夏后氏之苗裔，僭称大夏。以大兄右地代为丞相、代公。发岭北民夷十万，于朔方黑渠之南营起京城。大赦，改龙升七年为凤翔元年，令曰："朕之皇祖，北迁幽朔，改姓姒氏，后从母为刘氏。子从母姓，非礼也。古之氏族无常。王者继天为子，是为徽赫，实与天连。今改姓曰赫连氏，庶协皇天之意。支庶非正统者以铁伐为氏，庶朕宗子刚锐如铁，皆堪伐人。"二年，立夫人梁氏为后，立子璝为太子。

四年九月，刘裕灭秦，入于长安。十二月，裕留子义真镇长安而还。勃大悦，遂图进取之计，遣太子璝率骑二万南伐长安。五年，义真遣龙骧将军沈田子率众逆战，璝击败之，退屯刘迴堡。八月，勃进据咸阳。刘裕大惧，乃召义真东镇洛。勃入长安。正月，群臣劝勃称皇帝。三月，坛于霸上，即皇帝位，大赦，改凤翔六年为昌武元年。冬十月，以太子璝领大将军、雍州牧、录南台尚书事，镇长安。十一月，勃勃还统万。统万，勃勃所都之城名也。统万宫殿大成，大赦，改昌武二年为真兴元年。刻石都南，颂纪功德。四月，追尊父卫辰曰桓皇帝，庙号太祖，母符氏为桓文皇后，祖父豹曰宣皇帝，曾祖虎曰景皇帝，高祖训儿曰元皇帝。五月，雨鱼于统万。二年十月，起冲天台于统万南山，欲登之以望长安。

六年，勃将废太子璝为秦王，以酒泉公伦为太子。璝闻将废己，率众七万北伐伦。伦率骑三万拒之，战于平城，为璝所败，伦死之。太原公昌率骑一万袭杀璝，率众八万五千归于统万。勃大悦，立昌为太子。七月，勃寝疾。八月，疾甚，辇升永安殿，召群臣属以后事，薨于永安殿，年四十五。谥武烈皇帝，葬嘉平陵，庙号世祖。

赫连昌

崔鸿《十六国春秋·夏录》曰：赫连昌，一名折，勃勃之第三子。身长八尺，魁岸美姿貌。

勃薨，即位于永安台，大赦，改真兴七年为永光元年。七月，杏城刘睹川有青石大如马头，浮在水上逆流而行，人见而送之。十月，魏乘虚来伐。三年五月，战于黑渠，为魏所败，昌与数千骑奔还。魏追骑亦至。昌留河内公费连乌提守高平，徙诸城民七万户于安定以都之。四年二月，魏军至安定。三月，城溃，昌奔秦州。魏东平公鹅青追擒之，送于魏。魏封昌秦王，尚始平公主。寻为魏所杀。

赫连定

崔鸿《十六国春秋·夏录》曰：赫连定，勃勃第五子。凤翔五年，封平原公、雍州牧，镇长安。率众赴安定，进封平原王、大将军、领司徒。

昌为魏所擒，遂率遗众数万据平原，僭称皇帝，大赦，改承光四年为胜光元年。进征南大将军、白兰王吐谷浑莫璝为开府仪同三司、河南王。十月，畋于阴磐，登苛蓝山而望统万城，泣曰："先帝以朕承大业者，岂有今日之事乎！使天假朕年，当与诸卿建王季之业。"俄而，有群狐百数鸣于定旁，命射之，无所获，定恶之曰："此大不善，咄咄天道，复何言！"

三年八月，魏军来袭。十月，克安定，进攻平原。十一月，定遂掠民五万西奔上邽。四年，河南王莫璝因戎狄之众，东面以争天下。魏遣益州刺史没利延、宁州刺史拾虎率骑三万来伐，遂擒定，送于魏。勃勃初号龙升元年岁在丁未，至是岁在辛未，二十五载也。

太平御览卷第一百二十八 偏霸部十二

宋刘裕

徐爰《宋书》曰：高祖武皇帝姓刘氏，讳裕，彭城绥舆里人。夜生，有神光之异。是夕，甘露降于墓树。尝游下邳，遇一沙门于逆旅，沙门言及中原事故，因云："江表寻当丧乱。"高祖曰："便遂至乱亡，当有拯之者不？"沙门曰："拯之者，"其在君乎！"其意甚至。初，高祖患手疮，积年未瘳，沙门曰：此疮难治，先有良药，当以相与。"因出怀中黄散裹留之。沙门既去，高祖追而望之，倏忽不见。以黄散治疮，一傅而愈。余散宝录之，被金疮辄用，有验。晋陵人韦叟，少以占相为事，其言多验，尝相高祖，曰："君当立，主方伯。"久之，又曰："君相辄进，贵不可言，唯愿富贵无相忘。"

晋末妖贼孙恩作乱，前将军刘牢之东讨。牢之请高祖参军事。牢之命高祖觇贼远近。将勇士数十人，会遇贼至，仍迎击之。贼众数千，高祖所将人多死，而战意方酣，奋长刀，所杀伤甚众。牢之子敬宣疑高祖淹久，恐为贼所杀，乃轻骑赴之。既而众骑并至，贼遂大崩。高祖为流矢所伤，通中信宿而愈。自后屡被重伤，皆弗以为患。军中益加敬惮。

恩北走海盐，高祖追而翼之，筑城于海盐故治，恩知城弗可下，乃进向沪，高祖复弃城追之。恩乘风浮海，奄至丹徒，师众数万，鼓噪登于蒜山，居民皆荷担而走。高祖率所领奔击，大败之，投巘赴水死者甚众。恩颠沛，仅得还船。虽被摧破，犹恃众力，遂径向京师。朝廷震惧，以高祖为建武将军、下邳太守，帅舟师讨恩于郁州，复大破之。桓玄从兄循以抚军将军镇丹徒，以高祖为中军参军。

玄篡帝位，循入朝玄，高祖从至京师。玄既宿惮高祖威名，又悦高祖之风仪姿貌，语司徒王谧曰："昨见刘裕，卿不得独擅其清！"或说玄曰："刘裕龙行虎步，瞻视不凡，恐必不为人下，宜早为其所。"玄曰：

"我方欲平荡中原，使裕以万人为前驱，关陇不足定也。事定之后，当更议之耳。"

高祖乃与弟道规、沛郡刘毅、东海何无忌潜谋匡复。桓循弟弘以征虏将军领广陵，以道规为中兵参军。刘毅先亦为弘吏佐，遭母忧还京口，是至住江北，与道规共集义徒。高祖托游猎，会无忌及任城魏咏之、高平檀凭之及从弟蕃等同谋二十七人，并愿从者百余人。是时，大风暴起。丙辰，诘朝，城门开，义众驰入，称有诏，齐声大呼，吏士惊散，即获桓循，斩而徇之。与桓弘主簿平昌孟昶等帅将士六十人，斩弘于广陵城，因收众济江。

玄遣顿丘太守吴甫之、右卫将军皇甫敷北拒义军。咸曰："裕等众力甚弱，岂有办成，陛下何虑之甚！"玄曰："刘裕足为一世之雄；刘毅家无担石之储；摴蒲一掷百万；何无忌，刘牢之甥，酷似其舅。共举大事，何谓无成！"

众推高祖为盟主，移檄京邑。遇吴甫之于江乘。甫之，玄骁将也，其兵甚锐。高祖躬执长刀，径入其阵，众皆披靡，即斩甫之。进至罗落桥，高祖望贼旗鼓誓，众驰进。挺剑指麾，光耀如电，将士皆莫敢仰视，但凭神武，争为先登，殊死而战，无不一当百，呼声动天地。风火并起，钲鼓之音震骇京邑。桓谦等诸军，一时土崩。

高祖镇石头，留台百官群寮宿卫各率其职。于是推高祖为使持节、都督杨徐兖豫青冀幽并八州诸军事、镇军将军、徐州刺史。

桓玄经浔阳，江州刺史郭昶之备乘舆法服以资之。收略二千余人，挟天子奔于江陵。冠军将军刘毅、辅国将军何无忌帅诸军南讨，破玄大将军郭铃等于桑落洲。玄弃众，复挟天子西走。初，益州刺史毛璩遣弟子修之诱玄以入蜀。至于枚回州，益州都护冯迁斩玄，首传于京师。天子反正，诏进位侍中、都督中外诸军事。高祖固让。加录尚书，封豫章公，邑万户，绢三万匹。

鲜卑慕容德僭号于青州，德死，从子超袭伪位。公抗表北讨。屠广固，超逾城走，获之。戮其王公以下，纳口万余，马二千匹，夷其城隍。献超于京师，斩于建康市。

卢循寇南康、庐陵、豫章，诸郡守皆委任奔走。驰使征公。公至下邳，留船运辎重，自帅精骑步归。孟昶、诸葛长民惧寇之深也，欲拥天子过江，公弗听。昶穷窘无余图，饮药而卒。群贼大至，公悉出轻利，帝躬提幡鼓，命军众齐力击之，贼众大败。追奔，逮夜乃收兵而归。循等还浔阳。公更简练三军，将进攻讨。循闻大军至，欲遁还豫章，乃悉力栅断左里。丙申，大军至左里。将战，公麾以进兵，幡竿折，遂沉于水。众皆失色，公自忻笑曰："往年覆舟之战，亦幡竿折，今复然，贼必破矣。"众乃大悦，即攻栅并进。循兵虽死战，犹弗能禁。诸军乘胜击之，循单舸走。刘蕃、孟怀玉斩徐道覆于始兴，传首京师。交州刺史杜慧度斩卢循父子，函七首送都。

刘毅为荆州刺史，矜功骄纵。公表请讨之。毅单骑出，自隘道侧。分遣诸军伐蜀，以朱龄石为益州刺史，公授以谋略，遂平成都，斩伪蜀王谯纵。荆州刺史司马休之僭结雍州刺史鲁宗之，宗之得书响应。公帅众军西讨。休之不敢战，乃弃城奔走伪羌。伪主姚兴死，子泓新立，人情骚扰。公乃抗表北伐。诸军入关，及姚泓战，大破之，泓肉袒稽首。公至长安。长安丰稔，帑藏盈积，后宫数千人。公先收彝器、浑仪、土圭之属，献于京师；其余珍宝珠玉，悉以班诸将士。执姚泓归之，有司斩于建康市。

公至洛阳，常有紫云见于军上，晋帝乃命有司禅位于王。改元熙二年为永初元年。三年正月，崩于西陵，年六十。

沈约《宋书》曰：高祖讳裕，字德舆，汉楚元王交之后也，小字寄奴。初，高祖家贫，尝负刁逵社钱三万，经时无以还。逵执录甚严，王谧造逵见之，乃密以钱代还，由是得释。高祖名微位薄，盛流皆不与相知，唯谧交焉。桓玄将篡，谧手解安帝玺绂，为玄佐命功臣。及义旗事建，众并谓谧宜诛，唯高祖保持之。

上清简寡欲，严整有法度，不视珠玉舆马之饰，后庭无丝竹之音。宁州尝献虎魄枕，光色甚丽。时将北征，以虎魄治金疮，上大悦，命捣碎分付诸将卒。关中得姚兴从女，有盛宠，以之废事。谢晦谏，即时遣出。钱帛皆付外府，内无私藏。宋台建，有司奏东西堂施局脚床、银涂钉，上不许。使用直脚床，钉用铁。孝武帝大明中，坏上所居阴室，于其处起玉烛殿，与群臣观之，床头土鄣，壁上挂葛灯笼、麻绳绋。侍中袁觊盛称上俭素之德，故能光有天下，克成大业者焉。

《宋书》：高祖游京口竹林寺，独卧讲堂前，上有五色龙章。众僧见之，惊以白帝，帝独喜，曰："上人无妄言也。"

《述异记》曰：宋高祖微时常游会下，过孔静宅，正昼卧，有神人衣服非常，谓之曰："起，天子在门。"既而失之。靖遽出，适与帝遇。延入，结交赠遗。临别，执帝手曰："卿后必当大贵，愿以身嗣为托。"帝许之。及京邑定，静自山阴令擢为会稽内史。

刘义符

徐爰《宋书》曰：少帝讳义符，高祖长子也。高祖崩，五月即皇帝位。庐陵王义真明隽秀令，朝野属望，而司空徐羡之、尚书仆射傅亮、领军谢晦等贪弄朝权，深相忌惮，乃共诬罔，构成其衅。是日上疏，收义真，徙于新安郡。徐羡之、王弘、傅亮、谢晦、檀道济等守门，露仗入殿。时上在华林园寝舟中，兵士竞进，杀侍御者二人，遂扶上出东阁，废为荥阳王。一依汉昌邑、晋海西故事，遂徙于吴郡。六月，徐羡之等使邢安太杀荥阳王于金昌亭，年十九。

沈约《宋书》曰：羡之等将谋废立，而庐陵王义真轻动多过，不任主四海，乃先废义真，然后废帝。侍中程道惠劝立第五皇弟恭，羡之不许。遣使杀真于新安，杀帝于吴县。帝突走出门，追者以门关击之，倒地，然后加害。

刘义隆

沈约《宋书》曰：太祖文皇讳义隆，小字车儿，武帝第三子也。授西中郎将、荆州刺史。长七尺五寸，博涉经史，善隶书。少帝废，百官备法驾奉迎，即皇帝位，改元元嘉元年。

三年，司徒、录尚书令、杨州刺史徐羡之，尚书令、护军将军傅亮，有罪伏诛。遣中领军到彦之、征北将军檀道济讨荆州刺史谢晦，上亲帅六师，擒晦于延头，送京师伏诛。京师疾疫，遣使存问，给医药，死者若无家属，赐以棺木。十二年，大水，京邑乘舡。二十四年，货贵，制大钱一当两。三十年三月，遇弑于含光殿，年四十七。

刘劭

沈约《宋书》曰：刘劭，字休远，文帝长子。六岁，拜为皇太子。二十七年，有巫严道育，自言通灵，夫为劫，没入奚官。劭姊东阳公主应阁婢王鹦鹉白公主云："道育有异术。"主乃白上，求入道育。道育自言服食，主及劭皆惑之。始兴王濬与劭并多过失，使道育祈请，令不上达，遂巫蛊。事泄，道育叛亡，变服为尼，逃东宫，濬往京口。复载将去。三十年二月，濬自京口入朝，复载还东宫。有告上云："京口有一尼，服食，出入征北内，似是严道士。"上使掩捉，得二婢，云："道育随濬还都。"上乃使京口送道育二婢，顷至检覆，废劭，赐濬死。母潘淑妃具以告濬。濬驰报劭，劭因是有异谋。其月二十一日，召前中庶子萧斌，告以逆事。明旦，与斌同载，从万春门入。张超之手行杀逆，又使人杀潘淑妃。濬屯中堂，劭即伪位，改元嘉三年为太初元年。

世祖及南谯王义宣，随王诞并举义兵。劭以事委王罗汉、鲁秀，以拒义军。三月十九日，义军至新林。二十一日，至新亭。二十二日，劭众连败，相继散奔。四月四日，义军薛安郡等并入殿，臧质从广莫门入，同会太极殿。劭穿西垣入武库井中。即从井中牵出，缚劭于马上，防送军门，斩于牙下。濬、劭及四子并枭首，暴尸于市，投劭、濬尸于江。张超之为乱军剖腹刳心，脔食其肉，焚其骨头。道育、鹦鹉并都街鞭杀于石头四望山下，焚尸扬灰于江。后史官目劭为元凶。

刘骏

沈约《宋书》曰：世祖孝武皇帝讳骏，字休龙，小字道民，文帝第三子。迁南中郎将，元凶杀逆，以为征南将军，加散骑常侍。上帅众入讨，荆州刺史南谯王义宣、雍州刺史臧质并举义兵。元嘉三十年四月，上至于新亭，即皇帝位。五月，克京城。

孝建元年春，亲祠南郊，改元，大赦。诏："凡诸守莅亲民之官，可申详旧条，劝尽地利。力田善蓄者，具以名闻。"更铸四铢钱。立子业为太子。赐为父后者爵一级。

大明元年正月，大赦，改元。四月，京师疾疫，遣使案行，赐给医药。死而无收敛者，官为敛埋。诸王及妃主庶姓位从公者，丧事听设凶门，余悉断。司空南兖州刺史竟陵王诞有罪，贬爵。诞不受命，据广陵反。上亲御六师，车驾出顿宣武堂。三年七月，克广陵城，斩诞。初立驰道自阊阖门至朱雀门，又自朱雀门至于玄武湖。七年，于博望山立双阙。八年闰五月，帝崩于玉烛殿，年三十五。

沈约《宋书》曰：世祖游幸无度，太后、六宫常乘副车在后。沈怀文与王景文每谏不宜数出。后同从，坐松树下，风雨甚骤，景文曰："卿可以言矣。"怀文曰："独言无系，宜相与谏之。"江智渊卧草侧，亦谓"言之为善。"俄而被召，俱入雉场，怀文曰："风雨如此，非圣躬所宜冒。"景文又曰："怀文所启宜从。"智渊未及有言，上乃注弩作色曰："卿欲效颜峻耶，何以恒知人事？"又曰："颜峻小子，恨不得鞭其面首。"

刘子业

沈约《宋书》曰：前废帝讳子业，小字法师，孝武帝长子也。世祖入伐元凶，被囚于侍中下省，将见害者数矣，卒得无恙。世祖崩，其日，太子即皇帝位。罢南北二驰道，孝建以来所改制度还依元嘉。是岁，诸郡大旱甚，米一斗数百，京邑亦至百余。

永光元年春，改元，大赦。八月，帝自率宿卫兵，诛太宰江夏王义恭、尚书令骠骑大将军柳元景、尚书左仆射颜师伯、廷尉刘德愿。改元为景和元年。以宫人谢氏为贵嫔夫人，加虎贲鞁戟，鸾辂龙旗，出警入跸。时帝凶悖日甚，诛杀相继，内外百司，不保首领。先讹言云："湘中出天子。"帝将南巡荆湘二州，以厌之。先欲诛除诸叔，然后发。太宗与左右阮佃夫、王道隆、李道儿密结帝左右寿寂之、姜产之等十一人，谋共废帝。戊午夜，帝于华林园竹林堂射鬼。时巫云："见此堂有鬼。"故帝自射之。寿寂之怀刀入，姜产之为副。帝欲走，寂之追而殒之，时年十七。

帝幼而狷急，在东宫每为世祖所责。世祖西巡，子业启参承起居，书迹不谨，上让之。子业启事陈谢，上答曰："书不长进，此是一条耳。闻汝素业都懈，狷戾日甚，何以顽固尔耶！"帝少好读书，颇识古事，自造《世祖诔》及杂篇章，往往有辞彩。

沈约《宋书》曰：前废帝景和末，召南平王铄妃江氏入宫，使左右于前逼迫之，江氏不受命。谓之曰："若不从，当杀汝三子。"江氏犹不肯。于是遣使于弟，杀敬猷，敬渊等杖一百。其夕，废帝亦殒。

刘彧

沈约《宋书》曰：太宗明皇帝讳彧，字休炳，小字荣期，文帝第十一子也。为雍州刺史。景和末，上入朝，被留停。废帝诛害宰辅，杀戮大臣，恒虑有图之者，疑畏诸父，并拘之殿内。收上付廷尉，一宿被原。将加祸害者，前后非一。既而害上意定，明旦便应就祸。上先与腹心阮佃夫、李道儿、寿寂之等密共合谋，殒废帝于后堂。建安王休仁便称臣，引升西堂御坐，召见诸大臣。于时，事出仓卒，上失履，跣至西堂，犹著乌帽。坐定，休仁呼主衣以白帽代之，引备羽仪，虽未即位，凡众事悉称令书施行。

上即皇帝位，大赦天下，改景和元年为太始元年。镇军将军、江州刺史晋安王勋举兵反，镇军长史邓琬为其谋主，雍州刺史袁顗帅众赴之。车驾亲御六师，出顿中兴堂。司徒建安王休仁帅众军大破贼，斩伪尚书仆射袁顗，进讨江郢荆雍相五州，平定之。晋安王子勋并赐死，同党皆伏诛。

太豫元年四月，上大渐，袁粲，褚渊、刘勔、蔡兴宗、沈攸之同被顾命。上崩于景福殿，年四十四。

帝少而和美，风姿端雅。早失所生，养于路太后房内。大明世，诸弟多被猜忌，唯上见亲，常侍路太后医药。好读书，爱文义，在藩时，撰《江左以来文章志》，又续卫瓘所注《论语》二卷行世。及即大位，四方反叛，以宽仁待物，诸将帅有父兄子弟同逆者，并授以禁兵，委任不异，故众为之用，莫不尽力。平定天下，逆党多被全宥，其才者并见授用，有如旧臣。才学之士，多蒙引进，参究典籍，应对左右。于华林园茆堂讲《周易》，常自临听。末年好鬼神，多忌讳，近谗慝，剪落皇枝，宋氏之业自此衰矣。

沈约《宋书》曰：王景文为扬州刺史。上既有疾，而诸弟并已见杀，唯桂阳王休范人才本下，不见疑，出为江州刺史。虑一旦晏驾，皇后临朝，景文自然成宰相，门族强盛，籍元舅之重，岁暮不为纯臣，太豫元年春，上疾笃，乃遣使送药赐景文死，手诏曰："与卿周全，欲全卿门户，故有此处分。"

刘昱

沈约《宋书》曰：废帝讳昱，字德融，小字慧震，明帝长子也。太宗诸子在孕，皆以《周易》筮之，即以得之卦为少字，故帝字慧震。立为皇太子。太宗崩，太子即位。

元徽元年正月，改元。二年，太尉、江州刺史桂阳王休范举兵反。贼奄至，攻新亭垒。齐王拒击，大破之。越骑校尉张苟儿斩休范。五年七月戊子夜，帝殒于仁寿殿。

初，帝在东宫，年五六岁时始就书学，而堕业好嬉戏，主师不能禁。好缘漆帐竿，去地二丈余，如此者半食久，乃下。年渐长，喜怒无节，左右有失旨者，辄手加扑打。徒跣蹲踞，以此为常。主师以白太宗，上辄敕昱所生，严加捶训。及嗣位，内畏太后，外惮诸臣，犹未得肆志。自加元服，变态转兴，内外稍无以制。三年秋冬间，便好出游行，太妃每乘青篾车，随相检摄。渐自放恣，太后不复能禁。单将左右，弃部伍，或十里、二十里、或入市里，或往营署，旦出，日暮乃归。四年春夏，此行弥数。自京城克定，意志转骄，于是无日不出。与左右人解僧智、张立鬼恒自驰逐，夜出承明门，夕去晨反，旦去暮归。从者并执鋋矛，行人男女及马驴值无免者。民间忧惧，昼日不敢开门，道上行人殆绝。常着小裤，未尝服衣冠。有白棓数十枚，各有名号。钳凿锥锯之徒，不离左右。常以铁锥锥人阴破，左右人见敛眉者，昱大怒，令此人袒臂正立，以矛刺臂洞骨。于耀灵殿上养驴数十头，所自乘马，养于御床侧。先是民间讹言，谓太宗不男，昱是李道儿子。昱每出入去来，常自称刘统，或自号李将军。与右卫翼辇营女子私通，每从之游，持百数十钱，供酒肉之费。辂车一乘，其上施蓬，乘以出入，从者不过数十人。羽仪追之恒不及，又各虑祸，亦不敢追寻，唯整部伍，别在一处瞻望而已。凡诸鄙事，过目即能，锻金银，裁衣作帽，莫不精绝。未尝吹篪，执管便韵。天性好杀，以此为忻，一日无事，惨惨不乐。

齐王潜图废立，与直阁将军王敬则谋之。七月七日，昱乘露车，从二百许人，无复卤簿羽仪，往青园尼寺，晓至新安寺就昙渡道人饮酒，醉，扶夕还仁寿殿东阿毡幄中卧。时昱出入无禁，大内诸阁，夜皆不闭。厢下畏相逢值，无敢出者。宿卫并逃避，内外无相禁摄。王敬则先结昱左右杨万年等二十五人，谋共取昱。其夕，王敬则出外，杨玉夫见昱醉熟无所知，乃与万年同入毡幄内，以昱防身刀斩之。提昱首，依常行法，称敕开承明门出，以首与敬则，驰至领军府，以首付齐王。齐王乃戎服，率左右数十人，称行还，开承明门入。昱他夕每开门，门者震惧不敢视，至是弗之疑。齐王既入，晓，乃奉太后令奉迎安成王。

刘准

沈约《宋书》曰：顺皇帝讳准，字仲谟，小字知观，明皇帝第三子也。封安成王。废帝殒，奉迎王入居朝堂。壬辰，即皇帝位。升明元年，改元，大赦。齐王出镇东城，辅政作相。三年，加相国，总百揆，备九锡之礼。四月，禅位于齐王。壬辰，帝逊于东邸。既而迁居丹阳宫，封为汝阴王。殂于丹阳，谥曰顺皇帝，时年十三。

史臣曰："圣王膺录，自非接乱承微，则天历不至也。自三、五以来，受命之主，莫不乘沦亡之极，然后符乐推之运。水德迁谢，其来久矣，岂止于区区汝阴揖让而已哉！"

太平御览卷第一百二十九 偏霸部十三

萧道成

萧子显《齐书》曰：太祖高皇帝讳道成，字绍伯，小字斗将，汉相何二十四世孙也。何孙侍中彪，免官居东海兰陵郡，于是为兰陵人。太祖以元嘉四年丁卯岁生，龙颡钟声，鳞文遍体。儒士雷次宗立学鸡笼山，年十三，受业治《礼记》及《左氏春秋》。袭爵晋兴男，除江夏王大司马参军、员外侍郎、直阁中书舍人、右军将军。

寻阳王子房反，加辅国将军，帅众东讨，一日破十二垒。转冠军将军、持节、北讨诸军事，镇淮阴。征还，迁督徐兖二州军事、南兖州刺史。明帝嫌太祖非人臣相，民间流言，云："萧道成当为天子"，帝愈以为疑，遣镇军将军吴喜以三千人北使，令喜留军破釜，自将银壶酒封赐。太祖戎服出门迎，即酌饮之。喜还，帝意乃悦。七年，征还京师，部下劝勿就征，太祖曰："诸卿暗于见事。主上诛诸弟，太子稚弱，作万岁后计，何关他族。唯应速发，事缓必见疑。今骨肉相害，自非灵长之运，祸难将兴，方与卿等戮力。"及还京，拜散骑常侍、太子左卫率。时世祖以功当别封赣县，太祖以一门二封，固辞不受。诏许之，加二百户。

明帝崩，遗诏为右卫将军，领卫尉，加兵五百人。与尚书令袁粲、护军褚渊、领军刘勔共掌机事，加侍中。江州刺史桂阳王休范反，出顿新亭以拒之，加使持节、平南将军，给鼓吹一部。治新亭城垒未毕，贼前军已至，太祖方解衣高卧，以安众心。乃索白虎幡，登西垣，使宁朔将军高道庆、羽林监陈显达、员外郎王敬则浮舸与贼水战，自新林至赤岸，大破之。贼平，振旅凯旋入，百姓缘道聚观，曰："全国家者此公也。"迁散骑常侍、中领军、都督二兖徐青冀五州、镇军将军、南兖州刺史，进爵为公，增邑二千户。与袁粲、褚渊、刘秉更日入直，号为四贵。四年，加尚书左仆射。

太祖威名既重，苍梧王深相猜忌，几加大祸。陈太妃骂之曰："萧道成有功于国，今若害之，谁复为汝著力者？"乃止。杨玉夫等杀苍梧王，迎立顺帝。太祖移镇东府，进侍中、司空、录尚书事，封竟陵郡公。进太尉、十二州诸军事。

大明、太始以来，相承奢侈，百姓成俗。太祖辅政，罢御府尚方诸饰玩。至是，又上表禁人间华伪，杂物不得以金银为薄，马乘具不得金银渡，不得作织成绣裙衣，道路不得著锦履，不得用红色为幡盖衣服，不得剪彩帛为杂花，不以七宝饰乐器，不得以金银为花兽，不得辄铸金铜为像。

又进假黄钺、都督中外诸军事、太傅，领扬州牧。剑履上殿，入朝不趋，赞拜不名。署左右长史、司马、从事中郎、掾、属各四人，太尉、录尚书事、南徐州刺史如故。三月，进相国，总百揆，封十郡为齐公，备九锡之礼，加玺绂远游冠，位在诸侯王上。四月，进爵为王。又命冕十有二旒，建天子旌旗，出警入跸，乐舞八佾。辛卯，宋使兼太保渊、兼太尉僧虔奉玺绂，禅位。

建元元年四月甲午，即位于南郊，柴燎告天，升坛受禅。礼毕，即建康宫，大赦，改升明三年为建元元年。封宋帝为汝阴王。五月，汝阴王薨，追谥为宋顺帝。四年三月庚申，有疾，召司徒褚渊、左仆射王俭，曰："吾遘疾弥留，至于危笃。公等奉太子如事吾，当令太子敦睦亲戚，委任贤才，崇尚节俭，弘宣简惠，则天下之理尽矣。"壬戌，崩于临光殿，年五十六。谥曰太祖高皇帝。

上少有大量，博涉经史，善属文。虽经纶夷险，不废素业。后宫器物栏槛以铜为饰者，改用铁。内殿施黄纱帐，宫人著紫皮履。欲以身率下，移风变俗。每曰："使我治国十年，当使金土同价。"四月庚寅，葬武进大安陵。

萧赜

萧子显《齐书》曰：世祖武皇帝讳赜，字宣远，太祖长子也。小讳龙儿。生于建康清溪宅，其夜，陈孝后、刘昭后同梦龙据屋上，故以字上。初为寻阳国侍郎，辟为西曹书佐，出为赣令、尚书库部。桂阳王休范反，上遣军袭寻阳，事平，除晋熙王谘议，迁司徒右长史、黄门郎、散骑常侍、江州刺史。征拜侍中、领军将军，给鼓吹一部。又加持节、都督京畿诸军事、仆射、中军大将军、开府仪同三司，进爵为公，给班剑二十人。齐国建，为世子，加侍中、南豫州刺史，给油络车、羽葆鼓吹。以石头为世子宫，置二率，坊省服章，一如东宫。进为太子。及太祖即位，为皇太子。

太祖崩，上即位。乙丑，称先帝遗诏，以司徒褚渊录尚书，左仆射王俭为尚书令。丙申，立皇太妃王氏。永明元年正月辛亥，南郊，大赦，改元。四年正月辛亥，藉田礼毕。甲寅，幸阅武堂营酒小会。

十一年正月，皇太子长懋薨。甲午，立太孙昭业为皇太孙。七月，上不豫，徙居迎昌殿，始登阶而屋鸣，咤甚，恶之。戊寅，大渐。诏曰："始终大期，圣贤不免，吾行年六十，亦复何恨。但皇业艰难，万机事重，不能无遗虑耳。太孙进德日茂，社稷有寄。子良善相毗辅，思弘治道。百辟庶条，各奉尔职，谨事太孙，勿有懈怠。知复何言。"又诏曰："我识灭。之后，身著夏衣画天衣，纯乌犀导路，器服悉不得用宝物及织成。常所服身刀长短二口铁环者，随我入梓宫。灵上勿以牲牢为祭，祭唯设饼、茶饮、干饭、酒脯而已。丧礼每存省约，不须烦民。百官六时入临。又显阳殿玉像诸佛及供养，具如别牒，可尽心礼拜供养。自今公私皆不得出家为道，及起立塔寺，以宅为精舍，并严断之。唯年六十，必有道心者，听朝贤选序，已有别诏。"是日崩，年五十四。丙寅，葬景安陵。

帝刚毅有断，为治总大体，以富国为先。颇不喜游宴、雕绮之事，言常恨之，未能顿遣。诏"凡诸游烦，宜从休息。自今远近荐献，务存节俭。珠玉玩好，伤工尤重，严加禁绝。"

萧昭业

萧子显《齐书》曰：郁林王昭业，字元尚，小名法身，文惠太子长子也。世祖即位，封南郡王。文惠太子薨，立为皇太孙。即位，追尊文惠太子为世宗文皇帝。

隆昌元年正月，大赦，改元。加太傅竟陵王子良殊礼。闰月丁卯，以镇军大将军西昌侯鸾即本号、开府仪同三司。七月癸巳，太后令："嗣主特钟沴气，爰表弱龄。自入纂鸿业，长恶滋甚。居丧无一日之哀，衰绖为忻宴之服。昏酣长夜，万机斯壅。社稷危殆，有过缀旒。镇军居正体道，国家是赖，伊、霍之举，实寄渊谟，便可依旧典，以礼废黜。中军新安王，体自文皇，叡哲天秀，宜入嗣鸿业，永宁四海，外即以礼奉迎。"

昭业少美容止，好隶书，世祖敕皇孙手书不得妄出，以贵重之。进对音吐，甚有令誉。王侯五日一问讯，世祖常独呼昭业至幄座，别加抚问，呼为法身，重爱甚。文惠太子崩，昭业每临哭，辄号咷不自胜，俄而还内，欢笑极乐。在世祖丧，泣竟，入后宫，常列胡伎二部入阁迎奏。为南郡王时，文惠太子禁其起居，节其用度，昭业谓豫章王妃庾氏曰："阿婆，佛法言有福德福生帝王之家。今日见作天子，便是大罪，左右主师，动见拘执，不如作市边屠沽富儿百倍矣。"及即位，极意赏赐，动百数十万。每见钱，曰："昔时思汝，一个不得，今用汝未？"期年之间所出，诸库储钱数亿垂尽。开主衣库，与不逞群小，又给阉人竖子各数人，随其所欲，恣意辇取，取诸宝器以相剖击破碎之，以为笑乐。好斗鸡，密买鸡至数千价。世祖御物甘草杖，宫人寸断用之。毁世祖招婉殿以封赐阉人徐龙驹为斋。龙驹尤亲幸，为后阁舍人，日夜在宫房内。昭业与文帝幸姬霍氏淫通，龙驹劝长留内，声言度霍氏为尼，以余人代之。皇后亦淫乱，斋阁通夜洞开，内外淆杂，无复分别。

壬辰，使萧鸾等率兵自尚书入云龙门，戎服加朱衣于上。帝在寿昌殿，闻外有变，使闭内殿，诸阉人登兴光楼望，报云："见一人戎服，从数百人，在西钟楼下。"须臾，萧鸾领兵先入，帝走向爱姬徐氏房，拔剑自刺不中，以帛缠出，杀之，余党亦见诛。卒时年二十二，葬以王礼。

萧昭文

萧子显《齐书》曰：海陵恭王昭文字季尚，文惠太子第二子也。封临汝公。郁林王即位，改封新安王。及郁林王废，尚书令西昌侯鸾奉帝纂统。延兴元年七月丁酉，即位。以尚书令、镇军大将军西昌侯鸾录尚书事、杨州刺史，封宣城郡公。十月，进为太傅、杨州牧，加殊礼，进爵为王，辅政，帝起居皆谘而后行。思食蒸鱼菜，太官令以无录公命，不与。辛亥，皇太后令曰："嗣主幼冲，庶政多昧，且早膺尪疾，弗克负荷。太傅宣城公宜入承宝命，式宁宗祏。帝可降封海陵王。"

十一月，称王有疾，数遣御师占视，乃殒之。时年十五，谥曰恭王。

萧鸾

萧子显《齐书》曰：高宗明皇帝讳鸾，字景栖，始安贞王道生子也。少孤，太祖抚育，恩过诸子。宋世为安吉令，有严能之名，迁宁朔将军、淮南宣城二郡太守。太祖践祚，迁侍中，封西昌侯。建武元年，持节、冠军将军、郢州刺史。世祖即位，转度支尚书、侍中，领骁骑将军。王子侯旧乘缠帷车，高宗独乘下帷，仪从如素士。迁中领军、左卫将军、豫州刺史、尚书佐仆射，领右卫将军。武帝遗诏为侍中、尚书令，加镇军、中书监、开府仪同三司。海陵即位，为使持节、都督扬、南徐二州诸军事、扬州刺史，镇东城，给兵五千人。录尚书、假黄钺、中外都督，加殊礼，进爵为王。太后令废海陵王，以上入纂大位，群臣三请，乃受命。

建武元年十月癸亥，即皇帝位，大赦，改元。戊子，立皇太子宝卷。赐天下为父后者爵一级。二年十月丁卯，诏曰："轨业去奢，事殷哲后，训物以俭，理镜前书。朕思所以迁淳改俗，反古移民。可罢东田，毁兴光楼。"并敕水衡量省御乘。永太元年四月甲寅，改元，大赦。五月，以太子中庶子梁王为雍州刺史。己酉，崩于正福殿，年四十七。

帝明审有吏才，持法无所借。大存俭约。罢世祖所起新林苑，以地还百姓。废文帝所起太子东田，卖之。永明中，舆辇舟乘，剔去金银还主衣库。太官进食，有裹蒸，帝曰："可四片破之，余充晚食。"世祖掖庭中宫殿服御，一无所改。

萧宝卷

萧子显《齐书》曰：东昏侯讳宝卷，字智臧，高宗第二子。建武元年，立为皇太子。高宗崩，即位。

永元元年正月，大赦，改元。辛卯，南郊。诏二品清官以上应食禄者，有二亲或祖父母年登七十，并给见钱二千贯。二年八月甲申夜，宫内失火。十二月，雍州刺史梁王起义兵于襄阳。三年正月丙申，合朔，事毕，与宫人于阅武堂元会，皇后正位，帝戎服临事。三月，南康王宝融即皇帝位于江陵，以太子左率李居士总督西讨诸军事，屯新亭。九月，义军至南州，辅国将军申曹军二万人于姑熟奔归。丙辰，李居士与义军战于新亭，败绩。十月，冀青二州刺史桓和入卫，屯东宫；己卯，以众降。光禄大夫张瓌先守石头，弃城奔还。于是闭宫城自守。李居士以新亭降。军筑长围守宫城。十二月，王珍国、侍中张謏等帅兵入殿废帝。

帝在东宫，便好弄，不喜书学。及即位，性重涩少言，不与朝士接，唯亲信阉人。日夜于后堂戏马，五更方卧，至晡乃起。渐出游走，屏逐居民，从万春门游东宫以东至于郊外，数十百里，皆空家静室。巷陌悬幔为高障，置仗防之，谓之屏除。夜出晨反，火光照天。拜爱姬潘氏为贵妃。仍以金莲帖地，使妃行于其上，曰此步步莲花耶。每出，妃乘卧舆，帝骑马从后。着织成裤褶，金薄帽，执七宝缠稍，戎服急装，不变寒暑，凌冒雨雪，不避坑阱；驰骋渴乏，辄下马解取腰间蠡器，酌水饮之，复上马驰去。选无赖小儿善走者为逐马，左右百人，常以自随。置射雉场二百九十六处，翳中帷帐及步障，皆夹缘以红锦，金银镂弩牙，瑇瑁帖箭。郊郭四民，樵苏路绝，吉凶失时，舆疾弃尸，不得殡葬。后宫遭火 之后，更起仙华、神仙、玉寿诸殿，刻画雕彩，麝香涂壁，锦幔珠帘，穷极绮丽。

又信鬼神，崔惠景事时，拜蒋子文神为假黄钺、使持节、相国、太宰、大将军、杨州牧、钟山王，以至尊为皇帝。迎神像及诸庙杂神皆入后宫，祷祀祈福。及闻兵入，趍出户，阉人黄大刀伤其膝，仆地，曰："奴反耶？"直后张齐斩首送梁王。宣德太后令依汉海昏侯故事，追封东昏侯。

唐秘书监虞世南《公子先生论》云：公子曰："宋齐二代，废主有五，并骄淫狂暴，前后如一，或身被杀戮，或倾坠宗社，岂厥性顽凶，自贻非命，将天之所弃用倾代业者乎？"先生曰："夫木之性直，匠者揉以为轮；金之性刚，工人理以成器。岂人事也？唯上智下愚，特禀异气；中庸之才，全由训习。自宋、齐以来，东宫师傅，备员而已，贵贱礼隔，规献无由，且多以位升，罕由德进。善乎哉！贾生之言：'昔者成王幼在襁褓之中，召公为太保，周公为太傅，太公为太师。保则保其身体，傅则傅以德义，师则导之教训，此三公之职也。又置三少曰少保、少傅、少师，是与太子晏者也。故乃孩提有识。三公、三少固明者孝仁礼义，以导习之，遂去邪人，不使见恶行。选天下之儒士，孝悌博闻有道术者，以翼卫之，使与太子居处。故太子生乃见正事，闻正言，行正道，左右前后皆正人也。习与正人居，不能无正，犹生长齐地不能不齐言；习与不正人居，犹生长楚地不能不楚言也。'秦使赵高傅胡亥，教之狱讼，所习者非斩劓人，则夷人之三族也。故胡亥今日即位，明日射人，有忠谏者谓之诽谤，深计者谓之妖言，视杀人如刈草菅然。岂胡亥之性恶哉？彼其导之者非其理也。故选左右禅教之，最急此五。君者禀凡庸之性，无周召之师，远益友之箴规，狎不尚之近习，以斯下质，生而楚言，覆国忘身，理故然也。"

萧宝融

萧子显《齐书》曰：和帝讳宝融，字智昭，高宗第八子。建武元年，封随郡王。永元元年，改封南康王，出为荆雍宁益梁南北秦七州诸军事、西中郎将、荆州刺史。萧颖胄杀巴西、梓潼二郡太守刘山阳，奉王举兵。以雍州刺史萧衍为使持节、都督诸军事、左将军。以萧颖胄为右将军、督行诸军事。夏侯亶自京师至江陵，称宣德太后令："南康王宜纂成国祚，光临亿兆，方俟清宫，未即大号，可且封十郡为宣城王，加相国、荆州牧，又加黄钺。"萧颖胄为左长史，进号镇军；萧衍进号征东将军。己巳，群僚上尊号。

中兴元年正月乙巳，即皇帝位，大赦，改元。以相国左长史萧颖胄为尚书令、领军将军，萧衍为雍州刺史。十二月，建康平。皇太后令以萧衍为大司马、录尚书事、骠骑大将军、杨州刺史，封建安郡公，依晋武陵王遵承制故事，百僚致敬。二年正月，皇太后临朝，入居内殿。以大司马萧衍为都督中外诸军事，殊礼，进位相国，总百揆，杨州牧，封十郡为梁公，备九锡之礼，加远游冠，位在诸王上。二月，进梁公爵为王，增封十郡，建天子旌旗，出警入跸。三月景辰，逊位于梁。丁卯，梁奉帝为巴陵王，徙姑熟。戊辰，薨，年十五。追为和帝，葬恭陵。

史臣曰：夏以桀亡，殷因纣灭，郊天改朔，理无延世。而皇符所集，重兴西楚，神器暂来，虽有冥数，徽名大号，斯为幸矣。

太平御览卷第一百三十　偏霸部十四

高欢

《北齐书》曰：高祖神武皇帝姓高氏，讳欢，字贺六浑，渤海蓨人也。六世祖隐，玄菟太守。皇考树，性通率，不事家业。住居白道南，数有赤光紫气之异，邻人以为怪，劝徙居以避之。皇考曰："安知非吉？"居之自若。及神武生而皇妣韩氏殂，养于同产姊婿镇岳队尉景家。神武既累世北边，故习其俗，遂同鲜卑。长而深沉有大度，轻财重士，为豪侠所宗。目有精光，长头高颧，齿白如玉，少有人杰。素家贫，及娉武明皇后，始有马，得给镇为队主。镇将辽西段长常奇神武貌，谓曰："君有康济之才，终不徒然。"便以子孙为托。神武自队主转轮为函使。尝乘驿过建兴，云雾昼晦，雷声随之，半日乃绝，若有神应者。每行道路，往来无风尘之色。又尝梦履众星而行，觉而内喜。为函使六年，每至洛阳，给令史麻祥使。祥尝以肉啗神武，神武性不立食，坐而进之，祥以为慢己，笞神武四十。及自洛阳还，倾产以结客。亲故怪问之，答曰："吾至洛阳，宿卫羽林相率焚领军张彝宅，朝廷惧其乱而不问，为政若此，事可知也。财物岂可常守邪？"自是乃有澄清天下之志。与怀朔省事云中司马子如及秀容人刘贵、中山人贾显智为奔走之友，怀朔户曹史孙腾、外兵使侯景亦相友结。

孝昌元年，归尔朱荣于秀容。先是刘贵事荣，盛言神武美，至是始得见。以憔悴故，未之奇也。贵乃为神武更衣，复求见焉。因随荣之厩，厩有恶马，荣命剪之，神武乃不加羁绊而剪，竟不蹄啮。已而起曰："御恶人亦如此马矣。"荣遂坐神武于床下，屏左右而访时事。神武曰："闻公有马十二谷，色别为群，将此竟何用也？"荣曰："但言尔意。"神武曰："方今天子愚弱，太后淫乱，孽宠擅命，朝政不行。以明公雄武，乘时奋发，讨郑俨、徐纥而清帝侧，霸业可举鞭而成。此贺六浑之意也。”荣大悦。语自日中至夜半乃出。自是每参军谋。

既而，荣以神武为亲信都督。于时魏明帝衔郑俨、徐纥，逼灵太后，未敢制，私使荣举兵内向。荣以神武为前锋。至上党，明帝又私诏停之。及帝暴崩，荣遂入洛邑。将篡位，神武谏，恐不听，请铸像卜之，铸不成，乃止。孝庄帝立，以定策勋，封铜鞮伯。荣尝问左右曰："一日无我，谁可主军？"皆称尔朱兆。荣曰："此正可统三千骑以还。堪代我主众者，唯贺六浑耳。"因诫兆曰："尔非其匹，终当为其子穿鼻。"乃以神武为晋州刺史。于是大聚敛，因刘贵货荣下要人，尽得其意。州库角无故自鸣，神武异之，无几而孝庄诛荣。

及尔朱兆自晋阳将举兵赴洛，召神武。使长史孙腾辞以绛蜀、汾胡欲反，不可委去，兆恨焉，腾复命，神武曰："兆举兵犯上，此大贼也，吾不能久事之。"自是始有图兆计。及兆入洛，执庄帝以北，神武闻之大惊，又使孙腾伪贺兆，因密觇孝庄所在，将劫以举义，不果。乃以书喻之，言不宜执天子以受恶名于海内。兆不纳，杀帝而与尔朱世隆等立长广王晔，改元建明，封神武为平阳郡公。

魏普泰元年二月，神武自领军次信都，高乾、封隆之开门以待，遂据冀州。是月，尔朱度律废元晔而立节闵帝，欲羁縻神武。三月，乃白节闵帝，封神武为渤海王，徵使入觐。神武辞。四月癸巳，又加授东道大行台、第一镇人酋长。庞苍鹰自太原来奔，神武以为行台郎，寻以为安州刺史。

神武自向山东，养士缮甲，禁兵侵掠，百姓归心。乃诈为书，云尔朱兆将以六镇人配契胡为部曲。众皆愁。又为并州符，征兵讨步落稽。发万人，将遣之，孙腾、尉景为请留五日，如此者再。神武亲送之郊，雪涕执别。人号恸，哭声动地，神武乃喻之曰："与尔俱失乡客，义同一家，不意在上乃尔徵召！直向西已当死，后军期又当死，配国人又当死，奈何？"众曰："唯有反耳！"神武曰："反是急计；须推一人为主。"众愿奉神武。神武曰："尔乡里难制，不见葛荣乎？虽百万众，无刑法，终自灰灭。今以吾为主，当有前异，不得欺汉儿，不得犯军令，生死任吾，则可。不尔，不能为取笑天下。”众皆顿颡：“死生唯命。”神武曰：“若不得已。”明日，椎牛飨士，喻以讨尔朱兆之意。封隆之进曰：“千载一时，普天幸甚。”神武曰：“讨贼，大顺也；拯时，大业也。吾虽不武，以死继之，何敢让焉！”

六月庚子，建义于信都。乃抗表罪状尔朱氏。世隆等秘表不通。八月，尔朱兆攻陷殷州，李元忠来奔。孙腾以为朝廷隔绝，不权立天子，则众望无所系。十月壬寅，奉章武王融子渤海太守朗为皇帝，年号中兴，是为废帝。十一月，攻邺，相州刺史刘诞婴城固守。神武起土山，为地道，往往建大柱，一时焚之，城陷入地。永熙元年正月壬午，拔邺城，据之。废帝进神武大丞相、柱国大将军、太师。是时，青州建义大都督崔灵珍、大都督耿翔皆遣使归附。行汾州事刘贵弃城来降。

闰三月，尔朱天光自长安，兆自并州，度律自洛阳，仲远自东郡，同会邺，众号二十万，挟洹水而军。节闵以长孙承业为大行台，总督焉。神武令封隆之守邺，自出顿紫陌。时马不满二千，步兵不至三万，众寡不敌。乃于韩陵为圆阵，连牛驴以塞归道。于是将士皆有死志，四面合击之。尔朱兆责神武以背己。神武曰：“本戮力者，共辅王室，今帝何在？”兆曰：“永安枉害天柱，我报仇耳。”神武曰：“我昔日亲闻天柱计，汝在户前立，岂得言不反耶！且以君杀臣，何报之有？今日义绝矣。”乃合战，大败之。

四月，斛斯椿执天光、度律送洛阳。长孙承业遣都督贾显智、张欢入洛阳，执世隆、彦伯斩之。兆奔并州。仲远奔梁州，遂死焉。时凶蠹既除，朝廷庆悦。既而神武至洛阳，废节闵及中兴主而立孝武孝。孝武既即位，授神武大丞相、天柱大将军、太师，世袭定州刺史，增封并前十五万户。神武辞天柱，减户五万。壬辰，还邺，魏帝饯于乾脯山，执手而别。

七月壬寅，神武帅师北伐尔朱兆。封隆之言：“侍中斛斯椿、贺拔胜、贾显智等往事尔朱，普皆反噬，今在京师宠任，必构祸隙。”神武深以为然。乃归天光、度律于京师，斩之。遂自滏口入。尔朱兆大掠晋阳，北保秀容，并州平。神武以晋阳四塞，乃建大丞相府而定居焉。

尔朱兆既至秀容，分兵守险，出入寇抄。神武扬声讨之，师出止者数四，兆意怠。神武揣其岁首当宴会，遣窦泰以精骑驰之，一日一夜行三百里，神武以大军继之。二年正月，窦泰奄至尔朱兆庭。军人因宴休惰，忽见泰军，惊走，追破之于赤洪岭。兆自缢，神武亲临，厚葬之。慕容绍宗以尔朱荣妻子及余众自保焉，突城降，神武以义故，待之甚厚。

神武之入洛也，尔朱仲远部下都督桥宁、张子期自滑台归命，神武以其助乱，且数反复，皆斩之。斛斯椿由是内不自安，乃与南陵王宝炬及武卫将军元毗、魏光、王思政构神武于魏帝。帝舍人元士弼又奏神武受敕大不敬，于是魏帝与神武隙矣。

天平元年正月，魏帝下诏罪状神武，为北伐经营。神武亦勒马宣告曰："孤遇尔朱擅权，举大义于四海，奉戴主上，义贯幽明。横为斛斯椿谗构，以诚节为逆首。昔晋赵鞅兴晋阳之甲，诛君侧恶人，今者南迈，诛椿而已。"以高昂为前锋，曰："若用司空言，岂有今日之举！"司马子如答神武曰："本欲立小者，正为此耳。"

魏帝征兵关右，召贺拔胜赴行在所，遣大行台长孙承业、大都督颍川王斌之、斛斯椿共镇武牢。七月，魏帝躬率大众，屯河桥。神武至河北十余里，再遣口申诚款，魏帝不报。神武乃引军渡河。魏帝问计于群臣，或云南依贺拔胜，或云西就关中，或云守洛口，未决。而元斌之与斛斯椿争权不睦，斌之弃椿径还，绐帝云神武兵至。即日，魏帝逊位于长安。

己酉，神武入洛阳，止于永宁寺。八月，神武以万机不可旷废，乃与百僚议，以清河王亶为大司马，居尚书下舍而承制决事焉。神武寻至弘农，遂克潼关。九月庚寅，神武还至洛阳，乃遣僧道荣奉表关中，又不答。乃集百僚、沙门、耆老，议所推立。以为自孝昌衰乱，国统中绝，神主靡依，昭穆失序，遂议立清河王世子善见。议定，白清河王。王曰："天子无父，苟使儿立，不惜余生。"乃立之，是为孝静帝。魏于是始分为二。

神武以孝武既西，恐逼崤峡，洛阳复在河外，接近梁境，如向晋阳，形势不能相接，议迁邺。护军祖营赞焉。诏下三日，车驾便发，户四十万，狼狈就道。神武留洛阳部分，事毕还晋阳。自是军国政务，皆归相府。二年正月，魏帝褒诏，以神武为相国、假黄钺，剑履上殿，入朝不趋，神武固辞。

四年十一月壬辰，神武西讨，自蒲津济，众二十万。周文军于沙苑。神武以地厄少却，西人鼓噪而进，军大乱，弃器甲十有八万。神武跨橐驼，候船以归。元象元年三月辛酉，神武固请解丞相，魏帝许之。四月庚寅，神武朝于邺。壬辰，还晋阳。兴和元年七月丁丑，魏帝进神武为相国、录尚书事，固让乃止。十一月，神武以新宫成，朝于邺。魏帝与神武宴射。

武定四年八月癸巳，神武将西征，自邺会兵晋阳。九月，神武围王壁以挑西师，不敢应。西魏晋州刺史韦孝宽守玉壁。顿兵五旬，城不拔，死者七万人，聚为一冢。有星坠于神武营，众驴并鸣，士皆詟惧。神武有疾。十一月庚子，舆疾班师。庚戌，遣太原公洋镇邺。辛亥，徵世子澄至晋阳。有恶鸟集亭树，世子使斛律光射杀之。己卯，神武以无功，表解都督中外诸军事，魏帝优诏许焉。是时西魏言神武中弩，神武闻之，乃勉坐见诸贵。使斛律金敕勒歌，神武自和之，哀感流涕。

侯景素轻世子，尝谓司马子如曰："王在，吾不敢有异；王无，吾不能与鲜卑小儿共事。"子如掩其口。至是，世子为神武书，召景。景先与神武约，得书，书微点，乃来。书至，无点，景不至。又闻神武疾，遂拥兵自固。神武谓世子曰："我虽疾，尔面更有余忧色，何也？"世子未对。又问曰："岂非忧侯景叛耶？"曰："然。"神武曰："景专制河南十四年矣，常有飞扬跋扈志，顾我能养，岂为汝驾御也。今四方未定，勿遽发哀。库狄干鲜卑老公，斛律金敕勒老公，并性纯道直，终不负汝。可朱浑道元、刘丰生远来投我，必无异心。贺拔焉过儿朴实无罪过，潘乐和厚，汝兄弟当得其力。韩轨少戆，宜宽借之。彭乐心腹难得，宜防护之。少堪敌侯景者，唯有慕容绍宗，我故不贵之，留以与汝，宜深加殊礼，委以经略之事。”

五年正月朔，日蚀。神武曰：“日蚀，其为我耶？死亦何恨。”景午，陈启于魏帝。是日，崩于晋阳，时年五十二。秘不发丧。天保初，追崇为献武帝，庙号太祖。

高澄

《北齐书》曰：世祖文襄皇帝讳澄，字子惠，神武长子也。母曰娄太后。生而岐嶷，神武异之。魏中兴元年，立为渤海王世子。就杜询讲学，敏悟过人，询甚叹服。二年，加侍中、开府仪同三司，尚孝静帝妹冯翊长公主。时年十三，神情俊爽，便若成人。神武试问以时事得失，辩析无不中理。自是军国筹策皆预之。天平元年，加使持节、尚书令、大行台、并州刺史。三年，入辅朝政，加领军左右、京畿大都督。时人虽闻器识，犹以少年期之，而机略严明，事无凝滞，于是朝野振肃。武定四年十一月，神武西讨，不豫，班师。文襄驰赴军所，侍卫还晋阳。

五年正月丙午，神武崩。七月戊戌，魏帝诏以文襄为使持节、大丞相、都督中外诸军、录尚书事、大行台、渤海王。文襄启辞，愿停王爵。壬寅，魏帝诏太原公洋摄理军国，遣中使敦喻。八月壬辰，文襄启申神武遗令，请减国邑，分封将督各有差。辛未，朝于邺，固辞丞相。魏帝诏曰：“既朝野攸凭，安危所系，不得令遂本怀，须有权夺。可复前大将军，余如故。”

七年五月，文襄帅师赴颍川。六月，克之，获西魏大将王思政等。八月，文襄遇盗，崩。初，梁将兰钦子京见虏，文襄以配厨，钦求赎之，不许。京与其党六人谋作乱。时京将进食，文襄却之，谓人曰：“昨夜梦此奴杀我。”又曰：“急杀却。”京闻之，置刃于盘下，冒言进食。文襄怒曰：“我未索食，何遽来？”京挥刀曰：“将杀汝！”文襄自投，伤足，入床下。贼党至，去床，遇弑，时年二十九。追谥文襄皇帝。

高洋

《北齐书》曰：显祖文宣皇帝讳洋，字子进，高祖第二子，世宗之母弟。后初孕，每夜有赤光照室，后私常怪之。初高祖之归尔朱荣，时经危乱，家徒壁立，后与亲姻相对，共忧寒馁。帝时尚未能言，欻然曰："得活。"太后及左右大惊，而不敢言。鳞身重踝，不好戏弄，深沉有大度。晋阳曾有沙门，乍愚乍智，时人不测，呼为阿秃师。帝曾与诸童共见之，历问禄位。至帝，举手再三，指天而已，口无所言，见者异之。高祖尝试观诸子意识，各使治乱丝，帝独抽刀斩之，曰："乱者须斩。"高祖是之。又各配兵四去，而使甲骑伪攻之，世宗等怖挠，帝乃勒众与彭乐敌，乐免胄言情，犹擒之以献。后从世宗行，过辽阳山，独见天门开，余人无见者。内虽明敏，貌若不足，世宗每嗤之云："此人亦得富贵，相法亦何由可解。"唯高祖异之。天平二年，授骠骑大将军、仪同三司。武定元年，加侍中。五年，授尚书令、中书监、京畿大都督。

七年八月，世宗遇害，事出仓卒，内外震骇。帝神色不变，指麾部分自若，脔斩群贼而漆其头。徐宣言曰："奴反，大将军被伤，无大苦也。"当时内外，莫不惊异焉。乃赴晋阳，亲总庶政。务从宽厚，事有不便者，咸蠲省焉。八年正月戊辰，魏帝诏进使持节、丞相、都督中外诸军、录尚书事、大行台、齐郡王，食邑一万户。三月辛酉，又进封齐王，邑十万户。帝自居晋阳，寝室夜有光如昼。既为王，梦人以笔点己额。旦以告馆客王昙哲，曰："吾其退乎？"昙哲再拜，贺曰："王上加点为主字，乃当进也。"夏五月辛亥，帝如邺。甲寅，进位相国，总百揆，加九锡殊礼，齐王如故。魏帝遣兼太尉彭城王韶奉皇帝玺绶，禅位于帝。

戊午，乃即皇帝位于南郊，升坛，柴燎告天。事毕还宫，御太极前殿，诏大赦天下，改武定八年为天保元年。辛酉，尊王太后为皇太后。辛未，遣大使于四方观察风俗，问民疾苦，严勒长吏，厉以廉平，兴利除害，务存安静。六月，诏：吉凶车服制度，各为等差，具立条式，使俭而获中。又诏："冀州之渤海、长乐二郡，先帝始封之国，义旗初起之地。并州之太原，青州之齐郡，霸业所在，王命是基。君子有作，贵不忘本，思申恩洽，蠲复田租。”丁亥，诏立王子殷为皇太子，王后李氏为皇后。八月，诏曰：“有能直言正谏，不避罪辜，謇謇若朱云，谔谔若周舍，开朕意，沃朕心，弼予一人利兼百姓者，必当宠以荣禄，待以不次。又诸牧民之官，仰专意农桑，劝课广收天地之利，以备水旱之灾。”庚寅，诏曰：“朕以虚寡，嗣弘王业，思所以赞扬盛绩，播之万古。虽史官执笔，有闻无坠，犹恐绪言遗美，时或未书。在位王公，文武大小，降及民庶，爰至僧徒，或亲奉音旨，或承传旁说，凡可载之文籍，悉宜条录封上。”冬十月己卯，备法驾，御金辂，入晋阳宫，朝皇太后于内殿。十一月，周文帝率众至陕城，分骑北渡至建州。景寅，帝亲戎出次城东，周文帝闻帝军严盛，叹曰：“高欢不死矣！”遂退。

明年，征契丹。帝亲逾山岭，为士卒先。露头袒身，昼夜兼行千余里，唯食肉饮水，壮气弥厉。竟大破契丹，获十余万口，杂畜数十万头。

尝于东山游宴，以关陇未平，投杯震怒，将俟西伐。西人为之震恐。

帝素沉敏有远亮。初，文襄崩，秘不发丧，其后渐露，魏帝窃谓左右曰：“大将军此殂似是天意，威权当归王室矣。”及帝将幸晋阳，亲入辞谒于昭阳殿，从者千人，居前持剑者十余辈。帝在殿下数十步立，而卫士升阶已二百许，皆攘袂扣刃，若对严敌。帝令主者传奏，须诣晋阳，言讫，再拜而出。魏帝失色，目送帝曰：“此人似不能见容，吾不知死在何日。”

洎受禅之后，留心政术，御下肃清。六七年后，以天下无事，便留连饮宴。通日竟夜，躬自鼓舞。袒露形体，傅粉涂黛。乘驼牛驴，不施鞍勒。亲戚贵臣，杂错侍从。征集淫妪，分付从官亲看，无礼以为戏乐。贵妃薛氏甚被爱宠，忽忆其经与清河王私通，命支解之，弄其髀以为琵琶。叹曰：“佳人难再得。”后又以刀子划杨愔腹，崔季舒托俳优言曰：“老小公子恶戏？”因掣刀子而去之。又置愔于棺中，载以輀车，几下钉者数焉。发丁匠三十万人，营三台于邺，构木高二十七丈，两栋相去二百余步，工匠危怯，皆系绳自防；帝登脊疾走，无怖畏。时复雅舞，折旋中节，傍人见者，莫不寒心。

帝沉湎日甚，娄太后举杖击之，曰："如此父生如此儿。"帝曰："天子母岂不知共婿眠时即当嫁老母与胡？"太后大怒，自此不复开颜。帝免冠辞谢，乃设席于地，脱背就罚。苦请，笞脚五十。因此戒酒，一旬，还复如初。又令元黄头与诸国自金凤台各乘纸鸱以飞，黄头至紫陌，乃坠于地。凡所杀害，或支解，或火烧，或投水，盖以万数。又诛元氏或父母为主或身常贵盛，皆斩于东市，凡七百余人。悉投尸漳水，剖鱼者多获爪甲，都下为之久不食鱼。

七年秋，自河西总秦戍筑长城东至于海，前后所筑，东西凡三千余里；率十里一戍，其要害置州镇，凡二十五所。八年春，帝在城东马射，敕京城妇女悉赴观，不赴者，罪以军法，七日乃止。是年，于长城内筑重城，自库洛拔而东，至于坞纥戍，凡四百余里。先是，发丁匠三十余万，营三台于邺下，因其旧基而高博之，大起宫室及游豫园。至是，三台成，改铜爵曰金凤，金武曰圣应，冰井曰崇光。十一月甲午，帝登三台，御乾象殿，朝宴群臣，并命赋诗。以新宫成故也。十年春正月甲寅，帝如辽阳甘露寺。二月景戌，帝于甘露寺禅居深观，唯军国大政奏闻。三月景辰，帝至自辽阳。十月甲午，帝暴崩于晋阳宫。还京师，葬于武宁陵。谥曰文宣皇帝，庙号高祖。武平初，又改庙号显祖。

先是，帝问泰山道士曰："吾得几年为天子？"答曰："得三十年。"帝曰："十年十月十日，得非三十也？吾甚畏之，过此无虑。人生有死，又何致惜，但怜正道尚幼，人将夺之耳。"帝及期而崩，年三十一。

太平御览卷第一百三十一 偏霸部十五

北齐高殷

《北齐书》曰：废帝殷字正道，文宣帝之长子也。母曰李皇后。天保元年，立为皇太子，时年六岁。性敏慧，初学反语，于迹字下注云“自反”。时侍者未达其故，太子曰：“迹字，足傍亦为迹，岂非自反耶？”文宣每言“太子得汉家性质，不似我”，欲废之，立太原王。初诏国子博士李宝鼎傅之，鼎卒，复诏国子博士邢峙侍讲。太子虽富于春秋，而温裕开朗，有人君之度，贯综经业，省览时政，甚有美名。七年冬，文宣召朝臣文学者及礼学官于东宫宴会，令以经义相质，亲自临听。太子手笔措问，在坐莫不叹美。九年，文宣在晋阳，太子监国。十年十月，文宣崩。癸卯，太子即位于晋阳宣德殿，大赦。庚戌，尊皇太后为太皇太后，皇后为皇太后。

乾明元年庚辰，春正月癸丑朔，改元。己未，诏宽徭赋。癸亥，高阳王湜薨，车驾至自晋阳。戊申，以常山王演为大丞相、都督中外诸军、录尚书事。三月甲寅，诏军国事皆申晋阳，禀大丞相常山王规算。

秋八月，太皇太后令废帝为济南王，以大丞相常山王演入纂大统。是日，王居别宫。皇建二年九月，殂于晋阳，时年十七。谥闵悼王。

高演

《北齐书》曰：孝昭皇帝演字延安，神武皇帝第六子，文宣皇帝之母弟也。幼而英峙，早有大成之量，武明皇太后早所爱重。魏元象元年，封常山郡公。天保初，进爵为王。五年，除并省尚书令。帝善断割，长于文理，省内畏服。七年，从文宣还邺。以尚书奏事有异同，令帝与朝臣先论得失，然后敷奏。帝长于政术，剖断咸尽其理，文宣叹重之。八年，转司空、录尚书事。九年，除大司马，仍录尚书。文宣崩，帝居禁中护丧事，幼主即位，朝班。除太傅、录尚书事，朝政皆决于帝。月余，乃居藩邸，自是诏敕多不关帝。客或言于帝曰："鸷鸟舍巢，必有探卵之患，今日之地，何宜屡出。"

乾明元年，从废帝赴邺，居于领军府。时杨愔、燕子献、可朱浑天和、宋钦道、郑子默等以帝威望既重，内惧权逼，请以帝为太师、司州牧、录尚书事，长广王湛为大司马、录并省尚书事，解京畿大都督。帝既以尊亲而见猜斥，乃与长广王期猎，谋之于野。三月甲戌，帝初上省，旦发领军府，大风暴起，坏所御车幔，甚恶之。及至省，朝士咸集。坐定，酒数行，于坐执尚书令杨愔、右仆射燕子献、领军可朱浑天和、侍中宋钦道等于坐。帝戎服与平原王段韶、平秦王高归彦、领军刘洪徽入自云龙门，于中书省前遇散骑常侍郑子默，又执之，同斩于御府之内。帝至东阁门，都督成休宁抽刃呵帝。帝令高归彦喻之，宁厉声大呼不从。归彦既为领军，素为兵士所服，悉皆弭伏，宁方叹息而罢。帝入至洛阳殿，幼主、太皇太后、皇太后并出临御坐。帝奏愔等罪，求伏专擅之辜。时庭中及两廊下卫士二千余人，皆披甲待诏，武卫娥永乐武力绝伦，又被文宣重遇，抚刃思效。废帝性吃讷，兼仓促不知所言，太皇太后又为皇太后誓，言帝无异志，唯去逼而已。高归彦敕劳卫士解严，永乐乃内刀而泣。帝乃令归彦引侍卫之士向华林园，以京畿军入守门阁，斩娥永乐于园。诏以帝为大丞相、都督中外诸军、录尚书事，相府佐史进位一等，帝寻如晋阳，有诏军国大政咸谘决焉。帝既当大位，知无不为，择其令典，考综名实，废帝恭己以听政。太皇太后寻下令废少主，命帝统大业。

皇建元年八月壬午，皇帝即位于晋阳宣德殿，大赦，改乾明元年为皇建。壬辰，诏分遣大使巡省四方，观察风俗，问人疾苦，考求得失，搜访贤良。二年十一月甲辰，诏曰："朕婴此暴疾，奄忽无远。今嗣子冲眇，未闻政术，社稷业重，理归上德。右丞相长广王研机测化，体道居宗，人雄之望，海内瞻仰，同胞共气，家国所凭。可遣尚书左仆射赵郡王睿喻旨，徵王统此大宝。"先是，帝不豫而无阙听览，是日，崩于晋阳宫，时年二十七。大宁元年闰十二月癸卯，梓宫还邺。上谥曰孝昭皇帝，葬于文野陵。

帝聪敏有识度，深沉能断，不可窥测。身长八尺，腰带十围，仪望风表，迥然独秀。自居台省，留心政术，闲明簿领，吏所不逮。及正位宸居，弥所克励。轻徭薄赋，勤恤人隐。内无私宠，外收人物，虽后父，位亦特进无别。日昃临朝，务知人之善恶。每访问左右，冀获直言。曾问舍人裴泽在外议论得失，泽率尔对曰："陛下聪明至公，自可远侔古昔，而有识之士，咸言伤细，帝王之度，颇为未弘。"帝笑曰："诚如卿言。朕初临万机，虑不周悉，故致尔耳。此事安度可久行，恐后又嫌疏漏。"泽因被宠遇。其乐闻过也如此。赵郡王睿与库狄安侍坐，帝曰："须拔我同堂弟，显安我亲姑子，今序家人礼，除君臣之敬，可言我之不逮。"显安曰："陛下多妄言。"曰："若何？"对曰："陛下昔见文宣以马鞭挞人，常以为非，而今行之，非妄言耶？"帝握其手谢之。又使直言，对曰："陛下太细，天子乃更似吏。"帝曰："朕甚知之，然无法来久，将整之以至无为耳。"又问王晞，晞答如显安，皆从容受纳。

高湛

《北齐书》曰：世祖武成皇帝讳湛，神武皇帝第九子，孝昭皇帝之母弟也。仪表瑰杰，神武尤所钟爱。神武方招怀荒远，乃为帝娉蠕蠕而蠢切太子庵乌含切罗辰女，号邻和公主。帝时年八岁，冠服端严，神情闲远，华戎叹异。元象中，封长广郡公。天保初，进爵为王，拜尚书令，寻兼司徒，迁太尉。乾明初，杨愔等密相疏忌，以帝为大司马，领并州刺史。帝既与孝昭谋诛诸执政，迁太傅、录尚书事，领京畿大都督。皇建初，进位右丞相。孝昭幸晋阳，帝以懿亲居守邺，政事咸见委托。二年，孝昭崩，遗诏徵帝入统大位。及晋阳宫，发丧于崇德殿。皇太后令所司宣遗诏，左丞相斛律金率百僚敦劝，三奏，乃许之。

大宁元年冬十一月癸丑，皇帝即位于南宫，大赦，改皇建二年为大宁。庚申，诏大使巡行天下，求政善恶，问人疾苦，擢进贤良。是岁，周武帝保定元年也。河清元年春正月乙亥，车驾至自晋阳。辛巳，祀南郊。壬午，享太庙。景戌，立妃胡氏为皇后，子纬为皇太子，大赦。四月乙巳，青州刺史上言，今月庚寅，河、济清。以河、济清改大宁二年为河清。二年癸未春正月乙卯，帝诏临朝堂，策试秀才。以太子少傅魏收为兼尚书右仆射。十二月，大雨雪连月，南北千余里平地数尺，霜昼下，雨血于太原。

四年三月，彗星见；有物陨于殿庭，如赤漆鼓带小铃；殿上石自起，两两相对。又有神见于后园万寿堂前山穴中，其体壮大，不辨其面，两齿绝白，长出于唇。帝直宿嫔御已下七百人咸见焉。帝又梦之。夏四月戊午，大将军东安王娄睿坐事免。乙亥，陈人来聘。太史奏天文有变，其占当有易王。景子，乃使太宰段韶兼太尉，持节奉皇帝玺绶，传位于皇太子。大赦，改元为天统元年。百官进级，降罪各有差。又诏皇太子妃斛律氏为皇后。于是群公上尊号为太上皇帝，军国大事，咸以奏闻。始将传政，使内参乘子尚乘驿送诏书于邺。子尚出晋阳城，见人骑马随后，忽失之，尚未至邺，而其言已布矣。

天统四年十二月辛未，太上皇帝崩于邺宫乾寿堂，时年三十二。谥曰武成皇帝，庙号世祖，葬永平陵。

后主高纬

《北齐书》曰：后主讳纬，字仁纲，武成皇帝之长子也。母曰胡皇后，梦于海上坐玉盆，日入裙下，遂有孕。天保七年五月五日生帝于并州邸。帝少美容仪，武成特所爱宠，拜王世子。及武成入纂大业，立为皇太子。河清四年，武成禅位于帝。

天统元年乙酉夏四月景子，皇帝即位于晋阳宫，大赦，改河清四年为天统。三年二月壬寅朔，帝加元服，大赦。四年秋，周人来通和，太上皇帝诏侍中斛斯文略报聘于周。十二月辛未，太上皇帝崩。

武平三年二月，侍中祖珽为左仆射。是月，敕撰《玄洲苑御览》，后改名《圣寿堂御览》。三月辛酉，诏文武官五品以上举一人。秋七月戊辰，诛左丞相咸阳王斛律光及其弟幽州行台荆山公丰乐。八月庚寅，废皇后斛律氏为庶人。是月，《圣寿堂御览》成，敕付史阁，后改修《文殿御览》。

六年八月，周师入洛川，屯芒山，攻逼洛城，纵火船焚浮桥，河桥绝。闰月己丑，遣右丞相高阿那肱自晋阳御之，师次河阳，周师夜遁。

七年冬十月，帝太狩于祁连池。周师攻晋州。癸亥，帝还晋阳。甲子，出兵，大集晋阳。庚午，帝发晋阳，列阵而行，上鸡栖原，与周齐王宪相对，至夜不战，周师敛阵而退。十一月，周武帝退还长安，留偏师守晋州。阿那肱等围其城。戊寅，帝至围所。十二月戊申，周武帝来救晋州。庚戌，战于城南，齐军大败。帝弃军先还。癸丑，入晋阳，忧不知所之。甲寅，大赦。帝谓朝臣曰："周师甚盛，若何？"群臣咸曰："天命未改，一得一失，自古皆然。宜停百赋，安朝野，收遗兵，背城死战，以存社稷。"帝意犹预，欲向北朔州。乃留安得王延宗、广宁王孝珩等守晋阳。若晋阳不守，即欲奔突厥。群臣皆曰不可，帝不从其言。开府仪同三司贺拔伏恩、辅相慕容锺葵等与宿卫近臣三十余人西奔周师。乙卯，诏募兵，遣安德王延宗为左，广宁王孝珩为右。延宗入见，帝告欲向北朔州，延宗泣谏，不从。帝密遣王康德与中人齐绍等送皇太后、皇太子于北朔州。景辰，帝幸城南军，劳将士，其夜欲遁，诸将不从。

丁巳，大赦，改武平七年为隆化元年。其日，穆提婆降周。诏除安德王延宗为相国，委以备御，延宗流涕受命。帝乃夜斩五龙门而出，欲走突厥，从官多散，领军梅胜郎叩马谏，乃回之邺。时唯阿郝肱等十余骑，广宁王孝珩、襄城王彦道续至，得数十人同行。戊午，延宗从众议，即皇帝位于晋阳，改隆化为德昌元年。

庚申，帝入邺。辛酉，延宗与周师战于晋阳，大败，为周师所虏。帝遣募人，重加官赏，虽有此言，而竟不出物。广宁王孝珩奏请出宫人及珍宝班赐将士，帝不悦。斛律孝卿居中受委，带甲以处分，请帝亲劳军，为帝撰辞，且曰宜慷慨流涕，感激人心。帝既出临众，将令之，不复记所受言，遂大笑，左右无辞，将士莫不解体。于是自大丞相已下太宰、三师、大司马、大将军、三公等官，并增员而授，或三或四，不可胜数。甲子，皇太后从北道至。引文武一品已上入朱华门，赐酒食及纸笔，问以御周之方略。群臣各异议，帝莫知所从。又引高元海、宋士素、卢思道、李德林等欲议禅位皇太子。先是，望气者言，当有革易，于是依天统故事，传位幼主。自称太上皇。

幼主名恒，帝之长子也。母曰穆皇后。武平元年六月生于邺。其年十月，立为皇太子。隆化二年正月乙亥，即皇帝位，时年八岁。改元为承光元年，大赦。于是黄门侍郎颜之推、中书侍郎薛道衡、侍中陈德信等劝太上皇往河外募兵，更为经略，若不济，南投陈国。从之。丁丑，太皇太后、太上皇自邺先趣济州。周师渐逼，癸未，幼主又自出邺东。己丑，周师至紫陌桥。癸巳，烧城西门，太上皇将百余骑东走。乙亥，渡河入济州。其日，幼主禅位于大丞相任城王湝，令侍中斛律孝卿送禅文及玺绶于瀛州。孝卿乃以之归周。又为任城王诏，尊太上皇为无上皇，幼主为宋国天王。留太后于济州，遣阿那肱留守。太上皇并皇后携幼主走青州，韩长鸾、邓颙等数十人从。

太上皇既至青州，即为入陈之计。而阿那肱召周军，约生致齐主，而属使人告言，贼军在远，已令人烧断桥路，太上所以停。后周军奄至青州，太上窘急，将逊于陈，置金囊于鞍后，与长鸾、淑妃等数十骑至青州南邓林，为周将尉迟刚所获。送邺，周武帝与抗宾主礼，并太后、幼主、诸王俱送长安，封帝温国公。在位凡一十三年。

帝业昏乱，加之暴虐，崔季舒、斛律光等皆以直见杀。帝好自弹琵琶而唱无愁曲。每处深宫。羞见朝士。三日一临小殿，启事者走如飘风，头著于胸，不得平视。凡诸犬马，皆有仪同、郡君之号。又于宫中立贫穷村舍，帝自弊衣为乞儿。每好不急之求。一夜索蝎，及晓，得三斗；置之浴斛，使人裸卧斛中，观其号叫宛转而为笑乐。又卖官爵，各分州县，下至乡官皆降中旨。于是州县官人多出富商大贾，竞为贪纵，人不聊生，以至于败也。

初，武成梦大猬攻破邺城，乃悉索境内猬膏以绝之。议者以帝之名声与猬和协，亡齐之征也。

太平御览卷第一百三十二 偏霸部十六

萧衍

《梁书》曰：高祖武皇帝讳衍，字叔达，小字练儿，兰陵中都里人，汉相国何之后也。皇考讳顺之，齐高帝族弟也。参预佐命，封临湘县侯。高祖以宋大明八年生于秣陵同夏里三桥宅。生而有奇异，两骻骈骨，顶上隆起，有文在右手曰“武”。及长，博学多诵，好筹略，有文武才干，时流名辈咸推许焉。所居室常若云气，人或遇者，体辄肃然。起家巴陵王南中郎法曹，迁卫将军王俭东阁祭酒。俭一见，深相器异，谓庐江何宪曰：“此萧郎三十内当作侍中，出此则贵不可言。”竟陵王子良开西邸，招文学，高祖与沈约、谢朓、王融等并游焉。隆昌初，明帝辅政，起高祖为宁朔将军，镇寿春。除太子庶子，给事黄门侍郎，入直殿省。预萧谌氏任切。等定策勋，封建阳县男，邑三百户。

建武二年，魏遣将刘昶、王肃帅众寇司州，高祖为冠军将军，帅所领自外进战。魏军表里受敌，乃弃围退走。军罢，以高祖为右军晋安王司马、淮陵太守。还为太子中庶子，领军羽林监。顷之，出镇石头。

四年，魏帝自率大众寇雍州，明帝令高祖赴援。又遣崔惠景督诸军，高祖等并受节度。明年三月，惠景与高祖进行邓城，魏主率十万余骑奄至。惠景军死伤略尽，唯高祖全师而归。俄以高祖行雍州府事。

明帝崩，东昏即位，始安王遥光、徐孝嗣、江祀更直内省，分日帖敕。高祖闻之，谓从舅张弘策曰：“政出多门，乱其阶矣。”时高祖长兄懿罢益州还，仍行郢州事，乃使弘策诣郢，陈计于懿曰：“若隙开衅起，必中外土崩。今得守外藩，幸图身计。郢州控带荆湘，西注汉沔，雍州士马，呼吸数万，虎视其间，以观天下，此盖万全之策。如不早图之，悔无及也。”懿闻之色变，心不之许。弘策还。是岁，至襄阳，于是潜造器械，多伐竹木，沉于檀溪，密为舟装之备。

二年冬，懿被害信至，高祖密召长史王茂、中兵吕僧珍等谋之。以十一月召僚佐集于厅事，谓之曰："昔武王会盟津，皆曰纣可伐。今昏主恶稔，穷虐极暴，诛戮朝贤，罕有遗育，生人涂炭，天命殛之。卿等同心疾恶，共兴义举，公侯将相，良在兹日，各尽勋效，我不食言。"是日建牙。于是收集得甲士万余人，马千余匹，船三百艘，出檀溪竹木装舰。

东昏以刘山阳为巴西太守，配精兵三千，使过荆州就行事萧颖胄以袭襄阳。颖胄伏甲斩之，送首于高祖。仍以南康王尊号之议来告，且曰："时月未到，当须来年二月；遽便进兵，恐非庙算。"高祖答曰："所藉义心，一时骁锐，事事相接，犹恐疑怠，天时人谋，有何不利，处分已定，安可中息？"

三年二月，南康王为相国，以高祖为征东将军。高祖发襄阳，移檄京邑。高祖至竟陵，命长史王茂与太守曹景宗为前军，轻兵济江，逼郢城。张冲出军迎战，茂等邀击，大破之。三月，南康王即帝位于江陵，改永元三年为中兴元年。遥废东昏为涪陵王。以高祖为尚书左仆射，加征东将军、都督征讨诸军事、假黄钺。五月，东昏遣宁朔将军吴子阳等救郢州。六月，子阳进据加湖，去郢三十里，傍山带水，筑垒以自固。七月，高祖命王茂潜师袭加湖。俄而大溃，子阳窜走，众尽溺于江，王茂虏其余而旋。郢城主程茂以城降。高祖又遣军主唐修期攻隋郡，并克之。司州刺史王僧景遣子入质。司部悉平。八月，天子遣黄门劳军。

八月，诏高祖平定东夏，并以便宜从事。是月，豫州刺史申胄弃姑熟走，大军进据之，遣曹景宗、萧颖达领马步进顿江宁。东昏遣李居士率步军迎战，景宗击走之。大军次新林，命王茂进据越城，曹景宗据皂荚桥。十月，东昏又遣征虏将军王珍国等列阵于航南大路，精手利器，尚万人。阉人张佽子持白虎幡督率诸军。王茂、曹景宗等掎角奔之，鼓噪震天地。珍国之众，一时土崩，诸军望之皆溃。茂军追至宣阳门，李居士以新亭垒、徐元瑜以东府城降，石头、白下诸军并宵溃。高祖镇石头，命诸军围六门。东昏悉焚烧门内，驱逼营府署官并入城，有众二十万。青州刺史桓和给东昏出战，因以众来降。高祖令诸军筑长围。

十二月，卫尉张稷、北徐州刺史王珍国斩东昏，送首茂师。高祖命吕僧珍勒兵封府库及图籍，收嬖妾潘淑妃及凶党王咺之以下四十八人属吏。宣德皇后令追废涪陵王为东昏侯，依汉海昏侯故事。授高祖中书监、都督扬徐二州诸军事、大司马、录尚书，骠骑大将军、杨州刺史，封建安郡公，食邑万户，给班剑四十人，黄钺、侍中、征讨诸军事并如故。高祖入屯阅武堂，下令大赦。二年，天子遣慰劳京邑。赠高祖散骑常侍、左光禄大夫，考侍中丞相。宣德皇后临朝，入居内殿。诏进高祖都督中外诸军事，剑履上殿，入朝不趋，赞拜不名。加前后部羽葆鼓吹。置左右长史、司马、从事中郎、掾、属各四人。又诏进相国，总百揆，扬州刺史，封十郡为梁公，备九锡之礼。高祖固辞。二月，进梁公爵为王，以豫州之南谯、庐江、永嘉等十郡益梁国，并前为二十郡。三月，命王冕十有二旒，建天子旌旗，出警入跸。景辰，齐帝禅位于梁，高祖谦让不受。太史令蒋道秀陈天文符谶六十四条，并明著；群臣固请，乃从之。

四月景寅，高祖即皇帝位于南郊，设坛，柴燎，告类于天。大赦，改齐中兴二年为天监元年。封齐帝为巴陵王。八月，诏中书监王莹等八人参定律令。十一月，立皇子统为皇太子。四年正月，诏“九流常选，年未三十，不通一经，不得解褐。若有才同甘、颜，勿限年次。”是岁，大穰，米斛三十。五年三月，魏宣武帝从弟翼率其诸弟来降。陈伯之自寿阳率众归降。八年正月，舆驾亲祠南郊，赦天下。九年三月，幸国子学，亲临讲肆，诏“皇太子及王侯之子年在从师者，可令入学。”十年，亲祠南郊，大赦。三月，邓晰旨热切以昫山引魏军，遣镇远将军马仙琕讨之。按《梁书》，朗名仙婢，及长以婢名不典，遂去女从琕，补鼎切，字书又音骈。十月，马仙琕大破魏军，斩馘古获切。十余万，复克昫山城。十八年，亲祠南郊。

普通元年正月，改元，大赦。五年六月，龙斗于曲阿王陂，因西行至建陵城，所经处树木倒折。七年，赦死罪已下。大通元年三月，幸同泰寺舍身。甲戌，还宫，赦天下，改元。二年十月，以魏北海王元颢为魏主，遣东宫直阁将军陈庆之卫送还北。魏豫州刺史邓献以地内属。中大通元年九月，幸同泰寺舍身，公卿以下以钱一亿万奉赎。十月，舆驾还宫，大赦，改元。三年十月，幸同泰寺，升法座，为四部众说大般若涅盘经义。六年春，亲耕籍田。四月，荧惑在南斗。大同元年正月，改元，大赦。二年三月，诏"文武在位，举尔所知，公侯将相，随才擢用。"十年三月，幸兰陵，谒建宁陵。十一年四月，魏遣使来聘。中大同元年四月，于同泰寺讲说法会。大赦，改元。十月，以前东杨州刺史岳阳王詧为雍州刺史。

太清元年二月，魏司徒侯景以豫章、广、颖、洛阳等十三州内属。以景为大将军，封河南大行台，承诏如邓禹故事。四月，大赦，改元。八月，以大将军侯景录行台尚书事。二年八月，侯景举兵反。十月，景自横江济于采石。景至京师，临贺王正德率众附贼。十月，攻陷东府城，三年三月，前司州刺史羊鸦仁等进军东府北，与贼战，大败。贼攻陷宫城，纵兵大掠。侯景自为都督中外诸军事、大丞相、录尚书。四月，高祖以所求不供，忧愤寝疾。五月景辰，崩于净居殿，时年八十六。十一月，进尊为武皇帝，庙号高祖。葬于修陵。

《梁书》曰：高祖生知淳孝。少而笃学，洞达儒玄。虽万机多务，犹卷不辍手。后宫职司贵妃已下，皆衣不曳地，傍无锦绮。不饮酒，不听音乐。历观古昔帝主人君，恭俭庄敬，艺能博学，罕或有焉。

萧纲

《梁书》曰：太宗简文皇帝讳纲，字世赞，小字六通，高祖第三子。天监五年，封晋安王。中大通三年四月，昭明太子薨。五月，立为皇太子。太清三年五月，高祖崩，即皇帝位。

大宝元年正月，大赦，改元。西魏寇安陆，执同州刺史柳仲礼，尽没汉东之地。二月，邵陵王纶自寻阳至于夏口，郢州刺史南平王恪以州让纶。侯景逼帝幸西州。夏，大饥，人相食，京师尤甚。前司州刺史羊鸦仁自尚书省出奔西州。八月，湘东王绎遣领军将军王僧辩率众逼郢州。侯景自进位相国，封二十郡为汉王。邵陵王纶弃郢州走。十月，侯景自加宇宙大将军、都督六合诸军事。

二年三月，侯景自率众西寇，自石头至新林，舳舻相接。四月，至西阳。景分遣魏将宋子仙、任约袭郢州。闰月，景进寇巴陵，王僧辩连战不能克。五月，湘东王遣游击将军胡僧佑、信州刺史陆法和援巴陵。景遣任约帅众拒援军。六月，僧祐等击破任约，擒之。景解围宵遁，王僧辩督众军追景。攻鲁山城，克之。七月，景还至京师。王僧辩军次湓城。八月，侯景遣卫尉卿彭隽率兵入殿，废帝为晋安王，幽于永福省。害皇太子大器、寻阳王大心及浔阳王诸子二十人。矫诏禅于豫章嗣王栋，大赦，改元。十月，帝崩于永福省，时年四十九。贼伪谥曰明皇帝，庙称高宗。明年三月，王僧辩率百官奉梓宫升朝堂，世祖追崇为简文皇帝，庙曰太宗。葬庄陵。

《梁书》曰：太宗见幽絷，题自序云："有梁正士兰陵萧世讚，立身行道，终始如一，风雨如晦，鸡鸣不已。弗欺暗室，岂况三光，数至于此，命也如何！"又为《连珠》二首，文甚凄怆。

萧绎

《梁书》曰：世祖孝元皇帝讳绎，字世诚，小字七符，高祖第七子也。天监十三年，封湘东郡王。大同六年，出为都督江州诸军事、江州刺史。太清元年，徙为都督荆雍湘司郢等九州诸军事、镇西将军、荆州刺史。

三年三月，侯景寇没京师。太子舍人萧歆至江陵宣密诏，以世祖为侍中、假黄钺、大都督中外诸军事、司徒承制，余如故。是月，世祖征兵于湘州，湘州刺史河东王誉拒而不遣。七月，遣世子方等帅众讨誉，战败。又遣将军鲍泉伐讨誉。九月，雍州刺史岳阳王詧举兵反，来寇江陵，世祖婴城拒守。詧将杜崱七力切及杨混各率其来降，詧遁走。鲍泉攻湘州不克，又遣左卫将军王僧辩代将。大宝元年五月，王僧辩克湘州，斩河东王誉，湘州平。

二年二月，魏遣使来聘。三月，侯景悉兵西上，会任约军。王僧辩帅众屯巴陵。景进寇巴陵，世祖遣将军胡僧祐、陆法和帅众下援巴陵，任约败，景遂遁走。僧辩帅军追景，所至皆捷。八月，僧辩下次湓城。十月，王僧辩等表称："侯景拭逆皇帝，贼害太子，宗室在寇庭者，并罹祸酷。"世祖奉讳，大临三日，百官缟素。司空南平王恪率宗室，将军胡僧祐率群寮，并奉笺劝进。世祖固让。三年二月，王僧辩众军发自浔阳，世祖驰檄告四方，有能缚侯景及送首者，封万户开国公。三月，王僧辩等平侯景，传其首于江陵。告明堂、太社。

四月，益州刺史、新除假黄钺、太尉、武陵王纪窃位于蜀，改号天正元年。世祖遣司空萧太拜谒茔陵，修复社庙。五月，以尚书令、征东将军、江州刺史王僧辩为司徒。斩贼左仆射王伟、尚书吕季略于江陵市。是月，魏遣太师潘洛辛等寇秦郡，王僧辩遣杜崱帅众拒之。以陈霸先为征北大将军、南徐州刺史。是月，魏遣使贺平侯景。八月，萧纪率巴蜀大众东下，遣护军陆法和屯巴峡以拒之。是月，四方征镇、王公、卿士复劝世祖即尊号，表三上，乃从之。

承圣元年十一月景子，即皇帝位于江陵。立太子方矩为皇太子。尊所生妣阮修容为文宣太后。二年，西魏遣大将尉迟迥袭益州。三年三月，以郢州刺史陆法和为司徒。四月，以征北大将军陈霸先为司空。九月，魏遣其柱国万纽于谨率大众来寇。冬十月，魏军至于襄阳，萧詧率众会之。内外戒严，舆驾出行栅。征王僧辩等军。十一月，魏军至栅下，徵广州刺史王琳入援。辛卯，魏军大攻，世祖出枇杷门，亲临阵督战。六军败绩，反者斩西门以纳魏师，城陷于西魏。世祖见执。十二月，西魏害世祖，遂崩焉，时年四十七。太子皆见害。明年四月，追尊元皇帝，庙曰世祖。

《梁书》曰：世祖聪悟俊朗，天才英发。年五六岁，高祖问："汝读何书？”对曰：“能诵曲礼。”高祖曰：“汝试言之。”即诵上篇，左右莫不惊叹。既长，好学，博总群书，下笔成章，出言为论，才辩敏速，冠绝一时也。

侯景附

侯景，河朔人也。少不羁。高欢以为将军。雄勇冠时，征伐数有大功。尝谓欢曰：“若假景三万人，当横行天下，要须缚取萧衍老翁，遣作太平寺主。”

后高欢死，景乃以河南降于梁。高澄使慕容绍宗围长社，景谓绍宗曰：“欲送客耶？将定雄雌耶？”绍宗曰：“吾将决战。”景乃令将士皆披甲，持短刀，但低视斫人胫足，遂败绍宗军。裨将斛律光尤之，绍宗曰：“吾战多矣，未见此贼之难。”相持连月，景食尽，其将暴显等降绍宗，景众乃溃。景与腹心数骑济淮，稍收散卒，得马步八百人。昼夜兼行，追军不敢逼。使谓绍宗曰：“景若就擒，公复何用？”绍宗乃纵之。

遂攻寿阳，下之而据其城。梁武以为河南王。招集战士，乃请锦万匹，为军人作袍。帝不与，以青布给之。又请娶于王、谢，武帝曰：“王、谢门高，非其偶；可朱、张已下访之。”景恚曰：“会将吴儿女以配奴。”景既为朝廷所疑。武帝使谓景曰：“譬如贫家畜十客，尚能得志，朕惟有一客，致有忿言，是朕之失也。”明日，遂将兵于沥阳济江。

闻邵陵王纶督众军，景乃谋于王伟。王伟曰：“莫若直掩京都，临贺反于内，大王攻于外，天下不足定也。兵法曰：巧迟不如拙速。今便须进路，不然邵陵及人。”景遂晨夜兼行至都。百道攻城，纵火焚诸城门。城中仓卒未有备，乃凿门楼，下水沃火，久之方灭。景又于城南、城西各起土山以临城内，内亦作两山以应之，简文以下皆亲执畚音本。锸楚洽切。景又募人先为奴者，赏以不次。朱异家黥奴逾城投贼，景以为仪同，使至阙下以诱城内，乘马披锦袍诟曰：“朱异五十年仕宦，方得中领军。我始事侯王，已为仪同使。”于是奴僮竞出，尽皆得志。景决石阙前水，百道攻城，昼夜不息，城陷。

景自为丞相，以甲士五百人自卫，带剑升殿。帝谓景曰："卿久在戎，得无劳乎？"景不对。帝曰："卿是何州人？而至此。"又默然，左右任约代对。及出，景谓约曰："吾尝据鞍对敌，矢刃交下而意无怖。今见萧公，使人自慑，岂非天威难犯，吾不可以再见之矣。"先是，城中积尸不暇埋瘗，又有已死未敛，或将死未绝，景悉命聚而焚之。尚书郎鲍正疾笃，贼曳出而焚之，宛转火中，久而方绝。

武帝崩，立简文，又立豫章王，景皆杀之，遂篡位。国号汉，年称太始。王伟请立七庙，景曰："何谓七庙？"伟曰："古者天子祭七代祖考，故致七庙。"并请七代讳，敕太常具祭祀之礼。景曰："前代吾不复忆，唯记得阿爷名大True，且在朔州伊那得来啖。"众闻咸笑。

景频为王僧辩所破，将走，王伟按剑谏曰："自古岂有走天子，今宫中卫士尚可一战，宁可便走。"景曰："我在北时打贺拔胜，破葛荣，扬名河朔，与高王一种人。今来直渡大江，取台城如反掌，打邵陵王于北山，摧柳仲礼于南岸，皆尔所亲见也。今日之事，恐是天亡。尔好守城，吾当一决。"乃与百骑东走。至松江，乃与腹心数十人乘舸入海，至湖豆州，舍人羊鲲杀景。景左足上有肉瘤，状似龟，战胜应克捷则隐起分明，如不胜则低。是日，瘤陷肉中。遂传首于江陵。

太平御览卷第一百三十三　偏霸部十七

萧方智

《梁书》曰：敬帝讳方智，字慧相，小字法真，世祖第九子也。太清三年，封兴梁侯。承圣元年，封晋安郡王。二年，出为平南将军、江州刺史。三年十一月，江陵陷，太尉杨州刺史王僧辩、司空南徐州刺史陈霸先定议，以帝为太宰、承制，奉迎还京师。四年二月，至自浔阳，入居朝堂。以太尉王僧辩为中书监、录尚书、骠骑将军、都督中外诸军事。加司空陈霸先班剑二十人。

三月，齐遣其上党王高涣送贞阳侯萧渊明来主梁嗣，至东关，遣吴兴太守裴之横与战，败绩，之横死。王僧辩率众出屯姑熟。七月，王僧辩纳贞阳侯萧渊明，自采石济江。入于京师，以帝为皇太子。九月，司空陈霸先举义，袭杀王僧辩，黜萧渊明。丙午，帝即皇帝位。

十月，诏改承圣四年为绍泰元年，大赦。以贞阳侯萧渊明为司徒，封建安郡公。以司空陈霸先为尚书令。尊所生夏贵妃为皇太后。立妃王氏为皇后。太平元年正月，大赦。四月，齐军水步入丹阳县，至秣陵故治。六月，齐潜军至蒋山，北至玄武湖，司空陈霸先授众军节度，大破之。七月，陈霸先进位司徒。九月，改元，大赦。除司徒陈霸先为丞相、录尚书事。二年四月，齐遣使请和。八月，加丞相黄钺，领太傅，剑履上殿。九月，为相国，总百揆，封十郡为陈公，备九锡之礼。十月，禅位于陈，奉帝为江阴王，薨于外邸，时年十六，追谥敬皇帝。

史臣曰：梁季横溃，丧乱屡臻，当此之时，天历去梁，敬皇高让，将同释负焉。

后梁萧詧

后梁宣帝讳詧，昭明太子第三子也。封岳阳王，授雍州刺史。孝元被西魏所害，詧遂为魏附庸，称大定元年。以蔡大宝为相，时人比刘备遇孔明。詧性不好酒，尤恶见妇人，酷信佛法。谓尚书宋如周曰："卿可谤经？"如周踧踖上子六切，下音迹。自陈，惧而出，以告大宝。大宝曰："卿当不谤余经，不信法华耳。"如周乃悟，经云随喜，面不狭长。如周面狭且长，故戏之耳。詧居处残毁，干戈日用，在位八年，愤惋而殂，年四十。子岿立。

萧岿

明帝讳岿，宣帝第三子也。聪明有器识。大定元年，为太子。宣帝崩，太子即位，号天保元年。

十五年，周武帝平北齐，得传国玺，岿入周贺。武帝大会群臣及诸蕃客，周武自弹琵琶，令故齐主高纬起舞。达摩及故安德王延宗悲不自胜。舞讫劝岿，岿乃起舞。周武曰："梁主乃能为朕舞乎！"岿曰："陛下既自弹五弦，臣何敢不同百兽！"周武大悦。周武指齐氏故臣吒列长义谓岿曰："是登陴骂朕者。"岿曰："长义未能抱乐，翻敢吠尧。"周武大笑。初虽礼接，岿未深知之。至是，岿承间，乃陈父荷，太祖拯救之恩，并叙二国艰虞，唇齿掎角之事。辞理辩畅，因涕泗交流。周武亦为歔欷。自是礼遇日深，赐杂缯百段、马五匹，并赐齐宫伎女。遣归国，执岿手曰："待破突厥，必送梁王归江东。"岿途经古迹，莫不驻马赋诗，以叙其怀。至于江陵，凡三十首。女为秦晋王广妃。在位十四年而殂。

萧琮

琮，明帝太子也。既立，赦其封内，改元宽运。琮性广仁有大度，博学有文义，兼善弓马。

明年，隋文征琮入朝。琮率其臣二百余人朝于长安，群臣辞于送客堂，琮下马一一执别，莫不殒涕。既至，隋文帝留之，使崔弘度将兵攻江陵。江陵不守，于是国废。

陈陈霸先

《陈书》曰：高祖武皇帝讳霸先，字兴国，小字法生，吴兴长城下若里人，汉太丘长陈实之后也。世居颍川，实玄孙准，晋太尉。准生匡。匡生达，永嘉南迁，为丞相掾，历太子洗马，出为长城令，悦其山水，遂家焉。尝谓所亲曰："此地山川秀丽，当有王者兴，二百年后，我子孙必钟斯运。"高祖以梁天监二年癸未岁生。少倜傥有大志，不治生产。既长，读兵书，多武艺，明达果断，为当时所推服。尝游义兴，馆于许氏，夜梦天开数丈，有四人朱衣捧日而至，令高祖开口纳焉。及觉，腹中犹热，高祖心独负之。

大同初，新喻侯萧映为吴兴太守，甚重高祖，谓僚佐曰："此人方将远大。"及映为广州刺史，高祖为中兵参军，随之镇。映令高祖招集士马，众至千人，仍命高祖监宋隆郡。所部安化二县元不宾，高祖讨平之。寻监西江督护、高要郡守。先是，武林侯萧谘为交州刺史，以裒刻失众心，土人李贲连结数州豪杰同时反。遣高州刺史孙冏、新州刺史卢子雄将兵击之，冏等不时而进，皆败，于广州伏诛。子雄弟子略与冏子侄及其主帅杜天合、杜僧明共举兵，执江南督护沈觊，进寇广州，昼夜苦攻，州中震恐。高祖率精兵三千，卷甲兼行以救之。频战屡捷，天合中流矢死，众大溃，僧明遂降。梁武帝深叹异焉，授直阁将军，封新安子，邑三百户，仍遣画工图高祖而观之。

其年终，萧映卒。明年，高祖送丧还都，至大庾岭，会有诏高祖为交州司马，领武平太守，与刺史杨瞟匹妙切南讨。十一年六月，军至交州，贲众数万于苏历江口立城栅以拒官军。瞟推高祖为前锋，所向摧陷，贲走典澈湖，于屈獠界立寨，大造船舰，充塞湖中，众军惮之，顿湖口不敢进。夜江水暴起七丈，注湖中，奔流迅激。高祖勒所部兵，乘流先进，众军鼓噪俱前，贼众大溃，贲窜入屈獠洞中，屈獠斩贲，传首京师。是岁，太清元年也。除振远将军、江西督护、高安太守、督七郡诸军事。

二年冬，侯景寇京师，高祖将率兵赴援，广州刺史元景仲阴有异志，将图高祖。高祖知其计，与成州刺史王怀明、行台选郎殷外臣等密议戒严。三年七月，集义兵于南海，驰檄以讨景仲。景仲穷蹙，缢于阁下。高祖迎萧勃镇广州。

十一月，高祖遣杜僧明、胡颖将二千人顿于岭上，并厚结始兴豪杰同谋义举，侯安都、张偲等率千馀人来附。萧勃闻之，遣锺休悦说高祖曰："侯景骁雄，天下无敌，前者授军十万，士马精强，然而莫敢当锋，遂令羯贼得志。以君疏外，讵可暗投？未若且住始兴，遥张声势，保此泰山，自求多福。"高祖泣谓休悦曰："仆本庸虚，蒙国成造。往闻侯景渡江，即欲赴援。今京都覆没，主上蒙尘，君辱臣死，谁敢爱命！君侯体则皇枝，任崇方岳，已不能摧锋万里，雪此冤痛，见遣一军，犹贤乎已，乃降后旨，使人慨然。仆行计决矣，凭为披述。"乃遣使间道往江陵，禀承军期节度。湘东王承制授高祖员外散骑常侍、持节、明威将军、交州刺史，改封南野县伯。

六月，高祖修嶂头古城，徙居焉。高州刺史李迁仕据大皋，遣主帅杜平虏率千人入赣石、鱼梁。高祖命周文育将兵击走之，迁仕奔宁都。承制授高祖通直散骑常侍、使持节、信威将军、豫州刺史、领豫章内史，改封长城县侯。寻授散骑常侍、使持节、都督六郡诸军事、军师将军、南江州刺史，余如故。时宁都人刘蔼等资廷仕舟舻兵仗，将袭南康，高祖遣杜僧明等率二万人据白口，筑城以御之，迁仕亦立城以相对。二年三月，僧明等攻拔其城，生擒迁仕，送南康，高祖斩之。承制命高祖进兵江州，仍授江州刺史，余如故。

六月，高祖发自南康，观者数万人。是时承制遣征东将军王僧辩督众军讨侯景。八月，僧辩军次湓城，高祖率杜僧明等众军及南川豪帅合三万人将会焉。时西军乏食，高祖先贮军粮五十万石，至是分三十万以资之。仍顿巴丘。会侯景废简文帝，立豫章嗣王栋，高祖遣兼长史沈衮奉表于江陵劝进。十一月，承制授高祖使持节，都督会稽、东阳、新安、临海、永嘉五郡诸军事，平东将军、杨州刺史，领会稽太守、豫州内史，余并如故。

三年正月，高祖率甲士三万人、强弩五千张、舟舰二千乘，发自豫章。二月，次桑落洲，遣中记室参军江元礼以事表江陵，承制加高祖鼓吹一部。是时王僧辩已发湓城，会高祖于白茅湾，乃登岸结坛，刑牲盟约。进军次芜湖，侯景城主张黑弃城走。三月，高祖与诸军进克姑熟，仍次蔡州。侯景登石头城观望形势，意甚不悦，谓左右曰："此军上有紫气，不易可当。"乃以船舫贮石，沈塞淮口；缘淮作城，自石头迄青溪十余里中，楼雉相接。诸将未有所决，僧辩遣杜崱问计于高祖，高祖曰："前抑仲礼数十万兵隔水而坐，韦粲之在青溪，竟不渡岸，贼乃登高望之，表里俱尽，肆其凶虐，覆我王师。今围石头，须渡北岸。诸将若不能当锋，请先往立栅。"高祖即于石头西横陇筑栅，众军次连八城，直出东北。贼恐西州路断，亦于东北果林作五城，以遏大路。景率众万余人、铁骑八百余匹，结阵而进。乃命诸将分处置兵。贼直冲王僧志，僧志小缩，高祖遣徐度领弩手二千横截其后，贼乃却。高祖与王琳、杜龛等以铁骑悉力乘之，贼退据其栅。景仪同卢辉略开石头北门来降。荡主戴晃、曹宣等攻拔果林一城，众军又克其四城。贼复还，殊死战，又尽夺所得城栅。高祖大怒，亲率攻之，士卒腾栅而入，贼复散走。景与百余骑弃矟执刀，左右冲阵，阵不动，景众大溃，遂北至西明门。景至阙下，不敢入台，遣其腹心取其二子而遁。高祖率众出广陵应接，会景将郭元建会元建奔齐，高祖纳其部曲三千人而还。僧辩启高祖镇京口。

五月，齐遣辛述围严超达于秦郡，高祖命徐度领兵助其固守。齐众七万，填堑，起土山，穿地道，攻之甚急。高祖乃自率万人解其围，纵兵四面击齐军，弓弩乱发，齐平秦王中流矢死，斩首数百级，齐人收兵而退。高祖振旅南归，遣记室参军刘本仁献捷于江陵。承制授高祖使持节、散骑常侍、都督南徐州诸军事、征北大将军、开府仪同三司、南徐州刺史，余并如故。及王僧辩率众征陆纳于湘州，承制命高祖代镇杨州。十一月，湘东王即位于江陵，改承圣元年。明年，湘州平，高祖旋镇京口。三年三月，进高祖司空，余如故。

十一月，西魏攻陷江陵，高祖与王僧辩等进启江州，请晋安王以太宰承制，又遣长史谢哲奉笺劝进。十二月，晋安王至自浔阳，入居朝堂，给高祖班剑二十人。四年五月，齐送贞阳侯渊明还主社稷，王僧辩纳之，即位，改元曰天成，以晋安王为皇太子。初，齐之请纳贞阳侯也，高祖以为不可，遣使诣僧辩苦争之，往返数四，僧辩竟不从。高祖居常愤恨，密谓所亲曰："武帝虽磐石之宗，远播四海，至于克雪雠耻，宁济艰难，唯孝元而已，功业懋盛，前代未闻。我与王公俱受重寄，语未绝音，声犹在耳，岂期一旦便有异图。嗣主高祖之孙，元皇之子，海内属目，天下宅心，竟有何辜，坐致废黜。远求夷狄，假立非次。观其此情，亦可知矣。"乃密具袍数千领及锦彩金银，以为赏赐之具。九月壬寅，高祖召徐度、侯安都、周文育等谋之，仍部列将士，分赏金帛，水陆俱进。是夜，发南徐州讨王僧辩。甲辰，高祖步军至石头前，进遣勇士自城北逾入。时王辩方视事，外白有兵。俄而兵自内出，僧辩遽走，与其第三子顔相遇，俱出阁，左右尚数十人，苦战。高祖大兵寻至，僧辩众寡不敌，走登城南门楼，高祖因风纵火，僧辩穷迫，乃就擒。是夜，缢僧辩及顔。景午，贞阳侯逊位，百僚奉晋安王上表劝进。十月己酉，晋安王即位，改承圣四年为绍康元年。壬子，诏授高祖侍中、大都督中外诸军事、车骑将军、杨南徐二州刺史，持节、司空、班剑、鼓吹并如故。仍诏高祖甲仗百人，出入殿省。

震州刺史杜龛据吴兴，与义兴太守韦载同举兵反。高祖命周文育率众攻载于义兴，龛遣其从弟北叟将兵拒战，北叟败归义兴。二年正月癸未，诛杜龛于吴兴，龛从弟北叟、司马沈孝敦并赐死。

二月庚申，高祖遣侯安都、周铁武率舸舰备江川，仍顿梁山起栅。三月戊戌，齐遣水军仪同萧轨、库狄伏连、尧难宇、东方老、侍中裴英起、东广州刺史独孤辟恶、洛州刺史李希光并任约、徐嗣徽等，率众十万出栅口，向梁山。帐内荡主黄丛逆击，败之，烧其前军船舰。齐顿军保芜湖。高祖遣定州刺史沈泰、吴郡太守裴忌就侯安都，共据梁山以御之。

四月丁巳，高祖诣梁山军巡抚，五月甲申，齐兵发自芜湖。景申，至秣陵故治。高祖遣周文育屯方山，徐度顿马牧，杜稜顿大航南。己亥，高祖率宗室王侯及朝臣将帅于大司马门外白兽阙下刑牲告天，以齐人背约，发言慷慨，涕泗交流，同盟皆莫能仰视，士卒观者益奋。辛丑，齐军于秣陵故县跨淮立桥栅，引渡兵马。其夜至方山。侯安都、周文育、徐度等各引兵还京师。癸卯，齐兵自方山进及儿塘，游骑至台。周文育、侯安都顿白土岗，旗鼓相望，都邑震骇。高祖潜撤精兵三千配沈泰，渡江袭齐行台赵彦深于瓜步，获舟舰百余艘、陈粟万斛。六月壬辰，齐兵潜至锺山龙尾。丁未，进至幕府山。高祖命众军秣马蓐食，迟明攻之。乙卯旦，自率帐内麾下出幕府山南，吴明彻、沈泰等众军首尾齐举，纵兵大战，侯安都自白不自引兵横出其后，齐师大溃，斩获数千人，相蹂藉而死者不可胜计，生执徐嗣宗，斩之以徇。追奔至于临沂，其江乘、摄山、钟山等诸军相次克捷。七月景子，诏授高祖中书监、司徒、杨州刺史，进爵为公，增邑并前五千户，并给油幢皂轮车。是月，侯瑱他甸切。以江州入附。遣侯安都镇上流，定南中诸郡。

八月癸卯，太府卿何颙、新州刺史华志各上玉玺一，高祖表以送台，诏归之高祖。是日，诏高祖食安吉、武康二县，合五千户。九月，进高祖位丞相、录尚书事、镇卫大将军，改刺史为牧，进封义兴郡公。丁未，中散大夫王彭笺称：今月五日平旦于御路见龙迹，自太里至象阙，亘三四里。庚申，诏追赠高祖考侍中、光禄大夫，加金章紫绶，封义兴郡公，谥曰恭。十月甲戌，敕丞相自今入问讯，可施别榻以近扆坐。二年正月壬寅，天子朝万国于太极东堂，诏加高祖班剑十人。八月甲午，进高祖位太傅，加黄钺，剑履上殿，入朝不趋，赞拜不名，并给羽葆鼓吹一部。丙申，加高祖前后部羽葆鼓吹。是时湘州刺史王琳拥兵不应命，高祖遣周文育、侯安都率众讨之。九月，诏进位相国，总百揆，封十郡为陈公，备九锡之礼。十月，进高祖爵为王，又命冕十有二旒，建天子旌旗。辛未，梁帝禅位。

永定元年冬十月乙亥，高祖即皇帝位于南郊，柴燎告天，大赦天下，改梁太平二年为永定元年。封梁帝为江阴王。赐民爵二级，文武二等。鳏寡孤独不能自存者人谷五斛。丙子，舆驾幸钟山，祠蒋常庙。戊寅，舆驾幸华林园，亲览辞讼，临赦囚徒。己卯，分遣大使宣劳四方。辛巳，追尊皇考曰景皇帝，庙号太祖；皇妣董太夫人曰安皇后。追谥前夫人钱氏号为昭皇后。立夫人章氏为皇后。癸未，尊景帝陵曰瑞陵，昭皇后陵曰嘉陵，依梁初园陵故事。立删定郎，治定律令。戊子，迁景皇帝神主袝于太庙。

夏四月甲子，舆驾亲祠太庙。乙丑，江阴王薨，诏遣太宰吊祭，司空监护丧事，凶礼所须，随由备办。以梁武林侯萧谘息李卿嗣为江阴王。初，侯景之平也，火焚太极殿，承圣中议欲营之，独阙一柱；至是有樟木大十八围，长四丈五尺，流泊陶家后渚，监军邹子度以闻。诏中书令沈众兼起部尚书，少府卿蔡俦兼将作大匠，起太极殿。甲寅，太极殿成，匠各给复。十二月庚申，侍中、安东将军临川王蒨率百僚朝前殿，拜上牛酒。甲子，舆驾幸大庄严寺，设无碍大会，舍乘舆法物。群臣备法驾奉迎，即日舆驾还宫。景寅，高祖于太极东堂宴群臣，设金石之乐，以路寝告成也。

三年春正月己丑，青龙见于东方。丁酉，夜大雪，及明，太极殿前有龙迹见。甲午，广州刺史欧阳頠表称：白龙见于州江南岸，长数十丈；仙人见于罗浮山寺小石楼，长三丈所，通身洁白，衣服楚丽。北江州刺史熊昙朗杀都督周文育于军，举兵反。王琳遣其将常众爱、曹庆率兵援余孝励。六月戊子，仪同侯安都败众爱等于左里，获琳从弟袭、主帅羊暕等三十余人，众爱遁走。庚寅，庐山民斩之，传首京师。甲午，众师凯归。

丁酉，高祖不豫，遣兼太宰、尚书左仆射王通以疾告太庙，兼太宰、中书令谢哲告太社、南北郊。辛丑，高祖疾小瘳。故司空周文育之柩至自建昌。壬寅，高祖素服哭于堂，哀甚。癸卯，高祖临讯狱讼。是夜，荧惑在天尊。高祖疾又甚。景午，崩于璇玑殿，时年五十七。遗诏追临川蒨入纂。甲寅，迁殡于太极殿西阶。谥曰武皇帝，庙号高祖。葬万安陵。

太平御览卷第一百三十四 偏霸部十八

陈蒨

《陈书》曰：世祖文皇帝讳蒨，字子华，始兴昭烈王长子也。少沉敏有识量，美容仪，留意经史，举动方雅，造次必遵礼法。高祖甚爱之，常称“此儿吾宗之英秀也”。梁太清初，梦两日斗，一大一小，大者光灭坠地，色正黄，其大如斗，世祖因三分取一而怀之。侯景之乱，乡人多依山湖寇抄，世祖独保家无所犯。时乱日甚，乃避地临安。及高祖举义兵，侯景遣使收世祖及衡阳献王。世祖乃密裹小刀，冀因入见而害景，至便属吏，故其事不行。高祖大军围石头，景欲加害者数矣，会景败，世祖乃得出赴高祖营。起家为吴兴太守。高祖受禅，立为临川郡王，邑二千户，拜侍中、安东将军。及周文育、侯安都败于沌口，高祖诏世祖入卫，军储戎备，皆以委焉。寻命率兵城南皖户板切。

永定三年六月景午，高祖崩，遗诏征世祖入纂皇统。甲寅，至自南皖，入居中书省，其日即皇帝位于太极前殿。诏曰：“上天降祸，奄集邦家，大行皇帝背离万国，率土崩心，若丧考妣。龙图宝历，眇属朕躬，运钟扰攘，事切机务，南面须主，西让礼轻，今便式膺景命，光宅四海。可大赦天下，改永定四年为天嘉元年。鳏寡孤独不能自存立者，赐谷人五斛。孝悌力田殊行异等，加爵一级。”甲寅，分遣使者宣劳四方。辛酉，舆驾亲祠南郊。

二年春正月庚戌，大赦天下。十二月，立始兴国庙于京师，用王者之礼。太子中庶子虞荔、御史中丞孔奂以国用不足，奏立煮海盐及榷酤之税，并施行。三年春正月庚戌，设帷宫于南郊，币告胡公以配天。辛亥，舆驾亲祠南郊。二月甲子，改铸五铢钱。三月景子，安成王顼至自周，诏授侍中、中书监、中卫将军，置佐吏。是岁，周所立梁王萧詧死，子岿丘轨切代立。天康元年春二月景子，诏曰：“朕以寡德，纂承弘绪，日昃劬劳，思弘景业，而政道多昧，黎庶未康，兼疾患淹时，亢阳累月，百姓何咎，实由朕躬，念兹在兹，痛加疾首，可大赦天下，改天嘉七年为天康元年。”三月己卯，以骠骑将军、开府仪同三司、杨州刺史、司空安成王顼为尚书令。夏四月乙卯，皇孙至泽生，在位文武赐绢帛各有差，为父后者赐爵一级。

癸酉，世祖疾甚。是日，崩于有觉殿。遗诏曰：“朕疾苦弥留，遂至不救，修短有命，夫复何言。但王业艰难，频岁军旅，生民多敝，无忘愧惕。今方隅乃定，俗教未弘，便及大渐，以为遗恨。社稷任重，太子可即君临，王侯将相善相辅翊，内外叶和，勿违朕意！山陵务存俭速。大敛竟，群臣三日一临，公除之制，率依旧典。”六月甲子，群臣上谥曰文皇帝，庙号世祖。葬永宁陵。

陈伯宗

《陈书》曰：废帝讳伯宗，字奉业，小字药王，世祖嫡长子也。永定二年，拜临川王世子。世祖嗣位，立为皇太子。天康元年四月，世祖崩，即皇帝位。二年春，诏大赦天下，改光大元年。孝悌力田，赐爵一级。舆驾祠南郊。二年十一月，慈训大后集群臣于朝堂，令降为临海王，送还藩邸。是日，出居别第。太建二年薨，时年十九。

陈顼

《陈书》曰：高宗孝宣皇帝讳顼，字绍世，小字师利，始兴昭烈王第二子也。梁大通二年生，有赤光满室。少宽大，多智略。及长，美容仪，身长八尺三寸，垂手过膝。有勇力，善骑射。高祖平侯景，镇京口，梁元帝徵高祖子侄入侍，高祖遣高宗赴江陵，累官为直阁将军、中书侍郎。时有马军主李总与高宗有旧，每同游处，高宗尝夜被酒，张灯而寐，总适出，寻返，乃见高宗身是大龙，总便惊走，时在关右。永定元年，遥袭封始兴郡王，邑二千户。三年，世祖嗣位，改封安成王。天嘉三年，自周还，授侍中、中书监、中卫将军，置佐吏。寻授使持节、都督杨南徐东杨南豫北江五州诸军事、杨州刺史，进号骠骑大将军，余如故。四年，加开府仪同三司。六年，迁司空。天康元年，授尚书令。废帝即位，拜司徒，进号骠骑大将军、录尚书、都督中外诸军事，给班剑三十人。光大二年正月，进位太傅，领司徒，加殊礼，剑履上殿，增邑并前三千户，余如故。

十一月甲寅，慈训太后令废帝为临海王，以高宗入纂。是岁春正月甲午，即皇帝位于太极前殿，诏"改光大三年为太建元年，大赦天下。在位文武赐位一阶，孝悌力田及为父后者，赐爵一级，异等殊才，并加策序。鳏寡孤独不能自存者，人赐谷五斛。"复太皇太后尊号曰皇太后，立妃柳氏为皇后，世子叔宝为皇太子。

冬十月，新除左卫将军欧阳纥据广州举兵反。辛未，遣车骑将军、开府仪同三司章昭达率众讨之。壬午，舆驾祠太庙。二年春正月乙酉，以征西大将军、开府仪同三司、郢州刺史黄法氍为中护大将军。丙午，舆驾亲祠太庙。二月癸未，仪同章昭达擒欧阳纥送都，斩于建康市，广州平。三月丙申，皇太后崩。丙午，曲赦广衡二州。丁未，大赦天下。三年春正月癸丑，以尚书右仆射领大著作徐陵为尚书仆射。辛酉，舆驾亲祠南郊。辛未，亲耕藉田。三月丁丑，大赦天下。自天康元年迄大建元年逋余军粮、禄秩、夏调未入者，悉原之。

五年三月，讨大都督吴明彻统众十万，发自白下。夏四月癸卯，前巴州刺史鲁广达克齐大岘城。辛亥，吴明彻克秦州水栅。庚申，齐遣兵十万援历阳，仪同黄法氍破之。辛酉，齐军救秦州，吴明彻又破之。癸亥，诏北伐众军所杀齐兵令埋掩。甲子，南谯太守徐槾克石梁城。

六年春正月壬戌朔，诏曰："王者以四海为家，万姓为子，一物乖方，夕惕犹厉，六合未混，旰食弥忧。朕嗣纂鸿基，思弘经略，上符景宿，下叶人谋，命将兴师，大拯沦溺。灰琯未周，凯捷相继，拓地数千，连城将百。蠢彼余黎，毒兹异境，江淮年少，犹有剽掠，乡闾无赖，擿他历切出阴私，将帅军人，罔顾刑典，今使苛法蠲除，仁声载路。且肇元告庆，边服来荒，始睹皇风，宜覃曲泽，可赦江右淮北南司、霍光、历阳、临江等郡士民，罪无轻重，悉皆原宥。”

七年春正月辛未，舆驾亲祠南郊。四月乙未，陈桃根表上织成罗文锦被裘各二百首，诏于云龙门外焚之。八月，周遣使来聘。是月，甘露频降乐游苑。丁未，舆驾幸乐游苑，采甘露，宴群臣，诏于苑龙舟山立甘露亭。

十一年春正月丁酉，龙见于南兖州永宁楼侧池中。二月癸亥，舆驾亲耕藉田。三月丁未，诏淮北义人率户口归国者，建其本属旧名，置立郡县，即隶近州，赋给田宅。秋七月辛卯，初用大货六铢钱。八月甲子，青州义主朱显宗等率所领七百户入附。丁卯，舆驾幸太社，观阅武。十一月，诏“建子令月，微阳初载，应此加辰，宜播宽泽，可大赦天下。”甲午，周遣柱国梁士彦率众至肥口。戊戌，周军进围寿阳，以新除中卫大将军、杨州刺史始兴王叔阳为大都督，总督水步众军。十二月乙丑，南北兖、晋三州及盱眙、山阳、阳平、马头、秦、历阳、沛、北谯、南梁等九郡，并自拔还京师。谯、北徐州又陷。自是淮南之地尽没于周矣。

十四年春正月己酉，高宗弗豫。甲寅，崩于宣福殿，时年五十三。上谥孝宣皇帝，庙号高宗。葬显宁陵。

陈叔宝

《陈书》曰：后主讳叔宝，字元秀，小字黄奴，高宗嫡长子也。梁承圣二年生于江陵。江陵陷，高宗迁关右，留后主于穰城。天嘉三年，归京师，立为安成王世子。十四年正月，高宗崩，即皇帝位于太极前殿，诏大赦。尊皇后为皇太后，宫曰弘范。立妃沈氏为皇后。七月辛未，大赦。是月，江水赤色如血，自京师至于荆州。九月，设无碍大会于太极殿，舍身及乘舆服御。

至德元年正月，诏大赦，改太建十五年为至德元年。二年十二月夜，天开，自西北至东南，其内有青黄杂色，隐隐若雷声。

后主在东宫，好学有文艺。及即位，耽于酒色，常在后庭，不恤政事。又于光昭殿前起临春、结绮、望仙三阁，阁高数丈，并数十间，其窗牖栏杆之类，悉以沈檀香木为之，饰以金玉，间以珠翠，微风暂至，香闻数里，瑰宝奇丽，近古未有。其下积石成山，引水为池，植以奇树，杂以花药。后主自居临春阁，孔贵人居望仙阁，张贵妃居结绮阁，并复道往来。妇人丽质巧态以从者常千余人。张贵妃、孔贵人等八人侍坐，尚书令江总、孔范等十人侍宴，号曰狎客。上令八妇人制五言诗，十客一时继和，迟则罚酒。君臣酣饮，从夕达曙。所司皆因阉人奏事，主者由此擅作威福。军旅警备，并皆不修。任用沈客卿、施文庆等，以苛刻为忠。于是文武离心，莫肯用命。

隋文帝谓高颖曰："我为百姓父母，岂可限一衣带水，不拯之乎？"命大作战船。人请密之，隋文曰："吾将行天讨，何密之有！有使投楝于江，彼若能改，吾又何求。"乃遣晋王广为元帅以讨之。

及闻隋军临江，孔范曰："必无渡理，但恣妓乐纵酒，作诗不辍。"明日，隋军济江陵，文武百寮皆遁出，唯尚书仆射袁宪侍侧。宪劝端坐殿上，正色以待之。后主曰："锋刃之下，未可当之，吾自有计。"乃逃于井。既军人窥井呼之，后主不应。欲下石，乃叫以绳引之。惊其太重，及出，与张贵妃、孔贵人三人同束而上。贺若弼呼后主视之，惶惧汗流，股慄再拜，弼谓之曰："大国之卿，当小国之君拜，礼也。入朝不失作归命侯，亦无劳恐惧。"

三月，后主与王公百司发自建邺，至长安。后主已下，大小在路，五百余里累累不绝。隋文宣诏让后主，后主伏地不能对，乃宥之，给赐甚厚。每侍宴，恐致伤心，为不奏吴音。后监守者言："叔宝愿得官号。"隋文曰："叔宝绝无心肝。"监守又言："叔宝日饮一石，少有醒时。"隋文曰："不尔，何以过日。"及从东巡狩邙山，赋诗曰："日月光天德，山河壮帝居，太平无以报，愿上封禅书。"并上表请封禅，隋文谦让不许。后从至仁寿宫，尝侍宴，及出，隋文目之曰："此败岂不由饮酒作诗，将此功夫，何如思安边计策。"初，贺若弼度京口，彼人密启告急，叔宝为饮酒，遂不省。高颖至，犹见启在床下，未开封。岂天亡也。后主以隋仁寿四年十一月终于洛阳，在位七年，年五十二岁。

史臣曰：后主生深宫之中，长妇人之手，既属邦国殄瘁，不知稼穑艰难。初惧阽危，屡有哀矜之诏；后稍安集，复扇淫侈之风。宾礼诸公，唯寄情于文酒；昵近群小，皆委之以衡轴。谋谟所及，遂无骨鲠之臣；权要所在，莫匪侵渔之吏。刑政日紊，尸素盈朝，耽荒为长夜之饮，嬖宠同艳妻之孽，危亡弗恤，上下相蒙，众叛亲离，临机不悟，自投于井，冀以苟生，视其以此求全，抑亦民斯下矣。遐观列辟，纂武嗣兴，其始也皆欲齐明日月，合德天地，高视五帝，俯协三王，然而靡不有初，鲜克有终，其故何哉？并以中庸之材，怀可移之性，口存于仁义，心怵于嗜欲。仁义利物而道远，嗜欲遂性而便身。便身不可久违，道远难以固志。佞谄之伦，承颜候色，因其所好，以悦导之，若下坂走丸，顺流决壅。非天感灵辰象，降生明德，孰能遗其所乐，而以百姓为心哉？此所以成、康、文、景千载而罕遇也。

太平御览卷第一百三十五 皇亲部一

总序后妃

《尚书大传》曰：古者后夫人将侍，君前，息烛，后举烛，至于房中，释朝服，袭燕服，然后入御。史奏鸡鸣于阶下奏犹白阶陛也。然后夫人鸣佩玉于房中，告去也。然后应门击柝告辟应门，朝六也。辟，启也。也。然后少师奏质明于陛下质，正，然后夫人入庭立，君出朝。

《毛诗》曰：《关雎》，后妃之德也。风之始也，所以风天下而正夫妇也。"关关雎鸠，在河之洲；窈窕淑女，君子好逑。"

又曰：《葛覃》，后妃之本也。后妃在父母家，则志在女功之事，躬俭节用，服浣濯之衣。尊敬师傅，则可以归安父母，化天下以成妇道也。

又曰：《卷耳》，后妃之志也。又当辅佐君子，求贤审官，知臣下之勤劳，内有进贤之志，而无险诐私谒之心，朝夕思念，至于忧勤也。"采采卷耳，不盈顷筐，嗟我怀人，置彼周行。"

又曰：《樛木》，后妃逮下也。言能逮下而无嫉妒之心焉。"南有樛木，葛藟累之；乐只君子，福履绥之。"

又曰：《螽斯》，后妃子孙众多也。言若螽斯不妒忌，则子孙众多也。"螽斯羽，诜诜兮！宜尔子孙，振振兮！"

又曰：《桃夭》，后妃之所致也。不妒忌，则男女以正，婚姻以时，国无鳏民也。"桃之夭夭，灼灼其华；之子于归，宜其室家。"

又曰：《兔罝》，后妃之化也。《关雎》之化行，则莫不好德，贤人众多也。"肃肃兔罝，椓之丁丁；纠纠武夫，公侯干城。"

又曰：《芣苢》，后妃之美也。天下和平，则妇人乐有子矣。"采采芣苢，薄言采之。"

又曰：《鸡鸣》，思贤妃也。哀公荒淫怠慢，故陈贤妃贞女夙夜警戒，相成之道焉。

《礼记》曰：天子之妃曰后。郑玄注曰：后之言后也。

又《昏义》曰：古者天子后立六宫、三夫人、九嫔、二十七世妇、八十一御妻，以德天下之内治，以明章天下之妇顺，故内和而家理。天子立六官、三公、九卿、二十七大夫、八十一元士。以听天下之外治，以明章天下之男教，故外和而国治。故曰：天子听男教，后听女顺；天子理阳道，后治阴德；天子听外治，后听内职。教训成俗，外内和顺，国家治理，此之谓盛德。

《白虎通》曰：天子之发妃谓 之后何？后者，君也；天子妃至尊，故谓君也，明海内之小君也。

《史记》曰：自古受命帝王及继体守文之君，非独内德茂也，盖亦有外戚之助焉。夏兴也以涂山，而桀放也用妹喜；殷之兴也以有娀及有㜪，而纣之灭也嬖妲己，周之兴也以姜嫄及大任、大姒，而幽王之擒也淫褒姒。故《易》基《乾坤》，《诗》首《关雎》，《书》美厘降，《春秋》讥不亲迎。夫妇之际，人道之大伦也。

《汉书》曰：汉兴，因秦之称号，帝母称皇太后，祖母称太皇太后，正嫡称皇后，妾皆称夫人，有美人、良人、八子、七子、长使、少使之号焉。至武帝，制婕妤、娙娥、傛华、充衣，各有爵号，而元帝加昭仪之号，凡十四等云。昭仪位视丞相，爵比诸侯王。婕妤视上卿，比列侯。娙娥视中二千石，比关内侯。傛华视真二千石，比大上造。美人视二千石，比少上造。八子视千石，比中更。充衣视千石，比左更。七子视八百石，比右庶长。良人视八百石，比左庶长。长使视六百石，比五大夫。少使视四百石，比公乘。五官视三百石。顺常视二百石。无涓、共和、娱灵、保林、良使、夜者皆视百石。上家人子、中家人子视有秩斗食云。五官以下，葬司马门外陵上司马门外。

应劭《汉官》曰：皇后称椒房。《诗》云："椒聊之实，蔓衍盈升"，美其繁兴。以椒涂室，亦取温暖，除恶气也。犹天子赤泥殿上曰丹墀。

《汉旧仪》曰：皇后、婕妤乘辇，余皆以茵，四人舆以行。

又曰: 皇后玉玺, 文与帝同。皇后之玺, 金螭虎纽。

又曰: 皇后、太子各食三十县, 曰汤沐邑。

《五经要义》曰: 古者后夫人必有女史彤管之法, 后妃群妾, 以礼御于君所。女史书其日, 授其环, 以示进退之法。生子月娠, 则以金环退之。当御者以银环, 进者著于左手; 既御, 著于右手。左手阳也, 以当就男, 故著左手。右手阴也, 既御而复故。此女史之职也。

《后汉书》曰: 夏殷以上, 后妃之制, 其文略矣。《周礼》: 王者立后、三夫人、九嫔、二十七世妇、八十一御女, 以备内职焉。后正位宫闱, 同体天王。夫人坐论妇礼, 九嫔掌教四德, 世妇主丧、祭、宾客, 女御序于王之燕寝。颁官分务, 各有典司。女史彤管, 记功书过。居有保阿之训, 动有环佩之响。进贤才以辅佐君子, 哀窈窕而不淫其色。所以能述宣阴化, 修成内则, 闺房肃雍, 险谒不行也。故康王晚朝, 《关雎》作讽; 宣王晏起, 姜氏请愆。及周室东迁, 礼序凋缺, 诸侯僭纵, 轨制无章。齐桓有如夫人者六人, 晋献升戎女为元妃, 终于五子作乱, 冢嗣遘屯。爰逮战国, 风宪偷薄, 适情任欲, 颠倒衣裳, 以至破国亡身, 不可胜数。斯固轻礼驰防, 先色后德者也。

秦并天下, 多自骄大, 宫备七国, 爵列八品。汉兴, 因循其号, 而妇制莫厘。高祖帷薄不修, 孝文衽席无辩, 然而选纳尚简, 饰玩少华。自武、元 之后, 世增淫费, 至乃掖庭三千, 增级十四。妖幸毁政之符, 外姻乱邦之迹, 前史载之详矣。

及光武明德中兴, 斫雕为朴, 六宫称号, 唯皇后、贵人。贵人金印紫绶, 俸不过粟数十斛。又置美人、宫人、采女三等, 并无爵秩, 岁时赏赐充给而已。汉法常因八月算人, 遣中大夫与掖庭丞及相工, 于洛阳乡中阅视良家童女, 年十三已上, 二十已下, 姿色端丽, 合法相者, 载还后宫, 择视可否, 乃用登御。所以明慎娉纳, 详求淑哲。明帝聿遵先旨, 宫教颇修, 登建嫔后, 必先令德, 内无出阃之言, 权无私溺之授, 可谓矫其弊矣。向使因设外戚之禁, 编著甲令, 改正后妃之制, 贻厥方来, 岂不休哉! 虽御已有度, 而防闲未笃, 故孝章以下, 渐用色授，恩隆好合，遂忘淄蠹。

自古虽主幼时艰，王家多衅，必委成冢宰，简求忠贤，未有专任妇人，断割重器。唯秦芈太后始摄政事，故穰侯权重于昭王，家富于嬴国。汉仍其谬，知患莫改。东京皇统屡绝，权归女主，外立者四帝，临朝者六后，莫不定策帷帟，委事父兄，贪孩童以久其政，抑明贤以专其威。任重道悠，利深祸速。身犯雾露于灵台之上，家婴缧绁于圄犴之下。湮灭连踵，倾辀继路，而赴蹈不息，燋烂为期，终于陵夷大运，沦亡神宝。《诗》《书》所叹，略同一揆。

《魏志》曰：魏因汉法，母后之号，皆如旧制，自夫人以下，世有增损。太祖建国，始命王后，其下五等：有夫人，有昭仪，有婕妤，有华客，有美人。文帝增贵嫔、淑媛、修容、顺成、良人。明帝增淑妃、昭华、修仪，除顺成官。太和中，始复命夫人，登其位于淑妃之上。自夫人以下，爵凡十二等。

又曰：黄初三年，诏曰："妇人与政，乱之本也。自今已后，群臣不得奏事太后，后族之家不得当辅政之任，又不得横受茅土之爵。以此诏传后世，若有背违，天下共诛之。"

殷融议后父不应拜后曰："天性之至，父子之道，人伦之序，君臣之义，性至因亲，故情礼无二；义序缘敬，故尊严无上。"《易》曰：'有父子然后有君臣，有君臣然后礼仪生焉。'故资父事君，教之至也。君不以贵而臣其所尊，故子爵不加于父也。夫以帝王之尊，犹无臣妾父母之义，况后从尊于帝，而令母执臣妾邪！而郑玄复云：'公朝与归宁，别有二制；尊卑迭用，拜谒更序。'亦未详斯议为何所据？"

晋张华《女史箴》曰：茫茫造化，二仪始分；散气流形，既陶既甄。在帝庖牺，肇经天人；爰始夫妇，以及君臣。家道以正，而王猷有伦。妇德尚柔，含章贞吉；嫕婉淑慎，正位居室。施衿结缡，虔恭中馈；肃慎尔仪，式瞻清懿。樊姬感庄，不食鲜禽；卫女矫桓，耳忘和音。志厉义高，而二主易心。玄熊攀槛，冯媛趋进，夫岂无畏？知死不吝。班妾有辞，割欢同辇，夫岂不怀？防微虑远。道罔隆而不杀，物无盛而不衰。日中则昃，月满则微。崇犹尘积，替若骇机。人咸知饰其容，而莫知饰其性。性之不饰，或愆礼正；斧之藻之，克念作圣。出其言善，千里应之；苟违斯义，则同衾以疑。夫出言如微，而荣辱由兹。勿谓幽昧，灵鉴无象；勿谓玄漠，神听无响。无矜尔荣，天道恶盈；无恃尔贵，隆隆者坠。鉴于小星，戒彼攸遂；比心螽斯，则繁尔类。欢不可以黩，宠不可以专。专实生慢，爱极则迁；致盈必损，理有固然。美者自美，翩以取尤。冶容求好，君子所仇。结恩而绝，职此之由。故曰：翼翼矜矜，福所以兴；靖恭自思，荣显所期。女史司箴，敢告庶姬。

《后魏书》曰：魏氏王业之兆虽始于神元，至于昭成。世崇俭质，妃嫱嫔御，率多阙焉，唯以次第为称。而章、平、思、昭、穆、惠、炀、烈八帝，妃后无闻。道武追尊祖妣，皆从帝谥为皇后，始立中宫，余妾或称夫人，多少无限，然皆品次。太武始增左右昭仪及贵人、椒房。

《后魏书》曰：后魏故事，将立皇后，必令手铸金人，以成者为吉，不成则不得立也。又太武、文成保母劬劳之恩，并极尊崇之义，虽事乖典礼，而观过知仁。

《北史》曰：周氏率由姬制，内职有序。文帝创基，修衽席以俭约；武皇嗣历，节情欲于矫枉。宫闱有贯鱼之美，戚里无私溺之尤，可谓得君人之体也。

宣皇外行其志，内逞其欲，溪壑难满，采择无厌。恩之所加，莫限厮皂；荣之所及，无隔险诐。于是升兰殿以正位，践椒庭而齐体者，非一人焉；阶房帷而拖青紫，缘恩幸而拥玉帛，非一族焉。虽辛、癸之荒淫，赵、李之倾城，曾未足比其仿佛也。人厌苛政，其事实多。文帝之祀忽诸，特由于此。

隋文思革前弊，大矫其违，唯皇后当室，旁无私宠，妇官位号，未详备焉。开皇二年，著内官之式，略依《周礼》，省减其数。炀帝时，后妃嫔御无厘妇职，唯端容丽饰，陪从宴游而已。帝又参详典故，自制嘉名，著之于令。

人皇后

《春秋命历序》:《洛书摘亡辟》曰:“人皇兄弟九人,别长九州。离艮,地精,女出为 之后。”离、艮卦所推也。

包牺母

《河图》曰:燧人之世,大迹出雷泽,华胥履之,生伏羲。

《帝系谱》曰:伏羲,十月四日人定生,母华胥。《孝经》、《河图》云:伏羲在亥,得人定之时。

神农母

《春秋元命苞》曰:女登生神农,人面龙颜,始为天子。

《孝经钩命决》曰:佳姒感龙,生帝嵬魁。嵬魁,神农名。

《帝王世纪》曰:炎帝神农母曰佳姒,有娇氏女,名登,为少典妃;游华阳,有龙首感之,生神农于裳羊山。娶奔水氏女曰听訞音妖,生帝临女子。

黄帝母

《河图》曰:黄轩母曰地祇之子,名附宝。之郊野,大霓绕北斗枢星,耀感附宝,生轩辕。

《帝王世纪》曰:黄帝有熊氏,少典之子。母曰附宝,其先即炎帝母家有娇氏之女,世与少典氏婚。及神农之末,少典氏又娶附宝,见大霓光绕北斗枢星照郊野,附宝孕,二十五月,生黄帝于寿丘。干宝云:二十五月而生。余同。

黄帝四妃

《史记》曰:黄帝娶西陵之女,是为累祖,为黄帝正妃。生二子,其后皆有天下。

《汉书·古今表》曰：黄帝妃方雷氏，生玄嚣，为青阳。妃累祖，生昌意。妃彤鱼氏，生夷鼓。妃嫫母，生苍林。

《帝王世纪》曰：黄帝四妃，生二十五子。元妃西陵氏累祖，次妃方雷氏曰女节，次曰彤鱼氏，次曰嫫母。

《列女传》曰：黄帝妃曰嫫母，于四妃之班居下，貌甚丑而最贤心，每自退。余同《吕氏》。

颛顼母

《河图》曰：摇光之星，如虹贯月；正白，感女枢于幽房之宫，生帝颛顼。

《史记》曰：昌意娶蜀山女昌朴，生高阳。高阳有圣德。黄帝崩，高阳立，是为颛顼。

《帝王世纪》曰：昌意之妃，谓之女枢。金天氏末，生颛顼于弱水。

颛顼妃

《世本》曰：颛顼娶于胜坟氏。宋忠注曰：国名。之子，谓女禄，是生老童。《帝系》云胜奔氏，馀同。

帝喾四妃

《河图》曰：庆都与赤龙合，生帝于伊尧。《世记》云从母姓。

《毛诗》曰：天命玄鸟，降而生商，宅殷土茫茫。

《春秋元命苞》曰：周本姜嫄游闭宫，其地扶桑，履大迹，生后稷。

《春秋合诚图》曰：尧母庆都，有名于世，盖太常之女，生于斗维之野。常在三河之东南，天大雷电，有血流润大石之中，生庆都。长大，常有黄云覆盖之，梦食不饥天帝以气食。年二十，寄伊长孺家，无夫，出观三河之首，常若有神随之，有赤龙负图至，署曰：“赤帝起成天宝。”即庆都之。翼之野奄然阴风雨，龙与庆都合，有身，龙消不见，乳尧。《汉书》云：尧母十四月生尧。《帝王世纪》《搜神记》同。

《史记》曰：喾聚陈丰，生放勋。

又曰：后稷弃母有邰氏女，曰姜嫄，为帝喾元妃。出野，见巨人迹，心欣然说，欲践之，身重如孕者。居期而生子，以为不祥，弃之隘苍。以为神，收养之。初欲弃之，因名弃。

《毛诗·生民》曰：厥初生民，时维姜嫄。生民本后稷也，后稷之母，配高辛氏帝焉。

《史记》曰：殷契母曰简狄，有娀氏女，为帝喾次妃。三人行浴，见玄鸟遗其卵，简狄取而吞之，因孕，生契。

《世本》曰：帝喾卜其四妃，四妃之子而皆有天下。元妃有邰国之女曰姜嫄，是产后稷；次妃有娀氏之女简狄，是产契；次妃曰陈丰，是生帝尧；次妃曰娵訾，产帝挚。

《帝王世纪》曰：娵訾班在四人下，生挚最长，故登帝位。

尧妃

《世本》曰：尧娶散宜氏子，谓之女皇。宋忠曰：是生月朱。《帝系》《汉书》同。

《帝王世纪》曰：女莹生丹朱。《汉书》亦云女莹。

舜母

《河图著命》曰：女登见大虹，意感，生舜于姚墟。

《史记》曰：舜母早死，瞽叟更娶后妻，生象傲。

舜二妃

《尚书》曰：师锡帝曰：“有鳏在下，曰虞舜。”岳曰：“瞽子，父顽，母嚚，象傲，克谐，以孝烝烝，乂不格奸。”帝曰：“我其试哉！”女于时，观厥刑于二女。厘降二女于汭汭，嫔于虞。

《礼记》曰：舜葬苍梧，盖二妃未之从也。

《山海经》曰：大荒之中，有不庭之山，帝俊妻娥皇生焉。

《帝系》曰：舜娶于帝尧，谓之曰女匽。

《列女传》曰：有虞二妃，帝尧之二女也，长曰娥皇，次曰女英。尧举舜为相，摄行王政，每事常谋二女。舜既受禅升为天子，娥皇为后，女英为妃，事瞽叟犹若初焉。天子称二妃聪明贞仁。舜陟方死苍梧，二妃死于江湘之间，谓之湘君。

《尸子》曰：尧妻舜以娥皇，媵之以皇娥皇众之女英。

《离骚·九歌·湘夫人》曰：帝子降兮北渚，目渺渺兮愁予，帝子谓尧二女娥皇女英，随舜不反，堕于湘水者，因为湘夫人也。袅袅兮秋风，洞庭波兮木叶下。

夏禹母

《河图著命》曰：修纪见流星，意感，生帝文命，我禹兴。

《周礼含文嘉》曰：夏姒氏祖以薏苡生。

《孝经钩命决》曰：命星贯昴纪，梦接，生禹父。命使之星谓流行。

《世本》曰：鲧娶华氏，曰女志，是生高密禹。《帝系》云产文命，余同。

禹妃

《尚书·咎繇谟》：禹曰："予娶于涂山，辛壬癸甲辛日娶妻至于甲日复往治水，启呱呱而泣，予弗子。涂山女，《史记》同。

《山海经》曰：太室嵩高成阳西，启母化为石在焉。

《帝王世纪》曰：禹始纳涂山氏女，曰女娲，合婚于台桑，有白狐九尾之瑞，到至是为攸女。故《连山易》曰："禹娶涂山之子，名曰攸女，生启是也。

《列女传》曰：启母涂山者，夏禹之妃，涂山之女也。禹娶四日而去治水。启既生，呱呱而泣。禹三过其门不入。

《吕氏春秋》曰：禹行功，见涂山之女，禹未之遇。南音南土，涂山之女乃令其妾往候禹于涂山之阳，女作歌曰《候人》，实始作南音也。

帝相后少康二妃附见

《左传》曰：伍员曰："昔有过浇灭夏后相，后缗方娠，逃出自窦，后缗，相妻。归于有仍，缗，有仍氏女也。生少康焉。浇求之，逃奔有虞，虞思妻之以二姚。"

《楚辞》曰：迨少康之未家，留有虞之二姚。

桀妃

《洛书录运法》：孔子曰："逢氏抱小女末喜观帝，孔甲悦，以为太子履癸妃。"

《国语》曰：桀伐蒙山而得末嬉。

《纪年》曰：后桀伐岷山，岷山女于桀二人，曰琬、曰琰。桀受二女，无子，刻其名于苕华之玉，苕是琬，华是琰；而弃其元妃于洛，曰末喜氏。末喜氏以与伊尹交，遂以夏亡。

《帝王世纪》曰：末喜好闻裂缯之声而笑，桀为发缯裂之，以顺适其意。

《列女传》曰：夏桀末喜者，夏桀之妃也。桀伐有施，有施女以末喜。以女妻人曰女。

殷汤母

《河图著命》曰：扶都见白气贯月，意感，生黑帝子汤。

汤妃

《帝王世纪》曰：汤娶有莘，为正妃。

《列女传》曰：汤妃，有莘之女也。德高而伊尹为之媵臣，佐汤致王，训正后宫，嫔御有序，咸无嫉妒逆理之人。生三子：太丁、外丙、仲壬。太丁早卒，丙、壬嗣登太位。

帝乙妃

《史记》曰：帝乙长子曰微子启，贱不得立。立少子辛，辛母正后，嗣。

《帝王世纪》曰：帝乙二妃，生四子：长曰微子启，中曰微仲，少曰受德辛；庶妃生箕子。初，启母之生启及仲，尚为妾；及立为后，乃生纣。

纣妃

《史记》曰：纣伐有苏，有苏人以妲己女焉。纣爱妲己，妲己之言是从。武王杀之，斩以玄戈，悬之小白旗。《世本》又载。

《列女传》曰：妲己者，殷纣之妃也。纣伐有苏，有苏女以妲己。美而辩，用心邪僻，夸比于体，戚施于貌。纣好酒淫乐，不离妲己，所誉者贵之，所憎者诛之。

周大王妃

《毛诗》曰：古公亶父，来朝走马。率西水浒，至下岐下。爰及姜女，聿来胥宇。

又曰：挚仲氏任，自彼殷商，来嫁于周，曰嫔于京。乃及王季，维德之行。挚国，任姓。

《史记》曰：古公太姜生少子季历，季历娶太妊，皆贤妇人，生子曰昌。

《列女传》曰：太姜者，太王之妃，有台之女，曰贤而有色。生太伯、仲雍、王季。化导三子，皆成贤德。太王有事，必谘谋焉。

王季妃

《河图著命》：太妊梦长人感己，生文王。

《毛诗》曰：思齐太妊，文王之母。思媚周姜，京室之妇。

《列女传》曰：太妊者，王季之妃，挚任之女也。端懿诚庄，维德之行。及其有娠也，目不视恶色，耳不听淫声，口不放言，溲于豕牢，而生文王。文王生而明圣，太妊教以一而知其百，卒为周宗。君子谓太妊能胎教。

文王妃

《毛诗》曰：天监在下，有命既集。文王初载，天作之合。在洽之阳，在渭之涘。缵女维莘。长子维行缵，继也。莘，太姒国也。长子，长女。笃生武王。笺云：太姒厚生圣子武王。

又曰：大姒嗣徽音，则百斯男。

《论语·泰伯》曰：武王曰："予有乱臣十人。马融曰：乱，理也。十人谓周公旦、召公、奭公、太公望、毕公荣、虢叔、闳天、散宜生、太颠、南宫括。其一人谓文母也。"孔子曰："才难，不其然乎？唐虞之际，于斯为盛。有妇人焉，九人而已。"

《列女传》曰：太姒者，文王之妃，莘姒之女也，号曰文母。

武王妃

《左传》曰：子产曰："当武王邑姜方娠太叔，杜预曰：邑姜，武王后，齐太公之女也。怀胎为娠。太叔，成王之弟叔虞者。梦帝谓己：'余命而子曰虞，帝，天也。虞，唐君之名。将与之唐，属诸参，而蕃育其子孙。'及生，有文在手曰《虞》，遂以命之。"

《帝王世纪》曰：武王纳太公之女，曰邑姜，修教于内，生太子诵。

宣王后

《琐语》曰：元妃献后生子，不恒其月而生，后弗敢举。王召群吏问，将弃之。仲山甫曰："天将以是弃周，弃之何益？且卜筮言，何必从。"乃弗弃。

《列女传》曰：周宣姜后者，齐侯之女也。周宣尝夜卧晏起，后夫人不出于房。姜后既出，乃脱簪珥，待罪于巷，使其傅母通言于王曰："妾不才，妾之淫心见矣，至使君王失礼而晏朝，以见君王之乐色而忘德也。”王曰：“寡人不德，实自生过，非夫人之罪也。”

幽王褒后

《毛诗》曰：《白华》，周人刺幽后也。幽王取申女以为后，又得褒姒而黜申后，故下国化之，以妾为妻，以孽代宗。

又曰：《正月》，刺幽王也。“燎之方阳，宁或灭之；赫赫宗周，褒姒灭之。”

《国语》曰：夏之衰也，二龙止于夏庭而曰：“余，褒之二君。”夏帝卜请其漦而藏之，乃吉。韦昭曰：龙吐沫，龙之精气也。龙亡而漦在，椟而藏之。三代莫敢发。至厉王之末，发而观之。漦流于庭，不可除。王使妇人倮而澡之，漦化为玄鼋，入王后宫。童妾既龀而遭之，既笄而孕，无夫而生子，惧而弃之。宣王之时，童谣曰：“厌弧箕服，实亡周国。”有夫妇卖是器者，见后宫童妾所弃妖子，闻其啼，哀而收之。夫妇奔褒。褒人有罪，请入所弃女，是为褒姒。幽王爱之，生伯服，废申后，而以褒姒为后。褒姒不好笑，幽王欲其笑，万方，不笑。烽火大鼓噪，诸侯悉至，至而无寇，褒姒乃大笑。幽王数为举烽。申侯怒，与西夷犬戎攻，杀王，虏褒姒。《史记》《列女传》《世纪》并同也。

《列女传》曰：幽王出入与褒姒同乘弋猎，不时以适褒姒意。

秦始皇太后

《史记》曰：吕不韦所幸姬有娠，而进之于子楚，生秦始皇，是为太后。

《说苑》曰：秦始皇太后不谨，幸郎嫪毐，封长信侯。长信侯生两子，毐专国事，骄奢，与侍中、左右贵人俱博，饮酒醉，争言而斗，瞋目大呼曰：“吾乃秦皇之假父也，窭人子何敢与我亢？”斗者走，行白始皇，始皇大怒。毐因作乱，战咸阳宫，毐败始皇取毐四支车裂之，取其两弟囊扑杀之。皇太后置之咸阳宫，下令曰“敢以太后事谏者戮而杀之”。阙下谏而死者二十七人。茅焦乃上谒于王，遂以千乘万骑自迎太后归咸阳。太后喜，大置酒待茅焦，及饮，太后称曰："抗枉令直，使败更成，安秦社稷，使妾母子复得相会，茅君之力也。"

太平御览卷第一百三十六 皇亲部二

汉太上昭灵后

《诗含神雾》曰：含始吞赤珠，刻曰“玉英生皇”。刻，刻漏，有玉英文也。后赤龙感女媪，刘季兴。

《春秋握成图》曰：执嘉妻含始游洛池，赤珠出，刻曰：“玉英，吞此者为王客。”以其年生刘季，为汉皇。为王客者，为王者所宾客。

《史记》曰：高祖母媪尝息大泽之陂，梦与神遇。时雷电晦冥，父太公往视，见蛟龙于上。已而有娠，遂产高祖。

《帝王世纪》曰：太上皇名执嘉，妃曰媪，为昭灵后。

《陈留风俗传》曰：沛公起兵野战，丧皇妣于黄乡。天下平定，乃使使者以梓宫招魂于幽野，于是有丹蛇在水自洒濯，入于梓宫，其浴处有遗发，故谥曰昭灵后。黄乡，今小黄县也。

高祖吕皇后

《汉书》曰：高祖后吕皇后，父吕公，单父人也，好相人。高祖微时，吕公见而异之，乃以女妻高祖，生惠帝、鲁元公主。后汉王得定陶戚夫人，爱幸，生赵王如意。吕后为人刚毅，佐高帝定天下。高祖崩，惠帝立，吕后为太后，乃令永巷囚戚夫人，髡钳衣赭衣，令舂。戚夫人舂且歌曰：“子为王，母为虏，终日舂薄暮，常与死为伍！相离三千里，当谁使告汝？”太后闻之大怒，曰：“乃欲倚汝子邪？”乃召赵王，欲诛之。使者三反，赵相周昌不遣。太后召赵相，相至长安。使人复召赵王，王来。惠帝慈仁，知太后怒，自迎赵王灞上，入挟赴王与起居饮食。数月，帝晨出射，赵王不能早起，太后伺其独居，使持鸩饮之。迨帝还，赵王死。太后遂断戚夫人手足，去眼熏耳，饮喑药，使居鞠域中，名曰：“人彘”。居数月，召惠帝视人彘。帝视而问，知其戚夫人，乃大哭，因病，岁余不能起。使人请太后曰："此非人所为。臣为太后子，终不能复治天下！"以此日饮为淫乐，不听政，七年而崩。立孝惠后宫子为帝，太后临朝称制。后治天下八年，病大祸而崩。

高祖薄皇后

《汉书》曰：高祖薄姬，文帝母也。父吴人，秦时与故魏王宗女魏媪通，生薄姬。魏豹立为王，而魏媪内其女于魏宫。许负相薄姬，当生天子。曹参等虏魏王，薄姬输织室。诏内后宫，岁余不得幸。始姬少时，与管夫人、赵子儿相爱，约曰："先贵无相忘！"已而管、赵先幸。汉王四年，坐河南城皋灵台，此两美人侍，相与笑薄姬初时约。汉王问其故，两人俱以实告。汉王心凄然怜薄姬，是日召，欲幸之。对曰："昨暮梦龙据妾胸。"上曰："是贵征也，吾为汝成之。"遂幸，有娠，岁中生文帝。高帝幸姬戚夫人之属，吕后怒，皆幽之不得出宫，而薄姬以希见故，出从子之代。代王为帝，尊为皇太后。

《东观汉记》曰：中元元年，告祠高庙曰："高皇吕氏不宜配食，薄太后慈仁，孝文皇帝贤明，子孙赖福延至于今，宜配食地祇高庙，今上薄太后尊号为高皇后，迁吕太后于园。"

孝惠张皇后

《汉书》曰：孝惠张皇后，宣平侯敖女也。敖尚帝姊鲁元公主，有女。惠帝即位，吕太后欲为重亲，以公主女配帝为皇后。欲其生子，万方终无子，乃使阳为有身，取后宫美人子名之，杀其母，立所名子为太子。惠帝崩，太子立为帝，吕后崩，大臣正之，以非孝惠子诛之，孝惠后废处北宫。

孝文窦皇后

《汉书》曰：孝文窦皇后，景帝母也。吕太后时以良家子选入宫。

会太后出宫人以赐诸王各五人，窦姬家在清河，乃求其主者愿归清河，而主者误置代籍中。窦姬泣涕而行，及至代，代王独幸窦姬，生子。文帝立数月，公卿请立太子，而窦姬为皇后。景帝立，为皇太后。好黄帝、老子言，景帝及诸窦不得不读《老子》以尊其术。

孝景薄皇后

《汉书》曰：孝景薄皇后，孝文薄太后家女也。景帝立，立薄妃为皇后，无子无宠。立六年，薄太后崩，皇后废。

孝景王皇后

《汉书》曰：孝景王皇后，武帝母也。父仲，槐里人。初嫁为金王孙妇，生一女矣，而臧儿卜筮曰两女当贵，欲倚两女，夺于金氏。金氏怒，不肯与决，乃内太子宫。太子幸爱之，生三女一男。男方在身，梦日入其怀中，以告太子，太子曰："此贵征也。"景帝即位，立为皇后，男为太子。景帝崩，武帝即位，为皇太后也。

孝武陈皇后

《汉书》曰：孝武陈皇后，长公主嫖女也。武帝得立为太子，长公主有力，取主女为妃。及帝即位，妃立为皇后，擅宠骄贵，十余年而无子，闻卫子夫得幸，几死者数焉。上愈怒。后又挟妇人媚道，颇觉。元光五年，上遂穷治之，女子楚服等坐为皇后巫蛊祠祭祝诅，大逆无道，相连及诛者三百余人，楚服枭首于市。赐后策曰："后惑于巫祝，不可以承天命，其上玺绶，罢退居长门宫。

司马相如《长门赋》序曰：孝武皇帝陈皇后得幸颇为妒，别在长门宫，愁闷悲思，闻相如天下工为文，奉黄金百斤为相如、文君取酒，因求解悲愁之辞，而相如为颂以奏主上，皇后复得亲幸。

孝武卫皇后

《汉书》曰：孝武卫皇后字子夫，生微贱，为平阳主讴者。武帝即位，数年无子。平阳主求良家女子十余人，饰置家。帝祓灞上，祓，除也。于霸水上自祓除。今三月上巳祓禊也。还过平阳主。主见所侍美人，帝不悦。既饮，讴者进，帝独悦子夫。帝起更衣，子夫侍尚衣轩中，得幸。还坐忻甚，赐平阳主金千斤。主因奏子夫送入宫。子夫上车，主拊其背曰："行矣！强饭勉之。即贵，愿无相忘！"入宫岁余，不复幸。武帝择宫人不中用者斥出之，子夫得见，涕泣请出，上怜之，复幸，遂有身，尊宠。元朔元年生男据，遂立为皇后。据，即戾太子也。

孝武李皇后

《汉书》曰：孝武李夫人，本以倡进。初，夫人兄延年性知音，善歌舞，武帝爱之。每闻新声曲，闻者莫不感动。延年侍上起舞，歌曰："北方有佳人，绝世而独立，一顾倾人城，再顾倾人国。宁不知倾城倾国，佳人不可再得！"上叹息曰："善！世岂有此人乎？"平阳主因言延年有女弟，上乃召见之，实妙丽善舞。由是得幸，生一男，是为昌邑哀王。李夫人少而蚤卒，上怜闵焉，图画其形于甘泉宫。及卫思后废后四年，武帝崩，大将军霍光缘上雅意，以李夫人配食，追上尊号曰孝武皇后。

初，李夫人病笃，上自临候之，夫人蒙被谢曰："妾久病，形貌毁坏，不可以见帝。愿以王及兄弟为托。"上曰："夫人病甚，殆将不起，一见属托王及兄弟，岂不快哉！"夫人曰："妇人貌不修饰，不见君父。妾不敢以燕堕见帝。"上曰："夫人若一见我，将加赐千金，予兄弟尊官。"夫人曰："尊官在帝，不在一见。"上复言欲必见之，夫人遂转向壁欷歔而不复言。于是上不悦而起。夫人姊让之曰："贵人独不可见上属托兄弟耶？何为恨上如此？"夫人曰："所以不欲见帝者，乃欲以深托兄弟也。我以容貌之好，得从微贱爱幸于上。夫以色事人者，色衰则爱绝，爱绝则恩绝。上所以恋恋顾念我者，乃以平生容貌也。今见我毁坏，颜色非故，必且畏恶有吐弃我意，尚肯复追思闵录其兄弟哉！”及夫人卒，上以厚礼葬焉。

孝昭赵太后

《史记》曰：钩弋夫人姓赵氏，河间人也。得幸武帝，生子一人，即昭帝也。武帝年七十，乃生昭帝。昭帝立时，年五岁。卫太子废，上居甘泉宫，召画工图画周公负成王。于是左右群臣知武帝意欲立少子。后数日，帝谴责钩弋。夫人脱簪珥叩头。帝曰：“引将去，送掖庭狱。”夫人还顾，帝曰：“趋行，女不得活！”夫人死云阳宫。时暴风扬尘，百姓感伤。使者夜持棺往葬之，封识其处。其后帝间居，问左右曰：“人言云何？”左右对曰：“人言以为且立其子，何为去其母乎？”帝曰：“然。是非儿曹愚人所知也！往古国家所以乱也，由主少母壮。女主独居骄蹇，淫乱自恣，莫能禁也。汝不闻吕后邪？”故诸为武帝生子者，无男女，其母莫不谴死，岂可谓非贤圣哉！

《汉书》曰：孝武钩弋赵婕妤，家在河间。武帝巡狩过河间，望气者言此室有奇女天子气，使使召之。既至，两手皆拳，上自披之，手即时伸。由是得幸，号曰拳夫人。进为婕妤，居钩弋宫，大有宠，太始三年生昭帝，号钩弋子。妊身十四月乃生，上曰：“闻尧十四月乃生，今钩弋亦然。”乃命其生门曰尧母门。昭帝即位，追尊为皇太后。

《汉武故事》曰：拳夫人进为婕妤，居钩弋宫，解黄帝素女之术。从上至甘泉，因幸，告上曰：“妾相运正应为陛下生一男，男七岁妾当死，今年必死，宫中多蛊气，必伤圣体。”言终而卧，遂卒。既殡，香闻十余里，因葬云陵。上哀悼，又疑非常人，发冢室，棺无尸，唯履存。为起通灵台于甘泉。常有一青鸟集台上，至宣帝时乃止。

《列仙传》曰：钩翼夫人姓赵，少好学沉静，病卧六年，右手拳，饮食少。望气云“东方有贵人气”，推而到，姿色甚伟。帝披其手，得一钩，而手寻伸。生昭帝。既而，帝害之。殡，尸不臭而香。数月，昭帝即位，更葬之，棺空，但有衣履。故名其宫曰钩翼，后避讳改为弋。

孝昭上官皇后

《汉书》曰：孝昭上官皇后，陇西上邽人。祖父桀，因材力亲近为侍中。昭帝始立，年八岁，帝姊鄂邑长公主居禁中，共养帝。后交安因主亲近丁外人，闻之长公主，召入为婕妤，月余为皇后，年甫六岁。安以后父封侯。后桀谋反发觉，后以少不预谋，亦以霍光外孙，不废。宣帝即位，合葬平陵。

卫太子史戾后

《汉书》曰：卫太子史良娣，宣帝祖母也。太子有妃，有良娣，有孺子，妻妾凡三等，子皆称皇孙。史良娣生男进，号史皇孙。武帝末，巫蛊事起，卫太子及史良娣、史皇孙皆遭害。

史皇孙王悼后

《汉书》曰：史皇孙王夫人，宣帝母也，名公硕，太始中得幸于史皇孙。皇孙妻妾无号位，皆称家人子。征和二年，生宣帝。帝生数月，卫太子、皇孙败，家人子皆坐诛，莫有收葬者，唯宣帝得全。即尊位后，追尊母夫人谥曰悼后，祖母史良娣曰戾后，皆改葬。

孝宣许皇后

《汉书》曰：孝宣许皇后，元帝母也。父广汉，昌邑人，为暴室啬夫。广汉有女平君，十四五，当为内者令欧侯氏子妇。临当入门，欧侯子死。其母将行卜相，言当大贵，母独喜。张贺闻许啬夫有女，乃置酒请之，酒酣，为言曾孙可妻也。广汉许诺。明日，妪闻之，怒。广汉重令为媒介，遂与曾孙。及立为帝，平君为婕妤。是时，霍将军有小女，与皇太后有亲。公卿议更立皇后，皆心仪霍将军女，亦未有言。上乃诏求微时故剑，大臣知旨，白立许婕妤为皇后。明年，许皇后当娠，病。女医淳于衍受霍氏指，取附子以饮，皇后遂崩。谥曰恭哀皇后。

孝宣霍皇后

《汉书》曰：孝宣霍皇后，光女也。母显，既使女医阴杀许后，显因为女成君衣补，治入宫。

《汉书》曰：孝宣许后起微贱，登至尊，从官车服甚节俭，五日一朝皇太后于长乐宫，亲奉案上食，以妇道供养。及霍后立，亦循许后故事。而皇太后亲霍后之姊子，故常竦体，敬而礼之。皇后舆驾侍从甚盛，赏赐官属以千万计，与许后时悬绝矣。

孝宣王皇后

《汉书》曰：孝宣王皇后，父奉光少时好斗鸡，宣帝在民间数与奉光会，相识。奉光有女，年十余，每欲适人，所当适者辄死，故久不行。及宣帝即位，召入后宫，称为婕妤。霍皇后废后，上怜太子蚤失母，几为霍氏所害，于是乃选后宫素谨朴而无子者，遂立王婕妤为皇后，令母养太子。元帝即位，为皇太后。成帝即位，为太皇太后。时成帝母亦姓王氏，故号太皇太后为邛城太后。年七十余，崩。以后父奉光封邛成侯，故号之。

孝元王皇后

《汉书》曰：孝元王皇后，王莽之姑也。王贺字翁孺，为武帝绣衣御史。逮捕魏郡盗，皆纵不诛。以奉使不称免，叹曰："吾闻活千人者有封，吾所活者万余人，后世其兴乎！"翁孺既免，而与东平陵终氏为怨，乃徙魏郡元城委粟里，为三老，魏郡人德之。元城建公元城县建公姓名也曰："昔春秋沙麓崩，晋史卜之，曰阴为阳雄，土火相乘，此龟繇文。阴，元后；阳，汉也。王氏，舜后土也；汉，火也，故曰土火相乘。阴盛而沙麓崩。故有沙麓崩，后六百四十五年，宜有圣女兴，其齐田乎！今王翁孺徙，正值其地，日月当之。元城郭东有五麓之墟，即沙麓地也。后八十年，有贵女兴天下"云。翁孺生禁，字稚君。禁生女政君，即元后也。

初，母李亲妊政君在身，梦月入其怀。及壮大，婉顺得妇人道。常许嫁未行，所许者死。后东平王聘政君为姬，未入，王薨。禁独怪之，使卜数者相政君，“当大贵，不可言。”禁心以为然，乃教书，学鼓琴。五凤中，献政君，年十八矣，入掖庭为家人子。皇后择后宫可以娱侍太子者，政君与在其中。及太子朝皇后，乃见政君等五人。微令旁长御问知太子所欲，太子殊无意于五人者，不得已于皇后强应曰：“此中一人可。”是时政君坐近太子，又独衣绛缘，遂送政君于太子宫，见内殿。得御幸，有娠。甘露三年，生成帝于甲馆画堂，为世嫡皇孙。

宣帝崩，太子即位，是为孝元皇帝。立太孙为太子，以母王妃为皇后。哀帝即位，为太皇太后。哀帝崩，无子，以莽为大司马，共征立中山王奉哀帝后，是为平帝。平帝年九岁，常被疬，太皇太后临朝。平帝崩，无子，莽立孺子，践祚居摄。太后不以为可，力不能禁，于是莽遂为摄皇帝。其后，莽遂以符命自立为真皇帝。汉传国玺，以孺子未立，玺藏长乐宫。及莽即位，请玺，太后不肯以授莽。莽使安阳侯舜谕指。舜素谨饬，太后雅爱信之。既见，太后知其为莽求玺，怒骂之曰：“而属父子宗族蒙汉家力，富贵累代，既无以报，受人寄托，乘便利时，夺取其国，不复顾恩义。人如此者，狗猪不食其余，天下岂有而兄弟耶！且若自以金匮符命为新皇帝，变更正朔服制，亦当自更作玺，传之万世，何以用此亡国不祥玺为，欲求之？我汉家老寡妇，旦暮且死，欲与此玺俱葬，终不可得！”太后因泣涕，莽欲胁之，乃出玺投之地。莽改号，太后为新室文母，绝之于汉。太后年八十四，建国五年二月癸丑崩。三月乙酉，合葬渭陵。

孝元傅皇后

《汉书》曰：孝元傅昭仪，哀帝祖母也。父河内温人。昭仪少为上官太后才人，自元帝为太子，得进。

《汉书》曰：孝元傅皇后，帝即位，为婕妤，甚有宠。为人有才略，善事人，下至宫人左右，饮酒酹地，皆祝延之。

信都冯太后

《汉书》曰：孝元冯昭仪，平帝祖母也。元帝即位二年，以选入后宫。后五年，就馆生男，拜为婕妤。父奉世。婕妤内宠与傅昭仪等。建始中，上幸虎圈斗兽，后宫皆坐。熊佚出圈，攀槛欲上殿。左右贵人傅昭仪等皆惊走，冯婕妤直前当熊而立，左右格杀熊。上问："人情惊惧，何故前当熊？"婕妤对曰："妾闻猛兽得人而止，妾恐熊至御坐，故以身当之。"元帝嗟叹，以此倍敬重焉。

孝成许皇后

《汉书》曰：孝成许皇后，平恩侯嘉女。元帝悼伤母恭哀后居位日浅而遭霍氏之辜，故选嘉女以配皇太子。侍送者还白太子忻说状，元帝喜谓左右："酌酒贺我！"左右皆称万岁久之。及成帝即位，立许妃为皇后。后聪慧，善史书，自为妃至即帝位，常宠于上，后宫稀得进见。久之，皇后宠亦益衰，而后宫多新爱。姊平安侯夫人谒等为媚道祝诅后宫有身娠者，太后大怒，下吏考问，谒等诛死，许后坐废处昭台宫。

孝成帝赵皇后

《汉书》曰：孝成赵皇后，本长安宫人。初属阳阿主家，学歌舞，号曰飞燕。成帝尝微行出，过阳阿主，作乐。上见飞燕而说之，召入宫，大幸。有女弟复召入，俱为婕妤，贵倾后宫。父临为咸阳侯。后月余，乃立婕妤为皇后。后宠以衰，而弟绝幸，为昭仪。居昭阳舍，其中庭彤朱，而殿上髹漆，切皆铜沓黄金涂，白玉阶，壁带往往为黄金釭，函谓壁中之横带。承兰田璧，明珠、翠羽饰之，自后宫未尝有焉。

孝哀丁太后

《汉书》曰：定陶丁姬，哀帝母也。河平四年，生哀帝。丁姬为太后。建平三年，丁太后崩。起陵恭皇之园。王莽秉政，乃奏贬傅太后号曰定陶恭王母，丁太后号曰丁姬。元始五年，莽复奏："恭王母及丁姬葬渭陵，冢高与元帝山齐，礼有改葬，请发王母及丁姬冢徙归定陶。”太后以为既已之事，不须发。莽固争之，太后诏曰：“因故棺为致椁作冢，祠以太牢。”既发傅太后冢，崩压杀数百人；开丁姬椁户，火出炎四五丈，吏卒以水沃灭得入，烧燔椁中器物。莽复奏言：“前恭王母生，僭居桂宫，皇天震怒，灾其正殿，丁姬死，葬逾制度，今火焚其椁。此天见变以告，当改如媵妾也。共王母及丁姬椁棺皆名梓宫，珠玉之衣非藩妾服，请更以木椁代，去珠玉，葬丁姬媵妾之次。”奏可。既开傅太后棺，臭闻数里。掘平恭王母、丁姬故冢，二旬间皆平。莽又周棘其处以为时戒云。时有群燕数千，衔土投冢中。

孝哀傅皇后

《汉书》曰：孝哀傅皇后，定陶傅太后弟子也。哀帝为定陶王时，傅太后欲重亲，取以配王。王入为汉太子，傅氏女为妃。哀帝即位，立为皇后。帝崩，王莽白太后，令孝哀皇后退就桂宫。后月余，复与孝成赵皇后俱废为庶人，就其园自杀。

孝平母卫姬

《汉书》曰：中山卫姬，平帝母也。父曰子豪。子豪女弟为宣帝婕妤，生楚孝王；长女又为元帝婕妤，生平阳公主。成帝时，中山孝王无子，上以卫氏吉祥，以子豪少女配孝王，生平帝。平帝年二岁，孝王薨，代为王。哀帝崩，无嗣，太皇太后与莽迎中山王，立为帝。莽欲颛国权，卫姬及外家不当得至京师，乃赐卫姬玺绶，即拜为中山王后。莽长子宇非莽隔绝卫氏。卫氏日夜啼泣，思见帝，而但益户邑。宇复教令上书求至京师。会事发觉，莽杀宇，尽诛卫氏支属。莽篡国，废为家人，后岁余卒，葬孝王旁。

孝平王皇后

《汉书》曰：孝平王皇后，莽女也。莽欲依霍光故事，以女配帝。

帝崩，莽立孝宣帝玄孙婴为孺子，莽摄帝位，尊皇后为皇太后。三年，莽即真，以婴为安定公，王皇太后号为安定公太后。时年十八，为人婉嫕有节操。自刘氏废，常称疾不朝会。莽敬惮伤哀，欲嫁之，乃号为皇室主，令立国将军成新公孙建世子豫饰将医往问疾。后大怒，笞鞭其旁侍御。因发病，不肯起，莽遂不敢强也。及汉兵诛莽，焚烧未央宫，后曰："何面以见汉家！"自投火中而死。

太平御览卷第一百三十七 皇亲部三

光武郭皇后

《续汉书》曰：光武郭皇后，真定槁人也，安阳思侯昌女，曰圣通。世祖至真定，纳圣通，有宠。世祖即位，圣通为贵人。建武元年，生皇子强。二年，贵人立为皇后，强为太子。是后宠衰，数怀怨怼，废。二十八年，薨，葬北陵。

光武阴皇后

《续汉书》曰：光武光烈阴皇后，南阳新野人。名丽华，宣思哀侯陆女也。陆卒后，女年十九，兄识嫁与世祖，纳后于宛当成里。以后性宽仁，宜母天下，欲授以尊位。后辄退让，自陈不足以当。男为东海王。十七年，郭皇后废后，立为皇后。十九年，太子强废，东海王为太子。

《东观汉记》曰：上微时过新野，闻后美，心悦之。后至长安，见执金吾车骑甚盛，因叹曰："仕宦当作执金吾，娶妻当得阴丽华。"更始元年，遂纳后于宛。

孝明马皇后

《续汉书》曰：孝明明德马皇后，伏波将军新息侯援之女。后年七岁，干治家事，敕制僮御，出入授计，一以贯之。诸家莫如其母，不知其家事独后所为也。后闻之，咸惊异焉。母尝使善卜者相后，曰："此女必当大贵，遂为帝王妃，然而少子。建武二十八年，年十三，以选入太子宫。接待同列，如承至尊，先人后己，发于至诚，由是见宠。永平三年春，有司奏请立长秋宫，以帅八妾，上未有所言，皇太后曰："马夫人德冠后宫，即其人也。"遂登后位。身衣大帛，御者秃裙不缘。性不喜出入游观，未尝临御窗牖，又不好音乐。上时幸苑囿离宫，以故希从，辄诫言不宜晨起，因陈风邪雾露之诫，辞意甚备，上纳焉。诵《易经》，习《诗》，论《春秋》，略记大义；读《楚辞》尤善其赋颂，疾其浮华；听论辄摘其要。读《光武皇帝纪》至“有献千里马、宝剑者，上以马驾鼓车，剑赐骑士，手不持珠玉”，后未尝不叹息也。时有楚狱，囚证相引，系者繁多。后虑其多滥，承间为上言之，上恻然感动。于是上夜起彷徨，思论所纳，非臣下所得闻。后志在克己奉上，不以私家奸朝廷。兄为虎贲中郎将，两弟黄门郎，迄永平之世不迁。明帝体不安，召黄门防奉参医药，夙夜勤劳。帝崩，后作《起居注》，省去防参医药事。章帝即位，后为皇太后，下诏告三辅二千石无得令马氏婚亲因权托属，奸乱吏治，犯者正法以闻。太后素自喜俭，前过濯龙门上，见外家问起居，车如流水马如龙，苍头衣绿褠直领，领袖正白，顾视旁御者，远不及也。亦不谴怒，但绝其岁用，冀以嘿止喧耳。于是亲戚被服如一，政教不严而从，以躬率先之故也。置织室蚕于濯龙中，数往来观视，内以娱乐，外以先女功。太后崩，合葬显节陵。

《东观汉记》曰：后长七尺二寸，青白色，方口美发，为四起大髻，但以发成尚有余，绕结三匝，复出诸发。眉不施黛，独左眉角小缺，补之如粟。后素谨慎小，感慨辄自责。如平生事舅姑时，新平主家御者失火，及北阁后殿。深以自过，起居不忻，至正月当上原陵，言“我守备不精，惭见原陵”，不上。

《陈思王画赞序》曰：昔明德马后美于色，厚于德，帝用嘉之。尝从观画虞舜见娥皇、女英，帝指之戏后曰：“恨不如此为妃。”又前见陶唐之象，后指尧曰：“嗟乎！群臣百僚，恨不戴君如是。”帝顾而笑。

孝章母贾贵人

《续汉书》曰：孝明贾贵人，南阳人，明德马后之姨女，孝章皇帝之母也。初选入后宫，为贵人，生章帝。马后无子，帝既生，而马后母养之。明帝谓马后曰：“人未必当自生子也，但患养之不勤，爱之不至耳。若能爱如己子，则孝敬亦如亲生矣。”于是马后待章帝过于所生，章帝感养育之恩，遂专名马氏为外家，故贾贵人家不蒙舅氏之宠。

孝章窦皇后

《续汉书》曰：孝章章德窦皇后，右扶风平陵人，窦勋之女。后生二岁，呼卜相工，见后皆言大贵。有容貌才能，母沘阳公主欲内之，帝闻后有才色，数以问诸家。建初二年，后与女弟随主入见长乐宫，进止得适，人事修备，奉事长乐宫，下至侍御贡献问遗，皆得其忻心。太后异之，亦可焉。入掖庭，见北宫章德殿。后性敏给，称誉日闻，太后亦缘意。明年，有司请立长秋宫，遂立为后，有宠，专固后宫。先是宋贵人生太子庆，梁贵人生和帝，后心忌害之，皆诬以挟邪媚道。后以忧卒。

孝章梁皇后

《续汉书》曰：孝章恭怀梁皇后，安定乌氏人也。父竦，建初中以女二人选入宫，有宠。其弟产孝和皇帝，窦后母养，欲隔绝梁氏。初，和帝生，竦兄弟不蒙忻喜，窃私相贺。语言漏泄，传闻，窦后恶之，遂作蜚语诬陷以恶。诏书传考竦，死汉阳狱，家属徙九真，二贵人以忧薨。永元九年，窦太后崩，竦长女嫕上书自陈，上遂见嫕，泣涕问讯，赏赐舍第财物。以二贵人葬有阙，改殡之于承光宫。小贵人尊号曰皇太后，与姊贵人合葬于西陵，上谥曰恭怀皇后，仪比敬园。追爵谥竦为褒亲愍侯，征还竦家属。

敬隐宋皇后

《续汉书》曰：敬隐宋皇后，右扶风平陵人，当阳穆侯扬之女也。两女皆有才能令色，永平末，俱选入宫，配皇太子，皆宠。明帝崩，太子即位，是为章帝，姊妹并为贵人。建初三年，小贵人生皇子庆，二岁，立为皇太子，后窦后幸，废为清河王。至永元九年，窦后崩，清河王上书求上贵人冢，又为外祖母求诣洛阳治病，诏书听之。殇帝崩，清河王子立，是为安帝。邓太后崩，安帝追尊小贵人曰敬隐后。

孝和阴皇后

《续汉书》曰：孝和阴皇后，吴房侯纲之女也。后为人聪惠，有才能。永元四年，选入掖庭为贵人。以托先后近属，故有异宠，立为皇后。自和熹邓后入宫后，阴后宠衰，怨恨。后外母邓朱数出入后所，有言后与朱共挟蛊，赐后策，迁于祠宫。以忧死，葬临平亭部。

孝和邓皇后

《续汉书》曰：孝和和熹邓皇后，太傅高密侯禹之孙，平寿敬侯训之女也。训有五男三女，长骘，次京、悝、弘、阊；女燕，次绥，绥即后也，次容。燕蚤卒，有子女娥甫在襁褓。时后年十二，伤娥早孤，养视抚育，慈恩深至。后七岁读《论语》，十二通《诗》。诸兄读经辄难问微意，志在书传。母非之曰："当习女工，以供衣服，今不是务，汝当举博士耶？"后重违母意，则缝绽极女工事，暮夜私买脂烛读经传，宗族内外皆号曰诸生。父训心异之。永元四年，呼相工苏太相后，大惊曰："此成汤之骨法也，贵不可言。"七年中，复与诸家女俱选入宫。姿容窈窕，进退辞令，粲然有异，与众女殊。八年十一月己卯，后入掖庭为贵人，诸兄除郎中。后时年十六，德冠后宫。后性恭肃小心，承事阴氏，夙夜兢兢，接抚同列，常克己下之。上深喜焉，遂有特宠。后自入宫，遂博览五经传记、图谶内事、风雨占候、《老子》、《孟子》、《礼记·月令》、《法言》，不观浮华申韩之书。上每欲官秩后诸兄弟，辄为推让。孝和世，骘裁虎贲中郎将，京、悝、弘、阊黄门郎。和帝未崩，数失皇子，皇子生，养于民间，群僚无知者。及和帝崩，是日仓卒，上下忧惶。后乃收敛皇子，皇子胜长，有微疾，殇帝生百余日，后欲自养长，立为皇子。其夜即位，尊皇后为皇太后。帝在襁褓，皇太后临朝。建元元年三月，太后崩。丙午，合葬顺陵。

《东观汉记》曰：后年五岁，太夫人为剪发，夫人年老目冥，并中后额，虽痛忍不言，一额尽伤。左右怪而问之，后言："夫人哀我为断发，难伤老人意，故忍之耳。"及为太后，时宫中亡大珠一箧，太后念欲下掖庭考问之，恐有无辜僵仆者，乃亲自临见宫人阅问，动察颜色，开示恩信，宫人即时首服。不加鞭棰，不敢隐情，宫人惊，咸称神明。

曹大家附

《后汉书》曰：扶风曹世叔妻者，同郡班彪之女也，名昭，字惠班，一名姬，博学高才。世叔早卒，有节行法度。兄固著《汉书》，其八表及《天文志》未及竟而卒，和帝诏就东观藏书阁踵而成之。帝数召入宫，令皇后诸贵人师事焉，号曰大家。每有贡献异物，辄诏大家作赋颂。及邓太后临朝，预闻政事。作《女诫》七篇。年七十余，卒，皇太后素服举哀，使者监护丧事。所著赋、颂、铭、诔、论、疏，凡十六篇，子妇丁氏为撰集之，又作《大家赞》焉。

孝德左皇后

《续汉书》曰：孝德左皇后，安帝母也。父仲躬，犍为武阳人。后兄圣伯，为妖言伏诛。父母同产皆没宫。后长掖庭，有令色，赐清河王。王大悦，特亲幸，自姬妾已下，莫能与比。六年，生男，为清河太子。卒，葬当利庭。延平元年，殇帝崩，清河太子为皇帝。尊清河孝王曰孝德皇帝，左姬孝德皇后。

孝安阎皇后

《续汉书》曰：孝安安思阎皇后，河南荥阳人，侍中长水校尉畅之女也。有才能令色，立为皇后。安帝崩，阎后为皇太后，与兄显定策禁中，立济北王少子北乡侯为皇帝，奉后，以其年少，欲久专政。于是，太后摄政。永建元年，崩，谥安思后，合葬恭陵。

孝安李皇后

《续汉书》曰：孝安恭愍李皇后，以宫人侍上，见幸，生顺帝。为阎后所妒，见鸩物故，瘗葬城北。帝即位，左右以闻，更以礼殡。永元二年，葬北陵，谥曰愍皇后。

孝顺梁皇后

《续汉书》曰：梁皇后，大将军商女。后生，有光景之祥。及长，聪睿，仰承兄姊，俯接弟妹，恩情周悉；既有女功之巧，尤好史书学问之事，九岁能诵《孝经》《论语》，遂治《韩诗》，大义略举；女传列图，常在左右。宗族中外，咸敬异焉。选入掖庭，相工茅通见之，大惊曰："此所谓日角偃月，相之极贵，臣所未尝见。"于是以为贵人，恩宠日崇。乃白上曰："阳以博施为德，阴以不专为义，盖诗人《螽斯》之福，则百斯男之祚，所由兴也。愿陛下思天行之普逮，均贯鱼之次序，使小妾得免罪谤之累。"于是上愈善之，益亲顾焉。阳嘉元年，立为皇后。冲帝在襁褓，太后摄政。和平元年，崩，群臣奏谥曰顺烈皇后，合葬宪陵。

孝冲母虞贵人

《续汉书》曰：孝顺虞大家，孝冲皇帝母也。遭冲、质仍夭，政在梁氏，故与质帝母俱抑而无号。嘉平四年，小黄门赵祐、议郎毕正上言："孝冲皇帝母虞大家，质皇帝母渤海陈夫人，皆诞生圣帝，未有称号。今遭盛明，当以母氏序载外戚。朝廷之恩，臣子极贱，尚有追赠，况二母见存，而徒曰大家、夫人，非所示后进母以子贵之义。"上感其言，即日拜大家为贵人，使中常侍持节就园授印绶。

孝质母陈妃

《续汉书》曰：乐安陈夫人，孝质皇帝母也。家本魏郡，少以伎入孝王宫，得幸，生质帝。梁冀欲专国权，令帝母不得至京都；又帝短祚，是以外家无他宠。灵帝拜夫人为孝王妃。

孝崇匽皇后

《续汉书》曰：蠡吾博园匽贵人者，桓皇帝母也。上年十四，袭父蠡吾侯翼爵。即帝位，追尊父为崇皇，陵曰博陵，匽夫人为崇园贵人。和平元年，有司上言为孝崇皇后，即授印绶，宫曰永乐。

孝桓梁皇后

《续汉书》曰：孝桓懿献皇后，顺烈后之女弟也，字女莹。上始即位，备礼仪纳彩，案旧令聘后，纳彩乘马束帛如孝惠、孝平故事，聘后黄金二万斤。永初四年，立为皇后。时太后秉政，皇后擅宠后宫。太后崩后，后恩稍衰。后宫妊孕，若产皇子，后辄随嫉害，少有得全育者。然终身亦无子，后见御转希。至延熹二年，以忧恚崩，葬懿陵。

孝桓邓皇后

《续汉书》曰：孝桓邓皇后，字猛女。母宣本微，初适郎中邓香，生后。后适梁纪，故后冒姓梁氏。上诛后兄冀等，立猛女为皇后，恶梁姓之同，改姓亳氏，复姓邓氏。后恃尊骄忌，与上所幸郭贵人更相谮，乃废之。凡立七年，以忧死，葬于北邙。

孝桓窦皇后

《续汉书》曰：孝桓窦皇后，章帝窦后之族孙，大将军武之女也。孝灵皇帝尊皇后为皇太后，临朝。武以宦者放纵日久，谋悉诛除，废其宦。上欲获忠节，下副论者。数入禁中，进白太后。太后以为“此皆天所生，汉兴以来，世世用事，国典常故，何可废耶？但当诛恶耳。”中常侍管霸颇闻其语，结谋诛武。武自杀，太后归长乐宫。嘉平元年六月，崩，合葬宣陵。

孝仁董皇后

《续汉书》曰：河间慎园董贵人，孝灵皇帝母也。灵帝即皇帝位，追尊父长为孝仁皇帝，陵曰慎陵；董太夫人曰慎园贵人。及窦太后归政，还长乐宫，迎贵人到京都，奉玺绶，上尊号为孝仁皇后，称永乐宫。窦太后崩后，永乐后数至前省，与上相见，与于政事。中平六年，上弃天下。永乐后兄子重为骠骑将军，何太后临朝，重与太后兄大将军进权势相害。后每欲参与政事，太后辄相禁塞，后愤恚，嗔骂曰："汝欲怙大将军耶？敕骠骑斩大将军头来。"何太后以告进，进收重，免官爵。重自杀，后忧怖，病还河间。崩，合葬慎陵。

孝灵宋皇后

《续汉书》曰：孝灵宋后，敬隐宋贵人之从孙，执金吾酆之女。无宠，而又当正位。后宫幸姬众共谮恶，诬以祝诅。上信之，遂策收玺绶。后自致暴室狱，以忧死，父兄弟皆被诛。诸常侍、小黄门在省闼者，皆怜宋氏无辜，共合钱收葬后及酆父子于睪门亭宋氏旧茔。

孝灵何皇后

《续汉书》曰：孝灵灵思何皇后，南阳宛人也。以良家子选入掖庭，见幸妊身，就馆生男，为贵人。父真前卒，召贵人同父兄何进为郎中。灵帝崩，何皇后子辩立为皇帝，后为皇太后，进为录尚书。袁绍谋诛废中宫，进以绍计白太后，后不听，以为："中官统领禁省，自古及今，汉家故事，不可废也。且先帝新弃天下，奈何令我楚楚与士人共事乎？"及董卓屯显阳，议以为太后迫永乐后，令崩，逆妇姑之节，迁太后于桐宫。太后暴崩，群臣奏谥曰灵思皇后，合葬文陵。

孝灵王皇后

《续汉书》曰：孝灵灵怀王皇后，孝献帝母，王章女也。才明聪敏，能书会计，以良家子应法相选入掖庭。光和三年中夏，幸，妊身，后怖畏何皇后，服药欲除妊，胎安不动。又后数梦负日，遂不敢摇。四年三月癸巳，生上。庚子，渴饮米粥，遂暴薨。上归掖庭，暴室啬夫朱直拥养，独择乳母。岁余，永乐后自将护。至三岁，灵帝闵上早失所生，追思后令美，乃作《追德赋》、《令仪颂》。陵曰文昭陵，起坟文陵园北。

孝献伏皇后

《续汉书》曰：孝献伏皇后，琅邪东武人，侍中辅国将军不其侯完女也。后坐与父完谋为奸书，诈罔无道。上收后下暴室诏狱，忧死，兄弟皆伏诛。

张璠《汉记》曰：曹操入其二女于宫，为贵人，诬伏氏为乱，使御史大夫郗虑仗节收后。后被发徒跣，走而执上手曰："不能复相活耶！"上大惊，号哭曰："我亦不知命在何时？"顾谓虑曰："郗公，天下暴虐，岂有此乎！"左右莫不流涕，遂杀后也。

《曹瞒别传》曰：公遣华歆勒兵入宫收后，后闭户匿壁中。歆攘户废壁，牵后出。

孝献曹皇后

《续汉书》曰：孝献曹后，丞相魏王操女也，名宪。建安十八年，上纳操二女宪、节于后宫，皆以为贵人。明年，伏后薨，宪为皇后。二十年，献帝禅位于魏，宪拜山阳公夫人。

太平御览卷第一百三十八 皇亲部四

魏武宣卞皇后

《魏志》曰：武宣卞皇后，琅邪人，文帝母也。本倡家，年二十，太祖于谯纳后为妾。后随太祖至洛。及董卓为乱，太祖微服东出避难。袁术传太祖凶问，时太祖左右在洛者皆归，后止之曰："曹君吉凶未定，未可知，今日还家，明日若在，何面目复相见也？正使祸至，共死何若！"遂从后言。太祖闻而善之。建安初，丁夫人废，遂以后为继室。诸子无母者，太祖皆命后养之。文帝为太子，左右长御贺后曰："将军拜太子，天下莫不忻喜，后当倾府藏赏赐。"后曰："王自以丕年大，故用为嗣，我但当以免无教导之过，为幸甚耳，亦何当赐遗乎！"长御还，以语太祖，太祖悦曰："怒不变容，喜不改节，是最为难。"二十四年，拜为王皇后。文帝践祚，尊曰太后，称永寿宫。

《魏书》曰：后以汉延熹三年生齐郡白亭，有黄气满室移日。父敬侯怪之，以问卜者王旦，旦曰："此吉祥也。"为太后，见外亲，不假以颜色，常言"居处当务节俭，不当妄赏赐，念自勉也。"帝为太后弟秉起第，第成，太后幸弟请诸家外亲，设下厨，无异膳。太后左右，菜食粟饭，无鱼肉。其俭如此。

文甄皇后

《魏志》曰：文甄皇后，中山无极人，明帝母。父逸，上蔡令。后三岁失父。后天下兵乱，加以饥馑，百姓皆卖金银珠玉宝物，时后家大有储谷，颇以买之。后年十余岁，白母曰："世今乱，多买宝物，匹夫无罪，怀璧为罪。又左右皆饥乏，不如以谷赈给亲族邻里，广为恩惠也。"举家称善，即从后言。建安中，袁绍为中子熙纳后。冀州平，文帝纳后于邺，有宠，生明帝。郭后、李、阴贵人并爱幸，后愈失意，有怨言。帝大怒，遣使赐死，葬于邺。明帝即位，有司奏请追谥，又别立寝庙。太和元年，追封谥曰敬侯；適孙像袭爵。初营宗庙，掘地得玉玺，方一寸九分，其文曰“天子羡思慈亲”，明帝为之改容，以太牢告庙。又尝梦见后，于是舅氏亲疏高下，叙用各有差，赏赐累巨万。

《魏书》曰：甄后每寝寐，家中仿佛见人持玉衣覆其上者，常共怪之。相工刘良相后曰：“此女贵乃不可言。”后自少至长，不好戏弄。年八岁，外有立骑戏马者，家人诸姊皆上阁观之，后独不行。年九岁，喜书，视字辄识，数用诸兄笔砚，兄谓后言：“汝当作女博士耶？”后答言：“闻古者贤女，未有不览前世成败，以为己诫。不知书，何由见之？”及为皇后，宠愈隆而弥挹。每因闲宴，常言：“昔黄帝子孙蕃育，盖由妾媵众多，获斯。愿广求淑媛，以丰继嗣。”帝心喜焉。

文郭皇后

《魏志》曰：文德郭皇后，安平广宗人也。祖世长吏。后少而父永奇之，曰：“此乃吾女中王也。”遂以女王为字。早失二亲，丧乱流离，没在铜鞮侯家。太祖为魏公时，得入东宫。后有智数，时有所献纳。文帝定为嗣，后有谋焉。太子即王位，后为夫人，及践祚，为贵嫔。甄后之死，由后之宠也。遂立为后。黄初五年，帝东征，后留许昌永始台。时霖雨百余日，城楼多坏，有司奏请移止，后曰：“昔楚昭王出游，贞姜留渐台，江水至，使者迎而无符，不去，卒没。今帝在远，吾幸未有是患，而便移止，奈何？”明帝即位，尊后为皇太后，称永安宫。

明帝毛皇后

《魏志》曰：明帝悼毛皇后，河内人。以选入东宫，明帝时为平原王，进御有宠，出入与同辇。及即位，为皇后。初，明帝为王，始纳河内虞氏为妃，帝即位，虞氏不得立，下太后慰勉焉。虞氏曰：“曹氏好立贱，未有能以义举者也。”后父嘉本典车工，卒暴富贵，举动甚蚩骇，语辄自称侯身，人以为笑。帝之幸郭皇后也，后爱宠日衰。景初元年，帝游后园，召才人以上宴乐，左右："宜延皇后。"帝不许。乃禁左右，使不得宣。后知之，明日，帝见后，后曰："昨日游宴北园，乐乎？"帝以左右泄之，所杀十余人。赐后死，然犹加谥，葬愍陵。

明帝郭皇后

《魏志》曰：明帝郭皇后，西平人。世河右大族。黄初中，本部反叛，遂没入宫。明帝即位，甚见爱幸，拜为夫人。帝疾困，遂立为皇后。齐王即位，尊后曰皇太后，称永宁宫。值三主幼弱，宰辅亲政，与夺大事，皆先启太后，然后施行。毋丘俭、锺会等假其命，以为乱焉。景元四年，崩。

晋宣穆张皇后

《晋书》曰：宣穆皇后张氏，讳春华，高祖同郡人也。母河内山氏，司徒涛之从祖姑也。后少有德行智识。初，高祖辞仕，以风痹不能起，居曝书，遇雨，自起收书。家唯一婢见之，后惧言语泄漏，乃手杀之，而自执爨焉。帝由是重之。其后柏夫人有宠，后罕得进见。帝尝卧疾，后往省病，帝曰："老物可憎，何烦出也！"后惭恚不食，将自杀，诸子亦不食。帝惊而致谢，后乃止。退而谓人曰："老物不足惜，虑困我好儿耳！"魏正始八年，崩。武帝受禅，追尊为太后。

景怀夏侯皇后

《晋书》曰：景怀夏侯皇后，沛国谯人也。父尚，魏征南大将军。母曹氏，魏德阳乡主。后雅有识度，帝每有所为，必预筹画。魏世，宣帝居上将之重，诸子并有雄才大略。后知帝非魏之纯臣，而后既魏氏之甥，帝深忌之。青龙三年，以鸩崩。武帝登祚，始加号谥。

文明王皇后

王隐《晋书》曰：文明皇后，王肃女。秉德清贞，体行纯和。八岁，诵《诗》、《论》，特精丧服；苟有文义，过目则识。祖司徒朗异之曰："兴吾家者，必此女矣，惜不为男。"每居大丧，常身不胜衣。时锺会见任，言于文帝曰："会好为事端，宠过必弊。"太始元年，尊曰皇后，宫曰崇礼。自即尊位，眷恋素业，忽弃华丽。四年，薨。

《晋书》曰：后讳元姬，年十二，祖朗薨，后哀戚哭泣，发于自然，其父益加敬异。既笄，归于文帝，生武帝。

武元杨皇后

《晋书》曰：杨元后，父炳。言后相贵，故文帝为武帝娶之。生惠帝。武帝疑惠帝不堪奉大统，密以语后，后曰："立嫡以长不以贤，岂可动乎？"帝采诸葛冲等五十人女入殿，呈露面常衣，令后选取。后不取端正，唯取长白。时卞藩女有美色，帝举扇鄣面，语后曰："藩女可"。后曰："藩三世皇后，不宜枉以卑位。"其中者以绛纱系臂，遂取胡芳。芳啼哭，左右曰："陛下闻声。"芳曰："死且不畏，何畏陛下？"帝壮其言。父奋闻女中，亦哭曰："老奴不死，唯有二儿，男在九地之下，女在九天之上。"帝拜芳为贵嫔。元后疾甚，见上素敬胡夫人，恐立之，又虑太子不安。临终，枕帝膝曰："从妹男涓有德色，不足，复娶异姓。"帝许之，崩于光明殿。

武悼杨皇后

《晋书后妃列传》曰：后讳芷，字季兰，小字男涓，武帝继室也，太傅杨骏女。咸宁二年，即后位。婉嫕音翳，才色映椒房，宠礼尤隆。后无子。贾庶人为太子妃时，数以肆情忌嫉，失帝意，帝虑始终之事，欲废焉。后为妃陈请曰："贾公有勋于王府，犹将数世宥之，况贾妃亲则其子。夫妒忌，亦妇人之常事，不足以一眚而忘大德。"帝纳焉。晏驾，尊曰皇太后。贾庶人五日一朝，后既丧所，夫常有戚容，庶人谓不悦在己，愈自嫌。及星辰有变，占于母家不利，殿中典兵中郎孟观等遂进劝庶人："有先倡者有福，后发者受祸。"庶人遂陷诛后父骏三族及内外新属，迁后于永宁宫。贾庶人寻讽百僚，奏太后废为庶人，母庞付廷尉行刑。诏初欲宥之，卒不可。事奏，太后截发稽颡称妾，以请母于贾庶人，而庞遂见刑。后不胜忧哀，崩于幽宫，春秋三十有四。谥曰武悼皇后。

《晋后略》曰：贾后既杀杨庶人于金墉城，又信妖巫，谓人既死，必诉怨于先帝，乃覆而殡之，施诸厌劾符书药物以合瘗之。

惠帝贾皇后

王隐《晋书》曰：后讳南风，武帝谋太子婚，久不决，上欲娶卫瓘女，元后欲娶贾充女，上曰："卫女有五可，贾女有五不可。卫家种贤而多子，端正长白；贾女种妒少子，丑而短黑。"郭槐多输宝物于后，遂娶南风。八年，将纳妃，帝知太子不慧，故试之。尽召东宫官属，作饮食，而密封诏，使太子决，停信待之。贾妃大惧，召人答诏草。给使张泓曰："太子不学，而答引古义，必责草主，更益谴负，不如直以意答。"妃大喜，语泓："便为我好答，得富贵，与汝共之。"泓素有小才，具草，令太子自写。武帝大怒，治金墉城，将杀之。赵粲，荀勖深救之，故得不废。洛阳尉部小吏忽有好物，尉疑为盗，召诘之。贾后疏亲欲求盗物，往听对辞。云："先行逢一老妪，说家有疾，师卜当得城南年少厌塞，暂相烦，寻重报。小吏从之，上车下帷，内著帘箱，中行十馀里，过六七门限，开帘，忽见楼阁好屋。问此何处，云天上，即以香汤见浴，好衣美食将入。见一妇人，年三十五六，短小青黑色，眉后有疵。见留数日，共宿，得此众物。"贾氏亲疏闻其形状，知是贾后，惭而去，尉亦解意。云时他人多杀之不出，唯此小吏，以爱得出。贾后诈有身，内藁物为产，遂取妹夫韩寿儿，托之谅闇所生，故弗显。贾庶人临废，遥唤帝曰："陛下有妇，使人废之，亦行自废。"诏赐死。

沈约《宋书》曰：齐王冏入废后，后惊曰："卿何为来？"冏曰："有诏收后。"后曰："诏当从我出，何诏也？"又问曰："谁起事？"冏曰："梁、赵。"后叹曰："系狗当系其颈，今反系其尾，何得不然！"

《晋后略》曰：载贾后以帘车，出承明东掖东门，诣金墉城，食金屑而死。

惠羊皇后

臧氏《晋书》曰：惠羊皇后，讳献容，太山南城人也。父玄之，字弘猷。永康元年，立为皇后。将入宫中，衣中有火。永兴元年，河间王颙使将张方废后于金墉城。七月，陈昨等唱伐成都王，复后位。八月，张方又废后。十一月，张方逼迁大驾幸长安，留台复后位。永兴二年，张方又废后。河间王颙矫诏赐后死，刘暾他昆切。等上表，后得免。帝还洛，迎复后位。后洛阳令何乔又废后。怀帝即位，尊后为惠皇后，居弘训宫。洛阳败，没于刘曜。曜僭位，以为皇后。因问曰：“朕何如司马家儿？”后曰：“胡可并焉？陛下开基之圣主，彼亡国之暗夫，有一妇一子及身三耳，不能庇之。贵为帝王，而妻子辱于凡庶之手。妾尔时实不思生，何图复有今日。妾生于高门，尝谓世间男子皆然。自奉巾栉已来，始知天下有丈夫耳。”曜甚爱宠之，生二子而死，伪谥献文皇后。

谢夫人附

《晋书》曰：谢夫人，名玖。本贫贱，父以屠羊为业。玖清惠贞正，而有淑姿，选入后庭，为才人。惠帝在东宫，将纳妃。武帝虑太子未知帷房之事，乃遣玖往东宫侍寝，由是得幸，有身。贾后忌之，求还西宫，遂生愍怀。乃立为太子，拜玖为淑媛。乃愍怀遇鸩，玖亦被害焉。永康初，诏改葬太子，因赠玖夫人印绶，葬显平陵。

怀王太后

臧氏《晋书》曰：怀王皇太后，讳姬。初入武帝宫，拜中才人，早崩。怀帝即位，追尊曰皇太后。

梁皇后

臧氏《晋书》曰：梁皇后，讳兰璧，安定人也。祖鸿季，仪同三司。父芬，司徒。后初为豫章王妃，怀帝即位，为皇后。永嘉中，没胡贼。

元帝夏侯太妃

《晋书》曰：夏侯太妃，名光姬，沛国谯人也。父庄，淮南太守。妃生自华宗，幼而明慧。琅耶武王为世子觐纳焉，生元帝。元帝立，称王妃。永嘉元年，薨于江左，葬琅耶。国初有谶云“铜马入海建业期”，太妃小字铜环，而元帝中兴于江左矣。

元敬虞皇后荀氏附

《晋书》：元敬虞皇后，讳孟母，济阳外黄人。父豫。元帝为琅耶王，纳后为妃，无子。永嘉六年，薨。大兴三年，册赠皇后玺绶，祔于太庙。

《晋书》曰：豫章君荀氏，元帝宫人也。初有宠，生明帝及琅邪王伷，由是虞后所忌，渐见疏薄。明帝即位，封建安君，别立第宅。太宁元年，帝迎还台内，供奉隆厚。及成帝立，尊同于太后。咸康元年，薨。诏曰：“朕少遭悯凶，慈训无禀，抚育之勤，建安君之仁也。一旦薨殂，实思报复，永怀平昔，感痛哀摧。”其赠豫章郡君，别立庙于京都。

明帝庾皇后

《晋中兴书》曰：明穆皇后庾氏，讳文君，左将军琛第三女也。后少以珪璋特异，令仪淑美。故中宗为肃祖纳焉。初为世子妃，仁和有礼，深见敬重。后生显宗成皇帝，显宗即位，尊后曰皇太后。群臣奏：“天子幼冲，宜依汉和熹皇后故事。”后辞让数四，不得已遂临朝摄万机。苏峻作逆，王师败绩，后以忧逼，崩，时年三十三。

成恭杜皇后

《晋书》曰：成恭杜皇后，讳陵阳，镇南将军预之曾孙也。成帝以后奕世名德。咸康二年，备礼拜为后。后少有姿色，然长犹无齿，有来求婚者辄中止。及纳采之日，一夜齿尽生。七年三月，后崩，年二十一。在位六年，无子。先是，三吴女子相与簪白花，望之如素柰，传言天公织女死，为之著服，至是而后崩。

康帝褚皇后

《晋中兴书》曰：康献皇后褚氏，字苏子，太傅褒之女也。后聪明有器识，以名家女入为琅邪王妃，生孝宗穆皇帝。孝宗即位，尊后曰皇太后。泰元元年，太后诏曰："皇帝婚冠礼备，遐迩宅心，宜当阳亲览，缉熙惟始。今归政事，率由旧典。"于是复称崇德太后。九年，崩于显阳殿。

简文郑皇后

《晋中兴书》曰：简文宣太后郑氏，讳阿春，荥阳人。先适田氏，生一男，夫又亡，后依于舅吴氏。中宗为丞相，敬后先崩，将纳吴氏女为夫人。后及吴氏女并游后园，有见之者言于中宗曰："郑氏女虽嫠居，贤于吴氏远矣。"遂以德色纳为夫人，甚有宠。后虽贵幸，而恒有忧色，中宗问其故，对曰："妾有妹，中者适长沙王褒，余二妹未出，恐妹为人妾，无复求者。"中宗从容谓刘隗曰："郑氏有二妹，卿可求佳对，使不失旧。"隗举其从子佣娶第三者，以小者适汉中李氏，皆得旧门。帝称尊号，后虽为夫人，诏太子及东海、武陵王皆母事之。帝崩，后称建平园夫人。咸和元年，薨。

孝武李太后

《晋书》曰：孝武李太后，讳陵容，本出微贱。始，简文帝为会稽王，有三子，废黜，早夭；其后，诸姬绝孕将十年。帝令卜者扈谦筮之，曰:“后房中有一女,当育二贵男,其一终盛晋室。”乃令善相者召诸爱妾而示之,皆云非其人,又悉以诸婢媵示焉。时后为宫人,在织坊中,形长而色黑,宫人皆谓之昆仑。既至,相者惊云:“此其人也。”帝以大计,召之侍寝。后数梦两龙枕膝,日月入怀,帝闻异焉,遂生孝武帝。

王皇后

《晋中兴书》曰:孝武定皇后王氏,字法惠。宁康三年,中军将军桓冲、侍中臣康奏:“晋陵太守王蕴女天性柔顺,惠心塞渊,仪度既同,四业允备。且盛德之兆,美善先积。参议,可以配德乾元,恭承宗庙,贞进六宫,母仪天下。”故烈宗纳焉。后性嗜酒骄妒,帝深患之,乃召蕴于东堂,具说后过状,令加训诫。蕴免冠谢焉。后于是少自改饰。太元五年,崩。

安帝陈太后

《晋中兴书》曰:安德太后陈氏,松滋人也。讳归女。父广,以倡进,仕至平昌太守。后以美色能歌弹入宫,初为淑媛,生安、恭二帝。太元十五年,薨,赠夫人,追崇曰皇太后。

恭帝褚皇后

《晋书》曰:恭思褚皇后,讳灵媛,河南阳翟人,义兴太守爽之女也。后初为琅邪王妃。元熙元年,立为皇后,生海盐、富阳公主。及帝禅位于宋,降为零陵王妃。宋元嘉十三年,崩,祔葬冲平陵。

太平御览卷第一百三十九 皇亲部五

叙后事

《后魏书》：魏故事，将立皇后，必令手铸金人，以成者为吉，不成则不得立也。又世祖、高宗缘报母劬劳之恩，极尊崇之义，虽事乖典礼，而观过知仁。

魏神元窦皇后

《后魏书》曰：神元窦皇后，没鹿回部大人宾之女。宾临终，诫其二子速侯、回题，令其善事帝。及宾卒，速侯等欲因帝会丧为变，语颇漏泄，帝闻之，知其终不奉顺，乃先图之。于是使勇士于中营，晨起以佩刀杀后，驰使告速侯等言曰：后暴崩。速侯等惊走，因执而杀之。

文封皇后

《后魏书》曰：文帝皇后封氏，生桓、穆二帝，后早崩。桓帝立，乃葬。高宗初，穿天渊池，获一石铭，称桓帝葬母氏，远近赴会二十余万人。有司以闻，命藏太庙。次妃兰氏，生二子，长子曰蓝，早卒；次子，思帝也。

桓维皇后

《后魏书》曰：桓帝后维氏，生三子，长曰普根，次惠帝，次炀帝。平文崩，后摄国事，时人谓之曰女国。后性猛忌，平文之崩，后所为也。

平文王皇后

《后魏书》曰：平文皇后王氏，广宁人。年十三，因事入宫，得幸于平文，生昭成。平文崩，昭成在襁褓，时国有内难，将害诸皇子，后匿帝于袴中，惧人知，祝曰：“若天祚未终者，汝便无声。”遂良久不啼，得免于难。烈帝之崩，国祚殆危，兴复大业，后之力也。十八年，崩，葬云中金陵。太祖即位，配飨太庙。

昭成慕容皇后

《后魏书》曰：昭成皇后慕容氏，慕容元真之女也。有宠，生献明帝及秦明王。后性聪敏多智，沉厚善决断，专理内，每事多从。建国二十三年，崩。太祖即位，配飨太庙。

献明贺皇后

《后魏书》曰：献明皇后贺氏，父野干，东部大人。后少以容仪选入东宫，生太祖。苻洛之内侮也，后与太祖及故臣民避难北徙。俄而，高车奄来抄掠，后乘车与太祖避贼而南。辂失辖，后惧，仰天告曰：“国家胤胄，岂正尔绝灭也！唯神灵扶助。”遂驰，轮正不倾，而免难。其后刘显使人将害太祖，帝姑为显弟亢埿妻，知之，密以告后。后乃令太祖去之，后夜饮显使醉之。向晨，故惊厩中群马，使起视马，后泣而谓曰：“吾诸子始皆在此，今尽亡失，汝等谁杀之也？”故显不使急追。太祖至贺兰即部。显怒，将害后，后夜奔亢埿家，匿神车中及三日，亢埿举室请救，乃得免。会刘显部乱，始得亡去。皇始元年，崩，时年四十六。祔葬于盛乐金陵。追尊谥，配飨焉。

道武慕容皇后

《后魏书》曰：道武皇后，慕容宝之季女也。中山平，入充掖庭，得幸。左丞相卫王仪等奏请立后，帝从群臣议。后铸金人，成，乃立之，告于郊庙。封后母孟为溧阳君，后崩。

道武刘皇后

《后魏书》曰：道武宣穆皇后，刘眷女也。登国初，纳为夫人，生华阴公主，后生明元。后专理内事，宠待有加，铸金人不成，故不得登后位。魏故事，后宫产子将为储贰，其母皆赐死。太祖末年，后以旧法薨。太宗即位，追尊谥号，配飨太祖。自此后宫子为帝，母加正位，配飨焉。

明元姚皇后

《后魏书》曰：明元昭哀皇后，姚兴女也，兴封西平长公主。太宗以后礼纳之，后为夫人。后以铸金人不成，未升尊位，然帝宠幸之，出入居处如后焉。是后犹欲正位，而后谦让不当。五年，薨。帝追恨之，赠皇后玺绶而加谥，葬云中金陵。

明元杜皇后

《后魏书》曰：明元密皇后杜氏，魏郡邺人，阳平王超之妹也。初以良家子选入太子宫，有宠，生世祖。太宗即位，拜为贵嫔。太常五年，薨。谥密贵嫔，葬云中金陵。世祖即位，追尊号谥，配飨太庙。又立后庙于邺，刺史四时荐祀。后甘露降于后庙庭。高祖时，相州刺史高闾表修后庙，诏："妇人外成，理无独祀，阴必配阳，以成天地，未闻有莘之国，立太姒之飨。便罢祀。"先是，世祖保母窦氏，初以夫家坐事诛，与二女俱入宫。操行纯备，进退以礼，太宗命为世祖母。性仁慈，勤抚导。世祖感其恩训，奉养不异所生。及即位，尊为保太后，后尊为皇太后。真君元年，崩，时年六十三。谥曰惠，葬崞山，从后意。初，后尝谓左右曰："吾于先朝本无位次，不可违礼以从园陵。北山之上，可以终托。"故葬焉。别立后寝庙于崞山，建碑颂德。

太武赫连皇后

《后魏书》曰：太武皇后赫连氏，屈万女也。世祖平统万，纳后及二妹，俱为贵人，后立为皇后。高宗初，崩。祔葬金陵。

太武贺皇后

《后魏书》曰：太武敬皇后贺氏，代人也。初为夫人，生恭宗。神䴥音加元年，薨。追赠贵嫔，葬云中金陵。后追加谥号，配飨太庙。

景穆闾皇后

《后魏书》曰：景穆恭皇后郁久闾氏，河东王毗妹也。少选以入东宫，有宠。真君元年，生高宗。世祖末年，薨。高宗即位，追尊号谥，葬于云中金陵。是时高宗乳母常氏，本辽西人。太延中，以事入宫，世祖选乳高宗。慈和履顺，有劬劳保护之功。高宗即位，为保太后，寻尊为皇太后，谒于郊庙。和平元年，崩。谥曰昭，葬于广宁磨笄山，俗谓之鸣鸡山，太后遗志也。

文成冯皇后

《后魏书》曰：文成文明皇后冯氏，父朗，秦、雍二州刺史、西郡公。母乐浪王氏，生后于长安，有神光之异。朗坐事诛，后遂入宫。世祖昭仪，后之姑也，雅有母德，抚养教训。年十四，高宗践极，以选为贵人，后立为皇后。高宗崩，故事：国有大丧，三日之后，御服器物一以烧焚，百官及中宫号泣而临之。后悲叫自投火中，左右救之，良久乃苏。显祖即位，尊后为皇太后。丞相乙浑谋逆，显祖年十三，居于谅阇，太后密定大策，诛浑，遂临朝听政。及高祖生，太后躬亲抚养，是后罢令，不听政事。太后行不正，内宠李弈，显祖因事诛之，太后不得意。显祖暴崩，时言太后为之也。承明元年，尊号曰太皇太后，复临朝听政。太后性聪达，自入宫掖，粗学书计。及登尊极，省决万机。高祖诏曰："朕以虚寡，幼纂宝历，仰恃慈明，缉宁四海，欲报之德，正觉是凭，诸鸷音至鸟伤生之类，宜放山林。其以此地为太皇太后经始灵塔。是时罢鹰师曹，以其地为报德佛寺。太后与高祖游于方山，顾瞻川阜，有终焉之志，因谓群臣曰："舜葬苍梧，二妃不从。岂必远祔山陵，然后为贵哉！吾百年之后，神其安此。"高祖乃诏有司营建寿陵于方山，又起永固石室，将终为清庙焉。刊石立碑，颂太后功德。太后以高祖富于春秋，乃作《劝戒歌》三百余章，又作《皇诰》十八篇。又制：内属五庙之孙，外戚本亲缌麻，皆受复除。素俭，性不好华饰，躬御缦缯。而太后多智略，猜忌，能行大事。是以威福兼作，震动内外。故王遇、张祐、符丞祖等拔自微阉，岁中而至王公。王睿出入卧内，数年之间便为宰辅，赏赉财帛以千万亿计，金书铁券，许以不死之誓。李冲虽以器能受任，亦由见宠帷幄，密加赐赉，不可胜数。太后曾与高祖幸灵泉池，宴群臣及藩国使人，诸方渠师，各令为其方舞。高祖率群臣上寿于太后，忻忻然自歌，高祖亦和歌，遂命群官各言其志，于是和歌者九十人。太后外礼民望元丕、游明根等，颁赐金帛舆马，每至褒美睿等，皆引丕等而参之，以示无私也。十四年，崩于太和殿，年四十九。其日，有雌雉集于太华殿。高祖酌饮不入口五日，毁慕过礼。谥曰文明太皇太后，葬于永固陵。高祖毁瘠，绝酒肉，不内御者三年。初，高祖孝于太后，乃于永固陵东北里余营寿宫，有终焉瞻望之志。及迁洛阳，乃自表瀍西以为山园之所，而方山灵宫石室至今犹存，号曰千年堂。

文成李皇后

《后魏书》曰：文成皇后李氏，梁国蒙县人也，顿丘王峻之妹也，后之生也，有异于常，父方叔恒云："此女当大贵。"及长，姿质美丽。世祖南征，永昌王仁出寿春，军至后宅内，得后。及仁镇长安，遇事诛，后与其家人送平城宫。高祖登白楼望见之，谓左右曰："此妇人佳乎？"左右咸曰："然。"乃下台，后得幸于斋库中，遂有娠。常太后后问后，后云："为帝所幸，仍有娠。"时守库者亦私书壁记之，别加验问，皆相符同。生显祖，拜贵人，薨。后谥曰元皇后。葬金陵，配飨太庙。

献文李皇后

《后魏书》曰：献文思皇后李氏，中山安喜人，南郡王惠之女也。姿德婉淑，年十八，选入东宫。显祖即位，为夫人，生高祖。皇兴三年，薨。上下莫不悼惜。葬金陵。承明元年，追崇号谥，配飨太庙。

孝文林皇后

《后魏书》曰：孝文贞皇后林氏，平凉人。叔父金闾起自阉宫，有宠于常太后，位至尚书，封平凉公。金闾兄胜为平凉太守。金闾，显祖初为定州刺史，未几，为乙浑所诛，兄弟皆死。胜无子，有二女入掖庭。后容色美丽，得幸于高祖，生皇子恂，将为储贰。太和七年，依旧制薨。谥曰贞皇后，葬金陵。及恂以罪赐死，有司奏废后为庶人。

孝文废皇后

《后魏书》曰：孝文废后冯氏，太师熙之女。太和十七年，立为后。高祖遵经典礼，后及夫人、嫔已下接御，皆以次进。车驾南伐，后留京师。高祖又南伐，后率六宫迁洛阳。及后父熙、兄诞薨，高祖为书慰以叙哀情。及车驾还洛，恩遇甚厚。高祖后引后姊昭仪至洛，稍有宠，后礼爱渐衰。昭仪自以年长，且前入宫掖，素见待念，轻后而不率妾礼。后虽性不妒忌，时有愧恨之色。昭仪规为内主，谮构百端。寻诏废为庶人。后贞谨有德操，遂为练行尼。

孝文冯皇后

《后魏书》曰：孝文幽皇后，亦冯熙女也。母曰常氏，本微贱，得幸于熙，元妃公主薨后，遂主家事。生后与北平公夙。文明太皇太后欲家世贵宠，乃简熙二女俱入掖庭，时年十四。其一早卒。后有姿媚，见爱幸。未几疾病，文明太后乃遣还家为尼，高祖犹留念焉。岁余而文明太后崩。高祖服终后颇存访之，又闻后素疾痊除，遣玺书劳问，遂迎赴洛阳。及至，宠爱过本，专寝当夕，宫人稀复进见。拜为左昭仪，后立为皇后。后高祖频岁南征，后遂与阉官高菩萨私乱。及高祖在汝南不豫，后便公然丑恣，中常侍双蒙等为其心腹。中常侍剧鹏谏而不从，愤惧致死。是时，彭城公主，宋王刘昶子妇也，年少嫠居。北平公冯夙，后之同母弟，后求婚于高祖，高祖许之。而公主志所不愿，后欲强婚之有日矣。公主密与侍婢及家僮十余人，乘轻车，冒霖雨，赴悬瓠奉见高祖，自陈本意，因言后与菩萨乱状，高祖闻因骇愕，未之全信而秘匿之，惟彭城王侍疾左右，具言其事。此后，后渐忧惧，与母常氏求托女巫，祷厌无所不至，愿高祖疾不起，一旦得如文明太后辅少主称令者，许赏报不赀。乃取三牲宫中妖祠，假言祈福，专为左道。高祖自豫州北幸邺，后虑还见治捡，弥怀危怖，骤令阉人托参起居，皆赐之衣服，殷勤托寄，勿使漏泄。亦令双蒙充行，皆其信者也。惟小黄门苏兴寿密陈委曲，高祖问其本末，敕以勿泄。至洛，执问菩萨、双蒙六人，迭相证举，具得情状。高祖卧含温室，夜引后，并列菩萨等于户外。后临入，令阉人搜衣中，稍有寸刃便斩。后顿首泣谢，乃赐坐东楹，去御筵二丈余。高祖令菩萨等陈状，让后曰："汝母妖术，可具言之。"后乞屏左右，有所密启。高祖敕中侍悉出，唯令长秋卿白整在侧，后犹不言。高祖乃令以绵坚塞整耳，小语呼整再三，无所应，乃命后言。隐事，人莫知之。高祖乃呼彭城、北河二王令入坐，言："昔是尔嫂，今乃他人，俱入勿避。"二王固辞，不获命。及入，高祖云："此老妪乃欲白刃插我肋，汝可穷问本末，勿有所难。"高祖深自引过，致愧二王。又云："冯家女不得复相废逐，且使在宫中空坐，有心乃能自死，汝等勿谓吾犹有情也。"高祖素至孝，犹以文明太后故，未便行废。良久，二王出，乃赐后辞决。再拜稽首，泣涕歔欷。令宿东房。高祖疾甚，谓彭城王勰曰："后宫久乖阴政，自绝于天。若不早为之所，恐成汉末故事。吾死 之后，可赐自尽别宫，可葬以后礼，庶掩冯门之大过。"高祖崩，北海王祥奉宣遗旨，长秋卿整等入授后药，后走呼不肯引决，执持强之，乃含椒而尽。殡以后礼，谥曰幽后，葬长陵营内。

孝文高皇后

《后魏书》曰：孝文昭皇后高氏，司徒公肇妹也。父扬，母盖氏，凡四男三女，皆生于东裔。高祖初，乃举室西归，达龙城镇，表后德色婉艳，任充宫掖。及至，文明太后亲幸北部，见后姿貌，奇之，遂入掖庭，年十三。初，后之幼也，曾梦在堂内立，而日光在窗中照之，灼灼而热，后东西避之，光犹斜照不已。如是数夕，后自怪之，以白其父飏。飏以问辽东人闵宗，曰："此奇征也，贵不可言。"飏曰："何以知之？"宗曰："夫日者，君之德，帝王之象也。光照女身，将被帝命，诞育人君之象。"遂生世宗，后生广平王，次长乐公主。及冯昭仪宠盛，密有母养世宗之意，后自代如洛阳，暴薨于汲郡之共县。或云昭仪遣人贼后也。世祖之为皇太子，三日一朝幽后，后遂抚念慈爱有加，亲视栉沐，母道隆备。其后有司奏请加谥曰贵人，高祖从之。世宗践祚，追尊配飨。肃宗诏曰："文昭皇太后，德协坤仪，美符大姒，作合高祖，实诞英圣，而夙世沦晖，孤茔弗祔。先帝孝感自衷，迁奉未遂，永言哀恨，义结幽明，废吕尊薄，礼申汉代。"又诏曰："文帝昭皇太后尊配高祖庙定号，促令迁奉，自然及始，太后当主，可更上尊号称太皇太后。"初开终宁陵数丈，于梓宫上获大蛇，长丈余，黑色，头有王字，蛰而不动。灵榇迁还，还置蛇旧处。

太平御览卷第一百四十　皇亲部六

后魏宣武于皇后

《后魏书》曰：宣武皇后于氏，太尉烈弟劲之女也。世宗始亲政事，烈时为领军，总心膂之任，以嫔御未备，因左右讽谕，称后有容德，世宗乃迎入为贵人。时年十四，甚见宠爱，立为皇后，谒于太庙。后静默宽容，性不妒忌，生皇子昌，三岁夭没。其后暴崩，宫禁事秘，莫能知悉，而世议归咎于高夫人。葬永太陵，谥曰慎皇后。

宣武高皇后

《后魏书》曰：宣武高皇后，文昭弟偃之女也。世宗纳为贵嫔，生皇子，早夭；又生建德公主。后拜为皇后，甚见礼重。性妒忌，宫人稀得进御。及肃宗即位，上尊号曰皇太后。寻为尼，居瑶光寺，非大节庆，不得入宫中。建德公主始五六岁，灵太后恒置左右，抚爱之。神龟元年，太后出觐母武邑君。时天文有变，灵太后欲以太后当祸，是夜暴崩，天下怨之。丧还瑶光佛寺，葬殡皆以尼礼。世宗暮年，高后悍忌，嫔御有至帝崩不蒙侍接者。由是在洛二世，二十余年，皇太子全育，惟肃宗而已。

宣武胡皇后

《后魏书》曰：宣武灵皇后胡氏，安定临泾人，司徒国珍之女。后母皇甫氏产后之日，赤光四照。京兆山北县有赵胡者善于卜相，国珍往问之，胡云："贤女有大贵之表，方为天地母，生天地主。勿过三人知也。"后姑为尼，能讲道，世宗初，入讲禁中。积数岁，讽左右称后姿行，世宗闻之，乃召入掖庭，为承华世妇。而椒庭之中，以国旧制，相与祈祝，皆愿生诸王、公主，不愿生太子也。惟后每谓夫人等言："天子，岂可独无儿子，何缘畏一身之死而令皇家不育冢嫡乎？”及肃宗在孕，同列犹以故事相恐，劝为诸计。后固意确然，幽夜独誓云：“但使所怀是男，次第当长子，子生身死，所不辞也。”既诞肃宗，进为充华嫔。先是，世宗颇丧皇子，自以春秋长矣，深加慎护。为择乳母，皆取良家宜子者。养于别宫，皇后及充华嫔皆莫得而抚视焉。及肃宗践祚，尊后为皇太妃，后尊为皇太后。临朝听政，犹称殿下，令以行事。后改令称诏，群臣上书曰陛下，自称曰朕。太后以肃宗冲幼，未堪亲祭，欲傍周礼夫人与君交献之义，代行祭礼，访寻故式。门下召礼官、博士议，以为不可。而太后欲以帷幔自鄣，观三公行事，重问侍中崔光。光便据汉和熹音熙邓后荐祭故事，太后大悦，遂摄行祠祀。太后性聪悟，多才艺，姑既为尼，幼相依托，略得佛经大义。亲览万机，手笔断决。幸西林园法流堂，命侍臣射，不能射者罚之。又自射针孔，中之。大悦，赐左右布帛有差。先是，太后敕造申讼车，时复御焉，出自云龙大司马门，从宫西而北，入自千秋门，以纳冤讼。又亲策孝秀、州郡计吏于朝堂。太后以肃宗幸华林园，宴群臣于都亭曲水，令王公以下赋七言诗。太后诗曰：“化光造物含气贞。”肃宗诗曰：“恭己无为赖慈英。”王公以下赐帛有差。太后父薨，百寮表请公除，太后不许。寻幸永宁寺，观建刹于九级之基，僧尼士女赴者数万人。后幸左藏，公主嫔女已下从者百余人，皆令任力负布绢，即以赐之。寻幸阙口温水，登鸡头山，自射象牙簪，一发中之，敕示文武。时太后得志，逼幸清河王怿，淫乱肆情，为天下所恶。领军元义、长秋卿刘腾等奉肃宗于显阳殿，幽太后于北宫，于禁中杀怿。自刘腾死，义又宽怠。太后与肃宗及高阳王雍为计，解义领军。太后复临朝，大赦，改元。自是朝政疏缓，威恩不立，天下牧守，所在贪惏。郑俨宠私宫掖，势倾海内；李神轨、徐纥并见亲侍。一二年中，位总禁要，手握王爵，轻重在心，宣淫于朝，为四方之所厌秽。文武懈体，所在乱逆，土崩鱼烂，始于此矣。及武太元年，尔朱荣称兵渡河，太后尽召明帝六宫，皆令入道，太后亦自落发，荣遣骑拘送太后及幼主河阴。太后对荣多所陈说，荣拂衣而起。太后及幼主并沉于河水。太后妹冯翊君收瘗于双灵寺，武帝时始葬以后礼，而追加谥焉。

又曰：灵太后颇事庄饰，数出游幸。元顺面诤曰："礼，妇人夫丧，自称未亡人，首去珠珥，衣不被彩。陛下母临天下，年垂不惑，过修容饰，何以示后世？"灵太后惭而还入，召顺，责曰："千里相征，岂欲众见辱也？"顺曰："陛下盛服炫容，不畏天下所笑，何耻臣之一言乎！"

孝明胡皇后

《后魏书》曰：孝明胡皇后，灵太后从兄冀州刺史盛之女也。灵太后欲荣重门族，故立为皇后。肃宗颇有酒德，专嬖充华潘氏，及嫔御并无过宠。太后为肃宗选纳，抑屈人流。时博陵崔孝芬女、范阳卢道约女、陇西李瓒等女，俱为世妇。诸人诉讼，咸见忿责。武太初，后既入道，遂居于瑶光寺焉。

西魏孝武高皇后

《后魏书》曰：孝武皇后高氏，齐神武长女也。帝见立，乃纳为后。及帝西幸关中，降为彭城王妃。

文帝乙弗后

《后魏书》曰：文帝文皇后乙弗氏，河南洛阳人也。其先世为吐谷浑渠帅，居青海，号青海王。凉州平，后之高祖莫瓌拥部落入附，拜定州刺史，封西平公。自莫瓌后，三世尚公主，女乃多为王妃，甚见贵重。父瑗，仪同三司、兖州刺史。母淮阳长公主，孝文之第四女也。后美容仪，少言笑，年数岁，父母异之，指示诸亲曰："生女何妨也，若此者，实胜男。"年十六，文帝纳为妃。及帝即位，以大统元年册为皇后。后性好节俭，蔬食故衣，珠玉罗绮绝于服玩。又仁恕，无嫉妒之心，帝益重之。生男女十二人，多早夭，唯太子及武都王戊存焉。时新都关中，务欲东讨，蠕蠕寇边，未遑北伐，故帝结婚以抚之。于是更纳悼后，命后逊居别宫，出家为尼。悼后犹怀猜忌，复徙后居秦州，依子秦州刺史武都王。帝虽限大计，恩好不忘，后密令养发，有追还之意。然事秘禁，外无知之者。六年春，蠕蠕举国渡河，前驱已过，而颇有言虏为悼后之故兴此役。帝曰："岂有百万之众为一女子举也？虽然，致此物论，朕亦何颜以见将帅耶！"乃遣中常侍曹宠赍手敕令后自尽。后奉敕，挥泪谓宠曰："愿至尊享千万岁，天下康宁，死无恨也。"因命武都王前，与之决。遗语皇太子，辞皆凄怆，因恸哭久之。侍御咸垂涕失声，莫能仰视。召僧设供，令侍婢数十人出家，手为落发。事毕，乃入室，引被入自覆而崩，年三十一。凿麦积崖为龛而葬，神柩将入，有二丛云先入龛中，顷之，一灭一出，后号寂陵。及文帝山陵毕，手书云万岁后欲令后配飨。公卿乃议追谥曰文皇后，祔于太庙。废帝时，合葬于永陵。

郁久闾后

《后魏书》曰：文帝悼皇后郁久闾氏，蠕蠕主阿那瓌之长女。容貌端严，夙有成智。大统初，蠕蠕屡犯北边，文帝乃与通好结婚，扶风王孚受使奉迎。蠕蠕俗以东为贵，后之来，营幕户席，一皆东向。车七百乘，马万匹，驼千头。到黑盐池，魏朝卤簿文物始至。孚奏请正南面，后曰："我未见魏王，故蠕蠕女也。魏仗向南，我自东面。"孚无以辞。四年正月，至京师，立为皇后，时年十四。六年，后怀孕，将产，居于瑶华殿，闻上有狗吠声，甚恶之。又见妇人盛饰来至后所，后谓左右曰："此为何人？"医巫傍侍，悉无见者，时以为文后之灵。产讫而崩，年十六，葬于少陵原。十七年，合葬永陵。当会横桥北，后梓宫先至鹿苑，帝辒音温辌音凉后来，将就次所，轴折不进。

西魏废帝宇文后

《后魏书》曰：废帝皇后宇文氏，周文帝女也。后初产之日，有云气满室，芬气久之。幼有风神，好陈列女图，置之左右。周文曰："每见此女，良慰人意。”废帝之为太子，纳为妃。及即位，为皇后。志操明秀，帝深重之，专宠后宫，不置嫔御。帝既废崩，后亦以忠于魏室罹祸。

恭帝若干后

《后魏书》曰：恭帝皇后若干氏，司空长乐公正惠之女也。有容色，恭帝纳之为妃。及即位，立为皇后。后出家为尼，在佛寺薨，竟无谥。

东魏孝静高皇后

《后魏书》曰：孝静高皇后，齐献武王之第二女也。天平四年，诏聘以为皇后。王前后固辞，帝不许。兴和初，诏侍中司空孙腾、司空公襄城王旭、兼尚书令司州牧西河王悰、兼太常卿及宗正卿元孝支等奉诏致礼，并备宫官侍卫，以后驾迎于晋阳丞相第。五月，立为皇后，大赦天下。齐受禅，降为中山王妃。

后周文元皇后

《后周书》曰：文元皇后，魏孝武妹。初封平原公主，适开府张欢。遇后无礼，帝杀欢。改封后冯翊公主，以配太祖，生孝闵。薨，祔葬成陵。

文叱奴后

《后周书》曰：文叱奴后，太祖为丞相，纳后为姬，生高祖。高祖即位，后尊为皇太后。建德三年三月己酉，崩。四月丁巳，葬永固陵。

闵元后

《后周书》曰：闵元皇后，名胡摩，魏文帝第五女。初封晋安公主，愍帝为洛阳公，尚焉。及践祚，立为皇后。帝被废，后出俗为尼。高祖诛晋公护，上帝尊号为愍帝，以后为孝愍皇后，号崇义宫。隋氏革命，出居里第。大业十二年，殂。

明独孤后

《后周书》曰：明独孤后，太保卫公信之长女也。帝在藩，纳为夫人。帝即位，立为皇后，在位数日，崩。葬昭陵。世宗崩，与后祔葬之。

武阿史那后

《后周书》曰：武阿史那后，突厥木杆可汗俟斤之女。突厥灭蠕蠕而怨反。后，尽有塞表之地，控弦十数万，于是陵逼中原。太祖方与齐人争衡，结以为援。俟斤初欲以女配帝。保定五年二月，诏陈公纯等，备皇后文物及行殿，并六宫已下一百二十人，至俟斤牙帐所，迎后。俟斤又许齐人以婚，将有异志。纯等在彼，累载不得返命。会雷风大起，飘坏其穹庐等，旬日不止。俟斤大惧，以为天谴去战切，乃礼送后及纯等设行殿，列羽仪，奉之以归。高祖行亲迎之礼。后有姿貌，善容止，高祖深敬焉。宣帝即位，尊为天元上皇太后。隋开皇二年，殂，年三十一。隋文诏后祔葬孝陵。

孝帝李后

《后周书》曰：武帝李后，名娥姿，楚人也。于谨平江陵，后家被籍没。至长安，太祖以后赐高祖，幸之，生宣帝。宣帝即位，尊为天元圣太后。宣帝崩，静帝尊为大帝太后。隋开皇初，出俗为尼，改名常悲。薨，以尼礼葬于京城南。

宣帝杨后

《后周书》曰：宣帝杨后，名丽华，隋文帝长女。帝在东宫，高祖为帝纳后为皇太子妃。宣政元年，立为天元皇后。后性柔婉，不妒忌，四皇后及嫔御等咸爱而仰之。帝后昏暴滋甚，喜怒乖度。尝谴后，欲加之罪，后进止详闲，辞色不挠。帝大怒，遂赐后死，逼令引决。后母独孤氏闻之，诣阁陈谢，叩头流血，然后得免。帝崩，静帝尊后为皇太后，号弘圣皇太后。初，宣帝不豫，诏隋文帝入禁中侍疾。及大渐，刘昉、郑译等因矫诏以后父受遗辅政。后虽初不预谋，然以嗣主幼冲，恐权在他族，不利于己，闻昉、译已行此诏，甚悦。后知父有异图，意颇不平，形于言色。及行禅代，愤惋愈甚。隋文帝既不能谴责，心甚愧之。开皇六年，封后为乐平公主。后又议夺其志，后誓不许，乃止。大业中，殂，祔葬定陵。

宣朱后

《后周书》曰：宣朱皇后，名满月，吴人也。其家坐事，没入东宫。帝为太子，后被选掌衣服，召而幸之，遂生静帝。静帝立，尊为天元太皇后。后本非良家子，年又大帝十岁，疏贱无宠。以静帝之故，特尊崇之。宣帝崩，静帝即位，尊为太后。隋初，出俗为尼，改名法净。后殂，以尼礼葬之。

宣陈后

《后周书》曰：宣陈后，名月仪，自云颍川人。大将军山提之女。以选入宫，拜为德妃。月余，立为天元左大皇后。帝崩，出俗为尼，改名华光。父山提，本尔朱兆之隶。仕齐，为特进、开府、谢阳王。高祖平齐，拜大将军。以后父超授上柱国，除大宗伯。

宣元后

《后周书》曰：宣元皇后，名乐尚，河南洛阳人，开府晟之第二女也。年十五，被选入宫，拜贵妃。后立为天元右大皇后。宣帝崩，出俗为尼，名华胜。父晟，少以元氏宗室拜开府。

宣尉迟后

《后周书》曰：宣尉迟皇后，名繁炽，蜀公迥之孙女也。有美色，初适杞公亮之子西阳公温，后以宗妇入朝，帝逼而幸之。后亮闻，谋逆。帝遂诛温，追后入宫，立为天元右大皇后。帝崩，出俗为尼，改名华道。年四十殂。

静司马后

《后周书》曰：静帝司马后，名令姬，柱国荥阳公消难之女。宣帝传位于帝，纳后为皇后。隋文帝以后父消难拥众奔陈，废后为庶人。后嫁为隋司州刺史李丹妻。

隋文独孤皇后

《隋书》曰：文献独孤皇后，河南洛阳人，周大司马河内公信之女也。信见高祖有奇表，故以后妻焉，时年十四。高祖与后相得，誓无异生之子。后初亦柔顺恭孝，不失妇道。后姊为周明帝后，长女为周宣帝后，贵戚之盛，莫与为比，而后每谦卑自守，世以为贤。及周宣帝崩，高祖居禁中，总百揆，后使人谓高祖曰："大事已然，骑兽之势，必不得下，勉之！"高祖受禅，立为皇后。性尤妒忌，上亦每事唯后言是用。后见诸王及朝士有妾孕者，必劝上斥之。时皇太子多内宠，妃元氏暴薨，后意太子爱妾云氏害之。由是风上竟废太子，立晋王广，皆后之谋也。仁寿二年八月甲子，月晕四重。己巳，太白犯轩辕。其夜，后崩于永安宫，时年五十，葬于太陵。

宣华夫人

《隋书》曰：宣华夫人，陈宣帝之女也。性聪慧，姿貌无双。及陈灭，配掖庭，后选入宫为嫔。时独孤皇后性妒，后宫罕得进御，唯陈氏有宠。晋王广之在藩也，阴有夺宗之计，规为内助，每致礼物，以取媚于陈氏。皇太子废立之际，颇有力焉。及文献皇后崩，进位为贵人，专房擅宠，主断内事，六宫莫与为比。及上大渐，遗诏拜为宣华夫人。炀帝嗣位之后，出居仙都宫。寻召入，岁余而终，是年二十九。帝深悼之，为制《神伤赋》。

炀帝萧皇后

《隋书》曰：炀帝萧皇后，萧明帝岿丘轨切。之女也。江南风俗，二月生子者不举。后以二月生，由是季父岌收而养之。未几，岌夫妻俱死，转养舅氏张轲家。然轲甚贫窭具宇切，后躬亲劳苦。炀帝之为晋王，时高祖将为王选妃于梁，遍占诸女，皆不吉。岿迎后于舅氏，令使者占之，曰："吉。"于是遂策为王妃。后性婉顺，有智识，好学解属文，颇知占候。高祖大善之，帝甚宠敬焉。及帝嗣位，诏立为后。帝每游幸，未尝不随侍从。及宇文氏之乱，随军至聊城。化及败，没于窦建德。突厥处罗可汗遣使迎后于洺州，建德不敢留，遂入于虏庭。唐贞观四年，灭突厥，乃以礼致之，归于京师。

太平御览卷第一百四十一 皇亲部七

高祖窦皇后

《唐书》：高祖太穆皇后窦氏，京兆始平人，隋定州总管神武公毅之女也。后母，周武帝姊襄阳长公主。后生而发垂过颈，三岁与身齐。周武帝特爱重之，养于宫中。时武帝纳突厥女为后，无宠。后尚幼，窃言于帝曰："四边未静，突厥尚强，愿舅抑情抚慰，以苍生为念。但得突厥之助，则江南、关东不能为患矣。"武帝深纳之。毅闻之，谓长公主曰："此女才貌如此，不可妄以许人，当为求贤夫。"乃于门屏画二孔雀，诸公子有求婚者，辄与两箭射之，潜约中目者许之。前后数十辈莫能中，高祖后至，两发各中一目。毅大悦，遂归于我帝，及周武帝崩，后追思如丧所生。隋文帝受禅，后闻而流涕，自投于床曰："恨我不为男，以救舅氏之难。"毅与长公主遽掩口曰："汝勿妄言，灭吾族矣！"后事元贞太后以孝闻。闻太后素有羸疾，时或危笃。诸姒以太后性严，惧谴，皆称疾而退。唯后昼夜扶侍，不脱衣履者，动淹旬月焉。善书，学类高祖之书，人莫能辨。工篇章，而好存规诫。大业中，高祖为扶风太守，有骏马数匹。常言于高祖曰："上好鹰爱马，公之所知，此堪进御，不可久留，人或言者，必为身累，愿熟思之。"高祖未决，竟以此获谴。未几，后崩于涿郡，时年四十五。高祖追思后言，方为自安之计，数求鹰犬进之，俄而擢拜将军，因流涕谓诸子曰："我早从汝母之言，居此官久矣。"初葬寿安陵，后祔葬献陵。上元元年八月，改上尊号曰太穆顺圣皇后。

太宗长孙皇后

《唐书》曰：太宗文德顺圣皇后长孙氏，长安人，隋右骁卫将军晟之女也。后少好读书，造次必循礼则。年十三，嫔于太宗。武德元年，册为秦王妃。九年，册拜皇太子妃。太宗即位，立为皇后。后性尤俭约，凡所服御，取给而已。太宗弥加礼待。十年六月己卯，崩于立政殿，时年三十六。葬于昭陵。后尝撰古妇人善事劝戒十卷，名曰《女则》，自为之序。又著论驳汉明德马皇后，以为不能抑退外戚，令其当朝贵盛，乃戒其龙马水车，此乃开其祸源而防其末事耳。且诫主守者曰："此吾以自防闲耳，妇人著述无条贯，不欲至尊见之，慎勿言。"崩后，宫司以闻，太宗览而增恸，以示近臣曰："皇后此书，足可垂于后代。我岂不达天命而不能割情乎！以其每能规谏，补朕之阙，今不复闻善言，是内失一良佐，以此益令人哀耳。"上元元年，改上尊号曰文德顺圣皇后。

徐妃附

《唐书》曰：太宗贤妃徐氏，名惠，右散骑常侍坚之姑也。生五月而能言，四岁诵《论语》《毛诗》，八岁好属文。其父孝德试拟《楚辞》，云"山中不可以久留"，词甚典美。自此遍涉经史，手不释卷。太宗闻之，纳为才人。其所属文，挥翰立成，词华绮赡。俄拜婕妤，再迁充容。时军旅亟动，宫室互兴，百姓颇倦劳役，上疏谏之。太宗善其言，优赐甚厚。及太宗崩，追思顾遇之恩，哀慕愈甚，发疾不自医。病甚，谓所亲曰："吾荷顾实深，志在早殁，魂其有灵，得侍园寝，吾之志也。"因为七言诗及连珠以见其志。永徽元年，卒，时年二十四。诏赠贤妃，陪葬于昭陵之石室。

高宗废王皇后

《唐书》曰：高宗废后王氏，并州祁人也。父仁祐。同安长公主即后之从祖母也。公主以后有美色，言于太宗，遂纳为晋王妃。高宗登储，册为皇太子妃。永徽初，立为皇后。初，武皇后贞观末随太宗嫔御居于感业寺，后及左右数为之言，高宗由是复召入宫，立为昭仪。俄而渐承恩宠，遂与后及良娣萧氏递相谮毁。帝终不纳后言，而武昭仪宠遇日厚。后惧不自安，密与母柳氏求巫祝厌胜。事发，帝大怒，断柳氏不许入宫，将废后。长孙无忌、褚遂良等固谏，乃止。俄又纳李义府之策。永徽六年，废后及萧良娣皆为庶人，囚之别院。武昭仪令人皆缢杀之。

中宗赵皇后

《唐书》曰：中宗和思皇后赵氏，京兆长安人。父环，尚高祖女常乐公主。中宗为英王时，纳后为妃。既而妃母公主得罪，妃亦坐废，幽死于内侍省。则天临朝，瓌为寿州刺史，坐与越王贞连谋被诛，公主亦坐死。神龙元年，赠后谥为恭皇后。及中宗崩，将葬于定陵，追谥后为和思。莫知瘗所，以皇后袆衣于陵所寝宫招魂，置衣于魂舆，以太牢告祭，迁衣于寝宫，舒于御榻之右，覆以夷衾而祔葬焉。

中宗废韦皇后

《唐书》曰：中宗韦庶人，京兆万年人也。中宗为太子时，纳后为妃，仍擢后父玄贞为豫州刺史。嗣圣元年，立为皇后。其年，中宗见废，后随从房州。时中宗惧不自安，每闻制使至，惶恐欲自杀。后劝王曰："祸福倚伏，何常之有？岂失一死，何遽如是也！"累年同艰危，情义甚笃。所生懿德太子，永泰、永寿、长宁、安乐四公主，安乐最幼，生于房州，帝自脱衣裹之，遂名曰裹儿，特宠异焉。及中宗复立为太子，又立后为妃。中兴初，复立为皇后。帝在房州时，常谓后曰："一朝见天日，誓不相禁忌。"及得志，乃受上官昭容邪说，引武三思入宫中，升御床，与后双陆，帝为点筹，以为欢笑，丑声日闻于外。景龙四年六月，帝遇毒暴崩，后惧，秘不发丧。及临淄王勒兵入内，后惶骇遁入殿前飞骑营，及武延秀、安乐公主皆为乱兵所杀，追贬为庶人。

上官昭容

《唐书》曰：中宗上官昭容，名婉儿，西台侍郎仪之孙也。父庭芝，与仪同被诛，婉儿时在襁褓，随配入掖庭。及长，有文词，明习史事。则天时，婉儿忤旨当诛，则天惜其才不杀，但黥其面而已。自圣历已后，百司表奏，多令参决。中宗即位，又令专掌制命，深被信任。寻拜为昭容。婉儿既与武三思淫乱，每下制敕，多因事推尊武氏而排抑皇家。节愍太子深恶之，及举兵，至肃章门，扣阁索婉儿。婉儿大言曰："观其此意，即当次索皇后以及大家。"帝与后遂激怒，并将婉儿登玄武门楼以避兵锋，俄而事定。婉儿常劝帝广置昭文学士，盛引当朝词学之臣，数赐游宴，赋诗唱和。婉儿每代帝及后，长宁、安乐二公主，数首并作，辞甚绮丽，时人咸讽诵之。婉儿俄又通于吏部侍郎崔湜，引知政事。湜尝充使开商山新路，功未半而中宗崩，婉儿草遗制，曲叙其功而加褒赏。及韦庶人败，婉儿亦斩于旗下。

睿宗刘皇后

《唐书》曰：睿宗肃明顺圣皇后刘氏，父延景，陕州刺史。仪凤中，睿宗居藩，纳后为孺人，寻立为妃。生宁王宪，寿昌、代国二公主。睿宗即位，册为皇后；及降为皇嗣，从降为妃。长寿中，与昭成皇后同被谴，为则天所杀。景云元年，追谥肃明皇后。招魂葬于东都城南，陵曰惠陵。

睿宗窦皇后

《唐书》曰：睿宗昭成顺圣皇后窦氏，父孝谌，润州刺史。后姿容婉顺，动循礼则。睿宗为相王时，为孺人，甚见礼异。光宅元年，立为德妃。生玄宗及金仙、玉真二公主。长寿二年，为户婢团儿诬赞与肃明皇后厌蛊咒诅。正月二日，朝则天皇后于嘉豫殿，既退而同时遇害。梓宫秘密，莫知所在。睿宗即位，谥曰昭成皇后。招魂葬于都城之南，陵曰靖陵。

玄宗废王皇后

《唐书》曰：玄宗废后王氏，同州下邳人，梁冀州刺史神念之后。上为临淄王时，纳后为妃。上将起事，颇预密谋，赞成大业。先天元年，立为皇后，以父仁皎为太仆卿。后兄守一以后无子，尝惧有废立，导以符厌之事。有左道僧明悟为祭南北斗，刻霹雳木书天地字及上讳，合而佩之，且咒曰："佩此有子，当与则天皇后为比。"事发，上亲究之，皆验。下制废为庶人，守一赐死。其年十月，庶人卒，以一品礼葬于无相寺。宝应元年，雪冤，复尊为皇后。

玄宗武皇后

《唐书》曰：玄宗贞顺皇后武氏，则天从父兄子恒安王攸正女也。攸正卒后，后尚幼，随例入宫。上即位，渐承恩宠。及王庶人废后，特赐号为惠妃，宫中礼秩，一同皇后。惠妃开元初产夏悼王及怀安哀王、上仙公主，并襁褓不育，上特垂伤悼。及生寿王瑁，不敢养于宫中，命宁王宪于外养之。又生盛王琦，咸宜、太华二公主。惠妃以开元二十五薨，年四十余。

杨贵妃

《唐书》曰：玄宗杨贵妃，父玄琰，蜀州司户。妃早孤，养于叔父玄璬。开元初，武惠妃特承宠遇，故王皇后废黜。二十四年，惠妃薨，帝哀悼久之，后庭数千，无可意者。或奏玄琰女姿色冠代，宜蒙召见。时妃衣道士服，号曰太真。既进见，玄宗大悦。不期岁，恩礼如惠妃。太真姿质丰艳，善歌舞，通音律，智算过人。每倩盼承迎，动移上意。宫中呼为娘子，礼数实同皇后。有姊三人，皆有才貌，玄宗并封国夫人。天宝中，安禄山大立边功，上深宠之。禄山来朝，帝令贵妃姊妹与结为兄弟，禄山母事妃，每宴赐，锡赉稠沓。及禄山叛，露檄数国忠之罪。河北盗起，玄宗以皇太子为天下兵马元帅，监抚军国事。国忠大惧，诸杨聚哭，贵妃衔土陈请，帝遂不行内禅。及潼关失守，从幸至马嵬，禁军大将陈玄礼密启太子，诛国忠父子。既而六军不散，玄宗遣力士宣问，对曰："贼本尚在。"盖指贵妃也。力士复奏，帝不获已，与妃决，缢死于佛室。时年三十八，瘗于驿西道侧。

玄宗杨皇后

《唐书》曰：玄宗元献皇后杨氏，弘农华阴人。后景云元年八月，选入太子宫。时太平公主用事，尤忌东宫。宫中左右持两端，而潜附太平者，必阴伺察，事虽纤芥，皆闻于上，太子心不自安。后时方娠，太子密谓侍读张说曰："用事者不欲吾多息裔，恐祸及此妇人，其如之何？"密令说怀去胎药而入，太子于曲室躬自煮药，醺然似寐，梦神人覆鼎。既寤如梦，如是者三。太子异之，告说，说曰："天命也，无宜他虑。"既而太平诛，后果生肃宗皇帝。太子妃王氏无子，后班在下，后不敢母肃宗。王妃抚鞠，慈甚所生。开元中，肃宗为忠王，后为妃，又生宁亲公主。张说以旧恩特承宠异，说亦奇忠王仪表，心知运历所钟，故宁亲公主降说子垍。开元十七年，后薨，葬细柳原。

肃宗张皇后

《唐书》曰：肃宗张皇后，本南阳西鄂人，后徙家昭应。祖母窦氏，玄宗母昭成皇太后之妹也。昭成为天后所杀，玄宗幼失所恃，为窦姨鞠养。景云中，封邓国夫人。父去逸。天宝中，选入太子宫，为良娣。后辩惠丰硕，巧中上旨。禄山之乱，玄宗幸蜀，太子与良娣俱从，车驾渡渭，百姓遮道，请留太子收复长安。肃宗性仁孝，以上皇播越，不欲违离左右。宦者李靖忠启太子请留，良娣赞成之，白于玄宗。太子如灵武，时贼已陷京师，从官单寡，道路多虞。每太子次舍宿止，良娣必居其前。太子曰："捍御非妇人之事，何以居前？"良娣曰："今大家跋履险艰，兵卫非多，恐有仓卒，妾自当之，大家可由后而出，庶几无患。"及至灵武，产子，三日起缝战士衣。太子劳之曰："产忌作劳，安可容易？"后曰："此非妾自养之时，须办大家事。"肃宗即位，册为淑妃。赠父去逸左仆射，母窦氏封义章县主。乾元元年，册为皇后。肃宗崩，太子监国，遂移后于别殿，幽崩。

肃宗吴皇后

《唐书》曰：肃宗章敬皇后吴氏，濮阳人。后父坐事，没入掖庭。开元二十二年，玄宗幸忠王邸，见王服御萧然，傍无媵侍，命将军高力士选掖庭宫人赐之，而吴后在籍中。容止端丽，性多谦抑，宠遇益隆。明年，生代宗皇帝。二十八年，薨，葬于春明门外。代宗即位，群臣以肃宗山陵有期，准礼以先太后祔。

代宗沈皇后

《唐书》曰：代宗睿真皇后沈氏，吴兴人，世为冠族。父易直，秘书监。开元末，以良家子选入东宫，赐太子，生男广平王。天宝元年，生德宗皇帝。禄山之乱，玄宗幸蜀，诸王、妃、主从幸不及者，多陷于贼，后被拘于东都掖庭。及代宗破贼，收东都，见之，留后于宫中。方经略北征，未暇迎归长安。俄而，史思明再陷河、洛。及朝义败，复收东都，失后所在，莫测存亡。代宗遣使求访，十余年寂无所闻。德宗即位，下诏遥尊为皇太后。

代宗独孤皇后

《唐书》曰：代宗贞懿皇后独孤氏，父颖，左威卫录事参军。后以美丽入宫，嬖幸专房，故长秋虚位，诸姬罕所进御。后始册为贵妃，生韩王迥、华阳公主。大历十年五月，薨。追谥曰贞懿皇后，殡于内殿，累年不忍出宫。十三年十月方葬，命宰臣常衮为哀册。

德宗王皇后

《唐书》曰：德宗昭德皇后王氏，父遇，官至秘书监。德宗为鲁王时，纳后为嫔。上元二年，生顺宗皇帝，特承宠异。德宗即位，册为淑妃。贞元二年，妃病。十一月甲午，册为皇后，是日，崩于两仪殿。

韦贤妃

《唐书》曰：德宗韦贤妃，不知氏族所出。初为良娣，贞元二年，册为贤妃。性敏惠，言无苟容，动必由礼，德宗深重之，六宫师其德行。及德宗崩，请于崇陵终丧纪，因侍于寝园。元和四年，薨。

顺宗王皇后

《唐书》曰：顺宗庄宪皇后王氏，琅琊人。父颜，卫尉卿。后幼以良家子选入宫，为才人。顺宗在藩时，代宗以才人赐之，时年十三。大历十三年，生宪宗皇帝，立为宣王孺人。顺宗升储，册为良娣。后言容恭谨，宫中称其德行。顺宗即位，疾恙未平，后供侍医药，不离左右。属帝不能言，册礼将行复止。及永贞内禅，册为太上皇后。中和元年正月，顺宗晏驾。五月，尊太上皇后为皇太后，册礼毕，宪宗御紫宸宣赦。太后居兴庆宫。后性仁和恭逊，深抑外戚，无丝毫假贷，训厉内职，有母仪之风焉。元和十三年三月，崩于咸宁殿，谥曰庄宪。

宪宗郭皇后

《唐书》曰：宪宗懿安皇后郭氏，尚父子仪之孙，驸马都尉暧之女。母代宗长女升平公主。宪宗为广陵王时，纳后为妃。以母贵，父祖有大勋于王室，顺宗深宠异之。贞元十一年，生穆宗皇帝。元和元年，册为贵妃。时后庭多私爱，以后门族华盛，虑正位之后，不容嬖幸，以是册拜后时。穆宗嗣位，册为皇太后。敬宗即位，尊为太皇太后。宣宗继统，即后之诸子也，恩礼愈异于前朝。大中年，崩于兴庆宫。谥曰懿安，祔葬于景陵。后历位七朝，五居太母之尊，人君行子孙之礼，福寿隆贵，四十余年，虽汉之马、邓，无以加焉。

女学士宋尚宫附

《唐书》曰：女学士尚宫宋氏者，名若昭，贝州清阳人。父庭芬，世为儒学，至庭芬有词藻。生五女，皆聪慧，庭芬始教以经艺，既而课为诗赋，年未及笄，皆能属文。长曰若华，次曰若昭、若伦、若宪、若荀。若华、若昭文尤淡丽，性复贞素闲雅，不尚芳华之饰，尝白父母，誓不从人，愿以艺学扬名显亲。若华教诲四妹，有如严师，著《女论语》十篇，其言模仿《论语》，以韦逞母宣文君宋氏代仲尼，以曹大家等代颜、闵，其间问答，悉以妇道所尚。若昭注解，皆有理致。贞元四年，昭义节度使李抱真表荐以闻。德宗俱召入宫，试以诗赋，兼问经史中大义，深加赏叹。德宗能诗，与侍臣唱和相属，亦令若华姊妹应制。每进御，无不称善。嘉其节概不群，不以宫妾遇之，呼为学士先生。庭芬起家受饶州司马，习艺馆内，教赐第一区，给俸料。元和末，若华卒，赠河内郡君。自贞元七年已后，宫中记注簿籍，若华掌其事。穆宗复令若昭代司其职，拜尚宫。姊妹中，若昭尤通晓人事，自宪、穆、敬三帝，皆呼为先生，六宫嫔媛、诸王、公主、驸马皆师之，为之致敬。进封梁国夫人。宝历初，卒。将葬，诏所司供卤簿。敬宗复令若宪代司宫籍。文宗好文，以若宪能属文，能论议奏对，尤重之。大和中，坐驸马沈𫏋事，幽若宪于外第，赐死。

穆宗王太后

《唐书》曰：穆宗恭僖皇太后王氏，越人。父绍卿，婺州金华令。后少入太子宫。元和四年，生敬宗。穆宗皇帝即位，立为妃。长庆四年二月，尊为皇太后。文宗即位之初，号宝历太后。

穆宗萧皇后

《唐书》曰：穆宗贞献皇后萧氏，福建人。初，入十六宅为建安王侍者，元和四年，生文宗皇帝。宝历三年，敬宗崩，中尉王守澄率兵讨贼，迎江王即位。文宗践祚之月，奉册上尊号曰皇太后。武宗即位，供养弥谨，徙居积庆殿，号积庆太后。会昌中，崩。谥曰贞献。

敬宗郭贵妃

《唐书》曰：敬宗郭贵妃，父义，右威卫将军。长庆末，以姿貌选入太子宫。敬宗即位，为才人，生晋王普。帝以少年有子，复以才人容德冠绝，特宠异之。俄册为贵妃。及昭愍遇盗，宫闱变起，文宗即位，尤怜晋王，有若己子，故贵妃礼遇不衰。

昭宗何皇后

《唐书》曰：昭宗积善皇后何氏，东蜀人。侍寿王邸，婉丽多智，特承恩顾，生德王、辉王。昭宗即位，立为淑妃。乾宁中，车驾在华州，册为皇后。自乾符已后，盗满天下，妖生九重，宫庙榛芜，奔播不暇。景福之际，奸臣内侮，后于蒙尘薄狩之中，尝膳御侮，不离左右。天祐初，朱全忠逼迁舆驾，东幸洛阳。其年八月，昭宗遇弑。翌日，宰相柳璨、独孤损等诈宣皇后令云："帝为宫人所害，辉王祚宜升帝位。"仍尊皇后为皇太后。遭罹变故，迫以凶威，宫中哭泣，不敢声闻于外。明年十二月，全忠将僭立，先行九锡，然后受禅。全忠牙将蒋玄晖在洛阳宫知枢密，宣徽副使赵殷衡素与不叶，且欲代知枢密事，因使于梁，诬告云："玄晖私于何太后，相与盟诅，誓复唐室，不欲王受九锡。"全忠大怒，即日遣使至洛阳，诛玄晖，太后亦被害于积善宫，又杀宫人阿秋、阿虔，仍废太后为庶人。

太平御览卷第一百四十二　皇亲部八

蜀刘备甘后

《蜀志》曰：先主甘皇后，沛人。产后主，值曹公军至，追先主于当阳长坂，于时困逼，弃后及后主，赖赵云保护，得免于难。后卒，追谥皇思夫人，迁葬于蜀，未至而先主殂殒。丞相亮上言："皇思夫人宜号昭烈皇后，与大行皇帝合葬。"制曰可。

穆后

《蜀志》曰：先主穆皇后，陈留人也。兄吴壹，素与刘焉有旧，是以举家随焉入蜀。焉有异志，而闻善相者，使相后，云当大贵。焉时将子瑁自随，遂为瑁纳后。瑁死，后寡居。先主既定益州，而孙夫人还吴，群下劝先主聘后。先主疑与瑁同族，法正进曰："论其亲疏，何与晋文之于子圉乎？"于是纳后。延熙八年，薨，合葬惠陵。

刘禅张后

《蜀志》曰：后主敬哀皇后，车骑将军张飞长女。章武元年，纳为太子妃。建兴元年，立为皇后。

小张后

《蜀志》曰：后主小张皇后，飞小女。随后主迁于洛阳。

吴孙坚吴后

《吴志》曰：孙坚吴夫人，权之母也。本吴人，徙钱塘，早失父母，与弟居。孙坚闻其才貌，欲娶之。吴氏亲戚嫌坚轻狡，将距焉，坚甚惭恨。夫人谓亲戚曰："何爱一女以取祸乎？如有不遇，命也。"于是遂许为婚，生四男一女。及权少年统业，夫人助理国政，甚有补益。建安七年，临薨，引见张昭等，嘱以后事。

孙权步后

《吴志》曰：吴主孙权步夫人，临淮淮阴人也。以美丽得幸于权，宠冠后宫。性不嫉妒，多所推进，故久见爱。权为王及帝，意欲以为后，群臣议在徐氏，权依违者十余年，然宫内皆称皇后，亲戚上疏称中宫。及薨，臣下缘权旨，请追正名号，乃赠皇后印绶。

二王后

《吴志》曰：吴主权王夫人，琅琊人也。夫人以选入宫，得幸，生孙和。权将立为后，而全公主素憎夫人，数加谮毁。及权寝疾，言有喜色，由是权深责怒，以忧死。

《吴志》曰：吴主权王夫人，南阳人也。生孙休。及和为太子，和母贵，诸姬有宠者，皆出居外。夫人出在公安，卒，因葬焉。休即位，遣使追尊曰敬怀皇后，改葬敬陵。

潘后

《吴志》曰：吴主权潘夫人，会稽句章人。父为吏，坐死。夫人与姊俱输织室，权见而异之，召充后宫。得幸，有身，梦有以龙头授己者，己以蔽膝受之，遂生孙亮。明年，立夫人为皇后。性妒媚容，自始至卒，谮害甚众。权不豫，夫人使问中书令张昭吕后专制故事。侍寝疲劳，因以羸病，诸人伺其昏卧，共缢杀之，托言中恶。后事泄，坐死者六七十人。权寻薨，合葬蒋陵。

谢妃

《吴志》曰：吴主权谢夫人，会稽山阴人也。权聘以为妃，爱幸有宠。后权纳姑孙徐氏，欲令谢下之，谢不肯，由是失宠，早卒。

徐妃

《吴志》曰：吴主权徐夫人，吴郡富春人也。初适同郡陆尚，尚卒，权聘以为妃，使母养子登。后权以夫人妒忌，废之。以疾卒。

孙亮全后

《吴志》曰：孙亮全夫人，全尚女也。立为皇后。孙綝废亮为会稽王，随亮之国。

《吴录》曰：亮妻惠解有容色，吴平乃归。永宁中，卒。

孙休朱后

《吴志》曰：孙休朱夫人，朱据女。孙綝废亮，休立，夫人为皇后。休卒，群臣尊夫人为皇太后。孙皓即位月余，贬为景皇后，称安定宫。

孙皓母何太后

《吴志》曰：孙和何姬，丹阳句容人也。父遂，本骑士。孙权尝游幸诸营，而何姬观于道中，权望见异之，命宦者召入，以赐子和。生男，权喜，名之曰彭祖。彭祖即皓也。后徙和居新都，遣使赐死，嫡妃张氏自杀，何姬曰："若皆从死，谁当养孤？"遂抚育皓，及其三弟。皓即位，尊和为昭献皇帝，何姬为昭献皇后，月余，进为皇太后焉。

孙皓滕后

《吴志》曰：孙皓滕夫人，故太常胤之族女也。胤夷灭，夫人父牧以疏远徙边郡。孙休即位，大赦，得还，以牧为五官中郎。皓既封乌程侯，聘牧女为妃。皓即位，为皇后，封牧高密侯，拜卫将军、录尚书事。时人以牧尊戚，颇推令谏争。而夫人宠渐衰，皓滋不悦，皓母何恒左右之。又太史言，"于运历中，后不可易"。皓信巫觋，故得不废，常供养升平宫。长秋官僚，备员而已，受朝贺表疏如故。皓内诸宠姬，佩皇后玺绂者多矣。天纪四年，随皓迁于洛阳。

前赵刘渊母呼延妃

崔鸿《三十国春秋·前赵录》曰：左贤王妃呼延氏，魏嘉平中祈子于龙门，俄而有一大白鱼，头有二角，轩鬐跃鳞于龙门而至于祭所，久之乃去。巫觋皆异之，曰："此嘉祥也。"其夜梦旦所见鱼变为人，左手把一物，大如半鸡子，光影非常，授延氏曰："此是日精，服之生贵子。"自是十三月而生渊。

刘渊张后

崔鸿《三十国春秋·前赵录》曰：刘渊皇后张氏，梦日入怀，寤而告渊，渊曰："吉征也，慎勿言之。"自是十五月生聪。

刘聪呼延后

崔鸿《三十国春秋·前赵录》曰：刘聪皇后呼延氏，渊后之从父妹，有美色，恭孝称于宗族，渊后爱聪姿貌，故以配焉。每谓聪曰："父终子绍，古今之大典，陛下自承高祖之嗣，太弟何为者哉？陛下百年后，粲兄弟必无种也，愿陛下深思之。"聪亦信之，曰："然，吾当为计。"后曰："事留变生，太弟见粲兄弟并大，必有不安之志矣；或有小人构间其中，未必不祸发于今日。妾常闻陛下说鲁隐公事，一何相似，窃为陛下寒心。"聪深其言，于是相图之计起矣。

大刘后

崔鸿《三十国春秋·前赵录》曰：刘聪皇后刘氏，殷长女也，字丽芳，以左贵嫔立为皇后。聪将起鹍仪殿，廷尉陈元达谏，聪大怒，将斩之。后时在后堂，闻而密遣中常侍敕左右停刑，于是手疏启曰："伏闻敕旨将为妾营殿，今四海未一，祸难犹繁，廷尉之言，社稷之计。当赏以美爵，而反欲诛之。陛下此怒，由妾而起；廷尉之祸，由妾而招。自古国败家丧，未始不由妇人。妾每览古事，忿之不忘，何意今日，妾自为之！后人观妾，犹妾之视前人，复何面目仰侍巾栉，请归死此堂，以塞陛下误惑之过。”聪览之色变，曰：“朕此来得微风之患，意怒不自由。元达，忠臣。”命其冠履就坐，引元达以刘后表示曰：“外辅如公等，内辅如此后，朕亦何忧矣。”

小刘后

崔鸿《三十国春秋·前赵录》曰：聪后刘氏，殷小女，字丽华。童齿聪惠，肤发异常，昼营女工，夜诵经传，母每止之，敦玩弥甚。与诸兄争论经义，理旨超然，诸兄常深叹谢。性孝友，善风仪，进止如珪璋焉。以贵嫔立为皇后。殷二女四孙，皆姿色超世，女德冠时。时聪并纳之，自是六刘之宠，倾于后宫。建元中，流星起于牵牛，入紫微，龙形尾蛇，其光照地，落平阳北十里。视之则肉臭闻于平阳，肉旁常有哭声，昼夜不止，聪甚恶之。刘后产一蛇一虎，各害人而走，寻之不得，顷见陨肉之旁。刘后卒，伪谥武宣皇后。乃失此肉，哭声亦止。

刘曜刘后

崔鸿《三十国春秋·前赵录》曰：刘皇后，侍中瞪女。年十三，长七尺八寸，手垂过膝，发与身齐，姿色才德，迈于列后。

后赵石勒刘后

崔鸿《三十国春秋·前赵录》曰：石勒刘皇后，侍中闰之妹，后部胡人也。勒纳之于胡关，美色，有特宠。张枰反于襄城，后抽剑斩之，勒赖后济。后性惠，有干略，助理军国之务，有吕氏辅汉之风，然严整贞婉容裕不妒忌过之也。石弘即位，尊为皇太后。与彭城王堪谋杀石虎，谋泄，虎杀之。

后燕慕容垂段后

崔鸿《三十国春秋·前赵录》曰：垂皇后段氏，字元妃，光禄大夫仪之女。后少而婉惠，有节操，尝谓妹季妃曰："我终不能为庸人之妻。"季妃曰："妹亦不为庸夫之妇。"邻人闻而笑之。内黄人张定善相，见仪二女，大惊曰："君家大兴，当由二女。"仪深异之，至年二十余而不嫁。仪子麟谓仪曰："张定何知，而拒求者。"仪曰："吾女辈志行不凡，故且踟蹰，以择良配。"垂称燕王，垂纳元妃为继室，遂有殊宠。范阳王德亦聘季妃焉。姊妹俱为垂、德皇后，卒如其志。

宋刘裕臧后

沈约《宋书》曰：武敬臧皇后，讳爱亲，东莞人。后适高祖，生会稽宣长公主。高祖以俭正率下，后恭敬不违。及高祖兴复晋室，居上相之重，而后器服粗素，不为亲属请谒。晋义熙四年正月甲午，卒于东城，时年四十八。追赠豫章公夫人，还葬丹徒。

胡婕妤

《宋书》：武帝胡婕妤，讳道安，淮南人。义熙初，为高祖所纳，生文帝。五年，被谴赐死，时年四十二。高祖践祚，追赠婕妤。太祖即位，上尊号曰章皇太后。

刘义隆袁后

沈约《宋书》曰：文帝袁皇后，讳齐妫，陈郡阳夏人，左光禄大夫湛之庶女也。太祖初拜宜都王妃，生太子劭及东阳献公主英娥。上待后恩礼甚笃，袁氏贫薄，后每就上求钱帛以赡与之，上性节俭，所得不过三五万、三五十匹。因此恚恨甚深，称疾不复见上。上每入，必他处回避。上数掩伺之，不能得。疾笃，上执手流涕问所欲言，后视上良久，乃引被覆面。崩于显阳殿，时年四十六。上甚悼痛之，诏永寿太守颜延之为哀策文，其文甚丽也。

刘骏母路后

沈约《宋书》曰：文帝路淑媛，讳惠男，丹阳建康人也。以色貌选入后宫，生孝武，拜为淑媛。年既长，无宠，常随世祖出藩。世祖入讨元凶，淑媛留守寻阳。上即位，有司奉尊号曰皇太后。第休之并超显职。太后颇豫政事，赐与休之等财物，家累千金，居处器服，与帝子相侔。寻崩，年五十五。迁殡东宫，改东宫门题曰崇宪宫。

刘骏王后

沈约《宋书》曰：孝武文穆王皇后，讳宪嫄，琅邪临沂人。元嘉二十年，拜武陵王妃。生废帝、山阴公主。世祖在藩，后甚有宠。上伐凶逆，与太后同还京都，立为皇后。大明四年，率六宫躬桑于西郊。废帝即位，尊曰皇太后，宫曰永训。其年，崩于含章殿，时年三十八。祔葬景宁陵。

刘彧母沈婕妤

沈约《宋书》：文帝沈婕妤，讳容姬。纳后宫，为美人。生明帝，拜为婕妤。元嘉三十年，卒，时年四十。世祖即位，追赠湘东国太妃。太宗即位，上尊号为皇太后。

刘彧王后

沈约《宋书》曰：明恭王皇后，讳贞风，琅琊临沂人也。上尝宫内大集，而裸妇人，观之以为欢笑。后以扇障面，独无所言。帝怒曰："外舍家寒乞，今共为笑乐，何独不视？"后曰："为乐之事，其方自多，岂有姑姊妹集聚，而裸妇人形体以为乐。外舍之为欢适，实与此不同。"帝大怒，遣后令起。废帝即位，尊为皇太后。元徽五年五月五日，太后赐帝玉柄毛扇，帝嫌其毛柄不华，因此欲加鸩害，已令太医煮药，左右止之曰："若行此事，官家便应作孝子，岂复得出入交会。"帝曰："汝语大有理。"乃止。孝建元年，薨于第，时年四十四。

陈妃

沈约《宋书》曰：明帝陈贵妃，讳妙登，丹阳屠家女也。太妃家在建康县东，家贫，有草屋两三间。上出行见之，赐钱三万，令起瓦屋。尉自送钱与之，家人并不在，唯太妃在家，时年十二三。尉见其容质甚美，即以白世祖，于是迎入宫，赐太宗。始有宠，一年许衰歇，以乞将军李道儿，寻又还，生废帝。故民中皆呼废帝为李氏子。废帝践祚，号曰皇太妃，舆服一如晋孝武太妃故事，置家令一人，改诸国太妃曰大姬。

刘昱江后

沈约《宋书》曰：后废帝江皇后，讳简珪，济阳考城人。太始五年，太宗求太子妃，而雅信小数，名家女多不合。后弱小，门无强荫，卜筮最吉，为太子纳焉。太子即位，为后。帝既废，降为苍梧王妃。

刘准母陈昭华

沈约《宋书》曰：明帝陈昭华，讳法容，丹阳人也。太宗晚年，诸弟姬人有怀孕者，辄取入宫，及生男，杀其母，而与六宫所爱者养之。顺帝，桂阳王休范子也，以昭华为母焉。顺帝即位，进为皇太妃。

刘准谢后

沈约《宋书》曰：顺帝谢后，讳梵境，光禄大夫庄孙女也。升明二年，立为皇后。顺帝禅位，降为汝阴王妃。

太平御览卷第一百四十三 皇亲部九

齐萧道成母陈后

萧子显《齐书》曰：宣孝陈皇后，讳道正，临淮东阳人。后生太祖。太祖年二岁，乳人乏乳，后梦人以两瓯麻粥与之，觉而乳大出，异而说之。宣帝从任在外，后常留家治事，教子孙。有相者谓后曰：“夫人有贵子而不见之。”后叹曰：“我三儿，谁当应之。”呼太祖小字曰：“正应是汝。”太祖虽从官，而家业本贫，为建康令时，高宗等冬月犹无缣纩，而奉膳甚厚，后每撤去兼肉，曰：“我于此过足矣。”殂于县舍，年七十三。建元元年，重追尊孝皇后。

萧道成刘后

萧子显《齐书》曰：高昭刘皇后，讳智容，广陵人也。父寿之，员外郎。后母桓氏梦吞玉胜生后，时有紫光满室。后寝卧，家人常见上如有云气焉。年十余，适太祖，严整有礼法，家庭肃然。宋泰豫元年，殂。葬宣帝墓侧，今泰安陵也。门生王清与墓工始下锸，有白兔跳起，寻之不得，及坟成，兔还栖其上。建元元年，尊谥昭皇后。

萧昭业母王后

萧子显《齐书》曰：文安王皇后，讳宝明，琅耶临沂人。建元元年，为南阳王妃。四年，为皇太子妃，无宠。太子为宫人制新丽衣服及首饰，而后床帷陈设古旧，钗镊十余枚，永明十一年，为皇太孙太妃。郁林王即位，尊为皇太后，称宣德宫。

萧昭业何妃

萧子显《齐书》曰：郁林王何妃，名婧英，庐江灊人，抚军将军戢之女。后将拜，镜在床无因堕地。其冬，与太后同日谒太庙。后禀性淫乱，为妃时，与外奸通。左右杨珉之与同寝处如伉俪，又与帝相爱亵，故帝恣之。迎后亲戚入宫，赏赐人数十万，以世祖耀灵殿处后家属。帝被废，贬为王妃。

梁萧衍母张后

《梁书》曰：太祖献皇后张氏，讳尚柔，范阳方城人也。祖次惠，宋濮阳太守。后母萧氏，即文帝从姑。宋元嘉中，嫔于太祖，生长沙宣武王懿、永阳昭王敷，次生高祖。初，后尝于室内，忽见庭前菖蒲生花，光彩照灼，非世中所有。后惊视，谓侍者曰："汝见不？"对曰："不见。"后曰："常闻见者当富贵。"因遽取吞之。是月，产高祖。将产之夜，后见庭内有若衣冠陪列焉。次生衡阳宣王畅、义兴昭长公主令嫕。宋泰始七年，殂于秣陵县同夏里舍，葬武进县东城里山。天监元年五月甲辰，追上尊号为皇后，谥曰献。

萧衍郗后

高祖德皇后郗氏，讳徽，高平金乡人也。祖绍，宋国子祭酒，领东海王师。父烨，太子舍人，早卒。初，母寻阳公主方娠，梦人云："当生贵子。"及生后，有赤光照于室内，器物尽明，家人皆怪之。巫言"此女光适有所妨"，乃于水滨祓除之。后幼而明慧，善隶书，读史传，女工之事，无不闲习。宋后废帝将纳为后；齐初，安陆王缅又欲结婚，郗氏并辞以女疾，乃止。建元末，高祖始聘焉。生永兴公主玉姚、永世公主玉琬、永康公主玉环。建武五年，高祖为雍州刺史，先之镇，后乃迎后至州。未几，殂于襄阳官舍，时年三十二。明年，归葬南徐州武进县。二年，齐朝进高祖位相国，封梁公，诏赠后为梁公妃。高祖践祚，追崇为皇后。

丁贵嫔

《梁书》曰：高祖丁贵嫔，讳令光，谯国人也，世居襄阳。贵嫔生于樊城，初产，有神光之异，紫烟满室，故以为名。相者云："此女当大贵。"高祖临州，丁氏因人以闻。嫔时年十四，高祖纳焉。初，贵嫔生而有赤志在左臂，治之不灭，至是无何忽失所在。事德皇后小心祇敬，尝于供养经案之侧，仿佛若见神人，心独异之。高祖义师起，昭明太子始诞育，贵嫔与太子留在州城。京邑平，乃还京都。天监元年五月，有司奏为贵人，未拜；其年八月，又为贵嫔，位在三夫人上，居于显阳殿。

阮脩容

高祖阮修容，讳令嬴，本姓石，会稽馀姚人也。齐始安王遥光纳焉。遥光败后，入东昏宫。建康城平，高祖纳为彩女。天监六年八月，生世祖。寻拜为修容，常随世祖出蕃。大同六年六月，薨于江州内寝，时年六十七。归葬江宁县通望山，谥曰宣。世祖即位，追崇为文宣太后。

萧纲王后

《梁书》曰：太宗简皇后王氏，讳灵宾，琅琊临沂人也。祖俭，太尉南昌文献公。后幼而柔明淑德，叔父暕见之曰："吾家女师也。"天监十一年，拜晋安王妃。生哀太子大器、南郡王大连、长山公主妙妙。大通三年十月，拜皇太子妃。太清三年三月，薨于永福省，时年四十五。其年，太宗即位，追崇为皇后，谥曰简。大宝元年九月，葬庄陵。

萧绎徐妃

《梁书》曰：元帝徐妃，讳昭佩，东海郯人也。祖孝嗣，齐太尉枝江文忠公。父绲，侍中、信武将军。妃以天监十六年十二月拜湘东王妃，生世子方等、益昌公主含贞。妃无容质，不见礼，帝三二年一入房。妃以帝眇一目，每知帝将至，必为半面装以俟，帝见则大怒而出。妃性嗜酒，多洪醉，帝还房，必吐衣中。既而贞惠世子方诸母王氏宠爱，未几而终，元帝归咎于妃；及方等死，愈见疾。太清三年，遂逼令自杀，妃知不免，乃投井死。帝以尸还徐氏，谓之出妻。葬江陵瓦官寺。

陈陈霸先章后

《陈书》曰：高祖宣皇后章氏，讳要儿，吴兴乌程人也。本姓钮，父景明，为章氏所养，因改姓焉。景明，梁代官至散骑侍郎。后母苏氏，尝遇道士以小龟遗己，光彩五色，曰："三年有征。"及期，后生而紫光照室，因失龟所在。后少而聪慧，美容仪，手爪长五寸，色红白，每有期功之服，则一爪先折。后善书计，能诵《诗》及《楚词》。高祖自广州南征交阯，命后与衡阳王昌随世祖由海道归于长城。侯景之乱，高祖下至豫章，后为侯景所囚。景平，高祖为长城县公，后拜夫人。及高祖践祚，永定元年，立为皇后。高祖崩，后与中书舍人蔡景历定计，秘不发哀，召世祖入纂。世祖即位，尊后为皇太后。下令黜废帝为临海王，命高宗嗣位。太建元年，册尊后为皇太后。二年三月景申，崩于紫极殿，时年六十。

陈蒨沈后

《陈书》曰：世祖沈皇后，讳妙容，吴兴武康人也。父法深，梁安州录事参军。后年十余岁，以梁大同中归于世祖。高祖之讨侯景，世祖时在吴兴，景遣使收世祖及后。景平，乃获免。高祖践祚，永定元年，后为临川王妃，世祖即位，立为皇后。

陈顼柳后

《陈书》曰：高宗柳皇后，讳敬言，河东解县人也。曾祖世隆，侯景之乱与弟昐往江陵依梁元帝，以长城公主之故，待遇甚厚。及高宗赴江陵，元帝以后配焉。承圣二年，后生后主于江陵。明年，江陵陷，高宗迁于关右，后与后主留穰城。天嘉二年，与后主还朝，后为安城王妃。高宗即位，立为皇后。后美姿容，身长七尺二寸，手垂过膝。初，高宗居乡里，先娶吴兴钱氏女，及即位，拜为贵妃，甚有宠幸。后倾心下之，每尚方供奉之物，其上者皆推于贵妃，而己御其次焉。高宗崩，始兴王叔陵为乱，后主赖后与吴媪救而获免。后主即位，尊后为皇太后，宫曰弘范。当此之时，新失淮南之地，隋师临江，又国遭大丧，后主病疮不能听政。其诛叔陵、供大行丧事、边境防守及百司众务，虽假以后主之命，实皆决之于后。后主疮愈，乃归政焉。陈亡，入长安。隋大业十一年，薨于东都，时年八十三。葬洛阳之芒山。

陈叔宝沈后

《陈书》曰：后主沈皇后，讳婺华，仪同三司宪侯君理之女也。母，高祖女会稽穆公主。主早亡，时后尚幼，而毁瘠过甚。服毕，每至岁时朔望，恒独坐泣涕，哀恸左右，内外咸敬异焉。太建三年，纳为皇太子妃。后主即位，立为皇后。后性端静，寡嗜欲，聪敏强记，涉猎经史，工书翰。初，后主在东宫，而后父君理卒，后居忧，处别殿，哀毁逾礼。后主遇后既薄，而张贵妃宠倾后宫，后宫之政并归之，后澹然未尝有所忌怨。而居处俭约，衣服无锦绣之饰，左右近侍才百许人，唯寻阅图史、佛经为事。陈亡，与后主俱入长安。及后主薨，后自为哀词，文甚酸切。隋炀帝每所巡幸，恒令从驾。及炀帝为宇文化及所害，后自广陵过江还乡里，不知所终。

张贵妃

《陈书》曰：后主张贵妃，名丽华，兵家女也。家贫，父兄以织席为业。后主为太子，选入宫。是时龚贵嫔为良娣，贵妃年十岁，后主见而悦焉，因得幸，遂有娠，生太子深。后主即位，拜为贵妃。性聪慧，甚被宠遇。后主每引见贵妃与宾客游宴，贵妃荐诸宫女预焉，后宫等咸德之，竞言贵妃之善，由是爱倾后宫。又好厌魅之术，假鬼神以惑后主，置淫祀于宫中，聚诸妖巫使之鼓舞。因参访外事，人间有一言一事，妃必知之，以白后主。由此益重妃，内外宗族，多被引用。及隋军陷台城，妃与后主俱入井，隋军出之，晋王广命斩妃于青溪中桥。

北齐高欢娄后

《北齐书》：武明皇后娄氏，讳昭君，赠司徒内干之女也。少明悟，强族多娉之，并不肯行。及见神武于城上执役，惊曰："此真吾夫也。"乃使婢通意，又数致私财，使以娉己，父母不得已而许焉。神武既有澄清之志，倾产以结英豪，密谋秘策，后恒参预。及拜渤海王妃，阃闱之事悉决焉。后高明严断，雅遵俭约，往来外舍，侍从不过十人。性宽厚，不妒忌，神武姬侍，咸以恩待。神武尝将西讨出师，后夜孪生一男一女，左右以危急，请追告神武，后弗听，曰："王出统大兵，何得以我故轻离军幕。死生命也，来复何为！"神武闻之，嗟叹良久。沙苑败后，侯景言请精骑二万，必能取之。神武悦，以告于后，后曰："若如其言，岂有还理，得獭失景，亦有何利。"乃止。文襄嗣位，进为太妃。文宣将受魏禅，后固执不许，帝所以中止。天保初，尊为皇太后，宫宣训。济南即位，尊为太皇太后。尚书令杨愔等受遗诏辅政，疏忌诸王。太后密与孝昭及诸大将定策诛之，令废立。孝昭即位，复为皇太后。孝昭帝崩，太后又下诏立武成帝。大宁二年春，太后寝疾，衣忽自举，用巫媪言改姓氏。四月辛丑，崩于北宫，年六十二。合葬义平陵。

尔朱太妃

《北齐书》：彭城太妃，尔朱荣之女，魏孝庄后也。神武纳为别室，敬重逾于娄后，见必束带，自称下官。神武迎蠕蠕公主还，尔朱迎于木井北，与蠕蠕公主前后别行，不相见。公主引角弓仰射翔鸱，应弦而落；妃引长弓邪射飞鸟，亦一发而中。神武喜曰："我此二妇，并堪击贼。"后为尼，神武为起佛寺。天保初，为太妃。及文宣狂酒，将无礼于太妃，太妃不从，遂遇祸。

高澄元后

《北齐书》曰：文襄敬皇后元氏，魏孝静帝之妹也。孝武帝时，封冯翊公主，而归于文襄。容德兼美，曲尽和敬。初生河间王孝琬，时文襄为世子，三日而孝静幸世子第，赠锦彩及布帛万匹，世子辞，求通受诸贵礼遗，于是十屋皆满。次生两公主。文宣受禅，尊为文襄皇后。

高洋李后

《北齐书》曰：文宣皇后李氏，讳祖娥，赵郡李希宗女也。容德甚美，初为太原公夫人。及帝将建中宫，高隆之、高德正言汉妇人不可为天下之母，宜更择美配。杨愔固请依汉、魏故事，不改元妃。而德正犹固请废后而立段昭仪，欲以结勋贵之援，帝竟不从而立后焉。帝好捶挞嫔御，乃至有杀戮者，唯后独蒙礼敬。天保十年，改为可贺敦皇后。孝昭即位，降居昭信宫，号昭信皇后。

高演元后

《北齐书》曰：孝昭皇后元氏，开府元蛮女也。初为常山王妃。天保末，赐姓步六孤。孝昭即位，立为皇后。帝崩，梓宫之邺，始渡汾桥，武成闻后有奇药，追索之不得，使阉人就车顿辱。降居顺成宫。武成既杀乐陵王，元被閟隔，不得与家相知。宫闱内忽有飞语，帝令检推，得后父兄书信，元蛮由是坐免官。后以齐亡入周氏宫中。隋文帝作相，放还山东。

高湛胡后

《北齐书》曰：武成皇后胡氏，安定胡延之女。其母范阳卢道约女，初怀孕，有胡僧诣门曰："此宅瓠芦中有月。"既而生后。天保初，选为长广王妃。产后主日，鸮鸣于产帐上。武成崩，尊为皇太后。

高纬斛律后

《北齐书》曰：后主皇后斛律氏，左丞相光之女也。初为皇太子妃。后主受禅，立为皇后。武平三年正月，生女，帝欲悦光，诈称生男，为之大赦。光诛，后废在别宫，后令为尼。

太平御览卷第一百四十四 皇亲部十

昭仪

《汉书·外戚传》曰：武帝制婕妤、娙娥、容华、充衣，各有爵位，而元帝加昭仪之号，位次丞相，爵比诸侯王。婕妤视上卿，比列侯。

《汉书》曰：孝元傅昭仪，哀帝祖母也。父河内人。少为上官太后才人，元帝进幸有宠。为人有才略，善事人，下至宫人左右，饮酒酹地，皆祝延之。产一男一女，女为平都公主，男为定陶恭王。

《汉书》曰：孝元冯昭仪，平帝祖母也。父奉世，为执金吾。上幸虎圈斗兽，后宫皆坐。熊佚出圈，攀槛欲上殿。左右贵人、昭仪等皆惊走，冯婕妤直前当熊而立，左右杀熊。上问："人情惊惧，何故前当？"婕妤曰："猛兽得人而止，妾恐熊至御坐，故身当之。"元帝嗟叹，以此倍敬重焉。男立为信都王，尊婕妤为昭仪。元帝崩，为信都太后，与王俱居储元宫。

又曰：孝成赵皇后，本长安宫人。生时父母不举，三日不死，乃收养。及壮，属阳阿主家，学歌舞，号曰飞燕。帝微行，过阳阿主，作乐。见飞燕而悦之，召入宫，大幸。有女弟复召入，俱为婕妤，贵倾后宫。许后废，立为皇后。后宠小衰，而弟更幸，为昭仪。居昭阳舍，其中庭彤朱，殿上髹漆，砌皆铜沓金涂，白玉阶，壁带往往为黄金釭，铃兰田璧，明珠、翠羽饰之，后宫未尝有焉。

《魏志·序》曰：魏因汉法，母后之号，皆如旧制，自夫人以下，世有增损。太祖建国，始命王后，其下五等：有夫人、昭仪、婕妤、容华、美人。明帝又置淑妃、昭华。

《后魏书》曰：世祖左昭仪，文明皇后冯氏之姑。父朗，坐事诛，后遂入宫。昭仪雅有母德，鞠养教诲。年十四，高宗践极，选后为贵人。皆是昭仪抚训之力。

又曰：孝文冯昭仪，废后冯氏姊也。高祖还洛，后恩遇甚厚。昭仪先以疾病，文明太后遣还家为尼。太后崩，服终，高祖重引为左昭仪，至洛，稍有宠，后礼爱渐衰。昭仪自以年长，且前入宫掖，素见待厚，规为内主，谮构百端。帝遂废后为庶人。昭仪宠爱过本，专寝当夕，宫人稀复进见，后遂立为皇后。

沈约《宋书》曰：汉元帝制昭仪，世祖省之。晋泰始二年，又制昭华、昭仪等，以备九嫔也。

崔鸿《三十国春秋·前赵录》曰：嘉平二年，立司空王育女为左昭仪，尚书令任顗女为右昭仪。

《晋书·载记》曰：石勒定昭仪、夫人位视上公，贵嫔、贵人视列侯，员各一人；三英、九华视伯，淑媛，淑仪视子，容华、美人视男，务简贤淑，不限员数。

《西京杂记》曰：赵后腰体弱，善行步进止，女弟昭仪不能及。但昭仪弱骨丰肌，尤工笑语。二人并色如红玉，为当时第一，皆擅宠后宫。

《唐书》曰：高宗六年，将立昭仪武氏为皇后，长孙无忌屡言不可。帝后召于志宁等谓曰："武昭仪有令德，朕欲立为皇后，卿等以为如何？"志宁曰："自贞观二十三年后，先朝付托遂良，望陛下问其可否。"竟不从无忌等言，而立昭仪为皇后。

夫人

《周礼注》曰：三夫人之于后，犹三公之于王，坐而论。妇，礼无官职者矣。

《礼记·婚义》曰：古者天子立六宫、三夫人、九嫔、二十七世妇、八十一御妻，以听天下之内治，以明章顺，故天下内和而家理。

《五经要义》曰：古者，后夫人必有女史彤管之法。后妃群妾，以礼御于君所。女史书其日月，授其环，以进退之。生子月娠，则以金环退之。当御者以银环进之，着于左手；既御，着于右手。左手阳也，以当就男，故着。右手阴也，既御而复故。此女史之职也。

《史记》曰：武帝时，幸夫人尹婕妤。邢夫人号娙娥，秩比中二千石。尹夫人、邢夫人同时并幸，有诏不得相见。尹夫人自请，武帝许之。即令他夫人饰，徒御者数十人，来前。尹夫人见之，曰："非邢夫人身也。"帝曰："何以言之？"对曰："视其形貌体状，不足以当人主。"于是有诏使邢夫人衣故衣，独身来前。尹夫人望见之，曰："真是矣。"于是乃低头俯而泣，自痛其不如也。谚曰："美女入室，恶女之仇。"

《汉书》曰：汉兴，因秦之称号，妾皆称夫人。有美人、良人、八子、七子、长使之号焉。

又曰：汉王得定陶戚姬，爱幸，生赵隐王如意。高祖崩，惠帝立，吕后为皇太后，乃令永巷囚戚夫人，髡钳衣赭衣，令舂。戚夫人舂歌曰："子为王，母为虏，终日舂薄暮，常与死为伍！相离三千里，当谁使告汝？"太后遂断戚夫人手足，去眼熏耳，饮以喑药，使居鞠域中，名曰人彘。

又曰：高帝薄姬，文帝母也。少时与管夫人、赵子儿相爱，约曰："先贵无相忘也。"而管、赵先幸。汉王四年，坐河南城皋灵台，此两美人相与笑。问其故，两人俱以实告。王心凄然怜薄姬，是日，召而幸之。

又曰：孝武李夫人，本以倡进。初，夫人兄延年性知音，善歌舞，武帝爱之。每为新声变曲，闻者莫不感动。延年侍上起舞，歌曰："北方有佳人，绝世而独立，一顾倾人城，再顾倾人国，宁不知倾城与倾国，佳人不可得！"上叹息曰："善！世岂有此人乎？"平阳主因言延年有女弟，上乃召见之，实妙丽善舞。由是幸，生一男，是为昌邑哀王。李夫人少而蚤卒，上怜闵焉，图画其形于甘泉宫。齐人少翁能致其神，乃夜张灯烛，帷帐，陈酒肉，而令上居他帐，望见好女如李夫人之貌，不得就视，上愈益悲感，为作诗曰："是耶，非耶？立而望之，偏何姗姗，其来何迟！"令乐府诸音家弦歌之，上自为作赋，以伤悼夫人。

又曰：孝武钩弋赵婕妤，昭帝母也，家在河间。武帝巡狩过河间，望气者言此室有奇女天子气，使召之。既至，女两手皆拳，上自披之，手即时伸。由是得幸，号曰拳夫人。

《后汉书》曰：陈夫人者，家本魏郡。少以声伎入孝王宫，得幸，生质帝。亦以梁氏故，荣宠不及焉。

《魏志》曰：魏因汉法，母后之号，皆如旧制，自夫人以下，世有增损。太祖建国，始命王后，其下五等：有夫人，有昭仪，有婕妤，有容华，有美人。明帝增淑妃、昭华、修仪。太和中，始复命夫人，登其位于淑妃之上。自夫人以下，爵凡十二等：贵嫔、夫人，位次皇后。

《魏志》曰：文德郭皇后有智数，时有所献纳。文帝之为嗣，后有谋焉。太子即位，后为夫人。

王隐《晋书》曰：胡芳以选入宫，父奋哭曰："老奴不死，唯有二儿，男入九地之下，女上九天之上。"后拜芳夫人。元后临终，有命先来临者有赏，胡夫人自排人径前辞决。咸宁二年，立皇后杨氏，封父骏临晋侯。骏渐骄慢，奋语骏："卿恃女更豪也？与天家作婚者，未有不灭门。"骏曰："卿女不在天家也？"奋曰："我女与卿女作婢耳，何能增损？"

《后魏书》曰：明元昭哀皇后，姚兴之女。太宗以后礼纳之，后为夫人。后以铸金人不成，未升尊位，然帝宠幸，出入居处，礼如后焉。

《晋中兴书》曰：简文宣皇后郑氏，字阿春，荥阳人也。先适渤海田氏，生一男，夫亡，后依舅濮阳吴氏。中宗为丞相，敬后先崩，将纳吴氏女为夫人。后及吴氏女并游后园，有见之者言于中宗曰："郑氏虽嫠居，贤于吴氏远矣。"遂以德色纳为夫人，甚有宠。

沈约《宋书》曰：晋武采汉魏之制，置贵嫔、夫人、贵人，是为三夫人，位视三公。

《晋起居注》曰：有司奏今月九日当拜郑夫人，后、婕妤按仪注，应服雀钗袿襈。

《列仙传》曰：钩弋夫人右手拳，姿色甚伟。帝披其手，得一钩，而手寻伸。生昭帝。既而，帝害之。殡，尸不臭而香。数月，昭帝既即位，更葬之，棺空，但有系履。故名其宫曰钩翼，后避讳改为弋，庙有神祠焉。

《西京杂记》曰：高帝、戚夫人善鼓瑟击筑。帝拥夫人倚瑟而弦歌，毕，泣下流连。夫人善为翘袖折腰之舞，歌《出塞》、《望归》之曲，侍婢数百人皆为之。后宫齐唱，常入云霄。

又曰：戚夫人以百炼金为彄环，照见指骨，上恶之，以赐侍儿鸣玉、曜光等各四枚。

又曰：戚夫人侍儿贾佩兰，后出为扶风人段儒妻。说在内时，戚夫人侍高祖，常以赵王如意为言，高祖思之，或半日不言，叹息凄怆，而未知其术。辄倚夫人，夫人击筑，高祖自歌《大风诗》以和之。

又曰：武帝以象牙为簟，赐李夫人。

又曰：武帝遇李夫人，就取玉簪搔头，自此宫人搔头皆用玉。

贵人

《东观汉记》曰：光烈阴皇后，上即位，立为贵人。上以后性贤仁，宜母天下，欲授以尊位，后辄退让，自陈不足以当大位。

又曰：章帝宋贵人时，窦皇后内宠方盛，以贵人名族，节操高妙，心内害之。欲为万世之计，阴设方略，谗毁贵人，由是母子见疏。数月，诬奏贵人使婢为蛊道祝诅。七年，遂被谮暴卒。

又曰：孝和阴皇后聪慧敏达，有才能，善史书。永元二年，选入掖庭为贵人，托以先后近属，故有宠。

《后汉书》曰：顺烈梁后，永建三年，与姑俱入掖庭，时年十三。太史卜兆得封房，又筮得坤之比，遂以为贵人。常时被引御，从容辞曰："愿陛下思云雨之均泽，识贯鱼之次序，使小妾得免罪谤之累。"由是帝加敬焉。

又曰：桓思窦后，延熹八年，选入掖庭为贵人，其冬，立为皇后，而御见甚稀，帝所宠唯采女田圣等。永康元年冬，帝寝疾，遂以圣等九女皆为贵人。

《东观汉记》曰：申贵人生孝穆皇帝，赵夫人为穆皇后，匽夫人生桓帝。帝既立，追谥赵夫人为穆皇后，匽夫人为博园贵人。和平元年，桓帝诏曰："博园匽贵人，履高明之懿德，咨淑美之嘉会，与天合灵，笃生朕躬。欲报之德，诗所感叹，今以贵人为孝崇皇后。"

又曰：孝桓帝邓后，字猛。父香，早死。猛母宣，改嫁为掖庭民梁纪妻，纪者，襄城君孙寿之男也。寿引进，令入掖庭，得宠为贵人，故冒姓为梁氏。

《续汉书》曰：光武郭皇后圣通，世祖至真定，纳圣通，有宠。世祖即位，以为贵人。

《魏志》曰：文帝纳甄后于邺，有宠，生明帝。郭后、李贵人并爱幸，后愈失意，有怨言。

王隐《晋书》曰：武帝临轩，拜诸葛婉为夫人，李晔为贵人。

《后魏书》曰：文成冯后，生有神光之异。高祖践极，以选为贵人。

又曰：文成元皇后李氏，梁国蒙县人也，顿丘王峻妹。后之生也，有异于常，父方叔常言："此女当大贵。"及长，姿质美丽。永昌王仁得后，后遇事诛，后与其家人送平城宫。高祖登白楼望见之，谓左右曰："此妇人佳乎？"乃下台，后得幸于斋库中，遂有娠。守库者亦私书壁记之，后验问，皆相符同。生显祖，拜贵人。

沈约《宋书》曰：贵嫔，文帝所制。贵人，汉光武制。泰始二年，又省贵人，置贵姬。

婕妤

《汉书》曰：婕妤视上卿，比列侯。

又曰：孝宣皇帝之为曾孙也，暴室啬夫许广汉有女平君，年十四五，配曾孙。数月，曾孙立为帝，平君为婕妤。是时，霍将军有小女，与皇太后有亲。公卿议更立皇后，皆心议霍将军女，亦未有言。上乃诏求微时故剑，大臣知旨，白立许婕妤为皇后。

又曰：孝宣王皇后，父奉光少时斗鸡，宣帝在民间数与奉光会，相识。奉光有女，年十余岁，每当适人，所当适者辄死，故久不行。及宣帝即位，召入后宫，为婕妤。是时，馆陶公主母华婕妤及淮阳宪王母张婕妤、楚孝王母卫婕妤皆爱幸。皇后废后，上怜许太子早失母，几为霍氏所害，于是乃选后宫素谨慎而无子者，遂立王婕妤为皇后，令母养太子。

又曰：孝成班婕妤，成帝初即位选入后宫。始为少使，俄而大幸，为婕妤，居增城合欢宫，再就馆，有男，数月失之。成帝游于后庭，尝欲与婕妤同辇载，婕妤辞曰："观古图书，贤圣之君皆有名臣在侧，三代末，主乃有嬖女，今欲同辇，得无近似之乎？"上善其言而止。太后闻之，喜曰："古有樊姬，今有班姬。"

《世说》曰：汉成帝幸赵飞燕，谗班婕妤咒诅，帝乃考问婕妤，对曰："妾闻死生有命，富贵在天；修善尚不蒙福，为邪欲以何望？若鬼神有知，不受邪佞之诉；如其无知，诉之何益，故不为也。"

《汉书》曰：成帝隆于内宠，班婕妤进侍者李平，得幸，立为婕妤。上曰："始卫皇后亦从微起。"乃赐平姓曰卫，所谓卫婕妤。

又曰：中山卫姬，平帝母也。父子豪，中山卢奴人，官至卫尉。子豪女弟为宣帝婕妤，生楚孝王；长女又为元帝婕妤，生平阳公主。成帝时，中山孝王无子，以卫氏吉祥，以子豪少女配孝王。元延四年，生平帝。

《魏志》曰：太祖建国，始命王后，其下有婕妤五等。

《晋服制令》曰：婕妤，银印青绶，配朱璜玉。

《妇人集》曰：汉元帝赐婕妤书曰："问飞燕赵婕妤，夫上有诚，必应以实，愤懑充中，必形于色。"诗云："鼓钟于宫，声闻于外。"犹此言之真伪之效难以欺矣。夫君子贵素，文足通殷勤而已，亦何必华辞哉！自以亲婕妤异于他人，故不能无言，亦不以深相过望。前数以颜色不平，应对舒迟不谴，卒不能自改。婕妤方见亲幸之时，老母在堂，两弟皆簪金貂，并侍于侧，同列比舍，岂不谓婕妤妹弟尊幸哉？今遇蒙谴，独谓老亲两弟何？班婕妤报诸侄曰："记言属见元帝所赐赵婕好书以相比。”元帝被病无悰，但锻炼后宫贵人书也。类多华辞，至如成帝则推诚写实，若家人夫妇相与书矣，何可比矣？故略陈其长短，今汝曹自评之。

《后魏书》曰：御史中尉李彪有女，幼而聪令，彪每奇之，教书学，读诵经传。曾谓所亲曰：“此女当兴我家，卿曹各得其力。”彪亡后，世宗闻名，纳为婕好。在宫常教帝妹书诵，授经史。世宗崩，婕好为比丘尼，通习经义，法座讲说，诸僧叹重之。

太平御览卷第一百四十五 皇亲部十一

嫔

《尚书·尧典》曰：厘降二女于妫汭，嫔于虞。降，下。嫔，妇也。舜为匹夫，能以义理下帝女之心于所居妫水之汭，使行妇道于虞氏。

《诗推度灾》曰：《关雎》知原，冀得贤妃，正八嫔。嫔，妇也。八妇正于内，则可以化四方矣。

《周礼·天官·内宰》曰：以阴礼教九嫔。不言教夫人，世妇，举中言，省文也。

又曰：九嫔，掌妇学之法以教九御妇德、妇言、妇容、妇功，各帅其属而以时御叙于王所。嫔，妇也。妇德谓贞慎也，妇言谓辞令也，妇容谓婉娩也，妇功谓丝枲也。自九嫔以下而御，各帅其属者，使亦九九相与从王所息之燕寝也。群妃御见之法，卑者宜先，尊者宜后。御女八十一人，当九夕世；妇二十七，当三夕；嫔九人，当一夕；夫人三，当一夕。亦十五日而遍，云自望后反之。凡祭祀，赞玉齍，赞后荐，彻豆笾。玉齍，玉敦，黍稷器也。若有宾客，则从后。大丧，则帅叙哭者亦如之。亦从后也。

《周礼·冬官·匠人》曰：内有九室，九嫔居之。外有九室，九卿朝焉。

《礼记》曰：仲春之月，玄鸟至之日，以太牢祀于高禖，天子亲往，后妃亲帅九嫔御。乃礼天子所御，带以弓韣，授以弓矢于高禖之前。

又曰：古者天子后立六宫、三夫人、九嫔、二十七世妇、八十一御妻。

《国语》曰：齐襄公卑圣侮士而唯女是崇，九妃六嫔，陈妾数百。

《汉书》曰：王莽备九嫔，视九卿。

《魏志》曰：文帝增贵嫔，位次皇后。

又曰：文德郭皇后，文帝践祚，为贵嫔。甄后之死，由后之宠也。

王隐《晋书》曰：武帝采诸葛冲等女五十余人入殿，赐采女食，皆忧，不食。帝使缦鄣，杨后曰："可但入鄣，其中者以绛系臂。"胡芳泣，左右止之曰："陛下闻之。"芳曰："死不畏，何畏陛下？"帝壮其言，故遂敬之。芳父奋闻女中，亦哭曰："老奴不死，唯有二儿，男在九地之下，女在九天之上。"拜芳为贵嫔。

《晋书》曰：胡贵嫔，名芳。父奋。泰始九年，简良家子以充内职，拜芳为贵嫔。每有顾问，不饰言词，率尔而答，进退方雅。最蒙爱幸，侍御服饰亚于皇后。常与樗蒲，伤上指，帝怒曰："此固将种也。"芳对曰："北伐公孙，西拒诸葛，非将种而何？"芳生武安公主。

王隐《晋书》曰：又采侍御史齐国左维女为修仪，有文才。

《晋书》曰：左贵嫔，名芬。兄思。芬少好学，善缀文，名亚于思，武帝闻而纳之。拜修仪，后为贵嫔，以才德见礼。体羸多患，常居薄室，每游华林，辄回辇过之。语及文义，辞对清华，左右侍听，莫不称美。及杨皇后崩，芬献诔。咸宁二年，纳悼后，芬受诏作颂。及帝女万年公主薨，帝痛悼不已，诏芬为诔，其文甚丽。帝重芬辞藻，每有方物异宝，必诏为赋颂，以是屡获恩赐焉。

《晋诸公赞》曰：旧制，贵嫔、夫人比三公，假金紫；淑媛、淑仪、修容、修仪、婕妤、容华、充华为九嫔，比九卿，假银青。

《晋起居注》曰：泰始三年，使使持节兼五官中郎将宗正丞司马恢拜崇阳园妾李琰为修华，王宣为修容，徐琰为修仪，吴淑为婕妤，赵珽为充华。九年，有司奏："礼，唯皇后聘以榖圭，无妾媵设玉之制。"诏曰："拜授可依魏氏故事。"十年，上临轩，使持节兼太常洛阳令司马启拜采女胡芳为贵嫔；又使使持节兼御史中丞太子舍人司马诞拜采女刘媛为淑妃，臧曜为淑媛，芳为淑仪，赵粲为修华，陈琇为修容。咸宁三年，拜美人左嫔为修仪，邢兰为婕妤，朱姜为容华。

又曰：惠帝元康二年，诏曰："才人谢玫进为淑妃。"有司奏："当与三夫人以下同拜，诏宜在后也。"永宁四年，诏曰："峻阳园淑妃公孙明识贞粹，今进位为贵人。"

《后魏书》曰：高祖改定内官，三嫔视三卿，六嫔视六卿。

《山海经》曰：鲋隅山，颛顼葬于其阳，九嫔葬其阴。

《左贵嫔集》有《离思赋》、《相风赋》、《孔雀赋》、《松柏赋》、《泣沤颂赋》、《纳皇后颂》、《杨皇后登祚赞》、《芍药花颂》、《郁金颂》、《菊花颂》、《神武颂》、四言诗四首、《武元皇后诔》、《万年公主诔》。

世妇

《周礼》曰：世妇，掌祭祀、宾客、丧纪之事，帅女宫而濯概，为齍盛。及祭之日，莅陈女宫之具，凡内羞之物。莅，临也。内羞，房中之羞。

《周礼·天官·冢宰》曰：世妇。不言数者，君子不苟于色，有妇德者乃充之，死则有阙。

《周礼·春官》曰：世妇：每宫卿二人，女史二人。世妇居宫，王者六宫。女史，有才智也。

《礼记·月令》：仲春之月，后亲帅九嫔御，御，谓从往祀也。《礼》，天子有世妇、女御，独出帅九嫔者，举中言。祠于高禖之前。太祝酌饮高禖之庭。

又曰：季春之月，后斋戒，亲东向躬桑。后妃亲采桑，示帅先天下也。东向者，时气也。是时明其不常留养蚕者所卜夫人与世妇及诸臣之妻也。

《礼记·婚义》曰：古者天子二十七世妇，以听天下之内治，以明章妇顺，故天下内和而家理。

蔡邕《月令章句》曰：仲春之月，以太牢祀于高禖。高禖祀名，高犹尊也，吉事先见之象，盖谓之人见所以祈子孙之祀也。玄鸟感阳而至，故重至日因以用之，简娀以玄鸟至之日有事高禖而生契焉。故《诗》云："天命玄鸟，降而生商。""后妃率九嫔御"，后者，天子适妻也；妃命也，嫔妇也，御妾也。《周礼》天子一后、三妃、九嫔、二十七世妇、八十一御妻，以应外朝公卿大夫之数。世妇不见，卑者文略；御妾皆行，世妇可知也。后妃将九嫔女御皆会禖，以祈孕妊也。"乃醴天子所御，带以弓韣"，天子所御，谓后妃以下至妾任有萌牙者也。韣，弓衣也。祝以高禖之命，饮以醴酒，带以弓韣，尚使得男也。

“授以弓矢于高禖之前”，弓矢者，男子之事也；孕妊者于高禖登位之前也。

又曰：“季春之月，后妃斋戒，亲东向躬桑。”斋戒者，事于先蚕也。东向，盛德也。躬桑者，手三缲，犹天子亲耕三推也。古者天子诸侯必有公桑蚕室，近川而为之，筑宫仞有三尺，棘墙而外闭之。卜夫人世妇之吉者使入蚕室奉种，浴于川，公桑以食之。蚕事既升，升，成也。分茧称丝，丝以斤两，故曰称，知其多少。以供郊庙之服。天子诸侯所服以祭者，必后夫人所亲蚕也。礼，世妇卒蚕，献茧于夫人。受之，亲缲三盆，手朱禄之，玄黄之，以为黼黻文章。君服之以祀先王先公，敬之至也，故曰无或敢怠。

又曰：孟夏之月，蚕事既毕，后妃献茧于天子，进其成功也。乃修茧税，以桑为均十而取一曰税，乃收世妇以下所蚕之税也。以桑为平者，用桑多则茧多，少则茧少也。贵贱长少如一，贵谓世妇，贱谓妾御，长谓力壮者也。言无尊卑老壮，各自以桑为平，不得以高下为差也。

《史记》曰：中宫天极星，后勾四星，末星正妃，余三星后宫之属也。

《汉书》曰：轩辕前大星，女主象；旁小星，御者后宫属也。

范晔《后汉书》曰：世妇主知丧祭、宾客。

《后魏书》曰：高祖改定内官，世妇视中大夫。

又曰：宣武灵皇后胡氏初召入掖庭，为承华世妇，生肃宗明皇帝。

《后周书》：武帝建德中，诏曰：“正位于中，有圣通典。质文相革，损益不同。五帝则四星之象，三王立六宫之数。刘、曹已降，等级弥繁，选择遍于生民，命秩方于庶职。椒房丹地，有众如云。本由嗜欲之情，非关风化之义。朕运当浇季，思复古始，无容广集子女，屯聚宫掖。弘赞后庭，事从约简。可置妃二人、世妇三人、御妻三人，自兹以外，宜悉减省。

御女

《周礼·天官·冢宰》曰：女御。《婚义》所谓御妻，御犹进也，侍也。

范晔《后汉书》曰：八十一御女，序于王之燕寝，颁官分务，各有典司。

《后汉书》曰：高祖改定内官，御女视元士。

《淮南子》曰：孟春之月，东宫御女青色，衣青彩，鼓琴。孟夏之月，南宫御女赤色，衣赤彩，吹笙竽。孟秋之月，西宫御女白色，衣白彩，撞白钟。孟冬之月，北宫御女黑色，衣黑彩，击磬石。

美人

《汉书》曰：汉兴，因秦之称号，正適称皇后，妾皆称夫人，及有美人之号焉。至武帝各有爵位，美人视二千石。

又曰：万石君奋，其父赵人也，姓石氏。赵亡，徙居温，过河内，时奋年十五，为小吏，侍高祖。高祖与语，爱其恭敬，问曰："若何有？"对曰："有姊，能鼓琴"。高祖曰："若能从我乎？"曰："愿尽力。"于是高祖诏其姊为美人。徙其家长安中戚里，以姊为美人故也。

又曰：孝惠张皇后，宣平侯敖女也。吕太后欲为重亲，以公主女配帝。欲其生子，万方终无子。乃使佯为有娠，取后宫美人子名之，杀其母，立所名子为太子。

又曰：孝成赵皇后弟，绝幸为昭仪，谓成帝"给我言从中宫来，即从中宫，许美人儿从何生？许氏竟当复立耶？今许美人有子，竟负若约，谓何？"帝曰："约赵氏，故不立许氏。使天下无出赵氏上者，无忧也。"

范晔《后汉书》曰：夏殷以上，后妃之制，其文略矣。周礼，王者备内职焉。光武中兴，置美人，无爵秩，岁时赏赐充给而已。

又曰：虞美人者，以良家子十三选入掖庭，生舞阳长公主。自汉兴，母氏莫不尊宠。顺帝既未加美人爵号，而冲帝早夭，梁冀秉政，忌恶他族，虞氏抑而不登，但称大家而已。

又曰：王美人，赵国人也。丰姿色，聪敏有才能，明书会计，以良家子应法相选入掖庭。为何后所鸩。灵帝思美人，作《追德赋》、《令仪颂》。

《魏志》曰：汉制，内官十有四等。魏因汉法，皆如旧制，自夫人以下，世有增损。太祖建国，始命王后，其下五等，有美人。暨太和中，自夫人以下爵凡十二等，美人视二千石。

《江表传》曰：孙皓以张布女为美人，有宠。后美人忤皓，皓怒，棒杀之。

沈约《晋书》曰：夏殷以上，内职无闻。姬氏之隆，妇官为盛，前汉列终十四，世祖受命，又有美人以比职焉。

《后魏书》曰：高祖改定内官，美人视三品。

沈约《宋书》曰：宋武帝采汉魏前事之制，置三夫人，其余有美人，爵视千石。太宗以美人为散使。

萧子显《齐书》曰：六宫位号，汉魏以来，因宠增置，世不同矣。建元元年，有司奏置美人为散职。

才人

范晔《后汉书》曰：和帝数失皇子，邓后忧继嗣不广，数选进才人，以博帝意。

《魏志》曰：明帝游后园，召才人以上曲宴极乐。明日，帝见毛后，后曰："昨游宴北园，乐乎？"帝以左右泄之，所杀十余人。

《魏略》曰：明帝青龙三年，于别殿之北立八坊，诸才人以上转南附焉。其秩石拟百官之数。

王隐《晋书》曰：太康七年，出后宫才人、妓女已下百七十人归家。

又曰：初，惠帝幼，世祖遣才人谢玖给惠帝，因是有娠。临娶贾妃，迎玖西宫，遂生愍怀。

臧荣绪《晋书》曰：怀帝王太后，讳媛姬。初入，武帝拜中才人，早卒。怀帝即位，追尊曰皇太后也。

《晋中兴书》曰：谢夫人，名玖。家本贫贱，父以屠羊为业。玖清惠贞正，有淑姿，选入后宫，为才人。

《后魏书》曰：高祖置女职，中才人视五品。

沈约《宋书》曰：晋武帝采汉魏之制，置才人、中才人，爵视千石以下。高祖受命，省二才人。世祖又置中才人以为散位。

崔鸿《三十国春秋·后赵录》曰：石虎杜皇后，名珠，不知何许人。平幽州，在王浚妓中，虎见而悦之，因请于勒。勒引见，号曰才人，以赐虎。性恭惠柔婉，宠幸亚于郑后也。

保林

《汉书》曰：元帝加昭仪之号，凡十四等，保林视百石。

《晋武帝起居注》诏曰：今出清商掖庭及诸署才人、妓女、保林已下二百七十余人还家。

女侍中

《后魏书》曰：高祖置女侍中，视三品。

又曰：陆昕之容貌柔谨，尚献文女常山公主。高祖以其主婿，特垂昵眷。昕之亡，公主奉姑有孝称。神龟初，与穆氏琅琊公主并为女侍中。

又曰：于忠后妻，中山王尼须女。微解书，灵太后引为女侍中。

又曰：灵太后妹为元乂妻，封平君，拜女侍中。

《邺中记》：石虎置女侍中，皆貂蝉，直侍皇后。

女尚书

《魏略》曰：明帝游宴在内，选女子知书可付信者为女尚书，省奏事，当画可。

《魏书》曰：高祖置女尚书，视三品。

《晋东宫旧事》曰：迎太子妃之日，诸长御皆在幄账，左右侍宫人重行，东面以准女尚书，西面以准女侍中。

陆翙《邺中记》曰：石虎征讨所得美女万余，以为宫人，简其有才艺者为女尚书。

女史

《毛诗》曰：《静女》，刺时也。卫君无道，夫人无德也。“静女其娈，贻我彤管。既有静德，又有美色，又遗我以古人之法，可以配人君者。后、夫人必有女史分其日月而以环进退之，生子月娠则金环退之。当御者以银环进之，著于左手，既御著于右手。事无大小，记以成法。笺云：彤管，色赤貌。彤管有炜，悦怿女美。”炜，赤貌。彤管以赤心正人者。笺云：赤管然炜，女史以悦怿妃妾之德美之也。

《毛诗义疏》曰：女史彤管，法如国史，主记后夫人之过。人君有柱下史，后有女史，外内各有官也。

《周礼》曰：女史八人，女史，女奴晓书也。掌王后之礼，掌内治之藏，以诏后内治内政。内治之法，本在内掌书而藏之。送内宫。考六宫之计。书内治之藏以令。后之命也。凡后之事，以礼从。亦如太史之于王。

《汉书》曰：班婕妤《自伤赋》曰：“陈女图以镜鉴，顾女史而问诗。”

范晔《后汉书》曰：颁官分务，各有典司。女史彤管，记功书过。

《晋记》曰：元康中，司空张华惧后族之盛，乃作《女史箴》。

沈约《宋书》曰：女史执策记言，是司过身戒夕蛊，国畏晨。

《后魏书》曰：高祖置内职，女史、贤人视三品。

沈约《宋书》曰：太宗留心后房，拟百官，备置内职。紫极房、光兴房各置女史一人。

崔鸿《三十国春秋·后赵录》曰：石虎置女太史于灵台，仰观灾祥，以考外太史，验察虚实。

太平御览卷第一百四十六 皇亲部十二

太子一并世子见

《周易·离卦》曰：黄离，元吉。离南方之卦，离为火土记位焉。土色黄，火之子，喻子有明德，能附丽于其父之道，文王太子发是也。慎成其业，故吉矣。《象》曰：明两作，离。大人以继明照于四方。王肃曰：两离相续，继明之义也。

《周易·鼎卦》曰：初六：鼎颠趾，利出否。得妾以其子，无咎。郑玄曰：颠，踣也。趾，足也。无事曰趾，设陈曰足。爻体选为服，初爻在服之下，足象也。足所以承正鼎也。初，阴爻而柔，与乾同体，以否正承乾，乾为君，以喻君夫人事君，若失正礼，踣其为足之道情无怨则当以和义出之，然如否者，嫁于天子，虽失礼，无出道远之而已，远之，子废坤为顺，又为子母牛，在后妃之旁侧，妾之例也。有顺德子必贤，贤而立以为世子，又何咎也。

《周易·震卦》曰：震惊百里，不丧匕鬯。《彖》曰：震惊百里，惊远而惧迩也。出可以守宗庙社稷，以为祭主。王肃曰：在有灵而尊者莫若于天，有灵而贵者莫若于王，有声而威者莫若于雷，有政而严者莫若于侯，是以天子当乾，诸侯用震地不过一同雷不过百里，政行百里则匕鬯，亦不丧祭祀，国家大事不丧，宗庙安矣。处则诸侯执其政，出则长子掌其祀。

《周易·说卦》曰：震一索而得男，故谓之长男。

又曰：震为长子。

《易经》曰：震下乾上，无妄，天精起。郑玄注曰：起，犹立也。乾为天文，震为长子，圣人立为天子，天下之民，各得其所也。

又曰：主器者莫若长子，故受之以震。

《尚书大传》曰：唯四月，太子发上祭于毕下，至于盟津之上，乃告于司马、司徒、司空诸节："亢才！予无知，以先祖先父之有德之臣，左右小子，予受先公，戮力赏罚，以定厥功，明于先祖之遗。"郑玄注曰：四月者，周四月也。发，周武王也。卒父业故称太子。太子发升于舟，中流，白鱼入于舟，王跪取出俟以燎，群公咸曰休哉。

《尚书中侯》曰：废考，立发为太子。郑玄曰：定王业也。

又曰：我终之后，恒称太子。终，卒。恒，常也。称太子者，明非诸侯，王事未定也。

又曰：太子发以纣存三仁，附即父位，不称王。发武王名也。三仁，箕子、比干、微子。文王得赤雀丹书，故号以应天道，未成而崩。武王以天诛未行，谦不自成，故称太子，发若父业有不成者而将军。

又曰：予称太子发，明慎父以名卒考。予，我也。父死曰考。文王命武王，我终 之后，恒称太子者，明慎文王之命也。君存称世子，薨称太子，既葬称子，逾年称公，今逾年而称太子，发若父业有不成者而将军。

《周书》曰：文王受命九年，时维暮春，在鄗，召太子发曰："呜呼！吾语汝所保所守之哉。厚德广惠，忠信志爱，人君之行。四者君德。不为骄侈，不为太靡，不淫于美，括柱茅茨，为民爱费。言务俭也，因就木枚曰括也。"

《春秋演孔图》曰：圣人在后，文王子也，故曰在后，嗣文王矣。曰望阳；苞怀至德，据少阳。

贾谊《书》曰：文王使太公望傅太子发，嗜鲍鱼而太公弗与，曰："礼，鲍鱼不登于俎。岂有非礼而可养太子哉！"

《帝王世纪》曰：武王纳太公之女曰邑姜，修教于内，生太子诵。

《尚书·顾命》曰：尔尚明时朕言，用敬保元子钊，时，是也。元子钊，康王名也。弘济于艰难。

《穆天子传》曰：成姬之丧，邢侯、曹侯来吊，内史将之以见天子，天子告不豫而辞焉。刑侯、曹侯乃吊太子，太子哭，出庙门以送邢侯，再拜劳之，侯不答拜。谦，不与太子亢也。

《周书》曰：晋平公使叔誉于周，见太子晋，与之言叔誉，叔向，五称而三穷，五称，说五事遂终矣。逡巡而退，其言不遂。归，告公曰："太子晋行年十五，而臣不能与言。"师旷见太子，先称曰："吾闻太子之语高于太山，愿一言。"王子应之曰："吾闻太师将来，吾心甚喜。既见子，喜而又惧，吾闻女知人年长短吉凶也。”旷对曰：“女声清，女色赤火色，不寿。”太子曰：“然，却后三年，吾将上宾于帝所，女慎毋言，殃将及女。”师旷归，未及三年，告死者至也。

《春秋传》曰：灵王二十一年，谷洛斗，将毁王宫，王欲壅之，太子晋谏曰：“不可。晋闻古之长民者不隳山，不崇薮，不防川，不窦泽。”

《列仙传》：王子乔，周灵王太子晋也。好吹笙作凤皇鸣，游伊洛间，有道士浮丘伯引上嵩山，仙去。

《尚书大传》曰：尧为天子，朱为太子，舜为左右。郑注曰：左右，助也。若周之冢宰典国事。尧知朱之不肖，必将坏其宗庙，灭其社稷，而天下同贼之；肖，似也。尧受运行知天命在受。又深知朱之不似，不欲命于天诛如桀、纣也。故尧推尊舜而尚之，属诸侯，致天下于大麓之野。

又曰：高宗有亲丧，居庐三年，然未尝言国事而天下无背叛之心者何也？及其为太子之时尽以知天下人民之所好恶，是以虽不言国事也，知天下无背叛之心。

《家语》曰：子张问曰：“《书》云高宗谅阇，三年不言。言乃雍，王肃曰：雍，权貌。书云乃雍，雍，和也。有诸？”孔子曰：“胡为其不然，古者天子崩则世子委政于冢宰三年。成汤既没，太甲听于伊尹；武王既丧，成王听于周公，其义一也。”

《尚书大传》曰：太子年十八，曰孟侯。孟侯者，于四方诸侯来朝，迎于郊者；问其所不知也，问人民之所好恶，土地所生，美珍怪异，山川之所有无。及父在时，皆知之。郑玄注曰：十八，向入太学，为成人博问庶事也。

又曰：弃法律，逐功臣，杀太子，以妾为妻，则火不炎上。

又曰：古之帝王者，必立太学、小学。礼记曰：学在公宫之左，太学在郊。使公、卿、大夫、元士之嫡子十有三年，始入小学，见小节焉，践小义焉。年二十，入太学，见大节焉，践大义焉。故入小学，知父子之道，长幼之序；入太学，知君臣之仪，上下之位。小师取小学之贤者登之大学，大师取大学之贤者，登之天子，天子以为左右。天子当为太子。《礼志》曰：周公居摄，践祚而治，亢世子法于伯禽，使之为成王，居欲使成王之知父子、君臣、长幼之义，所以善成王也。

《尚书洪范五行传》曰：心之大星，天王也。其前星，太子也；后星，庶子也。

《荆州星占》曰：少微星，一名处士星，储君、副主之宫。

《韩诗外传》曰：五帝官天下，三王家天下，家以传子，官以传贤。故自唐虞已上，经传无太子称号。夏殷之王虽则传嗣，其文略矣。至周，始见文王世子之制。

又曰：赵简子太子名伯鲁，小子名无恤。简子自为二书牍，亲自表之，书曰："节用听聪，敬贤勿慢，使能勿贱。"与二子，使诵之。居三年，简子坐清台之上，问二书所在？伯鲁忘其表，令诵不能得。无恤出其书于袖，令诵习焉。乃黜伯鲁而立无恤。

又曰：魏文侯封太子击于中山，三年不往来。赵仓唐曰："君何不遣人使大国？"太子曰："愿之久矣，未得可使者。"对曰："臣愿奉使，侯何好？"太子曰："侯嗜晨凫，好北犬。"于是遣仓緤北犬，奉晨凫献之。侯曰："击爱我，知我所嗜好。"《说苑》又载。事具奉使部。

《说苑》曰：经侯过魏太子，左带羽玉具剑，右带环佩，左光照右，右光照左，太子不视。经侯曰："魏国有宝乎？"太子曰："主信臣忠，百姓戴上，此魏国之宝也。"

《毛诗》曰：《渭阳》，康公念母也。康公之母，晋献公之女。文公遭骊姬之难，未返而秦姬卒，穆公纳文公。康公时为太子，赠送文公于渭之阳，念母之不见也。

《毛诗》曰：《小弁》，刺幽王也，太子之傅作焉。"弁彼鸒斯，归飞提提；兴也。弁，乐也。鸒，卑居。卑居，鸦乌也。提提，群飞貌。笺云，乐乎彳支，雅乌出食在野，其饱群飞而归提提然。兴者，喻凡人父子、兄弟出入宫庭，相与饮食亦提提然乐，伤今太子独不然。民莫不谷，我独于罹。"幽王取申女，生太子宜咎，又悦褒姒，生子伯服，立以为后。而放宜咎，将杀之。笺云：谷，养也。于，曰也。罹，忧也。天下之人，无不父子相养者，我太子独不然，日以忧也。

又曰：怀德维宁，宗子维城。无俾城坏，无独思畏。怀，和也。笺云：斯，离也。和汝德，无行酷虐之政。以安汝国，是以为宗子之城，使免于难。遂行酷虐，则祸及宗子，是谓城坏，城坏则乖离而散，汝独居而畏矣。宗子，嫡子也。

《周礼》曰：惟王建国，辨方正位。干宝注曰：辨方谓别东西南北之名以表阴阳也。正位谓若君南面当阳，臣北面即阴，居于北宫以体太阴，居太子于东宫以位少阳之类。

又曰：膳夫，掌王之食饮膳羞，以养王及后、世子。岁终则会，唯王及后、世子之膳不会。不会计多少优尊者，其颁赐诸臣则计之。

又曰：凡其死生鲜槁之物，以供王之膳与其荐之物，及后、世子之膳羞。郑司农云：鲜谓生肉，槁谓干肉也。

又曰：内饔，掌王及后、世子膳羞之割亨煎和之事，选百羞、酱物、珍异以俟馈，供后及世子之膳羞。

又曰：笾人，为王及后、世子供其内羞。于其饮食，以供房中之羞。

又曰：醢人，供后及世子之酱齑菹。

又曰：外府，掌邦布之出，供王及后、世子之衣服之用。

又曰：国君过市，则刑人赦。夫人过市，罚一幕。世子过市，罚一弈。市者，人之所交利而行刑之处，君子无故不游观焉。若游观则惠施以为说也。

又曰：王之诸子，国有大事，则帅国子而致于太子，唯所用之。若有甲兵之事，则授之车甲，合其卒伍，置其有司，以军法治之，司马弗正。军法：百人为卒，五人为伍。弗，不也。国子属太子，司马虽有军事，不赋之也。凡国之政事，国子存游倅，使之修德学道，春合诸学，秋合诸射，以考其艺而进退之。游倅，未仕者。学，太学也。射，名也。王制曰：春秋教以礼乐，冬夏教以诗书。王太子群子卿大夫元士子适子，国 之后选皆造焉。

《仪礼·聘礼》曰：遭夫人、世子之丧，君不受，使大夫受于庙，其他如遭君丧。夫人，世子死，君为丧主，使大夫受聘，礼不以凶接吉也。其他为礼所降。

《大戴礼》曰：古之王者，太子生，因举之礼，使士负之。有司参，夙兴，端冕，见之南郊，见之天也。过阙则下，过庙则趋，孝子之道也。故自为赤子，则教固以行矣。

又曰：太子既冠，成人，免于保傅之严，则有司过之史，有亏膳之宰。太子有过，史必书。史之义，不得不书过，不书过则死。过书而宰彻其膳。宰之义，不得不彻膳，不彻膳则死。于是有进善之旌，诽谤之木，敢谏之鼓。

《礼记》曰：大夫、士之子不敢与世子同名。郑玄注曰：避僭邪也。生则亦弗改。

又曰：王太子、王子、群后之太子，卿、大夫、元士之嫡子。凡入学，以齿。皆以长幼受学，尊卑不同。

又曰：文王之为世子，朝于王季日三。鸡初鸣而衣服，至于寝门之外，问内竖之御者曰：内竖，小臣之属，掌内外之通令也。如今小史值日矣。“今日安否何如？”内竖曰：“安。”文王乃喜。孝子恒兢兢也。及日中，又至，亦如之。又，复。及暮，又至，亦如之。暮，夕。其有不安节，则内竖以告文王，文王色忧，行不能正履。节谓居处故事履蹈也。王季复膳，然后亦复初。忧解。食上，必在视寒暖之节。食下，问所膳，命膳宰曰：“末有原。”末犹勿也。原，再进也。勿有所再进为失饪。臭味恶也。应曰：“诺。”然后退。退反其寝。武王师而行之，不敢有加焉。庶几程式之帅循也。

又曰：乐正司业，父师司成，一有元良，万国以贞，世子之谓也。

又曰：成王幼，不能莅阼。周公相，践阼而治；践，履也，代成王履阼阶，摄王位治天下。抗世子法于伯禽，欲令成王之知父子、君臣、长幼之道。抗犹举也，谓举世子之法，使与成王居而学之也。成王有过则挞伯禽，所以示成王世子之道。以成王之过击伯禽则足以感喻焉。凡学世子及学士，必时。四时各有宜。学士谓司徒论俊选所外于学者。春夏学干戈，秋冬学羽籥，皆于东序。

又曰：凡三王教世子，必以礼乐。乐所以修内，礼所以修外也，礼乐交错于中，发形于外，是故其成也怿，恭敬而温文。中，心中也。怿，悦怿也。立太傅、少傅以养之，欲其知父子、君臣之道也。仲尼曰：“昔者周公摄政，践阼而治，抗世子法于伯禽，所以善成王也。闻之曰：为人臣者，杀其身，有益于君，则为之。况于其身以善其君乎！周公优为之。于读曰迂，迂犹广也。是故知为人子，然后可以为人父；知为人臣，然后可以为人君；知事人，然后能使人。成王幼，不能莅阼，以为世子则无为也。以为世子若为世子时也。是故抗世子法于伯禽，使之与成王居，亦学此礼于成王侧。欲令成王之知父子、君臣、长幼之义也。君之于世子也，亲则父也。尊则君也。有父之亲，有君之尊，然后兼天下而有之。是故养世子不可不慎。处君父之位，览海内之士而近不能以教其子，则其馀不足观也。行一物而三善皆得者，唯世子而已，其齿于学之谓也。"物犹事也。

又《世子之记》曰：朝夕至于大寝之门外，问内竖曰："今日安否何如？"朝夕，朝朝暮夕也。日中又朝，文王为世子也，非礼之制，世子之礼亡，此存其记。内竖曰："今日安。"世子乃有喜色。其有不安节，则内竖以告世子，世子色忧不满容。色忧，忧浅不及，文王不能正履也。内竖言"复初"，然后亦复初。朝夕之食上，世子必在视寒暖之节。食下，问所膳羞，必知所进，以命膳宰，然后退。羞，必知所进，必知亲所食。若内竖言疾，则世子亲齐，玄冠而养。亲，犹自也。养疾者玄冠玄端。膳宰之馔，必敬视之痴者之食齐，和所欲或异；疾之药，必亲尝之。试毒味也。尝馔善，则世子亦能食；尝馔寡，世子亦不能饱。以至于复初，然后亦复初也。

《礼记》曰：国君世子生，告于君。接以太牢，宰掌具。接，读如捷，捷，胜也。谓食其母使之补虚强气也。凡接子择吉日，虽三日之内，尊卑皆必选其吉日也。冢子则太牢，冢，大也。庶人特豚，士特豕，大夫少牢，国君世子太牢。皆谓长子。

又曰：世子生，则君沐浴，朝服，夫人亦如之，皆立于阼阶，西向。世妇抱子，升自西阶。君名之，乃降。子升自西阶，则人君见世子于露寝也。適子、庶子见于外寝。此适子谓世子、弟庶子、妾子也。冢子未食而见，必执其右手。適子、庶子已食而见，必循其手。未食。已食，急正缓庶之义。

又曰：世子佩瑜玉而綦组绶

《左传·桓公》曰：北戎伐齐，齐侯使乞师于郑。郑太子忽帅师救齐。六月，大败戎师，获其二帅大良、小良，甲首三百，以献于齐。于是诸侯之大夫戍齐，齐人馈之饩，使鲁为其班，后郑。郑忽以其功也，怒，故有郎之师。公之未婚于齐也，齐侯欲以文姜妻郑太子。太子忽辞。人问其故，太子曰："人各有偶，齐大，非吾偶也。《诗》云：自求多福。在我而已，大国何为？"君子曰："善自为谋。"及败戎师也，齐侯又欲妻之，固辞。人问其故，太子曰："无事于齐，吾犹不敢。今以君命奔齐之急，而受室以归，是以师婚也。民其谓我何？"遂辞诸郑伯。

又曰：九月乙卯，子同生。服虔注曰：桓太子庄公同。以太子生之礼举之，接以太牢，接者，子初生接见于父。卜士负之，士妻食之，公与文姜、宗妇命之。

又曰：曹太子来朝，曹太子，桓公子庄公射姑。宾之上卿之礼。曹伯有故，使其太子摄而朝。《曲礼》曰：诸侯之适子摄其君未誓于天子，则以皮帛继，子男如诸侯之上卿礼也。上卿出入三积食三牢牵二年一享一食宴之也。飨曹太子，初献，乐奏而叹。初，献酒如献爵，乐奏，人上堂也。初，献爵奏乐，太子叹而哀叹也。施父曰："曹太子其有忧乎！非叹所也。"施父，鲁大夫，古之享食，所以观威仪，省祸福，无丧而戚，忧必及焉。曹太子临乐而叹，故曰其有忧乎。父将死，兆先见之也。

又曰：晋侯使太子申生伐东山皋落氏，里克谏曰："太子奉冢祀、社稷之粢盛，以朝夕视君膳者，故曰冢子。君行则守，有守则从；从曰抚军，守曰监国，古之制也。夫帅师，专行谋，誓军旅，君与国政之所图也，非太子之事。师在制命而已，禀命则不威，专命则不孝，故君之嫡嗣不可以帅师。君失其官，帅师不威，将焉用之？且臣闻皋落氏将战，君其舍之。舍，置，置申生，勿使将兵也。"公曰："寡人有子，未知其谁立焉？"不对而退。太子帅师，公衣之偏衣，佩之金玦。偏衣，偏裻之衣，偏，异色，驳，不纯。裻在中左右各异，故曰偏。金玦，以金为玦。太子将战，狐突谏曰："不可。昔辛伯谂周桓公曰：内宠并后，外宠贰政，嬖子配嫡，大都耦国，乱之本也。周公弗从，故及于难。今乱本成矣，立可必乎？孝而安民，子其图之。与其危身以速罪也。"速，召也，疾也。言太子不去，身必危，疾召罪。狐突知其虽本既成，而太子拘于一节，不达至孝之义。与皋落战，虽胜而归，犹不能免于难。而使父有悖惑杀子之罪。故《传》曰：备众贤之言，以逊太子之所以死也。《经》在僖公五年，晋侯杀其世子申生。

又曰：会于首止，会王太子郑，谋宁周也。惠王以惠后故，将废太子郑而立王子带，故齐桓帅诸侯会王太子，以定其位。

又曰：盟会于宁母，谋郑故也。郑伯使太子华听命于会，言于齐侯曰："泄氏、孔氏、子人氏三族，实违君命。君若去之以为成，我以郑为内臣，君亦无所不利焉。"齐侯将许之，管仲曰："君以礼与信属诸侯，而以奸终之，无乃不可乎？"子华由是得罪于郑。郑伯罪之也。

又曰：初，郑公子兰出奔晋，公子兰，郑文公贱妾燕姞之子穆公也。郑逐群公子，故奔晋也。从于晋侯伐郑，请无与围郑。晋善兰，不忘本国故也。许之，故使待命于东。待命于郑东也。郑石甲父、侯宣多逆以为太子，以求成于晋，晋人许之。

又曰：秦康公送公子雍于晋也，康公，秦穆公太子罃，晋出也。曰："文公之入也无卫，故有吕、郤之难。吕甥却芮欲焚公，害也。"乃多与之徒卫卫徒兵也。穆嬴日抱太子穆嬴，襄公夫人，太子灵公。以啼于朝，曰："先君何罪？其嗣亦何罪？舍嫡嗣不立，而外求君，将焉置此此，太子？"出朝，则抱以适赵氏，顿首于宣子之门曰："先君奉此子而属诸子曰：此子若才，吾受子之赐；如子为吾教诲，此子使之有贤才，知人君之道也，明吾受子之赐。赐犹惠。不才，吾唯子之怨。才而受赐，美其教也，不才，怨子恶其教不至也。今君虽终，言犹在耳，而弃之，若何？"宣子与诸大夫皆患穆嬴，且畏逼，言诸大夫患穆嬴之言，以君顾命之言责己也。畏，逼迫无置灵公。一曰畏他公干徒来相逼迫矣。乃背先蔑而立灵公，以御秦师。

又曰：郕太子朱儒自安夫锺，自安，犹处也。夫锺，郕邑。国人弗徇。十二年春，郕伯卒，郕人立君。立君，改立君，不周太子者。太子以夫锺与郕邽来奔。郕邽，亦邑名也。一曰郕邦之宝圭。太子父在而自安于夫锺，国人以为不顺，故郕伯卒而更立君。太子以其国宝与地夫锺来奔也。

又曰：齐高厚相太子光，以先会诸侯于锺离，不敬。士庄伯曰：

“高厚相太子会诸侯，将社稷是卫，而皆不敬，弃社稷也，其将不免乎！”免，脱也。言将不脱罪祸，不以寿终也。《传》举此者，为十九年，齐杀其大夫高厚。二十五年，崔杼弑君，光起本也。

又曰：齐侯娶于鲁，曰颜懿姬，无子。其侄鬷声姬，兄子曰侄，懿姬所从也。颜鬷皆其母姓，懿声谥也。传家从后言之，故举谥也。生光，以为太子。诸子妾生子氏仲子、戎子，子嬖二子宋女。仲子生牙公子牙也，属诸戎子。戎子请以为太子，许之。仲子曰：“不可。废常立长为常而废之为不祥也。不祥，间诸侯，难。间，犯，谓光已列于诸侯难成。光之立也，列于诸侯矣。今无故而废之，是专黜诸侯也。专，独也。光比与诸侯列于盟，不可黜也。而以难犯不祥。以难之事犯不善。君必悔之。”公曰：“在我而已。”遂东太子光，东徙之东垂。使高厚傅牙，以为太子。夙沙卫为少傅。齐侯疾，崔杼微逆微，隐匿也。光，疾病而立之。疾，困也，而立为太子。

太平御览卷第一百四十七 皇亲部十三

太子二

《左传》曰：初，宋芮司徒生女子，芮司徒，宋大夫。赤而毛，弃诸堤下。恭姬之妾取以入，恭姬，宋伯姬也。名之曰弃。长而美。平公入夕，视夕也。平公，恭姬子也。恭姬与之食。公见弃也而视之，尤。右过也，意悦之，故视之过久。姬纳诸御，纳之平公之御。嬖，生佐，平公嬖弃而生佐，佐立为宋元公。恶而婉。婉，顺也，佐貌恶心顺。太子痤美而很，太子貌美，戾而心很，很，戾不从教，合左师畏而恶之。合左师，向戌也。寺人惠墙伊戾为太子内师而无宠。寺人，宋阉士惠墙皆发声，实为伊戾，名以公。寺人为太子内师长，掌内官。秋，楚客聘于晋，过宋楚客过使。太子知之，请野飨之。公使往，伊戾请从之，公曰："夫不恶女乎？"夫谓太子，伊戾无宠于太子。故曰：夫不恶汝。对曰："小人之事君子也，恶之不敢远，好之不敢近，敬以待命，敢有贰心乎？有纵供其外，莫供其内。言我内师也。当为内师供内使也。臣请往也。"遣之。至，则歃，用牲，加书，征之，以书为之征验也。书，盟书。而骋骋，驰告公，曰："太子将为乱，既与楚客盟矣。"公曰："为我子，又何求？"对曰："欲速。"速，疾也。欲疾代公得位，故与楚客谋，共弑公也。公使视之，则信有焉。有盟也。问诸夫人夫人，佐母弃也。与左师，则皆曰："固闻之。固，久也，久闻太子欲为乱。"公囚太子。太子曰："唯佐也，能免我。"召而使请，曰："日中不来，吾知死矣。"左师闻之，闻太子与佐期日中，聒而与之语。聒，欢也。欲使失期佐。过期，乃缢而死。《经书》宋公杀其世子痤平公，用伊戾之谮，听夫人、左师之言，世子无罪而死，故称宋公杀罪之也。佐为太子。公徐闻其无罪也，乃烹伊戾。

又曰：许悼公疟。许悼公，灵公之子。名买疟寒疾也。五月戊辰，饮太子止之药卒。《经书》夏五月戊辰，许世子弑其君，买止悼公子，襄太子也，公疾不瘳，止进药。虽尝，不由医。太子奔晋。书曰："弑其君。《礼》医不三世不使。

君有疾，饮药臣先尝之，亲有疾饮药子先尝之，公疾未瘳而进药虽尝而不由医而卒，故国罪之书弑告诸侯。”君子曰：“尽心力以事君，舍药物可也。原止之无恶，药物不害，医无以加寿，命有终。故曰，舍药物可也。一曰，罪止非也。刺无良史，物读为勿。止，实孝能尽心，事君舍药，勿以罪之。”

又曰：楚平王卒，令尹子常欲立子西，子西，平王之长庶子宜申也。曰：“太子任弱，其母非嫡，太子任，昭王也，秦嬴也。太子建实娉之。子西长而好善。立长则顺，建善则治。王顺国治，可不务乎？”子西怒曰：“是乱国而恶君王也。谓夫人故太子建娉之废而不立，是谓乱国追恶君王也。国有外援，外援，谓太子任，秦外孙。黩，易也。秦为任外援，不可易。不可黩也；王有嫡嗣，不可乱也。败亲速雠，乱嗣不祥，我受其名。赂吾以天下，吾滋不从。楚国何为？必杀令尹。”令尹惧，乃立昭王。

又曰：齐燕姬生子，不成而死。燕姬，齐景公嫡夫人。昭七年燕人所归。不成，未冠。诸子鬻姒之子荼，荼嬖。诸子，诸公子。姒，景公妾也。淳于人所纳女，荼安孺子。诸大夫恐其为子也，言于公曰：“君之齿长矣，未有太子，若之何？为子，为太子也。荼少，故恐立之。言君年长，未有太子，一旦不讳，当若之何？欲令早立长也。”公曰：“二三子闻于忧虞，则有疾疹，亦姑谋乐，何忧于无君？言二三子闻于邻国忧虞，则疾疾在其间，今无疾疹，何为不自谋自乐，何忧无君乎？”公疾，使国惠子、高昭子立荼，国惠子，国景之子国忧也。高昭，高偃之子高张也。置群公子于莱。莱，齐东鄙邑，欲使远齐。

《公羊传》曰：子般卒。子卒云子卒，此其称子般卒何？何休注曰：据子赤不言子赤卒。君存称世子，明当世父位为君也。君薨称子某，缘民臣之心，不可一日无君，故称子某继父也。名者尸柩尚存，以君前臣名。逾年称公。

又曰：公孙慈如牟。公及齐侯、宋公、陈侯、卫侯、郑伯、许男、曹伯会王世子于首戴。曷为殊会王世子？世子贵也，世子犹世世子也。解，贵，意也。言当世父位储君，副主不可以诸侯会之。为文故殊之，使若诸侯为世子所会也。自王者言之，居远世子在三公下。礼丧服斩衰曰，公，士大夫之众臣是也，自诸侯言之，世子尊于三公。此礼之威仪各有所施。言及者，因其文可得见汲汲也。世子所以会者，时桓公德衰，故上假王世子示以公义也。

《谷梁传》曰：曹伯使世子射姑来朝。朝不言使，非正。庾信注曰：礼，诸侯之嫡誓于天子，摄其君则下其君一等，未誓则以玉帛继子男，此谓会同急王命者也。至于相朝，非急会，今曹伯有疾不朝鲁，未为有缺，而使世子摄朝，言非礼之正。使世子伉诸侯之礼而来朝，曹伯失正矣。诸侯相见日朝，以待人父之道待人之子，以内为失正矣。内失正，曹伯失正，言二者俱失之。世子可以已矣，则是放命也。放，违也。言世子违命而正，是当不义则争之。

又曰：陈侯之弟招杀陈世子偃师。招，成公子。偃师，哀公子，所谓悼太子者也。哀公爱其世子，留托之招。哀公有疾，招杀太子偃师而立留。向曰陈公子招，今曰陈侯之弟招，何也？曰尽其亲，所以恶招也。尽其亲，谓招称公子，又称弟。招，先君之公子，今君之母弟也。两下相杀，不志乎《春秋》；此其志，何也？世子者，唯君之贰也，贰，副。云可以重之，存焉，志之也。诸侯之尊，弟兄不得以属通。其弟云者，亲而杀之，恶也。恶哀公使招至放杀之。

《孝经》曰：昔者明王之以孝治天下，不敢遗小国之臣。而况于公侯伯子男乎！郑玄注曰：古者诸侯五年一朝天子，使世子郊迎，刍米百车，以客礼待之，尽坐正殿，夜设庭燎；思与相见，问其劳苦也。

《孔子家语》曰：郕隐公既即位，将冠，使大夫因孟懿子问于孔子。孔子曰："其礼如世子之冠，冠于阼阶，所以著代；王肃注曰：主人之位以明。代、交也。醮于客位，加其成，冠于阼阶，若不醴，则用酒，于客位敬而成之。户西为客也。三加弥尊；喻其志，喻其志，使弥知尊宜敬，戒加绸布，皮及爵弁。冠而字之，敬其名。虽天子之元子，犹士也，其礼不变，天下无生而贵者。"

又曰：孔子曰：古者王世子虽幼，其即位则尊为人君，治成人之事者也，何冠之有？孟懿子曰："然则诸侯之冠异天子与？"怪天子无冠礼，而诸侯之冠如子之冠，问之也。孔子曰："君薨而世子主丧，是亦冠已，君人无所殊。"诸侯亦人君，与天子无异。

《孔丛子》曰：穆公问于子思曰："立太子有常乎？"答曰："有之，在周公之典。"曰："文王舍適而立次，微子舍孙而立弟，是何法也?”子思曰:“殷人质而尊,故立其弟。周人文而亲其亲,故立其子,亦各有礼也。文质不同,其礼则异。文王舍適立次,权也。”

《汉旧仪》:皇后、太子各食三十县,曰汤沐邑。

《白虎通》曰:何以知天子之子称世子?《春秋传》曰:“王世子会于首止”是也。何以知天子之称太子?《尚书》曰:“太子发升于舟”是也。《中候》曰:“废考,立太子发”,明文王时称太子也。或云诸侯之子称世子,则《春秋传》云:“晋太子申生、郑太子华、齐太子光”。由是观之,周制太子、世子亦不定也。汉制,天子称皇帝,其嫡嗣称皇太子;诸侯王之嫡称世子。后代咸因之。

又曰:太子夫人无谥者何本?妇人随夫,太子无谥,其夫人不得有谥。《士冠经》曰:“天子之元子,犹士也,无谥。”知太子亦无谥。

又曰:天子太子、诸侯之世子皆以诸侯礼娶,与君同示,无再之义也。

又曰:天子之太子、诸侯之世子皆就于诸外者,尊师说,先王之道也。故《曲礼》曰:“闻有来学,无往教焉。”

《易》曰:匪我求童蒙,童蒙求我。

《记》曰:小学在公宫南之左,太学在郊。

又曰:太子、群后之太子,公、卿、大夫、元士之適子,皆造小学。小学,经艺之宫也。太学者,辟雍、乡射之宫。

又曰:君在立太子者,所以防篡杀。齐臣子之乱君在者,《春秋》之义,杀太子与杀君同罪。《春秋》曰:“杀其君之子,奚其言君者,明与君同也。”君薨,夫人无子有遗腹,待其产而立之何?尊適重正也。《曾子问》云:立適以长不以贤,贤、不肖未可知也。《尚书》曰:“知人则哲,唯帝难之。”立子以贵不以长者,塞爱憎也。故《春秋公羊传》曰:“立適以长不以贤,立子以贵不以长。”

《列女传》曰:鲁漆室女倚柱而啸,邻妇谓之曰:“何啸之悲也?子欲嫁乎?吾为子求偶。”女曰:“吾岂嫁哉!吾忧鲁君老而太子少也。”邻妇曰:“此乃鲁大夫之忧也。且鲁国虽有事,妇人何与?”女曰："子知其一，不知其二也。昔者晋客舍吾家，系马，马佚驰，践吾园葵，使我终岁不厌菜。邻人女奔亡，借吾兄追之，溺流而死，令吾终身无兄。今鲁君老，老必将悖；太子少，少必愚。愚悖之间，奸伪互起。夫鲁国有事，祸及众庶，妇人独安所避之？"邻妇谢曰："子之虑非吾所及也。"居三年，鲁果内乱，齐、楚攻之。男子战斗，妇女输，不得休息。

《史记》曰：周厉王奔彘。太子静匿召公之家，国人闻之，乃围之。召公以其子代王太子，太子竟得脱。召公、周公二相行政，号曰共和。共和十四年，厉王死于彘。太子静长于召公家，二相乃共立之为王，是为宣王。

又曰：幽王嬖爱褒姒，生子伯服。幽王废后及太子，而以褒姒为后，伯服为太子。太史伯阳曰："祸成矣，毋可奈何！"申侯怒，乃与犬戎共攻杀幽王丽山下，虏褒姒。于是诸侯共立故幽王太子宜咎，是为平王。

《纪年》曰：幽王八年，立褒姒之子曰伯服，为太子。

《史记·燕世家》曰：燕见秦且灭六国，秦兵临易水，祸且至。太子丹阴养壮士二十人，使荆轲献督亢地图于秦王。秦觉，杀轲，使将军王剪击燕。二十九年，秦拔蓟，燕王亡，徙居辽东，斩丹以献秦。

《燕丹子》曰：太子丹质于秦，秦王遇之无礼，不得意，欲归。秦王不听，谬言令乌白头，马生角，乃可。丹仰天而叹，乌即白头，马生角。秦不得已而遣之，为机发之桥，欲陷丹。丹过之，桥为不发。夜到关，丹为鸡鸣，遂得逃归。故怨于秦，欲报之，养勇士，无所不至。丹与其傅麹武书曰："丹不肖，生于僻陋之国，长于不毛之地，未曾得睹君子雅训。欲有所陈，幸垂览之。丹闻丈夫之道义节，耻受辱以生也。贞正所羞之见，却以亏其节。故有刎喉不顾，据鼎不过者。斯岂乐死而忘生哉，其心所守也。今秦王反戾天常，虎狼其行，遇丹无礼，诸侯最甚。每念之，痛入骨髓。计燕国之众，不能敌之；旷年相守，力固不足。欲收天下勇士，集海内英雄，破国空藏以奉养之，重币甘辞以市于秦。秦贪我赂而信我辞，则一剑之任，当千万之师，须臾之间，可解丹万世之耻。若其不然，令丹生无目于天地，死怀恨于九泉。必令诸侯无以为叹，易水之北，未知谁有。此盖亦大夫耻也。谨遣书，愿熟思之。”

《史记·吕后本纪》曰：吕太后，高祖微时妃也。生孝惠帝，为人仁弱。高祖以为不类我，常欲废太子，立戚姬子如意，如意类我。几代太子者数矣。赖大臣争之，及用留侯策，太子得毋废。

又《张良世家》曰：上欲废太子，立戚夫人子赵王如意。大臣多谏争，未能得坚决者也。吕后恐，不知所为。人或谓吕后曰：“留侯善画计策，上信用之。”吕后乃使建成侯吕泽劫留侯，曰：“君常为上谋臣，今欲易太子，君安得高枕而卧乎？”留侯曰：“始上数在困急之中，幸用臣策。今天下安定，以爱欲易太子，此骨肉间，虽臣等百余人，何益？”吕泽强要曰：“为我画计。”留侯曰：“此难以口舌争也。顾上有不能致者，天下有四人。四人者年老矣，皆以为上慢侮人，故逃匿山中，义不为汉臣。然上高此四人。今公诚能无爱金玉璧帛，令太子为书，卑辞安车，因使辩士请之。来以为客，时时从入朝，令上见之，则必异而问之。上知此四人贤，则一助也。”于是吕后令吕泽奉太子书，卑辞厚礼，迎四人。四人至，客建成侯所。汉十一年，黥布反，上病，欲使太子将，往击之。四人相谓曰：“凡来者，将以存太子。太子将兵，事危矣。”乃说建成侯曰：“太子将兵，有功则位不益太子，无功还，则从此受祸矣。且太子所与俱将，皆尝与上定天下骁将也，今使太子将之，此无异使羊将狼也，皆不肯为尽力，其无功必矣。臣闻母爱者子抱，今戚夫人日夜侍御，赵王如意常抱居前，上曰终不使不肖子居爱子之上，明乎其代太子位必矣。君何不急请吕后承间为上泣言：黥布，天下猛将也，善用兵，今诸将皆陛下故等夷，夷犹侪也。乃令太子将此属，无异使羊将狼也，莫肯为用，且使布闻之，则鼓行而西耳。晋灼曰：鼓行而西，言无所畏。上虽病，强载辎车，卧而护之，诸将不敢不尽力。上虽苦，为妻子自强。”于是吕泽立夜见吕后，吕后承间为上泣涕而言，如四人意。上曰：“吾惟竖子固不足遣，而公自行耳。”于是上自将兵而东，群臣居守，皆送至灞上。留侯病，自强起，至曲邮，见上曰："臣宜从，病甚。楚人剽疾，愿上无与楚人争锋。"因说上曰："令太子为将军，监关中兵。"上曰："子房虽疾，强卧而傅太子。"是时叔孙通为太傅，留侯行少傅事。汉十二年，上击破布归，疾益甚，愈欲易太子。留后谏，不听，因疾不视事。叔孙太傅称说引古今，以死争太子。上佯许之，犹欲易之。及宴，置酒，太子侍。四人者，从太子，年皆八十有余，须眉皓白，衣冠甚伟。上怪之，问曰："彼何为者？"四人前对，各言名姓：东园公、角里先生、绮里季、夏黄公。上乃大惊，曰："吾求公数岁，公避逃我，今公何自从吾儿游乎？"四人皆曰："陛下轻士善骂，臣等义不为辱，故恐，亡匿。窃闻太子为人仁孝，恭敬爱士，天下莫不延颈欲为太子死者，故臣等来耳。"上曰："烦公幸卒调护太子。如淳曰：调护，犹营护也。"四人为寿已毕，起去。上目送之，召戚夫人指示四人者曰："我欲易之，彼四人辅之，羽翼已成，难动矣。吕后子真而主矣。"

《汉书·外戚传》曰：孝景王皇后，武帝母也。入太子宫，太子幸爱之，生三女一男。男方在身时，王夫人梦日入其怀，以告太子。太子曰："此贵征也。"未生，文帝崩；景帝即位，王夫人生男。是时，薄皇后无子。后数岁，景帝立齐栗姬男为太子，而王夫人男为胶东王。长公主嫖有女，欲与太子为妃，栗姬妒，而景帝诸美人皆因长公主见得贵幸，栗姬日怨怒，谢长主，长主不许。长主欲与王夫人，夫人许之。会薄皇后废，长公主日谮栗姬。景帝尝嘱诸姬子，曰："吾百岁后，善视之。"栗姬怒不肯听，景帝心衔之而未发也。长公主日誉王夫人男之美，帝亦自贤之。又以曩者所梦日符，计未有所定。王夫人又阴使人趣大臣立栗姬为皇后。大行奏事，文曰："子以母贵，母以子贵。今太子母号宜为皇后。"帝怒曰："是乃所当言耶！"遂按诛大行，废太子为临江王，栗姬愈恚，不得见，以忧死。卒立王夫人为皇后，男为太子。

《汉武故事》曰：武帝生猗兰殿，四岁，立为胶东王，七岁立为太子。

《汉书》曰：卫皇后生戾太子据。元狩元年，立为皇太子，年七岁矣。初，上年二十九乃得太子，甚喜，为立禖张晏曰：禖者求子，《月令》曰：

祀于高禖是。使东方朔、枚皋作禖祝。及壮，诏受《公羊春秋》，又从瑕丘江公受《谷梁》。及冠，就宫，上为立博望苑，使通宾客，从其所好，故多以异端进者。元鼎四年，纳史良娣，韦昭曰：良娣，官也。太子有妃，有良娣。有孺子，凡三等。产子男进，号曰史皇孙。张晏曰：皆以舅氏姓为氏，以相别也。武帝末，卫后宠衰，江充用事。充与太子及卫氏有隙，恐上晏驾后为太子所诛，会巫蛊事起，充因此为奸。是时，上春秋高，意多所恶，以为左右皆为蛊道祝诅，穷治其事。充典治巫蛊，遂至太子宫掘蛊，得桐木人。太子召问少傅石德，德惧为师傅并诛，因谓太子曰：“奸臣如此，太子将不念秦扶苏事耶？”太子急，乃收捕充，斩以闻。遂部宾客为将率，与丞相刘屈氂等战。太子兵败，亡，不得。上怒甚，群下忧惧，不知所出。壶关三老茂上书云：“子弄父兵，罪当笞尔。”书奏，天子感寤。太子之亡也，东至湖，藏匿泉鸠里，主人家贫，常卖屦以给太子。太子有故人在湖，闻其富赡，使人呼之而发觉。吏围捕太子，太子自度不得脱，即入室自经。后车千秋言太子之冤，遂擢千秋为丞相，而族灭江充家。上怜太子无辜，乃作思子宫，为归来望思之台于湖。天下闻而悲之。宣帝即位，有司奏谥曰戾，置奉邑三百家。

又曰：孝元皇帝为太子也，母曰哀许皇后。宣帝微时，生民间。年二岁，宣帝即位。八岁，立为太子。壮大，柔仁好儒。见宣帝所用多文法吏，以刑名绳下，大臣杨恽、盖宽饶等坐刺讥辞语为罪而诛，尝侍宴从容曰：“陛下持刑太深，宜用儒生。”帝作色曰：“汉家自有制度，本以霸王道杂之，奈何纯任德教，害政乎！且俗儒不达时宜，好是古非今，使人眩于名实，不知所守，何足委任！”乃叹曰：“乱我家者，太子也。”繇是疏太子而爱淮阳王，曰：“淮阳王明察好法，宜为吾子。”而王母张婕好尤幸。上有意欲用淮阳王代太子，然以少依许氏，俱从微起，故终不背焉。

又曰：孝宣王皇后，宣帝即位，召入后宫，稍进为婕妤。霍皇后废后，上怜许太子早失母，几为霍氏所害，于是乃选后宫素谨慎而无子者，遂立王婕妤为皇后，令母养太子。

又曰：孝成皇帝，元帝太子也。母曰王皇后，元帝在太子家生甲观画堂，如淳曰：甲观，观名。画堂，堂名三辅。《黄图》云：太子宫有甲观，又别处，不在未央宫中。为世嫡皇孙。宣帝爱之，字曰太孙，常置左右。年三岁而宣帝崩，元帝即位，帝为太子。壮好经书，宽博谨慎。初居桂宫，上常急召，太子出龙楼门，张晏曰：门楼上有铜龙，黄白鹤飞廉之为名也。不敢绝道，应劭曰：驰道，天子道也。若今之中道，古甚重也。西至直城门，得绝乃度，还入作室门。上迟之，问其故，以状对。上大悦，乃著令，令太子得绝驰道云。其后幸酒、乐宴，晋灼曰：幸酒，好酒乐宴。上不以为能。而定陶恭王有才艺，母傅昭仪又爱幸，上以故常有意欲以恭王为嗣，赖侍中史丹护太子家，辅助有力，上亦以先帝尤爱太子，故得无废。

又曰：孝哀皇帝，元帝庶孙，定陶恭王子也。嗣立为王，好文辞法律。元延四年，入朝，尽从傅、相、中尉。时成帝少弟中山孝王亦来朝，独从傅。上以问定陶王，对曰："令，诸侯王朝，得从其国二千石。傅、相、中尉皆国二千石，故尽从之。"上令诵《诗》，通习能说。他日问中山王："独从傅，在何法令？"不能对。帝由此贤定陶王，数称其材，为加元服而遣之，时年十七矣。明年，征立为皇太子，谢曰："臣幸得继父守藩为诸侯王，材质不足以假充太子宫。"

太平御览卷第一百四十八 皇亲部十四

太子三

崔豹《古今注》曰：汉明帝为太子，乐人作歌诗四章以赞太子之德，一曰《日重光》，二曰《月重轮》，三曰《星重辉》，四曰《海重润》。

《东观汉记》曰：东海恭王彊，光武皇帝长子也。母郭后。建武二年六月，立为皇太子。十七年十月，郭后废为中山太后。自郭后废，彊不自安，数因左右陈诚，愿备藩辅。其十九年六月，彊废为东海王。二十八年十月，就国，食东海、鲁国并二郡二十九县。租入倍诸王，赏赐恩宠无伦比。致虎贲旄头，宫殿设钟虡之悬。彊性聪达恭谨，临之国，比上书让还东海十九县。又因皇太子固辞。上不许，以彊章示公卿大夫，深嘉叹之。

《续汉书》曰：赵喜为太尉。中元二年，上崩，喜受遗诏，典录丧礼。新承王莽之乱，国无旧典，皇太子与诸王杂坐同席，尊卑无别，喜乃正色，横剑殿阶，扶下诸王，以明尊卑。

范晔《后汉书》曰：孝顺皇帝，安帝之子。母李氏，为阎皇后所害。永宁元年，立为皇太子。延光三年，安帝乳母王圣、大长秋江京、中常侍樊丰谮太子乳母王圣舅、厨监邴吉，杀之。太子数为叹息。王圣等惧有后祸，遂与丰、京共陷太子，太子坐废为济阴王。明年三月，安帝崩，北乡侯立，济阴王以废黜，不得上殿亲临梓宫，悲号不食，内外群僚莫不哀之。及北乡侯薨，车骑将军阎显及江京，与中常侍刘安、陈达等白太后，秘不发丧，而更征立诸国皇子，乃闭宫门，屯兵自守。十一月丁亥，京师及郡国十六地震。是夜，中黄门孙程等十九人共斩江京、刘安、陈达等，迎济阴王于德阳殿西钟下，即皇帝位，年十一。

《魏志》曰：文帝为五官将，而临淄侯植才名方盛，各有党与，有夺宗之议。文帝使人问贾诩自固之术，翊曰：“愿将军恢崇德度，躬素士之业，朝夕孜孜，不违子道。如此而已。”文帝从之，深自砥砺。太祖又尝屏除问翊，默然不对。太祖曰：“与卿言而不答，何也？”翊曰：“属有思，故不即对耳。”太祖曰：“何思？”诩曰：思袁本初、刘景升父子也。“太祖大笑，于是太子遂定。

《魏略》曰：太祖不立太子，太子自疑。是时有高元昌者，善相人，乃呼问之，对曰：“其贵乃不可言。”因问：“寿几何？”何元昌曰：“其寿，至四十当有小恙，过是无忧。”后无几而立太子也。

《世语》曰：辛毗女宪英，适太常羊耽，外孙夏侯湛为其传曰宪英聪明有才鉴。初，文帝与陈思王争为太子，既而文帝得立，抱毗颈而告之曰：“辛君知我喜不？”毗以告宪，宪叹曰：“太子代君主宗庙社稷也，代君不可以不戚，主国不可以不惧，宜戚而喜，何以能久，魏其不昌乎？”

《魏书》曰：明帝生数岁而有岐嶷之姿，武帝异之，曰：“我基于尔三世矣。”每朝宴会同，与侍中近臣并列帷幄，好学多识，特留意于法理。

《魏略》曰：文帝以郭后无子，诏使子明帝。帝以母不以道终，意甚不平。后不获已，乃敬事郭后，旦夕因长御问起居。郭后亦自以无子，遂加慈爱。文帝始以帝不悦，有意欲以他姬子京兆王为嗣，故不拜太子。

《魏末传》曰：明帝尝从文帝猎，见子母鹿。文帝射杀鹿母，使帝射子。帝不从，曰：“陛下杀其母，臣不忍复射其子。”因涕泣。文帝即放弓箭，以此深奇之，而建树之意定也。

王隐《晋书》曰：武皇帝宽惠仁厚，深沉有智量，风度容貌绰如也。景元中，为抚军。咸熙元年，晋国初开，立为世子，迁抚军大将军、开府、副相国。二年，立为太子。

又曰：惠帝为太子，时上素知太子阇弱，后必乱国，然不能择才，乃遣荀勗、和峤往观之。勗还，盛称“太子德更进茂，不同西宫之时也。”峤答诏称：“臣以太子如故，不见更胜。此自陛下家事，非臣所尽也。”于是天下贵峤而贱勗也。

又曰：愍怀太子名遹音聿，字熙祖。少聪惠，武帝爱之。六七岁，时帝夜望火，太子牵上衣裾使入暗中，上问其故，太子对以“暮夜仓卒，宜备非常，不当近火光，令人照见也。”又尝见官养猪肥大不常，复问上：“何不杀以赐左右，而久费五谷。”上即烹之。由是益奇之，常称以为似宣皇帝；亦以东宫无嫡，有托后之意。太康十年，诏曰：“遹既长且仁，可令以遹为广陵王，以广陵、临淮为封国，邑五万户。”及世祖崩，惠帝即位，立为皇太子，诏曰：“遹尚幼蒙，今出止东宫，虽当赖师傅群贤之训。其游处左右，宜得正人陈共周旋，能相长益者。太保卫权息庭，司空司马秦息略，太子太傅杨济息毖，太子少师裴楷息宪，太子少傅张华息祎，尚书令华廙息恒，并以道义之门，有不肃之训，其令此六人更共往来止。”其后太子好卑车、小马、小牛，令左右骑，断羁勒，使堕地。又令人屠肉，己自分齐，手揣轻重，斤两不差。云其母本屠家女也。颇好游宴，或阙朝侍，稍失储副望。贾后无子，妒害滋甚。九年正月，月晕，赤黄数重。三月十八日，荥阳、河南、颍川繁霜，杀桑及桃、李、杏花。尉氏血雨，有声若牛出。许昌城夏桑生于东宫西厢，日长尺余，数日枯。日中若飞燕者，积数月。汉中平中亦有此变，皆为太子也。贾后作颉字髻，太子见颉之象也。是时谣曰：“东宫马子莫聋啌，前至腊月缠汝鬉。”十一月，天连大风，发屋折树。十二月二十八日，后遣宫婢赍书与太子云：“陛下昨夜不快，汝可入朝。”太子如令请朝，诏听。二十九日，入朝，贾后不见，使婢陈舞赐枣酒，强使饮。辞，不见听，太子醉。贾后诬奏太子有悖书，废徙金墉城。以千兵防送，幽于许昌宫之别坊。贾后与贾谧等谋早害太子，以绝民望。三月十四日，矫诏使小黄门孙虑害太子。贾后表以广陵王礼殡。赵王伦诛贾谧，废贾后，帝乃使持节兼司空卫尉伊策故皇太后，曰：“呜呼！少资岐嶷之质，荷先帝殊异之宠，大启土宇，奄有淮陵。朕奉遵遗旨，建尔储副，以光显我祖宗。祇尔德行，以从保傅，事亲孝敬，礼无违者。

而朕昧于凶构，致尔于非命之祸，俾申生、孝己复见于今。赖宰相贤明，人神愤怨，用启朕心，讨厥有罪，咸伏其辜。何补于荼毒冤魂酷痛哉？是用切怛悼恨，震动于五内。今追复皇太子丧礼备制，反葬京畿，祠以太牢。魂而有灵，尚获尔心。”

《文士传》曰：贾谧与愍怀太子博争道，成都王厉声曰：“皇太子，国之储君，贾长渊何得无礼！”

《晋书》曰：明帝，元皇帝长子也。幼而聪哲，为元帝所宠异。年数岁，常坐置膝上，属长安使来，因问帝曰：“汝谓日与长安孰远？”对曰：“不闻人从日边来，居然可知也。”元帝异之。明日，宴群僚，又问之，对曰：“日近。”元帝失色，曰：“何乃异间者之言？”对曰：“举目见日，不见长安。”由是益奇之。及帝即尊号，立为皇太子。

何法盛《晋中兴书》曰：肃宗，中宗长子也。建武元年，中宗为晋王，拜王太子；及践尊号，为皇太子，册曰：“于戏！朕承天绪，忝继祖宗之洪基，君临于万邦，战战兢兢，若涉渊水，未有攸济。自古圣王敷宇四海，莫不建立元子，本枝百世。今稽古授尔于储宫，以陪贰于朕躬。钦哉！尔其克念乃祖，日新厥德。何远非佞，何亲非贤。钦翼师傅，以丕崇大化。可不慎欤，尔其敬之。”

又曰：孝宗穆皇帝，讳聃，康帝子也。建元二年，康帝疾笃，左光禄大夫领司徒谟、尚书令恢等上疏曰：“臣闻皇羲玄邈，五帝攸往，淳风浇散，三王传嗣，欲令国有常居，民有定奉，关诸盛衰，不易之道也。伏惟皇子，天挺奇表，隆准丰下，岐嶷之姿，彰于始年，大成之风，显于期月。宜建立储宫，允副民望，请下太史，择吉日，告宗庙，备礼仪奉行。”奏可。

《后魏书》曰：太宗明元皇帝，道武之长子。初，帝母既赐死，太祖乃召帝告曰：“昔汉武帝将立其子而杀其母，不令妇人后与国政，使外家无乱。汝当继统，吾故远同汉武，为长久之计。”帝素纯孝，哀泣不能自胜，太祖怒召之。帝欲入，左右曰：“孝子事父，小杖则受，大杖避之。今陛下盛怒，入或不测，陷帝于不义。不如且出，待和解而进，不晚也。”帝从之，乃游行于外。及元绍之逆也，帝还而诛之。天赐六年，即皇帝位。

又曰：景穆皇帝，太武皇帝之长子也。母曰贺夫人。延和元年，立为皇太子，时年五岁。明惠强识，闻则不忘。及长，好读经史，皆通大义。太武甚奇之。初，太武之伐河西，李顺等咸言姑臧无水草，不可行。太子有疑色。及车驾至姑臧，乃诏太子曰：“姑臧城东西门外涌泉于城北，其大如河。泽草茂盛，可供大军数万。人之多言，亦可恶也。”太子谓言者曰：“为人臣不实若此，岂是忠乎！吾初闻有疑，但帝决行耳。几误人大事，言者复何面目见帝也。”正平元年六月，薨于东宫，时年二十四。赐谥曰景穆皇太子。高宗即位，追尊为景穆皇帝，庙号恭宗。

又曰：世宗宣武皇帝，孝文皇帝第二子也。母曰高夫人，初，梦为日所逐，避于床下，日化为龙，绕己数匝，遂有娠，生帝于平城宫。二十一年，立为皇太子。

又曰：肃宗孝明皇帝，讳诩，世宗第二子也。延昌元年，立为皇太子。二年，世宗幸东宫，召崔光与黄门甄琛、广阳王渊等并赐坐，诏光曰：“卿是朕西台大臣，当今为太子师傅。”光起拜，固辞。诏不许，即命肃宗出从者十余人，敕以光为傅之意，令肃宗拜光。光又拜，辞不当受太子拜。复不蒙许，肃宗遂南面再拜。詹事王显启请从太子拜，于是宫臣毕拜。光北面立，不敢答拜，唯西面拜谢而出。

又曰：废太子生而母死，文明太后抚视之，常置左右，诏曰：“昔涂山有育，美名列于夏典；任姒作配，昌发显于周书，故能缉熙丕绪，祚延八百。自元子诞育，于今四载，而名表未孚于四方，茂实未昭于朝掖，非所以宪章远猷，允光礼度者也。太皇太后亲发明旨，为之立名，依德协义，名恂，字元道。国祚永隆，储贰有寄，无穷之兆，于是而始。”乃大赦天下。太和十七年七月癸丑，立恂为皇太子。高祖每岁征幸，常留守。恂不好书学，体貌肥大，深忌河洛暑热，意每追乐北方。庶子高道悦数苦谏，恂甚衔之，乃手刃道悦于禁中。高祖引群臣于清徽堂议，废之为庶人，置之河阳。后谋逆，赐死。

《梁书》曰：天监十四年正月朔旦，帝临轩，冠太子于太极殿。旧制，太子着远游冠金蝉翠緌缨；至是，诏加金博山。

又曰：昭明太子母丁贵嫔有疾，太子还永福省侍疾，衣不解带。及薨，步从丧还宫，至殡，水浆不入口，每哭恸绝。武帝命中书舍人顾协宣旨曰："毁不灭性，圣人之制。不胜丧比于不孝。有我在，那得自毁如此！可即强进饮粥。"太子奉敕，乃进数合。自是至葬，日进麦粥一升。武帝又敕曰："闻汝所进过少，转羸瘦。我比更无病，正为汝如此，胸中亦圮塞成疾。应强加饘粥，不使我恒尔悬心。"虽屡奉劝逼，终丧，日止一溢，不尝菜果之味。体素壮，腰带十围，至是减削过半。每入朝，士庶见者莫不下泣。

又曰：昭明太子性爱山水，于玄圃穿筑，更立亭馆，与朝士名素者游其中。尝泛舟后池。番禺侯轨盛称"此中宜奏女乐"，太子不答，咏左思《招隐诗》云："何必丝与竹，山水有清音。"轨惭而止。

又曰：昭明太子好士爱文，刘孝绰与陈郡殷芸、吴郡陆倕、琅琊王筠、彭城刘洽等同见礼待。太子起乐贤堂。

《后周书》曰：宣帝，讳赟，高祖长子。帝即位，多过恶。初，帝之在东宫也，高祖虑其不堪承嗣，遇之甚严。朝见进止，与诸臣无异，虽隆寒盛暑，亦不得休息。性既嗜酒，高祖遂醪醴不许至东宫。每有过，辄加捶扑。尝谓之曰："古来太子被废者几人，余儿岂不堪立邪！"于是遣东宫官属录帝言语动作，每月奏闻。帝惮高祖严，矫情修饰，以是过恶遂不闻。

《隋书》曰：炀帝，高祖第二子也。母文献独孤皇后。上美姿仪，少敏惠，高祖及后于诸子中特钟爱。高祖幸上所居第，见乐器弦多断绝，又有尘埃，若不用者，以为不好声伎之玩。上尤自矫饰，当时称为仁孝。及太子勇废，立为皇太子。

《唐书》曰：李纲，隋开皇末为太子洗马。皇太子勇尝以岁首宴宫臣，左庶子唐令则自请奏琵琶，又歌《武媚娘》之曲。纲趋而出，勇曰：

“我欲为乐耳，君勿多事。”及勇废黜，文帝召东宫官属切让之，无敢对者。纲对曰：“今日之事，乃陛下之过，非太子之罪也。太子才非上品，性是常人，若得贤明之士辅导之，足堪继嗣皇业。方今多士盈朝，当择贤居任，奈何以弦歌鹰犬之才日在其侧，致令至此，乃陛下训导不足，岂太子之罪耶！”

《隋书》曰：元德太子昭，炀帝长子也。生而高祖命养宫中。三岁时，在玄武门弄石狮子，高祖与文献后至其所。高祖适患腰痛，举手凭后，昭因避去，如此者再三。高祖叹曰：“天生长者，谁复教乎！”由是大奇之。高祖尝谓曰：“当为尔娶妇。”昭应声而泣，高祖问其故，对曰：“汉王未婚时，恒在至尊所，一朝娶，便则出外。惧将违离，是以啼耳。”上叹其有至性，特钟爱焉。炀帝即位，便幸洛阳宫，昭留守京师。大业元年，帝遣使者立为皇太子。

《唐书》曰：太宗文皇帝，高祖第二子也。母曰太穆皇后。以隋开皇十八年生于武功之别馆。初，在孕而语声闻于外，后心异之。将诞育，后不之觉，而太宗已生。高祖受禅，拜尚书令，进封秦王。武德九年，立为皇太子。

又曰：隐太子建成，高祖长子也。大业末，高祖捕贼汾、晋，令建成携家属寄于河东。义旗建，遣使密召之，建成与巢王元吉间行赴太原。建成至，高祖大喜，拜左领大都督，封陇西郡公，引兵略西河郡，从平长安。义宁元年冬，隋恭帝拜唐国世子，开府，置僚属。二年，授抚军大将军、东讨元帅，将兵十万徇洛阳。及还，恭帝授尚书令。武德元年，立为皇太子。时太宗功业日盛，建成与齐王元吉潜谋作乱。九年六月三日，太宗密奏建成、元吉淫乱后宫，因自陈曰：“臣于兄弟无丝毫所负，今欲杀臣，似为世充、建德报仇。臣今枉死，永违君亲，魂归地下，实亦耻见诸贼。”高祖省之愕然，报曰：“明日勘问，汝宜早参。”四日，太宗将左右九人至玄武门自卫。高祖已召裴寂、萧瑀、窦延、陈叔达、封伦、宇文士及颜师古等，欲令穷覆其事。建成、元吉行至临湖殿，觉变，即回马，将东归宫府。太宗随而呼之，元吉马上张弓，再三不彀。太宗乃射之，建成应弦而薨。

又曰：高宗文皇帝，太宗第九子。母曰文德顺圣长孙皇后。贞观二年，生于东宫之丽正殿。封晋王。幼而岐嶷端审，宽仁孝友。初授《孝经》，太宗问曰："此书中何言为善？"对曰："夫孝，始于事亲，中于事君，终于立身。"太宗大悦，曰："行此，足以事父兄，为臣子矣。"太子承乾废，长孙无忌、李勣等议，立为皇太子。

又曰：太子承乾得罪，太宗欲立晋王，而限以非次，惶惑不决。乃御两仪殿，群臣尽出，独留长孙无忌及司空房弘龄、李勣，谓曰："我三子一弟，所为如此，我心无聊。"因自投于床，抽佩刀欲自刺。无忌等惊惧，争前扶抱，取佩刀以授晋王。无忌等请太宗所欲，报曰："我欲立晋王。"无忌曰："谨奉诏。有异议者，臣请斩之。"太宗谓晋王曰："汝舅许汝也，汝宜拜谢。"晋王因下拜。太宗谓无忌等曰："公等既符我意，未知物论何如？"无忌曰："晋王仁孝，天下属心久矣。乞召问百僚，必无异辞。"于是建立遂定。

太平御览卷第一百四十九　皇亲部十五

太子四附

《唐书》曰：废太子瑛，玄宗第二子也。景云元年，封真定郡王。开元三年，立为皇太子。母赵丽妃，本伎人也，有才貌，善歌舞，玄宗在潞州得幸。及武惠妃宠幸，丽妃恩乃渐弛。惠妃女咸宜公主出降于杨洄，洄希惠妃之旨，规利于己，日求其短，谮于惠妃。惠妃泣诉于玄宗，以太子结党，将害于妾母子，亦指斥于至尊。玄宗惑其言，震怒，谋于宰相，意将废黜。中书令张九龄奏曰："陛下纂嗣鸿业，将三十年，太子已下，常不离深宫，日受圣训。今天下之人皆庆陛下享国日久，子孙蕃育，不闻有过，陛下奈何以一日之间废弃三子？且太子国本，难于动摇。昔晋献公惑宠嬖之言，太子申生忧死，国乃大乱。汉武威加六合，受江充巫蛊之事，祸及太子，遂至城中流血。晋惠帝有贤子为太子，容贾后之谮，以至丧亡。隋文帝取宠妇之言，废太子勇而立晋王广，遂失天下。由此而论之，不可不慎。今太子既长无过，二王又贤，臣待罪左右，敢不详悉。"玄宗默然，事且寝。二十五年四月，杨洄又构于惠妃，言瑛兄弟三人与太子妃兄驸马薛锈常构异谋。玄宗遽召宰相筹之，李林甫曰："此盖陛下家事，臣下不合参加。"玄宗意乃决矣。使中官宣诏于宫中，并废为庶人。天下之人不见其过，咸惜之。宝应元年，诏赠皇太子。

又曰：靖恭太子琬，玄宗第六子也。天宝十四年，安禄山反于范阳。其月，制以琬为征讨元帅，高仙芝为副，令仙芝征河、陇兵募屯于陕郡以御之。数日，琬薨。琬素有雅称，风格秀整，时士庶冀琬有所成功，忽然殂谢，远近咸失望焉。赠靖恭太子，葬于西原。

又曰：承天皇帝倓音谈既为张良娣所构，肃宗怒而幽死，又欲摇动代宗。时代宗收复两京，遣判官李泌入朝献捷。从容语及倓事，泌曰：

"臣幼稚时念得《黄台瓜辞》，陛下闻其说乎？高宗大帝有子八人，天后所生四子自为行第，故睿宗第四。长曰孝敬皇帝弘，为太子监国，仁明孝悌。天后方图临朝，乃鸩杀之，立雍王贤。贤每自忧惕，知必不保全，与二弟同侍父母之侧，无由敢言。乃作《黄台瓜辞》，令乐工歌之，冀天后闻之哀愍。辞曰：'种瓜黄台下，瓜熟子离离。一摘使瓜好，再摘令瓜稀，三摘尚自可，摘绝抱蔓归。'太子贤终为天后所逐，死于黔中。陛下有今日运祚，已一摘矣，慎无再摘。"上愕然曰："卿安得有是言！"自是夺宗之计不行。

又曰：宪宗章武皇帝，顺宗长子。母王太后。六七岁时，德宗抱置膝上，问曰："汝谁子，在吾怀？"对曰："是第三个天子。"德宗异而怜之。贞元四年，封广陵王。顺宗即位之年，封册为皇太子。

又曰：懿宗恭惠皇帝，宣宗长子。母曰元昭皇太后晁氏。大和七年，生于藩邸。封郓王。大中十三年，宣遗诏立为皇太子，姿貌瑰杰，有异稠人。藩邸时当重疾，郭妃侍医，见黄龙出入于卧内。妃以告，帝曰："慎勿言。"

又曰：僖宗恭定皇帝，懿宗第五子。母曰惠安皇后王氏。初封普王。懿宗大渐，制曰："朕守大器之重，居兆人之上，日惧一日，如履如临。旰昃劳怀，寝兴思治，涉道犹浅，道化未孚。而摄养乖方，寒暑成厉，实有虑于阙政，且无暇而怡神。考兹旧章，谋于卿士，思阐鸿业，式建皇储。第五男晋王孝敬温恭，宽和博厚，日新令德，天假英姿，言皆中规，动必由礼。俾崇邦本，允叶人心，宜立为皇太子，权勾当军国政事。咨尔中外卿士，暨于腹心之臣，各竭乃心，永安黎献。"

太弟附

王隐《晋书》曰：惠帝永宁二年，立清河王覃为太子。成都、河间王复废覃为清河王，立成都王为皇太弟。

《晋阳秋》曰：永兴元年，河间王颙表拜成都王颖为皇太弟。司空越、高密王简、平昌公模等以大驾北征，废皇太弟颖，立预章王炽为皇太弟。

崔鸿《十六国春秋》曰：晋成都王颖为皇太弟，领丞相，自邺悬秉朝政，事无大小，皆先关谘。

《唐书》曰：武宗肃皇帝，穆宗第五子。母曰宣懿皇后韦氏。长庆元年，封颍王。开成五年，文宗疾，两军中尉仇士良、鱼志弘矫诏迎颍王于十六宅，曰："朕自婴疾疢，有加无瘳，惧不能躬总万机，日厘庶政。稽于古训，谋及大臣，用建亲贤，以贰神器。亲弟颍王瀍，昔在藩邸，与朕尝同师训，动成仪矩，性禀宽仁。俾奉昌图，必谐人欲。可立为皇太弟，应军国政事，便令勾当。百辟卿士，宜竭乃心。"

又曰：昭宗景文皇帝，懿宗第七子。母曰惠安太后王氏。帝于僖宗，母弟也，尤相亲睦，自艰难播越，尝随侍左右。僖宗不豫，遗诏立为皇太弟。

太孙附

王隐《晋书》曰：赵王伦既废贾后，皇帝使使持节追复皇太子，拜皇孙臧为临淮王、尚为襄阳王。又诏立臧为皇太孙，文武官属即转为太孙官属，车服侍从，皆愍怀之旧也。赵王伦篡位，太孙废为濮阳王，薨。惠帝复作，立襄阳王尚为皇太孙。薨，谥冲皇太孙，并追谥前太孙为哀皇太孙。

《晋惠帝起居注》曰：拜皇孙臧为临淮王、尚为襄阳王。又诏臧为皇太孙。臧废到铜驼街，宫人哭从，皆哽咽，路人收泪焉。桑复生于西厢，长丈余，太孙废乃枯。

又曰：惠帝诏以太常成粲为太孙太傅，前城间校尉梁柳为太孙太傅。

又曰：惠帝使使持节兼司空任城王济策命愍怀皇太子前妃为皇太孙太妃。是日也，以复妃告于太庙。

《后魏书》曰：高宗文成皇帝，景穆帝之长子也。母曰阎氏。帝少聪达，太武常置左右，号世嫡皇孙。

又曰：刘尼，代人也。父祖皆为方面大人。少壮健，有膂力，世祖善之，拜羽林中郎。宗爱既杀南安王余于东庙，秘之，唯尼知之。尼劝爱立高宗。爱自以负罪于景穆，闻而惊曰："君大痴人，皇孙若立，岂忘正平时事乎？"尼以状告殿中尚书源贺。仍谋于南部尚书陆丽，丽曰："唯有密奉皇孙耳。"于是贺与长孙渴侯严兵守卫，尼与丽迎高宗于苑中。丽抱高祖马上，入于京城。尼驰还东庙，大呼曰："宗爱杀南安王，大逆不道。皇孙已登大位，有诏，宿卫之士皆可还宫。"众咸唱万岁。

《后周书》曰：建德二年夏六月壬子，皇孙衍生，文武官普加一阶。

萧子显《齐书》曰：文惠太子长懋，字云乔，世祖长子也。世祖年未弱冠，而生太子，为太祖所爱。建元元年，封南郡王，邑二千户。江左未有嫡皇孙封王，始自此也。

又曰：郁林王昭业，字元尚，文惠太子长子也，小名法身。文惠太子薨，立昭业为皇太孙，居东宫。昭业少美容止，好隶书。世祖敕皇孙手书不得妄出，以贵重之。

《唐书》：贞观十七年，诞皇太孙，宴宫寮于弘教门。太宗幸东宫，自殿北门入，谓宫臣曰："顷来生业稍可，非乏酒食，而唐突公等宴会，朕有甲观之庆，故就卿为乐耳。"谓太子曰："尔国之储，二府藏是同，金玉绮罗不足为赐。但先圣典籍，可为镜诫耳。"因赐《尚书》、《毛诗》、《孝经》各一部。

又曰：永淳元年，立皇孙重照为皇太孙，将置府寮，上召吏部侍郎裴敬彝、郎中王方庆问曰："今立太孙，前代故事如何？"方庆进曰："臣按《周礼》，有嫡孙。汉魏已来，皇太子在，亦不立太孙，但封王耳。今陛下肇建皇孙，创斯盛典，所以彰子孙千亿之盛，福祚灵长之应也。"上悦。

太子妃附

《白虎通》云：妃者，匹也。妃匹者何谓也？相与偶然。古者天子后宫嫡庶皆曰妃。《史记》曰：黄帝有四妃。帝喾有四妃。虞舜有二妃。周以天子之正嫡为皇后。秦称皇帝，因称皇后，以太子之正嫡称妃。汉因之。

《汉书·外戚传》云：太子妃有良娣、有孺子，妻妾凡三等是也。魏晋以后咸遵之。

《汉书》曰：孝景薄皇后，孝文薄太后家女也。景帝为太子时，薄太后取以为太子妃。及帝即位，立为皇后。

又曰：孝武陈皇后，长公主嫖女也。初武帝得立为太子，长主有力，取主女为妃。帝即位，立为皇后。

又曰：元帝为太子，司马良娣死后，太子悲恚发病，忽忽不乐。宣帝令皇后择后宫家人子可以娱侍太子者，王禁女政君预焉。时预择者五人，政君独衣绛缘诸于。诸于，大掖衣也。侍中杜辅送入太子宫，见于丙殿。待御幸，有身，立为太子妃。

又曰：孝成许皇后，平恩侯嘉女也。元帝选配皇太子。初入太子家，上令中常侍黄门亲近者侍送，还白太子欣说状，元帝喜谓左右："酌酒贺我！"左右皆称万岁。及成帝即位，立许妃为皇后。

又曰：孝哀帝傅皇后，定陶傅太后从弟子也。哀帝为定陶王时，傅太后欲重亲，取以配王。王入为太子，傅氏女为妃。哀帝即位，立为皇后。

《后汉书》曰：明德马皇后，伏波将军援小女也。初，援征五溪蛮，卒于师，虎贲中郎将梁松、黄门侍郎窦氏等因谮之，由是家益失势，又数为权贵所侵侮。后从兄严不胜忧愤，白太夫人绝窦氏婚，求进女掖庭。乃上书曰："臣叔父援辜恩不报，而妻小特获恩全，戴仰陛下，为天为父。窃闻太子、诸王妃匹未备，援有三女，大者十五，次者十四，小者十三，仪状发肤，上中以上，皆孝顺小心，婉顺有礼。愿下相工，简其可否。如有万一，援不朽于黄泉。"由是选后入太子宫，时年十三。

《吴志》曰：太子孙和赐死，和与妃张决别。张曰："吉凶当相随，终不独生活也。"亦自杀。

《蜀志》曰：后主敬哀皇后，车骑将军张飞女也。章武元年，纳为太子妃。建兴元年，立为皇后。

王隐《晋书》曰：杨元后，武帝娶之，生惠帝。谋婚久不决，上欲娶卫瓘女，后欲娶贾充女。充妻郭酷妒宿著。上曰："卫公女有五可，贾公女有五不可。卫家种贤而多子，端正而长白。贾家种妒少子，酷而短黑。"郭必欲使所生女配太子，既先使人言，又输宝物于杨后。固启必成。本当娶后妹午，午年十二，小太子一岁，定见短小，未胜衣。更娶南风，南风时年十五，大太子二岁。上乃听之。帝知太子不惠，又闻卫瓘言，故试之。尽召东宫大小官属，为作饮食，而密封诏事，使太子决，停信侍之。贾妃大惧，请外人作答诏草。给使张泓行还，启贾妃曰："太子不学，而答诏引义，必致责，作草主，更益谴负。不如直以意答。"贾妃大喜，语泓："便为我好答，得富贵，与汝共之。"泓素有才，答之，高过。武帝大喜。于是贾妃讽旨于外，说张泓孝廉郎才，语领军，举高第。充遣语女曰："卫瓘老奴，几破汝家事。"于是贾妃衔之。

又曰：贾妃酷妒，手斫数人，或以戟擿孕妾，子乃随刃堕地。上闻，大怒，垂废之。荀勖深救之，故得不废。

《晋氏后妃别传》曰：武悼皇后，武帝继室也，太傅杨骏女。贾庶人为太子妃时，数以肆情，性忌妒，失帝意，帝欲废焉。后为妃陈请曰："鲁公有勋于王府，妃亲则其子。妒忌，妇人常事，不足以一眚而忘大德。"帝纳焉。

王隐《晋书》曰：初，世祖遣才人谢玖给事惠帝，因是有娠。临娶贾妃，迎玖西宫，遂生愍怀太子。惠帝即位，立为皇太子，为聘王夷甫小女惠风。贾后暴戾日甚，乃表乞免为庶人，送太子妃王氏入金墉城，妃父尚书令王衍见胁，表离婚。妃出金墉城，号哭感动左右，道路为之悲怆也。

又曰：刘曜、王弥等入洛，尽将诸后妃去，愍怀太子王妃拔刀向贼，曰："我，司徒公女，皇太子妃；死则已，终不为贼妇。"贼乃害之。

《晋起居注》曰：元帝太兴五年，上临轩，使策命拜晋王太子妃庾氏为皇太子妃。

《晋孝武帝起居注》曰：纳采，聘太子妃；百官朱服，会于新安公主第，秘书监王操之为主人。

《晋孝武帝起居注》曰：上临轩，设悬而不乐，遣兼司空望蔡公谢琰，纳太子妃王氏，诏曰："太子讳婚，礼即就，仰祖宗遗烈，凭道德之资；保傅将翼，贤士竭诚；慎行修德，积善庆隆，岂唯在予！天赍赐所以宣其悦情。其便依旧。有赐。"左仆射王珣奏赐文武绢布，百官诣止车门上礼。

《甲辰仪》曰：皇太子妃、公妃夫人逢持节使者、高车使者，皆住车，相揖。妃、主皆住车，不揖。

《东宫旧事》曰：司徒会稽王道子等启曰："皇太子系体宸极，年德并茂，宜简国媛，缉宣内教。故中书令太常王献之、新安公主息女，六行聿修，四德允备，加之世载简正，庆深积善，佥曰宜作配储宫，正位中馈。"太元二十一年，皇太子纳妃琅邪临沂王氏，时年十四。

王隐《晋书》曰：安僖皇后王氏，字神受，太常王献之女，新安公主生，即安帝姑也。孝武帝以后少孤，无兄弟，故为安帝纳为太子妃。

《东宫旧事》曰：有诏以皇太子纳妃，赐帛各有差。使持节兼司空公尚书右仆射谢琰、副护军将军临湘县侯车胤迎。詹事尚书左仆射王徇率东宫属迎于主第。

《东宫旧事》曰：皇太子纳妃，织成衮带、白玉佩、四望车、羽葆前后部、鼓吹各一部，步摇一具、九钿函盛之同心雀钿一具、函盛鬟花六五枝、登花二五支、团树花十株、碧纱座袿半绣一、丹罗杯文长命绮襡一。襡，音属，裤别名。

又曰：太子纳妃，绛真文罗一幅、被子一，绛罗绣四幅、被一。

又曰：皇太子纳妃，有绛真文罗袴、漆龙头支髻、枕一、银花环釦、自副金涂连盘鸭灯一、绛地文履一、量漆花簏一、绛地织成绮绒、有七彩杯文绮一、绛石杯文绮被有一、又七彩杯文绮裤、长命杯文绮裤。

《晋令》曰：皇太子妃佩瑜玉。

沈约《宋书》曰：皇太子妃，金玺龟钮朱绶，佩瑜玉。

又曰：少帝司马皇后，讳茂英，河内温人，晋恭帝女也。初封海盐公主，少帝以公子尚焉。宋初，拜皇太子妃。少帝即位，为皇后。

又曰：前废帝何皇后，讳令婉，庐江灊人也。孝建三年，纳为皇太子妃。

又曰：后废帝江皇后，讳简珪，济阳考城人，北中郎长史智渊孙女。太始五年，太宗访太子妃，而雅信小数，名家女多不合。江氏虽世为华族，而后父、祖并已亡，弟又弱小，门无强荫，以卜筮最吉，拜为皇太子妃。

萧子显《齐书》曰：皇太子有厌翟车，如重翟车，饰微减。漆画轮车，太子妃亦乘之。

又曰：文安王皇后，讳宝明，琅耶临沂人。建元元年，为南郡王妃。四年，为皇太子妃，无宠。太子为宫人制新丽衣裳及首饰，而后床帐陈古，钗鎝小钗也。十余枚。

《唐书》曰：太宗文德皇后长孙氏，少好读书，造次必循礼则。十三，嫔于太宗。武德九年，册拜皇太子妃。

又曰：高宗废后王氏，同安长公主即后之从祖母也。公主以后有美色，遂纳为晋王妃。高宗登储，册为皇太子妃。

又曰：开元中，敕："所选皇太子及诸王等妃，既是百官子女，礼合避人，今追就本县。及过本司，未为得所，其应预妃者，宜令所司具名录奏，各令女及近亲随使于命妇朝堂待进止。"

良娣附

《汉书》曰：卫太子史良娣，宣帝妃祖母也。太子有妻妾凡三等，子皆称皇孙。史良娣家本鲁国，母贞君，兄恭。元鼎四年，入为良娣，生男，进号史皇孙。武帝末，巫蛊事起，卫太子及良娣、史皇孙皆遭害。

沈约《宋书》曰：大明五年，上更为太子置内职二等，曰保林，曰良娣。纳南中郎长史太山羊瞻女为良娣。

萧子显《齐书》曰：建元三年，太子宫置三内职，良娣比开国侯。

《唐书》：肃宗张皇后，天宝中选入太子宫，为良娣。

《唐书》曰：顺宗庄宪皇后王氏，幼以良家子入宫，为才人。顺宗在藩邸时，代宗以才人赐之。生宪宗皇帝，立为孺人。顺宗升储，册为良娣。

孺子附

《后魏书》曰：刘芳沉雅方正。太子恂之在东宫，高祖欲为纳芳女，芳辞以年貌非宜。更敕芳举其宗女，芳乃称其族子长文之女。高祖乃为恂聘之，与郑懿女对为左右孺子焉。

保林附

王隐《晋书》曰：愍怀太子废为庶人，考竟太子母淑妃谢玖，及太子所幸保林及母三弟。

沈约《宋书》曰：大明五年，上为太子纳宜都守袁僧惠女为保林。

萧子显《齐书》曰：太子保林，比五等侯。

才人附

王隐《晋书》曰：世祖遣才人谢玖给事惠帝，因是有娠。临娶贾妃，迎玖西宫，遂生愍怀。

萧子显《齐书》曰：太子才人，比驸马都尉。

家人子附

《汉书》曰：史皇孙王夫人，宣帝母也，名翁须。皇孙妻妾无号位，皆称家人子。生宣帝数月，卫太子、史皇孙败，家人子皆坐诛。

太平御览卷第一百五十　皇亲部十六

诸王上

《汉书·百官表》曰：诸侯王，高帝初置，金玺组绶。

《史记》曰：高帝得定陶戚姬，爱幸，生赵王如意，几代太子者数矣，赖大臣争之，及留侯策太子，得无废。高帝崩，惠帝立。吕后使人持鸩饮之，遂断戚夫人手足，去眼熏耳，饮喑药，使居厕中，名曰人彘。居数日，乃召惠帝视人彘。帝视，而知其戚夫人，乃大哭，因病，岁余不能起。使人请太后曰："此非人所为。臣为太后子，终不能治天下。"

又曰：燕王刘泽，《汉书》曰：泽，高帝从祖昆弟。高帝十一年，封为营陵侯。高后时，齐人田生以画干营陵侯泽。泽大悦之，用金二百斤金为寿。田生已得金，假大宅，令其子求事吕太后所幸大谒者张卿。居数月，请张卿，酒酣，乃屏人说张卿曰："太后欲立吕产为王，恐大臣不听。今卿最幸，大臣所敬，何不讽大臣以闻太后，太后必喜。诸吕已王，万户侯亦卿有。"卿大然之，乃讽大臣立吕产为王。田生因说张卿曰："吕产王也，诸大臣未服。今营陵侯泽，诸刘长，为大将军，尚觖望。今卿言太后，裂十县王之，彼得王喜，于诸吕益固矣。"张卿入言，太后乃以泽为琅琊王。

又曰：齐哀王襄，悼惠王子，高祖孙也。太尉周勃诛诸吕，大臣欲立齐王，琅琊王泽曰："齐王母家驷钧恶戾，虎而冠者。张晏曰：言钧恶戾，如虎而著冠者。方以吕氏，几乱天下，又立齐王，是复为吕氏也。"

《汉书》曰：吴王濞，高帝兄仲之子也。高祖立濞于沛，为吴王。已拜受印，高祖召濞相之，曰："若状有反相。"因抚其背曰："后五十年东南有乱，岂若耶？天下同姓一家，汝慎无反。"濞顿首曰："不敢。"

又曰：楚元王交，高帝少弟也。高祖即帝位，交与卢绾常侍上，出入卧内，传语言诸内事隐谋。文帝尊宠元王，子爵比皇子。

又曰：齐悼惠王肥，其母高祖微时外妇也。高祖六年，立，食七十余城。孝惠二年，入朝，帝与齐王燕饮后前，置齐王上坐，如家人礼。太后怒，遣人酌卮鸩酒置前，令齐王为寿。齐王起，帝亦起，欲俱为寿。太后恐，自起反卮。齐王怪之，因不敢饮，阳醉而去。

又曰：济北王兴居，初以东牟侯与大臣共立文帝于代邸，曰："诛吕氏，臣无功，请与太仆滕公入清宫。"遂将少帝出，迎皇帝入宫。始诛吕氏时，朱虚侯功尤大，大臣许尽以赵地王朱虚侯章，尽以梁地王东牟侯兴居。及孝文帝立，闻朱虚、东牟初欲立齐王，故黜其功。

又曰：淮南王安，为人好书，鼓琴，不喜弋猎狗马骋驰，亦欲行阴德抚循百姓，流誉。招致宾客方术之士数千人，作为《内书》二十篇，《外书》甚众，有《中篇》八卷，言神仙黄白之术，亦二十万言。时武帝方好艺文，以安属为诸父，辩博善为文辞，甚尊重之。每为报书及赐，张晏曰：赐，赐书。常召司马相如等视草乃遣。初，安入朝，献所作《内篇》，新出，上爱秘之。使为《离骚》赋，旦受诏，食时上。

又曰：孝文皇后生景帝、梁孝王。孝王，太后少子，爱之，赏赐不可胜道。于是孝王筑东苑，方三百余里，广睢阳城七十里，大治宫室，为复道，自宫连属于平台三十余里。如淳曰：在梁东北离宫所在也。得赐天子旌旗，从千乘万骑，出称跸，入言警，拟天子。招延四方豪杰，自山东游士莫不至。

又曰：梁怀王揖，文帝子也。文帝爱之，异于他子。五年壹朝，因堕马死。

又曰：孝景栗姬生河间献王德。孝景二年，立。修学好古，从民间得善书，必为好写与之，留其本，加金帛赐以招之。繇是四方道术之人不远千里，或有先祖旧书，多奉以奏献王者，故得书多，与汉朝等。修礼乐，被服儒术，造次必于儒者。武帝时，献王来朝，献雅乐，及诏策问三十余事。其对推道术而言，得事之中，文约而指明。

又曰：江都易王非，景帝子。吴、楚反时，非年十五，有材气，上书愿击吴。景帝赐非将军印。吴已破，二岁，为江都王，治吴故国，以军功赐天子旌旗。元光五年，匈奴大入汉为贼，非上书愿击匈奴，上不许。

又曰：孝景程姬生鲁恭王馀。二年，立为淮阳王。吴楚反破后，徙王鲁。好治宫室苑囿狗马，好音乐，口吃难言。王初治室，坏孔子旧宅以广宫室，闻钟磬琴瑟之声，遂不敢复坏，于其壁中得古文经传。

又曰：孝景贾夫人生中山靖王胜。建元三年，来朝，天子置酒，胜闻乐声而泣。帝问其故，胜对曰："臣闻悲者不可为累欷，思者不可为叹息。故高渐离击筑易水上，荆轲为之泣而不食；雍门子壹微吟，孟尝君为之于邑。今臣之心结日久，每闻窈眇之声，不知涕泣之横集也。夫众喣漂山，聚蚊成雷，朋党执虎，十夫桡椎。臣身远与寡，莫为之先，众口铄金，积毁销骨，聚轻折轴，羽翮飞肉。今臣雍阏不得闻，窃自悲也。臣闻社鼷不欢，屋鼠不熏，何则？所托者然也。臣虽薄也，得蒙肺腑；位虽卑也，得为东藩，属又称兄。今群臣非有葭莩之亲，张晏曰：葭，芦叶。莩，里白皮也。鸿毛之重，群居党议，朋友相为，使夫宗室摈却，骨肉冰释。斯伯奇所以流离，比干所以横分也。"胜又乐酒好内，有子百二十余人。常与赵王彭祖相非曰："兄为王，专代吏治事，王者当日听音乐，御声色。"赵王亦曰："中山王但奢淫，不佐天子拊循百姓，何以称为藩臣！"

又曰：景帝唐姬生长沙定王发。唐姬，故程姬侍者。景帝召程姬，有所避，不愿进，而饰侍者唐儿使夜进。上醉，不知，幸之，遂有身。及生子，因名曰发。以母微，无宠，故王居卑湿贫国。应劭曰：景帝后二年，诸王来朝，有诏称爵歌舞定王，但张袖小举手，左右嗟其拙。上怪而问之，对曰："臣国小地狭，不足回旋"。帝以武陵、桂阳属焉。

又曰：孝武李姬生燕刺卢达切王旦。为人辩略，博学经书。及卫太子败，齐怀王又薨，旦自以次第当立，上书求入宿卫。上怒，下其使狱。遂立少子为太子。帝崩，太子立，是为孝昭帝，赐诸侯王玺书。旦得书，不肯哭。霍光秉政，褒赐燕王钱三千万，益封万三千户。因怒曰："我当为帝，何赐也！"多赍金宝走马，赂遗盖主。上官桀及御史大夫桑弘羊等皆与交通，数记疏光过失与旦，令上书告之。桀欲从中下其章。旦闻之，喜，上疏。是时昭帝年十四，觉其有诈，桀等皆伏诛。旦闻之，忧懑，置酒万载宫，会宾客臣妾坐饮。王自歌曰："归空城兮，狗不吠，鸡不鸣，横术何广广兮，苏林曰：广音旷，瓒以"术"为道路。固知国中之无人！"华容夫人起舞曰："发纷纷兮置渠，骨籍籍兮亡居。母求死子兮，妻求死夫。徘徊两渠间兮，君子独安居。"坐者皆泣。

又曰：孝武李姬生广陵厉王胥。倡乐逸游，故终不得为汉嗣。始，昭帝时，胥见上年少无子，有觊欲心。迎女巫李女须，使下神祝诅。女须泣曰："孝武帝下我。"左右皆伏。言："吾必令胥为天子。"胥多赐女须以钱。会昭帝崩，胥曰："女须良巫也。"杀牛塞祷。及昌邑王征，复使巫祝诅之。后王废，胥寖信女须等。宣帝即位，胥曰："太子孙何以反得立？"复令女须祝诅如前。又胥女为楚王延寿后弟妇，相馈遗，通私书。后延寿谋反诛，辞连及胥。又闻汉立太子，谓姬南等曰："我终不得立矣。"居数月，祝诅事发觉，有司按验，天子遣廷尉大鸿胪即讯胥。胥既见使者还，置酒显阳殿，召太子霸及子女董訾、胡生等夜饮，使所幸八子郭昭君、家人子赵左君等鼓瑟歌舞。王自歌曰："欲人生兮无终，长不乐兮安穷！奉天期兮不得须臾，千里马兮驻待路。下黄泉兮幽深，人生要死兮何为苦心！何用为乐心所喜，出入无悰为乐亟。蒿里召兮郭门阅，死不得取代庸，身自逝。"左右悉更涕泣奏酒，至鸡鸣时罢。胥谓太子霸曰："上遇我厚，今负之甚。我死，骸骨当暴。幸而得葬，薄之，无厚也。"即以绶自绞死。

又曰：淮阳宪王钦，宣帝子。好经书法律，聪达有才，帝甚爱之。数嗟叹宪王，曰："真我子也。"

又曰：初，楚元王敬礼申公等，穆生不嗜酒，元王每置酒，常为穆生设醴也。

又曰：王尊为东平相。东平王以至亲骄奢不奉法度，傅相连坐。及尊视事，奉玺书至庭中，王未及出受诏，尊持玺书归舍，食已乃还。致诏后，谒见王，太傅在前说《相鼠》之诗。尊曰："毋持布鼓过雷门。"王怒，起入后宫。复延请登堂，尊谓王曰："尊来为相，人皆吊尊也，以尊不容朝廷，故见使相王耳。天下皆言王勇，王顾但负贵，安能勇？如尊乃勇耳。”王变色视尊，意欲格杀之，即好谓尊：“欲愿观相君佩刀。”尊举掖，顾谓旁侍郎：“前引佩刀视王，王欲诬相拔刀向王耶？”王又雅闻尊高名，大为尊屈，酌酒具食，相对极欢。

《东观汉记》曰：东平献王苍，少有孝友之质，宽仁弘雅。明帝即位，诏以为骠骑将军，位在三公上。四年，苍上疏愿朝，上以王触寒涉道，使中谒者赐乘舆、豹裘。苍到洛阳，使鸿胪持节郊迎，引入不在赞拜之位。升殿乃拜，上亲答拜。诸王归国，上特留苍。八月，饮酎毕，大鸿胪奏遣苍。苍发，上亲临送，流涕，赏赐以亿万数。

又曰：明帝诏书示诸国曰：“诏问东平王苍处家何等最乐？”王对云：“为善最乐。”帝曰：“其言甚大，称是腰腹。”苍美鬓髯，腰带围八尺二寸。

又曰：北海靖王兴，每朝廷有异政，京师雨泽，秋稼好丑，辄乘驿马问焉。其见亲重如此。

又曰：广陵思王荆，性刻急隐害，善文法，有才能。中元二年，世祖崩，不悲哀，而作飞书与东海王强说之，令举兵为逆乱。强得荆书，即执其行书者，封上之。以亲亲隐其事，遣荆止河南宫。

又曰：明德后诏书流布，咸称至德。王主诸家，莫敢犯禁。广平钜鹿乐成王在邸，入问起居。帝望，见车骑鞍勒，皆纯墨，无金银彩饰，马不逾六尺。于是以白太后，即赐钱各五百万。于是施亲戚，被服自如。

范晔《后汉书》曰：沛献王辅，矜严有法度，好经书，善说京氏《易》、《孝经》，世号之曰：《沛王通论》。在国谨节，终始如一，称为贤王。显宗敬重，数赏赐焉。

又曰：琅琊孝王京，建武十七年，进爵为王。京性恭孝，好经学，显宗尤爱幸，赏赐恩宠殊异，莫以为比。光烈皇后崩，帝悉以太后遗金财宝赐京。都莒，好治宫室，穷极伎巧，皆饰以金银。上诗赋颂德，帝嘉美，下之史官。

又曰：乐成靖王党，永平十五年，封乐成王。党聪慧，善史书，如正文学字。与肃宗同年，尤相亲爱。

又曰：清河王庆为太子，窦后讽有司奏废庆。庆时虽幼，而知避嫌畏祸，言不敢及宗氏。帝更怜之，敕皇后令衣服与太子齐等。庆小心恭孝，自以废黜，尤畏事慎法。每朝谒陵庙，常夜分严装，衣冠待明，约敕官属，不得与诸王车驰。常以贵人葬礼有阙，每窃感恨，至四节腊，辄祭于私寝。窦氏诛后，始使乳母于城北遥祠。及窦太后崩，庆求上冢致哀，帝许之，诏太官四时给祭。庆垂涕曰："生虽不获供养，终得奉祭祀，私愿足矣。"

又曰：李燮，字德公，灵帝时拜安平相。先是，时安平王续为张角贼所略，国家赎王，还，欲复其国。燮奏曰："续在国无守，蕃政不称，损辱圣朝，不宜复国。"续竟归蕃，燮以谤毁宗室，输作佐校。未满岁，王果坐不道被诛，乃贵燮为议。

又曰：董卓置弘农王于阁上，使郎中令李儒进鸩，曰："服此药，可以辟恶。"王曰："我无疾，是欲杀我！"乃与妻唐姬、宫人饮宴别。王悲歌曰："天道易兮我何如！弃万乘兮退居蕃。逆臣见迫兮命不延，逝将去兮适幽玄！"因令唐姬起舞，姬抗袖而歌曰："皇天崩兮后土颓，身为帝王兮命夭摧。死生异路兮从此乖，奈我茕独兮心中哀！"因泣下呜咽，王曰："卿王者妃，势不复为吏民妻。自爱，从此长辞！"遂饮鸩死，时年十八。

《汉名臣奏》曰：杜业奏曰："河间献王经术通明，积德累行，天下雄骏，众儒皆归之。"孝武帝时，献王朝，武帝色难之，谓献王曰："汤以七十，文王百里，王其勉之。"知其主意，即纵酒听乐，因以终也。

《汉杂事》曰：中元二年，光武崩。王莽之乱，国无制度。皇太子与诸王同席坐，尊卑无别，是时上下莫之是正，太尉赵喜乃正色，横剑殿阶，扶下诸王，以明尊卑。

《魏略》曰：任城王彰，字子文，武帝子也。太子嗣立，既葬，遣彰之国。始彰自以先王见任有功，冀因此见授用，而闻当随例，意甚不悦，不待遣而去。时以鄢陵瘠薄，使治中牟。及帝受禅，因封为中牟王。是后大驾幸许昌，北州诸使上下，畏其刚严，每过中牟，不敢不速。

又曰：赵王朝干，一名良。良本陈妾子，良生而陈氏死，太祖令王夫人养之。良年五岁而太祖疾，因遗令语太子言：“此儿三岁亡母，五岁失父，以累汝。”太子由是亲待，隆于诸弟。良年小，常呼文帝言阿翁，帝言良曰：“我，汝兄耳。”愍甚如是，每为涕泪。

太平御览卷第一百五十一 皇亲部十七

诸王下

《魏志》曰：邓哀王冲，字仓舒。少聪察岐嶷，生五六岁，智慧所及，有若成人之智。孙权曾致巨象，太祖欲知其斤重，访之群下，咸莫能出其理。冲曰："置象大舡之上，而刻其水痕所至，称物以载之，则校可知矣。"太祖大悦。时军国多事，用刑严重。太祖马鞍在库，而为鼠所啮，库吏惧必死，欲面缚首罪，犹惧不免。冲谓曰："待三日，然后自归。"冲于是以刃穿单衣，如鼠啮者，谬为失意，貌有愁色。太祖问之，冲对曰："世俗以为鼠啮衣者，其主不吉。今单衣见啮，是以忧戚。"太祖曰："此妄言耳，无所苦也。"俄而库吏以啮鞍闻，太祖笑曰："儿衣在侧尚啮，况鞍悬柱乎？"一无所问。冲仁爱识达，皆此类也。太祖数对群臣称述，有欲传后意。年十三，病卒，太祖亲为请命。及亡，哀甚。文帝宽喻太祖，太祖曰："此我之不幸，而汝曹之幸也。"

又曰：中山王衮，建安二十一年，封平乡侯。少好学，年十余岁能属文。每读书，文学左右常恐以精力为病，数谏止之。然性所乐，不能废也。

又曰：乐陵王茂，性傲很，少无宠于太祖。及文帝世，又独不王。太和元年，徙封聊城公，其年为王。诏曰："昔象之为虐至甚，而舜犹侯之有庳。近汉氏淮南、阜陵，皆为乱臣逆子而锡土。有虞建之于上古，文、明帝行之于前代，斯皆敦叙亲亲之厚义也。聊城公茂，少不闲礼教，长不务善道。先帝以为古之立诸侯也，皆命贤者，故姬姓有未必侯者，是以独不王茂。太皇太后数以为言。如闻茂顷来小知悔昔之非。今封茂为聊城王，以慰太皇太后下流下之念。"

又曰：任城威王彰，字子文。少善射御，膂力过人，手格猛兽，不避险阻。数从征伐，志意慷慨。太祖常抑之，曰：“汝不念读书慕圣道，而好乘汗马击剑，此一夫之用，何足贵也！”或谏彰读书，彰谓左右曰：“大丈夫一为卫、霍，将十万骑，驰沙漠，驱戎狄，立功建号耳，何能为博士耶？”

又曰：陈思王植，字子建。年十余岁，读诵《诗》、《论》及辞赋数十万言，善属文。太祖尝视其文，谓植曰：“汝倩人耳。”植跪曰：“言出为论，下笔成章，顾当面试，奈何倩人？”时邺铜雀台新成，太祖悉将诸子登台，使各为赋。植援笔立成，可观，太祖甚异之。性简易，不治威仪，舆马服饰，不尚华丽。每进见难问，应声而对，特见宠爱。

《蜀志》曰：鲁王永，字公初。永憎宦人黄皓，皓既信任用事，构永于后主，稍疏外永，至不得朝见者十余年。

《吴书》曰：南阳王和，字子孝。被谴之长沙，行过芜湖，有鹊巢于帆樯，故官僚闻之皆忧惨，以为樯非久安之象。或言《鹊巢》之诗有“积行累功，以致爵位”之言，今王至德茂行，当复国，傥神灵以此告寤人意乎！

《吴志》曰：鲁王霸，字子威，和同母弟也。和为太子，霸为鲁王，宠爱崇特，与和无殊。顷之，和、霸不穆之声闻于权耳，权禁断往来，假以精学。

又曰：齐王奋，字子扬。居武昌。权薨，太傅诸葛恪不欲诸王处江滨兵马之地，徙奋于豫章。奋怒，不从命，又数越法度。恪上笺谏曰：“帝王之尊，与天同位，是以家天下，臣父兄。大王宜上惟太伯顺父之志，中念河间献王、东海王强恭敬之节，下当存抑骄恣荒乱以为警戒。”

《晋书》曰：安平献王孚，世祖受禅，为太宰。一门三世，同时十人封王，二人世子。父子位极人臣，子孙咸居大官，出则旌旗节钺，入则貂蝉衮冕，自公族之宠未始有也。享年九十，然而夙夜滋恭，恒有履冰之惧。

又曰：安平王孚，武帝以孚明德属尊，当宣化树教，为群后作则，遂备置官属焉。又以孚内有亲戚，外有交游，惠下之费，而经用不丰，奉绢二千匹。及元会，诏孚舆车上殿，帝于阶迎拜。既坐，帝亲奉觞上寿，如家人礼。帝每拜，孚跪而止之。又给以云母辇、青盖车。孚虽见尊宠，不以为荣，常有忧色。

又曰：安平献王孚，性通和，以贞白自立，未尝有怨于人。陈留殷武有名于海内，尝罹罪谴，孚往省之，遂与同处分食，谈者称焉。

又曰：平原王干，字子良，宣帝子。太始元年，封平原王，邑一千三百户。四年，给鼓吹、驸马二匹，使服侍中之服。干不治国事，虽有爵禄，若不在身，所得俸秩，皆露积腐烂。齐王冏为长沙王乂所杀，干哭之哀，谓左右曰："宗室转衰，唯此儿最可，而复害之，从今殆矣！"

又曰：文帝崩，齐王攸率礼过哀，上以攸至孝毁甚。二年五月，文明皇太后亲临省攸，攸毁瘠尘黑，貌不可识，太后留攸慰抚，旬日还中。诏勉攸曰："若万一加以他疾，将复如何？宜远虑深思，不可专守一意，以陷于不孝。若复不从往言，当遣人监守饮食。"

又曰：武帝子乂，字仕庆。封长沙王。性果厉，有威断。初入洛，谓成都王曰："天下，先帝之业，王宜维之。"时齐王冏已至，闻乂言者皆惮之。

又曰：成都王颖，字章度，武帝子。后拜屯骑校尉，加散骑常侍。形状美而神明，少乃不知书。

又曰：梁孝王肜，宣帝子。拜大将军，领西戎校尉。因大会，语王铨曰："我从兄为尚书令，不能啖大脔。"铨知肜求为尚书令，答曰："下邳王为令，与天下共嚼啖大脔，故难公在此独嚼。"肜曰："长安大脔谁耶？"铨答："卢播是。"肜曰："是吾家吏，隐忍之耳。"铨曰："天下皆王家吏，王法可不复行之耶？"

又曰：齐王攸好学不倦，借人书，皆为治护。时迭有水旱，则出租秩，加贱以赈国人，须丰年乃收入本直。太康三年，诏：齐王攸当出方岳，遂抚其国，加都督青州，增封济南郡，备物典策，设轩悬之乐、六佾之舞，赐黄钺朝车乘舆之副。

《晋阳秋》曰：齐王冏辅政，士以牛酒郊劳，平原王干独赍百钱于怀贺之。

《晋中兴书》曰：谯王丞镇湘州，至武昌，释军备见王敦。敦因宴集，谓丞曰："大王雅素佳士，非将御才也。"丞曰："公未尽耳，安知铅刀不能一割！"丞以敦欲测其情，故发此言。敦果谓钱凤曰："彼不知惧而学壮语，此之不武，何能为。"听丞之镇。

又曰：武陵威王晞为桓温所收。忠敬王，少子也，被废后。新安王遵初封新宁王，年十二，受拜流涕，哀感左右。将军桓伊当造遵，遵恕门人曰："何通桓氏？"门人曰："桓伊与桓温疏宗，相见无嫌。"遵曰："我闻人姓木边，便欲杀之，况诸桓乎！"由是少称聪察。及长，辄凡退，无复名望。

《晋百官表》曰：王，古号也，夏、殷、周称王，金玺龟钮，纁朱绶，五时朝服，远游冠，佩山玄玉。

沈约《宋书》曰：彭城王义康，性好吏职，锐意文案，纠剔是非。凡所陈奏，入无不可，方伯并委义康授用，由是朝野辐凑，势倾天下。义康亦自强不息，无有懈倦。

又曰：南郡王义宣为荆州刺史。白皙，美须眉，长七尺五寸，腰带十围，多畜嫔媵，后房千余，尼媪数百，男女四十人。崇饰绮丽，费用殷广。

又曰：江夏王义恭，性嗜不恒，与时移变，自始至终，屡迁第宅。与人游款，意好亦多不终。而奢侈无度，不爱财宝。前废帝狂勃无道，义恭、元景等谋欲废立。永光元年八月，废帝亲率羽林兵于第害之，并其四子，时年五十三。断折义恭支体，分裂肠胃，挑取眼睛，以蜜渍之，谓之为鬼目粽。

又曰：衡阳王义季为荆州刺史。先是临川王义庆在任，巴蜀乱扰，师旅应接，府库空虚。义季躬行节俭，蓄财省用，数年间，还复充实。队主续丰母老家贫，无以充养，遂断不食肉。义季哀其志，给丰母月白米二斛、钱一千，并制丰啖肉。义季素拙书，上听使余人书启事，唯自署名而已。二十一年，征为都督南徐兖青冀幽六州诸军事、南兖州刺史。登舟之日，帷帐器服，诸应随刺史者，悉留之，荆楚以为美谈。

又曰：桂阳王休范进位司空。休范素凡讷，少知解，不为诸兄所齿遇。太宗常指左右人谓王景文曰："休范人才不及此，以我弟故，生使富贵。释氏愿生王家，良有以也。"

又曰：建平宣简王宏，字休度，文帝第七子也。少而闲素，笃好文籍。太祖宠爱殊常，为立第鸡笼山，尽山水之美。建平国，高他国一阶。

又曰：晋平王休祐，贪淫，好财色。在荆州列所营财货。以短钱一百赋民，田登，求白米一斛，皆令彻白，若折者，悉简。粜此米升一百。至时又不受米，平米责钱。凡诸求，皆如此。

萧子显《齐书》曰：竟陵王子良，字云英。少尚礼才好士，居不疑之地，倾意宾客，天下才学皆游集焉。

《后魏书》曰：河南王平原拜齐州刺史，善于怀抚，边民归附者千有余家。时岁频不登，齐民饥馑，平原以私米三千余斛为粥，以全民命。北州戍卒一千余人，还者皆给路粮。百姓咸称咏之。州民韩凝之等千余人诣阙讼之，高祖览而嘉叹。

又曰：任城王澄，字道镜。少好学。文明太后引见，诫厉之，顾谓中书令李冲曰："此儿风神秀发，德音闲婉，当为宗室领袖。"后为中书令，改授尚书。萧赜使庾荜来朝，荜见澄音韵遒雅，风仪秀逸，谓主客郎张彝曰："往魏任城以武见称，今魏任城乃以文见美也。"

又曰：安定王休，少而聪慧，治断有称。车驾南伐，领大司马。高祖亲行军，遇休以三盗人徇于军，将斩之，有诏赦之。休执曰："陛下亲御六师，跋涉野次，军行始尔，已有奸切，如其不斩，何以息盗，请必行刑，以肃奸慝。"诏曰："大司马执宪，诚应如是，但因缘会，朕闻王者之体，亦应有非常之泽，虽违军法，可特原之。"休乃奉诏。高祖谓司徒冯诞曰："大司马严而秉法，诸君不可不慎。"于是六军肃然。

又曰：永昌王健，姿貌魁壮，善弓马，达兵法，所征战常有大功。

才艺比陈留桓王，而智略过人。

又曰：临淮王彧，字文若。少有才学，时誉甚美。侍中崔光见彧，退而谓人曰："黑头三公，当此人也。"琅琊王诵，有名人也，见之未尝不心醉忘疲。

又曰：东平王匡，字建扶。性耿介，有气节。高祖器之，谓曰："叔父必能仪刑社稷，匡辅朕躬，今可改名为匡。"世宗即位，时茹皓始有宠，百寮微惮之。世宗曾于山陵还，诏匡陪乘，又命皓登车。皓褰裳将上，匡谏止，世宗推之令下。当时壮其忠謇。

又曰：广陵王羽，字叔翻。少而聪惠，有断狱之称，领廷尉。高宗幸羽第，与诸弟言曰："朕昨亲受民讼，始知广陵之明了。"咸阳王禧对曰："臣年为广陵兄，明为广陵弟。"高祖曰："我为汝兄，汝为羽昆，汝复何恨。"

又曰：彭城王勰，字产和。小而岐嶷，姿性不群。勰生而母潘氏卒。及有所知，启求追服，文明太后不许，乃毁瘠三年，不参吉庆。高祖大奇之。敏而耽学，不舍昼夜，博综经史，雅好属文。从征沔北，破新野、南阳。高祖令勰为露布，勰辞曰："臣闻露布者，布于四海，露之耳目，必须威示天下。以臣小才，岂是大用。"高祖曰："但可为之。"及就，尤类帝文，有不见者，咸谓御笔。高祖曰："汝所为者，人谓吾制，非兄则弟，谁能辩之。"

《北史》《齐书》曰：安德王延宗，文襄第五子。母陈氏，广宁王伎也。延宗幼为文宣所养，年十二，犹骑置腹上，令溺已齐中。抱之曰："可怜，止有此一个。"问欲作何王，对曰："欲冲天王。"文宣问杨愔，愔曰："天下无此郡名，愿使安于德。"于是封安德焉。

《隋书》曰：杨雄，高祖族子也。初封清漳王。仁寿初，高祖曰："清漳之名，未允声望。"命职方进地图，上指安德郡以示群臣曰："此号足为名德相称。"于是改封安德王。

《唐书》曰：纪王慎为贝州刺史。慎少好学，长于文吏，皇族中与齐王贞齐名，时人号为纪、越。

贾谊《书》曰：高皇帝分天下以封有功之臣，反者如蝟毛而起，高皇帝以为不可，是故去不义诸侯，空其国，择良日，立诸子洛阳上东门之外，诸子毕王而天下乃安。

蔡邕《独断》曰：汉制皇子封为王，其实诸侯也。周末诸侯，或称王故以王号加之，总名诸侯，法律家皆曰列侯。天子大社，以五色土为坛。皇子封为王者，受天子太社之土，以所封之方色，东方受青，南方受赤，他以其方色。藉以白茅，归国以立社稷，谓之茅土。

王妃

《史记》曰：赵王友以诸吕女为后，弗爱，爱他姬。诸吕女妒怒，谗之太后，诬以罪。太后怒，以故召赵王。赵王至，置邸，不见，命卫士围收之，弗与食。赵王饿，乃歌曰："诸吕用事兮刘氏危，迫胁王侯兮强授我妃。我妃既妒兮诬我以恶，谗女乱国兮上曾不寤。"

《续汉书》曰：乐安陈夫人，孝质皇帝母也。家本魏郡，少以伎入孝王家，得幸，生质帝。梁冀欲专国权，令帝母不得至京都。又帝短祚，是以外家无他宠。帝拜夫人为王妃。

范晔《后汉书》曰：董卓置弘农王于阁上，使郎中令李儒进鸩。王乃与妻唐姬及宫人别，坐者皆歔欷。王谓姬曰："卿王者妃，势不复为吏民妻。自爱，从此长辞！"遂饮药而死，时年十八。唐姬，颍川人也。王薨，归乡里。父欲嫁之，姬誓不许。及李傕破长安，遣兵抄关东，略得姬。傕因欲妻之，不听，而终不自名。尚书贾诩知之，以状白献帝。帝闻感怆，乃下诏迎姬，置园中，使侍中持节拜为弘农王妃。

《魏志》曰：中山恭王衮，衮得病，诏遣太医视疾。又遣太妃、沛王林并就省疾。

又曰：彭城王据，建安十六年，封范阳侯。以环太妃彭城人，徙封彭城。

《吴志》曰：吴主孙权谢夫人，会稽山阴人也。父。权聘以为妃，爱幸有宠。后权纳姑孙徐氏，欲令谢下之，不肯，由是失志，早卒。

又曰：吴王孙权徐夫人，吴郡富春人也。祖父真，与权父坚相亲，坚以妹妻真，生琨。琨生夫人，初适同郡陆尚。尚卒，权为讨虏将军在吴，娉以为妃，后母养子登。后权迁移，以夫人妒忌，废处吴。积十余年，寻卒。

臧荣绪《晋书》：贾充前妻李氏生二女荃、濬。禁锢解，荃等屡请充迎其母，而父不判。充当镇关中，屯军城西，为供帐，受百官饯。荃、濬遂突出于坐中，叩头流血，诉充并陈说群客以母应还之意。荃是齐献王之妃，众宾皆惊起散出。充甚愧愕。

《晋中兴书》曰：海西李皇后庾氏，字道怜，司空冰女也。初为海西王妃，海西即位，拜为皇后。泰和元年，崩，葬敬平陵。海西公夫人无子。

又曰：简文皇后王氏，字兰姬。后以冠族，太宗纳焉。初为会稽王妃，生子道生，为世子。并失太宗意，后及道生俱被幽废，以忧薨。烈宗践祚，追尊曰顺皇后。

又曰：中宗母太妃夏侯氏，字光姬，一字铜环。太妃为恭王妃，生中宗。王薨，中宗嗣立，称王太妃。永嘉元年，薨，还葬琅琊。

又曰：元敬皇后虞氏，字孟母，济阳外黄人。中宗之为王，纳后为妃。永嘉六年，薨。

又曰：康献皇后褚氏，字蒜，大傅裒之女也。后以名家，入为琅邪王妃。生孝穆皇帝。

萧子显《齐书》曰：隋郡王子隆，字云兴。娶尚书令王俭女为妃。上以子隆能属文，谓俭曰："我家东阿重出，实为皇家蕃屏。"

《后魏书》曰：元匡为太宗正卿、河南邑中正，奏"亲王及始蕃、二王蕃妻悉有妃号，而三蕃已下皆谓妻，上不得同为妃名，而下不如五品已上有命妇之号，窃以为疑。"诏曰："夫贵于朝，妻荣于室，妇人无定，升降从夫。三蕃既启王封，妃名亦同等。妻者，齐也，理于纪齐，可从妃例。"自是三蕃王妻名号始定。

又曰：阳平王显，诏曰："显所生亲李，诞育懿胤，仪形蕃国，母缘子贵，义著《春秋》。可授阳平王太妃，以申典例。"

太平御览卷第一百五十二 皇亲部十八

公主上

《易·泰卦》曰：帝乙归妹，以祉元吉。妇人谓嫁曰归。泰者，阴阳交泰之时，女随尊位履中。居顺，帝乙归妹，诚合斯义。

《尚书·尧典》曰：厘降二女于妫汭，嫔于虞。注云：降，下也。嫔，妇也。《楚辞》曰：帝子降兮北渚，目渺渺兮愁予。王逸注曰：帝子，尧子也。

《毛诗》曰：《何彼秾矣》，美王姬也。虽则王姬亦下嫁于诸侯，车服不系于其夫下。王后一等，犹执妇道，以成肃雍之德也。“何彼秾矣？棠棣之华。曷不肃雝？王姬之车。何彼秾矣？华如桃李。平王之孙，齐侯之子。”

《春秋左传》曰：襄二十五年曰：“昔虞阏父为周陶正，以服事我先王。阏父，舜之后，当周之兴，阏父为武王陶正。我先王赖其利器用也，与其神明之后也，舜，圣，故谓之神明。庸以元女大姬配胡公，庸，用也。元女，武王之长女。胡公，阏父之子满也。而封诸陈，以备三恪。”周得天下，封夏、殷二王，后又封舜后，谓之恪，并二王，后为三国。其礼转降，示敬而已，故曰三恪。

又《庄元年》曰：单伯送王姬，王将嫁女于齐，命鲁为主，故单伯送天子嫁女于诸侯，使同姓诸侯主之。不亲昏，尊卑不敌。筑王姬之馆于外。

《公羊传》曰：天子嫁女于诸侯，天子至尊，不自主婚，必使诸侯同姓者主之。

《史记》曰：婺女，天孙也。

又曰：公叔相魏，尚魏公主，而害吴起。公叔之仆曰：“起易去也。”魏相曰：“奈何？”其仆曰：“吴起为人节廉而自喜名也。君因先与武侯言曰：夫吴起贤人也，而侯之国小，又与强秦壤界，窃恐吴起之无留心也。侯即曰：奈何！因谓侯曰：恐试延以公主，起有留心则必受，无留心则必辞侯，以此卜之。君因召吴起而与归，即令公主怒而轻君。起见公主之轻君也，则必辞。”于是吴起见公主之贱魏相，果辞魏武侯。魏武侯疑之而不信也。

又曰：李斯长男由为三川守。诸男皆尚秦公主，诸女悉嫁诸公子。由告归咸阳，斯置酒于家，百官长皆前为寿，门庭车骑以千数。

《汉书》曰：单于兵强，数苦北边。上问娄敬，敬曰：“陛下诚能以嫡公主妻单于，厚奉遗之，彼知汉女送厚，蛮夷必慕，以为阏氏，生子必为太子。岂闻外孙与大父抗礼哉？”

又曰：周勃下廷尉，吏侵辱之。勃以千金与狱吏，狱吏乃书牍背示之曰：“以公主为证。”公主，孝文女也，勃子胜尚之，故狱吏教引为证。

又曰：宣平侯张敖尚惠帝姊鲁元公主，有女。惠帝即位，吕太后欲为重亲，以公主女配帝。

又曰：孝武卫皇后，字子夫。为平阳主讴者。武帝即位，数年无子。过平阳主，既饮，讴者进，帝独说子夫。帝起更衣，子夫侍尚衣轩中，得幸。还坐甚忻，赐平阳主金千斤。子夫上车，主附其背曰：“行矣！强饭勉之。即贵，愿无相忘。”

又曰：乌孙以马千匹娉女汉。元封中，遣江都王建女细君为公主以妻焉。赐乘舆服御物，为备官属、侍御数百人，赠送甚盛。乌孙昆莫以为右夫人。公主至其国，自治宫室。昆莫年老，言语不通，公主悲愁，自为作歌。天子闻而怜之，遣使持帷帐锦绣给遗焉。

又曰：林虑公主子昭平君尚武帝女夷安公主。林虑病困，以金千斤、钱千万为昭平君豫赎死罪，帝许之。林虑公主卒，昭平日骄，醉杀主傅母，系狱。廷尉上请，左右为言：“前入赎，陛下许之。”帝曰：“吾弟老，有是一子，死以嘱我。”故于是为之垂涕良久，曰：“法令，先帝所造，因弟故而诬先帝之法，吾何面目入高庙乎！”遂可其奏。

又曰：昭帝始立，年八岁，帝长姊鄂邑盖长公主居禁中共养帝。盖公主私通客河间丁外人。上与大将军闻之，不绝主欢，有诏外人侍长公主。

又曰：初，帝姑馆陶公主号窦大主，堂邑侯陈午尚之。午死，主寡居，年五十余矣。董偃始与母以卖珠为事，年十三，随母出入主家。左右言其姣好，召见曰："吾为母养之。"因留第中，教书计相马御射，颇读传记。至年十八冠，出则执辔，入则侍内。为人温柔爱人，以故诸公接之，名称城中，号曰董君。

又曰：梁王以至亲故，得自置相、二千石，出入游戏，僭于天子。天子闻之，心不善。太后知帝弗善，乃怒梁使者，弗见，按责王所为。梁使见太长公主如淳曰：景帝姊也。而泣曰："何梁王为人子之孝，为人臣之忠，太后曾不省也。"长公主具以告太后，太后喜，为帝言之，帝心乃解。

又曰：乌孙公主遣女来，至京师学鼓琴。汉遣侍郎乐奉送主女过龟兹。龟兹前遣人至乌孙求公主女未还，会女过龟兹，龟兹王留不遣，复使使报公主。公主许之。后公主上书，愿令女北宗室入朝。龟兹王绛宾亦爱其夫人，上书言得尚汉外孙为昆弟，愿与公主女俱入朝。后数来朝贺，乐汉衣服制度。归其国，治宫室，作徼道周卫，出入传呼如汉家仪。外国胡人皆曰："驴非驴，马非马。"若龟兹王所谓骡也。

又曰：薛宣封为侯时，妻死，而敬武马公主寡居，上令宣尚焉。及宣免归故郡，公主留京师。后宣卒，公主上书，愿还宣葬延陵，奏可。其子况私从燉煌归长安，会赦，因留与主私乱。

《后汉书》曰：汉制，皇女皆封县公主，仪服同列侯。其尊崇者，加号长公主，仪服同蕃王。诸王女皆封县、亭公主，仪服同乡、亭侯。肃宗唯特封东平宪王苍、琅琊孝王京女为县公主。其后安帝、桓帝妹亦封长公主，同之皇女。皇女封公主者，所生之子袭母封为列侯，皆传国于后。乡、亭之封则不传袭。

又曰：光武姊湖阳公主新寡，帝与共论朝臣，微观其意。主曰："宋公威仪德器，群臣莫及。"帝曰："方且图之。"后宋弘被引见，帝令主坐屏风后，因谓弘曰："谚言贵易交，富易妻，人情乎？"弘曰："臣闻贫贱之交不可忘，糟糠之妻不下堂。"帝顾主曰："事不谐矣。"

又曰：董宣为洛阳令，时湖阳公主苍头白日杀人，因匿主家，吏不能得。及主出行，而以奴骖乘，宣于夏门候之，乃驻车叩马，以刀画地，大言数主之失，叱奴下车，因杖杀之。主即还宫诉帝，帝大怒，诏宣，欲棰杀之。宣叩头曰："愿乞一言而死。"帝曰："欲何言？"宣曰："陛下圣德中兴，而纵奴杀良民，将何以治天下乎？臣不须棰，请得自杀。"即以头击楹，血被面。帝令小黄门持之，使宣叩头谢主，宣不从。帝强使顿之，宣两手据地，终不肯俯。主曰："文叔为白衣时，藏亡匿死，吏不敢至门。今为天子，威不能行一令乎？"帝笑曰："天子不与白衣同。"

又曰：邓晨初娶世祖姊元。及汉兵起，晨将宾客会棘阳，兵败。世祖即位，封晨房子侯。帝又感悼姊没于乱兵，追封谥元为新野节义长公主，立庙于县西。封晨长子汎为吴房侯，以奉公主之祀。

又曰：窦宪，字伯度。女弟立为皇后。宪恃宫掖声势，遂以贱直请夺沁水公主园田，主逼畏，不敢计。后肃宗驾出过园，指以问宪，宪喑呜不能对。

又曰：班始尚清河孝王女阴城公主，顺帝之姑，贵骄淫乱，与所嬖人居帷中，召始入，使伏床下，始积怒。永建五年，遂拔刀杀主。帝大怒，腰斩始，同产皆弃市。

又曰：窦融长子穆尚内黄公主。穆子勋，尚东海恭王强女比阳公主。友子固，亦尚世祖女涅阳公主。窦氏一公，两侯三主，亲戚、功臣中莫与为比。

又曰：皇女义王，建武十五年封舞阳公主，适延陵乡侯太仆梁松。舞阳县属颍川郡。松，梁统之子。其传云：尚光武女舞阳公主。又邓训传，舞阴公主子梁扈有罪，与交通，此云舞阳，误。松坐诽谤诛。

又曰：皇女中礼，十五年封涅阳公主，适显亲侯大鸿胪窦固，涅阳属南阳郡。显亲县属汉阳郡。固，窦融子。肃宗尊为长公主。

皇女红夫，十五年封馆陶公主，适驸马都尉韩光。光坐与淮阳王延谋反诛。

又曰：馆陶公主为子求郎。明帝不许，而赐钱千万，谓群臣曰：“郎官，上应列宿，出宰百里，有非其人，则民受其殃。是以难之也。”

又曰：明帝永平二年，少府阴就子丰杀妻郦邑公主，就坐自杀。

《续汉书》曰：印玺绶，王公玉匣银缕，夫人、贵人、长公主铜缕。

谢承《后汉书》曰：杨乔为尚书，容仪伟丽，数上书言政事。桓帝爱其才貌，诏妻以公主。乔固让，不听，遂闭口，不食，七日而死。

《魏志》曰：明帝爱女淑薨，追封谥淑为平原公主，为之立庙。

《魏略》曰：初，东阿王植未到关，自念有过，宜当谢帝。乃留其从官着关东，将两三人微行，见清河公主，欲因主以谢。而关吏以闻，帝使人逆之，不得。太后以为自杀也，对帝泣下。

《魏末传》曰：何晏妇金乡公主，即晏同母妹。公主贤明，谓其母沛王太妃曰：“晏为恶日甚，将不保身。”母笑曰：“汝得无妒晏耶！”俄而晏死，有一男，年五六岁，宣王遣人录之。晏妇藏其子王宫中，向使者搏颊，乞之，使者具以白宣王。宣王亦闻晏妇有先见之言，心常嘉之，且为沛王故，特原不杀。

《吴志》曰：朱据，字子范，吴郡人。有姿貌。乃尚公主，拜左将军，封云阳侯。谦虚接士，轻财好施。

《晋书》曰：王济，字武子。少知名，尚武帝妹常山公主。公主妒忌，两目失明，终无子。

又曰：武帝敕卫瓘第四子宣尚繁昌公主，瓘自以诸生之故胄，婚对微素，抗表固辞，不许。

又曰：孙秀子会，年二十为射声校尉。尚帝女河东公主。公主母丧未期，便纳娉礼。会形貌短陋，奴仆之下者，初时与富室儿于城西贩马。百姓忽闻其尚主，莫不骇愕。

又曰：桓温尚南康公主。温与庾翼友善，恒相期以宁济之事。翼尝荐温于明帝，曰：“桓温少有雄略，愿陛下勿以常婿畜之，宜委以方郡之任，托其弘济艰难。”翼卒，以温为都督荆梁四州军事。

又曰：武帝为晋陵主求婿，王珣曰：“谢混虽不及刘真长，不减王子敬。”帝曰:“如此便足。”会帝崩,袁崧欲以女妻之,珣曰:“卿莫近禁脔。”

臧荣绪《晋书》曰:贾后二女,宣华,女彦。封宣华弘农郡公主。女彦年八岁,聪明岐嶷,便能书学,讽诵《诗》、《论》。病困,贾后欲议封,女彦语后曰:“我尚小,未及成人,礼不用公主。”及薨,谥哀献皇女,以长公主礼送葬。

又曰:孝怀詹事裴绍息猷尚荥阳长公主。绍字承伯,秀从兄子。猷不愿婚,闻诏在中书,即娉温峤妹。中丞傅宣奏猷大不敬。

又曰:帝之姑、姊、妹皆为长公主,加绿绶。

《晋中兴书》曰:王敦,字处冲。尚武帝女襄城公主。天下大乱,敦将还台,悉以主嫁时侍婢百余人配给将士,金宝一时弃捐。

又曰:临海公主,惠帝第四女,羊皇后所生。初封清河公主,未出,适值永嘉乱,传卖长城民钱温。温以送女,女遇主甚酷。主自告吴兴太守周礼以闻,于是杀温。及女适谯国曹统。

又曰:南康宣公主兴男,明帝长女,庾后所生。初封遂安县主,适桓温。

又曰:新安愍公主道福,简文第三女,徐淑媛所生。适桓济,重适王献之。

《晋赞》曰:初,卫瓘子宣尚世祖女繁昌公主,宣遇黄门不厚,致有谗构。杨骏欲专朝政,讽内外夺宣公主,瓘由此去位。上会诸妃主议,问主:“宣待汝薄,今欲离,汝意云何?”主素讷,不能自申,但泣,泣是不欲离。诸主因言:“泣是妇人重于再出,故泣耳。”于是遂离。与姑妹书称故新妇。

《宋书》曰:公主纳征,虎、豹皮各一。

又曰:王偃,字子游。母晋孝武帝女弟鄱阳公主,宋受禅,封永成君。尚宋武帝第二女吴兴长公主讳荣男。常倮偃,缚诸庭树,时天夜雪,噤冻久之,偃兄恢排阁告主,乃免。偃谦虚恭谨,不以世事关怀。位右光禄大夫,赠开府仪同三司。子藻,位东阳太守。尚文帝第六女临川长公主讳英媛。公主性妒，而藻别爱左右人吴崇祖。景和中，主谗之于废帝，藻下狱死，主与王氏离婚。

又曰：何瑀尚武帝少女豫章康长公主讳次男。公主先适徐乔，美容色，聪敏有智数，太祖世，礼待特隆。瑀豪竞于时，与平昌孟灵休、东海何勖等，并以舆马相尚。公主与瑀情爱隆密，何氏疏戚，莫不沾被恩纪。

又曰：赵倩尚文帝第四女海盐公主。甚爱重，倩尝因言戏以手击主，事上闻文帝，离婚。

又曰：褚湛之，字休玄，秀之子也。尚宋武第七女治安公主，拜驸马都尉、著作佐郎。公主薨，复尚武帝第五女吴郡宣公主。诸尚主者，并因世胄，不必皆有才能。湛之谨实有意干，故为文帝所知，历显位。

太平御览卷第一百五十三 皇亲部十九

公主中

沈约《宋书》曰：山阴公主淫恣过度，谓帝曰："妾与陛下男女虽异，俱托体先帝，陛下六宫百数，而妾唯一驸马，事不均平乃如此。"帝为主置面首左右三十人，进爵会稽郡长公主，秩同郡王，食汤沐邑二千户，给鼓吹一部，加班剑二十人。帝每出，主与朝臣常共陪辇。主以吏部褚渊貌美，就帝请以自侍，帝许之。渊侍主十日，备见逼迫，誓死不回，遂得免也。

又曰：徐逵之尚武帝长女会稽宣公主，为彭城、沛二郡太守。子湛之，字孝源。幼孤，为武帝所爱，常与江夏王义恭寝食不离帝侧。永初三年，诏以"公主一门嫡长，湛之致节之胤，封枝江县侯。"数岁，与弟淳之共车行，牛奔车坏，左右人驰来赴之。湛之先令取弟，众咸叹其幼而有识。及长，颇涉文义。事祖父母及母，以孝闻。元嘉中，为黄门侍郎。祖母年老，辞其朝直，不拜。后拜秘书监。会稽公主身居长嫡，为文帝所礼，家事大小，必谘而后行。西征谢晦，使公主留止台内，总摄六宫。每不得意，辄号哭，上甚惮之。初，武帝微时，贫陋过甚，常往新洲伐荻，有衲布衣袄等，皆是敬皇后手自作，武帝既贵，以此衣付公主，曰："后世若有骄奢不节者，可以此衣示之。"湛之为大将军彭城王义康所爱，与刘湛之等颇相附。及刘湛之得罪，事连湛之，文帝大怒，将致大辟。湛之忧惧无计，以告公主。公主即日入宫，及见文帝，因号哭下床，不复施臣妾之礼，以锦囊盛武帝衲衣，掷地以示上曰："汝家本贫贱，此是我母为汝父作此衲衣，今日有一顿饱食，便残害我儿子！"上亦号哭，湛之由此得全。

又曰：王僧绰幼有大成之度，众便以国器许之。好学，练悉朝典。年十三，父昙首卒，文帝引见，拜便流涕哽咽，上亦悲不自胜。袭封豫宁县侯，尚文帝长女东阳献公主。初为江夏王义恭司徒参军，累迁尚书吏部郎，参掌大选，宏识流品，任举，咸尽其分。

又曰：宋世诸公主，莫不严妒，明帝每疾之。湖熟令袁慆妻以妒赐死，使近臣虞通之撰《妒妇记》。光禄大夫江湛孙敩尚孝武帝女，上乃使人为敩作表让婚，曰："伏承诏旨，当以临海公主降嫔。臣寒门悴族，人凡质陋，闾阎有对，本隔天姻。如臣素流，家贫业寡，年近将冠，皆已有室，荆钗布裙，足得成礼。自晋氏已来，配尚公主者，虽累经美胄，亟有名才，至如王敦慑气，桓温敛威，真长佯愚以固辞，子敬灸足以求免，王偃无仲都之质，而裸雪于北阶，何瑀阙龙工之姿，而见投于深井，谢庄逌自害于矇腹，殷冲几不免于强鉏。制勒甚于仆隶，防闲过于婢妾。行来出入，人理之常，当待宾客，朋从之意。而令扫辙息驾，无窥门之期；废筵抽席，绝接对之理。非唯交友离异，仍乃兄弟疏阔。姆奶争媚，相劝以严，妮媪竞前，相谄以急。其间又有应答问讯，卜筮师母，乃至残饮余食，诘辩与谁，衣被故弊，必责头领。或进不获前，或入不听出。不入则嫌于欲疏，求出则疑有别意，召必以三晡为期，遣必以日出为限，夕不见晚魄，朝不识曙星。至于夜步月而弄琴，昼拱袂而披卷，一生之内，与此长乖。又声影才闻，则少婢奔迸，裾袂向席，则丑老丛来。左右整刷，以疑宠见嫌；宾客未冠，以少容致斥。如臣门分，代荷殊荣，足定家声，便预提拂，清官美宦，或由才升，一叨婚戚，咸成恩假。是以仰冒非宜，披露丹质。非唯上陈一己，规全身之愿；实乃广申诸门受患之切。伏愿天慈照察，特赐蠲停。若恩制颁降，披请不申，便当刑肤剪发，投山窜海。"帝以此表遍示诸主，以讽切之，并为戏笑。

《梁书》曰：武帝诸女，临安、安吉、长城三主并有文才，而安吉最得令称。

又曰：王琳，字孝璋。位司徒左长史。琳齐代娶梁武帝妹义兴昭长公主，有子九人，并知名。长子铨，字公衡。美风仪，善占吐，尚武帝女永嘉公主，拜附马都尉。铨虽学业不及弟锡，而孝行齐焉。时人以为锡、铨二王，可谓玉昆金季。母长公主疾，铨形貌瘠贬，人不复识。及居丧，哭泣无常，因得气疾。位侍中丹阳尹，卒于卫尉卿。

又曰：柳偃，字彦游。年十二，梁武帝引见，诏问："读何书？"对曰："《尚书》。"又问："有何美句？"对曰："德惟善政，政在养民。"众咸异之。诏尚武帝女长城公主，拜驸马都尉。

又：谢览，字景涤。尚齐钱唐公主，拜驸马都尉。武帝平建业，朝士皆拜，览时二十余，为太子舍人，长揖而已。意气闲雅，视瞻聪明，武帝目送良久，谓徐勉曰："觉此生芳兰竟体，想谢庄正当如此。"自此乃被赏味。

又曰：谢眺及殷睿素与梁武以文章相得。帝以大女永兴公主适睿子钧，第二女永世公主适眺子谟。及帝为雍州，二女并暂随母向州。及帝即位，二公主始随内还。武帝意薄谟，又以门单，欲更适张弘策子，弘策卒，又以与王志子諲。而谟不堪叹恨，为书状如诗赠公主。公主以呈帝，甚加矜叹，而妇终不得还。寻用谟为信安县，稍迁王府谘议。

又曰：殷睿子钧尚武帝永兴公主。自宋、齐已来，公主多骄淫无行，永兴公主加以险虐。钧形貌短小，为公主所憎，每被召入，先满壁为殷睿字，钧辄流涕以出，主命婢束而反之。钧不胜怒而言于帝，帝以犀如意击主，碎于背，然犹恨钧。

又曰：张缵，字伯绪。缵年十一，尚武帝第四女富阳公主，拜驸马都尉，封利豪亭侯。召补国子生。起家秘书郎，时年十七，身长七尺四寸，眉目疏朗，神采爽发。武帝异之，尝曰："张壮武云，后八世有逮吾者，其此子乎！"

《后魏书》曰：金根车，公主封君皆乘之，但右騑而已。

又曰：太祖尝引崔玄伯讲论《汉书》，至娄敬说高祖欲以鲁元公主妻匈奴，善之，嗟叹良久。是以诸公主皆厘降于宾附之国。

又曰：陆昕之风望端雅，尚常山公主，拜附马都尉。公主奉姑，有孝称。初与穆氏琅琊长公主兹并为女侍中，又性不妒忌，以昕之无子，为纳妾媵，而皆育女。公主有三女，无男，以昕之从兄希道第四子彰为嗣。

又曰：萧宝寅尚南阳长公主，赐帛一千匹，并给礼具。公主有妇德，事宝寅尽肃雍之礼，好合虽积年，而敬事不替。宝寅每入室，公主必立以待之，相遇如宾，自非太妃疾笃，未曾归休。宝寅器性温顺，自处以礼，奉敬公主，内外谐穆。清河王怿亲而重之。

又曰：冯穆尚顺阳公主。宋翻为河阴令。公主家奴为劫，摄而不送。翻将兵围主宅，执主婿冯穆，步驱向县。时正炎暑，立之日中，流汗沾地。

又曰：陈留公主寡居，泰州刺史张彝意愿尚主，主亦许之。仆射高肇亦望尚主，主意不可。肇怒，谮彝于世宗。停废数年。

又曰：高道穆为御史中尉。庄帝姊寿阳公主行犯清路，执赤棒卒呵之不止，穆令棒破其车。公主深以为恨，泣以诉帝。帝谓主曰："高中尉清贞之人，彼所行者，公事，岂可以私责之！"

又曰：宿石，元明帝时拜中垒将军，尝从猎，帝亲欲射虎，石扣马谏，引帝上高原上。后虎腾跃杀人。诏：石为忠臣，切谏，免虎之害。赐马一匹，尚上谷公主，拜驸马都尉。

又曰：刘昶尚武邑公主，主薨，更尚建兴公主，又尚平阳长公主。及昶终，与三公主同茔异穴。

又曰：刘辉，字重昌。正始初，尚兰陵长公主，世宗第三姊也。公主颇严妒，辉尝私幸主侍婢，有身，主笞杀之，剖其孕子，节解以草装，实婢腹，裸以示辉。辉遂忿憾，疏公主。公主姊因入听讲，言其故灵太后。太后初敕清河王怿穷其事，怿与高阳王雍、广平王怀奏其不知之状，无可为夫妇之礼，请离婚，削除封位。太后从之。

又曰：嵇拔世为讫奚部帅，其父根，皇始初率众归魏太祖，嘉之。拔尚华阴公主，生子敬。元绍之逆也，公主有功，超授敬大司马，封长乐王。

又《蠕蠕》曰：太昌元年六月，阿那环遣使朝贡，并为长子请尚公主。孝武诏以范阳王诲之长女琅琊公主许之，未及成婚，帝入关东、西魏竞结阿那环为婚好，西魏文帝乃以孝武时舍人元翌女称为化政公主，妻那环兄弟塔寒。

又曰：阿那瓌遣使朝贡，复因求婚。诏发常山王隲妹乐安公主许之，改封为兰陵郡长公主。阿那环奉马千匹以为娉礼，请迎公主。诏兼宗正卿元寿、兼太常卿孟韶等送公主。自晋阳北迈，资用器物，咸出丰渥。阿那环遣迎公主于新城之南。

《陈书》：沈君理美风仪，博涉，有识览。陈武帝镇南徐州，深见器重，命尚会稽长公主。及帝受禅，拜驸马都尉，封永定亭侯。出为吴郡太守。时兵革未宁，百姓荒弊。君理总集士卒，修饬器械，深以干理见称。

又曰：蔡凝，字子君。美容止。及长，博学，有文辞，尤工草隶。累迁太子中舍人。以名家子选尚信义公主，拜驸马都尉、中书侍郎，迁晋陵太守。及将之郡，更令左右修中书廨宇，谓宾友曰："庶来者无劳。"寻授吏部侍郎。凝年位未高，而才地为时所重，常端坐西斋，自非素贵名流，罕所交接，趣时者多讥焉。宣帝常谓凝曰："我欲用义兴主婿钱肃为黄门郎，卿意何如？"凝正色曰："帝戚恩由圣旨，则无所复问。若格以佥议，黄散之职，故须人门兼美。"帝默然而止。肃闻而不平，义兴公主日谮之。寻免官，迁交阯。

《后周书》：尉迟侯兜，性弘裕，有鉴识，尚太祖姊昌乐大长公主，生逈。及侯兜病且卒，呼二子，抚其首曰："汝等并有贵相，但恨吾不见尔，各宜勉之。"

《隋书》曰：文帝时，兰陵公主寡，上为求夫，选亲卫柳述及萧玚等以示相者孙鼎。鼎曰："玚当封侯，而无贵妻之相；述亦通显，而守位不终。"上曰："位由我耳。"遂以主降述。

又曰：兰陵公主，字阿五，高祖第五女也。美姿仪，性婉顺，好读书，高祖于诸女中特所钟爱。初嫁仪同王奉孝，卒，适河东柳述，时年十八。诸姊并骄踞，主独折节遵于妇道，事舅姑甚谨，遇有疾病，必亲奉汤药。高祖闻之大悦。由是述渐见宠遇。初，晋王广欲以主配其妃弟萧玚，高祖初许之，后遂适述，晋王因不悦。及述用事，弥恶之。高祖既崩，述徙岭表。炀帝令主离绝，将改嫁之。公主以死自誓，不复朝谒，上表请免主号，与述同徙。帝大怒曰：“天下岂无男子，欲与述同徙耶？”主曰：“先帝以妾适于柳家，今有罪，妾当从坐，不愿陛下屈法申恩。”帝不从，主忧而卒。

又曰：南阳公主，炀帝长女也。美风仪，有志节，造次必以礼。年十四，嫁许国公宇文述子士及，以谨肃闻。及述病且卒，主亲调饮食，手自奉上，世以此称之。及宇文化及逆弑，主随至聊城，而化及为窦建德所败，士及自济北西归大唐。时隋代衣冠并在其所，建德引见之，莫不惶惧失常，唯主神色自若。建德与语，主自陈国破家亡，不能报怨雪耻，泪下盈襟，声辞不辍，情理切至。建德及观听者莫不为之动容陨涕，咸肃然敬异焉。及建德诛化及，时主有一子，名禅师，年且十岁。建德遣武贲郎将于士澄谓主曰：“宇文化及躬行弑逆，人神所不容。今将族灭其家，公主之子，法当从坐，若不能割爱，亦听留之。”主泣曰：“武贲既是隋室贵臣，此事何须见问！”建德竟杀之。主寻请建德削发为尼。士及，右卫将军述之子也。以父勋封新城县公。隋文帝常引入卧内与语，奇之，令尚炀帝女南阳公主。

太平御览卷第一百五十四 皇亲部二十

公主下

《唐书》：窦抗，母隋文帝万安公主。抗在隋以帝甥甚见崇宠。文帝幸其第，命抗及公主酣宴，如家人之礼也。

又曰：隋炀帝至雁门，为突厥所围，萧瑀进谋曰："臣闻始毕托校猎至此，义成公主初不知其有违背之心。且在蕃夷俗，可贺敦知兵马事。昔汉高祖解平城围，乃是阏氏之力。况义成以帝女为妻，必恃大国之援。若发一单使以告义成，假使无益，事亦无损。"炀帝从之，发使诣可贺敦谕旨。俄而突厥解围而去，于后获其谍人，云：义成公主遣使告急于始毕，称北方有警，由是突厥解围，盖义成公主之助也。

又曰：凡公主封，有以国名者，郧国、代国、霍国是也；有以郡名者，平阳、宣阳、东阳是也；有以美名者，太平、乐安、长宁是也。唯玄宗之女，皆以美名名之。

又曰：高祖平阳公主起义兵。公主于鄠县庄散家资，招引山中亡命，得数百人，以应高祖。略地至盩厔、武功、始平，皆下之。每申明法令，禁兵士无得侵掠，故远近奔赴者甚众，得兵七万人。公主间使以闻，使者至，高祖大悦。及义军渡河，公主引精兵万余与太宗会于渭北，与其驸马柴绍各置幕府，营中号为娘子军。京城平，封为平阳公主，以独有功，每赏赐异于他主。及薨，谥曰昭。

又曰：窦诞，窦抗第三子也。尚高祖女襄阳公主。窦氏自武德至今，再为外戚，尚主者八人，女为王妃六人，唐世贵盛，莫与为比。

又曰：房玄龄之子遗爱，尚高阳公主。玄龄病，上表谏征辽。太宗见表，谓玄龄子妇高阳公主曰："此人危惙如此，尚能忧我国家。"

又曰：房遗爱尚太宗女高阳公主，拜驸马都尉。初，主有宠于太宗，遗爱既骄恣，谋黜遗直而夺其封爵。永徽中，诬告遗直无礼于己。

高宗令长孙无忌鞫其事，因得公主与遗爱谋反之状。遗爱伏诛，公主赐自尽。

又曰：杜如晦之子荷，以功臣子尚城阳公主，赐爵襄阳郡公，授尚乘奉御。贞观中，与太子承乾谋反，坐斩。

又曰：高士廉子以履行尚太宗女东阳公主，拜驸马都尉。遭父艰，居丧以孝闻。太宗手诏敦谕曰："古人立孝，毁不灭身。闻卿绝粒，殊乖大礼，幸抑摧裂之情，割伤生之累。"俄起为卫尉卿。

又曰：萧瑀子锐，尚太宗襄城公主。公主雅有礼度，太宗每令诸公主，凡厥所为，皆视其楷则。又令所司别为营第，公主辞曰："妇人事舅姑如事父母，若居处不同，则定省多阙。"再三固让，乃止。

又曰：王珪子敬直，尚南平公主。礼有妇见舅姑之仪，自近代公主出降，此礼皆废。珪曰："今主上钦明，动循法制。吾受公主谒见，岂为身荣，所以成国家之美耳。"遂与其妻就位而坐，令公主亲执笲，行盥馈之道，礼成而退。是后公主下降有舅姑者，皆备妇礼，自珪始也。

又曰：贞观中，长乐公主出降，太宗以皇后所生，敕有司资送倍于永嘉长公主。秘书监魏徵谏曰："不可。昔汉明帝欲封其子，云我子岂得与先帝等，可半楚淮阳。前史以为美谈。天子姊妹为长公主，天子之女为公主，既加长字，即是有所尊崇。或可情有浅深，无容礼有逾越。"上然其言。

又曰：太平公主，高宗少女。以则天所生，特承恩宠。初，永隆年降驸马薛绍。绍，垂拱中被诬告与诸王连谋诛死，则天乃杀武攸暨之妻以配主焉。公主丰硕，方额广颐，多权略，则天以为类己，每预谋议。神龙年，诛张易之有谋，进号镇国太平公主，赏赐不可胜纪。二年，置公主府。时中宗韦后、上官昭容用事，皆以为智谋不及公主，甚惮之。公主日益豪横。唐隆元年，玄宗清内难，公主又预其谋，令男崇简从之，与玄宗尊立睿宗。公主频著大勋，益尊重，加实封五千户，通前一万户。每入奏事，坐语移日，所言皆听，军国大政，事必参决。如不朝谒，即宰臣就第，议其可否。公主由是骄恣，田园遍于近甸，贷殖流于江淮。公主惧玄宗英武，乃连结将相，专谋异计。时宰相七人，五出公主门。光天二年，玄宗渐危逼，乃勒兵诛其党萧至忠等。公主遁入山寺，数日方出，赐死于家。籍其家，财货山积，珍奇宝物，侔于御府。

又曰：唐隆元年，敕："公主置府，近有敕总停，太平公主有崇保社稷功，其镇国太平公主府即宜依旧。"酸枣县袁楚客奏记于中书令魏元忠曰："女有内，男有外，男女有别，刚柔分矣。中外斯隔，阴阳著矣。岂可相滥哉！然而幕府者，丈夫之职，非妇人之事。今诸公主并开府建僚，崇置官秩，若以女处男职，所谓长阴而抑阳也。而望阴阳不僭，风雨不爽，其可得乎！窃谓非致远之计，乖久安之策。《书》曰：'事不师古，以克永世，匪说攸闻。'此之谓也，君侯不正，谁正之哉？"

又曰：安乐公主，韦后所生。初，中宗迁于房州，欲及州境，生于路次。性惠敏，容质秀绝。中宗、韦后爱宠日深，恣其所欲，奏请无不允许。恃宠骄纵，权倾天下，自王侯宰相以下，除拜多出其门。所营第宅并造安乐佛寺，拟于宫掖。城西造定昆池于庄，延袤数里。出降之时，以皇后仗发于宫中，中宗与韦后御安福门观之。及韦庶人败，与驸马武延秀皆斩之。追贬为悖逆庶人。

又曰：武延秀，承嗣之第子也。时武崇训为安乐公主婿，即延秀之从父兄也，数引至主第。延秀久陷蕃中，解突厥语，常于主第唱突厥歌，作胡旋舞，有姿媚，主甚喜。及崇训死，延秀得幸，尚主。拜席日，授太常卿、兼右卫将军、驸马都尉。

又曰：大中二年，以起居郎、驸马都尉郑颢尚万寿公主，诏曰："女人之德，雅合慎修，严奉舅姑，夙夜勤事，此妇之节也。先王制礼，贵贱同遵。既已下嫁臣寮，仪则须依古典，万寿公主妇礼宜依士庶。"

又曰：弘化公主，宗室女。贞观十三年，降吐谷浑慕容诺曷钵。

又曰：文成公主，宗室女。贞观十五年，封降于吐蕃赞普弄赞，命礼部尚书、江夏王道宗送之。弄赞亲迎于河源，见主人，子婿之礼甚谨。叹大国服饰礼仪之美，俯仰有愧沮之色，谓所亲曰："我祖父未有通婚大国者，今我得尚大唐公主。当筑一城，以夸示后世。”仍遣酋豪子弟，请入国学以习《诗》、《书》，从之。

又曰：贞元三年，遣回纥使合阙将军归其国。初，合阙将其君命，请婚于我，上许以咸安公主嫁之，命公主见合阙于麟德殿，且命赍公主画图就示可汗，以马价绢五万匹还之，许其互市而去。以殿中监、嗣王湛然为送咸安公主使，仍兼婚礼使。四年，回纥公主兼使者至自本蕃，上御延喜门，禁妇人及车舆观者。时回纥可汗喜于和亲，其礼甚恭，乃上言曰：“昔为兄弟，今即子婿。子婿，半子也。彼犹父，此犹子，父若患于西戎，子当遣兵除之。”

又曰：太和公主，长庆元年封为公主，册为回纥可敦，出降爱登里逻骨没密施合毗伽保义可汗。初，保义可汗既立，遣使求婚，遂封第九妹为永安公主，将以降嫁。其年，保义可汗卒，册九姓回鹘为崇德可汗。五月，遣使请迎所许嫁公主，朝廷封第五妹为太和公主以降今回纥焉。虽狄人固请永安而终不许，故命中书舍人王起就鸿胪寺以宣喻焉。

《列仙传》曰：朱仲，会稽市贩珠人。高后募三寸珠，乃诣阙上之，珠好过度，赐五百金。鲁元公主私以七百金从仲求珠，献四寸之珠。

又曰：萧史善吹箫，教秦穆公女作凤声。公为作凤台，令夫妻止其上。一旦，皆随凤飞去。

《荀氏家传》曰：荀羡，字令则。年十五，拟国婚之选，君不欲连姻帝室，乃远遁长沙。监司追寻不获已，遂尚寻阳公主。

《世说》曰：桓武平蜀，以李势女为妾，有宠，尝着斋后。温尚南康长公主，主始不知之，既闻，乃伺温不在，率数十婢拔白刃往李所，故欲斫之。见李梳头，发垂委地，姿貌端丽，乃徐下地结发，敛手向主曰：“国破家亡，以至今日，若能见杀，实犹生之年。”神色闲正，辞气凄惋，主于是掷刀，前抱之曰：“阿姊，我见汝不能不怜，何况老奴！”遂善遇之。

《风俗通》曰：列侯尚公主，国人尚公主，以妻制夫，阳屈于阴尔。

《汉武帝集柏梁诗》曰：左九嫔作《万年公主诔》曰："赫赫京师，河洛所经。阴精发曜，降兹淑灵。笃生公主，诞膺休祯。秀出紫暾，日晖月明。红颜须发，金质玉形。"

驸马

《汉书》曰：驸马都尉，掌驸马。驸马，非正驾车皆为副马。一曰：附，近也，疾也。

又《百官公卿表》曰：汉武元鼎二年，置三都尉，驸马、奉车，掌御乘舆；车骑都尉，掌羽林从骑。并无员，或以侍中、常侍、卿尹、校尉左迁为之。

《汉旧仪》曰：驸马都尉，掌骑从，武帝置，秩比二千石

《蜀志》曰：诸葛瞻，字思远。建兴十二年，亮出武功，与兄瑾书曰："瞻已今年八岁，聪惠可爱，嫌其早成，恐不为重器耳。"十七，尚公主，拜驸马都尉。

《宋书》曰：江敩，字叔文。母宋文帝女淮阳公主。幼以戚属召见，孝武谓谢庄曰："此小儿方当为名器。"少有美誉，尚孝武女临江公主，拜驸马都尉。为丹阳丞时，袁粲为尹，见敩，叹曰："风流不坠，正在江郎。"数与宴赏，留连日夜。

《齐书》曰：王暕，字思晦。年数岁而风神警拔，有成人之度。时祖俭作宰相，宾客盈门，见暕，曰："公才公望，复在此矣。"弱冠，选尚淮南长公主，拜驸马都尉。

《梁书》曰：袁枢博学，明悉旧典。初，陈武帝长女永嗣公主先适陈留太守钱蒇，生子岊，主及岊并卒于梁时。武帝受命，唯主追封。至是将葬，尚书请议加蒇驸马都尉，并赠岊官。枢议曰："昔王姬下嫁，必适诸侯。同姓为主，闻于《公羊》之说；车服不系，显于诗人之篇。汉氏初兴，列侯尚主，自斯以后，降嫔素族。驸马都尉，置由汉武，或以假诸功臣，或以加于戚属。是以魏曹植表驸马、奉车取为一号。《齐

职仪》曰：‘凡尚公主，必拜驸马都尉，魏、晋以来，因为瞻准。’盖以王姬之重，庶姓之轻，若不加其等级，宁可合卺而酳，所以假驸马之位，乃配于皇女也。今公主早薨，伉俪已绝，既无礼数致疑，何须驸马之授，案杜预尚晋宣帝第二女，晋武践祚而主已亡，泰始中，追赠公主，元凯无复驸马之号。梁文帝女新安穆公主早薨，天监初，王氏无追拜之事。远近二例，足以校明，无劳此授。宜追赠亭侯。”时以议为当。

《后魏书》曰：陆昕之风望端雅，尚献文女常山公主，拜驸马都尉。

又曰：冯诞，字子正。与高祖同岁，幼侍书学，特蒙亲待。尚高祖妹乐安公主，拜驸马都尉。高祖宠诞，同舆而载，同按而食，同席而坐。

又曰：宿石，高宗时为中散。尝从猎，高祖亲欲射虎，石叩马而谏，引高宗至原上。后虎腾跃杀人。诏曰：“石为忠臣，而控马切谏，免虎之害。后有犯罪，宥而勿治。”尚上谷公主，拜驸马都尉。

又曰：万安国，代人。父振，尚高阳公主，拜驸马都尉，迁散骑常侍、冯翊公。安国少明敏，有姿貌。以国甥复尚河南公主，拜驸马都尉，迁散骑常侍。显祖特亲宠之，与同卧起，为立第宅，赏赐至钜万，超拜大司马、大将军，封安成王。

《唐书》曰：文宗俭素，尝驸马都尉韦处仁入见，巾夹罗巾以进，上谓曰：“本慕卿门户清素，故俯从选尚。如此巾服，从他诸戚为之，卿不须为也。”

又《官品志》曰：驸马、奉车、车骑三都尉，并无员，驸马以加尚公主者，无班秩。

《语林》曰：何晏，字平叔。以主婿拜驸马都尉。美姿仪，帝每疑其傅粉，后夏月赐以汤饼，大汗出，以朱衣自拭之，尤皎然。

太平御览卷第一百五十五 州郡部一

叙京都上

《释名》云：都者，国君所居，人所都会也。邑，犹俋，聚会之称也。

《左传》曰：邑有先君宗庙之主，曰都。

《尚书大传》曰：十邑为都。

《尚书》曰：建邦设都。

又曰：成王在丰，欲宅洛邑，使召公先相宅，作《召诰》："惟太保先周公相宅。厥既得卜，则经营。"

《毛诗》：文王受命，有此武功，既伐于崇，作邑于酆。

《周礼·大司徒》：以土圭之法测土深，正日影，以求地中。

又曰：四县为都。

又曰：距国五百里为都。

《公羊传》曰：京师者，天子之居也。京者，大也；师者，众也，天子之居必以众大之辞言之。

《白虎通》曰：京师者何谓也？千里之邑号也，明什倍诸侯，法日月之径千里。或曰夏为夏邑，殷为商邑，周为京师。

《帝王世纪》曰：天子畿方千里，曰甸服，甸服之内曰京师。

又曰：天子所居宫曰都。

《风俗通》曰：京谓非人力所能成，天地性自然也。京师义亦取此。

《帝王世纪》曰：宓羲为天子都陈，在《禹贡》豫州之域，西望外方东及明绪，于周陈胡公所封，故《春秋传》曰："陈，太昊之墟也。"于汉属淮阳，今陈国是也。神农氏亦都陈，又营曲阜，故《春秋》称"鲁，大庭氏之库"。黄帝都涿鹿，于《周官》幽州之域，在汉为上谷。而《世本》云"涿鹿在彭城南。"然则上谷本名彭城，今上谷有涿鹿县及蚩尤城，阪泉地又有黄帝祠，皆黄帝战蚩尤之处也。或曰黄帝都有熊，今河南新郑是也。少昊氏自穷桑登位，故《春秋传》曰："世不失职，遂济穷桑，登帝位在鲁北，后徙曲阜。"于周为鲁，在《禹贡》徐州蒙羽之野，奎娄之分，降娄之次，周以封伯禽，故《春秋传》曰："命伯禽而封少昊之墟。"是以《书叙》称"鲁公伯禽宅曲阜"是也。颛顼氏自穷桑徙商丘，于周为卫，在《禹贡》冀州太行之东北，逾常山及兖州桑土之野，营室东壁之分，豕韦之次，故《春秋传》曰："卫，颛顼之墟也，谓之帝丘。"今东郡濮阳是也。帝喾氏都宅，今河南偃师是也。《禹贡》外方之城，嵩之北，或言在梁非也。帝尧氏始封于唐，今中山唐县是也。尧山在焉，唐水在西北入唐河，南有望都县，有都山，即尧母庆都之所居也，相去五十里，都山一名亘山，北登尧山，南望都山，故名其县曰望都。而《地理志》尧山在唐南山中，张晏以尧山实在唐北。《地理志》尧之都后徙涿鹿，《世本》云："在彭城南。"今上谷郡北，自有彭城，非宋彭城也。后又徙晋阳，今太原县也，于《周礼》在并州之域，及为天子都平阳，于《诗风》为唐国，武王子叔虞封焉，更名唐。故吴季札闻唐之歌曰："思深哉，其有陶唐氏之遗民乎！"帝舜其所营都或言蒲阪，即河东县。

《帝王世纪》曰：夏鲧封崇伯，故《春秋传》曰："谓之有崇伯鲧，国在秦晋之间。"《左氏传》曰"赵穿侵崇"是也。禹受封为夏伯，在《禹贡》豫州外方南，角亢氐之分，寿星之次，于秦汉属颍川，本韩地，今河南阳翟是也。受禅都平阳，或在安邑，或在晋阳。于汉平阳、安邑，皆属河东。晋阳属太原，在冀州太行恒山之西，太原太岳之野，参代之分，实沉之次，于周为晋，今司隶并州之域也。相徙商丘，于周为卫，成公梦康叔曰："相夺予享"是也。少康中兴，复还旧都，故《春秋传》曰："复禹之迹，不失旧物"是也。《世本》又言"夏后居阳城"，本在大梁之南，于战国大梁魏都，今陈留浚仪是也。案《经传》曰："夏与尧、舜，同在河北冀州之域，不在河南也。"故《五子歌》曰："惟彼陶唐，有此冀方，今失厥道，乱其纪纲，乃底灭亡。"言自禹至太康，与唐虞不易都城也。然则居阳城者，自谓禹避商均时，非都也。故《战国策》称“桀之居，左天门之险，右天溪之阳，成皋在其北，伊洛出其南。”吴起对魏武侯亦言“桀之居，左河济，右太华，伊阙在其南，羊肠在其北。”案《地理志》：上党商都，有天井关，即天门也。有羊肠坂，在太原晋阳西北九十里，为通西上郡关，即吴起之所云也。洛皆在阳城，非都审矣。

《帝王世纪》曰：商契始封于商，在《禹贡》太华之阳，上洛商是也。《世本》“契居蕃，相土徙商丘。”本颛顼之墟，故陶唐氏之火正阏伯之所居也。故《春秋传》曰：“阏伯居商丘，祀大火，相因之，故商主大火。”谓之辰，故辰为商星，今濮阳是也。然则契之所封，商丘商洛是也。商土于周为卫商是也。而学者以商丘为契封，谬也。汤始居亳，学者咸以亳本帝喾之墟，在《禹贡》豫州洛河之间，今河南偃师西二十里尸乡之阳亭是也。以经考之事实，甚失其正。《孟子》称“汤居亳，与葛为邻。”案《地理志》：葛，今梁国宁陵之葛乡是也。汤地七十里，葛又伯耳，封域有制；葛伯不祀，汤使亳众为之耕，有童子饷食，葛伯夺而杀之。计宁陵至偃师八百里，而使亳众为之耕，有童子饷食，非其理也。今梁自有二亳，南亳在谷熟，北亳在蒙，非偃师也。故古文《仲虺之诰》曰：“乃葛伯仇饷，初征自葛。”即《孟子》之言是也。汤又盟诸侯于景亳，然则二亳皆在梁矣，《春秋》“会于亳”是也。太甲既立，不明，伊尹放诸桐。《世本》又言“太甲徙上司马”，在邺西南。案《诗》、《书》太甲无迁都之文，桐宫其在斯乎！仲丁徙嚣，或曰今河南之敖仓是也，故《书序》曰“仲丁徙于嚣”。河亶甲徙相，在河北，故《书序》曰“河亶甲居相”是也。祖乙徙耿，为河所毁，故《书序》曰“祖乙圮于耿”，今河东有耿乡是也。及盘庚立，复南居亳之殷地，故《书序》曰“将治亳、殷”，今偃师是也。然则殷有三亳，二亳在梁国，一亳在河南。南亳谷熟，即汤都也；蒙为北亳，即景亳，汤所盟地；偃师为西亳，即盘庚所徙者也。故《立政篇》曰“三亳坂尹”是也。武丁徙朝歌，于周为卫，今河内县也。纣自朝歌北筑沙丘台。沙丘，《地理志》在钜鹿东北七十里。邯郸国属赵，于《禹贡》在冀州大陆之野，昴毕之分，大梁之次。至今民俗歌谣，男女淫纵，犹有纣之余风，世称赵女之美是也。

又曰：周后稷始封邰，今扶风是也。及公刘徙邑于豳，今新平漆之东北有豳亭是也。故《诗》称“笃公刘，于豳斯馆。”至太王避狄，循漆水，逾梁山，徙邑于岐山之阳，西北岐城旧址是也。故《诗》称“率西水浒，至于岐下。”南有周原，故始改号曰周。王季徙程，故《周书》曰“维周王季宅程”是也。故《孟子》称“文王生于毕郢，西夷人也。”暨文王受命，徙都于酆，在今京兆之西是也。故称伐戎于崇，作邑于酆。及武王伐纣，营洛邑而定鼎焉。今洛阳西南洛水之北有鼎中观是也。周公相成王，以酆、镐偏处，西方之贡不均，乃使邵公卜居洛水之阳，以即土中。故《援神契》曰：“八方之广，周洛为中。”于是遂筑新邑，营定九鼎，以为王之东都之洛邑。故《周书》称“我乃卜涧水东，瀍水西，唯洛食。”是为王城，名曰东周。故《公羊传》曰“王城者何？东周也。”《地理志》王城本郏鄏之地，是以或谓之郏鄏，故《春秋传》曰“成王定鼎于郏鄏”，河南是也。今郏鄏东门名鼎门，盖九鼎所从入也。成王即卜营洛邑，建明堂，朝诸侯，复还酆、鄗。故《书序》曰“成王既黜殷命，还归在酆。”至懿王徙大丘，秦谓之废丘，今京兆槐里是也。

《世本》曰：懿王居大丘，厉王淫乱，出于彘，今河东永安是也。平王即位，徙居洛，《洛诰》所谓新邑也。《国语》曰：“幽王灭，周乃东迁。”本殷之畿内，在《禹贡》豫州外方之域，河洛瀍涧之间。周于南柳七星张之分，鹑火之次也。及敬王避子朝之乱，东居成周，故《春秋经》曰“天王入于成周”是也。后六年，王室定，遂徙都成周。是后晋又率诸侯之徒修缮其城，以成周城小，不受王都，故坏翟泉而广焉。翟泉，地在成周东北，今洛阳城中有周王冢是也。至赧王，又徙居西周而失位。“

又曰：秦非子始封于秦，故《秦本纪》称周孝王曰：“朕分之土邑秦。”本陇西秦谷亭是也。玄孙庄公徙废丘，周懿王之所都，今槐里是也。及襄公始受酆之地，列为诸侯。文公徙汧，故《秦本纪》曰：“公事猎至汧，乃卜居之。”今扶风郿县是也。宁公又都平阳，故《秦本纪》曰：“宁公二年，徙居平阳。”今扶风郿之平阳亭是也。秦德公徙都雍，故《秦本纪》曰：“德公元年，初居雍。”今扶风雍是也。至献公即位，徙治栎阳，今冯翊万年是也。孝公自栎阳徙咸阳，《秦本纪》曰：“作为咸阳，筑冀阙，徙之。”及汉元年，更名新城，属扶风，后并于长安。故《太史公传》曰：“长安，故咸阳也。”元鼎三年，复别为渭城，今长安西北渭水阳有故城，故《西京赋》曰“秦里其朔，实为咸阳”是也。

又曰：汉高帝元年，始为汉王，都南郑，属汉中，秦厉王所置，在《禹贡》梁州之域，北达雍南，跨巴蜀，与秦同分。二年，北徙栎阳，故秦献公之所居。后居万年，故属冯翊，今京兆县也。都长安，秦咸阳之地，今京兆所治县也。其城狭小，至惠帝元年，始更筑广，五年乃成。光武以武信侯进封萧王，在《禹贡》徐州之域，于周以封子姓之别附庸，事在《春秋》；于汉属豫州，今沛国萧是也。及即位于鄗，更名高邑。建武元年，始都洛阳，故成周之旧基，城东西六里一十步，南北九里一百步。是以时人谓洛阳为东京，长安为西京。

又曰：魏武为魏公，都邺，今魏郡是也。后文帝因汉之旧，复都洛阳，以谯为先人本国，许昌为汉之所居，长安为西京之遗迹，邺为王业之本基，与洛阳凡五处，故号曰五都。

《博物志》曰：河东平阳，尧所都。河东太阳，虞所都。太保后。

颍川阳翟，夏禹国。弘农陕，虢所都。王季后。

河南偃师尸乡，汤所都。

鲁国，薛奚仲所都。河南洛阳，周公迁殷民曰成周。河南，武王迁九鼎，周公营之，以为王城；平王所都。

河南巩，东周所都。

扶风槐里，周懿王所都。

扶风郇邑豳乡，公刘所都。

左冯翊栎阳，秦献公所都。

扶风雍，秦惠王所都

《晋书》云：晋都洛阳。至永嘉南迁，居建康，今润州江宁县。宋、齐、梁、陈，并同居建康。梁元帝及后梁萧詧，又别居江陵。永嘉之乱，有十六国，各建都邑：前梁张轨，都敦煌；后梁吕光，都姑臧；南凉秃发乌孤，都略阳；西凉李暠，都酒泉；北凉沮渠蒙逊，都张掖；前燕慕容廆，初都和龙，后徙蓟，又徙邺；后燕慕容垂，都中山；南燕慕容德，都广固；北燕冯跋，都和龙；前秦苻坚，后秦姚苌，并都长安；西秦乞伏国仁，都定乐；前赵刘聪，都平阳；后赵石勒，都襄国，至石季龙，都邺；后蜀李特，都成都；夏赫连勃勃，都统万城。

又曰：永嘉南迁，后魏据中原，初都代，又徙洛阳。至文帝迁长安，孝静帝迁都邺，号东魏、西魏。东魏禅北齐，高洋以邺为上都，晋阳为下都。西魏禅周，周禅隋，并都长安。隋高祖营大兴城，后徙居之，名曰长安，今西京也。隋炀帝迁洛阳，于故周之王城，对伊阙，即今东都城也。

太平御览卷第一百五十六 州郡部二

叙京都下

《史记》：娄敬，齐人。汉五年，戍陇西，过洛阳。脱挽辂，木横展车前人推之。音胡格反。衣其羊裘，因齐人虞将军见上，说曰："陛下都洛阳，岂欲与周室比隆哉？"上曰："然。"敬曰："陛下取天下与周室异。周自后稷，尧封之邰，积德累善十有余世。成王即位，而营雒邑，以天下中，四方贡职，道理均，有德易以王，无德易以亡。凡居此者，欲令务以德致人，不欲依险阻，令后世骄奢以虐人也。今陛下与项籍战荥阳，争成皋，大战七十，小战四十，使天下之人肝脑涂地，暴骨中野。欲与成、康比隆，臣以为不侔矣。夫秦被山带河，四塞之固。夫与人斗，不扼其喉，拊其背，未能全胜。"上疑之。及留侯言之，上即日车驾西都。赐敬姓刘氏，拜郎中，号奉春君。

《汉书》曰：刘敬说上都关中，上疑之，左右大臣皆山东人，多劝上都洛阳，曰："洛阳东有成皋，西有崤、渑，背河向洛，其固亦足恃。"张良曰："洛阳虽有此固，其中小，不过数百里，田地薄，四面受敌，此非用武之国。夫关中，左崤、函，右陇、蜀，沃野千里，南有巴蜀之饶，北有胡苑之利，阻三面而独守，以一面东制，诸侯安定。河渭漕挽天下，西给京师，诸侯有变，顺流以下，是以委输。此所谓金城千里，天府之国。刘敬说是也。"上即日车驾，西都关中。

又曰：秦中，形势之国也，地势便利，以下兵于诸侯，譬如高屋之建瓴水也。

又曰：翼奉上书曰："天道有常，王道亡常，亡常者，所以应常也。必有非常之主，然后能立非常之功。臣愿陛下徙都于成周，左据成皋，右阻渑池，前乡嵩高，后介大河，师古曰：乡读曰向。介，隔碍也。建荥阳，扶河东，南北千里以为关，而入敖仓；地方千里者八九，足以自娱；东厌诸侯之权，西远胡羌之难，师古曰：厌，抑也，音一叶反。远，音于万反。陛下恭己亡为，按成周之居，兼盘庚之德，万岁之后，长为高宗。”

《后汉书》：建武元年十月癸丑，车驾入洛阳，幸南宫却非殿，遂定都。洛阳，宫阙名，有却非殿。

又曰：时京师修起宫室，浚缮城隍，而关中耆老犹望朝廷西顾。班固感前代相如、寿王、东方之徒，造构文辞，终以讽劝，相如作上林，子虚赋，吾丘寿王作士大夫论及骠骑将军颂，东方朔作客难及非有先生论，其辞以讽喻为主者也。乃上《两都赋》，盛称洛阳制度美，以折西宾淫侈之论。

又《黄琬传》：董卓秉政，以琬名臣，征为司徒，迁太尉，更封阳泉乡侯。卓议迁都长安，琬与司徒杨彪同谏，不从。琬退而驳议之，曰：“昔周公营洛邑以宁姬，光武卜东都以隆汉，天之所启，神之所安。大业既定，岂妄有迁动，以亏四海之望也！”

又曰：杜笃以关中表里山河，先帝旧京，不宜改营洛邑，乃上奏《论都赋》。

又曰：王景，建初七年，迁徐州刺史。先是，杜笃上《论都赋》，欲令车驾迁还长安。耆老闻者，皆动怀土之心，莫不眷然伫立而望。景以宫庙已立，恐人情疑惑，会时有神雀诸瑞，景帝时有神雀凤凰，白鹿、白乌等瑞。乃作《金人论》，颂洛邑之美，天人之符，文有可采。

又曰：陈纪迁侍中，出为平原相，谒董卓，时欲徙都长安，乃谓纪曰：“三辅平敞，四面险固，土地肥美，号为陆海。今关东兵起，恐洛阳不可久居。长安犹有宫室，今欲迁，何如？”纪曰：“天子有道，守在四夷。宜修德政，以怀不附。迁移至尊，诚计之末者。愚以公宜以事委公卿，专精外任。其有违命，则威之以武。今关东兵起，民不堪命。若谦远朝政，率师讨伐，则涂炭之民，庶几可全。若欲徙万乘以自安，将有累卵之危，峥嵘之险也。”卓意甚恨，而敬纪名行，无所复言。

《吴录》曰：张纮言于孙权曰：“秣陵，楚武王所置，名为金陵。秦始皇时，望气者云金陵有王者气，故掘断连冈，改名秣陵。有别小江，可以贮舡，宜为都邑。”刘备劝都之，自京口迁都焉。

《吴志》先乱时童谣云："宁饮建业水，不食武昌鱼；宁归建业死，不就武昌居。"乃迁都建业。案：《江表传》汉建安中，蜀主曾宿于秣陵，睹江山之秀，劝帝居之。初，张纮谒帝曰：秣陵都，楚威王所置，名为金陵，地势岗阜，连石头。访问故老云，昔秦始皇东巡会稽，经此县，望气者云：金陵地形有王者都邑之气，故掘断东岗，改名秣陵。今处所见存地有其气，象天之所会，今宜为都邑。帝深善之。后闻刘备语曰：智者意同。案：《吴录》刘备曾使诸葛亮至京，因睹秣陵山阜。叹曰：锺山龙盘，石头虎踞，此帝王之宅。

《晋书》：周馥，成都王颖以为河南尹。馥观洛阳孤危，乃建策迎天子都寿春，曰："不图厄运，戎狄交侵，畿甸危逼。佥以殷人有累迁之事，周王有岐山之徙，方今河朔萧条，崤、函阻涩，宛都屡败，江、汉多虞。淮、阳之地，北阻涂山，南枕灵岳，名州四带，有重险之固。运漕四通，无空窭之难。虽圣上神聪，元辅明贤，居俭守约，用保宗庙，未若相土迁宅，以保永祚也。"

《载记》曰：刘元海之僭，太史令宣于修之言于元海曰："陛下凤翔龙兴，奄受大命，然皇居仄陋，非可久安。平阳势有紫气，兼陶唐旧都，愿陛下上迎乾象，下协坤祥。"乃迁都平阳。

又石勒下令曰："武都，吾之丰、沛，万岁之后，魂魄归之。"初，张宾谓勒曰："今天下鼎沸，战争方始，夫得地者昌，失地者亡。邯郸、襄国，赵之旧都，依山凭险，形胜之国，可择此二国而都之。然后命将四出，授以奇略，推亡固存，兼弱攻昧，王业成矣。"遂据襄国。

又符坚自临晋登龙门，顾问群臣曰："美哉！山河之固。娄敬有言，'关中四塞之国'，真不虚矣。"权翼对曰："臣闻夏殷之都，非不险也；周秦之众，非不多也；终于身殒南巢，首悬白旗，躯残于犬戎，国分于项籍，何也？德不修故也。吴起有云：'在德不在险。'愿陛下守之以德，山河之固，不足恃也。"

《江表传》：孙皓欲徙都武昌，杨土百姓沿流供给以为患，陆凯上疏曰："臣闻有道之君，以乐乐人；无道之君，以乐乐身。乐人者，其乐弥长；乐身者，不久而亡。民者，国之根也。诚宜重其食，爱其命，民安则君乐矣。又武昌土地危险硗确，非王者建都安国养民之处，舡泊则沉漂，陵居则峻危。且童谣曰：'宁饮建业水，不食武昌鱼；宁还建业死，不就武昌居。'臣闻翼星为祥，荧惑作妖，童谣之言，发自天心也。"

《后魏书》文旁泰和十八年，卜迁都邺，登铜雀台，魏御史大夫崔吉等曰："邺城平原千里，运漕四通，有西门、吴起旧迹，可以饶富。在德不在险，请都之。"孝文曰："君知其一，未知其二，邺城非长久之地，石虎倾于前，慕容灭于后，国富主奢，暴成速败。且西有枉人山，东有列人县，北有柏人城，君子不饮盗泉，恶其名也。"遂止，乃都洛阳。

《三国典略》：梁元帝在江陵即位，欲还都建康，领军将军胡僧祐、太府卿黄罗汉，吏部尚书宗懔、御史中丞刘谏等曰："建业王气已尽，与虏止隔一江，若有不虞，悔无及也。且渚宫洲数满百，当出天子，陛下龙飞，是其应乎。"梁主令朝臣议之，黄门侍郎周弘正、尚书左仆射王褒曰："帝王所都，本无定处，其如黔首万姓，未见舆驾入建业，谓是列国诸王。宜顺百姓之心，从四海之望。"时江陵人士咸云弘正等皆是东人志愿，东下恐非良计。弘正面折之曰："若东人劝东，谓为非计，君等西人欲西，岂成良策？"梁王笑之。又于后堂大会文武五百人，问之曰："吾欲还业，诸卿以为何如？"众皆愕然，莫敢先对。梁主曰："劝吾去者左袒。"于是左袒者过半。武昌太守朱买臣入劝梁主云："建业旧都，茔陵犹在。荆镇边疆，非王者宅。愿陛下弗疑，致后悔也。臣家在荆州，岂不欲陛下住？但恐是臣富贵，非陛下富贵耳。"乃召卜者杜景豪决其去留，遇兆不吉，答云"未去"。景豪退而言曰："此兆为鬼贼所留也。"

《五经要义》曰：王者受命创始，建国立都，必居中土。所以总天地之和，据阴阳之正，均统四方，以制万国者也。

王婴《古今通论》曰：昆仑东南方五千里谓之神州，州中有和美乡方三千里，五岳之城，帝王之宅，圣人所生也。

《盐铁论》曰：燕之涿、蓟，赵之邯郸，魏之温、轵，韩之荥阳，齐之临淄，楚之宛、陈，郑之阳翟，三川之二周，富冠海内，皆为天下之名都。

《世说》曰：谢公时兵厮养逋亡，多外窜在南塘下诸舫中。或欲求一时搜索，谢公不许，云："不容置此辈，何以为京师？"

谯周《法训》曰：王者居中国，何也？顺天之和，而同四方之统也。

《管子》曰：凡立国都，非太山之下，必广州之上。高无近旱而水用足，下无近水而沟防省，因天材，就地利。故城郭不必中规矩，道路不必中准绳。

《山海经》曰：青要之山，实惟帝之密都。郭璞注曰：大帝曲密之邑。

又曰：帝之下都，昆仑之墟。

又曰：从极之深三百仞，唯冰夷都焉。冰夷，河伯。

《尸子》曰：舜一徙成邑，二徙成都，三徙成国。尧闻之贤，举之草茅之中。与之语礼乐而不逆，与之语政至简而易行，与之语道广大而不穷。于是妻之以皇，媵之以娥，九子事之，而托天下焉。

《帝王世纪》曰：古公亶父，是为大王，以修德为百姓所附。狄人攻之，以皮弊事之，不得免焉；又事之以玉帛，不得免焉；又事之以犬马，不得免焉。遂策杖而去，止于岐山之阳，邑于周地，故始改国曰周。豳人闻之，曰仁人不可失也，东循而奔，从之者如归市焉。一年而成三千户之邑，二年而成都，三年五倍其初。王于是改戎俗，筑城郭，立宗庙，设官司，即《诗》所谓"乃召司空，乃召司徒，俾立室家。其绳则直，作庙翼翼。筑之登登，削屡冯冯"者也。周道之端，盖自此始。

《两京记》曰：隋文帝开皇二年夏，自故都移今所。帝以长安故城，汉来旧邑，宫宇蠹朽，谋欲迁都。仆射苏威等议合帝旨，太史令庾季才奏当迁都。帝曰："吾乃今知天道。"开皇二年六月十八日，移入新邑，在汉故城之东南万年县界，南直终南山子午谷，北枕龙首原。今朝堂即旧杨兴村，村门大树今见在。初，周代有异僧名枨公，言词多验。时村人于此树下集，枨公忽来逐之曰："此天子坐位，何故坐之？"左仆射高颖总领其事，太子左庶子宇文恺创制规模，谓之大兴城。隋文初封大兴公，及登极，县门园池多取其名。宫城东西四里，南北二里四十步，周回十三里一百八十步，高三丈五尺。

又云：东都城，隋大业元年，自故都移于今所。其地今周之王城。自周敬王、后汉，并居于今之故都。至仁寿四年，隋文帝于此营建，初谓之东京，有诣阙言事者称："一帝二京，事非稽古。"乃改为东都。为王充所据，充平，改为洛州总管府，寻又置陕东大行台。武德九年，复为洛州都督府。贞观六年，改为东都旧宫为洛阳宫。明庆元年，复为东都，武太后号为神都。神龙元年，复旧，又改为河南府。洛水贯都，有河汉之象。初，隋炀帝登北邙观伊阙，顾曰："此龙门耶，自古何为不建都于此？"仆射苏威对曰："自古非不知，以俟陛下。"帝大悦。盖其地北据山麓，南望天阙，水木滋茂，川源形胜，自古都邑莫有比也。

又曰：太宗车驾始幸洛阳宫，唯因旧宫，无所改制。终于贞观、永徽之间，荒芜虚耗。置都之后，方渐修补。龙朔中，诏司农少卿韦机更缮造。高宗常谓机曰："两京，朕东西二宅，来去不恒，卿宜善思修建。"始作上阳等宫。至武太后，遂定都于此。日加营构，而宫府备矣。

《郡国志》：庐山，在柴桑、彭泽二县之郊，叠障九成，崇岩万仞，《山海经》所谓三天子障，亦曰天子都。

杨雄《蜀都赋》曰：蜀都之地，古曰梁州。

张衡《南都赋》曰：于显乐都，既丽且康；陪京之南，居汉之阳。

《鲁都赋》曰：彼齐诸儒，皆绘弁端衣，散佩垂绅，金声玉色，温故知新，访鲁都之区域，吊先王之遗真。

左思《蜀都赋》曰：盖兆基于上世，开国于中古。廓灵关而为门，苞玉叠而为宇。

又曰：魏土者，毕昴之所应，虞夏之余民，先王之桑梓，列圣之遗尘。考之四奥，则八纮之中；测之寒暑，则霜露所均。

后汉杜笃《论都赋》：夫大汉之盛，代藉雍土之饶，得御外理内之术，孰能致功若斯！创业于高祖，嗣传于孝惠，德隆于太宗，财衍于孝景，威盛于圣武，政行于宣、元，侈极于成、哀，祚缺于孝平。传代十一，历载三百。高祖至平帝十一代，历，涉也，合二百一十四年，此言三百者，谓出二百年，涉三百年。德衰而复盈，道微而复彰，谓吕氏乱而文帝兴，昌邑废而宣帝中兴。皆莫能迁于雍州，而背于咸阳。宫室寝庙，山陵相望，高显弘丽，可思可荣，羲农已来，无兹著明。夫雍州，本帝王所以育业，周始祖后稷封邵，公刘居豳，太王居岐，文王居酆，武王居镐，并在关中，故曰育业也。霸王所以衍功，战士角难之场也。衍，广也。谓秦都关内也。

太平御览卷第一百五十七　州郡部三

叙州

《释名》曰：州，注也，郡国所注仰。

《说文》曰：州，畴也，畴其土而生之。

《河图括地象》曰：长城者为州。

又曰：昆仑东南地方五千里名神州，中有五山，帝王居之。

又曰：天有九道，地有九州。天有九部八纪，地有九州八柱。

《河图》曰：九州殊题，水泉刚柔有异。青、徐角羽集，宽舒迟，人声缓，其泉咸以酸。荆、杨角徵会，气漂轻，人声急，其泉酸以苦。梁州商徵接，刚勇漂，人声塞，其泉苦以辛。兖、豫宫徵合，平静有虑，人声端，其泉甘以苦。雍、冀合商羽，端駃烈，人声捷，其泉辛以咸。

《尚书·舜典》曰：肇十有二州。范宁注曰：禹平水土置九州。舜为冀州广大，分为并州。燕置幽州，分齐为营州。始为十二州。

又《汤誓》曰：以有九有之师，爰革夏政。九有者，九州也。

《尚书大传》曰：古之处师，八家而为邻，三邻而为朋，三朋而为里，五里而为邑，十邑而为都，十都而为师，州有十师焉。郑玄注曰：州九四十三万二千家，此盖虞夏之数也。

《毛诗·商颂》曰：帝命式于九围。九围，州也。

《诗含神雾》曰：邶、鄘、卫、王、郑，此五国者，千里之城，处州之中，名曰地轴。

《周礼·地官·大司徒》曰：五党为州，使之相赒；郑玄注曰：州二千五百家，赒其困乏。五州为乡，使之相宾。

又《春官下·保章氏》曰：以星土辨九州之地，所封之域皆有分星，以观妖祥。

又《夏官下·职方》曰：职方氏掌天下之图，以掌天下之地，辨其邦国都鄙。天下之图如今司空典地图。乃辨九州之图，使同贯利。

《礼记·王制》曰：凡四海之内九州，州方千里。

《春秋说题辞》曰：州之言殊也，合同类，异其界也。

《尔雅》曰：两河间曰冀州，自东河至西河。河南曰豫州，自河南至汉也。河西曰雍州，自河西至黑水。汉南曰荆州，自汉南至衡山之阳。江南曰杨州，自江至南海也。济河间曰兖州，自河东至济也。济东曰徐州，自济东至海也。燕曰幽州，自易水至北狄。齐曰营州。自岱东至海。

《孝经援神契》曰：计校九州之别，土壤、山陵、大川，泽所注，莱沛所生，鸟兽所聚九百十一万八千二十四顷，言民少不足以尽地利，沛水傍渐洳，不可耕者。硗确不垦者其余，堤封千五百万二千顷。

《论语摘辅象》曰：兖、豫属上台，九州系于三台。荆、杨属下级，下级，上之下等，一台各有上下。梁、雍属中上，中台之上。冀州属错，错，杂也。属中台之下，下台之上。青州属下上，下台之上。徐州属下下。下台之下也。

《五经异义》曰：地有九州，足以承天。

《史记》曰：邹衍云："中国于天下乃八十一分之一耳。中国名曰赤县神州。赤县神州内有九州，禹之序九州是也，不得为州数。中国外如赤县神州者有九，乃谓九州也。于是有裨海环之，人民禽兽莫能相通者，如一区中者，乃为一州。如此者九，乃有大瀛海环其外，天地之际焉。"

《后汉书》曰：献帝建安十八年，复《禹贡》九州。《献帝春秋》曰：时省幽，并州，以其郡国并于冀州。省司隶校尉及凉州郡国以并于雍州。自交州，荆益州。于是有兖、豫、青、徐、荆、扬、冀、益、雍，九数虽同。《禹贡》无益州，有梁州。然梁、益亦一地也。

又曰：顺帝时，李固上书曰："夫天下之大，譬一人之身，本朝者，心腹也；州郡者，四支也。心腹病，则四支不举。故臣之忧，在心腹之疾，非四支之患。"

应劭《汉官仪》曰：孝武皇帝南平百越，北攘戎狄，置交阯、朔方之州，复徐、梁之地，改雍曰梁，改梁曰益，凡十三州。所以交、朔独不称州，明示帝王未必相袭。始开北方，遂交南方，为子孙基址也。

《汉官解诂》曰：冀赵常山，胡广注曰：经曰：冀州既载居赵国，今治常山。兖卫济河，经曰：济河惟兖州，卫国今治山阳。青齐海岱，经曰：海岱惟青州。居齐国今治焉。徐鲁淮沂，经曰：海岱及淮。惟徐州。又曰淮沂。其又居鲁国，今居豫州而治东海。杨吴彭蠡，经曰：淮海惟扬州。又曰彭蠡既潴，居吴国，今治九江。荆楚衡阳，经曰：荆及衡阳，惟荆州居楚国，今治武陵。益庸岷梁，经曰：华阳、黑水惟梁州。汉改梁州为益州，合治广汉。凉邠黑水，经曰：黑水西河惟雍州，居邠国，汉改雍州为邠州国。右扶风拘邑县属司隶部，不属州，今治汉阳。雍别朔方，汉别雍州之地，置朔方刺史。交阯南越，汉平南越之地，置交址刺史，列诸州，治苍梧。幽燕朝鲜，经无幽州而《周官》有焉，盖冀之别也。并代晋翟。经无并州而《周官》有，盖州之别也。居燕国，今广阳也。

《淮南子》曰：天地之间，九州八柱。

又曰：九州大统，方千里。九州之外，乃有八寅，亦千里。

又曰：何谓九州？东南神州曰晨土，东南晨焉，后稷所经纬也，故曰神土也。正南次州曰沃土，沃，盛也。五月建午，稼穑长，故曰沃土。西南戎州曰滔土，滔，大也。七月建申，万物壮大，故曰滔土。正西弇州曰并土，并犹成，八月建酉，百谷成熟，故曰并也。正中冀州曰中土，冀，大也。为四方内主，故曰中土。西北括州曰肥土，正北济州曰成土，未闻。东北薄州曰隐土，薄犹平也。阴气所隐伏也，故曰隐土。正东杨州曰申土。申，复也，阴气尽所隐伏也。东北阳气复起东方，故曰申土。

《舆地志》曰：周成王时，周公作辅，定官分职，改禹九州，以徐、梁合之于青，分冀州之域为幽、并二州。

《风俗通》曰：《周礼》，“五党为州”。州，畴也。州有长，使之相周，足也。

《物理论》曰：九州变易，交错不同。《禹贡》有梁州，无并州。《周官》有并州。《尔雅》有营州，无青州。汉兴，武帝开拓三方，立十三州，通并、梁之数，而增交、益焉。

《太乙式占周公城名录》曰：黄帝受命，风后受图，割地布九州，置十二图。

张衡《灵宪》曰：昆仑东南有赤县之州，风雨有时，寒暑有节。苟非此土，南则多暑，北则多寒，东则多阳，西则多阴。故圣王不处焉。

叙郡

《释名》曰：郡，群也，人所群聚也。秦改诸侯，置郡县，随其所在山川土形而立其名。

《史记》曰：秦始皇废五等之爵，立郡县之官，以公国为大，以侯伯为小，大郡曰守，小郡曰都尉。

《汉书·地理志》曰：汉孝平时，凡郡国一百三十二，侯国二百四十一。

又曰：六郡者，金城、陇西、天水、安定、北地、上郡也。

《续汉书·郡国志》曰：光武中兴，命并省郡国。明、章、和至于顺帝，凡郡国一百五，仍为十三部。

又曰：光武以官多役烦，乃并省郡、国十，凡县、道、侯国四百余所。后为十三州部，司隶理河南今洛阳，豫州理亳州洛阳，兖州理昌邑今兖州金乡县，徐州理剡今泗州下邳县，青州理临淄今青州临淄县，凉州理陇今秦州陇城县，并州理晋阳今太原，冀州理鄗音郝。今赵州高邑县，幽州理蓟今幽州蓟县，扬州理历阳今和州县，荆州理汉寿今朗州武陵县，交州理广信今梧州苍梧县，至于末加置，郡、国百有五，凡县、道、侯国千一百八十。东有乐浪郡，西有敦煌郡，南有日南郡，北有雁门郡，西南有永昌郡，广袤如前汉。

《通典》曰：秦始皇帝并天下，分置三十六郡。三十六者：三川、河东、南阳、南郡、九江、漳郡、会稽、颍川、砀郡、泗水、薛郡、琅琊、齐郡、上谷、汉阳、右北平、辽西、辽东、代郡、钜鹿、邯郸、上党、太原、云中、九原、雁门、上郡、陇西、北地、汉中、巴郡、蜀郡、黔中、长沙，凡三十五。《舆内史》为三十六郡。郡各领县，县万户以上为令，减万户为长。平百越，又置西郡，闽中、南海、桂林、象海。合四十郡。置一守、一丞、两尉以典之，监侍御史掌监诸郡。汉有天下，王、侯、郡、国并置焉。迄于平帝，户口繁息，凡新置郡、国六十七，与秦三十六合一百三。改周雍州曰凉州，复置夏之徐、梁二州，而改梁曰益；北置朔方，南有交阯，别置二刺史，凡十三部。凉、益、荆、扬、青、豫、兖、徐、幽、并、冀十一州，交址、朔方二刺史，合十三部、刺史十三人，各掌一州。

又曰：后汉魏武辅政，吴、蜀三方鼎峙，疆埸不定。建安中，置郡十二。新兴、乐平、西平、新平、略阳、阴平、带方、谯郡、乐陵、章武、南阳，襄陵是也。又省上郡、朔方、五原、云中、定襄、渔阳、庐江等七郡。文帝受禅，又置七郡。朝歌、阳平、弋阳、魏兴、新城、美阳、安丰也。明帝置六郡。平公孙度得辽西、辽东、带方、玄菟、乐浪，又置上庸一郡。少帝又置平阳一郡。并得汉旧郡国五十四，平蜀得二十郡。刘备初置郡九，巴东、巴西、梓潼、江阳、汶山、汉嘉、朱提、云南、涪陵。并得汉旧巴郡、广汉、犍为、祥抅、越嶲、益州、汉中、永昌、南安、武都也。晋太康平吴之后，天下一统，平吴得州四。交、广、荆、杨也。郡四十三。凡州十六。《太康地记》曰：司、冀、兖、豫、杨、徐、青、幽、并、雍、凉、梁、益、交、广、荆也。晋自汤阴败后，羌羯交侵，至乎刘曜陷洛阳，于是司、冀、雍、凉、青、并、兖、豫、幽、平、秦、营十二州并沦没矣。后魏孝文帝都洛阳，开拓土宇。明帝熙平元年，凡州四十六，镇十二，郡国二百八十九矣。天平年，凡州六十八。至武定年，凡州一百一十一，郡五百一十九。周明帝受魏禅，至大象二年，凡州二百一十一。隋文帝受周禅，至开皇三年，罢天下郡，其县但隶州而已。九年，平陈以后，四海一家。大业三年，罢州为郡。四年，大簿，凡郡、国一百八十三。唐贞观十三年，大簿，凡州、府三百五十八，叙之为十道。

应劭《汉官仪》曰：秦用李斯议，分天下为三十六郡。凡郡：或以列国，陈、鲁、齐、吴是也。或以旧邑，长沙、丹阳是也。或以山，太山、山阳是也。或以川源，西河、河东是也。或以所出，金城城下有金，酒泉泉味如酒，豫章章树生庭中，雁门雁之所育是也。或以号令，禹合诸侯大计东冶之山会稽是也。京兆，绝高曰京。京，大也；十亿曰兆，欲令帝京殷盈也。左辅右弼，蕃翊承风也。张掖，始开垂，张臂掖也。

黄恭《十四州记》曰：秦兼天下，始皇二十六年，废五等之爵，立郡县之官。以公国为大，侯伯为小，大郡曰守，小郡曰都尉。都尉之言君，改公侯之封而言君者，君至尊也。言郡守专权，君臣之礼更宗也。今之郡字，君在其左，邑在其右，君为元首，邑以载民，故取名于君，而谓之郡也。

《风俗通》曰：周制，天子方千里，分为百县，县有四郡。故《左氏传》曰："上大夫受县，下大夫受郡。"

叙县

《释名》曰：县，悬也，悬系于郡也。

《说文》曰：县，邑也，从口巳声。

《周书》曰：郊田方六百里，因四土为方千里，分以百县，县有四郡，郡有鄙，鄙不过百室，以便野事。

《周礼·地官·遂人》曰：五家为邻，五邻为里，四里为酂，五酂为鄙，五鄙为县，五县为遂。

《礼记·王制》曰：天子之县内，方百里之国九，七十里之国二十有一，五十里之国六十有三，凡九十三国。

黄恭《十四州记》曰：县万户以上为令，则子国也。千户为长，男国也。今人呼县为百里，子、男本方百里也。故言今之百里，古之诸侯。

又曰：县者，弦也，言施绳用法状如弦，弦声近县，故以取名。

《风俗通》曰：《周礼》"百里曰同"，所以奖王室，协风俗，总名县。县，玄也，言当玄静平徭役。

邑附

《尚书大传》曰：五里为邑。

《周礼·地官》曰：四井为邑。

《易·讼卦》曰：逋其邑人三百户。

《周书》曰：周公乃作大邑于成周。

《左传》曰：凡邑有宗庙先君之主曰都，无曰邑。

《谷梁传》曰：齐人取子纠杀之。十室之邑，可以隐死。以千乘之鲁而不能存子纠，公为病矣。

《论语》曰：十室之邑，必有忠信如丘者焉，不如丘之好学也。

《史记》曰：黄帝邑于涿鹿之阿，迁徙无常处，以兵师为营卫。

张华诗曰：驾言游东邑，东邑纷穰穰。婚姻及良时，嫁娶避当梁。

乡附

《释名》曰：乡，向也，众所向也。

《周礼·地官·司徒》曰：五州为乡，使之相宾。

《论语》曰：孔子如乡党，恂恂如也，似不能言者。

又曰：互乡难与言，童子见，门人惑。

《后汉书》曰：张湛为左冯翊，告归平陵，望寺门而步。主簿进曰："明府位尊德重，不宜自轻。"湛曰："《礼》，下公门，轼路马。孔子于乡党，恂恂如也。父母之国，所宜尽礼，何谓轻哉！"

《唐书》曰：张道源，并州祁人也。年十五，父死，居丧以孝行称。县令郭湛改其居为复礼乡至孝里。

《老子》曰：以乡观乡。

《庄子》曰：游于无何有之乡。

《郑玄别传》曰：国相孔文举教高密县，曰："公者，人德之正号，不必三事大夫也。今郑君乡宜曰郑公乡。"

黄恭《交广记》曰：秦兼天下，改附庸为乡。乡则有族，今啬夫是也。乡之言境，言其在人境域内，非天王所置，故言乡。

《零陵先贤传》曰：郑产，泉陵人，为白土啬夫。汉末，产子一岁，辄出口钱，民多不举。产乃敕民勿得杀子，口钱自当代出。因名其乡曰更生乡。

《万岁历》曰：黄帝六年正月，获彭绮。是岁，由拳西乡有产儿，堕便语云:“东方明,河欲清,鼎脚折,金乃生。”于是因曰语儿乡。

《郡国志》曰:秭归县屈原乡里,南岸曰归乡,西岸曰秭归。屈原既放,暂归乡里,因曰归乡。屈原姊女须闻原还,亦来喻之,因曰姊归也。

王子年《拾遗录》曰:张掖郡郅奇,字君珍。居丧尽礼,以泪洒石,石即成痕;着枯木枯草,在冬必茂;浸地成咸,俗谓之咸乡。汉帝嘉其孝异,表铭其邑,改曰孝行之乡,岁时使立庙祭祀。

党附

《周礼·地官·司徒》曰:四闾为族,使之相葬;五族为党,使之相助。

《释名》曰:五百家为党。党,党长也,一聚所尊长也。

《六韬》曰:友之友,谓之朋;朋之朋,谓之党;党之党,谓之群。

闾附

《周礼·地官·司徒》曰:五家为比,使之相保;五比为闾,使之相受。

《说文》曰:闾,里门也。《周礼》,五比为闾。闾,侣也,二十五家相群侣也。

《尚书》曰:武王克商,轼商容闾。

范晔《后汉书》曰:袁忠子秘为郡门下议生。黄巾起,秘从太守赵谦击之,军败,秘与功曹封观等七人以身捍刃,皆死于阵,谦以侍免。诏复秘等闾号曰七贤闾。

《战国策》曰:王孙假年十五,齐闵王之出走,失王之处,其母曰:“汝朝出而晚来,吾倚闾而望汝。”

又曰:齐桓公宫中七市,女闾七百。管仲故为三归之家,以掩桓公之罪。

《吕氏春秋》曰:魏文侯过段干木之闾而轼之。

里附

《周礼·地官·遂人》曰：五家为邻，五邻为里。

《风俗通》曰：里者，止也，五十家共居止也。

《礼记·曲礼上》曰：里有殡，不巷歌。

《春秋传潜谭巴》曰：里社鼓自鸣，此里有圣人。

《论语》曰：里仁为美。

又曰：东里子产润色之。

《论语撰考谶》曰：里名胜母，曾子廉襟。

《汉书》曰：《礼古经》者，出鲁淹中里。

又曰：卢绾与高祖同里闬。

又曰：宣帝舍长安尚冠里。

《东观汉记》曰：鲍永，字君长。为鲁郡太守，时彭丰等不肯降。后孔子阙里无故荆棘自辟，从讲室扫除至孔里。永异之，召郡府丞谓曰："方今厄急，而阙里无故自涤，意岂夫子欲令太守大行飨，诛无状也？"乃修学校，礼请丰等会，手格杀之。

张璠《汉记》曰：荀爽兄弟八人，时人谓之八龙。旧居西豪里。县令苑康曰："昔高阳氏有才子八人。"署其里曰高阳里。

《宋书》曰：太原王知玄者，侨居会稽剡县，居家以孝闻。及丁忧，哀毁而卒。帝嘉之，诏改所居青苦里为孝家里。

《宋略》曰：张敷幼树风规，贞心简立，居丧灭性，孝道淳深。宜追甄异，以旌厥美，可改所居里曰孝张里。

又曰：散骑常侍袁瑜荐会稽郭世道，诏改所居曰孝行里。

又曰：太祖十三年春，凤皇见于京师，众鸟随之。改其地曰凤皇里。

《唐书》曰：刘祎之，贞观元年诏遣入京，以母老固辞，太宗许其终养。江南道大使李袭誉嘉其至孝，赐以束帛，因上表旌其门闾，改所居曰孝慈里。

《典略》曰：卫襄，字叔辽，河东人也。修行至孝。州郡嘉之，改其里谓之孝德里。

《晋宫阁名》曰：洛阳城中诸里：年和里、宜寿里、永年里、宜都里、太学里、富储里、德官里、大雅里、孝敬里、永安里、安城里、左池里、东台里、安民里、延寿里、日中里、步广里、西国里、东半里、谷阳里、北恢里、安武里、孝西里、太始里、光林里、石市里、宜秋里、葛西里、西河里、宣赐里、延嘉里、攸阳里、南孝里、中恢里、宜年里、渭阳里、利民里、西乐里、北溪里、西义里、东统里、宣都里、石羊里、中安里、右池里。

潘岳《西征赋》曰：所谓尚冠、修城、河棘、宣明、建阳、昌阴、北焕、南平，皆夷漫涤荡，亡其处而有其名。注云：皆里名也。

《社祭酒别传》曰：桓宣武馆于赤兰桥南，曰延贤里。

《荆州记》曰：岘山南至宜城百余里，旧说其间雕墙崇峻，汉灵帝末，其中有卿士刺史二千石数十人，朱辕骈耀，华盖接阴，同会于太山庙下。荆州刺史行部见之，雅叹其盛，敕县号为冠盖里。

《荆州图记》曰：秭归县北有屈原故宅，方七顷，累石为屋。今其名曰乐平里。

伏琛《齐地记》曰：临淄有梧台里。

《益州记》曰：州南，蜀时故锦涧也，其处号锦里。

伍辑之《从征记》曰：谯周云："孔子后，鲁人就冢次而居者百有余家，曰孔里。"

《郡国志》曰：齐临淄县东有阴阴里，诸葛亮《梁甫吟》云："步出齐城门，遥望阴阳里。里内有三坟，累累皆相似。借问谁家坟，田疆古冶子"也。

《会稽典录》曰：陈嚣与民纪伯为邻，伯夜窃藩嚣地自益。嚣见之，伺伯去后，密枝其藩一丈，以地益伯。伯觉之惭惶，既还所侵，又却一丈。太守周府君高嚣德义，刻石旌表其闾，号曰义里。

坊附

《汉宫阁名》曰：洛阳故北宫有九子坊。

《晋宫阁名》曰：洛阳宫有显昌坊、修成坊、绥福坊、延禄坊、休徵坊、承庆坊、桂芬坊、椒房坊、舒兰坊、艺文坊。

邻附

《尚书》曰：睦乃四邻，以蕃王室。

《毛诗》曰：协比其邻。

《周礼》：五家为邻，五邻为里。

《周易》曰：东邻杀牛，不如西邻之禴祭。

《左传·僖公》曰：弃德不祥，怒邻不义。

又曰：弃信背邻，患孰恤之？

又曰：救灾恤邻，天之道也。

又《桓公》曰：亲仁善邻，国之宝也。

又《昭元年》曰：晏子如晋，景公使更其宅。还而毁之，曰："谚曰：'非宅是卜，唯邻是卜。'"

又曰：诸侯，守在四邻。

《语》曰：孰谓微生高直，或乞醯焉，乞诸其邻而与之。

又曰：德不孤，必有邻。

《后汉书》曰：张霸，字伯饶。博览五经。诸生孙林、刘固、段著等慕之，皆市宅其旁，以就学焉。

《南史》曰：宋季雅市宅在吕僧珍宅侧。吕问宅价，曰："千一百万。"吕怪其贵，宋曰："一百万买宅，千万买邻也。"

《物理论》曰：买宅者先买邻焉。

又曰：买邻之直，贵于买宅也。

太平御览卷第一百五十八　州郡部四

河南道上

东京开封府

《元和郡国志》曰：《禹贡》兖州之域，春秋时为郑地，战国时为魏都。

《史记》曰：魏惠王自安邑里徙大梁。今浚仪县。按《后汉书》：大梁城，魏惠王所筑。

《汉书》曰：郦食其说高祖曰："陈留，天下之冲，四通五达之郊。

又曰：文帝以皇子武为梁王，都大梁，后东徙睢阳。注曰：睢阳，今宋州也。

《后汉书》曰：明帝永平十五年，东巡至大梁。

《春秋后语》曰：苏秦去韩之魏，说襄王曰："大王之地，南有鸿沟、陈留、汝南、郾、邵陵、舞阳、新都、东谯、颍、煮枣、无疏，鸿沟，今在谯县。颍，今颍州。煮枣，今曹州。无疏，或作无胥，未详所在。西有长蛇之地，《史记》作长城之地。今武原县有长城。北有河水、卷、燕、酸枣，地方千里。田舍庐庑之数，无所不蓄牧。人民之众，牛马之多，夜行不绝，輷輷殷殷。车马声也。轰，火宏切。夫魏，天下之强国也；王天下之贤王也。

《郡国志》曰：东魏孝静帝以此置梁州。周宣帝改为汴州，以其临汴水为名也。隋大业十三年，州废，以开封、浚仪属郑州，隋乱陷贼。唐武德四年，平王世充，复置汴州。

《五代史》曰：梁开平元年，梁祖初开国，升汴州为开封府，建名东京，元管开封、浚仪、陈留、雍丘、封丘、尉氏六县，至是割滑州之酸枣、长垣，郑州之中牟、阳武，宋州之襄邑，曹州之戴邑，许州之扶沟、鄢陵，陈州之太康九县隶焉。后唐复降为汴州，以宣武军为额，其武阳、长垣、扶沟、考城等四县仍且隶汴州，其余五县却还本部。晋天复中，复升为东京，复以前五县隶之，汉、周因之。

《太康地记》曰：豫州之分，其人得中和之气，性安舒，其俗阜，其人和。今俗多宽慢。

《汉志》曰：开封，逢池在东北，或曰宋之逢泽也。瓒曰：《汲郡古文》“梁惠王废逢忌之薮以赐民”，今浚仪是也。

《史记》曰：王稽与范雎言曰：“先生待我于三亭之南。”三亭今属浚仪。

《陈留风俗仪传》曰：阮简为开封令，有劫贼，外白甚急；简方围棋，长啸曰：“局上有劫，甚急。”

徐广《史记音义》曰：秦孝公会诸侯于蓬泽。

《图经》曰：浚仪有高阳故城，颛顼高阳氏佐少昊有功，封于此城。

又曰：浚仪有信陵亭在城内，即魏公子无忌胜概之地。

《左传》曰：韩起送女于楚，还，过郑，郑伯劳诸国。今围城是也。

《汉志》曰：陈留郡，郑邑，后为陈所并，故曰陈留。瓒曰：宋亦有留，彭城留是也。留属陈，故称陈留也。

《古史考》曰：伊尹生于空桑，陈留有空桑故城。

《家语》曰：孔子南游于楚，至阿谷之隧，使子贡奉觞从女子乞饮。今陈留有阿谷水。

《汉志》曰：雍丘，属陈留，故杞国，周武王封禹后东楼公。

《左传》曰：卫侯伐郑，至于鸣雁。在雍丘有鸣雁亭。

《左传》曰：齐桓公会诸侯于葵丘。今在雍丘县。

《汉志》曰：东昏，陈留郡，莽改曰东明。

又曰：襄邑，属陈留，有服官。莽曰襄平。师古曰：襄邑宋地，本承匡襄陵乡。宋襄公所葬，故曰襄陵。秦始皇以承匡卑湿，故徙县于襄陵，谓之襄邑县。

《陈留风俗传》曰：襄邑县南有涣水、睢水，传曰睢、涣之水出文章，故有黼黻藻锦，日月华虫，以奉天子宗庙御服焉。

《左传》曰：宣二年，郑破宋师于大棘。杜预曰：在襄邑。

《后汉地理志》曰：陈留郡已吾有大棘乡。

《国都记》云：封丘，卫地，故燕之延乡也。高与项羽战，战于延乡，有翟母免其难，故以延乡封翟母焉。

《汉志》曰：封丘，属陈留郡。孟康曰：春秋时，败翟于长丘，今翟沟是也。

《汉志》曰：尉氏，属陈留郡。应劭曰：古狱官曰尉氏，郑之别邑也。瓒曰：郑大夫尉氏之邑，遂以为邑。师古曰：郑大夫尉氏亦以掌狱之官故为族耳。

《后汉地理志》曰：陈留郡尉氏有陵树乡，乡北有泽，泽有天子苑囿，有秦乐厩，汉以驯养猛兽。

《汉志》曰：外黄，属陈留郡。张晏曰：魏郡有内黄，故加外耳。瓒曰：县有黄沟，故依之也。

《左传》曰：惠公败宋师于黄。杜注：外黄县东有黄城。

《陈留风俗传》曰：沛公起兵野战，丧皇妣于皇乡。天下平定，乃使使者招魂于野，有丹蛇洒濯入梓宫，其浴处仍有遗发。其处在小黄，属陈留。

《汉志》曰：长垣，属陈留郡。莽曰长固。

孟康曰：春秋会于匡，今匡城是。

《晋地道记》曰：长垣，故卫，故匡城地，孔子所厄处也。

《地道记》曰：承匡城在县西，《左传》文十一年，会晋郤缺于承匡是也。

《汉志》曰：鄢，属陈留。莽曰顺通。

《左传·隐公》曰：郑伯克段于鄢。

又：郑太叔侵郑，至于廪延。注曰：县北有延津，《后汉地理志》曰："即酸枣也"。

《战国策》云：齐欲发卒取周九鼎，颜率曰："夫梁之君臣欲得九鼎，谋于沙海之上，为日久矣。沙海属浚仪。

《陈留风俗传》曰：县有仓颉、师旷城，其城有列仙吹台，梁王增筑之，以为吹台。俗号繁台。

《史记》曰：大梁城有十二门，东门曰夷门。隐士侯嬴，年七十，家贫，为大梁夷门抱关者。魏公子无忌厚遗之，不肯受。

《水经》曰：大禹塞荥阳泽，开渠以通淮、泗，名莨菪渠，即汴渠也。汉平帝时，河、汴决坏。后明帝遣使者修治汴渠。至隋大业中，更令开导，名通济渠，引河水入汴口，自大梁之东，引入泗，连于淮，至江都宫入于海。亦谓之御河，河畔筑御道，植柳。炀帝巡幸，乘龙舟而往江都。自杨、益、湘南至交、广、闽中，公私漕运商旅，轴轳相接。

《隋书》曰：大业元年，以汴水迂曲回复稍难，自大梁城西南凿渠，引汴水入，号通济渠。

西京河南府

《十道志》曰：洛州，周之旧都，《禹贡》豫州之域。

《尚书·洛诰》曰：召公既相宅，周公往营成周，使来告卜，作《洛诰》："惟乙卯，朝至于洛师。我卜河朔黎水。我乃卜涧水东，瀍水西，惟洛食。又卜瀍水东，亦惟洛食。"言先卜河北黎水，不吉。又卜涧瀍之间，乃吉。

《周礼·司徒职》曰：以土圭之法，测土深，正日影，以求地中。日南则景短多暑，日北则景长多寒，日东则景夕多风，日西则景朝多阴。日至之景尺有五寸，谓之地中，天地之所合也，四时之所交也，风雨之所会也，阴阳之所和也。然则百物阜安，乃建王国焉。

又曰：午为鹑午，周之分野。自柳九度，至张十七度，七星，周之分野。

《周书》曰：周公将致政，乃作大邑于洛，北因邙山，以为天下之凑也。

《孝经援神契》曰：八方之广，周洛为中。于是遂筑新邑，营定九鼎，以为王之东都。

《汉书》曰：高祖欲都洛阳，戍卒娄敬求见上曰："陛下都洛阳，欲与周室比隆哉？"上曰："然。"敬曰："陛下取天下与周室异，周之先自后稷，积德十余世。公刘避狄居豳。大王以狄伐故，去豳，之岐，国人争归之。文王为西伯。武王伐纣，八百诸侯不期而会。成王即位，周公之属辅相焉，乃营成周于洛邑，以为天下中，四方纳贡，道里均，有德则易以王，无德则易以亡。凡居此者，欲务以德致人，不令后世骄奢以虐民也。及周之衰，乃分为二，天下莫朝，周不能制，形势弱也。今陛下用兵取天下，百姓肝脑涂地，而欲比隆周室，臣以为不侔矣。不如都秦。”帝以问张良，良曰：“洛阳虽险，其中不过百里，四面受敌，此非用武之国。不如都关中，娄敬之说是也。”

《博物志》曰：周在中枢，三河之分，风雨所起，四险之国。武王克殷，定鼎郏鄏，以为东都。

皇甫谧《帝王世纪》曰：周公相成王，以酆、镐偏在西方，职贡不均，乃使邵公卜居洛水之阳，以即中土。

《元和郡县志》曰：河南府，三代皆为都邑，周公营之为成周。秦为三川郡。汉为河南郡，后汉光武都之。

《左传》曰：初，平王东迁，辛有适伊川，见被发而祭于野者，曰：“不及百年，此其戎乎！其礼先亡矣。”

《帝王世纪》曰：周襄王十五年，秦、晋迁陆浑之戎于伊川。果验辛有之言。

又曰：晋赵鞅纳王使，汝宽守阙塞。服虔曰：阙塞，南山伊阙也。

《史记》曰：秦武王谓甘茂曰：“寡人欲通三川，以窥周室，死且不朽矣。”

《汉志》曰：洛阳，周公迁殷民，是为成周。《春秋》昭三十二年，晋合诸侯于狄泉，以其地大成周之城。王莽曰宜阳。

《后汉书》曰：时天下垦田不以实，户口互有增减，诏下郡国检覆其事，而州郡多不均平，百姓嗟怨。帝见陈留牍上有书，视之，云：“颍川、弘农可问，河南、南阳不可问。”帝怒。时显宗为东海公，年十二，言曰：“吏受郡敕，当欲以垦田相方耳。”帝问曰：“何故言河南、南阳不可问？”对曰：“河南帝城，多近臣；南阳帝乡，多近亲。”

又曰：梁鸿登北邙山，作《五噫之歌》曰：“登彼北邙兮，噫！览观帝京兮，噫！宫室崔嵬兮，噫！寥寥未央兮，噫！人之劬劳兮，噫！”

《魏志》曰：明帝即位，欲平北邙山，令登观台见孟津。廷尉辛毗谏曰：“天地之性，高高下下。今而反之，既非其理，若九河盛溢，洪水为害，丘陵皆夷，何以御之？”乃止。

《晋书》曰：武帝问尚书郎虞挚三日曲水事，挚曰：“汉章帝时，平原徐肇以三月初生三女，至三日俱亡，一村以为怪，乃相携至水边洗除，因流水以滥觞，遂以成俗。”帝曰：“若如所说，非嘉事也。”尚书郎束皙对曰：“虞挚小生，未究其本。此事起自周公卜成洛邑，因流水泛酒，故逸诗：‘羽觞随波流。’及秦昭王时，三月上巳日置酒河曲，遂有金人自泉而出，捧水心剑于王曰：‘令君制有西夏。’此即其处，因立为曲水焉。二汉相沿为盛集。”帝嘉皙对。

《隋书》曰：炀帝命仆射杨素等营构宫室，大业元年，遂成新都而徙居之。今洛阳宫是也。

《洛阳地图》曰：巩，在洛水之间。巩，固也，言四面有山，可以巩固也。

《朱超石与兄书》曰：洛下道路本好，青槐映荫可爱。

陆机《洛阳记》曰：洛阳有铜驼街，汉铸铜驼二枚，在宫西南四会道相对。俗语曰：“金马门外集众贤，铜驼陌上集少年。”

《水经》曰：伊水东北过伊阙，昔大禹疏龙门以通水，两山相对，望之如阙，伊水历其间，谓之伊阙。

《穆天子传》曰：天子射鸟，有兽在葭中，七萃之士高贲戎擒之以献。天子命畜之东虞，曰虎牢。唐讳虎，故改武，其后又名成皋。

《十道志》曰：寿安县，汉宜阳县也。

《史记》曰：张仪为秦说韩王曰：“大王今不事秦，秦下甲据宜阳，断韩之上地，东取成皋、荥阳，则鸿台之宫非大王有也。”

又苏秦说韩宣惠王曰：“韩北有巩、成皋之固，东有宛、穰、洧水，南有陉山密县有径山，西有宜阳、商阪之塞，地方九百里，带甲数十万。”

陕州

《十道志》曰：陕州，陕郡。《禹贡》豫州之域，周为二伯分陕之地，即古虢国地。战国时属韩。秦并天下，属三川郡。

《史记》曰：周成王时，召公为三公。自陕以西，召公主之。自陕以东，周公主之。

《后汉书》曰：献帝东归至陕，议者欲令天子浮河东下，太尉杨彪曰："臣弘农人，从此已下，东有三十六滩，非万乘所当从。"乃止。

《史记》曰：芮国，在今冯翊界，鲁桓公三年，芮伯万为母姜氏所逐，遂居于魏。今芮城是也。

《诗》曰：虞芮质厥成，文王蹶厥生，毛苌注曰：虞、芮之君相与争田，而久不平，乃相谓曰："西伯仁人，盍住质焉。"及入境，见行者让路，耕者让畔，咸相谓曰："我等小人，不可以履君子之庭。"乃相让所争之地，以为闲田。天下闻之，归周者四十余国。

《唐书》曰：天宝元年，陵郡太守李齐物凿三门山，路所通，深便于漕运。于所开渎中得古铧锄，上有古篆"平陆"二字，由是其年改为平陆县。

《山海经》曰：夸父之山，其北有林，名曰桃林，广围三百里，中多马。造父于其中得骅骝騄耳之乘，以献穆王。

《尚书》曰：放牛于桃林之野。

《春秋》曰：处桃林之塞。桃林在灵宝县。

太平御览卷第一百五十九 州郡部五

河南道中

虢州

《十道志》曰：虢州，弘农郡。《禹贡》豫州之域，春秋为虢地。七国时秦、韩之境。秦并天下，为三川郡。汉元鼎中，置弘农郡。

《左传·僖二年》曰：晋荀息以屈产之乘，垂棘之璧，以假道于虞，以伐虢。

应劭《汉官仪》云：弘，大也，所以广大农业也。

《汉志》曰：武帝置弘农县于秦故函谷关山岭下。

戴延之《西征记》曰：函者，道形如函也。孙卿子曰："秦有松柏之塞"是也。

《帝王世纪》曰：虢有三焉。周兴，封虢仲于西虢，此其地也。封虢叔于东虢，即成皋是也。今陕郡平陆县是北虢。

《汉书》曰：杨仆为楼船将军，耻为关外人，于是徙关新安，割秦河南、南阳二郡之西境，于故函谷关置弘农郡。

《汉书·郊祀志》曰：黄帝以首山之铜铸鼎于荆山之下，后名其地为鼎湖。今胡城县也。

《郡国县道记》曰：卢氏，西虢之别也。

《遁甲开山图》曰：卢氏山宜五谷，可以避水灾，因山以名县。

汝州

《十道志》曰：汝州，临汝郡。《禹贡》豫州之域，春秋时为周王畿及郑、楚之地。

《十三州志》曰：战国时，梁属魏。秦置三十六郡，属三川郡。汉为河南郡之梁县也。

《左传·昭二十九年传》曰：陶唐氏既衰，其后有刘累，学扰龙于豢龙氏，以事孔甲，能饮食之。夏后嘉之，赐氏曰御龙。一雌死，潜醢以食夏后。夏后飨之，而使求之。惧而迁于鲁县即鲁山县也。

又曰：楚白公之乱，叶公率国人攻白公，白公奔山缢死，叶公遂邑焉即今叶县也。

《家语》曰：叶公好龙，窗壁皆画龙形，真龙为降，叶公见而丧魄。

《汉书》曰：汉王至成皋，辕生说汉王曰："汉、楚相拒荥阳数岁，汉常困。愿君王出武关，项王必引南走，王深壁，令荥阳、成皋且休息。使韩信等辑河北，地连燕齐，君王乃复走荥阳。如此，则楚所备者多，汉得休息。"王从其计，出兵宛、叶间。

《左传》曰：邘、晋、应、韩，武之穆也。注曰：应城，在襄城城父县西南。

《韩诗外传》曰：周成王与弟戏，以桐叶为珪："以封汝。"周公曰："天子无戏言。"王应时而封曰应侯。今应城是也。

郑州

《十道志》曰：郑州，荥阳郡。《禹贡》豫州之境。秦兼天下，为三川郡。

《帝王世纪》曰：黄帝都于有熊，今新郑是也。

《汉志》曰：新郑，本高辛氏火正祝融之墟。

《国语》曰：郑桓公为司徒，问于史伯曰："王室多故，余惧及焉，何以逃死？"史伯对曰："王室将卑，戎翟必昌，不可逼也。当成周者，南有荆蛮、申、吕、应、邓、陈、蔡、隋、唐；北有卫、燕、翟、鲜虞、路、泉、徐、蒲；鲜虞、姬姓。路、泉、徐、蒲、皆赤翟，隗，姓也。西有虞、虢、晋、隗、霍、杨、魏、芮；八国，姬姓也。东有齐、鲁、曹、宋、滕、邹、莒；是非王之友子母弟甥舅也，皆则蛮夷戎狄之人也。非亲作顽，不可入也。其济、洛、河、颍之间乎！言此四水之间可逃。是其子男之国，虢、郐为大，虢，东虢，仲之后，郐，姬姓。虢叔恃势，郐仲恃险，皆有淫侈怠慢之心，加之以贪冒。君若以周难之故，寄孥与贿焉，不敢不许。孥，妻子，贿，财也。周乱而是，骄而贪，必将背君，君若以成周之众，奉辞伐罪，无不克矣。克二邑，邬、弊、补、丹、依、柔、历、华，君之土也。言克虢郐，此八邑可得。若前华后河，右洛左济，主芣、騩而食溱、洧，芣，骊山名，主为神主也。修典刑以守之，可以少固。”王说，乃东孥与贿虢、郐，受之十邑，皆有寄也。后桓公之子武公竟取十邑之地而居之，今河南新郑是十邑，谓前八邑及虢，郐。

《韩诗外传》曰：郑国俗以二月桃花水下时会于溱、洧之上，以自祓除也。故《诗》曰：“溱与洧方涣涣兮。”

《汉书》曰：汉王数困荥阳、成皋间，计欲捐成皋以东，屯巩、洛以距楚。郦食其曰：“夫敖仓，天下转输久矣，臣闻其下藏粟甚多，楚人拔荥阳，不能坚守敖仓，此天所以资汉。愿足下急进兵攻荥阳，据敖仓之粟，即天下知所归矣。”

《晋书》曰：阮籍尝登广武，见刘、项战处，叹曰：“时无英主，使竖子成名。”其地在荥阳。

《地道记》曰：阳武、荥阳有博浪沙，张良为韩击秦始皇处。

宋州

《十道记》曰：宋州，睢阳郡，理宋城县。虞舜十二州为豫州之境。周为青州之域，武王封微子之邑。后为齐、楚、魏所灭，三分其地，魏得其梁、陈留，齐得济阴、东平，楚得沛梁，即今州地。

《礼记》曰：武王克殷，下车而封殷之后于宋。

《禹贡》曰：导菏泽，被孟猪。孟潴泽在今虞城县，明都泽是。

《博物志》曰：宋北至泗水，南迄睢涡，有孟猪之泽，砀山之基。

《元和郡国志》曰：秦并天下，改为砀郡。后改为梁国，汉文帝封子武为梁王。自汉至晋为梁国，属豫州。宋改为梁郡。隋于睢阳置宋州。

《唐书》曰：天宝末，禄山乱两河，郡县多所陷没。张巡、许远守睢阳，贼将尹子奇并力攻围，逾年不下，城中食尽，竟为贼所陷，巡等抗词不挠，遂被害。

《陈留风俗传》曰：宋之地犹有先王遗风，重厚多仁，好稼穑，恶衣食以致畜藏。

《史记》曰：梁孝王筑东苑三百里，是曰兔园。又为复道，自宫属诸平台三十余里。

《图经》曰：梁王有修竹园，园中竹木，天下之选，集诸方游士，各为赋，故馆有邹枚之号。又有雁鹜池，周回四里，亦梁王所凿。又有清冷池，有钓台，谓之清冷台。

《汉志》曰：宁陵属陈留。莽曰康善。孟康曰，故葛伯国，今葛乡是也。

《汉书》曰：梁孝王武，以孝文十二年徙梁，梁为大国，居天下膏腴地，北界泰山，西至高阳，四十余城，多大县。于是孝王筑东苑方三百余里，广睢阳城七十里，大治宫室，为复道，自宫连属于平台四十余里。

曹州

《十道志》曰：曹州，济阴郡，置在济阴县。《禹贡》豫州之域。周为曹国地，后属宋，七国时属齐。汉为济阴郡，地在济水之南，故以为名。《曹诗》曰："荟兮蔚兮，南山朝跻。"曹南山也。

《左传·僖二十八年》曰：晋侯围曹，门焉，多死。曹人尸诸城上，晋侯患之，听舆人之诵，曰："移舍于墓"。言将发冢。曹人凶惧。因其凶也而攻之，入曹。而分曹、卫之田以赐宋人。晋侯有疾，曹伯之竖侯獳货筮史，曰："以曹为解。齐桓公为会而封异姓。今君为会而灭同姓。曹叔振铎，文之昭也；先君唐叔，武之穆也。且合诸侯而灭兄弟，非礼也。"公说，复曹伯。

《尚书》曰：夏师败绩，遂伐三朡，俘厥宝玉。孔曰：三朡，国名，今定陶。

《水经》曰：菏水，俗谓之五丈沟，东经定陶。

《汉书》曰：高祖五年春二月甲午，即皇帝位于定陶，汜水之阳。

《左传》曰：卫孙蒯田于隧，饮马于重丘，重丘人毁瓶，因诟之。重丘，今乘氏县。

亳州

《十道志》曰：亳州，谯郡，置在谯县。《禹贡》豫州之域。春秋时陈国之谯邑。六国时属楚。秦为砀郡地。汉为谯县，属沛郡。

《左传》曰：楚成得臣帅师伐陈，遂取焦夷。杜注：焦，今谯国。

《史记》曰：周武王封神农之后于谯国。

《汉书·地理志》曰：王莽以谯为延成亭。

《魏志》曰：后汉熹平五年，黄龙见谯。太史令单飏以为其国当有王者兴，不及五十年，亦当复见。及文帝即位，果如其言。以先人旧都立为谯国，与长安、许昌、邺、洛阳号为五都。

《元和郡县志》曰：后魏立南兖州，周武改为亳州。

《魏略》曰：太祖于谯东五十里泽中筑起精舍，读书，射猎，闭绝宾客，即谓之谯东。

《史记》曰：老子，苦县人也。苦县，即今真源县。

单州

《五代史》曰：单州，本单父县，梁为辉州，后唐同光二年复旧，隶宋州。周广顺中，割隶曹州。

《史记》曰：虙不齐，字子贱，为单父宰，反命于孔子，曰："国有贤者，贤不齐者五人，教不齐所以治者。"孔子曰："惜哉！不齐所治者小。所治者大，则庶几矣。"

《吕氏春秋》曰：宓子贱治单父，弹鸣琴，身不下堂而单父治。

许州

《十道志》曰：许州，许昌郡。《禹贡》豫州之域。周为许国。

《左传》曰：许，太岳之胤也。

《说文》曰：许，炎帝之后也，武王伐纣时封之。

《汉志》曰：颍川许县，旧许国也。

《魏略》曰：后汉建安元年，太祖迎献帝都于许，即此邑也。魏文帝即位，改许昌县焉。

《左传》曰：郑伯清释泰山之祀而祀周公，以泰山之祊易许田。今有鲁故城在长社县。

《后汉书》曰：宋宠为颍川太守，问功曹郑凯曰："闻贵郡山川多产奇秀，前贤往哲，可得闻乎？"凯对曰："鄙郡禀嵩高之灵，中岳之精，是以圣贤龙蟠，俊乂凤集。昔许由、巢父耻受尧禅，洗耳河滨，重道轻帝，邈世高蹈。樊仲父者，志洁心遐，耻山河之功，贱天下之重，抗节参云。公仪、许由俱出阳城。留侯张良，奇谋辅世，玄算入微，济生民之命，恢帝王之略，功成而不居，爵厚而不受，出于城父。胡元安，体曾参之至行，履乐正之纯业，丧亲泣血，骨立形存，精神通于神明，雉兔集于左右，出颍阳。彪义山，英姿秀伟，逸才挺出，究孔子之房隩，存文武于将坠，出于昆阳。杜伯夷，经学著于师门，政事熙于国朝；清身不苟，有於陵之操；损己存公，有公仪之节，出定陵。”

又曰：献帝建安元年，迁都许。

《魏略》曰：黄初五年，文帝东征，留郭后于永始台。霖雨百余日，城楼多坏，有司请移，后曰：“昔楚昭王出游，贞姜留渐台，江水至，使者迎而无符，不出，卒没。今帝在远，未有急，奈何移也。”

又《景福殿赋》曰：镇以崇台，实曰永始。台在许昌县。

《魏志》曰：荀彧，字文若，颍川颍阴人也。董卓之乱，彧谓父老曰：“颍川四战之地，天下有变，当为兵冲，宜亟去，无久留。”乡人多怀土犹豫，会冀州牧韩馥迎彧，独将宗室至冀州。后董卓遣李傕等出关东，所过虏掠，至颍川，乡人留者多见杀略。

陈州

《十道志》曰：陈州，淮阳郡，置在宛丘县。

《元和郡国图志》曰：《禹贡》豫州之域，本太昊之墟。周武王封妫满于陈，春秋时楚灭之。秦灭楚，属颍川郡。汉高分置淮阳国，后汉改为陈国。

《毛诗·陈风》曰：坎其击鼓，宛丘之下。

又曰：东门之池，可以沤麻。

《注水经》曰：东门池，水至清而不耗，不生诸草。

《尔雅》曰：陈有宛丘。又曰：丘上有丘，为宛丘。

《汉书》曰：高帝十一年，立子友为淮阳王，罢颍川郡以益之。

《七贤传》曰：汉武出淮阳，到监乡。帝问陈翼曰：“此名为何？”翼曰：“监乡。”上曰：“何欺乎？”翼曰：“臣言不欺。若不欺，佩刀当生白毛；若欺，则无毛。”视之，刃果有毛。监乡在卢江县。

颍州

《十道志》曰：颍州，汝阴郡，置在汝阴县。

《元和郡县图》曰：《禹贡》豫州之域。春秋胡子国，楚灭之。秦并天下，为颍川郡。在汉州则汝南郡之汝阴县也。魏、晋于此置汝阴郡。后魏改置颍州。

《史记》曰：蒙恬伐楚寝丘。今汝阴县有寝丘故城在焉。

《吕氏春秋》曰：楚孙叔敖戒其子曰："我死，王必封汝，无受利地。荆楚之间有寝丘，其地为不利，可长有也。"其子从之。楚封功臣二叶而灭，唯寝丘不夺。一名沈丘。

蔡州

《十道志》曰：蔡州，汝阳郡。《禹贡》豫州也。

《图经》曰：春秋时为沈、蔡二国之地，后为楚、魏二国之境。秦兼天下，以其地为三川。汉为汝南郡。《地形志》曰："谓之悬瓠城，亦名悬壶城。"又《水经》曰："汝水周城，形如悬瓠，故取名焉。"

《史记》曰：周武王克殷，封叔度于蔡。挟武庚作乱，周公杀管叔而放蔡叔，与车七乘。子胡改行率德。周公闻之，举胡以为鲁卿士，故鲁国治。复封胡于蔡，是为蔡仲。

《舆地志》曰：新蔡县，蔡平侯自上蔡徙都之，故曰新蔡。

《汉志》曰：汝南郡，高帝置。王莽曰汝盼。

又曰：鲖阳，属汝南郡，在铜水之阳也。鲖音纣。

又曰：吴房，本房子国也。楚灵王迁房于楚。吴王阖闾弟夫概奔楚，楚封于此，为堂溪氏。以封吴故曰吴房。

《史记》：苏秦说韩王曰："韩之剑戟出堂溪。"

又曰：李斯，上蔡人也。二世二年七月，具斯五刑，论要斩咸阳市。斯出狱，与其中子俱执，顾谓子曰："吾欲与客复牵黄犬出上蔡东门逐狡兔，可得乎？"

《后汉书》曰：许劭，字子将，汝南平舆人也。兄虔，亦知名。汝南人称平舆渊有二龙焉。平舆故城今蔡州汝阳县，东北有二龙乡月旦里。

太平御览卷第一百六十 州郡部六

河南道下

滑州

《十道志》：滑州，灵昌郡，置在白马县。《禹贡》兖州之域。春秋时卫地。战国时属魏。秦为东郡地。

《左传》曰：狄灭卫，卫立戴公，以庐于曹。今白马地即曹邑。卫文公自曹邑迁于楚丘。今卫南县也。卫成公又迁于帝丘。今濮阳县。

《史记》曰：秦始皇五年，拔魏十五城，始置东郡。

《汉志》曰：白马，属东郡。

又曰：郦食其说沛公曰："守白马之津，以示诸侯形制之势，则天下知所归矣。"

《西征记》曰：古有神白马，因以名县。

又《开山图》曰：白马群行水上，悲鸣则河决，驰走则山崩。

《后汉书》曰：樊儵封燕侯，即东郡也。

濮州

《十道志》曰：濮州，濮阳郡，置在鄄城县。《禹贡》兖州之域。春秋时卫地。战国时属齐。秦并天下，即东郡地。在汉为济阴郡之鄄城县。

《左传》曰：齐桓公会诸侯于鄄。杜注曰：卫邑，今东郡鄄城是也。

《史记》曰：齐威王九年，赵伐我，取鄄。

《左传》曰：卫侯梦于北宫，见人登昆吾之墟。注云：卫有观在昆吾之墟，今濮阳城是。

《史记》曰：舜耕于历山，耕者让畔。应劭曰：历山即雷泽中山也。

《水经》曰：昔师延为纣作靡靡之乐，武王伐纣，延东走，自投濮而死。卫灵公将之晋，舍于濮水之上，夜闻歌声，召师涓受之。

济州

《十道志》曰：济州，济阳郡，置在庐县。《禹贡》兖州之域。春秋时，其地属齐。秦兼天下，为东郡茌平地。

《左传》曰：齐、郑盟于石门，寻卢之盟。杜注曰：今卢县故城是。

《史记》曰：扁鹊生卢，故曰卢医。

郦元《注水经》曰：碻磝城西即故茌平县城，碻磝即今州是也。沈约《宋书》作“敲嚣”字。

《宋书》曰：元嘉七年，到彦之北征，拔碻磝，后失之。至二十七年，以王玄谟为宁朔将军先锋入河，平之，于此固守，因置碻磝城。

《郡国志》曰：后魏置济州于单于城中，即石勒于耕处闻鼓角之声是此。

《图经》曰：东阿，春秋时齐之柯地也。

《郡国志》曰：其地出缯缣，故秦王服阿缟。

《十道志》曰：石窌，在长清县。

《左氏传》曰：齐晋战于鞍，齐师败绩，齐侯自徐关入，见女子，曰：“君免乎？”曰：“免。”“锐司徒免乎？”曰：“免。”既而问之，辟司徒之妻也。与之石窌。

郓州

《十道志》曰：郓州，东平郡，置在须昌县。

《元和郡县图》曰：《禹贡》兖州之域。春秋时属宋，即鲁附庸须句国。战国时，其地属魏。秦为薛郡地。汉为东平国。

《左传》曰：晋人执季文子于苕丘，公还待于郓。杜注云：“郓，鲁西邑。”

又《僖二十二年》：伐邾须句。僖公时也。

又《哀十四年》：西狩于大野，叔孙氏之车子锄商获麟，赐虞人。大野即钜鹿县。

青州

《十道志》曰：青州，北海郡，置在益都县。

《元和郡县志》曰：少昊氏之墟，古青州之地。舜时以青州越海辽远，分为营州。武王克商，封师尚父于齐营丘。周成王少时，命太公东至于海，西至于河，南至于穆陵，北至于无棣，五侯九伯，实得征之。后子孙为秦所灭，分齐地置齐、琅琊二郡。汉为临淄郡。

《图经》曰：少昊之代爽鸠氏，虞、夏则有季荝，汤有逢公伯陵，殷末有蒲姑，皆为诸侯，国于此地。周成王时，蒲姑与四国作乱，成王灭之，以封太公。

《史记》曰：齐有清济、浊河，可以为固；长城钜防，足以为塞。

又曰：苏秦东说齐宣王曰："齐南有泰山，东有琅琊，西有清河。北有渤海，此所谓四塞之国也。齐地方二千余里，齐军之良，进如锋矢，战如雷霆，解如风雨。即有军役，未尝倍泰山，绝清河，涉渤海也。临淄甚富，其民无不吹箫，鼓弹琴瑟，击筑，斗鸡走狗。临淄之涂，车毂相击，人肩相摩，连袂成帷，举袂成幕，挥汗成雨，家给人足，志气高扬。

又曰：齐所以名齐者，有天齐祠也。

又《封禅书》曰：始皇游海上，祠名山大川及八神。求羡门之属八神，一曰天主，祠天齐。天齐，池名，在临淄南郊山下。

《汉书》曰：夫齐，东有琅琊、即墨之饶，南有泰山之固，西有浊河之限，北有渤海之利，地方二千里，持戟百万，悬隔千里之外，齐得十二焉。

又曰：齐有三服之官，纵为春服，纨素为冬服，轻绡为夏服。

《韩诗外传》曰：齐景公游于牛山之上，北望齐国，曰："美哉国乎！郁郁葱葱。使古人无死者，则寡人将何去此？"俯而泣下沾襟。国子、高子曰："然！臣赖君之赐，蔬食恶衣，可得而食也；驽马柴车，可得而乘也；且犹不欲死，而况君乎！"又俯而泣。晏子笑曰："乐哉！今日之游宴也，见怯君一、谀臣二。使古而无死，则太公、丁公至今犹存。吾君方将被蓑笠而立畎亩，惟农事之恤，何暇念死乎！"公惭，乃引觞自罚。

《韩子》曰：景公与晏子游于少海，登柏寝之台而望其国，曰：“美哉！堂堂乎！后代孰有此？”晏子曰：“其田氏乎！”公曰：“寡人有国，而田氏有之，奈何！”对曰：“君欲夺之，则近贤远不肖，振穷恤孤。虽十田氏，其如君何！”

《齐记》曰：晋永嘉五年，东莱牟平曹嶷为刺史，所筑城有大涧甚广，因之为固，谓之广固城。城侧有五龙口。

崔鸿《十六国春秋·南燕录》曰：慕容德初议所都，尚书潘聪曰：“青齐沃壤，号曰东秦，土方二千里，四塞之固，负海之饶，可谓用武之国。广固者，曹嶷之所营，山川险峻，足为王者之都。”从之。

齐州

《十道志》曰：齐州，济南郡，置在历城县。古兖州之域。

《周礼》曰：子为玄枵，齐之分。

《左传》曰：晋平公伐齐，战于历下。

《史记》曰：舜耕于历山。

《竹书·穆天子传》曰：天子自五鹿东征，钓于漯水，以祭淑人。己巳，天子东征，饮于漯水之上。漯水在祝阿，即今禹城县。

《郡国县道记》曰：章丘，古高唐县也，春秋时齐邑。

《史记》曰：齐威王使眄子守高，赵人不敢东渔于河。

淄州

《十道志》曰：淄州，淄川郡，置在淄川县。《禹贡》青州之域。周之九州，为幽州之境。春秋及战国时，属齐。秦为齐郡。汉为济南郡之般阳县。

《汉志》曰：般阳，属济南郡。应劭曰：在般水之阳。王莽曰济南亭。

《图经》曰：长山县，本汉於陵县也，隋改焉，以界内长白山为名。

《汉志》曰：於陵，属济南郡。王莽曰於陆。

《郡国志》曰：长山於陵城，散宜生得瑞兽之地。

莱州

《十道志》曰：莱州，东莱郡，置在掖县。《禹贡》青州之域。周之九州，为幽州之境。秦置三十六郡，属齐郡。《汉志》：高祖置东莱郡，以其在齐国之东，故曰东莱。

《尚书·禹贡》曰：莱夷作牧。

《左传》曰：齐侯伐莱，莱人使正舆子赂夙沙卫以索马牛皆百匹，齐师乃还。后齐人复入莱，莱恭公俘柔奔堂，晏弱围堂，灭之，迁莱子于郳。

《史记》曰：周武王封太公于营丘，莱侯闻之，遂与太公争营丘。

《左传》曰：聊摄以东，姑尤以西，其为人也多矣。聊摄，齐西界；姑尤，齐东界。谓聊城，摄城，姑水，龙水也，水在即墨县。

《汉书·郊祀志》曰：武帝元封元年，大旱，祷万里沙。孟康云：沙长三百里。沙在郡界。

《地理志》曰：长广县有奚养泽。长广今昌阳县。

《周礼·职方氏》曰：幽州之薮曰奚养。

登州

《十道志》曰：登州，文登郡。汉牟平县，属东莱郡。文帝封齐悼惠王子将闾为牟平侯，此即将闾邑也。

《图经》曰：古莱子国也。战国及秦，属齐郡。汉已下，属东莱郡。

又曰：文登，汉腄县有之罘山。

《汉书》曰：腄有之罘山，丹水所出。师古曰：腄，直睡切。

《史记》曰：始皇二十八年，行郡县，上泰山，过黄腄，经成山。后二十九年，又东游，登成山，升之罘，勒石纪功。

密州

《十道志》曰：密州，高密郡，置在诸城县。《禹贡》青州之域，兼得徐州之地。秦为琅琊郡。汉属齐，文帝分齐立胶西国，封齐悼惠王子卬为胶西王，都高密。

《齐记》曰：密州，本东武县，乐府《东武吟》即是也。

《秦本纪》曰：始皇二十八年，齐遂登琅琊层台于山上，秦王乐之，因留三月。乃徙黔首二万户于琅琊山。

《吴越春秋》曰：越王勾践二十五年，徙都琅琊，立观台，周旋七里，以望东海。

《史记》曰：齐湣王为燕师所败，唯聊、莒、即墨三城不下。立湣王之子法章于莒，是为襄王。

徐州

《十道志》曰：徐州，彭城郡，置在彭城县。

《元和郡国志》曰：《禹贡》徐州之域。春秋时宋、滕、薛、小邾、逼阳之地。六国时属楚。秦并天下，为泗水郡。楚汉之际，楚怀王自盱眙徙都之；后项羽徙怀王于郴，自立为西楚霸王，又都于此。汉为泗水郡，后为彭城郡。

《汉书》曰：高祖过沛，留，置酒沛宫，悉召故人父老子弟佐酒。发沛中儿得百二十人，教之歌。酒酣，上击筑，自歌《大风之歌》，令儿皆习和之。上乃起舞，忼慨泣下，谓沛父老曰："游子悲故乡。吾虽都关中，万岁之后，吾魂魄犹思沛。"

《宋书》曰：高祖经略中原，以彭城险要，置府于此。后王玄谟上表曰："彭城南届大淮，左右清、汴，城隍峻整，襟卫周固。又自淮以西，襄阳以北，经涂三千，达于济、岱，六州之民三十万户，实由此境。"

《后魏书》曰：尉元上表曰："彭城，宋之要藩，南师来侵，莫不因之以凌诸夏。"

泗州

《元和郡县图》曰：泗州，临淮郡，理临淮县。《禹贡》徐州之域。春秋属鲁，又为徐子之国。后秦灭楚，为泗水郡。汉分置临淮郡。

《汉书·地理志》曰：厹犹，属临淮郡。王莽曰康义。厹音仇，即连水也。

《都城记》曰：周穆王末，徐君偃好行仁义，东夷归之者四十余国。穆王西巡，闻徐君威德日远，遣楚袭其不备，大破之，杀偃王。其子遂北徙彭城，百姓从之者数万。徐国，今徐城是也。

兖州

《十道志》曰：兖州，鲁郡，置在瑕丘县。

《元和郡县图》曰:《禹贡》兖州之域。春秋时为鲁国。武王即位,封周公于少昊之墟,曲阜之地,周公不就,至子伯禽乃就封。之后三十四君,为楚所灭。楚以鲁为薛郡。汉初为鲁国。魏太祖为兖州牧焉。

《左传》曰:季康子伐邾,以邾子益来囚诸负瑕。杜注云:鲁邑也,有瑕丘城,即今县。

《家语》曰:夫子为中都宰,今有中都城在焉。

《汉书》曰:高祖略地,取湖陵。《方舆地志》属山阳郡,即今方与县也。

《左传》曰:隐公矢鱼于棠。即此地,唐或为鱼台县。

《汉书》曰:吴楚七国反,天子命周亚夫将三十六军击之。亚夫至淮阳,问客邓都尉:"策安出?"客曰:"莫若引兵东北壁昌邑,以梁委吴。使轻兵绝淮泗口,塞吴饷道。使吴、梁相弊,乃以全制其极,破吴必矣。"亚夫从之,乃破吴。今金乡县有昌邑故城。

《魏志》曰:太祖欲征陶谦,时吕布在兖州,荀彧说太祖曰:"昔高祖居关中,光武据河内,皆深根固蒂以制天下,进足以胜敌,退足以自守,故虽有困败而终济大业。将军本以兖州首事,平山东之难,百姓无不归心悦服。且济、河,天下之要地,是亦将军之关中、河内也,不可不先定。"乃从之。

海州

《十道志》曰:海州,东海郡,置在朐山县。《禹贡》徐州之域。春秋鲁国之东境。七国时属楚。秦为薛郡地,后分薛郡为郯。汉改郯为东海郡。

《汉书》曰:朐,属东海郡。秦始皇立石海上以为东门。

又曰:东海郡祝其,羽山在南,鲧所殛之地。王莽曰犹亭。

《左传》曰:公会齐侯于夹谷即此。

沂州

《十道志》曰:沂州,琅琊郡,置在临沂县。《禹贡》徐州之域也。

春秋时齐地。秦置琅琊郡。

《论语》：夫子曰："点！尔何如？"曰："暮春者，春服既成，冠者五六人，童子六七人，浴乎沂，风乎舞雩，咏而归。"夫子喟然叹曰："吾与点也。"

又曰：子之武城，闻弦歌之声，夫子莞尔而笑，曰："割鸡焉用牛刀？"武城今在费县。之，适也。无可之则止，何必公山氏之适。

又曰：公山弗扰以费叛，召，子欲往。子路不说，曰："末之也，已，何必公山氏之之也？"之，适也。无可之则止，何必公山氏之适。

《汉书·地理志》曰：襄贲，属东海郡。王莽曰章信。后属琅琊郡。贲音肥。

太平御览卷第一百六十一　州郡部七

河北道上

怀州

《元和郡县图》曰：怀州，河内郡。《禹贡》冀州之域，覃怀之地。周为畿内及卫、邘、雍三国。春秋时属晋。七国时属韩、魏二国。秦兼天下，灭卫，为三川郡。

《禹贡》曰：覃怀厎绩，至于衡漳。

《后汉书》曰：光武定河内而难其守，问于邓禹曰："诸将谁可使守河内者？"禹曰："昔高祖任萧何于关中，无复西顾之忧。今河内带河为固，户口殷实，北通上党，南迫洛阳。寇恂文武备足，非此子不可也。"乃拜恂为河内太守。恂移书属县，讲兵肄射，伐淇园之竹以为矢，养马收租以给军。

《左传》曰：周与郑人苏忿生之田：州、陉、隤、怀。州，今河内县。

又曰：襄王赐晋文公以阳樊、温、原、攒茅之田。晋于是始启南阳。在晋山之南，河之北，故曰南阳。

《元和郡县图》曰：河内县，《春秋》野王邑也。

《左传》曰：晋人执晏弱于野王。

《汉志》曰：武德县，属河内。始皇东巡，自以武德定天下，故名之也。

《十道志》曰：修武，本宁邑也。

《韩诗外传》曰：武王伐纣，勒兵于宁，故改曰修武。

《韩非书》曰：秦昭王败赵长平，西伐修武。

《汉书》曰：汉武帝将幸缑氏，至汲县之新中乡，得南越相吕嘉首，因立为获嘉县。

孟州

《图经》曰：孟州，河阳郡。《禹贡》冀、豫二州之境，则武王伐纣，会盟津是也。周为畿内，苏忿生之邑。后为晋邑。

《左传》曰：晋侯召王，以诸侯见，且使王狩。仲尼曰："以臣召君，不可以训。"故书曰："天王狩于河阳。"

《北齐书》曰：神武使潘岳镇北城，又使高永乐守南城，以备西魏；又东魏所筑中潬城仍置河阳关；故有河阳三城侯使。

《冀州图经》曰：河阳，在河内郡南六十四里，有宫有关。

《晋书》曰：潘岳才名冠世，为众所嫉，出为河阳令。

《左传·隐三年》曰：郑祭足帅师取温之麦。秋，又取成周之禾。

又《僖十年》：狄灭温，今河内温县。温子奔卫。周襄王以地赐晋文公。

卫州

《元和郡县图》曰：卫州，汲郡。《禹贡》冀州之域，后为殷都，卫县界朝歌是也。战国时属魏。秦属河东郡。汉为汲县地。

《地理志》曰：河内，殷之旧都，周既灭殷，分其畿内为三国，《诗·风》邶、墉、卫是也。邶以封纣子武庚；墉，管叔尹之；卫，蔡叔尹之；以监殷人，谓之三监。

《史记》曰：周旦以成王命兴师，杀武庚禄父，杀管叔，放蔡叔，以殷余民封康叔为卫君，居河、淇之间故商墟。

《汉志》曰：朝歌，属河内，纣所都。周武王弟康叔所封，更名卫。王莽曰雅歌。

《刘子》曰：邑号朝歌，墨子回车。

《后汉书》曰：虞诩为朝歌令，多盗，连年不解，亲旧多劳吊之，曰："得朝歌何衰也！"诩笑曰："难者不避，易者必从，臣之节也。"诩谒河内太守马棱，棱曰："君儒者，乃在朝歌？甚为君忧之。"诩曰："贼犬羊相聚，以求饱暖耳。去敖仓不过百里，不知取以为粮；青、冀流民，不知掠以为众，守其厄塞，此为断天下之右臂也。今则不然，此无大计之效也。"诩悉平之。

《春秋后序》曰：太康五年，吴寇始平，余自江陵还襄阳，解甲休兵，乃申予旧意，修成《春秋释例》及《经传集解》。始讫，会汲郡汲县有发其界内旧冢者得古书，皆简编科斗文字，发冢者不以为意，往往散乱。科斗书久废，推寻不能尽通，始者藏在秘府，余晚得见之。

刘澄之《山川古今记》曰：黎阳，古黎国也。《诗》曰："黎侯寓于卫"是也。

相州

《元和郡县图》曰：相州，邺郡。《禹贡》冀州之域。春秋时地属晋。战国时属魏，魏文侯使西门豹守邺是也。秦并天下，为邯郸、上党二郡之地。汉高帝分置魏郡，治邺。

《尚书》曰：河亶甲居相。

《后魏书》曰：道武幸邺，访立州名，尚书崔光对曰："昔河亶甲居相，宜曰相州。"道武从之。

《汉志》曰：魏郡，领邺、馆陶、斥丘等一十八县。

《后魏书》曰：文帝太和十八年，卜迁都，经邺，登铜雀台，御史崔光等曰："邺城平原千里，漕运四通，有西门使、起旧迹，可以饶富，在德不在险，请都之。"孝文曰："君知其一，未知其二，邺城非长久之地，石虎倾于前，慕容灭于后。国富主奢，暴成速败。且西有枉人山，东有列人县，北有柏人城。君子不饮盗泉，恶其名也。"遂止。

《魏书》曰：黄武二年，以魏郡东部为阳平郡，西部为广平郡。广平、阳平、魏平三郡为三魏也。

《图经》曰：安阳，纣都也，在淇、洹二水之间，本殷墟所谓北冢是也。

《战国策》曰：纣昔聚兵百万，左饮淇水使竭，右饮洹水不流。

《晋书·载记》曰：石勒诸将佐议欲都邺，将攻三台，张宾进曰："三台险固，攻守未可卒下。"于是进襄国。

《汉志》曰：内黄，属魏郡。《春秋》"吴子、晋侯会于黄池。"今黄泽在西，陈留有外黄，故加内云。

洺州

《十道志》曰：洺州，广平郡。属《禹贡》冀州之域。春秋时为赤狄地，后属晋。

《左传》："晋荀林父败赤狄于曲梁"是也。七国时属赵。秦并天下，为邯郸郡。汉初，置广平国。

《禹贡》曰：覃怀底绩，至于衡漳。衡漳在肥乡县。

《左传》曰：公会单顷公及诸侯，同盟于鸡泽。杜注云：鸡泽在广平曲梁县。

《汉志》：广平国，领县十六。武帝征和二年改为平干国，宣帝复故。王莽曰富昌。

《十道志》曰：洺水县，本汉斥漳县也。

《汉志》曰：以其国斥卤，故云斥漳。

又曰：曲周，属广平国。莽曰直周。

《图经》曰：邯郸，单，尽也；邯，山名，谓邯山之所尽也。

邢州

《十道志》曰：邢州，钜鹿郡。《禹贡》冀州之域。秦并天下，于此置信都县，属钜鹿郡。

《左传》曰：凡蒋、邢、茅，周公之胤也。

又《成十五年》：楚大夫申公奔晋，晋以为邢大夫。东阳，晋之山东，魏州广平是。

《郡国志》曰：邢州尚书坊东平地，周百余步，其所鸣响，人马行上轰轰有声，掘之即火出。

《十三州记》曰：钜鹿，唐虞时大麓之地。《尚书》："尧试舜百揆，纳于大麓。"麓则林之大者。尧之禅舜，欲使天下皆见之，故合群臣与百姓，纳之大麓之野，然后授受，以明已禅也。

《张耳传》曰：高祖从平城还，过赵，赵王自上食，礼甚卑。高祖箕踞。赵相贯高等乃壁人柏人，要之。上过欲宿，心动，问："县名为何？"曰："柏人。"上曰："柏人者，迫于人也！"不宿而去。柏人，今尧山县。

冀州

《十道志》曰：冀州，信都郡。

《元和郡县图》曰：春秋时属晋。七国时属赵。在秦属钜鹿郡。

李公绪《赵记》曰：赵孝成王造坛台之宫为赵都，朝诸侯，故曰信都。

《史记》曰：秦时有客说张耳曰："两君羁旅，难以独立；立赵后，扶以义，可以就功。"乃求赵歇，立为赵王，居信都。

《汉书》曰：项羽分赵，立张耳为常山王，居信都，改曰襄国。

《晋书》曰：张宾说石勒曰："襄国因山凭险，实形势之国，可都之。"遂都于此。

《晋书》曰：初，童谣云："古在左，月在右，讓去言，或入口。""古在左，月在右"，胡字也。"讓去言"，为襄也。"或入口"，为国也。寻为石勒所都。

《后汉书》曰：王郎僭号，河北悉应。光武自蓟南行，至下博，惶惑不知所之，有白头父在道傍，指曰："努力！信都为长安守。"光武即驰赴信都，太守任光开门出迎。

《魏志》曰：韩馥为冀州牧，公孙瓒欲袭之。袁绍使高干讽馥，令以冀州让绍。馥素恇怯，因然其计，馥长史耿武谏曰："冀州虽鄙，带甲百万，谷支十年。袁绍孤客穷军，譬如婴儿在股掌之上，绝其乳哺，立可饿杀，奈何以州与之？"馥不从，以州与绍。

卢植《冀州风土记》曰：冀州，圣贤之泉薮，帝王之旧地。

《十三州志》曰：冀州之地，古京也。人患剽悍，故语曰："仕宦不偶值冀部。"

《后汉书》曰：王郎起，光武自蓟南驰，及至南宫，遇大风雨，光武引车入道傍空舍，冯异抱薪，邓禹爇火，光武对灶燎衣。异进麦饭兔肩。

《魏志》曰：太祖拔邺，领冀州牧，或说太祖"宜复古置九州，冀州所制者广，天下服矣。"太祖将从之，荀彧曰："若是，则冀州当得河东、冯翊、扶风、西河、幽、并之地，所夺者众。今分冀州，将皆动心。一旦生变，天下未易图也。”公从之。

赵州

《元和郡县图》曰：赵州，赵郡。《禹贡》冀州之域。春秋时属晋。战国时属赵。秦为邯郸郡。汉为常山郡平棘县地，又赵国。自两汉及魏，以封建子弟。

《赵记》云：女子盛饰冶容，习丝竹，长袖，倾绝诸侯。

《左传》曰：师及齐师、卫孔圉、鲜虞伐晋，取棘蒲。即今平棘县也。

《史记》曰：苏秦说赵曰：“当今之时，山东之建国莫强于赵。赵地方二千里，西有常山，南有漳河，东有清河，北有燕代。”

《汉志》曰：元氏，属常山县。王莽曰井关亭。赵公子元之封邑，故曰元氏。

《后汉书》曰：光武北征彭宠，阴后从行，生明帝于元氏传舍。章帝幸元氏，祠光武、显宗于县舍，又祠显宗于始生堂，皆奏乐，用新诗，复元氏租。

《十道志》曰：高邑县，赵房子之邑，《竹书纪年》作鲂子。汉以为鄗县。后汉复改为高邑。

《后汉书》曰：光武至鄗，群臣请即帝位，于是设坛场于鄗南千秋高亭五成陌。今赵州柏乡县。

镇州

《十道志》曰：镇州，常山郡。

《元和郡县图》曰：《禹贡》冀州之域。周为并州地。春秋时为鲜虞国。战国时属赵。秦兼天下，为钜鹿郡。

《十三州志》曰：真定，本名东垣，以河东有垣，故此加东耳。

《汉书》曰：高帝时，代相陈豨反，使赵利守东垣。上自攻之，不下，卒骂帝，帝怒，增兵急攻城，斩骂者，改曰真定。

《汉志》曰：井陉，属常山郡。

《穆天子传》曰：天子猎于钘山。注曰：燕、赵谓山脊为钘，即今井陉是。

《史记》曰：秦始皇十八年，攻赵，王剪下井陉。

《元和郡县图》曰：灵寿县，本中山国都也。

《十三州志》曰：中山武公本周之同姓，其后桓公不恤国政。晋太史馀见周王，王问之："诸侯孰先亡？"对曰："中山之俗以昼为夜，以臣观之，中山其先亡乎？"其后魏乐羊为文侯将，拔中山，封之灵寿。

《战国策》曰：九门县本有九室而居，赵武灵王改为九门县。

《史记》曰：赵惠王三十八年，蔺相如城九门大城。

定州

《十道志》曰：定州，博陵郡。《禹贡》冀州之域。虞舜十二州，盖并州之域。春秋时鲜虞白狄之国，后改为中山国。

张曜《中山记》曰：郡理中山，以其城中有山，故谓之中山。又云：郡治中人城。

《汉志》曰：卢奴县，属中山国。卢水出焉。

《图经》曰：安喜县，即古卢奴县也。有黑水故池，深而不流；俗谓黑水为卢，不流为奴。

《汉书·外戚传》曰：宣帝母王夫人，微时与父泣别于柳宿城。在丰义县。

《十道志》曰：唐县，本春秋时鲜虞邑也，汉为唐县地。

《汉志》曰：唐县，属中山国。王莽曰和亲。故尧国也。尧为唐侯，邑于此。尧山在唐东北望都界。孟康曰：晋荀吴伐鲜虞，入中人，今中人亭是。

应劭《风俗通》曰：中人城北四十里有左人亭，鲜虞故邑。左人亭即唐县也。

《汉书》曰：望都，属中山国。莽曰顺调。尧山在北，尧母庆都山在南，登尧山见都山，故以为名。

《图经》曰：陉邑县，本七国时中山国之苦陉县也。

《史记》曰：李克为中山相，苦陉之吏上计，入多于前，克曰："苦陉上无山林之饶，下无薮泽牛马之息，而入多于前，是扰乱吾民也。”于是免之。

《十道志》曰：鼓城县，春秋鼓子之邑，汉下曲阳之地。

《春秋左氏传》曰：晋荀吴围鼓，以鼓子鸢鞮归。钜鹿下曲阳有鼓众。

《十三州志》曰：中山有上曲阳，故加下耳。

《图经》曰：北平县，本秦曲逆县之地，属中山国。

《汉书》曰：高祖北征还过曲逆，上其城，望室甚大，曰：“壮哉县！吾行天下，独见洛阳与是耳。”于是封陈平为曲逆侯。

《后汉书》曰：章帝北巡北岳，以曲逆名不善，改为蒲阴。

瀛州

《十道志》曰：瀛州，河间郡。《禹贡》冀州之域。舜十二州为并州之境。春秋时属燕、赵二国。秦并天下，为河间郡。汉为河间国。

《郡国志》曰：瀛州，以地带沧海，物产滋瀛，故以名之。又云：以瀛海为名。

《汉志》曰：河间国，领县四：乐成、候井、武隧、弓高。王莽曰朔定。应劭曰：在两河之间。

《汉书》曰：武帝时，望气者云“西北有女极贵”，遂访之于河间，得钩弋夫人。

《十道志》曰：博野县，本汉蠡吾县地。

《十三州志》曰：太初元年，蠡吾侯志入继孝质，是为孝桓帝。追尊其父蠡吾侯翼为孝宗皇帝，陵曰博陵，因改为博野县。

《汉志》曰：高阳县，属涿郡。王莽曰高亭。以其在高河之阳，故曰高阳。

《汉志》曰：东平舒，属渤海郡。以代郡有平舒，故此加东也。即平舒县。

太平御览卷第一百六十二 州郡部八

河北道中

魏州

《元和郡县图》曰：魏州，魏郡。《禹贡》兖、冀二州之域。在夏即观扈之国。春秋时为晋地。战国时为卫、魏二国之地。秦灭魏，置东郡；灭赵，置邯郸郡。汉以秦邯郸之南部、东郡之边县置魏郡。后汉封曹操为魏王，治邺。

《史记》曰：邯郸亦漳、河之间一都会也，北通燕、涿，南有郑、卫。俗与赵相类，然近梁、鲁，重义而务节。

《汉书》曰：邯郸土广俗杂，大率精急，高气势，轻为奸。汉初，分邯郸之南部置魏郡。

《汉志》曰：魏郡，王莽曰魏成。领邺、馆陶等十八县。

又曰：元城，属魏郡。魏武侯公子元食邑于此，因而氏焉。

《后汉书》曰：曹操为魏公。操分魏郡为东、西部，置都尉。

《元丰郡县志》曰：元城县有沙麓山，即《春秋经》所书"沙麓崩"。后为汉元后兴之象也。

博州

《元和郡县志》曰：博州，博平郡。《禹贡》兖州之域。春秋时齐之西界聊摄地也。战国时为齐地。秦、汉为东郡地。

《左传》齐晏子对景公曰："聊摄以东，其为人也多矣。"

《史记》曰：齐田单攻聊城岁余，士卒多死而聊不下。鲁仲连为书约之，矢以遗城中。燕将得鲁连书，泣三日，犹与不能决，乃自杀。

《史记》曰：齐威王伐晋，至博陵。徐广注曰：东郡之博平也。

莫州

《十道志》曰：莫州，大安郡。其地历代所属与瀛州同。唐景云二年，分瀛州置。

《汉志》曰：鄚县，属涿郡。王莽曰言符。

《郡国志》曰：鄚县有易京城，后汉末公孙瓒筑京以自固。围堑十重，以铁为门，诸将家家作楼，以千计，并高五六丈。为袁绍所攻，城楼皆陷没。

《图经》曰：清乐县，本汉乐乡县也。

《汉志》曰：乐乡，属信都。王莽曰乐丘。

《史记》曰：汉高祖过赵，问："乐毅有后乎？"对曰："有乐臣叔。"遂封乐叔于此。

《后汉书》曰：献帝初，公孙瓒据幽州。先是有童谣曰："燕南垂，赵北际，中间不合大如砺，唯有此中可避世。"瓒以易地当之，乃筑京以自固也。

深州

《元和郡县图》曰：深州，饶阳郡。《禹贡》冀州之域。七国时为赵地。秦为钜鹿郡地。汉为饶阳县。隋置深州，以州西故深城为名也。

《汉志》曰：饶阳，属涿郡。在饶河之阳，故名之。

又曰：安平，属涿郡。王莽曰广望亭。《汉书》：高帝六年，封鄂千秋为安平侯。

《后汉书》曰：王郎起，光武自蓟东南驰，晨夜草舍。至饶阳无蒌亭时天寒烈，众皆饥疲，冯异上豆粥。明旦，光武谓诸将曰："昨得公孙豆粥，饥寒皆解。公孙异字。

易州

《十道志》曰：易州，上谷郡。《禹贡》冀州之域。虞舜分冀州立并州，则为并州之地。春秋时燕、赵之分。秦并天下，为上谷郡地。汉置涿郡，今州即涿郡之故安地也。

又曰：易县，本汉故安县也。

《汉志》曰：故安，属涿郡。

《汉书》曰：文帝封申屠嘉为故安侯。

《九州记》曰：易县西南三十里有送荆陉，即荆轲入秦之路也。

《河北记》曰：易县前有五公城。王潭不从王莽，潭子兴生五子，避隐于此，世祖并封为侯。

《十道志》曰：涞水县，本汉遒县也。

《汉志》曰：遒，属涿郡。莽曰遒屏。

《汉书·年表》曰：景帝封匈奴降王隐强为遒侯。

又曰：容城，属涿郡。莽曰深泽。

《十道志》曰：遂城，战国时武遂县，汉之北新城。

《史记》曰：赵悼襄王二年，李牧将攻燕，拔武遂。

《汉志》曰：北新城，属中山国。莽曰朔平。《土地十三州志》曰："河间有新城。"故此加北。

幽州

《十道志》曰：幽州，范阳郡。《禹贡》冀州之域。虞舜十二州为幽州。夏、殷省并冀。周复置幽州。秦为渔阳、上谷等五郡。汉高分上谷置涿郡；武帝开东夷，又置玄菟、乐浪二郡。

《释名》曰：幽州，北幽昧之地，故曰幽州。

《晋地道记》曰：幽州，因幽都以为名。

《山海经》曰：北荒有幽都之山。

《尔雅》曰：北方之美者，幽都之筋角焉。

《晋地道记》曰：舜以冀州南北广大，分燕北地为幽州。

《汉志》曰：渔阳郡属幽州，莽曰通路。

《史记》曰：颛顼都于帝丘，其地北至幽陵。

又曰：周武王之灭纣，封召公于北燕。《世本》曰：居北燕。宋忠曰：有南燕，故曰北。

《郡国志》曰：箕星散为幽州，分为燕国。其气躁急。通齐、赵，渤海之间一都会也。

《史记》曰：燕、秦千树栗，与封侯等。士马所生，有鱼盐桑枣之利。

《后汉书》曰：公孙瓒破刘虞，尽有幽州之地。

《三国典略》曰：东魏薛琡尝梦山上挂丝，以告所善张亮，曰：“山上丝，幽字也。君必为幽州。”后果如之。

《礼记》曰：武王克商，封黄帝之后于蓟。

《史记》曰：邹子之燕，昭王拥彗前驱，请为弟子受业，筑碣石宫以处邹子，亲往师之。

又曰：昭王谓郭隗曰：“愿得贤士，以身事之。”隗曰：“王必欲致士，先从隗始。况贤于隗者，岂远千里哉！”于是昭王为隗改筑宫而师事之。乐毅自魏往，邹衍自齐往，剧辛自赵往，士争归燕。

《汉志》曰：安次县，属渤海郡。又《续汉志》曰：安次，属渔阳郡。

《图经》曰：武清县，本汉之雍奴县也。

郦元《注水经》曰：雍奴，薮泽之名。四面有水曰壅，不流曰奴。

《魏志》曰：《张郃传》曰：“从击潭于渤海，别将围雍奴，大破之。”

顺州

《方舆志》曰：顺州，顺义郡，在范阳郡。唐天宝初置，又改为顺义、归化二郡。亦曰思顺州。

归顺州

《方舆志》曰：归顺州，其地乃燕之北境，燕太子丹使荆柯献地图即谓此也。即元顺州之北境，唐天宝初以置归化、顺义二郡，同领怀柔一县，复又立归顺州以理焉。

涿州

《图经》曰：涿州，涿郡。古涿鹿之地，舜十二州为幽州地。《禹贡》为冀州之域。春秋战国为燕国之涿邑。汉高帝置涿郡。

《史记》曰：黄帝与蚩尤战于涿鹿之野。

《汉志》曰：涿郡，高帝置。莽曰垣输。属幽州。领县二十九。

蓟州

《图经》曰：蓟州，渔阳郡。《禹贡》冀州之域。春秋及战国时属燕。秦时于此置渔阳郡，二汉因之。

又曰：渔阳县，本北无终子国也。有无终山城。

《春秋左氏传》曰：庄十三年，齐人伐山戎。杜预注曰：山戎、北狄、无终，三名其实一也。

《汉志》曰：无终，属右北平。故无终子国也。

燕州

《释名》曰：燕，宛也。在涿鹿山南宛宛然，因以名之。

《春秋说题辞》曰：箕尾为燕，阴气侵生。故俗云贪利，地宜栗。

《史记》：苏秦说燕文侯曰："燕东有朝鲜、辽东，北有林胡、楼烦，西有云中、九原，南有呼沲、易水，地方二千里，带甲数十万。南有碣石、雁门之饶，北有枣栗之利，民不佃作而足于枣栗矣。此所谓天府也。

又《货殖传》曰：燕、秦千树栗，以比封侯。

檀州

《十道志》曰：檀州，密云郡。《禹贡》冀州之域。春秋战国时并为燕地。秦为渔阳郡。在汉领白檀等十二县。

又曰：本汉虒奚县，属渔阳郡。

《汉志》曰：虒奚，属渔阳郡。莽曰敦德。虒音题。

又曰：燕东有渔阳郡。

《汉书》曰：汉李广弭节白檀。

《魏书》曰：曹公越北塞，历白檀，破乌丸于柳城。

《续汉书》曰：白檀县，即右北平。

妫州

《十道志》曰：妫州，妫川郡。《禹贡》冀州之域。舜暨周为幽州之域。春秋战国并属燕国。秦并天下，为上谷郡为潘县也。

《汉志》曰：燕西有上谷郡。

又曰：上谷郡，秦置。莽曰朔调。属幽州。领县十五。

又曰：潘县，属上谷郡。莽曰树武。潘曰普半反。

《晋太康地里记》曰：潘县，更属广宁郡。

《史记》曰：轩辕黄帝战于阪泉之野。

《十道志》曰：阪泉，在怀戎县。

《周书》曰：黄帝杀蚩尤于中冀，名曰绝辔之野。亦其地。

《史记》曰：燕筑长城自造阳至襄平。造阳即妫州之地名也。

平州

《十道志》曰：平州，北平郡。《禹贡》冀州之域。舜十二州为营州之境。周为幽州之地。春秋时为山戎孤竹、白狄肥子二国地。秦兼天下，为辽西郡肥如县地。

《汉志》曰：肥如，属辽西郡。肥子奔燕，燕封于此。

《史记》曰：齐桓公北征山戎至孤竹，至卑耳之溪，见一人长八尺，具衣冠，右袪衣，走马前。桓公问于管仲，对曰："山之神有俞儿，霸王之君兴则前导，袪衣示前有水，右袪衣从右方涉。"至卑耳之溪，从左方涉，其深至膝；自右已涉。桓公拜曰："仲父之圣至此。"

《魏志》曰：曹公北征乌丸，田畴自卢龙道引军出卢龙塞，堑山堙谷五百余里，经白檀，历平冈，登白狼，望柳城。道今在卢龙县。

营州

《十道志》曰：营州，柳城郡。《禹贡》冀州之域。其在十二州为营州地。周为幽州。春秋为山戎之地。战国时属燕。秦、汉为辽西郡。

《郡国志》曰：地当营室，故曰营州。

《汉志》曰：辽西郡，秦置。属幽州。领县十四。

《后汉书》曰：辽西郡，即乌丸鲜卑蹋顿所居。

《十六国春秋·慕容皝传》曰：柳城之北，龙山之南，所为福德之地也。可营制规模，筑龙城，构宫室。改柳城为龙城县，遂都之，改曰和龙宫。

《后汉舆地记》曰：舜分齐营州之域燕西，置营丘郡于其域内。今柳城县有营丘城。

德州

《元和郡县志》曰：德州，平原郡。《禹贡》兖州之域。春秋战国时齐地。秦兼天下，为齐郡地。汉分齐郡置平原郡。

《汉志》曰：平原郡，高帝置。王莽曰河平。领县十九。

《十道志》曰：蓨县，本汉条县也。景帝封周亚夫为条侯。后改为蓨。

《汉志》曰：蓨县，属信都。莽曰脩治。

《元和郡县志》曰：安德县有鬲津枯河，《禹贡》九河之一。

《汉志》曰：鬲县，属平原。王莽曰河平亭。

棣州

《元和郡县志》曰：棣州，乐安郡。《禹贡》青州之域，又曰兖州之域。春秋时为齐地。秦并天下，为齐郡。汉为平原、渤海、千乘三郡地。

《左氏传》曰：锡我先君履，东至于海，西至于河，南至于穆陵，北至于无棣。

《十道志》曰：厌次，本汉富平县。

《汉志》曰：富平，侯国。属平原郡。王莽曰乐安亭。后汉明帝改为厌次。

《汉书·东方朔传》曰：朔，平原厌次人也。

《十道志》曰：滴河县，本汉朸县也。朸，音力。

《汉志》曰：朸，属平原郡。莽曰张乡。

《十道志》曰：蒲台，本汉湿沃县也。

《汉志》曰：湿沃，属千乘郡。莽曰近亭。

《三齐记》曰：蒲台高十八尺，始皇所顿处。台下萦蒲系马，今蒲犹萦也。

沧州

《十道志》曰：沧州，景城郡。《禹贡》兖州之域。虞舜及周，为幽州之域。春秋时属齐、晋。七国时属齐、赵。秦并天下，以齐地置齐郡，以赵地置钜鹿郡。汉高帝分钜鹿置渤海郡，分齐郡置平原郡。

《汉志》曰：渤海郡，高帝置。莽曰迎河。在渤海之滨，因以为名。

《图经》曰：渤海，实沧州之地，属赵分居多。

《汉书》曰：赵分地薄人众，丈夫相遇游戏，悲歌慷慨，起则椎剽掘冢，作奸巧，多弄物，为倡优。

《十三州志》曰：渤海风俗鸷戾，高气力，轻奸凶。

《十道志》曰：清池县，汉之浮阳县也。

《汉志》曰：浮阳，属渤海郡。莽曰浮成。

《十三州志》曰：浮阳，浮水所出，东入海。

《汉书》曰：宣帝时，渤海饥，盗贼起。龚遂单车入境平之。后劝叛者卖剑买牛，民皆知劝。

《汉志》曰：平童县，灵帝改曰饶安。属渤海郡。

又曰：乐陵县，属平原郡。莽曰美阳。

贝州

《元和郡县志》曰：贝州，清河郡。《禹贡》兖州之域。春秋时属晋。七国时属赵。秦兼天下，以为钜鹿郡。汉又分置清河郡。

《十道志》曰：周武建德六年，北齐于此置贝州，以贝丘为名。

《左氏传》曰：齐襄公田于贝丘。

《汉志》曰：清河郡，高帝置。王莽曰平河。属冀州。领县十四。

《图经》曰：清河县，秦为厝县。厝音翅亦反。汉为信成县。

《汉志》曰：厝，属清河郡。王莽曰厝治。安帝以孝德皇帝葬于厝，改曰甘陵。

《十道志》曰：武城，赵邑东武城也。

《史记》曰：赵平原君胜封东武城。

《元和郡县志》曰：夏津县，本鄃县也。

《汉志》曰：鄃县，属清河郡。王莽曰善陆。

《汉书》曰：高后封吕他为鄃侯。

太平御览卷第一百六十三　州郡部九

河北道下

蒲州

《十道志》曰：蒲州，河东郡，置在河东县。本汉蒲阪地，盖尧、舜所都。

《左传》曰：晋献公灭魏，以赐毕万。服虔注曰：在晋之蒲阪。

《史记》曰：季布为河东太守，文帝谓布曰："河东，吾股肱郡也。"

《博物志》曰：河东有山泽近盐。沃土之人不才，汉兴，少有名人。

《魏志·杜畿传》曰：畿为河东太守，开置学官，亲执经教，郡中化之。自后河东多儒者，闾阎之间，习于程法。

《春秋左氏传》曰：晋人谋去故绛，诸大夫皆曰："必居郇音旬。瑕氏之地，郇瑕，古国名。河东解县西北，郇城。沃饶而近盬，盬，盐。猗氏县盐池是也。国利君乐，不可失也。"韩献子曰："不可。郇瑕氏土薄水浅，其恶易觏，易觏则民愁，民愁垫隘，于是乎有沉溺重膇直伪切之疾。不如新田，土厚水深，居之不疾，有汾、浍以流其恶。夫山泽林盬，国之宝也。国饶则民骄佚，近宝则公室乃贫，近宝则民不务本。不可谓乐。"公说，从之。

《郡国志》曰：猗氏县，猗顿所居之地。猗顿，鲁穷士也，问术于陶朱公，公教之蓄五牸，遂富。汉因之名县。

《史记》曰：魏都安邑。惠王三十一年，秦用商君，东侵地至河，而齐、赵数破我。我安邑近秦，于是徙居大梁。

《汉志》曰：河东郡，秦置。王莽曰兆阳。领县二十四。

又曰：蒲反，故曰蒲，秦更名。王莽曰蒲城。应劭曰：秦始皇东巡见长坂，故因加反。孟康云：晋文公以赂秦，后秦人还蒲，魏人喜曰："蒲反矣。"遂名之。师古曰：应说是。

绛州

《元和郡县志》曰：绛州，绛郡。《禹贡》冀州之域。春秋时属晋。战国时为魏地。秦三十六郡为河东郡。

《后汉书》曰：章帝元和三年，行幸安邑，观盐池。

《晋太康地志》曰：安邑有司盐都尉，别领兵五千。

《图经》曰：晋穆侯迁都于绛。曾孙孝侯改绛为翼，翼为晋之旧都。后献公复为绛。绛在今曲沃故城二里，有绛邑故城。是故绛在翼城东南，有故翼城是也。

《十道志》曰：正平县有九原，一名九原，即赵简子观处。

《礼记》曰：赵文子与叔誉观于九原，文子曰："死者如可作也，吾谁与归？"叔誉曰："其阳处父乎？"文子曰："见利不顾其君，其仁不足称也。我则随武子乎！利其君，不忘其身；谋其身，不遗其友。"

《汉书》曰：元鼎六年，上幸缑氏，至此闻南越破，遂立为闻喜县。

《图经》曰：闻喜县有董泽。《左传》曰："董泽之蒲可胜既乎！"

晋州

《元和郡县志》曰：晋州，平阳郡。《禹贡》冀州之域，尧、舜所都。周为冀州地。春秋时其地属晋。战国时属韩。秦为河东郡地。

《十道志》曰：本汉平阳县地。

《汉志》曰：平阳县，属河东郡。以其在平水之阳，故名之。

《前赵录》曰：太史令言于元海曰："蒲子崎岖，非可久安。平阳，唐尧所都。"于是徙居平阳也。

《两河记》曰：洪洞县，以此地固重复，控据要险，故曰洪洞焉。

《汉志》曰：襄陵，属河东郡。王莽曰干昌。以晋襄公之陵以为名。

《十道志》曰：霍邑，汉彘县也。

《汉志》曰：彘，属河东郡。周厉王所奔也。王莽曰黄城。

泽州

《元和郡县志》曰：泽州，高平郡。《禹贡》冀州之城。春秋时属晋。战国时属韩、魏，后属韩。秦兼天下，今州即上党郡高都县之地也。

《史记》曰：秦使武安君白起攻赵，赵发兵拒秦，秦大破赵于长平。长平在高平县，西北有长平故城。

《十道志》曰：泽州，以濩泽为名。

《汉志》曰：濩，属河东郡。《禹贡》析城山在西南濩音胡虢反。

《墨子》曰：舜渔于濩泽。

《十道志》曰：晋城县，本汉高都县也。

《汉志》曰：高都，属上党郡。有天井关。

《元和郡县志》曰：高平县，本汉泫氏县也。泫音胡玄反。

《汉志》曰：泫氏，属上党。泫水所出也。

《竹书纪年》曰：梁惠王九年，晋取泫氏。

《史记》曰：赵成侯十六年，与韩、魏分晋，封晋君于端氏也。

潞州

《元和郡县志》曰：潞州，上党郡。《禹贡》冀州之域。殷为黎国。春秋时属晋，又曰兼有潞子之国。秦为上党郡地。

《左传·宣十五年》曰：潞子婴儿之夫人，晋景公之姊也。酆舒为政而杀之，又伤潞子之目。酆舒，潞相。晋侯伐之，灭潞，酆舒奔卫，卫人归诸晋，晋人杀之。

《战国策》曰：秦有安邑，则韩必无。上党以远韩近赵故，卒归赵。

《隋图记》曰：上党、南阳，古以为县，实都也。

《汉志》曰：上党郡，秦置。属并州。有上党关。

又曰：壶关，属上党郡。黎侯国，今有黎亭。

《释名》曰：上党，党所也。在山上，其所最高，故曰上党。

《上党记》曰：高平赤壤，其地山阻，百姓不居，即此郡也。

《图经》曰：后周建德七年，于襄垣县立潞州，以其浸汾、潞为名。

《汉志》曰：长子县，属上党郡。周史辛甲所封。师古曰：长读长短之长。

《竹书纪年》曰：梁惠王十二年，郑取屯留、尚子。即长子之地也。

《左传·襄十九年》曰：晋人执卫行人石买于长子，执孙蒯于屯留。长子属上党。

又曰：郑伯如晋，晋人执诸铜鞮。

《晋太康地记》曰：铜鞮，故晋大夫羊舌赤邑，时号赤为铜鞮伯华。汉以为县。

辽州

《图经》曰：辽州，乐平郡。《禹贡》冀州之域。春秋时其地属晋。战国属韩，后属赵。秦、汉为上党郡。贞观中避讳，改为仪州，后又为箕州，复为辽。

《十道志》曰：和顺县，本汉沾县地，即讳阏与邑。

《史记》曰：秦昭襄三十八年，攻赵阏与。赵奢曰："其道远险扼，譬如两鼠斗于穴中，将勇者胜。"乃使赵奢将，大破秦军，乃解阏与之围。

《汉书·高帝纪》曰：韩信破代相夏说于阏与。

《汉书》曰：沾县，属上党郡。有沾水出壶关。沾音他兼反。

沁州

《十道志》曰：沁州千浸切，阳城郡。本汉谷远县地。

《元和郡县志》曰：《禹贡》冀州之域。春秋时其地属晋。战国时属韩。在秦为上党郡地。今州即汉上党之谷远属地。

《汉志》曰：谷远，属上党郡。王莽曰谷近。

《晋地记》曰：谷远，今名孤远，后代语讹耳。

《十道志》曰：绵上县，亦谷远县之地。以县西有绵上地，因名之。旧属介休县，隋分置绵上焉。盖晋介子推之地。

隰州

《图经》曰：隰州，大宁郡。夏殷已前，其地与箕沁同。在周为晋之北鄙。

《元和郡县志》曰：《禹贡》冀州之域。春秋时为晋地。七国时属魏。秦为河东郡地。汉为蒲子县，属河东郡。

《国语》曰：骊姬谓晋献公曰："蒲与屈，君之疆也，不可以无主。若太子主蒲与屈，乃可以威民而惧戎。"太子，申生也；二子，重耳、夷吾也。蒲：阳平，蒲子县。

《郡国志》曰：以州前二里有泉，下湿，故取下湿之义为名。

《十道志》曰：永和县，本汉狐讘县也。

《汉志》曰：狐讘，属河东郡。讘音之涉反。

慈州

《元和郡县志》曰：慈州，文成郡。《禹贡》冀州之域。春秋时晋之屈邑，献公子夷吾所居也。秦并天下，即河东郡之北屈县。

《汉志》曰：北屈，王莽曰朕北。应劭曰：有南屈，故称北。瓒曰：《汲郡古文》“翟章救郑，次于南屈。”

《左传·僖二年》曰：晋荀息请以屈产之乘，与垂棘之璧，假道与虞以伐虢。屈地生良马。

《元和郡县图》曰：吉昌县有姚襄城，西临黄河，控带龙门、孟门之险，周、齐交争之地。齐后主武平二年，遣斛律明月破周兵于此城下。

《郡国县道记》曰：吕香，本汉之北屈，有骐县。

《汉志》曰：骐，属河东郡。侯国。

汾州

《十道志》曰：汾州，西河郡。《禹贡》冀州之域。其在虞、夏及周，属并州。春秋时晋地。六国时属赵。秦并天下，属太原郡。

《左传·昭元年》曰：昔金天氏有裔子曰昧，为玄冥师，生允格、台骀。台骀能业其官，宣汾、洮，障大泽，汾，洮，二水。以处太原。太原，晋阳也。帝用嘉之，封诸汾川。

又曰：昔高辛氏有二子，长曰阏伯，次曰实沈，居于旷林，不相能也。后帝不臧，迁阏伯于商丘，主辰。商人是因。迁实沈于大夏，大夏，今晋阳县。主参。唐人是因。其季世曰唐叔虞。及成王灭唐而封太叔焉，故参为晋星。叔虞封唐，是为晋侯。

又《昭二年》曰：齐陈无宇送女，晋侯谓之少齐。谓陈无宇非卿，执诸中都。中都、晋邑，在河西介休县。

又《僖二十四年》曰：晋侯赏从亡者，介之推不言禄，禄亦弗及。遂隐而死。晋侯求之，不获，以绵上为之田，曰："以志吾过，且旌善人。"

《元和郡县志》曰：子夏居西河，吴起守西河，皆为此也。

《礼记·檀弓》曰：子夏丧其子而丧其明，曾子吊之。子夏哭曰："天乎！予之无罪也。"曾子怒，曰："商！汝何无罪也？吾与汝事夫子于洙、泗之间，退而老于西河之上。使西河之民疑汝于夫子，尔罪一也。"

《唐书》曰：高祖初起兵，师次霍邑，隋将宋金刚拒，不得进，屯军贾胡堡。会霖神语曰："若向霍邑，当东南傍山取路。八日雨止，我当助破之。"贾胡堡，在灵石县。

并州

《元和郡县图志》曰：并州，太原府。《禹贡》冀州之域。春秋时为晋。战国时为赵地。秦并天下，置太原郡。

《尚书·禹贡》曰：既修太原，至于岳阳。

《春秋元命苞》曰：并之为言，精合交并。

《释名》曰：并者，兼并也。言或并或设。

《元和郡县志》曰：中国曰太原，夷狄曰大卤。按晋、大卤、太原、大夏、夏墟、晋阳六名，其实一也。

《左传》曰：晋荀吴败狄于大卤。《释名》曰：地不生物曰卤。

《太康地记》曰：并州不以卫水为号，不以恒山为称，而云并者，盖以在两谷之间乎。

《帝王世纪》曰：帝尧始封于唐，又徙晋阳；及为天子，都平阳。平阳即今晋阳，即太原也。

又曰：禹自安邑都晋阳。至桀，徙都安邑。至周成王以封弟叔虞，是为晋侯。

《史记》曰：成王与叔虞戏，削桐叶为珪，曰："以是封汝。"周公请封于唐，王曰："吾戏耳。"周公曰："天子无戏言。"遂以封之。

《魏志》曰：高祖围袁尚于邺，时袁绍外甥高干为并州刺史，牵招说干曰："并州左有恒山之险，右有大河之固，北有强胡，宜速迎尚，并力观变。"干不从，故败。

《史记》曰：智伯率韩、魏攻赵襄子于晋阳，引汾水灌其城，不没者三板。

《春秋后语》曰：张孟谈谓赵襄子曰："董安于之在晋阳，公宫之垣皆荻蒿。"

《隋图经》曰：并州，其气勇抗诚信。韩、赵、魏谓之三晋，剽悍盗贼，常为他郡剧。

《汉志》曰：太原郡，秦置。有盐官，在晋阳。属并州。领县二十一。

又曰：榆次，属太原郡。王莽曰太原亭。

《史记·秦本纪》曰：庄襄王使蒙骜攻赵榆次。

《汉志》曰：阳曲，属太原。应劭曰：黄河千里一曲，当其阳，故曰阳曲。

石州

《元和郡县志》曰：石州，昌化郡。《禹贡》冀州之域。虞及周属并州。春秋时属赵，亦为白狄之地。在秦为西河郡之离石地。

《史记》曰：秦伐赵，取离石。

《前赵录》曰：今离石，左国单于所徙庭是也。

《十六国春秋》曰：晋惠帝以刘元海为离石将兵都尉。

岚州

《元和郡县志》曰：岚州，楼烦郡。《禹贡》冀州之域。春秋时为晋国，后属赵，本楼烦故地。秦为太原郡。汉为太原郡之汾阳地。

《史记》曰：赵惠文王主父行地，遂出代，西遇楼烦王于西河，而破其兵，取其地为县。

《汉书·项羽传》曰：汉有善射者曰楼烦，楚挑战，楼烦辄射杀之。使射羽，羽大怒，瞋目叱之，楼烦目不能视，手不能发。楼烦县属雁门北，县人善骑射。

《庄子》曰：尧治天下之民，平海内之政，往见四子藐姑射之山、汾水之阳，窅然丧其天下。

代州

《元和郡县图》曰：代州，雁门郡。古并州之域。春秋时晋地。战国时属赵。秦置三十六郡，雁门是其一焉。汉因之。

《河东记》曰：代句住，在州西北雁门界西陉山是也。

《史记》曰：赵襄子与韩、魏共灭智伯，分晋地，则赵有句注之地。

《尔雅》曰：北陵，西逾雁门是也。郭璞注曰：西逾雁门山也。

《地理志》曰：自代傍阴山至高阙，代王以为塞。

《汉志》曰：雁门郡，秦置。句注山在阴馆。王莽曰填狄。属并州。领县十四。

《山海经》曰：雁门出其间，在高柳代中。

《史记》曰：赵襄子与代王会于夏屋，以铜斗击杀代王，而取其地。

《十道志》曰：五台县，本汉虑虒县。

《汉志》曰：虑虒，属太原郡。师古曰：虑虒音卢夷。

又曰：崞县，属雁门。王莽曰崞张。

又曰：繁畤，属雁门。王莽曰当要。

忻州

《元和郡县志》曰：忻州，定襄郡。古并州之域。春秋时为晋国。战国时为赵地。秦、汉为太原郡地，今州即汉太原郡之阳曲县也。

《十道志》曰：忻州，置在秀容县。本汉阳曲县，后汉末，于此置九原县。

《十三州志》曰：汉末大乱，匈奴侵边，自定襄已西尽云中、雁门之间遂空。建安中，丞相曹公集荒郡之户以为县，聚之九原县界，以立新兴郡，领九原等县，属并州。

《元和郡县志》曰：秀容城，刘元海新筑。元海感神而生，姿容秀美，因以为名。

蔚州

《元和郡县志》曰：蔚州，安边郡。《禹贡》冀州之域。虞及周，属并州。春秋时，地属晋。战国时属赵。秦、汉为代郡。

《汉志》曰：灵丘，属代郡。瓒曰：灵丘之号，在赵武灵王之前也。

《汉书》曰：郦食其说汉王曰："杜白马之津，距飞狐之口。"

《晋书》曰：建兴中，刘琨自代出飞狐口，奔于安次。

朔州

《元和郡县志》曰：朔州，马邑郡。属《禹贡》冀州之域。虞及周，为并州地。春秋时为北狄地。战国时属赵。秦为雁门郡。汉为雁门郡之马邑也。

《汉志》曰：马邑，属雁门郡。王莽曰章昭。

《晋太康地记》曰：秦时建此城，辄崩不成，有马周旋驰走反复，父老异之，因依以筑城，遂为马邑。

《后魏书》曰：道武天兴元年，迁都平城。孝文迁都之后，于此置朔州。

《冀州图》云：赵武灵王胡服而征，遂有猃狁之地。汉高帝以韩王信壮武，乃以太原郡为韩国，徙信以备胡。信以晋阳去塞远，请理马邑。上乃许之。后匈奴围信，信数求救，上赐书责信。信惧，以马邑降胡。

云州

《元和郡县图》曰：云州，云中郡。《禹贡》冀州之域。虞及周，为并州之地。春秋时为北狄地。战国时，其地属赵，其后属秦雁门郡地。汉雁门郡之平城县也。

《汉志》曰：平城，东郡都尉治。王莽曰平顺。

《郡国志》曰：云中、五原，唾出口成冰，言苦寒也。

《汉书》曰：七年，上自将击韩王信于铜鞮。县名。信亡走匈奴，与匈奴共距汉。上从晋阳连战，乘胜逐北。遂至平城，为匈奴所围，七日，用陈平秘计得出。

《元和郡县图》曰：后魏道武于此建都，东至上谷，西至河，南至中山，北至五原，地方五千里，以为甸服。孝文改为司州牧，置代尹。

太平御览卷第一百六十四　州郡部十

关西道

雍州

《尚书·禹贡》曰：黑水、西河惟雍州。厥土惟黄壤，厥田惟上上，厥赋中下。田第一，赋第六，人功少。厥贡惟球、琳、琅玕。球、琳皆王名。琅玕，石而似珠。

《文耀钩》曰：岐、华已北，龙门积石，南至三危，雍州也。

《春秋说题辞》曰：秦金精坚，故秦俗亦坚。

《春秋元命苞》曰：雍，壅也；东距蒲坂，西有汉中，南含高山，北阻居庸是。

《释名》曰：雍州，在西山之内。壅，翳也。

应劭注《汉书》曰：四面积高曰壅。

李巡注《尔雅》曰：河西其气蔽壅也。

《晋太康地志》曰：雍州西北之地，阳所不及，阴气壅遏，故以为名。

《吕氏春秋》曰：西方为壅州。

《三辅黄图》曰：始皇表河以为秦东门，表汧以为秦西门。

《地理通说》曰：东自同、华，略河西北；西自岐、陇，会原极于此，尽其地，挟沣、灞，据函、崤，方千里，得百二之固。

《史记》：苏秦说秦惠王曰："秦四塞之国，被山带河，外有洪河之险，西有汉中、巴蜀，北有代、马之利，此天府也。"

又曰：献公徙居栎阳。孝公用商鞅，作咸阳，筑冀阙，徙都之。

《货殖传》曰：关中由汧、雍以东至河、华，膏壤沃野千里，自虞、夏之贡，以为上田。

《汉书》曰：秦形胜之国也，带河阻山，悬隔千里。持戟百万，秦得百二焉。言秦地险固，二万人足敌诸侯百万人也。地势便利，以其下兵于诸侯，譬犹居高屋之上，建瓴水也。瓴，盛水瓶也。居高屋之上而播瓴水，言其向下之势易也。

又娄敬说高祖曰："陛下都洛阳，岂欲与周室比隆哉？周之都洛，以为天下之中，四方纳贡，道里均，有德则易以王，无德则易以亡。今陛下欲比隆成康之时，为不侔矣！且秦地被山带河，四塞以为固，卒然有变急，百万之众可具。故秦膏腴之地，以为天府。陛下入关而都之，山东虽乱，秦故地可全而有也。夫与人斗，不扼其吭，而拊其背，未能全胜。今陛下入关而都之，此亦扼天下之吭而拊其背也。"高祖以问群臣，群臣皆山东人，争言周王数百年，秦二世而亡。高祖疑未能决。及留侯明言入关便，即日车驾西都关中。

又《百官表》曰：内史，周官。秦因之，掌治京师。景帝二年分置左右内史。右内史太初元年更为京兆尹。

又《东方朔传》曰：三辅之地，南有江、淮，北有河、渭，汧、陇以东，商、洛以西，厥壤肥饶。此所谓天府陆海之地也。

《后汉书》曰：董卓徙都长安，谓陈纪曰："三辅平敞，四面险固，土地肥美，号曰陆海。"

《三辅黄图》曰：太初元年，以渭城以西属右扶风，长安以东属京兆尹，长陵以北属左冯翊，以辅京师，谓之三辅。

《关中记》曰：秦西以陇关为限，东以函谷为界，二关之间谓之中地，地东西方千余里。

《十道志》曰：雍州，京兆郡。《禹贡》九州之一。舜置十二牧，雍亦在焉。周武王都酆、镐。平王东迁，以岐、酆之地赐秦。孝公始都咸阳。秦兼天下，置内史以领关中。项籍灭秦，分其地为三：以章邯为雍王，都废丘；司马欣为塞王，都栎阳；董翳为翟王，都高奴；谓之三秦。高祖入关，定三秦，复为内史。武帝改为京兆尹。

华州

《十道志》曰：华州，华阴郡，置在郑县。《禹贡》雍州之域。

《元和郡县图》曰：周为畿内之国，郑桓公始封之邑，其地一名咸林。春秋时为秦、晋之地。战国时为秦、魏二国之境，西岳华山在焉。秦为内史地。汉为京兆尹。

《国语》曰：郑桓公为周司徒，食菜咸林也。

《左传》曰：晋侯许赂秦伯以河外列城五，南及华山。

《史记》曰：秦武公十一年，初县北郑。

《汉志》曰：郑，属京兆尹。周宣王弟郑桓公邑。师古曰：幽王既败，郑桓公死之，其子武公与平王东迁也。

《尔雅》曰：河南曰华。西南之美者，有华山之金玉焉。

《魏志》曰：董卓迁都长安，华歆求出为下邽令。

《史记》曰：秦始皇三十六年，东游海上，遣使关中，至平舒道，有人持璧遮使者，曰："为我遗镐池君。"事具璧门。

《水经》曰：渭水东经平舒城，即江神返璧于华阴平舒道，遗镐池君之处也。

《尚书·泰誓》曰：归马于华山之阳，放牛于桃林之野。

《左传》曰：晋使詹嘉处瑕，以守桃林之塞。杜曰：今华阴东潼关是也。

同州

《元和郡县志》曰：同州，冯翊郡。《禹贡》雍州之域。春秋时属秦，本大荔戎国，秦获之，更名曰临晋。七国时属魏。秦并天下，京兆、冯翊、扶风并内史之地。汉为河上郡，复为内史，武帝更名左冯翊郡，后改为同州。以其《书》云："沣水攸同"，故名之也。

《十道志》曰：汉王定三秦，关中置三郡，以塞国为河上郡。后罢三郡以为内史，武帝改为左冯翊。

应劭《汉官解诂》曰：冯辅翊蕃，故以为名。

《水经》曰：洛水东南经沙阜北，其阜东西八十里，南北三十里，俗名沙苑。

《史记》曰：魏文侯十六年，伐秦，筑临晋。

《十六国春秋》曰：符健时，河渭溢，蒲津监寇登得一履于河中，长七尺。健叹曰："复载之内，何所不有！"

《穆天子传》曰：阳纡之山，何伯冯夷之所都。

《汉志》曰：临晋县，有河水祠。

又《郊祀志》：祠河于临晋。

《博物志》曰：冯夷，华阴人，得道水仙，为河伯。

《左传》曰：秦、晋战于彭衙。注曰：冯翊，合阳县，西北有衙城。

又曰：秦伐晋，晋使吕相绝秦曰："俘我王官，翦我羁马。"羁马，今在合阳，王官，今在澄城。

《汉书》曰：宣帝微时，尝困莲勺卤中。如淳曰：为人所辱也。莲勺有盐池，名曰卤中。又《汉志》曰：属冯翊。

《汉志》曰：郃阳，属左冯翊。在郃水之阳，即《大雅·大明》之诗曰："在郃之阳"。

岐州

《元和郡县图》曰：岐州，扶风郡。今为凤翔府。《禹贡》雍州之域。春秋战国时为秦都，属内史。高帝更名中地郡，复属内史。景帝更名主爵都尉。武帝改右扶风，所以扶助京师行风化也。

《史记》曰：秦文公作鄜畤。灵公作吴阳上畤，又作下畤今郡内有三畤原。

又曰：始皇二十七年，巡陇西、北地，出笄头山，过回中。回中，在扶风郡。

《汉书》曰：文帝十四年，匈奴入萧关，杀北地都尉，烧回中宫，候骑至雍。

《水经》曰：郿县有积石原。魏青龙二年，诸葛亮出斜谷，与司马宣王屯渭南。郭淮算亮必争北原，遂先据之。亮至，果不得上。

又《魏氏春秋》曰：亮据渭南，宣王谓诸将曰："亮若出武功，依山东转，是其勇也。若西上五丈原，即诸君无事矣。"亮果屯此原。五丈原，亦在郿。

《国语》曰：周之兴也，鸑鷟鸣于岐山今岐山县是。

《三秦记》曰：陈仓山上有石鸡，与山鸡不别。赵高烧山，山鸡飞去而石鸡不去，晨鸣山头，声闻三十里，或云王鸡。

耀州

《五代史》曰：耀州，本京兆府华原县，唐末李茂贞据凤翔僭行墨制，建为耀州。以义胜为军额，命温韬为节度使。

乾州

又曰：本唐之奉天县也，唐末李茂贞建之为州。后因之不改。

陇州

《元和郡县图》曰：陇州，汧阳郡。《禹贡》雍州之域。秦文公所都。汉为汧县，属右扶风。

《禹贡》曰：导汧及岐，至于荆山。

《说文》曰：陇，天水大坂名也。

《三秦记·俗歌》曰：陇头流水，鸣声呜咽，遥望秦川，肝肠断绝。

又曰：陇，渭西关也。其阪九回，不知高几许，欲上者七日乃得越。

《汉志》曰：隃麋，属右扶风。即今之汧阳县。

邠州

《元和郡县图》曰：邠州，新平郡。《禹贡》雍州之域。公刘所居之地。秦为内史地。汉为右扶风。本作豳字，开元中以豳与幽字相涉，改为邠。

《汉志》曰：栒邑，属右扶风。有豳乡，《诗》豳国，公刘所都也。

《左传》曰：毕、原、丰、郇，文之昭也。

《十六国春秋》曰：符坚时，新平人王雕陈图谶，王猛以为左道惑众，劝坚诛之。雕临刑上疏曰："臣师刘湛明于图记，谓臣曰：'新平应出帝王宝器。'愿陛下志之。"后果获玉器焉。

《十道志》曰：宜禄县，本汉鹑觚县。后魏又分置东阴盘县。

《周地图记》曰：秦使蒙恬北筑长城，又于北原筑城，以觚奠酒而祭，有鹑飞止觚上，因以名县。今有鹑觚原。

《元和郡县图》曰：新平，本汉漆县。

《后汉书》曰：建武八年，隗嚣攻略阳。上至漆，进止未定，会马援夜至，上喜，问之。援聚米以为山谷于上前，指军所从入。上笑曰："虏在吾目中矣。"

泾州

《元和郡县图》曰：泾州，安定郡。《禹贡》雍州之域。春秋时属秦，始皇时属北地郡。汉置安定郡。

《宋永初山川记》曰：安定处山谷之间，昆戎旧壤，迫近夷狄，修习武备，人皆以驰射为事。

《国语》曰：周恭王游于泾上，密康公从，有三女奔之。其母曰："必致之于王。夫兽三为群，人三为粲，美之物也。众以美物归汝，而何德以堪？王犹不堪，况汝？小丑备物，终必亡。"康公不献王，王灭密。地有阴密城。

《诗·大雅》曰：密人不恭，敢拒大邦。

宁州

《元和郡县图》曰：宁州，彭原郡。《禹贡》雍州之域。当夏之衰，公刘邑焉。周时为义渠戎王国。至秦昭王杀义渠戎王，并其地；始皇时为北地郡。汉因之。

《汉志》曰：泥阳，属北地郡。莽曰泥阴，应劭曰："泥水出郁郅北蛮中。《十道志》：后汉改泥阳为富平，后魏又改定平。

又曰：义渠道，属北地郡。莽曰义沟。

《史记》曰：夏道衰，而公刘失其稷官，变于西戎，邑于豳。至秦缪公得由余，西戎八国服于秦。梁山、泾、漆之北有义渠氏、朐衍之戎筑城郭以居，秦稍蚕食，至于惠王，遂拔义渠二十五城。秦昭王杀义渠戎王，于是秦有北地、陇西、上郡之地。

庆州

《元和郡县志》曰：庆州，顺化郡。《禹贡》雍州之域，古西戎地。夏稷子不窋居之，今有不窋故城在焉。春秋时义渠戎王国。始皇时为北地郡。

《汉志》曰：郁郅，属北地郡。有牧师苑官。莽曰功著。

《周地图记》曰：郁郅城，今名尉季城，在白马岭两川交口。《水经》曰：尉季亦曰不窋，疑郁郅之讹也。

《十道志》曰：乐蟠县，本汉略畔道也。

《汉志》曰：略畔道，莽曰延年。道有略畔山，俗呼曰各盘，音讹耳。

原州

《元和郡县图》曰：原州，平凉郡。《禹贡》雍州之域。春秋时地属秦，始皇时属北地郡。汉为安定郡。

《汉志》曰：高平，属安定郡。莽曰铺陆。

班固《安丰戴侯颂》曰：高平第一，帝临我师。

《汉书》曰：汉文十四年，匈奴入萧关，杀北地都尉。

《十道志》曰：萧关在原州。

《后汉》曰：隗嚣使牛邯守瓦亭关。

《十道志》曰：瓦亭在平凉郡。

灵州

《元和郡县图》曰：灵州，灵武郡。《禹贡》雍州之域。春秋战国属秦，秦并天下，为北地郡。汉高为富平县地。

《汉志》曰：灵武，属北地。莽曰威武。惠帝四年置灵州。有河奇苑、号非苑。师古曰：水中可居曰州。此地在河州，随水高下，未尝沦没，故号灵州。河奇二苑皆在焉。

《十道志》曰：灵州有赫连勃勃所置果园。《水经》云：河水北有薄骨律镇，城在渚上，旧赫连城也。桑果榆林，列植其上，故谓之果林。

《图经》曰：周宣政和二年，破陈将吴明彻，迁其人于灵州。江左之人崇礼好学，习俗皆化，因谓之塞北江南。

盐州

《元和郡县图》曰：盐州，五原郡。《禹贡》雍州之域。春秋时戎狄地。秦属梁州。汉置五原郡。地有原五，因而名之。

《史记》曰：梁山漆、沮之北有义渠、朐衍之戎。即此地。

《汉志》曰：马岭，属北地郡。以川形似马领，故以为名。

《十道志》曰：马岭，今盐州地。

《元和郡县图》曰：后魏为西安州。以其有盐池，又改为盐州。

鄜州音夫

《十道志》曰：鄜州，洛交郡。《禹贡》雍州之域。春秋时秦地，始皇时为上郡。汉为上郡雕阴县地。

《史记》曰：秦文公畋于汧、渭之间，梦黄蛇首上鄜。以为上帝之征，遂以鄜立鄜畤，祠白帝也。

《汉书》云：匈奴南侵至朝那，肤施，即此地也。

《汉志》曰：雕阴，属上郡。有雕阴山。

坊州

《元和郡县图》曰：坊州，中部郡。《禹贡》雍州之域。春秋时翟国。秦属内史。汉为右冯翊翟道县之地。符、姚时置杏城。周置马坊。唐高祖因置坊州，取马坊为名。

《汉书》曰：朔方为西部都尉，休屠为北部都尉，搜渠为中部都尉。

《郡国志》曰：鄜城，本三秦高奴之地，翟道故城即今郡城是也，俗谓之高楼城。

《穆天子传》曰：癸酉，天子命驾八骏之驷，造父为御，翔行经翟道，升于太行。

《元和郡县图》曰：宜君县，前秦符坚于祋祤县故城置之。

延州

《元和郡县图》曰：延州，延安郡。《禹贡》雍州之域。春秋时白狄所居。秦、汉属上郡高奴之地。项羽以董翳为翟王，居高奴，即其地也。

《汉志》曰：肤施，属上郡。有五龙山。

《水经》曰：渭水东经高奴水。《汉志》：高奴水合丰林水谓之清水。

丹州

《元和郡县图》曰：丹州，咸宁郡。《禹贡》雍州之域。春秋时为白翟所居。秦、汉为上郡地。

《隋图经集记》曰：义川盖春秋时白翟也。其俗语云丹州白窒，即白翟讹也。

绥州

《元和郡县图》曰：绥州，上郡。《禹贡》雍州之域。春秋白翟所居。七国时属秦，秦并天下，为上郡。汉初属翟国，复改为上郡。

《山海经》曰：上郡有疏属。二负之臣曰危，与二负杀窫窳，帝梏之疏属之山。即此也。

银州

《元和郡县图》曰：银州，银川郡。《禹贡》雍州之域。春秋时白翟地。秦为上郡。汉为河西郡圁阴县地。

《前汉志》曰：圜阴，属西河郡。莽曰方阴。师古曰：圜字本作圁，县在圁水之阴，因以为名也。今有银川、银水，即是旧名犹存，但字变耳。

《耆旧传》：骢马城即银川城也。符秦建元元年，自骢马城巡抚夷狄。

麟州

《元和郡县图》曰：《禹贡》雍州之域。秦、汉为云中郡。隋为胜州。天宝中，分胜州地置麟州。

《晋太康地记》曰：自北地郡北行九百里，得五原塞即此地。后汉光禄徐自为出五原塞数百里，筑城鄣，列亭至卢山。即今县北光禄塞是也。

夏州

《元和郡县图》曰：夏州，朔方郡。《禹贡》雍州之域。春秋及战国时，属魏。秦并天下，属上郡。汉武分置朔方郡。

《诗》曰：王命南仲，城彼朔方。

《汉书》曰：武帝元朔二年，遣将军卫青将兵击匈奴，出云中，至高关，遂至符离。收河南地，置朔方、五原郡。符离，汉北塞名。

《十六国春秋》曰：赫连勃勃于朔方县筑大城，既成，下书曰："今都城已建，宜立美名，朕方统一天下，君临万国，宜以统万为名。"

郦元《水经注》：统万城，赫连勃勃蒸土所筑。

又曰：朔方县有契吴山，赫连勃勃北游登之，叹曰："美哉斯阜！临广泽而带清流。吾行地多矣，自马岭以北，大河以南，未有若此之善者也。"

《汉书》曰：武帝收河南置朔方、五原郡。公孙弘数谏，以为罢弊中国以奉无用之地。上使朱买臣等难弘，发十策，弘不得一。由是城之，自此为关中根抵。

《汉志》曰：朔方，治窳浑。莽曰沟搜。窳浑有道，西北出鸡鹿塞。

又曰：三封，属朔方郡。今长泽县有三封故城。

丰州

《元和郡县图》曰：丰州，九原郡。《禹贡》雍州之域。秦、汉上郡地。

胜州

《元和郡县图》曰：胜州，榆林郡。《禹贡》雍州之域。春秋时戎狄地。战国时晋、赵地。秦、汉为云中郡。

《秦本纪》曰：始皇十三年，伐赵，取云中，因以为郡。

《续汉书·郡国志》曰：云中郡，领云中、咸阳、旗陵、沙南、北兴、武泉、原阳、定襄、武进、成乐十一县。

太平御览卷第一百六十五 州郡部十一

陇右道

秦州

《十道志》曰：秦州，天水郡。《禹贡》雍州之域，古西戎地。秦始封之邑，秦为陇西郡。汉武置天水郡。

《史记·秦本纪》曰：周孝王时，非子好马及善畜养。孝王曰："昔柏翳为舜主畜多息，故有土，赐姓嬴。今其后世亦为朕息马。"遂分土地为附庸，邑之秦，使续嬴氏。

《汉志》曰：天水郡，莽曰填戎。明帝改曰汉阳。

《秦州记》曰：郡前有湖水，冬夏无增减。或说天水取名由此湖也。

《汉志》曰：上邽，属陇西郡。戎邑也。又曰：成纪、清水，并属天水郡。莽改清水曰识睦。

《舆地志》曰：石纽，地名；夏禹所生之地。

《续汉书·郡国志》曰：成纪，古帝庖牺氏所生之地。

《汉志》曰：略阳道，属天水郡。《十二州志》曰：略阳，即故冀城也。

又曰：街泉，戎邑道，属天水郡。

《续汉书·地理志》有街泉亭。

渭州

《十道志》曰：渭州，陇西郡。春秋及战国时，羌戎所居。秦昭王伐得义渠戎王，始置陇西郡。

《禹贡》曰：导渭自鸟鼠同穴。

又曰终南、敦物，至于鸟鼠。

《汉志》：豲音桓道，戎邑也。属天水郡。即今陇西县地。

《地道记》曰：汉阳有大阪曰陇坻，亦曰陇山。郡处其西，故曰陇西。其山堆旁崩，声闻数百里，扬雄所谓响若坻颓是也。

兰州

《十道志》曰：兰州，金城郡。《禹贡》雍州之域，古西戎地。秦并天下，为陇西郡。

《后汉书·西羌传》曰：羌无弋援剑曾孙忽留湟中。忽子研立，研最豪健，故羌中号为研种。秦始皇时，务并六国，兵不西行，故羌人得蕃息。及秦并天下，筑长城以界之，众羌不复南渡。汉兴，匈奴冒顿强盛，臣伏诸羌。景帝时，研种留何率人求守陇西，于是徙留何于狄道。

《汉志》曰：狄道，属陇西郡。以其地有狄种，故云狄道。

又曰：浩亹水出西塞外，东至允吾入湟水。《诗·大雅》曰：“凫鹥在亹”，亦其义也。兰州有浩亹故城。浩亹音閤门。

《汉志》曰：金城郡，领县十三。应劭曰：初筑城得金，故曰金城。瓒曰：金，取其坚固也，故《墨子》曰“金城汤池”。

会州

《十道志》曰：会州，会宁郡。《禹贡》雍州之域，古西羌地。秦并天下，属陇西郡。汉属金城郡。唐武德二年，平李轨，置西会州。贞观八年，改为会州。

《元和郡县志》曰：后周太祖为西魏相，来巡，会师于此，因置州，为名。唐贞观中，亦为粟州。

河州

《十道志》曰：河州，安乡郡。《禹贡》雍州之域，古西羌地。秦并天下，为陇西郡。汉分置天水郡。

《汉志》曰：枹罕，属金城郡。故罕羌侯邑也。枹音孚，其字从木。

《禹贡》曰：道河积石，至于龙门。积石山在金城西南。

《西域传》曰：河注蒲昌海，潜行地下，南出于积石山。

洮州

《十道志》曰：洮州，临洮郡。《禹贡》雍州之域。秦、汉诸羌之地。

《汉志》曰：洮水出西羌中，北至枹罕，东入河沙。

岷州

《十道志》曰：岷州，和政郡。《禹贡》雍州之域。六国时属秦，秦并天下，为陇西之临洮县。

《史记》曰：蒙恬筑长城，起临洮。

廓州

《十道志》曰：廓州，宁塞郡。《禹贡》雍州之域，古西羌地。

《汉书》曰：宣帝时，诸羌数背叛，后将军赵充国屯陇西羁縻之，诸羌不敢动。

《后汉书·段颎传》曰：延熹中，烧当、煎河、勒姐等八种羌寇陇西、金城，颎追讨，大破之。明年，烧河大豪寇张掖，颎斩烧河大帅，虏五千余人。西羌于是弭定。

叠州

《十道志》曰：叠州，合川郡。《禹贡》梁州之域，历秦、汉、魏、晋，为诸羌所据。

《后周书》曰：建德六年，西逐诸戎，始统有其地，因置恒香郡。寻改为叠州。盖以其地多山重叠，以名郡也。又于三交口筑城，置甘松防。又为三川县，以隶恒香郡。至建德九年，改三川县为常芬县，仍立芳州，以邑隶焉。取其地多芳草，为郡之名。

鄯州

《十道志》曰：鄯州，西平郡。《禹贡》雍州之域，古西戎之地。

《汉志》曰：允吾，属金城郡。今龙支县即其地。

凉州

《十道志》曰：凉州，武威郡。《禹贡》雍州之域。六国至秦，戎狄月支居焉。汉初，为匈奴右地。

《释名》曰：西方寒冻，或云河西土田薄，故曰凉。

《晋书》曰：姑臧城，匈奴所筑旧盖臧城，语讹后云姑臧。

又曰：惠帝末，张轨求为凉州，于是大城此地为一会府以据之，号前凉。后吕光复据之，号后凉。

《禹贡》曰：原隰厎绩，至于猪野。织皮昆仑、析支、渠搜，西戎即叙。

《续汉书》曰：西羌自赐支以西，滨河首左右居。今河关西可十余里有河曲，羌谓之赐支。

《异物志》曰：渠搜国，当大宛北界。猪野，今姑臧界猪野泽是。

刘昞《燉煌实录》曰：晋安帝隆安元年，凉州牧李暠微服出城，逢虎道边，虎化为人，遥呼暠为西凉君，暠因弯弧待之。又遥呼暠曰："有事告汝，无疑也。"暠知其异，投弓于地。人乃前曰："敦煌空虚，不是福地。君之子孙王于西凉，不如徙酒泉。"言讫，乃失。暠乃移都酒泉。

《后汉书》曰：安帝时，匈奴寇常山。于是西北有事，民饥，民用不足。大将军邓骘欲弃凉州，专务北边，曰："譬若家人衣坏，败一以相补，犹有所完。若不如此，将两无所保。"郎中虞诩曰："大将军之策，不可者三：先帝辟境，而今弃之，不可一也。弃凉州，即以三辅为塞，园陵单外，不可二也。谚曰：'关西出将，关东出相。'烈士武臣，多出凉州；风土壮猛，便习兵事。今羌所以不过三辅，为腹心害者，以凉州在其后也。"

甘州

《十道志》曰：甘州，张掖郡。《禹贡》雍州之域。六国至秦，戎狄月支居焉。汉为匈奴右地。

《尚书·禹贡》曰：道弱水，至于合黎。

《十道志》曰：今张掖有合黎水。《汉志·西域传》曰：月支本居祁连、燉煌间。《霍去病传》曰：济居延，遂臻小月氏，攻祁连。即此道也。

《汉志》曰：张掖郡，匈奴昆邪王地，武帝时开之。莽曰设屏。应劭曰：张国臂掖，故曰张掖也。

又曰：觻得，属张掖郡。有千金渠西至乐涫入泽中。莽曰官式。

又曰：删丹，属张。莽曰贯虏。

肃州

《十道志》曰：肃州，酒泉郡。《禹贡》雍州之域，古西戎地，月支所居。汉为武威、酒泉郡也。

《汉书》曰：武帝元狩二年，昆邪王杀休屠王，将其众来降。以其地为武威、酒泉郡。

又《匈奴传》曰：汉置酒泉郡以隔绝胡与羌通路。又西通月支、大夏，以公主妻乌孙王，以分匈奴西方之援国。其水甘若酒，故名酒泉。

《后汉书》曰：班超久在西域，年老思土，上书曰："臣不敢望到酒泉郡，但愿生入玉门关。玉门属敦煌，今沙州也，去长安三千六百里。酒泉，今肃州也，去长安二千八百五十里路。

瓜州

《十道志》曰：瓜州，晋昌郡。《禹贡》雍州之域，古西戎地。战国时，乌孙、月支居焉。汉初为匈奴右地，后为武威、酒泉二郡。

《汉志》曰：冥安，属敦煌郡。冥水出焉，又名籍端水，出羌中，西入泽。冥安即晋昌地。

又曰：广至，宜禾都尉治昆仑障。莽曰广桓。即常乐地，有宜禾故城。

沙州

《十道志》曰：沙州，燉煌郡。《禹贡》雍州之域，古西戎地。秦属西戎。汉置燉煌郡。

《左传》：范宣子数戎子驹支曰："昔秦人追逐乃祖吾离于瓜州，蒙犯荆棘，以来归我先君。惠公有不腆之田，与汝剖分而食之。"瓜州，地在敦煌。

《汉书》曰：武帝元鼎六年，分酒泉置燉煌郡，徙人以实之。应劭曰：燉，大也，煌，盛也。

又《西域传》曰：东则接汉，扼以玉门、阳关。今寿昌有阳关及玉门故关。

《汉志》曰：敦煌县龙勒县有阳关、玉门关。

伊州

《十道志》曰：伊吾郡，本伊吾卢地，在敦煌之北，大碛之外，南去玉门八百里。

《后汉书》曰：永平十六年，明帝命将北征，取伊吾卢地，置宜禾都尉以屯田。

又《西羌传》曰：伊吾地宜五谷、桑、麻、葡萄，其北有柳中，皆膏腴之地，故汉与匈奴争车师、伊吾之地以制西戎。

西州

《十道志》曰：西州，交河郡。

《汉书·西域传》曰：车师后王国有新道通玉门关，戊己校尉徐普欲开以省道里半，以避白龙堆之扼。车师后王姑勾以道通为不便，即驰突出高昌壁，入匈奴。

《后魏书》曰：以其地势高峻，人物昌盛，因名高昌。

庭州

《十道志》曰：庭州，雍州之外，流沙之西北，前汉乌孙旧地，东与匈奴接，历代为胡虏所居。

《汉书·西域传》曰：贰师伐西域，诸国震惧。自敦煌西至盐泽，往往起亭，而轮台、渠黎多有田卒。

《后汉书》曰：班超将兵击伊吾于蒲类海。

太平御览卷第一百六十六 州郡部十二

剑南道

剑州

《图经》曰：晋安郡，《禹贡》梁州之域。秦之蜀郡。汉属广汉郡之梓橦县。

《华阳国志》曰：诸葛亮相蜀，凿石架空，为飞阁道以通蜀汉，即此郡。

《三国志》曰：邓艾伐蜀，自阴平县景谷步剑阁道，悬车束马，迳出油江而至广汉，是此地也。

《蜀记》曰：梓橦县有五妇山，一名五妇台。秦遗蜀美女五人。蜀遣五丁迎女，至梓橦，五丁蹋地，大呼，惊五女，并化为石。

《郡国志》曰：梓潼县北有华容，水则《蜀都赋》曰“却背华容”是也。

绵州

《十道志》曰：绵州，巴西郡。《禹贡》梁州之域。周并梁入雍州地。春秋战国，属蜀侯国。秦为蜀郡。汉广汉郡，令州即广汉郡之涪县也。

《九州记》曰：绵州之賨人，濮人，皆夷也。

《郡国志》曰：賨人劲勇锐气而善舞，故古有巴渝舞。

《蜀记》曰：左绵绯红，三川所尚。绵州左绵郡县有小江，所染绯红于此水，濯后益鲜，人之所重。

《宋书》曰：范栢年，梓橦人。明帝问：“卿乡有贪泉不？”栢年曰：“臣梁、益之地有廉泉、让水，不闻有贪泉。”帝嘉之，即以为蜀郡太守。廉，让水，在昌期县。

《郡县志》曰：神泉县，有泉十四，甘香异常，锢疾饮之即差，故曰神泉。

《汉书·志》曰：涪，属广汉郡。有孱亭。莽曰统睦。劭曰：涪水出广汉，南入汉。

梓州

《十道志》曰：梓州，梓潼郡。《禹贡》梁州之域。汉武分置广汉郡。

《汉书》曰：文帝以蜀道铜山赐邓通铸钱，即今铜山县也。

《蜀志》曰：先主入蜀攻刘璋，遣诸葛亮等分定州郡，略地至郪，百姓以牛酒劳军。

又曰：姜维闻诸葛瞻破，乃引军由广汉郪道以审虚实。

《十道志》曰：广汉之地有盐井、铜山之富。本《禹贡》南夷，周末，秦并为郡。有蔬食果实之饶。

《九州要记》曰：玄武山，一名赤雀山，一名宜君山。山有鹿尾入贡。

又《华阳国志》曰：玄武山，一名三嵎山。山出龙骨，传云龙升不达坠此，民取以入药用。玄武县因山得名。

遂州

《十道志》曰：遂州，遂宁郡。《禹贡》梁州之域。汉分梁州置广汉郡，今州又为广汉县。

《九州要记》曰：青石县有青石山，天下青石无佳于此，可为钟磬。

又《郡国志》曰：昔巴、蜀争界，历岁不决。汉高八年，山自裂，如索所界。巴、蜀之民惧天戒，乃息所争。

益州

《十道志》曰：益州，成都府。古梁州巴、濮、庸、蜀之地。在秦为汉中、巴、蜀三郡地。

《释名》曰：益，扼也；所在之地险厄。

应劭《地里风俗记》曰：疆壤益广，故号益州。

《史记》曰：周太王逾梁山，之岐山，一年成邑，二年成都，故有成都之名。

又曰：秦惠王时，苴、蜀相攻，各告急于秦。秦欲先伐韩，司马错曰："不如先伐蜀。夫蜀，戎狄之长也，有桀之乱。以秦攻之，譬使豺狼逐群羊也。又有禁止暴乱之名。今攻韩，周自知失九鼎，韩自知亡三川，二国并力合谋，而求解于楚、魏。臣窃危之。"王曰："善。"遂灭蜀。

《汉书》曰：宣帝时，方士上言益州部有金马碧鸡神，帝令王褒入蜀祀之。

扬雄《蜀王本纪》曰：蜀之先，称王者有蚕丛、折权、鱼易、俾明。是时椎髻左衽，不晓文字，未有礼乐。从开明已上至蚕丛，凡四千岁。次曰伯雍，又次曰鱼尾。尾田于湔山，得仙。后有王曰杜宇，出天堕山；又有朱提氏女名曰利，自江源而出，为宇妻；乃自立为蜀王，号曰望帝，移居郫邑。

《十三州志》曰：当七国称王，独杜宇称帝于蜀，以褒斜为前门，熊耳、灵关为后户，玉垒、峨眉为城廓，江、潜、绵、洛为池泽，汶山为畜牧，南中为园苑。时有荆人，是后荆地有一死者名鳖泠，其尸亡至汶山，却更生，见望帝。帝以为蜀相。时巫山壅江，蜀地洪水，望帝使鳖泠凿巫山，治水有功。望帝自以德薄，乃委国禅鳖泠，号曰开明。遂自亡去，化为子规，故蜀人闻鸣曰："我望帝也"。

又云：望帝使鳖泠治水，而淫其妻。泠还，帝惭，遂化为子规。杜宇死时适二月，而子规鸣，故蜀人怜之皆起。自开明以下五叶，始立宗庙。时蜀有五丁力士，能徙山岳，每一王死，五丁辄为立大石以志墓。今石井是也，号曰井里。

《成都记》曰：郡城即秦惠王使张仪筑，以象咸阳沃野千里，号曰陆海。

《九州记》曰：益州城初累筑不立，忽有大龟周行旋走，因其行筑之，遂得坚固，故曰龟城。

《南史》曰：宋太始初，益州市桥忽生一洲，有道士柳石见之曰：

“当有贵王临州，必王胜喜也。”及齐永明二年，武帝遣始兴王为益州。胜喜者即始兴反语也。

《续汉书·郡国志》曰：益州部：汉中、巴、广汉、蜀、犍为、越巂、牂柯、益、永昌，凡九郡。

《华阳国志》曰：成都夷里桥南岸道西有城，即锦城，一曰锦官，又曰锦里。

又曰：蜀初少文教，文翁为蜀郡太守，立精舍学堂以隶其俗，因是文教聿兴。今有文翁堂在大城内。

汉州

《图经》曰：汉州，德阳县。土地同益州。秦属蜀郡。汉属广汉郡，后汉因之，兼置益州，领郡十二。

《蜀记》曰：益州谓之三蜀，广汉其一也。

《后汉书》曰：雒城南每阴雨常有哭声，和帝时，陈宠为太守，闻之，有敕令收葬骸骨，哭声遂绝。

《蜀记》曰：金堂县，古有金舡沉江之东岸，民于水中往往见之。

彭州

《十道志》曰：彭州，濛阳郡。本汉繁县。宋置。《晋寿阳图经》曰：唐垂拱二年，以九陇县置彭州，取古天彭关以为名。

《周地图记》曰：宋元嘉九年，有樵人逐，所趋险绝，进入石穴，行数十步，豁然平博，问是何所？人答云：“小成都”。后更为求之，不知所在。

《地理志》曰：九陇县，晋置。以县有九曲山为名。

蜀州

《十道志》曰：蜀州，唐安郡。本汉江源县，属蜀郡。莽曰邛原。

《魏志》曰：蜀州鸣鹤山，张陵客蜀，学道于此山，造作符书以惑百姓。

又《益州记》曰：张道陵登仙之所，传云陵为腹蛇所吸，人以为登仙。

《蜀记》曰：青城县因山得名，山上有黄帝授道坛。

又《玄中记》云：山有穴，潜行分为三道，各通一处。

邛州

《十道志》曰：邛州，临邛郡。《禹贡》梁州之域。汉武置十三州，在益州之部。

《周地图记》曰：梁武陵王萧纪于蒲水口置邛州。南郡邛来山，因以为名。

《史记》曰：蜀卓氏之先，赵人。秦破赵，卓氏独夫妻推辇而行，曰："吾闻汶山之下，沃野，有蹲鸱。"乃求远迁。致之临邛，因铜山铸钱此也。

《蜀记》曰：汉张骞奉使寻河源，得高节竹植于邛山，号曰邛竹。今缘山皆是，可为杖。

《蜀志》曰：临邛有火井，诸葛亮一窥更盛。

《博物志》曰：后人以家火投之，火即灭，至今不然。

普州

《十道志》曰：普州，安岳郡。《禹贡》梁州之域。汉武十三州，在益州之部。今州境则汉之资中、牛鞞、垫江，后汉之德阳等四县。

雅州

《十道志》曰：雅州，卢山郡。《禹贡》梁州之部。汉武十三州，在益州之部，即秦严道县也。

《蜀记》曰：秦灭楚，徙楚严王之族于此，故谓之严道。

《汉志》曰：严道，属蜀郡。邛来山，邛水所出，东入青衣。王莽曰严治。

《郡国志》曰：汉源县有离崖，即蜀守李冰所凿离堆，即古雅也。

又曰：严道县有九折阪，即王阳回辔之所。

泸州

《十道志》曰：泸州，泸川郡。《禹贡》梁州之域。春秋战国时，为巴子国。秦属巴郡。汉属犍为郡。

《汉志》曰：江阳，属犍为郡。

《十道志》曰：泸州，本汉江阳县地。

诸葛亮《出师表》曰：五月渡泸，深入不毛。

茂州

《十道志》曰：茂州，通化郡。《禹贡》梁州之域。本冉駹国，汉以为郡。

《史记》曰：南越破后，冉駹等皆震惧，请臣置吏。以冉駹为汶山郡守。

翼州

《图经》曰：翼州，临翼郡。秦之土地与益州同。二汉属蜀郡，本汉之蚕陵也。

《汉志》曰：蚕陵，属蜀郡。王莽曰步昌。

当州

《十道志》曰：当州，江源郡。《禹贡》梁州之域。周为雍州之境。

《后周书》曰：天和元年，雁门公纥干略于此讨浑胡，因置同昌郡。

悉州

《十道志》曰：悉州，归诚郡。《禹贡》梁州之域，古西羌地。

《图经》曰：唐显庆三年，割当州三十里左封县，界内有悉唐川，因立为悉州。

静州

《图经》曰：静州，静川郡。土地与当州同。唐永徽四年，置静州于唐县，以理夷落。

拓州

《图经》曰：拓州，蓬山郡。土地与当州同。唐显庆三年，于此置拓州。取其开拓封疆为郡之名。

恭州

《图经》曰：恭州，恭化郡。北接土蕃，土地与当州同。唐显庆中，置恭州。取恭慕王化为郡之名。

维州

《十道志》曰：维州，维川郡。

《蜀志》曰：姜维、马忠督将军张嶷北讨汶山叛羌。即此也。

《图经》曰：武德中，白苟羌首领以地内附，因于姜维故城置维州以领之。

奉州

《图经》曰：奉州，云山郡。本蛮夷之地，南接土蕃，为夷落之极塞。武德中，羌夷内附，因立奉州。取其顺奉王命为名。

巂州

《十道志》曰：巂州，越巂郡。本益州西外夷，汉初为邛都国。

《史记》曰：西南夷滇以北君长十数，邛都最大。

《汉志》曰：越巂郡，武帝元鼎六年开。莽曰集巂。属益州。应劭曰：故邛都国也。有巂水。言越以此水彰休盛也。

《九州要记》曰：巂之西，夷人身青而有文如龙鳞。

《博物志》曰：越巂国有牛，稍割取肉，经日必复生如故。又《玄中记》曰：割而复生，名曰及牛。

《十道记》曰：越巂有泸水，四时多瘴气。三四月间发，人冲之立死。非时，中人多闷绝。唯五月上伏即无害。故诸葛亮征越巂，上疏曰："五月渡泸，深入不毛。"

又《地记》曰：今昆明道渡所，见有武侯道在。

又《十道记》曰：水浚而巉石，土人以牛皮为船，方涉津涘。

《九州要记》曰：台登县有奴诺川、鹦鹉山，黑水之间，若水出其下。即黄帝子昌意降居若水是此。

《汉志》曰：旄牛，属蜀郡。鲜水出徼外，南入若水。若水亦出徼外，南至大莋。旄牛，即今台登县。

姚州

《十道志》曰：姚州，云南郡。盖夷越之地，亦为滇王国。汉武开之，置益州郡。有滇池泽。后因为益州之云南、弄拣二县也。

《汉志》曰：益州郡，武帝元封二年开。王莽曰新就。故滇王国也。有滇池大泽，又有弄拣县焉。

《华阳国志》曰：滇濮、勾町、夜郎、叶榆、同师旧唐侯王国以十数。编发左衽，随畜迁徙，莫能相御。楚顷襄王遣将军庄蹻溯沅水，出苴兰，以伐夜郎；而秦夺楚黔中地，无路反，遂留王之，是为庄王。

黎州

《图经》曰：黎州，洪源郡。汉为沉黎郡。宋、齐以来，并为沉黎郡。后周破羌夷，立黎州。

龙州

《十道志》曰：龙州，江油郡。秦、汉至魏，不置郡县。

《魏志》曰：景元四年，诸军征蜀，邓艾自阴平行无人之地七百余里，凿山通道，造作桥阁。山高谷深，至为险难，艾以毡自裹，转推而下；将士皆攀木缘崖，鱼贯而进，先登至江油。即此地也。

《周地图记》曰：江油帅杨、李二姓，各自称藩于梁。至后魏武帝得其地，置江油郡。西魏于此立龙州。

松州

《十道志》曰：松州，交川郡。《禹贡》梁州之域，又为雍州之域。秦、汉，诸羌居焉。

《图经》曰：郡有甘松岭，因以名郡。

《山海经》曰：甘松岭，亦谓之松桑岭，江水发源于此。

《江源记》曰：平康县有羊肠岭，大江发源之所。

嘉州

《十道志》曰：嘉州，犍为郡。《禹贡》梁州之域。汉犍为郡之南安县。

《史记》曰：汉武使唐蒙伐西戎，得夜郎国，遂立犍为郡。

《汉志》青衣，属蜀郡。顺帝改名汉嘉。

《十道志》曰：周武保定元年，于此置青州，遥取汉青衣县为名。宣政二年，改为嘉州。

《华阳国志》曰：青衣有沫水。

《汉志》：蜀李冰凿离堆，避沫水之害。又《益州记》曰：青衣神号雷堆庙，班固以为离堆。

《益州记》曰：峨眉山两山相对，望之如峨眉。

简州

《十道志》曰：简州，阳安郡。《禹贡》梁州之域。汉犍郡为之牛鞞县地。

《华阳国志》曰：牛鞞县，有阳明盐井。今在郡北十里。

《九州要记》曰：简州，在赤水之北。今有绛水，在州南。

《周地图记》曰：晋义熙末，刺史朱龄石率建平人征蜀，仍于东山立金戍。后魏平蜀，改为金水郡。

陵州

《十道志》曰：陵州，仁寿郡。《禹贡》梁州之域。汉犍为郡之武阳县东境也。

《郡国志》曰：昔张道陵于此得盐井，祠玉女于井内，因谓之陵井。郡因井得名。

《益州记》曰：郡有东嵎，三山相对，去陵井百里。

《郡国志》曰：有鼎鼻山，周之九鼎，沦一于此，故后人往往见鼎耳，因名之。

又曰：郡有朝女山，昔有朝祖女于此山得道，今足迹尚存，故名朝女山。

眉州

《十道志》曰：眉州，通义郡。《禹贡》梁州之域。犍为郡之武阳南境。

《周地图记》曰：梁武帝太清二年，武陵王萧纪开通外水，立青州于通谊郡南安县北。后魏二年，平蜀。三年，改青州为眉州。用峨眉山为名。

《蜀记》曰：秦惠王使张仪、司马错伐蜀，蜀主开明拒之，不利，退至武阳见获。彭山县即其地。

《郡国志》曰：青城县当羌蜀之要，汉武使唐蒙破西南夷，即路始于此。

荣州

《十道志》曰：荣州，和义郡。《禹贡》梁州之域。汉为南安县地，属犍为郡。

《九州要记》曰：和义郡，古夜郎之地，有成都市。汉武时，南中令使通僰道无功，唐蒙因杀之，令曰："恨不见成都市而死！"蒙即立市如成都以杀之，故曰成都市。

《益州记》曰：旭川县有马鸣戍。汉刺史韦枝夜过此地，有神马嘶，汉中马皆嘶以应之，故以此名戍。

《蜀记》曰：昔有女人于溪浣沙，有大竹流水而触之，因有孕。后生一子，自立为王，因以竹为姓。汉武使唐蒙伐牂柯郡。竹王因有此地，人不忘其本，立竹王庙祀之。

资州

《十道志》曰：资州，资阳郡。《禹贡》梁州之域。汉为犍为郡之资中县地。

《周地图记》曰：后魏废帝二年，于武康郡之阳安县置资州。阳安在今州北简州界。

《郡国志》曰：内江县有水深百丈，实群川总会之所。

戎州

《十道志》曰：戎州，南溪郡。春秋僰侯国。秦惠王破滇池，始通五尺道。汉武得蜀，故使唐蒙理道于此，而破牂柯，即此道也。后为僰道县，以属犍为郡。

《郡国志》曰：南溪县西三十里有鱼津，津南有鸳鸯圻。

《益部耆旧传》曰：僰道有张真者，娶黄氏女名帛。真因乘船过江，船覆没，帛求夫尸不得，自沉于水，积十四日，乃抱夫尸出于滩下，故名鸳鸯圻。

太平御览卷第一百六十七 州郡部十三

山南道上

荆州

《十道志》曰：荆州，江陵郡。汉旧县属南郡。

《禹贡》曰：荆及衡阳惟荆州，北据荆山，南及衡山之阳。江、汉朝宗于海。二水经此州而入海，有似于朝。厥土惟涂泥，厥田惟下中。

《春秋元命苞》曰：轸散为荆州，分为楚国。荆之为言强也。阳盛物坚，其气急悍。

《尔雅》曰：汉南曰荆州。

《周官·职方氏》曰：正南曰荆州，其山镇曰衡山，其薮泽曰云梦，其川江、汉，其浸颍、湛，其利丹、银、齿、革。

《晋元康地记》曰：荆州于古，蛮服之地。

《汉书》曰：临江闵王荣坐侵庙壖地为宫，上徵荣。荣行，祖于江陵北门，既上车，轴折车废。江陵父老流涕言曰："吾王不返矣！"王至，诣中尉府，郅都责讯王，王怒，自杀。

《汉书·地理志》曰：今之南郡、江夏、零陵、桂阳、武陵、长沙及汉中、汝南郡，尽楚分也。

《史记》曰：苏秦说威王曰："楚西有黔中、巫郡，东有夏州、海陵，南有洞庭、苍梧，北有陉塞、郇阳，地方五千里，带甲百万，车千乘，骑万匹，粟支十年，此霸王之资也。"

《淮南子》曰：楚地南卷沅、湘，北绕颍、泗，西苞巴、蜀，东裹郯、邳。颍、汝以为洫，江、汉以为池，垣之以邓林，绵之以方城。山高寻云霓，深溪肆无景。

《十三州志》曰：汉章帝建初二年，徙钜鹿王恭为江陵王，三公上言："江陵在京师正南，不可以封。"乃徙为安六王。

盛弘之《荆州记》曰：元嘉中，以京师根本之所寄，荆楚为重镇，上流之所总，拟周之分陕；晋、宋以降，此为西陕。

《释名》曰：荆州取名于荆山。又曰：荆，惊也。南蛮数寇，常置警备。

《左传》曰：楚子西沿汉溯江，将入郢。王在渚宫，下见之。

《十道志》曰：当阳县，旧县属南郡，广阳王子盖之所封。

《荆州记》曰：当阳，本楚之旧邑。《左氏传》云："楚潘崇伐麇，至于锡穴。"颍容《释例》云："麇，在当阳。"

《十道志》曰：公安县，汉孱陵县地，吴之南郡。

《荆州记》曰：刘备败于襄阳，南奔荆州，吴大帝封为左将军、荆州牧，城北而镇之。时人号备为左公，故名其城曰公安。

《古今地名》：松滋县，古鸠兹地，汉为庐江郡。

峡州

《十道志》曰：夷陵郡，春秋战国时并楚地。秦置三十六郡，属南郡。魏武于此置临江郡。梁置宜州。周武帝以州居三峡之口，改为峡州。

《史记》曰：秦昭王二十九年，秦将白起攻楚，烧夷陵。

《吴录》曰：蜀昭烈皇帝立宜都郡于西陵。

《宜都记》曰：郡城即陆抗攻步阐于此。

《荆渚记》曰：夷陵郡，居大江之上，即西通全蜀，故夷陵有安蜀古城。

《吴志》曰：陆逊上疏："夷陵要害，实国家之关限。若失之，非损一郡，荆州亦可忧也。"

《十道志》曰：宜都县，本汉夷县，属南郡。

袁山松《宜都山川记》：南崖有山，名荆门；北对崖有山，名虎牙，故曰荆门虎牙，即楚之西塞。

归州

《十道志》曰：归州，巴东郡。在周为夔子国，属楚。秦并天下，为南郡之地。汉置秭归县。唐武德二年，割夔州之秭归、巴东二县置归州。

袁山松《记》曰：屈原此县人，既被流放，忽然暂归，其姊亦来，因名其地为秭归。秭与姊同。

《三国志》曰：吴置建平郡，即宜都之西部也。晋王濬自蜀江沿流伐吴。守将吾彦表皓曰："请增建平兵，若建平不下，晋师终不敢过。"皓不从。

复州

《十道志》曰：复州，竟陵郡。《禹贡》荆州之域。春秋战国时属楚。秦兼天下，属南郡。汉十三州，在荆州部，即江夏之竟陵县地。唐武德五年，为复州。

《郡国志》曰：沔阳县，即楚王地也。

《图经》曰：监利县，汉华容县。乾溪、章华台在焉。

郢州

《十道志》曰：郢州，富水郡。历代所属与竟陵郡同。二汉属江夏郡。晋、宋以来，为竟陵郡地。西魏属安州。后周武帝置郢州。隋废。唐武德六年，为郢州。

《郡国志》曰：长寿县武陵山，《春秋》谓楚平王卒于樠木之下，即此山也。

凤州

《十道志》曰：凤州，河池郡。土地所属与金州同。在秦，陇西郡地。汉为故道县地。故道，今两当县是也。汉武改雍为凉，后为凉州之地。

《水经》曰：两当县，水出陈仓县之大散岭西南，流入故道川。谓之故道水，县因水取名。或云县西有两山相当，故名之。

《华阳国志》曰：河池，一名仇池。

郭仲产《秦州记》云：仇池山，一名仇维山，上有池似覆壶。前志云：是县以山得名。

《水经》曰：大散水流入黄花川。黄花县因水得名。

成州

《十道志》曰：成州，同谷郡。《禹贡》梁州之域，古西戎地。周省梁入雍，为白马氐国。

《史记·西南夷传》曰：自莋以东北，君长数十，冉駹为大。自冉駹以西北，君长数十，白马最大，皆氐类。

《后汉书》曰：河池，一名仇池，地方百顷，左右悉白马氐。

武州

《十道志》曰：武州，武都郡。土地所属与成州同，亦白马氐之地。

《汉书·西南夷传》曰：汉诛且兰、邛君，并杀莋侯，冉駹等皆震惧，请臣置吏。以为广西部。至元鼎六年，以白马氐地为武都郡。

《陇右记》曰：武都紫水有泥，其色紫而粘。贡之，用封玺书，故诏诰有紫泥之美。

《郡国志》曰：武都沮水之西有角弩谷，即蜀将姜维劋五部溪蛮之所。

鱼豢《魏略》曰：文帝黄初元年，徙武都于美阳。在今雍州好畤县界，武都故城是也。

兴州

《十道志》曰：兴州，顺政郡。战国时白马氐之东境。秦并天下，为蜀郡地。汉元鼎六年，置武都郡。

《晋书》曰：怀帝永嘉中，氐之人杨茂搜据武都郡。子孙承嗣为氐王。

《周地图记》曰：郡有丙山，山有穴，即丙穴，其口向丙，因以为名。每春三月上旬，有鱼长八九寸，或二三日，联绵从穴出跃，相传名为嘉鱼。左太冲《蜀都赋》曰："嘉鱼出于丙穴。"

宕州

《十道志》：宕州，怀道郡。《禹贡》梁州之域，古羌地。周为雍州之境。秦、汉、魏、晋，诸羌据之。

《后魏书》曰：梁弥忩者，宕昌羌也。其先常为羌豪，祖勤自称宕昌王。弥忿世祖初求内附，遂拜弥忿为宕昌王，因封其地为宕昌蕃。即今宕州。

扶州

《十道志》曰：扶州，同昌郡。《禹贡》梁州之域，实西戎之地。周省梁入雍，为雍州地。秦、汉、魏、晋，并属蕃夷。

《后魏书》曰：废帝前元年，西逐吐谷浑，定阴平，于此置邓州及邓宁郡，取前羌部落所居为之名。时又置怗夷县，属封统郡，以戎夷宁怗为义也。

《周地图记》曰：后魏废帝置同昌县，属封统郡。

文州

《十道志》曰：文州，阴平郡。《禹贡》梁州之域。周为雍州之境。战国时氐羌据焉。汉武时开西南夷，置阴平道以统其众。

《蜀志》曰：邓艾自阴平景谷步道悬兵束马，经江油出绵竹。

《华阳国志》曰：晋永平之后，羌虏数叛，遂立为郡以遏之。

《舆地志》曰：晋永嘉之末，太守王鉴以郡降李雄。晋人因是悉流移于蜀、汉，其氐羌并属杨茂搜，此后不复为正朔所领。

利州

《十道志》曰：利州，益昌郡。土地所属与金州同。春秋战国时并属蜀侯。汉葭萌县地。

《华阳国志》曰：昔蜀王封其弟于汉中，号曰苴侯，因命其地曰葭萌。苴侯与巴王通好，巴与蜀为仇，故蜀王怒，伐苴。苴侯奔巴，求救于秦。秦乃伐蜀，遂灭蜀，及巴、苴，置巴、蜀二郡。

《水经》曰：益昌有小剑城，去大剑城三十里，连山绝险，飞阁通衢，故谓之剑阁也。

《蜀志》曰：先主使陈戎绝马鸣阁。魏武闻之，喜曰："此阁乃汉中之平阴，乃咽喉之要路。"马鸣阁在益昌县。

夔州

《十道志》曰：夔州，云安郡。春秋时为鱼国。秦并天下，为巴郡地。汉为鱼复县。

《左传》曰：庸蛮叛楚，楚庄王伐之，七遇皆北，唯裨、鯈、鱼人实逐之。杜曰：裨、鯈、鱼三巴，今鱼复县也。

《汉志》曰：江关都尉理鱼复，有橘官。

《郡国记》曰：白帝城，即公孙述至鱼复，有白龙出井中，因号鱼复为白帝城。刘备因改鱼复为永安。又《后汉书》：公孙述自以承汉土德，故号曰白帝城。

《蜀志》曰：罗宪为领军，守永安，闻魏军平蜀，三日哭于都亭。

《荆州图副》曰：永安宫南一里渚下平碛上有诸葛孔明八阵图，聚细石为之，各高五丈，皆棋布相当，中间相去九尺，正中开南北巷，悉广五尺。或为人散乱，及为夏水所没，至冬水退，依然如故。

《荆州记》曰：垒西聚石为八行，行八聚，谓之八阵图。因曰八阵既成，自今行师不复败。后见，莫能了之。桓宣武伐蜀见之，曰："此常山蛇势也。"

开州

《十道志》曰：开州，盛山郡。本汉朐䏰县之地。

合州

《图经》曰：合州，巴川郡。秦、汉属巴郡。宋置东宕渠郡。西魏置合州。

忠州

《十道志》曰：忠州，南宾郡。土地所属与夔州同。谯周《巴记》曰："后汉献帝初平六年，临江县属永宁郡。建安中，改永宁为巴东郡，临江仍属焉。"《续汉志》曰："和帝永元中，分枳县置平都县。"平都即今丰都县也。

《史记》：苏代曰："楚得枳而国亡。"

万州

《十道志》曰：万州，南浦郡。土地所属与通州同。汉为巴郡朐䏰县地。

《续汉志》曰：朐䏰，属巴郡。朐音蠢；月忍，如尹切。

《寻江源记》曰：梁山东西数千里，望之若长云垂天。《剑阁铭》曰："岩岩梁山，积石峨峨。"

又曰：景穴有嘉鱼，其味甚美。景穴，在梁山县柏枝山。

阆州

《图经》曰：阆州，阆中郡。《禹贡》梁州之域。春秋为巴国之地。秦、汉为巴郡。

《华阳国志》曰：巴子后理阆中。

《地形志》曰：阆中居蜀汉之半，当东道要冲。今郡城即古之阆中城，后谓之隆城是也。

《后魏典略》曰：此州古有隆城，坚险，因置隆州。寻又立盘龙郡，以郡中有盘龙山为名。

《三巴记》曰：阆中有渝水，賨民锐气喜舞。故高祖乐其猛锐，数观其舞，使乐人习之，故乐府中有巴渝舞。

果州

《十道志》曰：果州，南充郡。《禹贡》梁州之域。春秋战国并属巴子国。秦惠王灭巴、蜀，是为巴郡地。自汉至晋，为安汉县。

《华阳国志》曰：汉献帝初平元年，刘璋分垫江上为巴郡，理此县。

《周地图记》曰：相如县有相如坪、相如故宅，因以名县。

《郡国志》曰：冯绲为车骑将军，于此镌崖十有余处。今果山有车骑崖。

《益州记》曰：南充县西有大昆井，即古之盐井也。

《唐书》曰：贞元中，谢真人于郡紫极宫上升，万目所睹，郡郭是夕，处处有虹霓云气。

太平御览卷第一百六十八　州郡部十四

山南道下

梁州

《图经》曰：梁州，汉中郡。春秋至战国时楚地。秦、汉为汉中郡。

《蜀志》曰：刘备初得汉中，曰："曹公虽来，无能为也。"

《汉书》曰：项羽立沛公为汉王，王巴、蜀、汉中四十一县，都南郑。沛公欲攻楚，丞相萧何谏曰："虽王汉中之恶，不犹愈于死乎？且语曰天汉，其称甚美，愿王汉中，镇抚其民，收用巴、蜀，还定三秦，天下可图也。"

洋州

《十道志》曰：洋州，洋川郡。春秋战国时并为楚地。秦为汉中郡地。

《汉志》曰：成固，属汉中郡。今洋源县地是也。

又曰：安阳，属汉中。鬻谷水所出。今黄金县地。

商州

《十道志》曰：商州，上洛郡。《禹贡》梁州之域。周为豫州之境。战国时属秦，秦并天下，为内史地。汉武置上洛县于此。

《史记》：张仪说楚怀王曰："大王诚能绝约于齐，臣请献商於之地六百里。"楚于是与齐绝约，使一将军随张仪至秦。仪谓楚使者曰："臣有奉邑六里，愿以献大王左右。"楚使者曰："臣受命于王，以商於之地六百里，不闻六里。"

皇甫谧《帝王世纪》曰：四皓，始皇时隐于商山，作歌曰："英英高山，深谷逶迤。晔晔紫芝，可以疗饥。唐虞时远，吾将何归？"

《汉志》曰：商，属弘农郡。秦相卫鞅邑也。

金州

《十道志》曰：金州，安康郡。《禹贡》梁州之域。于周，庸国之地，楚之附庸，后为楚地，秦为汉中郡。

《帝王世纪》曰：安康，谓之妫墟，或谓之姚墟。

《后汉书》：郑弘上书曰："虞舜出于姚墟，夏禹生于石纽。"

颖容《释例》曰：舜居西域，本曰妫汭。

《汉志》曰：西城，属汉中郡。应劭曰：妫墟在西北，舜之所居，即今西城县。

房州

《十道志》曰：房州，房陵郡。土地所属与金州同。古麇国也。

《左传》曰：楚子伐麇，成大心败麇师于防渚。杜注：防渚，在麇地。阚骃云：防陵即春秋防渚也。

《汉志》曰：房陵、上庸、属汉中郡。

盛弘之《荆州记》曰：竹山县有白马塞。孟达为新城太守，登白马而叹曰："刘封、申耽据金城千里而不能守，岂丈夫哉！"

通州

《十道志》曰：通州，通川郡。土地所属与金州同。春秋战国并属巴子国。秦并天下，为巴汉郡。汉因之。

《后汉志》曰：宣汉，属巴郡。即汉宕渠地也。

《巴汉记》曰：和帝分宕渠之东置也。

《图经》曰：西魏改为通州，以其居西达之路，故以为名。今为达州。

渠州

《十道志》曰：渠州，潾山郡。土地所属与通州同。《汉志》曰："宕渠，属巴郡。"

《舆地志》曰：梁大通三年，于此置渠州。

左思《蜀都赋》曰：外负铜梁宕渠。

渝州

《十道志》曰：渝州，南平郡。古巴国也。

《三巴记》曰：阆、白二水东西流，曲折三回如巴字，故谓之三巴。

《山海经》曰：海内西南有巴国。昔太皞生咸鸟，咸鸟生乘厘，乘厘生后昭，是为巴人。郭璞曰：为巴始祖。

李膺《益州记》曰：明月峡，在巴县，东壁高四十丈，有圆孔形如满月，因以为名。

又曰：江津县西有香草楼。昔有仙人于此置楼居，植香草于楼下，一夕仙去。后人指其地为香草楼。

涪州

《十道志》曰：涪州，涪陵郡。《禹贡》梁州之域。周为雍州之地。春秋时属巴国。秦为巴郡。汉为涪陵县。《巴汉志》曰：涪陵，巴郡之南鄙，本与楚商於之地接。

朗州

《十道志》曰：朗州，武陵郡。《禹贡》荆州之域。春秋及战国时属楚。秦为黔中郡。汉高帝五年，更名武陵郡。梁湘东王于荆州割武陵郡置武州。陈天嘉元年，分武陵立沅陵郡。隋文改武州为辰州，又改嵩州，又改为朗州。

《史记》曰：秦惠王十四年，求以武关外就楚易黔中地。

《武陵记》曰：后汉梁松自义陵移郡于若城。今州东有张若城是。

《晋书》曰：潘京，武陵汉寿人也。弱冠，郡辟主簿，太守赵廞甚器之，尝问之曰："贵郡何以名武陵？"京曰："鄙郡本名义陵，在辰阳县界与夷獠相接，数为所攻，光武时移东山，遂得全完，共议易号。传曰止戈为武，《诗》称高平曰陵，于是名焉。"

《武陵记》曰：武陵郡境四千余里。

澧州

《十道志》曰：澧州，澧阳郡。春秋战国时，其地属楚。秦属黔中郡。汉改黔中为武陵郡，属荆州。今州即武陵郡之零阳县地。吴分武陵西界立天门郡，即此郡之境。晋为南义阳郡。隋平陈，置松州，寻改为澧州。在澧水之北，故取为名。

《尚书·禹贡》曰：岷山导江，东别为沱；又东至于澧。丰水名。

《舆地志》曰：晋末以义阳流人在南郡者立为南义阳郡，寄在荆州。

《十道志》曰：慈利县，即汉零阳县地。

《图经》曰：界内有零溪水，即以为名。隋开皇十八年，改零阳为慈利县。

王仲宣赠孙文始诗曰：悠悠澹、澧。澹澧二水在澧阳县。

巴州

《十道志》曰：巴州，土地所属与通州同。汉为巴郡宕渠县。

《四夷县道记》：李特、孙寿时，有群獠十余万从南越入蜀、汉间，散居山谷。因斯流布在此地，后遂为獠所据。

壁州

《十道志》曰：壁州，始宁郡。本汉宕渠县地，后汉分置宣汉县。梁分宣汉置始宁。后魏分始宁置诺水县。

蓬州

《十道志》曰：蓬州，咸安郡。本汉宕渠县地。

《周地图记》曰：武帝天和四年，割巴州之伏虞郡、隆州之隆城郡，于此置蓬州。

集州

《十道志》曰：集州，符阳郡。本汉宕渠县地。晋惠帝永宁中，李特王蜀，其地属焉。梁武改为东巴州，后改为集州。以东北有集水，因以为名。又云以万山所集故也。

唐州

《十道志》曰：唐州，淮安县。《禹贡》豫州之域。春秋楚地。战国时属晋，后入韩。秦置三十六郡，为南阳郡。

《汉志》曰：南阳郡有比阳县，比水所出，东入蔡。

《左传·僖四年》：齐师伐楚。楚子使屈完如师。齐侯陈诸侯之师，与屈完乘而观之。齐侯曰："以此众战，谁能御之？以此攻城，何城不克？"对曰："君若以德绥诸侯，谁敢不服？君若以力，楚国方城以为城，汉水以为池，虽君之众，无所用之。"

《晋太康地记》曰：自华至沘阳，南北连百里，号为方城，亦曰长城。

《周地图记》曰：湖阳县，光武所封外祖樊重邑。又光武封姊为湖阳公主。《汉志》曰："湖阳，古廖国也。"廖音力教反。

邓州

《十道志》曰：邓州，南阳县。《禹贡》豫州之域。战国属韩。秦置三十六郡，南阳其一也。

《释名》曰：在中国之南而居阳地，故以为名。

《汉志》曰：南阳郡，领宛、犨等三十六县。秦置，莽曰前坠，属荆州。

又曰：邓，属南阳。故国。都尉治。应劭曰：邓，侯国也。

《史记》：苏秦说韩惠王曰："韩西有宜阳，东有穰、淯。"

《后汉书》曰：时天下垦田多不以实，诏下郡国检覆其事。时诸郡各遣使奏事，帝见陈留吏牍上有书，视之，云："颍州、弘农可问，河南、南阳不可问。"帝诘吏，吏不肯服。时显宗为东海公，言曰："河南帝城，多近臣；南阳帝乡，多近亲。田宅逾制，不可为准。"

《史记》曰：秦灭韩，徙天下不轨之人于南阳。故其俗夸奢，尚气力，好商贾渔猎，藏匿难制。宛，西通武关，东受淮海，都会也。

《图经》曰：菊潭，以界内菊潭水以名县。

盛弘之《荆州记》曰：菊水，其源旁有芳菊浸润，流其滋液，水极芳馨，饮之者皆寿考。

《后魏略》曰：孝文帝南巡至新野，临潭水而见菖蒲花，乃歌曰："两菖蒲，新野乐。"遂建两菖蒲寺以美之。

《楚地记》曰：汉江之北为南阳，汉江之南为南郡。

襄州

《十道志》曰：襄州，襄阳郡。《禹贡》豫州之南境。春秋以来，楚地。秦南郡之北界。二汉为南阳郡。献帝时，魏武始置襄阳郡。

《襄阳记》曰：襄阳，本楚之下邑，檀溪带其西，岘山亘其南，亦楚国之北津也。

《荆州图副》曰：建安十三年，魏武平荆州，始置襄阳郡。以地在襄山之阳为名。

《楚地记》曰：蜀关羽攻没于禁等七军，兵势甚盛，独襄阳徐晃屯守，不下。曹公谓晃曰："全襄阳者，徐公之功也。"后吴大帝率兵向西，时曹仁镇之，司马宣王言于魏文曰："襄阳水陆之衡，御寇要地，不可失也。"

《南雍州记》曰：永嘉之乱，三辅豪族流于樊、沔，侨于汉侧。立雍州，因人所思，以安百姓也。宋文帝因之置南雍州焉。

《晋书》曰：山简，字季伦。尝镇襄阳，郡中有高阳池，每临池，未尝不大醉而还。人歌之曰："山公何所诣？往至高阳池。日暮倒载归。酩酊无所知。时时能骑马，倒著白接䍦。举鞭问葛强，何如并州儿？"

盛弘之《荆州记》曰：襄阳郡岘首山南至宜城百余里，其间雕墙峻宇，闾阎填列。汉宣帝末，其中有卿士、刺史、二千石数十家，珠轩骈辉，华盖连延，掩映于太山庙下。荆州刺史行部见之，雅叹其盛，敕号太上庙，道为冠盖里。

《汉志》曰：筑阳，属南阳郡。故谷国，今谷城县也。莽曰宜禾。应劭曰："筑水出汉中房陵，东入沔。"筑音逐。

《图经》曰：谷城县有酂城。《汉志》曰，即萧何出所封也，音赞。

均州

《十道志》曰：均州，武当郡。《禹贡》豫州之域。春秋时楚地。秦置南阳郡。

《汉志》曰：武当，属南阳郡。

《十道志》曰：郧乡，古麇国也。《左传》曰："楚潘崇伐麇，至于锡穴。"

又《地形志》曰：汉中郡之东界有锡县，即古之锡穴也。

随州

《十道志》曰：随州，汉东郡。春秋随侯之国。秦及两汉，属南阳郡。

《左传》曰：楚武王侵随，斗伯比言于楚子曰："汉东之国，随为大。"

《汉志》曰：随，属南阳郡。故厉国也。《左氏传》曰：楚伐徐，齐师伐厉以救之。厉音赖。

又曰：舂陵，属南阳郡，侯国。故蔡阳之白水乡、上唐乡。汉文帝元朔五年，以零陵泠道之舂陵乡封长沙王子买为舂陵侯。后以舂陵下湿，上书徙南阳。今枣阳县有舂陵故城。

太平御览卷第一百六十九　州郡部十五

淮南道

扬州

《元和郡县图志》曰：扬州，广陵郡。《禹贡》九州，扬州其一也。春秋时属吴。七国属楚。秦灭楚，为广陵；后并天下，属九江郡。汉为江都国。建武元年，复曰扬州。

《左氏·哀九年》曰：吴城邗沟，通江淮也。

《魏志》曰：黄初六年，征吴，幸广陵城，临江观兵，见江涛，叹曰："天所以限南北也。"

《隋书》曰：义宁元年，诏修江都宫，治龙舟、凤舸、黄龙赤舰、楼船万艘，以幸江都。为锦帆綵帐，作《泛龙舟》、《春江花月夜》等曲以幸之，因而都焉。

《宋书》曰：徐湛之为扬州起风亭、月观、吹台、琴室，以为游宴焉。

又曰：扬州刺史王谧薨，高帝次应入辅，刘毅等不欲帝入，议以中军谢混为州，欲令帝于丹徒领州，以二议谘帝。刘穆之谓帝曰："扬州根本所系，不可假人。前授王谧，事出权道。今若复他授，便应受制于人。一失于权，无由可得。"帝从之。

《郡国志》曰：广陵，以城置在陵上。《尔雅》云："大阜曰陵。"连接西蜀，一名阜冈，一名昆仑冈。鲍昭《芜城赋》曰："拖以漕渠，轴以昆仑岗。"

《河图括地象》曰：昆冈山，横为地轴。此陵交带昆仑，故广陵也。

《汉志》曰：广陵国，高帝六年置，景帝四年更名江都。莽曰江平。江都易王非、广陵厉王胥皆都此。

《汉书》曰：广陵厉王赐策曰："乌呼！小子胥，受兹赤社，建尔国家，封于南土。古人有言曰：'大江之南，五湖之间，其人轻心，扬州保强，保，恃也三代要服，不及以正。’”要服，次荒服之内。正，政也。要，一遥反。

《图经》曰：江阳县，本汉江都县也，以在江之北，故曰江阳。

《汉志》曰：江都，属广陵国。

又曰：海陵县，临淮郡。莽曰亭间。

《十道志》曰：六合县，本秦堂邑县，春秋时棠也。《左传》襄十四年，楚子为庸浦之役，故子囊帅师于棠。庸、浦、棠，皆楚邑。

楚州

《元和郡县志》曰：楚州，淮阴郡。《禹贡》扬州之域。春秋时属吴、越。战国时属楚。秦属九江郡。汉为射阳县之地。

《汉志》曰：射阳县，属临淮郡。莽曰监淮亭。在射水之阳，故曰射阳。

又曰：广陵厉王胥有罪，其相胜之奏夺王射陂。张晏曰：射水之陂在射阳县。

《晋书》曰：穆帝时，中郎将荀羡北讨，云旧淮阴地形都要，水陆交通，易以观衅；沃野有开殖之利，方舟运漕无他屯阻，乃营立城池焉。

《郡国志》曰：北对清泗、临淮，守险有平阳、石龟，田稻丰饶。

《吴越春秋》曰：吴将伐齐，自广陵掘沟通江、淮。即州地。

《史记》曰：越灭吴而不能正江、淮，楚乃东侵，广地于泗上。

《汉志》曰：盱眙，属临淮郡。都尉治。莽曰武匡。

《南兖州记》曰：盱眙，本春秋时善道地。

《汉书》曰：项羽立楚怀王孙心为楚怀王，都盱眙。

《南兖州记》曰：南兖州，地有盐亭百二十三所，县人以鱼盐为业，略不耕种，擅利巨海，用致饶沃。公私商运，充实四远，舳舻千计。吴王所以富国强兵而抗汉室也。

《图经》曰：宝应县，本安宜县，即汉之平安县地，属广陵郡。

《唐书》曰：天宝初，有李氏女子既嫁而寡，为尼，名真如。忽有人自天而下，以宝与之。因名宝应。

濠州

《十道志》曰：濠州，锺离郡。《禹贡》扬州之域。春秋时为锺离子国。战国时属吴。秦置三十六郡，属九江郡。汉置锺离。

《春秋·成十五年》曰：叔孙侨如会吴于锺离，始通吴也。始与中国接。

又《昭十四年》曰：楚子为舟师以略吴疆，遂灭巢及锺离。

《史记》曰：楚平王十年，吴之边邑卑梁女与楚边邑锺离小童争桑，两家交怒相攻。楚伐卑梁人。卑梁大夫怒，发兵攻锺离。楚王闻之，大怒。吴亦发兵，使公子光攻楚，遂灭锺离。

《庄子》曰：庄子与惠子游于濠梁之上，见鲦鱼出游从容，庄子曰："是鱼乐乎！"惠子曰："子非鱼，安知鱼之乐耶？"庄子曰："子非我，安知我不知鱼之乐也。？"

《史记》曰：禹会诸侯于涂山，执玉帛者万国。

《十道志》曰：涂山，在临淮郡西。

又曰：招义县，本汉临淮县。

《汉志》曰：淮陵县，属临淮郡。莽曰淮陆。

寿州

《元和郡县志》曰：寿州，寿春郡。《禹贡》扬州之域。秦并天下，为九江郡。汉为淮南国。

伏滔《正淮论》曰：爰自战国，至于晋之中兴，六百余年。保淮南者九姓，称兵有十一人，皆亡不旋踵，祸溢于世。保寿春者南引荆、海之利；东连三吴之富；北接梁、宋，平途不过七百里；西援陈、许，水陆不出千里；外有江、湖之阻，内保淮、淝之固。龙泉之陂，良田万顷；舒、六之贡，利尽蛮越；金石皮革之具萃焉，苞木管竹之族生焉。其俗尚气力而多勇悍，其人习战争而贵诈伪，所以屡多亡国也。

《史记》曰：楚考烈王自陈徙都寿春，号之曰郢。

又《项羽本纪》曰：羽封英布为九江王，都六，尽有江、淮之地。

《汉书》曰：六，故国也，属六安国，咎繇后，为楚所灭。如溪水首受沘，东北至寿春入芍陂。沘音匕，芍音鸡。

《左传·文五年》曰：楚成大心、仲归帅师灭六。仲归于家。冬，楚公子燮灭蓼。蓼，今安丰蓼县。臧文仲闻六与蓼灭，曰："皋陶庭坚，不祀忽诸。德之不建，民之无援，哀哉！"

《汉志》曰：寿春、合肥受南北湖皮革、鲍、木之输，亦一都会也。鲍，鲍鱼也。

《寿春记》曰：三国时，江、淮为战争之地，其间数百里无复人居。晋平吴，其民乃还本土，复立为淮南郡。

《齐书》曰：高祖初遣垣崇祖镇寿阳，谓之曰："我新有天下，魏必送刘昶为辞。寿春，贼之所冲，深为之备。"既而果然，乃败还。

《十道志》曰：霍丘县，本汉松滋县也。

《汉志》曰：松滋，侯国。属庐江郡。莽曰诵善。

《十道志》曰：霍山县，灊县也。

《汉志》曰：灊县，属庐江郡。天柱山在南。

《史记》曰：吴王阖闾四年，伐楚，取灊。

滁州

《元和郡县志》曰：滁州，永阳郡。春秋时楚地。在汉为全椒县也。

《汉志》曰：全椒县，属九江郡。

《十道志》曰：隋以为滁州，以滁水为名。

《郡国志》曰：后汉彭城刘平为全椒令，虎皆渡江。

和州

《元和郡县志》曰：和州，历阳郡。《禹贡》扬州之域。春秋及战国时为楚地。秦为历阳县，属九江郡。汉为淮南国。

《郡国志》曰：历阳西有遏胡城，即王导筑以御石虎。

《汉志》曰：历阳，都尉治。属九江郡。莽曰明义。

《十道志》曰：南有历水，故曰历阳。

《淮南子》曰：历阳之都，一夕为湖。汉明帝时，历阳沦为麻湖。

《十道志》曰：麻湖在县西十里。

《汉书》曰：汉军追项羽至江东城，乌江亭长舣舟待之。

庐州

《元和郡县志》曰：庐江郡，古庐子国也。春秋舒国之地。

《十道志》曰：战国时，其地属楚。秦置三十六郡，属九江郡。汉为合肥县。

《左传·鲁僖公四年》曰：徐人取舒，杜预注云：舒国，今庐江舒县也。

《尚书·仲虺》：成汤放桀于南巢。

《魏志》曰：青龙元年，满宠为扬州都督，请于合肥城西三十里置新城，表曰："合肥城南临江湖，北达寿春，贼攻围之，得据水为势。官兵救之，当先破贼大辈，然后围乃得解。贼往甚易，兵救甚难。今城西三十里有奇险可依，立城据守，此所谓引贼平地而掎其归路也。"诏从之。

《庐江记》曰：人物语音，风土明茂，皆胜淮左诸郡。

《汉志》曰：庐江郡，故淮南。文帝十六年，别为国，领县十二。

又曰：龙舒，属庐江郡。应劭曰：群舒邑也。

又曰：居巢，属庐江。应劭曰：《春秋》："楚人围巢。"巢。国也。

《左传·昭二十五年》曰：楚子使熊相谋郭巢。为巢筑城郭也。

《郡国志》曰：濡须水，出自巢湖，谓之马尾沟。

《十道志》曰：慎县，本汉浚遒县。

《汉志》曰：浚遒，属九江郡。浚音峻，遒音抽反。

舒州

《释例》曰：舒有五名，舒庸、舒龙、舒州、舒鸠、舒城，其实一也。

《左传·定二年》曰：吴子使舒鸠民诱楚人。

《元和郡县志》曰：舒州，桐安郡。《禹贡》扬州之域。春秋时皖国也。

《十道志》曰：春秋时为楚东鄙。战国时属楚。秦置三十六郡，为江夏郡。

《史记》曰：皖，偃姓，咎繇之后也。春秋时楚灭之。

《汉志》曰：皖，属庐江郡。

《续汉书·郡国志》曰：庐江郡，自舒县徙居皖。

《魏志》曰：正始二年，孙权遣诸葛恪屯皖城，以伺边隙。

《吴志》曰：曹公遣朱光为庐江太守，屯皖，大开稻田。吕蒙上言曰："皖地肥美，若一收熟，彼众必增，加是数岁，操态见矣，宜早除之。"于是亲征皖，破之。

《宋书·州郡志》曰：晋安帝于旧皖城置怀宁县。

《图经》曰：桐城，春秋时桐国也。亦汉枞阳县也。

《左传·定二年》曰：桐叛楚。桐，小国也。庐江舒县有桐乡。

《汉书·武帝纪》曰：元封五年，南巡狩，自寻阳浮江，射蛟江中，获之。舳舻千里，薄枞阳而出，作《盛唐枞阳之歌》。

蕲州

《十道志》曰：蕲州，蕲阳郡。《禹贡》扬州之域。春秋及战国时并属楚。秦置三十六郡，属九江郡。汉蕲春县之地。

《汉志》曰：蕲春，属江夏郡。

《史记》曰：始皇十六年，灭楚，虏王负刍于蕲。

《地名记》曰：蕲春以水限多蕲，因以为名。

《晋书》曰：武帝以宣太后讳春，改为蕲阳。

《吴志》曰：魏使庐江谢寄为蕲春郡典农，吕蒙袭破之。

又《贺齐传》曰：初，晋宗为浠口将，以众叛如魏，还为蕲春太守，图袭安乐，取其保质。权以为耻，因军初罢，六月盛夏，出其不意，诏齐督麋芳、鲜于丹等袭蕲春，生虏宗。吴复置蕲春郡。

申州

《十道志》曰：申州，义阳郡。《禹贡》荆州之域。春秋时申国之地。秦为南阳郡地。汉置平氏县，属荆州。汉武封北地尉卫止为义阳侯。魏文帝分南阳立义阳郡。宋文元嘉末于义阳立司州。周武帝为申州。

《舆地志》曰：义阳有三关之险。

《十道志》曰：三关谓平靖关，长老云：此关因山为障，不营壕隍，故名平靖。其一也；武阳、黄岘二关，在安州应山县界。

光州

《十道志》曰：光州，弋阳郡。《禹贡》扬州之域。春秋时弦子国。秦置三十六郡，属九江郡。汉为西阳县。

《左传·僖五年》曰：楚人灭弦，弦子奔黄。弦在弋阳轪县。

《汉志》曰：西阳，属江夏郡。

又曰：轪，属江夏。故弦子国。音汰，又徒系反。

《图经》曰：定城县，春秋黄子国也。

《十三州志》曰：定城，置在古黄子国南十二里。

《十道志》曰：定城，本汉弋阳县。

《汉志》曰：弋阳，侯国。属汝南郡。弋山在西北。故黄国，今黄城县也。

《十道志》曰：固始县，本寝丘，孙叔敖所封之邑也。

又曰：殷城县，本汉期思县也。

《汉志》曰：期思，属汝南郡。故蒋国也。

《左氏传》曰：凡蒋，周公之裔也。

安州

《十道志》曰：安州，安陆郡。春秋邧子之国，云梦之泽在焉。后楚灭邧，封斗辛为郧公，则其地也。战国时属楚。秦并天下，为南郡城。汉为安陆县。宋武置安陆郡。唐武德四年，为安州。

黄州

《十道志》曰：黄州，齐安郡。《禹贡》荆州之域。战国时属楚。秦为南郡地。汉为西陵县。高齐置衡州。隋开皇三年，为黄州。

又曰：麻城、黄陂县，本汉西陵县也。

沔州

《十道志》曰：沔州，汉阳郡。《禹贡》荆州之域。春秋郧国之地。

战国时属楚。秦并天下，为南郡地。汉为安陆县地。晋立沌阳县，属江夏郡。唐武德四年，置沔州。

《尚书·禹贡》曰：逾于沔。汉上曰沔。

《三国志》曰：魏初定荆州，沌阳以为重镇。

《晋书》曰：永嘉六年，王敦表陶侃为荆州刺史，镇沔阳。

《宋书·州郡志》曰：晋于临嶂山置沌阳县。

《荆州记》曰：临嶂山南峰谓之乌林峰，亦谓赤壁。

《吴志》曰：曹公临荆州，孙权遣周瑜、程普为左右督，领万人，与刘备俱进，遇于赤壁。

《永初山川记》曰：沔口，古以为沧浪水，屈原遇渔父处。

太平御览卷第一百七十　州郡部十六

江南道上

升州

《图经》曰：升州，古扬州之地也。春秋时为吴地。战国时越灭吴，为越地；后楚灭越，其地又属楚，初置金陵邑。秦并天下，改金陵为秣陵，属鄣郡。汉元封二年，改鄣郡为丹阳郡。

《汉志》曰：故鄣，属丹阳郡。莽曰侯望。

《金陵图》云：昔楚威王见此有王气，因埋金以镇之，故曰金陵。秦并天下，望气者言江东有天子气，凿地断连冈，因改金陵为秣陵。

《吴志》曰：孙权欲兴都，未定，长史张纮劝都之；后刘备宿于秣陵，亦劝权都之，遂定议，都秣陵。

《建康图》曰：西晋乱，元帝自广陵渡江，此城荒落，以府第居县北，幕府之名，自此而立。寻以江宁为琅耶国，盖龚帝始封之名也。历宋、齐、梁、陈，六代皆都之。

《舆地志》曰：金陵有东府城，晋安帝时筑。其城西，本简文为会稽第。其东则丞相、会稽王道子府。谢安石薨，以道子代领杨州，州在第，故时人号为东府西州。

《图经》曰：金陵有古冶城，本吴铸冶之地也。

《晋书》曰：元帝太兴初，以王导疾久，方士戴洋曰："君本命在申，申地有冶，金火相烁。"遂移冶于石城。

宣州

《十道志》曰：宣州，宣城郡。《禹贡》杨州之域。春秋时属吴，后属越。越为楚所并，战国时又属楚。秦为鄣郡地。汉为丹阳郡。

《地理志》曰：武帝元狩元年，改鄣郡为丹阳郡，属杨州，理宛城。即今郡是也。

《吴书》曰：孙皓以牛渚为督，以何植为使，而御晋军。当涂有牛渚山。

《桓玄传》曰：玄居南州，大筑斋第，以郡在国南，故曰南州。

《齐州郡志》曰：梁承圣元年，置南豫州。

《十道志》曰：隋开皇中，改南豫州为宣州。

《汉志》曰：泾县，属丹阳郡。韦昭曰：泾水出芜湖。

《图经》曰：南陵县有赭圻屯，在县西北。

《晋书》曰：哀帝以桓温入参朝政。自荆州还，至赭圻，诏止之。遂城赭圻镇。

《十道志》曰：南陵有鹊洲。

《春秋左氏传》曰：昭五年，楚以诸侯伐吴，吴败之于鹊岸。吴地也。庐江舒县有鹊尾渚是。

《汉志》曰：溧阳县，属丹阳郡。溧水所出也。

又曰：当涂，侯国。属九江郡。莽曰山聚。应劭曰：禹娶涂山，有禹墟焉。

《春秋左氏传》曰：禹会诸侯于涂山。

《晋书·州郡志》曰：西晋愍怀之乱，琅耶王出镇杨州，因渡江，南卜金陵，建大业。衣冠礼乐，州郡邑名，并随渡江，从北地。当涂来江南，自东晋始也。

《金陵记》曰：姑熟之南，淮曲之阳，置南豫州。六代英雄，迭居于此，以斯地为上游焉。

池州

《图经》曰：池州，池阳郡。《禹贡》杨州之域。春秋及秦、汉，为鄣郡之地。吴为石城县。隋为秋浦县。唐武德中，置池州。

《三国志》曰：吴黄武二年，封韩当为石城侯。

《舆地志》曰：梁昭明太子以其水出鱼美，故名其水为贵池。

又曰：梁大同二年，置石埭。因贵池源有两小石埭堰溪水，遂以为名。

润州

《十道志》曰：润州，丹阳郡。《禹贡》杨州之域。春秋时吴国地，谓之朱方。吴为越所并，地属越。战国时越为楚所灭，复属楚。秦并天下，为会稽、鄣二郡之地。汉初为荆国，故荆王刘贾所都之地。吴王濞诛，以其地并入江都国。武帝又分属丹阳、会稽二郡之地。

《左氏传》曰：襄公二十八年，齐庆封奔吴，吴句余予之朱方。

《后汉书》曰：建安中，吴大帝自吴徙都于京。十六年，迁都秣陵，复于京口置京督以镇焉。

《吴志》曰：京督所统蕃卫尤要，是以吴为重镇。

《图经》曰：其城因山为垒，缘江为境。《尔雅》曰："丘绝高曰京。"因谓之京口。

《吴录·地理》曰：秦时，望气者云其地有天子气。始皇使赭衣徒三千人凿坑败其势，改云丹徒。

《图经》曰：丹阳，本汉曲阿县也。

《汉志》曰：曲阿，故云阳。莽曰风美。属会稽郡。

《史记》曰：秦始皇改云阳为曲阿。

《舆地志》曰：曲阿县，属朱方，南徐之境。秦有史官奏：东南有王气，在云阳。故凿北冈，截直道使曲，以厌其气，故曰曲阿。

又曰：丹徒界内，土坚紧如蜡。谚云"生东吴，死丹徒"，言吴多产出，可以摄生自奉养，丹徒地可以葬。

《吴志》曰：岑昏凿丹徒至云阳，而杜野、小辛间皆斩绝陵垄，功力艰辛。杜野属丹徒。小辛属曲阿。

《图经》曰：唐垂拱四年，立金山县。后改名金坛。取邑界句曲之山，金坛之陵以为号。

《真诰》曰：地肺似洛中北邙山土，水似长安丹凤门外井泉之味。

《河图》曰：乃有地肺，土良水清，句曲之山，金坛之陵。

常州

《十道志》曰：常州，毗陵郡。《禹贡》杨州之域。春秋时属吴，后属越。战国属楚。秦、汉为毗陵县，属会稽郡。

《舆地志》曰：晋陵县，春秋时吴之延陵邑也。季札让位，耕于此，因以封之。汉改为毗陵。

《汉志》曰：毗陵县，属会稽郡。季札所居。旧为延陵，汉改之也。莽曰毗坛。

《舆地志》曰：东海王越世子名毗，中宗为越所表遣渡江，故改此为晋陵。

又曰：吴越之间谓荆为楚，秦以子楚改为阳羡。其地本名小震，居在荆溪之北，故云阳羡。

周处《风土记》曰：阳羡本无荆溪。吴郡郡境，震泽之会也，其地理则三江之雄润，五湖之腴表。

《吴越春秋》曰：周改为阳羡。

《汉志》曰：无锡，属会稽郡。莽曰有锡。

周处《风土记》曰：周武王追封周章于吴，又封章小子斌于无锡也。

《图经》曰：昔有谶述其地云："无锡宁，天下平；有锡兵，天下争。"故名之。

苏州

《十道志》曰：苏州，吴郡。《禹贡》杨州之域。周为吴国，至阖闾强盛，始都于此，后为越所灭。秦并天下，为会稽郡。

《释名》曰：吴，虞也，太伯封于此，以虞志也。

《郡国志》曰：俗好用剑、轻死，盖湛卢、钃镂、干将、要离之遗风焉。东北有海盐，县复有章山之铜，擅三江五湖之利，亦江东一都会也。

《越绝书》曰：阖闾起姑苏台，三年聚材，五年乃成，高见三百里。

《汉志》曰：吴，属会稽郡。周太伯所邑也。具区泽在其西。王莽曰泰德。

《十道志》曰：嘉兴县，本秦由拳县也。

《汉志》曰：由拳，属会稽郡。应劭曰：古之槜里。

《吴录·地理志》曰：吴王时，此地本名长水，秦改曰由拳。

《续汉志》曰：属吴郡。吴黄龙五年，嘉禾生于由拳，改县曰禾兴。后以太子名和，改曰嘉兴。

《图经》曰：华亭县，本嘉兴县地，天宝十年置，因华亭谷为名。

《晋书》曰：陆机被诛，临刑叹曰："华亭唳鹤，不可得闻！"

《舆地志》曰：吴大帝以陆逊为华亭侯，以其所居为封也。华亭谷出佳鱼莼菜，故陆机云："千里莼羹，未下盐豉。"

湖州

《十道志》曰：湖州，吴兴郡。《禹贡》扬州之域。防风氏之国也。春秋时为吴地，后属越。越为楚所灭后，属楚。秦、汉属会稽郡。

《国语·鲁语》曰：吴伐越，堕会稽，获骨节专车。骨节长专擅一车也。吴子使来好聘，且问于仲尼，曰："骨何为大？"仲尼曰："禹戮防风氏，其骨节专车。"客曰："防风何守也？"仲尼曰："汪芒氏之君也，守封、禺之山。"汪芒，长翟国名，封山嵎山，在吴郡永安县。

《郡国志》曰：五湖之表，州以为名也。

《汉志》曰：乌程，属会稽郡。郡有欧阳亭。

《郡国志》曰：古有乌氏、程氏居此，能酝酒，故以名县。

《地理志》曰：武康县，本乌程之馀不乡地，汉末童谣曰："天子当兴东南三余之间。"吴乃改会稽之馀暨为永兴，分馀不为永安，以协谣言。

《吴兴记》曰：长城县，吴王阖闾使弟夫概居此，筑城狭而长。晋武帝置，因长城以名县。

杭州

《十道志》曰：杭州，馀杭郡。《禹贡》扬州之域。春秋时吴、越地。秦、汉属会稽郡。

《史记》曰：楚威王伐越，杀王无疆，尽取故吴地至浙江。

又曰：始皇三十七年，东游丹阳，至钱塘。

《汉志》曰：钱塘，属会稽郡。西部都尉治。莽曰泉亭。

刘道真《钱塘记》曰：昔县境逼近江流，县在灵山下，至今基趾犹存。郡议曹华信乃立塘以防海水，募有能致土石者，即与钱。及成，县境蒙利，乃迁此地，于是为钱塘县。

《汉志》曰：於朁，属丹阳郡。朁音潜。

《吴录·地理志》云：县西朁山，盖因山以立名，旧朁字无水，至隋加水。

《汉志》曰：馀杭，属会稽郡。莽曰进睦。

《吴兴记》曰：秦始皇三十七年，将上会稽涂山，地，因以立为县。

《郡国志》曰：夏禹东去，舍杭登陆于此，乃以为名。

《十道志》曰：盐官，本汉海盐、由拳二县境。

《汉志》曰：海盐，属会稽郡。故武原乡有盐官。

睦州

《十道志》曰：睦州，新定郡。《禹贡》扬州之域。春秋时越国。秦属丹阳郡。汉为歙县地。

《吴志》曰：大帝以后汉建安十三年使威武中郎将贺齐讨丹阳黟，歙山贼，平定之。分歙始新、新定、黎阳、休阳四县，并黟、歙六县。

《图经》曰：隋置睦州，取俗阜人和，内外辑睦为义。

《十道志》曰：桐庐县，吴黄武四年，分富春置。以桐溪侧有大椅树，垂条偃盖，傍阴数亩，远望似庐，因谓之桐庐县。

《汉志》曰：富春，属会稽郡。莽曰诛岁。

鄂州

《十道志》曰：鄂州，武昌郡。《禹贡》荆州之域。春秋时楚地。秦属南郡。汉分置江夏郡。晋安帝义熙元年，冠军刘毅表以为夏口二州之中，地居形要，控接湖、川，边带溪、沔，请荆州刺史刘道规镇夏口。隋为江夏郡。唐武德四年，为鄂州。

《尚书·禹贡》曰：江、汉朝宗于海。

《十道志》曰：江、汉二水会于州之西界。

《左传》曰：吴伐楚，沈尹射奔命于夏汭。

《世纪》曰：楚子熊渠封中子红于鄂。今武昌县地。

《江夏记》曰：一名夏口，亦名鲁口，沙阳、夏汭、鄂渚、新兴、钓渚，皆其地名。

《武昌记》曰：大帝筑城于江夏，以程普为太守，遂欲都鄂州，改为武昌郡。其民谣曰："宁饮建业水，不食武昌鱼；宁归建业死，不向武昌居。"由是徙都建业。

《齐书》曰：刘怀珍言于高帝："夏口兵冲要地，宜得其人。"遂令柳世隆镇焉。

《十道志》曰：江夏县，本汉沙羡县。

饶州

《十道志》曰：饶州，鄱阳郡。《禹贡》扬州之域。春秋时为楚东境。秦为鄱县地，属九江郡。汉为番阳，属豫章郡。隋开皇九年，为饶州。

《地理志》曰：城即吴芮为鄱君时所筑。

《汉书·货殖传》曰：譬犹戎狄之与干越，不相入明矣。韦昭注曰：干越，今馀干县，越之别名。

又曰：淮南王安陈伐闽越之利，上书云："越人欲为变，必先守馀干，中可积食而有材可治舡，虑越人有伐材积食之患。"

徐湛《鄱阳记》曰：北有尧山，常以尧为号，又以地饶衍，遂加食为饶。

《图经》曰：以山川蕴物珍奇，故名饶。

信州

《图经》曰：唐上元元年正月，江淮转运使元载以此邑川原敻远，关防襟带，宜置州制，可赐名信州，以信美所称为郡之名。

《鄱阳记》曰：界内之山，出铜及铅、铁者有玉山。

江州

《十道志》曰：江州，寻阳郡。《禹贡》扬、荆二州之境。《尚书·禹贡》："彭蠡既豬"，又曰"九江孔殷"。

周景式《庐山记》曰：柴桑、彭泽之郊，古三苗国，旧庐江地。

《寻阳记》曰：春秋时吴之西境，后吴为楚灭，更为楚地。秦属庐江郡。汉属淮南国。晋武太康十年，因江水之名而置江州。成帝咸和元年，移理湓城，即今郡是。

《晋地道记》曰：寻阳，陆通五岭，北导长江，远行岷、汉，亦一都会也。

洪州

《十道志》曰：洪州，豫章郡。《禹贡》扬州之域。春秋时吴地。秦为九江郡。汉为豫章郡。

《豫章记》曰：太康中，望气者云豫章、广陵有天子气，故封愍怀太子为广陵王，领镇军以镇豫章。后永兴中，怀帝遂以豫章王登天位。隋平陈，罢郡为洪州。

抚州

《十道志》曰：抚州，临川郡。《禹贡》扬州之郡。春秋时吴地。秦属九江郡。汉立南昌县，今州即南昌县地。后汉分南昌立临汝县。吴太平二年，分豫章之临汝、南城县立临川郡，即今州也。隋平陈，置抚州。

《晋书》曰：王羲之尝为临川内史，置宅于郡城东，偏旁临回溪，特据层阜。

荀伯子《临川记》曰：王右军故宅，其地爽垲，山川若画，每至重阳日，二千石已下多游萃于斯。旧井及墨池并在。

《汉地理志》曰：高帝六年，命大将军灌婴立洪州。其年，分洪州南境立南城县。以其在郡城之南，故曰南城。

吉州

《十道志》曰：吉州，庐陵郡。春秋时为吴地。战国属楚。秦并天下，属九江郡，南部都尉理。汉为庐陵县，属豫章郡。

雷次宗《豫章记》曰：灵帝末，扬州刺史刘尊上书，请置庐陵、鄱阳二郡。献帝初平二年，始立郡。

《图经》曰：隋平陈，改庐陵郡置吉州，以吉阳山为郡名。

袁州

《十道志》曰：袁州，宜春郡。《禹贡》扬州之域。春秋时吴地。秦属九江郡。汉为豫章郡之宜春县。晋武改宜春为宜阳。隋平陈，分洪州之宜阳为袁州。

《汉书》曰：武帝封长沙定王子为宜春侯。

《吴录》曰：宜春县出美酒，每岁上贡，封酒亲付计吏。

虔州

《十道志》曰：虔州，南康郡。春秋时吴地。秦属九江郡。汉为赣县地，属豫章郡。后汉兴平二年，分豫章立庐陵郡，而赣县属焉。晋太康三年，立为南康郡。隋平陈，立虔州，以虔化水而得名也。

《图经》曰：赣县，章、贡二水双流至县，合为赣水，其间置邑，因以名县。

《十道志》曰：南康县，本汉南野地。

《吴录》曰：南野县有大庾山、九岭峤，以通广州。

建州

《十道志》曰：建州，建安郡。古闽越之地。秦闽中郡。汉属会稽。吴分置建安郡。陈属闽州。隋平陈，属泉州。唐武德四年，置建州，因建溪为名。

《方舆志》曰：浦城县，本汉东侯官之北乡也。吴永安三年，改为吴兴县。

《图经》曰：晋尚书陆迈、梁尚书郎江淹皆为吴兴令，按淹自序云，吴兴地在东南峤外，闽越之旧境是也。

福州

《福州图经》曰：勾践六代孙为楚所并，其后有无诸，以其境南泉山之地因而都之，称闽越王。至孙繇又以东海隅之地称越王。俱是会稽之域，遂有三越之称。

《图经》曰：梁承圣二年，封萧基为长乐侯于此。

《十道志》曰：福州，长乐郡。亦闽越地。秦为闽中郡。汉高帝立无诸为福越王，都于此。晋置晋安郡。陈置闽州。唐开元十三年，为福州。

《开元录》曰：闽州，越地，即古东瓯，今建州亦其地。皆蛇种，有五姓，谓林、黄等是其裔。

《郡国志》曰：汉武元鼎六年，立都尉居候官以御两越，所谓东北一尉，西南一候也。

泉州

《十道志》曰：泉州，清源郡。秦、汉土地与长乐同。东晋南渡，衣冠士族多萃其地，以求安堵，因立晋安郡。宋、齐以后因之。唐景云二年，置泉州；天宝初，为清源郡；乾元元年，又为州。

漳州

《十道志》曰：漳州，漳浦郡。历代土地与长乐郡同。唐分其土地置漳州。

《郡国志》曰：梁山有漳浦水，一云漳溪水。

汀州

《十道志》曰：汀州，临汀郡。历代土地旧与长乐郡同。唐开元二十六年，分置汀州。初置在新罗县，以其地瘴，居者多死，大历中移理长汀白石村。

南州

《十道志》曰：南州，南川郡。《禹贡》梁州之域，周省梁入雍。战国时巴国之地。秦、汉为巴郡之境。

太平御览卷第一百七十一　州郡部十七

江南道下

越州

《十道志》曰：越州，会稽郡。《禹贡》扬州之域。春秋时越国。

《春秋元命苞》曰：牵牛流为扬州，分为越国。

《史记》曰：越王勾践，其先禹之苗裔，夏后少康之庶子也。封于会稽，以奉守禹之祀。文身断发，披草莱而邑焉。

《吴志》曰：会稽南面连山万重，北带沧海千里。

《舆地志》曰：顺帝时，阳羡人周嘉上书，请分浙江以西为吴郡，东为会稽郡。

《宋略》曰：会稽山阴编户三万，号为天下繁剧。王羲之云："每行山阴道上，如镜中游。"王献之望镜湖澄澈，清流泻注，乃云："山川之美，使人应接不暇。"

《郡国志》曰：越王北面以事吴，后终灭吴。

《汉志》曰：会稽郡，秦置。高帝六年为荆国，十二年更名吴。景帝四年属江都。领曲阿等县三十六。

《吴越春秋》曰：禹巡行天下，归还大越，会计修国之道，以会计名山，仍为地号也。

《汉志》曰：剡县，属会稽。莽曰尽忠。

《南史》曰：张稷为剡令，至嵊亭，生子，因名嵊，字四山。

《汉志》曰：诸暨县，属会稽郡。莽曰疏虏。

《十道志》曰：县有暨浦诸山，因以为名。

《会稽志》曰：龟山之下有东武里，即琅耶东武县。山一夕移于此，东武人皆从此，故里不动。

歙州

《十道志》曰：歙州，新安郡。《禹贡》扬州之域。春秋时属越。秦属丹阳郡。

《汉志》曰：歙，都尉治。属丹阳郡。

《汉志》曰：黝县，属丹阳郡。渐江水出焉。成帝鸿嘉二年，为广德国。王莽曰诉虏。师古曰：黝音伊，字与黟同。

《晋书》曰：孔愉，字敬康，会稽人。永嘉之乱，避地入新安山谷中，以稼穑、读书为业，信著乡里。后奄忽而去。人皆以为神，为之立庙孔灵村。

《梁书》曰：任昉为新安太守，调枫香二石，始入三两，便止，不欲遗之后人。及下任，唯有桃花米二十石。

《图经》曰：绩溪县，以界内乳溪与徽溪相去一里，回转屈曲，并流离而复合，谓之绩溪，县因名焉。

《图经》曰：任昉为新安太守，因行春至此，爱其云溪，缘源寻幽，累日不返。百姓因名其溪为昉溪，村名昉村。

又曰：新安贡柿心墨、木黝之字，县职此之由。

又曰：祈门县，本名阊门，著于秦、汉之代县，有巨石夹流水两相对，其状似门，故号阊门。

又曰：婺源县，本晋休宁县。

《东阳记》曰：上应婺女，故名之。

明州

《十道志》曰：明州，馀姚郡。古舜为馀姚之墟。

《史记》曰：越王勾践平吴，徙夫差于甬东。

《汉志》曰：馀姚，属会稽郡。本鄮县之地。

《风土记》曰：舜支庶所封，故曰馀姚。

《舆地志》曰：邑人以其海中物产于山下鄮易，因名鄮县。

《图经》曰：鄮县有甬东及句章故城。

台州

《十道志》曰：台州，古越州，会稽郡之地。《禹贡》扬州之域。春秋时越国。秦属闽中郡。后越王无疆七代孙闽君摇率越人佐汉伐秦，惠帝录其功，封摇为东越王，都于瓯。

《山海经》曰：瓯在海中。郭璞注云：今临海永宁县即东瓯故地也。若在南海中郁林郡为西瓯。

《吴地记》曰：《汉书》："闽越围东瓯，东瓯告急于天子，天子遣太中大夫严助发兵往救，未至，闽越止兵；东瓯乃举国徙中国，处之江淮间。"而后遗人往往渐出，乃以东瓯地为回浦县。

《汉志》曰：回浦，东部都尉理。属会稽郡。杨雄解嘲曰："东南一尉，西北一候。"

《十道志》曰：唐武德四年，讨平李子通，于临海县置海州。五年，改海州为台州。

处州

《图经》曰：处州，缙云郡。古缙云之墟也。秦为会稽郡地。汉初为东瓯地，后以为回浦县。光武更名章安。晋分为永嘉郡。

《舆地志》曰：永嘉郡，本会稽东部地。晋明帝大宁元年，分临海等五永嘉郡。

《图经》曰：丽水县有恶道，恶道有突星濑。谢灵运与弟书曰："闻恶道溪中，九十九里有五十九滩。"《永嘉记》曰：王右军游恶道，叹其奇绝，遂书突星濑于石。

《舆地志》曰：松阳县，本章安南乡，汉末立为县。《吴地记》曰：县东南临大溪有松阳树，大八十一围，腹中空可容三十人坐，故取此为名。王右军尝往看之。

《永嘉记》曰：青田县有草叶似竹，可染碧，名为竹青。此地所丰，故名青田。

《浮丘公相鹤经》曰：青田之鹤。

温州

《十道志》曰：温州，永嘉郡。会稽之东境也。汉永建四年，置永宁县。

《郡国志》曰：永嘉为东瓯，郁林为西越，斯地蚕一年八熟。

《图经》曰：永嘉县，汉治县之地，后汉改为章安县。

《汉志》曰：冶，本闽越地。属会稽郡。

婺州

《十道志》曰：婺州，东阳郡。《禹贡》扬州之域。春秋时为越之西界。秦属会稽郡。汉初属荆、吴二国。

《郡国志》曰：婺州，正得东越之地，汉时其地属会稽，为东扬州。人俗轻躁，少信行，好淫祀。

郑缉之《东阳记》曰：此境于会稽西部，尝置都尉理于此矣。吴宝鼎元年，始分会稽置东阳郡。隋平陈，置婺州，盖取其地于天文为婺女之分野。

《异苑》曰：东阳颜乌以淳孝著闻，群乌助，衔土块为坟，乌口皆伤。一境以为至孝所致，因以县名乌伤。

《十道志》曰：唐武德七年，改乌伤为义乌。

衢州

《十道志》曰：衢州，信安郡。土地所属与婺州同。唐武德四年，平李子通，于信安县置。西有三衢山，因以为名。

《舆地志》曰：后汉献帝初平三年，分太末县立新安县。晋太康元年，以弘农有新安，改名为信安。

《左传》曰：越伐吴，王孙弥庸观越，见姑蔑之旗。杜注云：今东阳太蔑县是。

《舆地志》曰：太蔑，秦、汉为太末县，今龙丘及《春秋》东阳太末县也。

潭州

《十道志》曰：潭州，长沙郡。《禹贡》扬州之域。春秋及战国时，为黔中郡之南境。晋怀帝永嘉元年，分荆州置湘州。隋平陈，改湘州为潭州。

《史记·天官书》曰：翼、轸为楚分。傍一小星，为长沙星。

《汉书》曰：高帝封番君芮为长沙王。

又曰：长沙定王发，景帝二年立，以母微无宠，故王卑湿贫国。应劭曰：景帝后二年，诸王来朝，有诏更前称寿歌舞。定王但张袖小举手，左右笑其拙。上怪问之，对曰："臣国小地狭，不足回旋。"帝乃以武陵、零陵、桂阳属焉。

《郡国志》曰：炎帝神农氏葬于长沙。长沙之尾，东至江夏，谓之沙羡，是其地。

《十三州志》曰：西自湘江，至东莱万里，故曰长沙。

《湘州记》曰：始皇二十五年，并天下，分黔中以南之沙乡为长沙郡，以统湘川，盖取星以名焉。

《遁甲经》曰：长沙之地，云阳之墟，可以长生，可以避世。

《湘中记》曰：其地有舜之遗风，人多纯朴，今故老犹弹五弦琴，好为《渔父吟》。

《湖南风土记》曰：长沙下湿，丈夫多夭折。俗信鬼，好淫祀，第芦为室，颇杂越风。

岳州

《十道志》曰：岳州，巴陵郡。《禹贡》荆州之域，古三苗国地。春秋及战国时属楚。秦属长沙郡。晋分长沙之巴陵，置建昌郡，在巴陵。齐武封子伦为巴陵王。梁封齐明帝子宝义为巴陵王，奉齐后，以备三恪。隋平陈，改为岳州。

《寻江记》曰：羿屠巴蛇于洞庭，其骨若陵，故曰巴陵。

《淮南子》曰：斩修蛇于洞庭。

《十道志》曰：巴陵县，本汉下隽县之巴丘地。

《汉书·地理志》曰：下隽县，属长沙郡。

《十道志》曰：华容县，本汉孱陵县。

衡州

《十道志》曰：衡州，衡阳郡。春秋时属楚。秦属长沙郡。汉为酃县地，属长沙国。吴分长沙之东部，立为湘东郡。隋平陈，罢郡为衡州，因衡山以取名。

《尚书·禹贡》曰：荆及衡阳惟荆州。

甄烈《湘州记》曰：宋大明中，望气者云湘东有天子气，遣日者巡视，斩冈以厌之。寻乃湘东王为天子。即明帝也。

《图经》曰：茶陵县者，所谓陵谷生茶茗焉。

永州

《十道志》曰：永州，零陵县。《禹贡》荆州之域。春秋及战国时，楚之南境。秦属长沙郡。汉属长沙国。晋以零陵属湘州。隋平陈，置永州，因永水为名。

《梁书》曰：孙谦，字长逊。为零陵太守，有善绩，吏人安之。先是，部多猛兽，谦至绝迹；及去官之夜，猛兽即害居人。

甄烈《湘州记》曰：石燕山，石形似燕，大小如一山，明净即颉颃飞翔。

罗含《湘中记》曰：石燕在泉陵县，雷风则群飞，然其土人稀有见者。

又《十道志》曰：零陵县，本汉泉陵县。

道州

《十道志》曰：道州，江华郡。《禹贡》荆州之域。春秋及战国时属楚。汉属长沙国。唐贞观八年，为道州。

《图经》曰：昔舜封象有鼻国，即其地。

郴州

《十道志》曰：郴州，桂陵郡。《禹贡》荆州之域。春秋及战国时属楚。秦属长沙郡。汉高祖二年，分长沙南境立桂阳郡，属荆州部，居郴。梁元帝为卢阳郡，属衡州。隋平陈，改为郴州。

《史记》曰：项羽徙义帝于长沙，都郴。

连州

《十道志》曰：连州，连山郡。春秋时楚地。秦为长沙郡之南境。二汉为桂阳郡之桂阳县。吴属始兴郡，晋因之，宋于此立宋安郡，后盾齐如之。梁为阳山郡。唐武德四年，改为连州，以郡南黄连岭为名。

邵州

《十道志》曰：邵州，邵阳郡。《禹贡》荆州之域。春秋时属楚。秦为长沙郡。汉为昭陵县，属零陵郡。吴分零陵北部为邵陵郡，属荆州，即今州也。晋武改昭阳为邵阳。唐贞观十年，改为邵州。

又曰：邵阳县，本汉昭陵县地，属长沙国。

黔州

《十道志》曰：黔州，黔中郡。《禹贡》荆州之域。战国为楚黔中地，秦昭王伐楚，置黔中郡，其地又属焉。汉武陵郡之酉阳县地，武陵五溪蛮之西界也。周武帝保定四年，蛮帅田思鹤以地内附，置奉州。建德三年，改为黔州。

《吴录》曰：黔阳，属武陵郡。黔阳，今辰州三亭县西故城是也。

思州

《十道志》曰：思州，宁夷郡。《禹贡》荆州之域。春秋楚地。隋开皇十八年，始置务川县，属庸州。唐武德元年，以务川当牂柯要路，置务州。贞观八年，改为思州，因思邛水为名。

费州

《十道志》曰：费州，涪川郡。《禹贡》荆州之域。春秋时属楚。汉武帝元鼎六年，通牂柯道，置牂柯郡，其地属焉。江山阻远，为俚獠所居，多不臣附。周宣政元年，獠王元殊多质等归国，遂立州，取费水为名。

《九州要记》曰：九丘之外，有费州。

辰州

《十道志》曰：辰州，卢溪郡。《禹贡》荆州之域。春秋时属楚，其地即古蛮夷之地。秦昭王使白起伐楚，略取蛮夷，置黔中郡。汉改黔中为武陵郡。隋开皇平陈，改为辰州。

《沅陵记》曰：五溪十洞颇为边患，自马伏波征南之后，虽为郡县，其民叛扰，代或有之，盖恃山险所致。

《十道志》曰：壶头山，后汉马援征五溪蛮，取壶头山。贼乘高守险，水迅，舡不得进。士卒多疫死，援亦中病，穿岸为室，以避炎气，遂卒于此。《武陵记》曰：山边有石窟，即马援所穿室也。室内有大蛇如舡，云是援之余灵。

《十道志》曰：故老云："楚子灭巴，巴子兄弟五人流入黔中。汉有天下，名曰酉、辰、巫、武、沅等五溪，为一溪之长，故号五溪。"

锦州

《十道志》曰：锦州，卢阳郡。历代土地与辰州同。唐武德初，以辰州之地析置锦州。

溪州

《十道志》曰：溪州，灵溪郡。《禹贡》荆州之域。历代土地所属与辰州同。唐武德中，立溪州，盖取五溪相会于此。

又曰：大乡县，本汉沅陵、零陵二县地，属武陵郡，梁分立大乡县。三亭县，本汉灵阳县地，属武陵郡，唐分大乡县。县有小酉山、黔山、大酉山。

叙州

《十道志》曰：叙州，潭阳郡。古蛮夷之地。战国时为楚黔中地。唐贞观八年，为巫州。天授三年，以巫山不在州界，改为沅州，以沅江水为郡名。开元十三年，仍旧为巫州。至大历五年，为叙州。

《五溪记》曰：民多射生而鼻饮，啖蛇鼠，捕虾蟹，朝营夕用，故无宿给。

施州

《十道志》曰：施州，清江郡。《禹贡》荆州之域。春秋时巴国。七国时为楚巫郡地。秦昭王伐楚，置黔中郡，巫地属焉。周武帝建德二年，酋长向邹兄弟四人相率内附，置施州。

又曰：清江县，本汉巫县地，属南郡。巫县，今夔州巫山县是也。吴、晋及周，为沙渠之地。隋于此置清江县。

播州

《十道志》曰：播州，播川郡。秦夜郎县之西南隅。惠王十四年，欲得楚黔中地，以武关之外易之。今隶黔府，即总谓黔中地。汉武元鼎六年，平西南夷，置牂柯郡，其地属焉。以且兰有掾舡牂柯，因此立郡以名焉。贞观九年，于此界置郎州，后省。十三年，又于其地置播州，以其地有播川，因名焉。

《汉书》曰：唐蒙上书说武帝曰："闻夜郎国有精兵可得十余万，浮舟牂柯，出其不意以制越，此一奇也。"

珍州

《十道志》曰：珍州，夜郎郡。古山獠夜郎国之地。晋永嘉五年，分牂柯置夜郎郡，兼置充州。唐贞观十七年，廓辟边夷，置播川镇。后因川中有降珍山，因以镇为珍州，取山名郡也。

《九州志》曰：夜郎自古非臣伏州郡之地，汉武开拓南边，始置夜郎县，属牂牁郡，即牂牁都尉居之。

《后汉书》曰：夜郎者，临牂牁江，江广百余步，足以行舡。

《十三州志》曰：牂牁都者，江中山名也。

夷州

《十道志》曰：夷州，义泉县。古徼外蛮夷之地。汉置牂牁郡。历代恃险，不闻臣附。隋大业七年，始招慰，置绥阳县，属明阳郡。唐武德四年，置夷州。

叶州

《十道志》曰：叶州，龙溪郡。古蛮夷之地，唐置叶州，或为龙溪郡。

溱州

《十道志》曰：溱州，溱溪郡。古蛮夷之地。唐贞观八年，开拓南蛮，于荣懿县立溱州，地多贡象牙，后或为溱溪郡。

太平御览卷第一百七十二 州郡部十八

岭南道

广州

《十道志》曰：广州，南海郡。秦置南海郡。二汉因之，兼置交州。吴因之，分置广州。宋、齐皆因之。梁、陈并置都督府。隋平陈，又置番州。炀帝初，复置南海郡。唐为广州。

又曰：南海县，本汉番禺县地。

《山海经》曰：桂林八树，在贲禺东。注云：贲禺，即番禺也。

《吴录》曰：番禺县有禺山，尉佗所葬。

《南越志》曰：肃连山西十里有灵州山焉，其山平原弥望，四野极目。郭景纯云：南海之间有衣冠之气者，斯其地也。

又曰：秦占气者以南方有黄气紫云之异，使绣衣使者凿之二十余丈，乃流血数日，以为凿龙之效。今所凿之处形似马鞍，谓之马鞍冈。

又曰：石门之水，旧曰贪泉，俗云："经大庾则清秽之气分，饮石门则淄素之质变。"

《广州记》曰：尉佗筑朝台以朝天子。

《南越志》曰：朝台下有赵佗城。朝台西三十里，即冈旁江，构越华馆以送陆贾，因称朝亭。

《十道志》曰：番禺北津水，今名廉平水。

韶州

《十道志》曰：韶州，始兴郡。《禹贡》扬州之域。春秋战国皆楚地。秦属南海郡。二汉属桂阳郡。吴置始兴郡。晋因之。宋改为广兴。齐复为始兴。隋平陈，为韶州，以韶石为名。

《郡国志》曰：韶州科斗劳水间有韶石二，状若双阙。永和二年，有飞仙衣冠游二石上。昔舜游登此石，奏韶乐，因以名之。

冈州

《十道志》曰：冈州，义宁郡。《禹贡》扬州之域。秦、汉并属南海郡。东晋末，分置新会郡。宋、齐、梁并因之。隋平陈，置封州，后改为允州，后改为冈州。

《郡国志》曰：冈州，地近大海，晴少雨多，时遇甚风，林宇悉拔。俗织竹为釜，以蛎壳屑泥之煮盐，转久弥密。

循州

《十道志》曰：循州，海丰郡。春秋时为百越之地。战国时属楚。秦、二汉南海郡地。晋亦然。隋平陈，置循州。

《南越志》曰：郡东水道一千里，赵佗昔为龙川尉，所莅于此。

潮州

《十道志》曰：潮州，潮阳郡。亦古闽越地。秦属南海郡，秦末属尉佗。汉初属南越，后亦属南海郡。后汉因之。晋置东官郡。隋平陈，置潮州。

《郡国志》曰：稻得再熟，蚕亦五收，煮海为盐。

《十道志》曰：海阳县，本汉揭阳县地。

《南越志》曰：潮阳县，穷海之北，故曰潮阳。

恩州

《十道志》曰：恩州，恩平郡。秦属南海郡。二汉为合浦郡。唐贞观中，置恩州。

春州

《十道志》曰：春州，南陵郡。古越地。秦属南海、象郡。汉合浦郡之高凉县地。晋分置恩平县。唐武德四年，讨平萧铣，置春州。

贺州

《十道志》曰：贺州，临贺郡。秦属南海郡。二汉属苍梧郡。吴置临贺郡。晋因之。宋为临庆国。齐复为临贺郡。陈因之。隋平陈，置贺州，因贺水为名。

端州

《十道志》曰：端州，高要郡。秦属南海郡。二汉并属苍梧郡。晋亦然。宋、齐并属南海郡。陈置高要郡。隋平陈，置端州。

《南越志》曰：石室山傍洞云雾自生风烟，有二石门，以为仙之下都。

藤州

《十道志》曰：藤州，感义郡。秦属南海郡。二汉并属苍梧郡。晋属永平郡。隋平陈，置藤州；炀帝初，州废，置永平郡。唐复为藤州。

《郡国志》曰：俗以青石为刀剑，如铜铁法。妇人亦为环玦，代珠玉也。夷人往往化为貙。貙，小虎也。

康州

《十道志》曰：康州，晋康郡。秦属南海郡。二汉属苍梧郡。晋分置晋康郡。宋、齐因之。隋平陈，废晋康，并入信安郡。唐复置康州。

封州

《十道志》曰：封州，临封郡。土地所属，自秦已上与康州同。今州即汉苍梧郡之广信县也。梁置信郡，兼置成州。隋平陈，废郡改成州为封州。

泷州

《十道志》曰：泷州，开阳郡。土地所属，自汉已上与康州同。晋分端溪置龙乡县，今州即其地。

《南越志》：龙乡县，属广熙郡。梁分广熙置建州，又分建州之双头洞立双州，即此是。

高州

《十道志》曰：高州，高凉郡。秦以前土地与晋康郡同。二汉属合浦郡。吴置高凉郡。晋因之，梁置高州。隋平陈，郡废而高州如故。唐为高州。

《南越志》曰：高凉，本合浦县也。吴建安十六年，衡毅、钱博拒步骘于高安峡，毅投水死，博与其属亡于高凉。吕岱为刺史，博既请降，制以博为高凉都尉，于是置郡焉。

义州

《十道志》曰：义州，连城郡。土地所属，秦已上与潘州同。汉置苍梧郡，今州即苍梧郡之孟陵县。唐武德四年，江表底定，于此置南义州。贞观二年，于此置义州。

新州

《十道志》曰：新州，新兴郡。古越地。秦始皇略取陆梁地，置象郡，今州即其地也。汉为合浦郡之临元县。晋穆永和七年，分苍梧郡，于此置新宁郡。梁、隋、唐为新州。

勤州

《十道志》曰：勤州，铜陵郡。秦属南海郡。二汉属合浦郡，隋属信安郡。唐置勤州，或为铜陵郡。

窦州

《十道志》曰：窦州，怀德郡。《禹贡》扬州之分，古越地。汉苍梧郡之端溪县，先管罗窦洞，因为名。唐武德五年，置南扶州。贞观八年，改为窦州。

《郡国志》曰：窦州悉以高栏为居，号曰干栏。三日一市。

又曰：特亮县，在河洞水北。昔有白牛夜出，光影照村，村人见牛光，号为特亮也。

桂州

《十道志》曰：桂州，始安郡。《禹贡》荆州之域。春秋时越地。七国时为楚越之交。始皇三十三年，尝发逋亡人、赘婚、贾人略取陆梁地，是为桂林郡焉。二汉属零陵、苍梧二郡。吴分置始安郡。晋孝武改为始建。齐复为始安。梁天监六年，立桂州于苍梧、郁林之境，无定理处。大同六年，移桂州于今理。隋大业三年，罢州。唐武德四年，复置桂州。

《始安记》曰：吴越之境，其人好剑，轻死易生。火耕水耨，人食鱼稻，无千金之家。好巫鬼，重淫祀。

《十道志》曰：临桂县，荔水水源多生桂，桂生处不生杂树。

昭州

《十道志》曰：昭州，平乐郡。秦桂林郡地。二汉属苍梧郡。宋属始建国。齐属始安郡。隋亦然。唐武德四年，置乐州。贞观八年，改为昭州，取昭潭为名。

盛弘之《荆州记》曰：平乐县西南数十里有山，间有两目如人眼，极大，瞳子白黑分明。

蒙州

《十道志》曰：蒙州，蒙山郡。汉武平南越，置苍梧郡，今州即苍梧之荔浦县也。隋置隋化县。唐置蒙州，州有山号曰蒙山，山下人皆姓蒙，因为州名。

富州

《十道志》曰：富州，开江郡。秦桂林郡地。二汉属苍梧郡。梁为开江、武城二郡地。陈置静州，改开江、武城二郡为逍遥郡。隋平陈，并废，唐又置静州，贞观八年改为富州，因富水为名。

梧州

《十道志》曰：梧州，苍梧郡。秦属桂林郡。二汉为苍梧。晋以后并因之。梁属成州。隋平陈，改为封州。唐为梧州。

《汉书》曰：武帝元鼎元年，开苍梧郡。

《礼记》曰：舜葬苍梧之野。

浔州

《十道志》曰：浔州，浔江郡。秦属桂林郡。二汉以后，并属郁林郡。隋属永平、郁林二郡地。唐置浔州。

《郡国志》曰：大宾县，汉布山县地。有糖牛与蛇同穴，牛嗜盐。俚人以皮裹手涂盐，入穴探之，牛舐之出外，则不得入，取其角为器，一曰糖牛。

龚州

《十道志》曰：龚州，临江郡。秦属桂林郡。汉平南越，置苍梧郡，今州即郡之孟陵县地也。唐置龚州。

郁林州

《十道志》曰：郁林州，郁林郡。秦为桂林郡。汉改为郁林郡，后汉亦同。梁置定州，后改为南定州。隋平陈，改为尹州；炀帝初，为郁林州。唐为郁林州。

平琴州

《十道志》曰：平琴州，平琴郡。旧郁林郡地。唐置平琴州，或为平琴郡。

宾州

《十道志》曰：宾州，安城郡。古越地。秦桂林郡地。汉为郁林郡，又为郁林郡之岭方县。自汉迄隋，并为岭方县地。唐贞观五年，置宾州。

澄州

《十道志》曰：澄州，贺水郡。古越地。秦为桂林郡。汉为郁林郡之岭方县。唐武德四年，置澄州。

绣州

《十道志》曰：绣州，常林郡。秦属桂林郡。二汉属郁林郡。晋以后因之。唐平萧铣，置绣州。

象州

《十道志》曰：象州，象郡。秦属桂林郡。二汉为郁林郡。吴又分置桂林郡。晋、宋、齐因之。隋平陈，置象州，因象山以为名。秦之象郡，今合浦郡，非此象州也。

柳州

《十道志》曰：柳州，龙城郡。秦、汉土地与象州同。晋以后属桂林郡。隋属始安郡。唐平萧铣，置昆州。贞观八年，改为柳州。

融州

《十道志》曰：融州，融水郡。历代土地与柳州同。唐置融州。

邕州

《十道志》曰：邕州，朗宁郡。古越地。秦为桂林郡。汉郁林郡之岭方县地。晋置晋兴郡于此。隋为郁林郡之宣化县。武德四年，置南晋州。贞观六年，改为邕州。

《图经》曰：人俗吝啬浇薄，内险外惷，椎髻跣足，尚鸡卜、卵卜。

贵州

《十道志》曰：贵州，怀泽郡。虞舜暨周，并为荒裔。秦为桂林郡。自汉以下，与郁林郡同。唐置贵州。

党州

《十道志》曰：党州，宁仁郡。秦桂林郡地。唐置党州。

《南越志》曰：党州隆仁县有京观，即古征党洞杀俘虏处。

横州

《十道志》曰：横州，宁浦郡。古越地。秦象郡地。汉为合浦郡之高凉县地。隋于此置简州，又改为缘州。唐改为横州。

田州

《十道志》曰：田州，横山郡。土地与朗宁郡同。唐为田州。

严州

《十道志》曰：严州，修德郡。《禹贡》荆州之域。汉武平南越，即象郡地。唐乾封二年，置严州，地在严冈之侧，因为名。

《图经》曰：州门有长河，水深八十丈，从牂牁流下。

山州

《方舆志》曰：山州，龙池郡。土地与严州同。唐为山州，或为龙池郡。

淳州

《方舆志》曰：淳州，永定县。秦属桂林郡地。唐武德四年置，至永贞，以犯宪宗庙讳改为峦州，以峦山为名。

罗州

《十道志》曰：罗州，招义郡。《禹贡》扬州之地，是为南越。宋元嘉三年，镇南将军檀道济巡抚，于陵罗口筑城，因以名之，属高凉郡。唐武德五年，因其地复置州。

《南越志》曰：招义县，昔流人营也。

潘州

《十道志》曰：潘州，南潘郡。古瓯骆越地。秦平百越，为桂林郡地。汉为合浦县地，属合浦郡。唐武德四年，置南宕州。八年，改为潘州。

《岭表记》曰：潘州，昔有方士潘茂于此升仙，遂以名郡。

容州

《方舆志》曰：容州，晋宁郡。古越地。秦属象郡。二汉属合浦郡。宋太始七年，分合浦县，于此立南流郡。齐、梁、陈不改。隋废。唐武德四年，置铜州。贞观八年，改为容州，因容山为名。

《十道志》曰：鬼门关，在北流县南三十里，两石相对，状若关形，阔三十余步。昔马援讨林邑，经此立碑，石碣尚存。昔时趋交趾皆由此，关已南尤多瘴疠，去者罕得生还，故谚曰："鬼门关，十人去，九不还。"

《郡国志》曰：斯地瘴气，春谓青草瘴，秋谓黄茆瘴。有瘴江水。

辩州

《十道志》曰：辩州，陵水郡。古越地。秦象郡地。二汉属合浦郡。唐置辩州。

《郡国志》曰：辩州，在陵、罗二水之间。

白州

《十道志》曰：白州，南昌郡。古越地。秦象郡地。汉为合浦郡。唐武德四年，置南州。六年，改为白州。

《岭表录》曰：州有一派水出自双角山，合容州江呼为绿珠江。又绿珠井在双角山下。昔梁氏之女有容貌，石季伦为交趾采访使，以真珠三斛买之。梁氏之居，旧井存焉。

牢州

《十道志》曰：牢州，定川郡。本巴蜀西南徼外夷。秦属象郡。汉属牂柯郡。唐置义州，改为智州。贞观十一年，改为牢州，以牢石为名。

钦州

《十道志》曰：钦州，宁越郡。历代土地与白州同。宋、齐已来，置宋寿郡。梁又置安州。隋平陈，改为钦州。

安南都护府

《方舆志》曰：安南府，今理宋平县。古越地，《禹贡》扬州之地，号为百越。在周为越裳重译之地。秦属象郡。汉为交阯、日南二郡界，后汉因之。唐为交州。

又曰：人俗杂蛮夷之风，其人皆服布如单被，穿中央以贯其首。男子耕农，女子织纴。兵则矛、盾、长刀、木弓、竹矢，或骨为镞。

《交州记》：南定县人足骨无节，身有毛，卧者更扶始得起。故《山海经》云："交胫国人脚胫曲戾相交，所以谓之交趾。"

《南越志》曰：龙编县，州之始，有蛟龙编于津之间，因以为瑞而名邑。

武峨州

《方舆志》曰：武峨州，武峨郡。土地与安南府同。唐置武峨州。

粤州

《方舆志》曰：粤州，龙水郡。土地与安南府同。唐为粤州，或为龙水郡。

芝州

《方舆志》曰：芝州，忻城郡。土地与安南府同。唐为芝州，或为忻城郡。

爱州

《方舆志》曰：爱州，九真郡。秦象郡地。汉武置九真郡，后汉亦同。晋亦属九真郡。宋、齐因之。梁置爱州。隋为九真郡。唐又为爱州。

福禄州

《方舆志》曰：福禄州，福禄郡。土地与九真郡同。唐为福禄州。

长州

《方舆志》曰：长州，文阳郡。土地与九真同。唐为长州。

驩州

《方舆志》曰：驩州，日南郡。古越裳氏国，九译所通者也。秦属象郡。二汉属九真郡。吴分置九德郡。晋、宋、齐因之。隋置驩州，后为日南郡。唐为驩州。

《郡国志》曰：庞山洞人去其两齿为饰，刻胸作花文。中山立市，十日一会。铸铜为器，大如盘，名旁，旁以为财市。

峰州

《方舆志》曰：峰州，承化郡。古文郎国，有文郎水。亦陆梁地。秦属象郡。二汉属交趾郡。吴分置新兴郡。晋改为新昌。陈置兴州。隋平陈，改为峰州；炀帝初，废。唐复置峰州。

《林邑记》曰：苍梧以南有文郎野人，居无室宅，依树止宿，食生肉，采香为业，与人交易，若上皇之人。

陆州

《方舆志》曰：陆州，玉山郡。秦象郡地。汉以来属交趾郡。梁分置南州及宁海郡。隋平陈，郡废，改黄州为玉州；炀帝初，州废。唐复置玉州，上元二年，改为陆州，州有陆水。

廉州

《方舆志》曰：廉州，合浦郡。秦象郡地。汉置合浦郡，后汉同。吴改为珠官。晋又为合浦郡。宋因之，兼置临瘴郡及越州。齐又因之。隋改为禄州，寻又改为合州。唐置廉州。

《后汉书》曰：孟尝，字伯周，会稽上虞人。为合浦太守，先时太守多贪，珠遂徙向交趾；尝到，革理前弊，珠遂还。称为神明，桓帝征之。

岩州

《方舆志》曰：岩州，安乐郡。土地与合浦郡同。唐为岩州，或为安乐郡。

雷州

《方舆志》曰：雷州，海康郡。秦象郡地。二汉以后，并属合浦郡。

梁分置合州，大同末，为南合州。隋炀帝初，废。唐为雷州。

《投荒录》云：雷州南滨大海，多雷，雷之声近在檐宇之上。雷州之北，高州之南数乡亦多雷，雷声似在寻常之外。俗俟雷时，具酒肴设奠，畏雷法甚严谨，有以彘肉与鸡肉食者，霹雳即至。

禺州

《十道志》曰：禺州，温水郡。古百越地，婺女之分野。秦属象郡。本宕昌之边邑，唐置宕州，又改为禺州，以南方番禺之地，因名州。

汤州

《方舆志》曰：汤州，汤泉县。秦属象郡。唐置汤州，或为汤泉州。

瀼州

《十道志》曰：瀼州，临潭郡。《禹贡》荆州之分。春秋属楚，在郁林之西南，交趾之北。隋大将军刘方始开此路，为镇守，寻又不通。唐贞观二年，清平公李弘节遣钦州首领宁师宗招慰开拓，寻刘方旧路得达交州。为州在瀼水之东，故以为名。瀼音而章反。

笼州

《十道志》曰：笼州，扶南郡。古越地，在南越之西界。唐贞观十二年，大使清平公李弘节招降獠，置笼州，以笼洞为名。

环州

《十道志》曰：环州，正平郡。《禹贡》荆州之分。州隶桂州。贞观二年，李弘节招慰款附环落洞，故以名州。州在游卢水南，整水北。

古州

《方舆志》曰：古州，乐古郡。土地同临潭郡。唐置古州，或为乐古郡。

崖州

《方舆志》曰：崖州。朱崖郡。郡地海中之洲也，洲方千里，与今海康郡之徐闻县对。自徐闻径度，便风扬帆一日一夕即至。梁置崖州。

《汉书》曰：武帝元鼎六年，开南海地，置朱崖、儋耳二郡。元帝罢朱崖郡，以其阻绝数反，故罢之。

《郡国志》曰：崖州妇人着缌缏，以土为釜，器用瓠瓢。无水，人饮唯石汁。又有椒。以安石榴花着瓮中，经旬即成酒，其味香美，仍醉人。

《交州记》曰：朱崖在大海中，南极之外。

儋州

《十道志》曰：儋州，昌化郡。土地所属与朱崖同。汉元鼎六年，定越地，置儋耳郡。唐武德四年，置儋州。

《汉书》张晏注曰：儋耳其俗，镂其颊皮，上连耳匡，分为数支，状似鸡肠，因名焉。

《山海经·海内南经》曰：有离耳。郭景纯注曰：锼其耳，分令下垂为饰，即儋耳也。

振州

《方舆志》曰：振州，延德郡。土地与朱崖郡同。隋置临振郡。唐置振州。

琼州

《方舆志》曰：琼州，琼山郡。土地与朱崖郡同。唐贞观六年，割崖州置琼州。

万安州

《方舆志》曰：万安州，万安郡。土地与朱崖郡同。唐置万安州，或为万安郡。

太平御览卷第一百七十三 居处部一

宫

《世本》曰：尧使禹作宫。

《释名》：宫，穹也；屋见垣上穹隆也。

《尔雅》曰：宫谓之室，室谓之宫。

《史记》曰：《天官书》曰："玄武，虚、危，主宫室。"

《大戴记》曰：周时德泽和洽，蒿茂大，以为宫柱，名为蒿宫。

《毛诗》曰：定之方中，作为楚宫；揆之以日，作为楚室。

又曰：鼓钟于宫，声闻于外。

《易》曰：上古穴居而野处，后世圣人易之以宫室，上栋下宇，以待风雨。盖取诸《大壮》。

《左传》曰：襄公作楚宫，穆叔曰：《太誓》云：'人之所欲，天必从之。'君欲楚夫，故作其宫，若君不复适楚，必死是宫也。"六月，公薨于楚宫。

又曰：晋成虒祁之宫，又成铜鞮之宫数里。

《论语》曰：禹卑宫室而尽力乎沟洫。禹，吾无简然矣。

《史记》曰：驺子之燕，昭王拥彗先驱，请列弟子坐而受业。筑碣石宫，亲往师之。

又曰：秦始皇造阿房宫，征发天下工匠。

又曰：秦始皇所居之宫有祈年宫、长信宫、梁山宫。

又曰：戎使由余于秦，秦缪公示以宫室积聚，由余曰："使鬼为之，则劳神矣。使人为之，亦苦民矣。"

又曰：项羽屠咸阳，焚其宫室，三月火不灭。

又曰：卢生说始皇曰："人主为微行，所居而人知之，则害于神。愿上居无令人知，则不死之药，殆可得也。"乃命咸阳之旁三百里内宫观二百七十复道甬道相连，帷帐钟鼓美人充之，所幸，有言其处者，死。始皇幸梁山宫，望见丞相骑众，不善之，中人以告丞相，损车骑。始皇怒曰："此中人泄吾语。"捕时在旁者，斩之。自是莫知所在，决事悉于咸阳宫。

又曰：始皇二十七年，作长信宫于渭南。通骊山，作甘泉前殿。筑甬道，自咸阳属之。筑墙垣如街巷。

又曰：汉武帝时，河决。天子自临决河，沈白马玉璧，作《瓠子歌》。于是筑宫其上，名曰宣房宫。

又曰：樗里子卒，葬于渭南章台之东。曰："后百岁，是当有天子之宫夹我墓。"樗里疾室在于昭王庙西渭南阴乡樗里，故俗谓之樗里子。至汉兴，长乐宫在其东，未央宫在其西，武库正值其墓。秦人谚曰："力则任鄙，智则樗里。"

《汉书》曰：汉八年，萧丞相营作未央宫，立东阙、北阙、苍龙，玄虎，二阙。前殿、武库、大仓。高祖还，见宫阙壮丽，甚怒，曰："天下方未定，何治宫室过度也！"何曰："非壮非丽，无以威四夷，且令后世无以加也。"

又曰：初，江充召见犬台宫，晋灼曰：黄图上林有走狗观也。古曰今书本犬台有作太台，字者误也。汉无太台宫也。自请愿以所常被服冠见上，上许之。充为人魁岸，容貌甚壮。帝望见而异之，谓左右曰："燕赵固多奇士。"既至前，问以当世政事，上悦之。

又曰：武帝六年冬，行幸回中。春，作首山宫。

又曰：上幸不其，祠神人于交门宫，若有向坐拜者。作《交门之歌》。

又曰：幸河东之明年正月，凤凰集祋祤，于所集处得玉宝，起步寿宫。

又曰：栢梁灾，越巫勇之乃曰："越俗，有火灾，又起屋，必以大，用胜服之。"于是起建章宫，为千门万户。

又曰：梁孝王，吴、楚破，梁最亲，有功。又为大国，居天下膏腴，北界泰山，西至高阳，四十余城，多大县。孝王，太后少子，爱之，赏赐不可胜道。于是孝王筑东苑，方三百余里，广睢阳城七十里，大治宫室，为复道，宫连属于平台四十余里。如淳曰：在梁东北离宫所在。晋灼曰：或说在城中东北角。得赐天子旌旗，从千乘万骑，出警入跸，拟于天子。

又曰：孝武作建章宫，为千门万户。有凤凰阙，高二十余丈，中有蓬莱、方丈、瀛洲、壶梁，象海中神山。南有玉堂璧门大鸟之属。立神明台、井幹楼，度高五十余丈，辇道相属焉。

又曰：秦起咸阳而西至雍，离宫三百，师古曰：凡言离宫者皆谓于别处置之，非常所居也。钟鼓帷帐，不移而具。又为阿房之殿，高数十仞，师古曰：阿房者，言殿之四阿皆房也。一说，大陵曰阿，言其殿高若于阿，上为房也。房，次王作旁说云。始皇作四十殿，未有名，以其去咸阳近，且号阿旁。阿，近也。八尺曰仞也。东西五里，南北千步，从车罗骑四马驰骛，旌旗不挠。师古曰：挠，屈也。言庭之广大，殿之高敞，众骑驰骛无所触。建立旗旌，不屈挠。为宫室之丽至于此，使其后世曾不得聚庐而托处焉。

又曰：邹阳谏吴王曰："臣闻秦倚曲台之宫，应劭曰：始皇帝所治处也。若汉家未央宫也。悬衡天下，服虔曰：关西为衡。应劭曰：衡，平也。如淳曰：衡，犹称也，言其悬法度于其上也。师古曰：此说秦自以为威力强固，非论平法也。下又言陈胜连从兵之据，则是说从横之事耳。服释是也。画地而不犯，师古曰：画地不犯者，法制之行。兵加胡越；至其晚节末路，张耳、陈胜连从兵之据，师古曰：从音子容切。以叩函谷，咸阳遂危。师古曰：叩，击也。何则？列郡不相亲，万室不相救也？"

又曰：后元二年，幸盩厔，作五柞宫。张晏曰：有五柞树，因以名。

又曰：甘露二年，幸萯阳宫。在鄠，萯音倍。

《后汉书》曰：永平三年夏旱，而大起北宫，锺离意诣阙免冠上疏曰："伏见陛下以天时小旱，忧念元元，降避正殿，躬自克责，而比日密云，遂无大润，岂政有未得应天心者邪？昔成汤遭旱，以六事自责曰：'政不节邪？使人疾邪？宫室荣邪？女谒盛邪？苞苴行邪？谗夫昌邪？'窃见北宫大作，人失农时，此所谓宫室荣也。自古非患宫室小狭，但患人不安宁。宜且罢止，以应天心。臣意以匹夫之才，无有重行能，久食重禄，擢备近臣，比受厚赐，喜惧相半，不胜愚戆征营，征营，不自安也。罪当万死。”帝策诏报曰：“汤引六事，咎在一人。其冠履，勿谢。比上天降旱，密云数会，朕戚然惭惧，思获嘉应。故分布祷请，闚候风云，北祈明堂，南设雩场。明堂在洛阳城南，言北祈者，盖时修雩场在明堂之南也。今又敕大匠止作诸宫，减省不急，庶消灾谴。”诏因谢公卿百僚，遂应时澍雨。

又曰：东平王苍薨，元和三年，东巡狩，幸东平宫，追念苍，谓其诸子曰：“思其人，至其乡，其处在，其人亡。”因泣下沾襟。

《魏志》曰：帝营作许昌宫，杨阜谏曰：“尧尚茅茨而万国安，禹卑宫室，而天下乐。桀作璇室象廊，纣为倾宫鹿台，皆丧社稷也。”

《吴志》曰：后主二年六月，起新宫于大初之东，制度尤广。二千石已下，皆自入山督摄伐木。又坏诸地大开苑囿，起土山作楼观，加饰珠玉，制以奇名，右临硎，左弯碕。又开城北渠引后湖水。激流入宫内，巡绕堂殿。穷极伎巧，功费万计。

又曰：赤乌十年春二月，适南宫。三月，改作大初宫，诏移武昌材瓦。有司奏：“武昌宫作已二十八年，恐不堪用，宜别更置。”帝曰：“大禹卑宫室为美。今军事未已，所在多赋，妨损农业。且建业宫乃朕从京来作府舍耳，材柱率细，年月久远，恐朽坏，今武昌宫材木自可用缮之。”

《晋书》曰：尚书仆射谢安石以宫室朽坏，启作新宫。帝权出居会稽王第。二月，始兴功，内外日役六千人。安与大匠毛安之决意修定，皆仰摸玄象，体合辰极，并新制置省阁堂宇名署。时正构太极殿欠一梁，有梅木流至石头，石头津主启闻，取用之。因画花于梁上，以表瑞焉。又起朱雀重楼，皆绣栭藻井，门开三道，上重名朱雀观。观下门上有铜雀悬楣上，刻木为龙虎，左右相对。

王隐《晋书》曰：高堂隆刻邺宫屋材云：“后若干年，当有天子居此宫。”惠帝止邺宫，治屋土剥更屋，始见刻字，计年正合时。

《载记》曰：石勒欲营邺宫，先是廷尉续咸谏止之。及是霖雨，中山西北暴水，流漂巨木百余万根，集于堂阳。勒大悦，谓公卿曰：“诸卿知否？此非为灾，天意欲吾营都矣。”于是营之，勒亲定规模。

又曰：刘曜命起酆明观，立西宫，建凌霄楼于滈池。侍中乔豫、和苞上疏曰：“臣闻人主之兴作也，上准乾象，俯顺人时，是以卫文承乱亡之后，宗庙流漂无所，而犹上宪营室作为楚宫。故能上兴康叔、武公之迹，延九百之庆也。今奉诏书将营酆明观，市道刍荛咸非之，曰一观之费足以平凉州矣。又奉敕旨复欲拟阿房而建西宫，模琼楼而建凌霄，以此功费亦可以吞吴、蜀，剪齐、魏矣。”书奏，曜大悦。

《宋书》曰：少帝以石头城为长乐宫，东府城为未央宫。

《齐书》曰：高祖永明元年秋七月，车驾幸青溪旧宫，设金石乐，在位者赋诗。

《唐书》曰：东都平，太宗入观隋氏宫室，嗟后主罄人力以逞奢侈。薛收进曰：“峻宇雕墙，殷辛以灭；土阶茅栋，唐尧以昌。秦帝增阿房之饰，汉后罢露台之费，故汉祚延而秦祸速，自古如此。土崩瓦解，取讥后代，良以奢虐所致。”太宗悦其对。

又曰：高祖尝避暑于仁智宫。

又曰：阎立德受诏造翠微宫及玉华宫，咸称旨，赏赐甚厚。

又曰：太宗将幸九成宫，姚思廉谏曰：“离宫游幸，秦皇、汉武之事，固非尧、舜、禹、汤之所为也。”言甚切至，太宗纳之。

《西京杂记》曰：赵王如意年幼，未能亲就外傅，戚姬使旧赵内傅赵媪傅之，号其室为养德宫。

又曰：五柞宫有五柞树，皆连抱，上枝覆荫数十亩。其西有青桐观，观有三梧桐树，树下石骐麟二枚，刊其胁为文字，是秦始皇郦山墓上物也。头高一丈三尺，东边者前左脚折，折处有赤如血。父老谓其有神，皆含血而属筋焉。

《帝王世纪》曰：纣作倾宫，七年乃成，大十里，高十丈。

又曰：尧有贰宫。

《汉武故事》曰：上起明光宫，发燕、赵美女二千人充之。取年十五已上、二十已下，满四十者出嫁。掖庭令总其籍，时有死出者隋补之，凡诸宫美人可有七八千。建章、未央、长乐三宫皆辇道相属，悬栋飞阁，不由径路。

《六韬》曰：殷君喜治宫室七十三所。大宫百里，宫中九市。

《列仙传》曰：钩弋夫人，齐人，病六年，右手拳。望气者云："东方有贵人气。"推而得之。召到，姿色甚伟，帝披其手，得一玉钩，而手寻展。故名其宫为钩翼宫。

《十洲记》曰：方丈山上有玄琉璃宫。

《博物志》曰：夏桀之时，为长夜宫于深谷之中，男女杂处，三旬不出听政。其后大风飘沙，一夕填此宫谷。

《邺中记》曰：石虎在时，自襄国至邺二百里中，四十里辄立一宫，宫有一夫人，侍婢数十，黄门宿卫，石虎下辇即止。凡虎所起，内外大小殿、台、观、行、宫四十四所。

《郡国志》曰：武帝游五柞宫，欲广，上林令谯隆谏曰："尧、舜至治广德，不务苑囿。"帝初不悦，后拜为中郎。

《墨子》曰：上古之人，未知为宫室，就陵而居处，下润伤民，故圣人作，为宫室。宫室之法，高足以避润湿，中足以御风寒，上足以待霜雪，墙高足以别男女，故以便生，不以为乐也。今之为宫室，必厚敛百姓，暴夺民财，为曲直之室，青黄刻镂之饰，故国贫而人难诉也。

《管子》曰：黄帝有合宫以听政。

《穆天子传》曰：天子升于昆仑之丘，以观黄帝之宫。

《越绝书》曰：美女宫，周五百九十步。土城者，勾践所习教美女西施、郑旦宫室。

《方言》曰：吴有馆娃之宫。

《列子》曰：周穆王时，西域国有化人来，王执化人之袪，腾而上天。暨及化人之宫，化人之宫，构以金银，络以珠玉，出云雨之上，实为清都紫微也。

《孟子》曰：齐宣王见孟子于雪宫。

《吕氏春秋》曰：武王胜殷，靖箕子之宫也。

《神异经》曰：东方有宫，青石为墙，高三仞，左右阙高百尺，画以五色，门有银榜，以青石碧镂，题曰天地长男之宫。西方有宫，白石为墙，五色玄黄门，有金榜而银镂，题曰天地少女之宫。中央有宫，以金为墙，阙有金榜以银镂，题曰天皇之宫。南方有宫，以赤石为墙，赤铜为门，阙有银榜，曰天地中女之宫。北方有宫，以黑石为墙，题曰天地中男之宫。东南有宫，以黄石为墙，以黄榜碧镂，题曰天地少男之宫。西南有宫，以黄铜为墙，题曰地皇之宫。

《十洲记》曰：青丘山上有紫宫，天真仙女多游于此。

又曰：方丈山有琉璃宫。

《纪年》曰：穆王所居，郑宫春宫。

《说苑》曰：楚使使聘齐。齐王享之梧宫，使者曰："大哉梧乎！"王曰："江海之鱼吞舟，况大国之树。"

《三辅故事》曰：桂宫周匝十里，有光明殿、走狗台，土山复道横北庭，从宫中西上城至神明台。

《三辅黄图》曰：有夜光宫、望远宫、昭台宫、蒲桃宫、棠梨宫、萯阳宫、长平宫、五柞宫。

《汉宫阙名》曰：长安有长乐宫、未央宫、长门宫、鼓篁宫、承光宫、宜春宫、池阳宫、长平宫、黄山宫、望仙宫、长杨宫、集灵宫、延寿宫、祈年宫、通天宫、駮娑宫、沛宫、林光宫、甘泉宫、龙泉宫、首山宫、交门宫、明光宫、五柞宫、万岁宫、竹宫、寿宫、建章宫、太一宫、思子宫、见《汉书》，长乐等宫，或在京师，或在外郡，或帝王所居，或祀祠所在，或因事以置。夜光宫、棠梨宫、扶荔宫见《三辅莫图》、桂宫见《三辅故事》、鼎湖宫、谷口宫。

《魏略》曰：大秦国城中有五宫，相去各十里，宫室皆以水精为梱，食器亦然。

《郡国志》曰：金河府摩磷宫北二十里有石殿一，飞桥向岸，画以古贤哲士，太常卿蒋少游制。太和五年，文明太后来幸，钓得鲤鱼一双，长三尺，以黄金锁穿鳃，放于池中。后皆长五尺，沉泛相随。正光元年五月五日，天清气爽，闻池内锵锵声，水中惊沸，须臾，雷电海冥，有气五道自池中属于天，久之乃灭，波止水定，唯见一鱼化为龙矣。

又曰：秦川宫，昔非子到秦，于此筑宫室。

又曰：庐山有三宫，上宫在悬崖之表，人所不及；次宫在山岩下，两边有阴阳沟，有石羊马，夹道相对；下宫在彭蠡湖际。

《隋图经》曰：大业十六年，自江都还洛阳，敕于汾州北临汾水起汾阳宫，即管涔山汾河源所出之处。当盛暑之时，临河盥漱，即凉风凛然如八九月，其北多雨，经夏罕有晴日，一日之中，倏忽而雨，倏忽而晴，晴雨未曾经日。虽高岭千仞，岭上居人掘地深二三尺，即得清泉用之。

《寿春图经》曰：十宫，在县北五里长阜苑内，依林傍涧，疏迴跨屺，随地形置焉。并隋炀帝立也，曰归雁宫、回流宫、九里宫、松林宫、枫林宫、大雷宫、小雷宫、春草宫、九华宫、光汾宫，是曰十宫。

《西京记》曰：通义坊，唐高祖龙潜旧宅，武德元年以为通义宫。六年，高祖临幸，大宴群臣，引见邻里父老，班赐有差。贞观元年，立为兴圣尼寺焉。

又曰：大明宫，南接京城之北面，西接京城之东北隅。初，高宗尝患风痹，以宫内湫湿，屋宇拥蔽，乃于此置宫。司农少卿梁孝仁充使制造。北据高冈，南望爽垲，视终南如指掌，坊市俯而可窥。

《东京记》曰：上阳宫，在皇城西南东苑，前苑东垂，南临洛水，西亘谷水。上元中，韦机充使所造。列岸修廊连亘，掘地，得铜器似盆而浅，中有隐起双鲤之状，鱼间有四篆字曰："长宜子孙"。时人以为李氏再兴之符。高宗末年，常居此宫以听政也。

《两京记》曰：上阳宫西有西上阳宫，两宫夹谷水，虹桥架空，以通往来。

《楚辞》曰：鱼鳞屋兮龙堂，紫贝阙兮珠宫。

太平御览卷第一百七十四 居处部二

室

《说文》曰：室，实也。

《释名》曰：室，实也；物满实其中也。

《毛诗》曰：《斯干》，宣王考室也。"筑室百堵，西南其户。"

又曰：如彼筑室于道谋，是用不溃于成。郑《笺》云：如当路筑室，得人而与之谋所为，路人之意不同，故不得成。

又曰：彼姝者子，在我室兮。

又曰：宛其死矣，他人入室。

《尚书》曰：若考作室，既厎法，厥子乃不肯堂，矧肯构？

《周礼·冬官·匠人》曰：内有九室，九嫔居之。外有九室，九卿居之。

《礼记·檀弓下》曰：晋献赵文子成室，晋大夫发焉。文子，赵武也。作室成，晋君献之，谓贺也。诸大夫亦发礼以往也。长老曰："美哉轮焉！美哉奂焉！歌于斯，哭于斯，聚国旋于斯。"文子曰："武也。得歌于斯，哭于斯，是全要领以从先大夫于九原也。"北面再拜稽首。

又曰：室中不翔。

又曰：儒有一亩之宫，环堵之室。

《左传·襄十五年》：宋向戌来聘，见孟献子，尤其室，曰："子有令闻，而美其室，非所望也。"对曰："我在晋，吾兄为之，毁之重劳，且不敢间。"

又曰：郑伯有嗜酒，为窟室，而夜饮酒，击钟焉，朝至未巳，朝者曰："公焉在？"其人曰："吾公在壑谷。"壑谷窟室。

又曰：吴公子光伏甲于窟室而享王。掘地为室。

又曰：怒于室而色于市。

《论语》曰：子游为武城宰，子曰："汝得人焉耳乎？"曰："有澹台灭明者，行不由径，非公事，未尝至于偃之室也。"澹台灭明者，孔子弟子，子游之同门也，修身正行，公事乃肯来我室，得与之语耳，非公事不肯来。言无私谒。

《国语》曰：智襄子为室美，士茁夕焉。智伯曰："室美夫！"对曰："美则美矣，抑臣亦有惧也。"襄子曰："何惧？"对曰："臣以秉笔事君，记曰：'高山峻原，不生草木；松柏之地，其土不植。'臣惧其不安人也。"室成，三年而智氏亡。《说苑》同。

又曰：赵文子为室，斫其椽而砻之。张老夕焉而见之，不谒而归。文子驾而往，曰："吾不善，子亦告我，何其速也？"对曰："天子之室，斫其椽而砻之，加密石焉；诸侯砻之；大夫斫之；士首之，首之，斫其首也。备其物，义也，从其等，礼也。今子贵而忘义，富而忘礼，吾惧不免，何以敢告。"文子归，勿令砻也！"

《春秋繁露》曰：广室多阴，远天地之和也，故圣人弗为。

《汉书》曰：文帝征贾谊入见，上方受厘，坐宣室，因感鬼神事，与谊言之。

又曰：武帝为窦太主置酒宣室，使谒者引内董君。是时东方朔陛戟殿下，辟戟而前曰："董偃斩罪三，安得入乎？"上曰："何谓也？"朔曰："偃以人臣，私侍公主，其罪一也。败男女之化，而乱婚姻之礼，伤王制，其罪二也。陛下富于春秋，积思于六经，留神于王事，驰骛于唐、虞，折节于三代。偃不遵经劝学，反以靡丽为右，奢侈为务，尽狗马之乐，极耳目之欲，行邪狂之道，经淫辟之路，是乃国家之大贼，人主之大蜮。师古曰：蜮，魅也。音或。说者以为短狐，非也。短狐射工用于此不当其义，今俗犹言魅蜮也。偃为淫首，其罪三也。"上默然不应，良久曰："吾业已设饮，后而自改。"朔曰："不可。夫宣室者，先帝之正处也，非法度之政不得入焉。故淫乱之渐，其变为篡，是以竖貂为淫而易牙作患，庆父死而鲁国全，管、蔡诛而周室安。"上曰："善。"有诏止，更置酒北宫，引董君从东司马门入。更名东交门。苏林曰：以偃从北门入，交会于内，故名之也。赐朔黄金三十斤。董君之宠由是日衰。

又《霍光传》曰：盖主等奏废光，光闻，止画室中不敢入。帝召入，慰勉之。注：画室，近臣计画之室。师古曰：雕画之室也。

又曰：孔光凡典枢机十余年，守法度，修故事。上有所问，据经法以心所安而对，不希旨苟合；如或不从，不敢强谏争，以是久而安。时有所言，辄削草稿，以为章主之过，以奸忠直，人臣大罪也。师古曰：奸，求也。奸忠直之名也。奸音干也。有所荐举，唯恐其人之闻知。沐日归休，兄弟妻子燕语，终不及朝省政事。或问光："温室省中树皆何木也？"晋灼曰：长乐宫中有温文殿。光嘿不应，更答以他语，其不泄如是。

又曰：京房所言屡中，天子悦之，数召见问，房对曰："古帝王以功举贤，即万化成，瑞应著。末世以毁誉取人，故功业废而致灾异。宜令百官各试其功，灾异可息。"诏使房作其事，房奏考功课吏法。上令公卿朝臣与房会议温室，皆以房言烦碎，上下相司，不可许。上意乡之。时部刺史奏事京师，上召见诸刺史，令房晓以课事，刺史复以为不可行，唯御史大夫郑弘、光禄大夫周堪初言不可，后善之。

汉三年，魏王豹叛汉附楚，汉使大将韩信击，虏豹。薄姬内人传诣洛阳织室。汉王见薄姬，内后宫，幸之，生文帝。

《后汉书》曰：祭彤为太仆。从东巡狩，过鲁，坐孔子讲堂，顾指子路室谓左右曰："此太仆之室。太仆，吾之御侮也。"

又曰：袁闳见时险乱，而家门富盛，常对兄弟叹曰："吾先公福祚，后代不能以德守之，竞为骄奢，与乱代争权，此即晋之三郤矣。"延嘉末，党事将作，遂散发绝世，欲投迹深林。以母老不宜远遁，乃筑土室，四周于庭，不为户，自牖纳饮食。东向拜母。母思闳，时往就视，母去，便自掩闭，兄弟妻子莫得见也。及母殁，不为制服设位，时莫能名，或以狂生目之。潜身十八年，黄巾贼起，攻没郡县，百姓惊散，闳诵经不移。贼相约语不入其间。乡人就闳避难，皆得全免。年五十七，卒于土室。

又曰：马援之攻五溪蛮，初军至下隽，有两道可入，从壶头侧路近而水险，壶头，山名也。在今辰州沅陵县东。《武陵记》此山与东海方壶山相似，因名壶头。从充则涂夷而运远，充县，属武陵郡。帝初以为疑。及军至，耿舒欲从充道，援以为弃日费粮，不如进壶头，扼其喉咽，蛮贼自破。以事上之，帝从援策。三月，进营壶头。贼乘高守隘，船不得上。会暑甚，士卒多疫死，援亦以中病，遂困，乃穿岸为室，以避炎气。《武陵记》曰：壶头山旁有石窟，援所穿室也。室内有蛇数百斛，以大云是援之馀灵耳。贼每乘险鼓噪，援曳足以观之，左右哀其壮意，莫不为流涕。

谢承《后汉书》曰：陈蕃家居，不好扫室。宾客存之者或曰："可一扫乎？"蕃曰："丈夫当为国家扫除天下，岂徒室中！"

《晋书》曰：嵇含，字君道。祖嘉，徐州刺史。父蕃，太子舍人。含好学，能属文。家在巩县亳丘，自号亳丘子，署其门曰归厚之门，室曰慎终之室。

《宋书》曰：武帝六年五月，初置阴室于覆舟山，备藏冰也。

《唐书》曰：太子承乾，盛农之时营造曲室，累月不止。左庶子于志宁切谏，不从。

《家语》曰：鲁有独处室者，邻之嫠妇亦独处室。夜暴风雨，室坏，趋而托之，鲁人闭户不受。

《三辅黄图》曰：明堂有十二室，法十二月。

杨龙骧《洛阳记》曰：显阳殿北有避雷室，西有御龙室。

《神异经》曰：西北荒有石室，有百二十人同居，齐寿千二百岁。

《十洲记》曰：昆仑山上有琼华之室。

《淮南子》曰：西方有金室。

《列仙传》曰：彭祖，殷大夫也。历夏至商末，号七百岁。历阳有彭祖仙室。

《汉宫殿名》曰：神明台，武帝造。高五丈，上有九室，今人谓之九天台。武帝求神仙，恒置九天道士百人。

《洛阳宫室名》曰：洛阳有望舒凉室、含章鞠室、清暑凉室。

《老子》曰：凿户牖以为室，当其无，有室之用。

《管子》曰：尧有衢室之问者，下听于民也。事具帝王部。

《晏子》曰：景公谓晏子曰："寡人欲朝夕相见，为夫子筑室于闺内，可乎？"对曰："臣闻之，隐而显，近而结，唯至贤耳。如臣者，饰其容止待令，犹恐罪戾也。今君近之，是远之也。"

又曰：景公问晏子曰："吾欲服圣王之服，居圣王之室，如此则诸侯其至乎？"对曰："法其节俭则可，法其服室无益也。"

《拾遗录》曰：老君居反景之室，日与世人绝迹。

又曰：燕昭王坐祇明之室，升于泉昭之馆，常有白凤、白鸾递集其间。

《列子》曰：虚室生白。张湛注云：夫视有若虚者，虚室而纯白独生。

《庄子》曰：原宪居圜堵之室，蓬户不完，桑以为枢，瓮以为牖，上漏下湿，匡坐而弦歌。

《尸子》曰：厚积不登高台，不处大室；高台多伤，大室多阴，故皆不居。

《吕氏春秋》曰：高元作室。

又曰：齐宣王为大室，大盖百亩，堂上三百户。三年而未成，群臣莫敢谏。

《淮南子》曰：高阳魋将为室，问匠人。匠人对曰："未可也。木尚生，加涂其木，必将挠。以生材任重涂，今虽成，后必将败。"高阳魋曰："不然。夫木枯则益劲涂，干则益轻。以劲材任轻涂，今虽恶，后必善。"匠人穷辞，无以对，受命而为之室。其始成，竘然善也，而后果败。

又曰：昆仑有璇室。

又曰：有石城金室。

又曰：古者民泽处腹穴，凿岩岸之腹以为密室。冬日则不胜雪霜雾露，夏日则不胜暑热蚊虻。圣人乃作，为之筑土构木，以为室屋，上栋下宇，以蔽风雨，以避寒暑，百姓安之。

《盐铁论》曰：匈奴织柳为室，旃席为盖。

《说苑》曰：延陵季子游于晋，曰："吾入其都，新室恶，故室美；故墙高，新墙庳，是以知民力屈也。"

又曰：一室之中，有王道焉，父母之谓也。故君正则百姓治，父母平则子孙孝慈。是以孔子家儿不知詈。所以然者，生而见善教也。

《新序》曰：鲁哀公为室而大，公仪子谏曰："室大，众与人处则哗，少与人处则悲，愿公适之也。"曰："闻命矣。"筑室者不辍。明日，又谏："国小室大，百姓必怨吾君，诸侯闻之，必轻吾国。"公曰："闻命矣。"筑室不辍。明日，又谏曰："左昭右穆，为室而大，以临二先君，无乃害于孝乎！"于是哀公毁室而止。

《风俗通》曰：《论语》："夫子宫墙数仞。"《礼记》："季武子入宫不敢哭。"由是言之，宫室一也。秦以来，尊者以为常号，乃避之耳。室也，实。《弟子职》曰："室中握手。"《论语》曰："譬如墙。"由此言之，宫其外，室其内也。

《楚辞》曰：砥室翠翘，挂曲琼些。言卧内之室，以砥为壁，干而滑泽，以翠鸟之羽雕饰王钩以经衣。曲琼，玉钩也。

又曰：凿山楹而为室，下披衣于水渚。雾濛濛其晨降兮，云裴斐而承宇。

又曰：网户朱缀刻方连，冬有奥突夏室寒。奥，复室。夏，大室。事具居处部。

又曰：筑室兮水中，葺之以荷盖。

又曰：像设君室静闲安，高堂邃宇槛层轩。

潘岳《狭室赋》曰："伊余馆之褊狭，良穷弊而极微。"

李尤《室铭》曰：室以安宁，寝息幽闲。室塞空隙，遮遏风寒。无曰寂寞，屋漏昭然。

太平御览卷第一百七十五 居处部三

殿

《说文》曰：殿，堂之高大者也。

《释名》曰：殿，典也。

挚虞《决疑要注》曰：凡太极殿乃有陛，堂则有阶无陛也。右墄左平，平者以文砖相亚次，墄者为陛级也。九锡之礼，纳陛以登，谓受此陛以上殿。堂之正者为路寝。凡殿堂坐位，以近尊为上，无尊者则已；东向者以北为上，南向者以西为上，西向者以南为上，北向者以东为上也。殿堂之上，唯天子居床，其余皆铺幅席，席前设筵。几天子之殿，东西九筵，南北七筵。

《史记》秦始皇以咸阳人多，先王之宫宇迂小，乃营作朝宫渭南楚苑中。先作前殿阿房，东西五百步，南北五十丈，上可以坐万人，下可以建五丈之旗。周旋为阁道，自殿下直指南山。表南山之巅以为阙。为复道，自阿房渡渭，属之咸阳。

《汉书》曰：宣帝幸河东之明年，凤凰集上林，乃作凤凰殿，以答嘉瑞。事具祥瑞部《凤凰》篇。

《后汉书》曰：《董卓传》云：建安元年七月，帝还至洛阳，幸杨安殿。张杨以为己功，故因以"杨"为名殿。

范晔《后汉书》曰：中平三年，复修玉堂殿。

《东观汉记》曰：明帝欲起北宫，尚书仆射锺离意上书谏，出为鲁相。后起德阳殿，殿成，百官大会。上谓公卿曰："锺离尚书若在，不得成此殿。"

《魏志·明纪》云：青龙三年丁巳，行还洛阳宫，命有司复崇华殿，改名九龙殿。又《高堂隆传》云：帝遂复崇华殿，时郡国有龙九见，故改曰九龙殿。

又《张辽传》曰：文帝引辽会建始殿，亲问破吴贼意状，帝叹息顾左右曰："此亦古之邵虎也。"为起殿舍，又特为辽母作殿。

《晋书》曰：张骏霸西河，于姑臧起谦光殿，画以五色，饰以金玉，穷尽珍巧。四面各起一殿，东方曰宜阳青殿，南方曰朱阳赤殿，西方曰政德白殿，北方曰玄武黑殿。各同方色，各以时居之。

《晋载记》曰：石虎于襄国起太武殿，于邺造东西宫，至是就。太武殿基高二丈八尺，以文石綷之，下穿伏室，置卫士五百人于其中，东西七十五步，南北六十五步。皆漆瓦金铛，银楹金柱，珠帘玉璧，穷极伎巧。又起灵台于显阳殿后，选士庶之女以充之。后庭服绮縠、奇玩者万余人，内置女官十有八等，教宫人星占及马步射。置女太史于灵台，仰视灾祥，以考外太史之虚实。

《魏》曰：青龙三年，起太极殿。

洛阳诸故宫，有却非殿、铜马殿、敬法殿、清凉殿、凤皇殿、嘉德殿、黄龙殿、寿安殿、竹殿。

《晋中兴书》曰：烈宗起清暑殿，谶者曰："清暑，反语楚声也。为殿以酸楚之声为号，非吉祥也。"有顷，烈宗崩，桓玄自号楚。

又：孝武帝造太极殿，郭璞筮云："二百一十年，此殿为奴所坏。"后梁武帝毁之，舍身为奴。

落享《燕书》曰：秋七月丁卯，营新殿。昌黎大棘城县河岸崩，出铁筑头一千一百七十四枚，永乐民郭陵见之，诣阙言状，以是日到。诏曰："经始崇殿，而筑具出，人神允协之应也"。

《赵书》曰：刘曜召构殿巧手三千人，发阳平等十郡车牛五千乘运土，筑建德殿台基。

《齐书·武穆裴皇后传》云：宠姬荀昭华居凤华柏殿。宫内御所居寿昌画殿南阁，置白鹭鼓吹二部。

又《魏虏传》云：虏主宏率众至寿阳，军中黑毡行殿，皆乌漆楯、乌漆槊，缀以黑虾蟆幡。登八公山，赋诗而去。

又《礼志》去：魏文修洛阳宫室，权都许昌，殿狭小，元日于城南立毡殿，青帷以为门。

又《萧赤斧子颖胄传》曰：建武中，荆州大风雨，龙入柏斋中，柱壁上有爪足处。刺史萧欣恐畏，不敢居之。颖胄改为嘉福殿。

《隋书·宇文恺传》云：时上北巡，恺造观风行殿，上容侍卫者数百人，离合为之，下施轮轴，推移倏忽，有若神功。戎狄见之，莫不惊骇。

唐太宗谓侍臣曰："今天下无事，四夷宾服，唯须守此成功，以养百姓。"因指殿而言曰："安百姓者如造此舍，经始斯毕，安可改移！若易一榱，增一瓦，人足竟践，良工挥墨，摇其梁栋，所坏益多。亦犹百姓既安，因而抚养，若慕奇功，变法制，不恒其德，必致劳扰。"

又曰：太宗谓侍臣曰："朕顷览《刘聪传》，聪将为刘后起鹍仪殿，廷尉陈元达谏，聪大怒，命斩之。刘后手疏，启请甚切，聪怒解而甚愧之。人之读书欲广闻见，然非知之难也。朕近于蓝田市木，将别为一殿，取制两仪，仍构重阁，其木已具，远想聪事，斯作遂止。"

又曰：高祖引苏世长宴于披香殿，世长酒酣奏曰："此隋炀帝之所作耶，何雕丽之若此？"高祖曰："卿好谏以直，其心实诈，岂不知此殿是吾所造，何须奸说疑炀帝乎？"对曰："臣实不知。但见倾宫、鹿台琉璃之瓦，并非受命帝王爱民节用之所为也。若是陛下作此，诚非所宜。臣昔在武功，幸获陪侍，见陛下宅宇，才蔽风霜，当彼时亦以为足。今自隋之侈，民不堪命，数归有道，而陛下得之，实谓惩其奢淫，不忘俭约。今初有天下，而于隋宫之内又加雕饰，欲拨其乱，宁可得乎？"高祖每优容之。

又曰：玄宗尝召张说及礼官学士等，赐宴于集仙殿。上谓说曰："今与卿等贤才同宴于此，宜改殿为集贤殿。"因下制，改丽正书院为集贤殿书院。

又曰：丽正殿，高宗降诞之所。开元中，缮写图籍贮之。

《洛阳宫殿簿》有明光殿。《三秦记》云：明光殿在桂宫中，皆以金玉珠玑为帘，昼夜光明。

太冲《吴都赋》云：饰赤乌之韡韡是也。

《三辅宫殿名》曰：未央宫有骐驎殿、椒房殿。

又曰：长乐宫前殿、宣德殿、通光殿、高明殿。

《汉宫殿名》曰：长安有临华殿、神仙殿、高门殿、朱鸟殿、曾城殿、宣室殿、承明殿、凤皇殿、飞云殿、昭阳殿、鸳鸯殿、钓台殿、合欢殿、萧何殿、曹参殿、韩信殿。

《成都记》曰：隋蜀王秀常造一殿，飞鸟不止其上。

戴延之《西征记》曰：太极殿上有金井阑、金博山、鹿卢，蛟龙负山于井上，又有金狮子，在龙下。

伏滔《北征记》曰：梁城东有韩冯墓，去城三里。青兰殿是宋王行殿。

山谦之《丹阳记》曰：太极殿，周制路寝也。秦、汉曰前殿，今称太极曰前殿，洛宫之号始自魏。案《史记》，秦皇改命宫为庙，以拟太极。魏号正殿为太极，盖采其义而加以太，亦犹汉夏门魏加曰太夏耳。咸康中，散骑侍郎庾阐议求改太为泰，盖谬矣。东西堂亦魏制，于周小寝也。皇后正殿曰显阳，东曰含章，西曰徽音，又洛宫之旧也。含章名起后汉，显阳、徽音亦起魏，曰明阳，晋避文帝讳改为此。周礼亦有路寝、小寝，又其制度也。

《登真隐诀》云：寥阳殿、太和殿，皆云玉清宫中殿名。

《二京杂记》曰：汉成帝设云帐、云幄、幕于甘泉紫殿，谓之三云殿。

《汉官典职》曰：德阳殿周旋容万人，激洛水于殿下。

《郡国志》曰：秦州上邽县北十六里有无疆古殿基，后魏太武筑也。

王子年《拾遗记》曰：汉成帝造飞行殿，方丈如今之辇，选期门、羽林之士负之而趋，一名云雷宫。

《两京记》曰：东京五殿，阴殿也。壁厚五丈，高九十尺，东西房廊皆五十余间，西院有厨，东院有教坊、内库。高宗常御此殿。

又曰：流杯殿东西廊、殿南头两边皆有亭子以间山池。此殿上作漆渠九曲，从陶光园引水入渠，隋炀帝常于此为曲水之饮，在东都。

又曰：含元殿陛土高于平地四十余丈，南去丹凤门四百步。

王文考《鲁灵光殿赋序》曰：鲁灵光殿者，盖汉景帝程姬之子恭王余之所立也。初恭王始都下国，好治宫室，遂因鲁僖基兆而营焉。遭汉中微，盗贼奔突，自西京未央、建章之殿皆见堕坏，而灵光岿然独存，意者岂非神明依凭支持，以保汉室者耶？然其规矩制度上应星宿，亦所以永安也。

《晋宫阁名》曰：太极殿十二间：徽行殿、显阳殿、晖章殿、含章殿、建始殿、仁寿殿、百福殿、清暑殿、章华殿、嘉福殿、宣光殿、修明殿、嘉乐殿、芙蓉殿、崇光殿、华光殿、蔬圃殿、华德殿、九华殿右五殿在华林园。章阳殿、百儿殿、芳德殿、灵光殿、承光殿、永宁殿、景福殿、延休殿、百子殿、虞清殿、渊冥殿、安昌殿。

《建康宫殿簿》云：林光殿，在县东北十里潮沟村覆舟山前，晋以为药园。

又云：陈永初中，于台城中起昭德、嘉德、寿安、乾明、有觉等殿。

又云：光严殿，在县东北六里景阳山东。岭南起重云、光严二殿。前为两楼。

又云：梁于台城中立曾城观。观历四代修理，更起重阁七间，上名重云殿，下名光严殿。

又云：太初宫中有神龙殿，去县三里。左太冲《吴都赋》云："抗神龙之华殿"是也。

又云：台城温德门内又起三善、长春、胜辩等殿。

又云：凤光殿，在县东北五里一百步旧台城内。

又云：宋于台城立正福、清曜等殿。

又云：台城中有丽谯阁、丽日殿、飞香三重阁。

又云：台城温德门内有永贞、温文、文思、寿安等殿。

《舆地志》云：未央后宫有鸳鸯、昭阳、飞翔、增地、合欢，兰林，披香、凤皇等八殿。

又云：丹阳郡建康县文德殿，梁武帝移张衡浑仪置此殿。

又云：洛阳有显阳殿，皇后正殿也。魏明所建。

又云：丹阳郡建康县台城华光殿，梁武帝大通中毁，施与草堂寺，人洗取朱货直百万，以其地起重阁七间。

又云：丹阳郡建康县台城宝云殿，梁武帝以施佛事。

又云：丹阳郡建康县台城惠轮殿，梁武帝以供养佛。

又云：洛阳昭阳殿，魏明所治，在太极之北，铸黄龙高四丈，凤皇二丈，置殿前。

又云：新安郡新治县西十里有太宰殿。晋武陵王晞为太宰，桓温诈言其反，徙新安。立第于此，葬第侧，后丧还都。今空冢在。

杨龙骧《洛城记》曰：显阳殿北有云气殿。

《洛阳宫殿簿》曰：明光殿、徽音殿、式乾殿、晖章殿、含章殿、建始殿、仁寿殿、嘉福殿、百福殿、芙蓉殿、九华殿、流圃殿、华光殿、崇光殿。

《建康宫阙簿》云：赤乌殿在县东北五里。吴昭明宫内制度上应星宿，亦所以永安也。

注《水经》曰：孔子庙东南去百步有双石阙，即灵光之南阙也。阙北百余步，即灵光殿基，东西二十丈，南北十二丈，高丈余。东西廊庑别舍，中间方七百余步。阙之东北有浴池，池方四十余步，池中有钩台方十步。池台之基岸悉石也，遗基尚整。故王延寿赋曰："周行数里，仰不见日者也。是汉景帝程姬子鲁恭王之所造也。殿之东南即泮宫也。在高门直北道西宫中，有台高八十尺，台南水东西一百步，南北六十步；台西水南北四百步，东西六十步。台池咸结石为之。"

太平御览卷第一百七十六 居处部四

堂

《说文》：堂，殿也。

《释名》曰：堂，犹堂堂；高显貌也。

《礼记》曰：堂上不趋，堂上接武，堂下布武。

又曰：将上堂，声必扬。

又曰：礼有以高为贵者，天子之堂九尺，诸侯七尺，大夫五尺，士三尺。

又曰：觐礼，天子不下堂而见诸侯。下堂而见诸侯，天子之失也，由夷王以下。

《尚书大传》曰：天子堂广九雉，诸侯七雉，伯、子、男五雉。雉，三尺也。

《续汉书》曰：中平二年，造万金堂于西园。

《三十国春秋·西凉传》曰：李暠于南门外临水起堂，名曰靖恭堂，以议朝政，阅武事。堂成，图赞自古明王忠臣、孝子贞女，暠自为序，以明鉴戒。文武群寮亦皆图焉。是月，白雀翔于靖恭堂，暠颂之。

《梁书》曰：高祖五年，改阅武堂为德阳堂，改听讼堂为议贤堂。

《后魏书》：任城王澄从高祖于观德殿，高祖曰："躬以观德。"次之凝闲堂，高祖曰："名要有义，此堂天子闲居之义。不可纵奢以忘俭，自安以忘危，故此堂后作茅茨堂。"谓李冲曰："此东曰步元庑，西曰游凯庑。此坐虽非唐尧之君，卿等当无愧于元、凯。"冲对曰："臣既遇唐尧之君，不敢辞元、凯之誉。"高祖曰："光景垂落，朕同宗则有载考之义，卿等将出无远，何得默尔？"示听德音。即命黄门郎崔光郷、郭雅、邢峦、崔休等赋诗言志。烛至，公卿辞，高祖曰："在夜载考，宗族之义。卿等且还，朕与诸王宗室欲成此夜饮。"

和苞《汉赵记》曰：刘聪嘉平三年，廷尉陈元达极谏，聪怒，将斩之。聪时幸逍遥园李中堂，元达抱堂下树叫曰："臣所言者，社稷之计。"聪免之。于是易李中堂为愧贤堂。

《北史》：齐文襄于邺东起山池游观。河涧王孝瑜遂于第作水堂龙舟，植幡矟于舟上，数集诸弟，宴射为乐。武成幸其第，见而悦之。故盛兴后园之玩习。于是贵贱慕效，处处营造。

又曰：若干惠事母以孝闻。周文尝造射堂，新成，与诸将宴射，惠窃叹曰："亲老矣。何时办此？"周文闻之，即日徙堂于惠宅。

《论衡》曰：王者之堂，墨子称尧舜堂高三尺，儒家以为卑下。假使之然，高三尺之堂，蓂荚生于阶下，须临堂察之，乃知荚数。夫起视堂下之荚，孰与悬日历于扆坐，顾辄见之也。

《风俗通》曰：殿堂象东井形，刻作荷菱。菱，水物也，所以厌火。

《晋宫阁名》曰：洛阳宫有则百堂、螽斯堂、休征堂、延禄堂、仁寿堂、绥福堂、含芳堂、乐日堂、椒华堂、芳音堂、显成堂、承先堂、五福堂、嘉宁堂。

《瑞应图》：帝琴堂前有二桔树连理，改琴堂为连理堂。

《华阳国志》曰：文翁立讲堂，作石室，一曰玉堂，在城南。永初后，堂遇火，太守更修立，又增二石室。

《虞氏家记》曰：虞潭为右卫将军，太夫人年高，求解职。被诏不听，特假百日，迎母东归。起堂养亲，亲集会，作诗言志。

《齐地记》曰：临淄城西门久有古讲堂，基柱犹存，齐宣王修文学处也。

《拾遗记》曰：董偃常卧延清之堂，设火齐屏风。

又曰：海人献龙膏，为灯于燕昭王，王坐通云之堂。

王子年《拾遗记》：汉武息于延凉室，卧梦李夫人授帝蘅芜之香，帝惊起，而香气犹著衣枕，历月不歇。帝弥思涕，及改延凉室为遗芬梦堂。

《襄沔记》：白马泉，每年刺史三月上旬于此泉起曲水流杯堂，引泉水为祓禊之所，临时构造，事竟毁除。其流杯堂本在垒城西。

《郡国志》：王屋县有孔子学堂，西南七里有石室，临大河，水势湍急，五里之间，寂无水声，如似听义。

又曰：齐桓公宫城西门外有讲堂，齐宣王立此学也，故称为稷下学。莒子如齐，盟于稷门，此也。

《宋永初山川古今记》：永康县缙云堂，黄帝练丹处。

又曰：费北有积弩堂。

《益州记》：文翁学堂，在城南。

《羊头山记》太学堂，洛阳南开阳门外，长十丈，广三丈。堂前石经四部，本碑凡四十八枚，西《尚书》、《周易》、《公羊》十六碑，南《礼记》五碑，东《论语》三碑，有谏议大夫马日磾碑，议郎蔡邕铭。

又曰：圣寿堂，石虎造。垂王佩八百，大、小镜二万枚，丁香末为泥油瓦；四面垂金铃一万枚，去邺三十里闻响。

《十洲记》曰：昆仑山有光碧之堂，西王母所居。

《郡国志》：鸡陂之侧，即春申君子假君之殿也。后太守居之，以数失火，故涂以雌黄，遂名黄堂。

《说苑》曰：圣人之于天下，譬如一堂之上也。今有满堂饮酒者，一人独累然向隅而泣，则一堂之人皆不乐矣。

《管子》曰：堂上远于百里，门廷远于万里。今步者一日百里之情通堂上，有事十日而君不闻。步者十日千里之情通堂下，有事一月而君不闻，步者百日万里之情通门庭，有事期年而君不闻。此谓远于万里也。

《汉武内传》曰：上元夫人言："西王母有六甲之术，用之可以游景云之宫，登流霞之堂。"

《汉武故事》曰：玉堂去地十二丈，基阶皆用玉。

《东京赋》：金华玉堂，白虎麒麟。

潘尼诗曰：鸾凤栖堂庑，不若翔寥廓。

《文选·天台山赋》：玉堂荫映乎高隅。

《楚辞》曰：鱼鳞屋兮龙堂。

古诗云：黄金为君门，白玉为君堂，庭中生桂树，华灯何煌煌！

堂皇附

《汉书》曰：坐堂皇上。室而无四壁，曰皇也。

《广雅》曰：堂皇，合殿也。

《洛阳记》曰：洛阳宫有桃间堂皇、杏间堂皇、柰间堂皇、竹间堂皇、李间堂皇、鱼梁堂皇、醴泉堂泉、百戏堂皇。

《晋宫阙名》曰：洛阳宫有水碓堂皇、择果堂皇。

陆机《四言诗序》曰：太子晏朝士于宣猷堂皇，遂命机赋诗。

楼

《尔雅》曰：狭而修曲曰楼。

《说文》曰：楼，重屋也；橑，泽中守草楼也。

《释名》曰：楼有户牖，诸孔娄娄然也。

《史记》曰：方士言武帝曰："黄帝为五城十二楼以候神人。"帝乃立神明台、井幹楼，高五十丈，辇道相属。

《汉书》曰：济南人公玉带上黄帝明堂图。图中有一殿，四面无壁，以茅盖，通水，水圜宫垣，为复道，上有楼，从西南入。盖楼之始也。

又《郊祀志》云：其南有玉堂，璧门大鸟之属，立神明台、井幹楼，高五十丈，辇道相属焉。颜师古注云：《汉宫阁疏》云："神台，高五十丈，上有九室。"

《东观汉记》云：公孙述造十层赤楼也。

《后汉书·张奂传》曰：初，奂为武威太守，其妻怀孕，梦带奂印绶登楼而歌。占者曰："必将生男，复临兹郡，命终此楼。"既而生子猛，以建安中为武威太守。杀刺史，州兵围之急，猛耻见擒，乃登楼自焚而死。

又曰：黄昌为郡守。陕县彭氏造高楼临道。昌行县，彭氏妇人辄升高楼而观，昌乃杀之。

《蜀志》曰：周群作小楼，多令奴更直台上视天灾，才有一气，即白群。群自上楼观之。

《晋书》曰：石崇作楼，令婢绿珠作歌舞于上。孙秀求绿珠不得。及崇被收，方在楼上，谓珠曰："我今为汝死矣。"珠乃坠楼而死。

又曰：于石头东城内起高楼，加累入于霄汉，连堞带于积水，署曰入汉楼。

《宋书》曰：大明元年五月壬子，紫气出景阳楼，状如烟，回薄久之。诏改景阳为景云楼。

《赵书》云：赵梁袭长安，秦王业奔射雁楼，格战至天明，不拔。

《齐书》曰：东昏侯后宫起仙华、神仙、玉寿诸殿，穷尽雕彩，以麝香杂香涂壁。时世祖于楼上施青漆，世谓之青楼。帝曰："武帝不巧，何不绝用琉璃。"

又曰：焦度尝战败，逃于营亭湖中，江州刺史王景文诱降。复拒沈攸之于郢城，登楼詈辱攸之。攸之攻，不能下。至今呼此楼为焦度楼也。

又《魏虏传》云：虏自佛狸世至万民，世增雕饰。正殿西筑台，谓之白楼。楼南又有伺星楼。

《梁书·处士陶弘景传》云：弘景止于句容之句曲山。永明初，更筑三层楼。弘景处其上，弟子居其中，宾客至其下。

又曰：武帝大同十年，幸兰陵，固赋《归旧乡诗》。己酉，幸京口城北固楼，曰："此不足以固守，然北望江山，实为壮观。"乃改名北顾，因幸回宾亭，宴帝乡故老及迎候者少长数千人，各赉钱三千文与之。

《周书》曰：《长孙俭传》云："为荆州刺史，人安其业。吏人表请为俭构清德楼，树碑刻颂。朝议许焉。"

盛弘之《荆州记》云：西鄂城东有三女楼。周稚殁三女，造此楼于墓所。

《老君本记》云：周康王时，文始真人结草为楼，占星候气。

《登真隐诀》云：长绵楼上太清上宫，名玉晨道君所居。

《吴越春秋》云：会稽郡小城，勾践筑，周千一百二十步，西北立为龙翼楼。

《世说》云：桓征西，治江陵城甚丽，顾长康曰："遥望层城，丹楼如霞。"

《墨子》云：偏城三十步置坐候楼，楼出堞四尺；百步一木楼，楼前面九尺，高七尺。二百步一立楼，去城中二丈五尺。

《洛阳地记》曰：洛阳城内西北角有金墉城，东北角有楼，高百尺，魏文帝造也。

盛弘之《荆州记》曰：荆州城西百余步有丹霞楼，临川康王之置。

《吴越春秋》曰：范蠡为勾践立飞翼楼，以象天门；为两蟉绕栋，以象龙角。

《羊头山记》曰：原城西门南角有万岁楼，俗传飞入江，常以铁锁维之。又楼上时见一道白气如烟，刺史必死，轻者贬谪，州人至为常候。

《郡国志》：定州安县城上楼，谓之神女楼。

又曰：马邑白楼，即后魏纳姚兴女为后，后悲思，因造此楼登望，饰以铅粉，故名之。

又曰：金华县，因山为名。城南临溪水高阜上有楼，名曰玄畅楼，宋沈约造以吟咏于此处。

韦述《两京新记》曰：上阳宫有丽青台浴日楼。

《十洲记》曰：昆仑山有玉楼十二层。

《虞氏家记》曰：吴小城白门，盖吴王阖闾所作也。至秦始皇帝守宫吏烛燕窟失火，烧宫而此楼故存。

《濑乡记》曰：老子庙有皇天楼、九柱楼、静念楼，皆画仙人云气。

袁彦伯《罗山疏》曰：仰望石楼，眇然在云中。

《金陵地记》：吴嘉禾元年，于桂林苑落星山起三重楼，名曰落星楼。

《吴都赋》曰：亨戎旅于落星之楼。

《世说》曰：凌云台楼观极精巧，先称平众材，轻重当宜，然后造构，乃无锱铢相负揭。台虽高峻，恒随风摇动。魏明帝登台，惧其势危，别以大材持之，楼即便颓坏。论者谓轻重力偏故也。

《九江录》曰：庾亮在武昌，诸佐吏殷浩等乘秋夜佳景共登南楼，俄而，不觉亮至，众将避之，公曰："老子于此兴复不浅。"便坐谈咏。至今名庾公楼。

《幽明录》曰：邺城凤阳门五层楼，去地二十丈，安金凤皇二头于其上，一头飞入漳河，清朗见在水底，一头今独存。

《水经》：邓州伯陵山上有入乡楼。

《益州记》曰：成都有百尺楼。

《晋宫阁名》云：洛阳有凤皇楼。

诗曰：西北有高楼，上与浮云齐。

《乐府诗》云：日出东南隅，照我秦氏楼。

《汉宫阁名》云：长安有马伯骞楼，又有贞女楼。

《晋宫阁名》：晋有伺星楼。

又曰：总章观、仪凤楼，在观上广望观之，南又别有翔凤楼，又有庆云楼。

太平御览卷第一百七十七 居处部五

台上

《尔雅》曰：观四方而高曰台，积土四方者。有木曰榭。

《释名》曰：台，持也；言筑土坚高能自胜持也。

又曰：《尚书》曰：散鹿台之财。

《毛诗》曰：经始勿亟，庶民子来。谓文王之作灵台也。

又曰：《新台》，刺卫宣公也。纳伋之妻，作新台于河上而要之，国人恶之，而作是诗。

《礼记·月令》：五月，可以居高明，可以处台榭。

《左传》曰：夏启有钧台之飨。

又曰：宋平公筑台，妨于农收。子罕请俟农功之毕，公弗许。筑者讴曰："泽门之皙，实兴我役。邑中之黔，实慰我心。"子罕黑居邑中。子罕闻之，亲执扑以行筑，而扶其不勉者，曰："吾侪小人，皆有阖庐以避燥湿寒暑，今君为一台而不速成，何以为役？"讴者乃止。

又曰：晋灵公不君，从台上弹人，观其避丸者。

又曰：楚子成章华之台，愿与诸侯落之。

又曰：有蛇自泉声，姜薨，毁泉台也。

《史记》曰：秦始皇作琅琊台，刊石颂德。

又曰：晋灵公造九层之台，孙息曰："臣能累十二棋，加一鸡子于上。"公曰："危哉！"息曰："公造九层之台，三年不成，实危于此。"公乃止。

又曰：赵武灵王为野台以望齐中之山境。徐广注：野，一作望齐也。

又曰：蜀寡妇清，其先得丹穴徐广曰：涪陵出丹也。而擅其利数世，家亦不訾。谓其多，不可訾量。清，寡妇也，能守其业，用财自卫，不见侵犯。秦皇帝以为贞妇，而为筑女怀清台。

又曰：淮南王安立思仙台。

又曰：楚灵王为章华之台，伍举谏曰："昔楚庄王为匏居之台，高不过望国氛，大不过容宴豆。"

又曰：燕昭王置千金于台上，以延天下士，谓之黄金台。

又曰：子路闻蒯聩入，驰往，入城造蒯聩。蒯聩与孔悝登台，子路曰："君焉用孔悝！请得而杀之。"蒯聩弗听。于是子路欲燔台，蒯聩惧，乃下石乞、壶黡攻子路，断缨。子路曰："君子死，冠不免。"结缨而死。

又曰：汉武帝起柏梁台，高数十丈，悉以香柏，香闻数十里。

《汉书·郊祀志》曰：王莽篡位二年，好神仙事，以方士言起八风台于宫中。台成，作乐其上。

《史记》云：汉武帝元封二年，公孙卿言于帝曰："仙人好楼居。"帝乃使卿持节候神，作通天台，高三十丈，雷雨悉在其下，去长安三百里，望见长安城。武帝祭天台，舞八岁童女三百人，置祠具招仙人。祭天已，令人升通天台，以候天神，天神既下祭所。若大流星，乃举烽火而就行宫望拜，上有承露盘，仙人掌擎玉杯承云表之露。元凤间，台自毁，椽桷皆化为龙凤，随风雨飞去。《西京赋》云："通天眇而竦峙，经百常而基擢，上班华以交纷，下刻峭而若削也。"

又《艺文志》：《曲台后仓记》七篇。如淳注曰：行礼射曲台，后仓为记，故曰《曲台记》。

又曰：赵武灵王建藂台于邯郸。

又曰：文帝尝欲作露台，计之直百金，曰："百金，中民十家之产也。吾奉先帝宫室，常恐羞之，何以台为？"

又曰：贰师击右贤王，召李陵，使为贰师将军辎重。陵召见武台，师古曰：未央宫有武台也。叩头自请曰："臣所将屯边者，皆荆楚勇士奇材剑客也。力扼虎，射命中。愿得自当一队到兰于山南，以分单于兵，毋令专乡贰师军。"上曰："将军恶相属邪？吾发军多，无骑予女。"陵对曰："无所事骑，师古曰：犹言不事复骑也。臣愿以少击众，步兵五千涉单于庭。”上壮而拜之。

《后汉书》曰：永平初，马援女立为皇后，显宗图画建初中名臣列将于云台，云台在南宫。以椒房故，独不及援。东平王苍观图，言于帝曰：“何不画伏波像？”帝笑而不言。

《魏志》曰：《武纪》建安十五年，作铜雀台。十八年，作金虎台，又作冰井台。

《魏略》云：黄初五年，文帝东征，留郭后于永始台。霖雨，城楼多坏，有司请移止，后曰：“昔楚昭王出游，贞姜留渐台，江水至，使迎而无符，不去，卒没。今帝在远，未有急而便移止，奈何也。”

何晏《景福殿赋》曰：镇以崇台，实曰永始，复道重阁，猖狂是俟。

《吴志》曰：孙权于武昌，临钓台，饮酒大忻。权使人以水洒群臣，曰：“今日酣饮，醉堕台乃止。”张昭曰：“纣为糟丘酒池，长夜之饮，当时亦以为乐，不以为恶。”权有惭色而罢。

《晋书》曰：汝南文成王亮大妃伏氏，尝有小疾，祓于洛水，帝兄弟三人侍从，并持节鼓吹，震耀洛滨。武帝登凌云台望见，曰：“伏妃可谓富贵矣。”

又曰：范宁为豫章太守，大设庠序，遣往交州采磬石，以供学用。改革旧制，不拘常宪。远近至者千余人，资给众费，一出私禄。并取郡四姓子弟，皆充学生，课读五经。又起学台，功用弥广。

又曰：凉张茂筑灵钧台，周轮八十余堵，其高九仞。武陵人阎鲁夜叩门呼曰：“武公遣我来曰：何故劳百姓筑台乎？”姑臧令辛岩以鲁妖妄，请杀之。“茂曰：“吾信劳人。鲁称先君之令，何谓妖乎！”大府主簿马鲂曰：“今世难未夷，唯当弘尚道素，不宜劳役，崇饰台榭。比年已来，转觉众务日奢于往，每所经营，轻违雅度，实非士女所望于明公。”茂曰：“吾过也。”命止作役。

崔鸿《十六国春秋·夏录》曰：赫连勃勃大破南凉傉檀于百井，杀众数万，以人头为京观，号曰髑髅台。

《韩子》曰：景公与晏子游少海，登柏寝之台，望其国曰：“美哉焕乎！后世将孰有之？”晏子曰：“其田氏乎！”曰：“寡人有国，如田氏有之，为之奈何？”对曰：“君若欲夺之，则近贤远不肖，治其烦乱，绥其刑罚，振贫穷，恤孤寡，行惠而好俭，民将归君。虽十田氏，其如君何？”

又曰：越王伐吴，先宣言：“吾闻吴王筑如皇之台，掘渊泉之池，罢苦百姓，剪财货以尽民力。余为民诛之。”

《幽明录》曰：海中有金台，出水百丈，结构巧丽，穷极神功，横岩云渚，竦曜星河也。

《晏子春秋》曰：景公起大台，岁寒，役者皆冻。晏子遂如台，执扑鞭其不务者，曰：“吾细人也，皆有阖庐以避燥湿寒暑，今君为一台而不速成。”国人皆以晏子助君虐也。晏子归而君令罢役。仲尼曰：“古之善为臣者，美名归之君，灾祸归之身。”

陆贾《新语》曰：楚灵王作乾溪之台，立百仞之高，欲登浮云，窥天上。

《王孙子》曰：昔卫灵公坐重华之台，侍御数百，随珠照日，罗衣从风。仲叔御谏曰：“昔桀行此而灭，纣用此以亡。今四境内侵，诸侯加兵，土地日削，内宠无乃太盛欤！”公下席再拜，曰：“寡人过矣。”于是出宫女数百人，百姓大悦。子贡闻之，曰：“所谓能受谏也。”

《贾子》曰：翟王使使之楚，楚王夸之，飨于章华之台，三休，乃至。

《南雍州记》曰：隆中诸葛亮故宅有旧井一，今涸无水。盛弘之《记》云：宅西有三间屋，基迹极高，云是孔明避水台。先有人姓董，居之，灭门；后无复敢有住者。齐建武中，有人修井，得一石枕，高一尺二寸，长九寸，献晋安王。习凿齿又为宅铭。今宅院见在。

《楼观本记》曰：尹喜宅南山阜上，先馆舍即大夫观望之台也。昔老君于此山腾空，时人因号曰老子陵，盖非坟墓也。故《尔雅》云：“大陆曰阜，大阜曰陵。”此之谓矣。

《新序》曰：桀作瑶台，殚百姓之财。伊尹谏之，桀曰：“吾有天下，犹天之有日，日亡，吾亡矣。”

又曰：魏王将欲为中天之台，曰："敢谏者死。"许绾入曰："闻大王将为中天之台，愿加万亿。"王曰："子何力能加？"曰："臣闻天与地相去万五千里，今王因而半之，当立七千五百里高；其趾当方八千里，尽王之地，不足以为台趾。古者尧舜建诸侯五千里，王必愿为台，必起兵伐诸侯，尽有其地犹不足，又伐四夷，得万八千里，乃足以为台趾。材木之积，人徒之众，食廪之输，以千万亿度。八千里之外，当尽农亩之地，足以奉给。王台具者已备，乃可作。"王默然而罢。

又曰：纣为鹿台，十年乃成，大三里，高千尺，临望云雨，故天下叛。

沈怀远《南越志》曰：熙安县东南有圆冈，高十丈，四面为羊肠道。论者曰："尉佗登此望汉而朝，名曰朝台也。"

裴渊《广州记》曰：尉佗筑台，以朝汉室。圆基千步，直峭百丈，累道登进，顶上三亩，朔望升拜，号为朝台。

戴延之《西征记》曰：许昌城，本许由所居，大城东北九里有许由台，高六丈，广三十步，长六十步。由耻闻尧让而登此山，邑人慕德，故立此台。

《管子》曰：囷仓寡而台榭繁者，藏不足以供其费。台榭相望者，其上下相怨也。

《三辅故事》曰：未央宫前有东山台、钓台，仓池中有渐台。

《韩诗外传》曰：赵简子有臣曰周舍，立于门下，抱笔执牍，从之书过。简子与之居，无几而死。后与诸大夫饮于洪波之台，酒酣，泣曰："千羊之皮，不如一狐之腋；众人之唯唯，不如周舍之谔谔。今舍死，吾亡无日矣。"

《说苑》：楚庄王与晋战，胜之，惧诸侯之畏已也。乃筑为五仞之台。台成而觞诸侯，诸侯请约，庄王曰："我，薄德之人也。"诸侯请为觞，皆仰而曰："将将之台，窅窅其谋，我言而不尚，诸侯伐之。"于是远者来朝，近者入宾。

又曰：齐景公为露寝之台，成而不適焉。柏常骞曰："为台甚急，台成，君何为不適焉？"公曰："然。枭昔者鸣，其声无不为也。吾恶之甚，是以不適焉。”柏常骞曰：“臣请禳而去之。”公曰：“何其？”对曰：“筑新室，为置白茅焉。”公使为室，置白茅焉。柏常骞夜用事。明日，问公曰：“今昔闻枭声乎？”公曰：“一鸣而不复闻。”使人往视之，枭当陛布翼伏地而死。

《家语》曰：楚王将游荆台，司马子期谏，王怒，令尹子西驾于殿下曰：“今荆台之观，不可失也。”王喜，子西出从十里，还，引辔而止曰：“夫子期，忠臣也；若臣，谀臣也。愿王赏忠而诛谀也。”王乃还。

《五经异义》曰：天子有三台：灵台，以观天文；时台，以观四时施化；囿台，以观鸟兽鱼鳖。诸侯卑，不得观天文，无灵台，但有时台、囿台。

《归藏·夏后》曰：启筮，享神于晋之灵台，作璇台。

《山海经》曰：享神于大陵，而上钧台。

《老子》曰：九层之台，起于累土。

又曰：众人熙熙，如春登台。

伏滔《地记》曰：琅琊城东南十里有郎山，即古琅琊台也。秦始皇二十八年，至琅琊，大乐之，留三月，作琅琊台。台赤孤山也，然高显出于众山之上，高五里，下周二十余里。山上垒石为台，石形如砖，长八尺，广四尺，厚尺半。三级而上，级高三丈。上级平敞二百余步，刊石立碑，记秦功德。汉武帝亦登此台。

《吴越春秋》曰：楚灵王立。建章华之台，与群臣登焉。王曰：“台美乎！”伍举曰：“臣闻国君服宠以为美，安民以为乐，克听以为聪，致远以为明，不闻土木之崇高，虫镂之刻画，金石之清音，丝竹之凄唳，之为美。昔先庄王为匏居之台，高不过望国氛，大不过容宴豆，木不妨守备，用不烦官府，民不败时务，官不易朝常。今君为此台七年，国人怨焉，财用尽焉，年谷败焉，百姓烦焉，诸侯忿怨，卿士讪讥，岂前王之年盛，人君之所美者乎？臣之诚愚，不知所谓也。”灵王纳之，即除工去饰，不游于台。

又曰：范蠡于东武山起游台其上，东南为司马门，立增楼冠其山巅，以为灵台。起离宫于淮阳，中宿台在于高平，驾台在于成丘。立苑于乐野，燕台在于石室，斋台在于襟山。勾践之出游也，休息石台，食于冷厨。

又曰：吴王阖闾治宫室，立射台于安里，华池在平昌，南城宫在长乐。阖闾出入游卧，秋冬治于城中，春夏治于姑胥之台；旦食鲴山，昼游胥台；射于鸥陂，驰于游台，兴乐石城。

又曰：越得神木一双，大二十围，长五十寻，阳为文梓，阴为楩柟。巧工施校，制以规绳，雕治圆转，刻削磨砻，分为丹青，错画文章，婴以白璧，镂以黄金，状类龙蛇，文彩生光。乃使大夫种献之于吴王，曰："东海役臣臣孤勾践使臣种，敢因下吏闻于左右，赖大王之力，窃为小殿，有余材，再拜，献之。"吴王大悦。子胥谏曰："王勿受。昔者桀为灵台，纣起鹿台，阴阳不和，寒暑不时，五谷不熟，自取其灾，民虚国变，遂取灭亡。大王受之，后必为越所戮。"吴王不听，遂受而起姑胥之台。三年聚材，五年乃成，高见二百里。行步之人，道死巷哭，不辍嗟嘻之声，民疲士苦，人不聊生。

《帝王世纪》曰：周赧王虽居天子之位，为诸侯所侵逼，与家人无异。贯于民，无以归之，乃上台以避之。故周人因名其台曰逃债台。故洛阳南宫簃台是也。

《吕氏春秋》曰：有娀氏有二佚女，为九成台，饮食必以献王。

《孙子》曰："昔卫灵公坐重华之台，侍御数百，随珠照日，罗衣从风。"

戴延之《西征记》曰：官度台，去青口泽六十里，魏武造也。破袁绍于此。

杨龙骧《洛阳记》曰：凌云台，高二十三丈，登之见孟津。

邓德明《南康记》曰：雩都君山上有玉台，方广数丈，周回尽是白石柱，自然石覆，如屋形也。四面多松杉，遥眺峨峨，向像羽人之馆。风雨之后，景气明净。颇闻山上有鼓吹之声，山都木客，为舞唱之节。

《述征记》曰：广阳门北，魏明帝流杯池犹有处所。池西，平原懿公主第，有皇女台。西南，刘曜垒。垒西，曜试弩棚。西北有斗鸡台。

太平御览卷第一百七十八　居处部六

台下

王子年《拾遗记》曰：秦始皇起云明台，穷四方之珍木，搜天下之工。南得烟丘碧桂、郦水然沙、贲都朱泥、云冈素竹；东得葱峦绵柏、縹䍦龙杉、云梓、寒河星柘；西得漏海浮金、狼渊羽壁、涤嶂霞素、寘阜乾漆、阴阪文杞、褰流黑魄、暗海香琼，瑶异是集。有二人皆腾虚缘木、挥斤斧于空中，子时兴功，至午时已毕，秦人谓之子午台。又云：二客于子午之地各起一台。

又曰：燕昭二年，海人乘霞舟，以雕壶盛数斗膏以献王。王坐通云堂，亦曰通霞之台，以龙膏为灯，光耀百里，烟色丹紫。国人望之，咸言瑞光也，遥拜之。灯以火浣布为缠。山西有照石，去石十里，见人物之影如镜焉。碎石片片，皆能照人，而质方一尺，则重一两。昭王舂此石为泥，泥于通霞之台。与西王母游居此台上，常有钟鼓琴瑟鸣，神光照耀，如日月之出。台左右种恒春之树，叶如莲花，芬芳似桂花，随四时之色。

又曰：魏明帝即位五年，起灵禽之园，方国所献异鸟殊兽皆畜此园也。时昆明国贡嗽金鸟，国人云其地去凉洲九千里，出此鸟，形如雀，色黄，毛羽柔密，常翱翔海上。罗者得之，以为至瑞，闻大魏之德被于荒远，故越山航海来献大国。帝得此鸟，畜于灵禽之园，饴以真珠，饮以龟脑，鸟常吐金屑如粟，铸之以为器服。昔汉武时有献大雀，此之类也。此鸟畏雪霜，乃起小屋以处之，名曰避寒台，皆用水精为户牖，使内外通光而风露恒隔。宫人争以鸟所吐之金用饰钗珮，谓之避寒金，宫人相嘲曰："不服避寒金，那得帝王心！"于是媚惑者乱，争此宝以为身饰，及行卧皆怀挟，以要宠也。魏代丧灭，珍宝池台鞠为煨烬，嗽金之鸟亦自高翔也。

又曰：周灵王二十三年，起昆昭之台，一名宣昭之台。聚天下异木神工；得崿谷阴生之树，其质千寻，文理盘错，以此一木，台用足矣。其木有龙蛇百兽之形；筛水精为泥。台高百丈，升之以望云色。时有苌弘，能招致神异。王登台，忽见二人乘空而至，乘游飞之辇，驾以青螭，其衣皆缝缉毛羽，王即迎之上席。时天下大旱，地裂木然，一人先唱，能为霜雪，引气一喷则云起雪飞，坐者皆口禁，井池冰坚可琢。又设狐腋素裘、紫罴文褥，褥是西域所献，施于台上，又一人以指弹席上而暄风入室，裘褥皆弃台下。

又曰：魏文帝筑台，基高四十丈，列烛置于台下，名曰烛台。远望如列星之坠也，以处美人薛灵芸焉。

又曰：魏明帝起凌云台，躬自掘土，群臣皆负畚锸。时阴寒，役者多死，高堂隆等谏之，不听，累年而毕。

又曰：魏文帝时黄星炳夜，乃起毕昴台以祀星。

又曰：吴主潘夫人之父坐法，夫人输入织室。夫人容态少俦，为江东绝色。同幽者百余人。有司闻于吴主，使图其容貌。夫人忧戚不食，减瘦改形。工人写其真状以进吴主，吴主见图而嘉之，以琥珀如意抚按则折嗟曰："此神女也，愁貌尚能感人，况在欢乐！"乃命雕轮就织室，纳于后宫。果以姿色获宠。每与夫人游昭宣之台，恣意幸适，既尽酣醉，唾于玉壶中，使侍婢写于台下，得火齐指环，即挂石榴枝上。因其处起台，名曰环榴台。时有谏者云："今吴蜀争雄，还刘之名特为妖乎！"权乃翻其名为榴环台也。又与夫人游钓，得大鱼，吴王喜，而夫人曰："昔闻泣鱼，今乃为喜，有喜必忧，以为深诫。"至末年，渐相谮毁，稍见离退。时人谓夫人知几之神矣。钓台今犹基存。

《汉武帝内传》曰：钩弋夫人谓帝曰："妾相运正应为陛下生一男，男年七岁，妾当死矣。今年必不得归，愿陛下自爱。"言终遂卒。既殡，尸香闻十余里。因葬之云凌。帝甚哀悼，又疑其非常人，乃发冢开视，空棺无尸，唯衣履存焉。乃起通灵台于甘泉。常有一青鸟集台上往来，至宣帝时止矣。

又曰：渐台高三十丈，南有辟门三层，内殿阶陛咸以玉为之，铸铜凤皇高五丈，饰以黄金于楼屋上。

《洞冥记》曰：武帝起招仙之台于明庭宫北。明庭宫者，甘泉之别名也。于台上撞碧玉之钟，挂悬黎之磬，吹霜涤之篪，唱《来云依日》之曲，使台下听而不闻管歌之声。

又曰：太初二年，起甘泉望风台。于台上得珠，望之如照月，因名照月珠。

又曰：建元二年，帝起腾光台，以望四远。常有飞光如星集于台上，亦曰经星台。

又曰：帝初起神明台时，掘地入三十丈，得泉水色黄，傍有人居，无日月光明，昼夜以火照，中有人食土饮水，服赭布之衣。汉人问：汝何时居此？"答曰："商王无道，使兆民入地千丈。求青坚之土以作瓦，起瑶宫金堂。二人皆以绳縋入地里，负畚器取土，多有压陷死者，今犹二人在耳。"汉人问："何得独存？"答曰："我以玉为衣玦金为环，身有金玉，故心气不灭。"汉人问："汝欲更出为人否？"答曰："食土饮泉，与蝼蚁为伍，宁望日月乎！"乃引出，三日自死，骨肉靡靡成灰，唯心如弹丸大，坚如石，以物扣之，则是干血耳。

《述异记》曰：郭景纯注《尔雅》，台今在夷陵郡。又曲阜县南十里，有孔子春秋台。

又曰：吴王夫差筑姑苏台，三年乃成。周环诘屈，横亘五里，崇饰土木，殚耗人力。宫妓数千人，上别立春霄宫。为长夜饮，造千石酒钟。又作大池，池中造青龙舟，舟陈妓，日与西施为水嬉。又于宫中作灵馆、馆娃阁，铜沟玉槛，宫之栏槛皆珠玉饰之。吴既败，越王勾践于会稽山上，地方千里。勾践得范蠡之谋，躬教民以耕桑，延四方之士，作台于外而馆贤士，会稽之上有越台。

又曰：晋永嘉之乱，既过江，诸公主不得随去。安阳公主与平城公主等奔入两河界，悉为民家妻，常快快不悦，故有思乡之志。村人感之，共筑一台以居之，谓之公主望乡之馆，至今岿然。王朗《怀旧赋》

云:“将军出塞之台,公主望乡之馆。”是也。汉武帝遣将军王濆戍边。及帝崩,王莽篡逆,濆与莽有隙,遂留不敢归,因亡入胡中。士卒相率筑台,为望乡之处。

又曰:会稽山有虞舜巡狩台,台下有望陵祠。帝舜南巡,葬于九疑山。民思之,故立祠。中都郭门古宫存焉,宫前有尧台舜馆,铭记皆古。

又曰:中山有韩夫人愁思台,望子陵也。

又曰:燕昭王为郭隗筑台,今在幽州燕王故城中,土人呼为贤士台,亦谓之招贤台。

《郡国志》曰:濮州璧玉台,穆天子为盛姬所造也。今旁地犹多珉石。

又曰:汝阴县富陂城,即《诗》之汝坟也。俗谓之女郎台。

又曰:魏砚子台,云是张仪冢,似砚也。

又曰:曹州麟城南有望麟台、园客祠,庭种香草,有五色神蛾得六大茧,丝六十日始尽处。

又曰:洺州温明台,后汉世祖昼卧此殿,耿弇入造床下,齐劝即位处。

又曰:荥阳县有太武城,高祖与项氏各在一城。东城有高坛,即项羽置太公于上处。今名项羽堆,亦呼为太公台。

又曰:金河府青台,方山北五里,文明太后恒于六宫游戏,因歌曰:“青台雀,青台雀,缘山采花额颈着。”其曲并在大乐部。

又曰:金河府,自平城遥登台出渴钵口,梁元帝横吹。

诗曰:朝登青陂道,暮宿白登台。即天女神生后魏始祖神元地也。

又曰:卫州苑城北十四里,沙丘台也,俗称妲己台。去二里有一台,南临淇水,俗称为上宫也。

又曰:郓州须昌县有犀丘城青陵台,宋王令韩凭筑者。

又曰:南顿县有光武台,应璩宅在其侧。

又曰:洛阳阳子台,在阳城东三十里,阳陵子隐处洛水,昔王子晋与浮丘公同游,受玉鸡之瑞水,亦宓妃之所在也。

又曰：冤句县昌都城，吕后追尊父吕公为宣王，都此。有吕后台，西有辟阳侯台，阁道相连，基址见存。

又曰：洛阳鸡台有刘曜试弩棚、夕阳亭。贾充出镇长安，百僚饯送于此。

又曰：郑州故魏任城王台下池内有汉时铁钟，长六尺，入地三尺。头自正，为晋氏重兴之瑞。今不知所在。东南有空侯城，郑卫之音也。

又曰：酸枣县，韩徙都于此，有冰井台、五马泉。

又曰：卫州有凤皇台。

又曰：荆州龙陂山有楚王台。

又曰：濮州羊角城陈思王愁台，基甚高。

又曰：夏州朔方郡，赫连勃勃僭号，筑土起真珠楼、冲天台。

又曰：兖州有娥皇、女英台。

又曰：恒州野望台，赵武灵王以登高望野，亦曰寒台。

又曰：荆州华容县东六十里有章华台，楚灵王筑，台东即荆台县也。

又曰：并州榆次县凿台，即韩杀智伯于凿台之中。

又曰：木客山，吴王遣木客入山求木，不得，工人忧思，作《木客吟》；一旦，神木自生，长二十丈，作姑苏台。

又曰：邓州皇后城，即迎阴后处。城西，张平子读书堂。

又曰：亳州城父县老子祠赖乡曲仁里庙，内有八公台、九柱楼，画东王母、西王母。又有静念楼。

又曰：蒲州蚩尤城鸣条野，禹娶涂山女，思恋本国，筑台以望之，谓之青台。上有禹祠，下有青台驿。

又曰：汴城上有列仙吹台，西有牧泽甬道二百里，汉梁孝王所造，今谓之赤堤。城东有繁台，本吹台也，云苍颉师子野所造，后有繁姓居侧，因名焉。西有崇台，即颜率云蝉台之下，沙海之上是也。

又曰：许州有丹书台，魏文帝受禅，有黄鸟衔丹书集此台。

又曰：卫州鹿台在预城内，纣自投火处。《纪年》曰："武王擒纣于南单之台"，盖鹿台之异名也。糟丘酒池去城南一里，基迹犹存。

《水经注》曰：固安县金台陂，东西六七里，南北五十步。侧陂西北有钓台，高十丈，方可四十步。陂北十余步有金台，金台高上东西八十许步，南北加减，高十余丈。昔慕容垂之为范阳也，戍之，即斯台也。有小金台，台北有简马台，并悉高大，秀峙相对，翼台左右，水流经通，长庑广宇，周旋波浦，栋渚咸沦，柱础尚存。是基构可得而寻，访诸耆旧，咸言昭王礼贤，广延方士，至如郭隗、乐毅之徒，邹衍、剧辛之俦，宦游历说之民，自远而届者多矣；不欲令诸侯之客，伺隙燕邦，故修建下都馆之南垂。言燕昭创之于前，子丹踵之于后。故雕墙败馆，尚传镌刻之名，虽无经纪可凭，察其古迹，似符宿传矣。

又曰：凤溪水侧有凤皇止焉，故谓之凤皇台。

又曰：河水南至华阴，又东北，王涧水注之。水南出玉溪，北流，经皇天固。三面壁立，高千许仞，汉世祭天于其上，因名之为皇天固。上有汉武帝思子台。及泉鸠里加兵仞于太子者，上怜太子无辜，乃作思子宫，为归来望思之台于湖。师古曰：言已望而思之，无太子之魂归来也。其在今湖城县之西，门民乡县之东，基趾犹存也。天下闻而悲之。

又曰：睢阳城故宫东即梁之旧池也，周五六百步，水列钓台。池东又有一台，世谓之清冷台。北城凭隅，又结一池台。晋灼曰："或说平台，在城中东北角；亦或言兔园，在平台侧。"如淳曰："平台，离宫所在。今城东二十里有台，宽广而不甚极高，俗谓之平台。余按《汉梁孝王传》，称王以功亲为大国，筑东苑方三百里，广睢阳城七十里，大治宫室，为复道，自宫连属于平台三十余里。复道自宫东出扬州之门，左阳门，即睢阳东门也，连属于平台则近矣，属之城隅则不能，是知平台不在城中也。

又曰：景升台，刘表之所筑也。表性好鹰，每登此台歌，野鹰自来。

又曰：睢阳城中有掠马台。东有一台，谓之清冷台。

又曰：长平城在上党郡南，秦垒在城西。秦抗赵众，收头颅筑台于此，崔嵬桀起，今乃号曰白起台。

《山海经》曰：沃民国有轩辕台。

又曰：帝喾、尧、丹朱、帝舜各二台，台四方，在昆仑东北。

《列仙传》曰：萧史者，秦穆公时人。善吹箫，能致孔雀、白鹄。穆公有女，字弄玉，好之。公以妻焉。遂教弄玉作凤鸣。居数年，吹似凤声，凤皇来止其屋。为作凤台，夫妇止其上数年，皆随凤飞去。秦为作凤女祠于雍宫，时有箫声焉。

《成都记》曰：望乡台，蜀王秀所筑也。

又曰：思妻台，在梓潼县。五丁于此山拔蛇，山崩，杀五丁，并杀秦王女，因名之。

《三辅宫殿簿》曰：长乐宫有临华台、神仙台。

《西征记》曰：扬州雷陂有台高二丈，《南兖州记》即吴王濞之钓台也。

《地理志》曰：北地郡有之回台，郡西北四百里。

《嵩高山记》曰：山有玉女台，云汉武帝见三仙玉女，因以名台。

《益州记》曰：雁桥东有严君平卜处，土台高数丈。

《南雍州记》曰：高齐之后有堂，堂西有射堂五间。射堂南有大池，池上有台，名曰乐喜台。

《荆州记》曰：江陵县东有天井台，飞轩孤映，背邑面河，实郊躔游憩之佳处也。

《襄沔记》曰：襄县南五里凤林山侧，宋隋王刘诞镇此，有龙儿见此池中，后雍州刺史韦睿于此立放生台。

《越绝书》曰：夫差起姑苏之台，三年聚材，五年乃成。高见三百里，太史公登之以望五湖。

伏琛《齐地记》曰：平业城西北八十里有平望亭，亦古县也，或云秦始皇为望海台。

《述征记》曰：陵云台在明光殿西，高八丈，累砖作道通至台上，登回回眺，究观洛邑，暨南望少室，亦山丘之秀极也。

又曰：螽台，梁孝王所筑于兔园中，回道似螽，因名之。

太平御览卷第一百七十九 居处部七

阙

崔豹《古今注》曰：阙，观也；于前所以标表宫门也。其上可居，登之可远观。人臣将朝，至此则思其所阙，故谓之阙。其上皆画云气仙灵，奇禽怪兽，以示四方。苍龙，白虎，玄武，朱雀，并画其形。

《释名》曰：观，于上观望也。

《广志》曰：阙，缺也，门两边缺然为道也。

《周礼》：太宰以正月悬治法于象魏。

《礼记》曰：昔者仲尼与于蜡宾，事毕，游于观之上，喟然而叹。仲尼之叹，盖叹鲁也。郑玄云：观，阙也。

《左传》曰：哀公三年，司铎火，逾公宫。季桓子至，命藏象魏，曰："旧章不可忘也。"象魏，阙也，法令悬之。故谓其书为象魏。

又曰：《哀十七年传》云："卫侯梦于北宫，见人登昆吾之观。"注云：卫有观在古昆吾氏之墟也，今濮阳城。

《公羊·昭二十五年传》云：子家驹曰："诸侯僭于天子，大夫僭于诸侯，久矣。"昭公曰："吾何僭矣哉？"子家驹曰："设两观，乘大辂。"注云：礼，天子、诸侯内阙一观也。

又《定二年传》云：夏五月壬辰，雉门及两观灾。两观微也，然则曷为不言雉门灾及两观？主灾者两观也。

《汉书》曰：牂牁郡有桂浦阙。

又曰：蓬莱、方丈、瀛洲，此三山在海中，诸仙人不死药皆在焉，黄金、白银为阙。事具仙部。

又曰：建章宫东凤阙，高二十丈。

《列女传》曰：卫灵公与夫人夜坐，闻有车声，至阙而息，过又闻车声。夫人曰："此必是蘧伯玉。"公曰："何以知之？"曰："妾闻

《礼》：下公门，轼路马。”今蘧伯玉贤者也。必不以暗昧废礼。“公令人视之，果如所言。

《神异经》曰：东南有石井，其方百丈。上有二石阙，侠东南面，上有蹲熊，有榜着阙，题曰地户。西北荒中有金阙，高百丈；上有明月珠，径三丈，光照千里；中有金阶，西北入两阙中，名天门。

《十洲记》曰：昆仑山有水精阙。

《水经》曰：秦孝公筑冀阙，临渭水，在咸阳西四十里。

《关中记》曰：未央宫东有青龙阙，北有玄武关，《汉书》所谓北阙者也。建章宫圆阙，临北道，凤在上，故号曰凤阙也。阊阖门内东出，有折风阙，一名别风。

《濑乡记》曰：老子庙前有两石阙，大阙高九尺八寸，下三重石鹿，阙边各有子阙。

山谦之《丹阳记》曰：大兴中，议者皆言汉司徒许彧墓阙可从施之。王茂弘弗欲。后陪乘出宣阳门，南望牛头山两峰，曰：“天阙也，岂烦改作！”帝然之。

邓德明《南康记》曰：南康县归美山，去县七百里，下有石城，高数丈，远望嵯峨，灵阙腾空，故老谓之神阙。

《庄子》中山公子牟谓瞻子曰：“身在沧海之上，心居魏阙之下，奈何？”瞻子曰：“重生，重生则轻利。”中山公子曰：“虽知之，未能自胜也。”瞻子曰：“不能自胜则从，神无恶乎？不能自胜而强不从者，此之谓重伤。重伤人无寿类矣。”

魏文帝歌曰：长安城西有双员阙，上有双铜雀，一鸣五谷生，载鸣五谷熟。

王子年《拾遗记》曰：昆仑第九层，山形渐狭小，下有芝田蕙圃，皆有数百顷，群仙种耨焉。傍有瑶台十二，各广千步，皆五色玉为台基，最下层有流精阙，直上四十丈有风云雨师阙。

观

《汉书·成纪》云：孝成帝，元太子也。母曰王皇后，帝在太子家生甲观画堂。应劭注云：甲观在太子宫甲地，主用乳生也。颜师古曰：画堂，但画饰室中，宫殿通有彩画也。

又曰：甘露二年，幸萯阳宫，在鄠。属玉观。属玉，水鸟，似鵁鶄，以名观也。

《后汉书》曰：丁鸿，字孝公。肃宗诏鸿与广平王羡及诸儒楼望、成封、桓郁、贾逵等，论定五经同异于北宫白虎观，广平王羡，明帝子。《东观记》曰：与太常楼望，少府成封、屯骑校尉桓郁、卫士令贾逵集议白虎门，名于门，立观因以名焉。使五官中郎将魏应主承制问难，侍中淳于恭奏上，帝亲制临决。鸿以才，论最明，儒者称之，帝数嗟美焉。时人叹曰："殿中无双丁孝公。"

又《章帝纪》曰：永平元年，长水校尉儵奏言："先帝大业，当以时施行。欲使诸儒共正经义，颇令学者得以自助。"于是下太常、将军、大夫、博士、议郎、郎官及诸王、诸儒会白虎观，讲议五经同异。

又曰：时谓东观为老氏藏室。注：老子为柱下史，四方所记，文书皆归于柱下。言东观多经籍。

又曰：高彪除郎中，校书东观，后迁外黄令。画彪形像，以劝学者。

又曰：灵帝起四百尺观于河亮道，造万金堂于西园，又造南宫玉堂，筑广城苑。

《魏志》曰：明帝作凌霄观，始构，有鹊巢其上。侍中高堂隆曰："起阙而鹊巢，不得居之象。"

又曰：明帝置崇文观，征善属文者以充之。

《吴志·孙和传》曰：和为太子，被废。骠骑将军朱据、尚书仆射屈晃率诸将吏泥首自缚，连日诣阙请和。权登白爵观见，甚恶之。

《蜀志》云：李辅，字玄政，为牙门讨破羌虏，筑平羌观于秦亭。

《晋元·元纪》曰：大兴元年十一月乙卯，日夜出，高三丈，中有赤青珥。诏曰："天灾谴诫，所以彰朕之不德也。群公卿士，各上封事，具陈得失，无所讳，将亲览焉。”新作听讼观。

又《刘曜载记》曰：曜立太学于长乐宫东，简百姓年二十五已下，十三已上五百人，选朝贤宿儒明经笃学以教之。命起酆明观西宫，建凌霄台于滈池。

又曰：《石季龙载记》云：“太子宣出时，季龙于其后宫升凌霄观望之，笑曰：“我家父子如是，自非天崩地陷，当复何愁，但抱子弄孙，日为乐耳！”

又《张骏传》云：骏境内渐平，使其将杨宣帅众越流沙，伐龟兹、鄯善，于是西域并降。鄯善王元孟献女，号曰美人，立宾遐观以处之。

《齐书·王俭传》云：宋明帝太始六年，置总明观以集学士，或谓之东观，置东观祭酒一人，总明访举二人，儒玄史四科，科置学士十人，其余吏下各有差。是岁，省总明观，于俭宅开学士馆，以总明簿书充之。

《陈书·后主纪》云：帝令采木湘州，拟造正寝。筏至牛渚机尽没，既而渔人见筏于海上。复起齐云观。国人歌曰：“齐云观，寇来无际畔。”

《后魏书·高祖纪下》云：十五年五月议改律令于东明观，亲折疑狱。

又《道武帝纪》云：天兴三年，起紫极殿、立武楼、风凉观、石池、鹿苑台。

又《匈奴刘聪传》云：平阳地震，崇明观陷为池，水赤如血，赤气至天，赤龙奋迅而去。

《舆地志》云：丹阳郡建康县台城，齐文惠太子治玄圃，有明月观、婉转桥、徘徊廊，圃内作净名精舍。

又曰：丹阳郡秣陵县新亭陇有远望楼，又名劳劳楼，宋改为临沧观，行人分别之所。

又曰：洛阳有广望观、阆风观、万世观、修灵观、临商观。

《百叶抄》：魏筑总章观，建翔凤于其上，使八方才人、六宫女尚书居之，引谷水过九龙殿前，玉井绮栏，水转百戏。

又曰：石虎起灵台，九殿女官十有八等，又女妓二千为卤簿，皆着紫纶巾、熟锦袴、金银镂带、五丈织成靴，游于戏马观。

《汉封禅仪》泰山东南有山名日观，鸡一鸣时，见日始出，长三丈，秦观者望见长安，吴观者望见会稽，周观者望见齐。《三辅黄图》云：汉武帝起鳷鹊观。又起神明观、馺娑观、甘泉苑，起仙人观，缘山谷行至云阳，三百八十里，入右扶风，周回五百四十里。

又曰：武帝起鳷鹊观、神明观、弩法观、集灵观、仙门观、阳禄观。

《汉宫殿名》曰：长安有临山观、渭桥观、仙人观、霸昌观、兰池观、平乐观、九华观、豫章观、鸿雀观、昆明观、走马观、华光观、封峦观、走狗观、天梯观、瑶台观、流渠观、相思观、长平观、宜春观、华池观、射熊观、迎风观、露寒观、当市观、石阙观、白渠观、鼎郊观、潘丘《已阙中记》云：鼎郊观在上林苑。白虎观、怀德观、三雀观、林木观、温德观、长平观。

华延携《洛阳记》曰：洛阳城十八观，皆施玄槛铁笼，疏云毋惃。

《华山记》曰：南岭东岩北面有二小山，一山有双石竖立，号曰石门；一山孤崖特秀，上有客观，陟之者远眺千里。

阮胜之《扬州记》曰：扬子县有杨子宫，宫中有玄珠观。

《华阳国志》云：蜀城有逸客观。

华延携《洛中记》云：金墉城西南角有昌都观，东北有百尺楼，魏都水使者陈熙造。

《建康宫阙簿》云：商飚观，在东北十三里篱门亭后亭墩上，齐武帝筑。九日，登以宴群臣。

又曰：曾城观，在县东北七里景云楼东，齐武帝起。七月七日夜，令宫人登以穿针，因曰穿针楼。

又曰：通天观，在县东北五里一百步旧台城内。宋元喜中，筑蔬圃。二十三年，更修广之，筑池汩天泉，造景阳楼、大壮观、花光殿，设射堋，又立凤光殿、醴泉堂。

又曰：洛阳宫中有玄览观、东汜观、清览观、高平观、广望观、听松观、见亲观、高乐观、陵云、总章、宣曲、万年等观。

又云：建业宫有迎风观，在县南十五里。宋武大明中，起于石子墩上，孙峻杀诸葛恪，殷緐杀朱主皆于此。又有微道观。

晋潘岳《关中记》曰：柘观、虎圈观、昆池观、上蔄观、朗池观、走马观、汤禄观、溥望观、则阳观、阴德观、并在上林苑中。

陆机《洛阳地记》曰：洛阳南宫有承风观，洛阳北宫有增喜观，洛阳城外有宣杨观、千秋、鸿池、泉城、杨威、石楼等观。

又曰：洛阳城外有鼎中观。

《舆地志》云：洛阳西南洛水上有鼎中观，是成王定鼎处。

唐韦述《东京杂记》曰：东京紫微宫有一柱观。

又曰：上阳宫有上清观。

潘安仁《西征赋》云：图万载而不倾，奄摧落于十纪，擢百寻之曾观兮，今数仞之余趾。

左太冲《吴都赋》云：虑紫宫以营室，廓广庭之漫漫，寒暑隔阔于邃宇，虹霓回带于云观。

何平叔《景福殿赋》云：于是碣以高昌崇观，表以建城峻庐，岧峣岑立，崔嵬峦居。

宋玉《高唐赋》序云：昔者，楚襄王与宋玉游于云梦之台，望高堂之观。

魏陈思王《七启》曰：闲宫显敞，云屋皓旰，崇景山之高基，迎清风而立观。

沈休文《钟山诗·应西阳王教》云：即事既多美，临眺殊复奇；南瞻储胥观，西望昆明池。

沈休文《游沈道士馆诗》云：既表祈年观，复立望仙宫。

谢玄晖《观朝雨诗》云：朔风吹飞雨，萧条江上来，既洒百常观，复集九成台。

太平御览卷第一百八十　居处部八

宅

《释名》曰：宅，择也；言择吉处而营之也。

《说文》曰：宅，人所托也。

《周礼》曰：凡任地，国宅无征。郑注云：国宅城中，无征税也。

《礼记》曰：献田宅者操书契。

《左传》曰：初，景公欲更晏子之宅，曰："子之宅近市，湫隘嚣尘，不可以居，请更诸爽垲者。"辞曰："君之先臣容焉，臣不足以嗣之。"及晏子如晋，公更宅，反则成矣。既拜，乃毁之如里室，皆如其旧。则使人反之。且谚曰："非宅是卜，惟邻是卜。二三子先卜邻矣。"卒复其旧宅。

《汉书》曰：萧何买田宅，必居穷僻处，曰："令后世贤，师吾俭。不贤，毋为势家所夺。"

又曰：鲁恭王余好治宫室苑囿，坏孔子旧宅以广其宫，闻钟磬琴瑟之声，遂不敢复坏，于其壁中得古文经传。

《吴志》曰：周瑜与孙策同年，相友善，瑜推道南大宅以舍策，外堂拜母，有无通共。

《晋书》曰：裴楷性宽厚，与物无忤。不持俭素，每游荣贵，辄取其珍玩。虽车马器服，宿昔之间，便以施诸穷乏。尝营别宅，基构甚丽，与兄共游行，床帐俨然，棂轩疏郎，兄心甚愿之而口不言也，楷心知其意，便使住。

又曰：杜后母裴氏为广德县君。裴氏名穆，长水校尉绰孙，太傅主簿遐女，太尉王夷甫外孙。中表之美，高于当世。遐随东海王越遇害，无子。唯穆渡江，遂享荣庆，立第南掖门外，世所谓杜姥宅云。

又曰：有奏王公国家，京城不宜有田宅。未暇作诸国邸，当使有往来处，今限京师得有宅一所。

《齐书》曰：刘绘，字士彰，彭城人也，太常悛弟。父勔，宋末权贵，门多客。绘解褐为著作郎，太祖见。叹曰："刘公为不亡矣！"绘聪警，善隶书。为竟陵王后进宾客时，张融、周颙并有言工，融音旨缓韵，颙辞致绮捷，绘之言吐，又顿挫有风气。时人谓语曰："刘绘贴宅，别开一门。"言在二家之中也。又朝野为语曰："三人共宅，夹清漳，张南周北，刘中央。"言处二人间。

王隐《晋书》曰：魏舒，字阳元。幼丧父母，为外宁氏所养。宁氏起宅，相者云："当出贵外甥。"外祖父母以宁氏甥小而慧，谓应相也。舒答："当为外家成此宅相。"

又曰：上党鲍瑗家多丧祸贫苦，淳于智卜之，卦成，谓曰："为君安宅者，女子工耶？"曰："是也。"又曰："此人已死耶？"曰："然"。智曰："此人安宅失宜，既害其身，又令君不利。君舍东北有大桑树，君径入市门数十步，当有一人折新马鞭者，便就请买还，悬此树，三年当得物。"瑗承言诣市，果得马鞭，悬之三年，后浚井，中得数十万铜钱杂器，复可二十余万。于是家业用展，病者亦愈。

《晋书》曰：孔愉营山阴湖南侯山下数亩地为宅，草屋数间，便弃官居之。送资数百万，悉无所取。

又曰：桓玄得志，常欲以谢安宅为营。谢混曰："邵伯之仁，犹惠及甘棠；文静之德，更不保五亩宅耶！"玄闻，惭而止。

《宋书》曰：初，太社西空地一区，吴时丁奉宅，孙皓流徙其家；晋有江左，初为周顗、苏峻宅，其后为袁真宅，又为章武王司马秀宅，皆凶败；后给臧焘，亦频遇丧祸；故世称恶地。王僧绰常以正达自居，谓宅无吉凶，请为第。始就筑，未居而败。

又《颜延之传》曰：竣既贵重，权倾一朝，凡所资供，延之无所受，器服不改，宅宇如旧。见竣起宅，谓曰："善为之，无令人笑汝拙也。"

《齐书》曰：齐世祖武皇帝讳赜，字宣远，太祖长子也。小字龙儿。生于建康青溪宅，其夜陈孝后、刘昭后同梦龙据屋上，故字上焉。

《梁书》曰：高祖，宋大明八年甲辰，生于秣陵县同夏里三桥宅。

《后魏书》曰：德兴反于营州，使尚书卢同往讨之，大败而反。属侍中穆绍与元顺侍坐，因论同之罪。同先有近宅借绍，颇欲为言。顺勃然曰："卢同终将无罪！"太后曰："何得如侍中之言？"顺曰："有好宅与要势侍中，岂虑罪也？"绍惭，不敢复言。

又《邢峦传》曰：孝文因行乐至司空府南，见峦宅，谓峦曰："朝行乐至此，见卿宅乃住，东望德馆，情有依然。"峦对曰："陛下移构中原，方建无穷之业，臣意在与魏升降，宁容不务永宁之宅。"帝谓司空穆高、仆射李冲曰："峦之此言，其意不小。"

《五代史·晋史》曰：罗绍威前唐时尝建第洛阳福善里。庄宗同光中，始赐明宗梁租庸使赵岩宅，虽华，以趋内远，乃召绍威子周敬易其第。后明宗即位，一日梦中见一人，仪形瑰秀，若素识者，上梦中曰："此得非前宅主罗氏乎！"及寤，访其子孙，左右对曰："周敬见列明廷。"召至，果符梦中所见。上谓侍臣曰："朕不欲使大勋之后久无土地。"因授左冯翊。非承家为善，何以致此！

《五代史·周书》曰：汉初，以晋入蕃将相第宅赐随驾大臣，以赵莹第赐太祖。太祖召莹子前刑部郎中易则告之曰："所赐第除素属版籍外，如别有契券，已所置者，可归本直。"即以千余缗遗易则，易则惶恐辞让，太祖坚之，乃受。

《孔子家语》曰：鲁哀公问于孔子曰："寡人闻东益宅不祥，信有之乎？"孔子曰："不祥有五，而益宅不与焉。夫损人而自益，身之不祥也。弃老而取幼，家之不祥也。释贤而任不肖，国之不祥也。老者不教，幼者不学，俗之不祥也。圣人伏匿，愚者擅权，天下之不祥也。不祥有五，而益宅不与焉。"

《淮南子》曰：鲁哀公欲西益宅，史争之，为西益宅不祥。哀公作色怒，左右数谏不听，乃以问其傅曼折睢，对曰："天下三不祥，而西益宅不与焉。"哀公大悦，复问："何为三不祥？"对曰："不行礼义，一不祥。嗜欲无止，二不祥。不听正谏，三不祥。”哀公喟然，自反，不益宅。

《风俗通》曰：宅不西益，俗说西者为上，上益宅者，妨家长也。原其所以西益者，《礼记》曰：“南向北向，西方为上。”《尔雅》曰：“西南隅谓之隩。”尊长之处也。不西益者，恐动摇之耳。审西益有害，增广三面岂能独吉乎？

《国语》：鲁文公欲弛孟文子之宅，文公，鲁僖公之子。弛，毁也。孟文子，鲁大夫公孙敖之子文伯谷也。宅有司所居，公欲毁之，以益宫也。使人谓之曰：“吾欲利子于外之宽者。”对曰：“夫位，政之建也；署，位之表也；车服，表之章也；宅，章之次也；禄，次之食也。君议五者以建政，为不易之政也。今有司未命易臣之署与其车服，而曰：将易而次，为宽利也。夫署，所以朝夕虔君命也。臣立先臣之署，服其车服，为利故而易其次，是辱君命也。不敢闻命。若罪也，则请纳禄与车服而违署，唯里人之所命次。”公弗取。臧，文仲闻之，曰：“孟孙善守矣，其可以盖穆伯而守其后于鲁乎！”穆伯，文子之父公孙敖也。淫乎鲁，出奔而死，圻于齐。今文子守官不失礼，故可掩盖其父恶，守其后嗣也。公欲弛郈敬子之宅，亦如之。公，文公。郈敬子，鲁大夫郈惠伯玄孙之孙敬伯回也。亦如之者，亦谓之欲利子于外之宽者也。对曰：“先臣惠伯以命于同里，尝、禘、烝享之所致君昨者世有数矣。出入受事之币以致君之命者，亦有数矣。今命臣更次于外，无乃违乎！请从司徒以班从次。”亦弗取。

《孟子》曰：五亩之宅，树墙下以桑，匹妇蚕之，则老者足以衣帛。

《韩子》曰：有与猛者邻，欲卖宅避之。人曰：“是其贯将满矣，子姑待之。”答曰：“吾恐以我满贯也。”遂去之。

《淮南子》曰：任一人之能，不足以治三亩之宅。循道理之数，因天地之固，然则六合不足均也。

《抱朴子》曰：葛卢佐光武有大功，受爵，立宅舍于博望里。于今基址石础存焉。

《郡国志》曰：虢州杨震宅，西有龙望原，南崖有太尉公藏书窟。

太元初，人逐兽入穴，见古书二千余卷。

又曰：洛阳董卓宅在永和里，掘地辄得金玉宝玩。后魏邢峦掘得丹沙及钱，铭曰董太傅之物。后梦见卓索，栾不与。经年而卒。

又曰：洛阳石崇宅有绿珠楼，今谓之狄泉。

又曰：洛阳苏秦宅在利仁里。后魏高显业每夜见赤光，于光处掘得金百斤，铭曰苏家金。业为之造寺。

又曰：斡山南许询宅。

又曰：长沙南寺贾谊宅，亦陶侃宅在焉。

又曰：娄县山下有巫咸故宅在焉。

又曰：鄂州西塞山有黄琬宅、丁固宅。

又曰：寻阳郡湓城亭有陶潜宅。

又曰：柳州城东北有仙人苏耽宅。

又曰：淯阳有小长安，东场城有范蠡祠，即故宅也。

又曰：恒州九门县新市城西有蔺相如宅。

又曰：邓州枚溪出紫山南道，百里奚故宅基在焉。

又曰：密州高密西有郑玄宅，亦曰郑城。玄后移葬于属阜。墓侧有稻田万顷，断水造鱼梁，岁收亿万，世号万匹梁。

《舆地志》云：县东南白沙有庞士元宅于汉水之北，司马德操宅于汉水之南，隔鱼梁州街对宇，欢情自接，每至相思，则褰裳涉水。

《楼承先别传》曰：楼玄到广州密求虞仲翔故宅处，遂徘徊踯躅，哀咽凄怆，不能自胜耳。

《三辅决录》曰：郭详为太尉长史，起大宅在高陵城西，世称曰长史宅。

《濑乡记》曰：老子祠在濑乡曲仁里。谯城西出十里，老子平生时，教化学堂故处也。汉桓帝修建屋宇为老子庙。庙北二里李夫人祠，是老子所生旧宅也。

刘祯《京口记》曰：糖颓山，山周回二里余。山南隔路得郗鉴故宅，五十余亩。

又曰：长村东太渎，渎北有谢玄故宅。

戴延之《西征记》曰：东阳门外道北，吴蜀二主第宅，去城二里。墟基犹存。

又曰：潼关，北去蒲阪城六十里，城中有舜庙。城外有宅井及二妃坛。南去城二十里有山，舜所耕山也。

《述征记》曰：丰水西九十里有汉高祖宅。

又曰：山阳县城东北二十里，魏中散大夫嵇康园宅。今悉为田墟，而父老犹谓嵇公竹林地，以时有遗竹也。

《成都记》曰：成都县南百步有严君、司马相如、杨雄宅。今草玄亭余迹尚存。

《陈留耆旧传》曰：董宣为北海太守。大姓公孙舟造起大宅，卜工占之，云宅成当出一丧。舟使其子取行人杀之以塞咎。宣收舟，拷杀之。

《世说》曰：锺会、荀济二人情好不协。荀有宝剑，可直百万，常在母锺太夫人许。会善书，学荀手迹，作书与母取剑，仍窃去不还。荀后知是锺，而无由得求，思所以报之。会锺兄弟共以千万起新宅，始成，甚精丽，未得移住。荀善画，于是潜往画锺门堂，并作太傅形象，衣冠状貌如平生之容。锺来入门，便感恸，于是宅遂空废。

《徐邈别传》曰：邈字仙民，举也恣承，传为定范。旧疑岁神在卯，举世认承，传为定范。旧疑岁神在卯，此宅之左，即彼宅之右地，何得俱忌。邈以为太岁之属，自是游神；譬如日出之时，向东皆逆，非为定体。

《水经注》曰：齐城门外有晏婴宅。

盛弘之《荆州记》曰：新野郡西七里有杨溪，源出紫山，南流入淯。故耆老传云溪西有百里奚宅。

又曰：新野郡南有越相范蠡祠，蠡宅三户。人传云祠处即是宅。

又曰：襄阳范蠡祠南有晋河南尹乐广宅，周回十余亩。曩旧井犹未颓，檀道济置逻其中，即名为乐宅。

又曰：襄阳西北十许里，名为隆中，有诸葛孔明宅。

又曰：宛城有伍子胥宅。

范汪《荆州记》曰：义阳六安县有光武宅，枕白水，所谓龙飞白水。

《苏州记》曰：周文学科孔子弟子言偃宅在常熟县西。

《史记》云：言偃，吴人也，字子游。又《吴地记》云：宅有井，井边有监洗石，周四尺。《舆地志》云：梁萧正德为郡太守，为萧将去，莫知所在。

《吴地记》曰：云陆氏宅在长谷，谷在吴县东北，谷名华亭谷，水下通松江。昔陆逊、陆凯居此谷。《吴志》云："汉庐江太守陆康与袁术有隙，使侄逊与其子绩率宗族远此避难。"居于是谷。谷东有昆山父祖墓焉。故陆机《思乡诗》：曰"仿佛谷水阳，婉娈昆山阴。"

《列仙传》云：历阳有彭祖宅，祷祠风雨，应期而至。

《襄沔记》曰：晋永兴中，镇南将军襄阳郡守刘弘至隆中观亮故宅，立碣表闾，使太傅掾犍为李兴为文。

又曰：繁钦宅、王粲宅，并在襄阳。井台犹存。

又曰：长流解西有梁曹仪同景宗、柳仪同庆远、韦仪同睿诸宅，并相邻次郭城西门。韦睿少时，有南阳人蔡那善相，相睿宅应出三公、刺史，贵不可言。时睿宅上有草房十间，那宅在城南，悉是瓦屋，求睿换宅，疑而不许。睿两兄阐、纂有令问，位望在睿之右。乡里谓此人应班槐棘。其后阐、纂相继而终。睿奉龙飞，遂成宅相。简文征书既至，游憩此宅，望气之言，殆有征矣。

《丹阳记》曰：有张子布宅，在淮水南对瓦官寺门张侯桥所也。桥近宅，因以为名。

仲雍《荆州记》曰：秭归县有屈原宅、伍子胥庙。捣衣石犹存。

韦述《两京记》曰：东京宜人坊，其半本隋齐王暕宅。炀帝爱子，初欲尽坊为宅，帝问宇文恺曰："里名为何？"恺曰："里名宜人。"帝曰："既号宜人，奈何无人，可以半为王宅？"

又曰：仁和坊，兵部侍郎许钦明宅。钦明，户部尚书圉师犹子，与中书令郝处俊乡党亲族。两家子弟类多丑陋，而盛饰车马，以游里巷。京洛为之语曰："衣裳好仪观恶，不姓许即姓郝！"

又曰：崇仁坊西南隅，长宁公主宅。既承恩，盛加雕饰，朱楼绮阁，一时胜绝。又有山池别院，山谷亏蔽，势若自然。中宗及韦庶人数游于此第，留连弥日，赋诗饮宴，上官昭容操翰于亭子柱上写之。韦氏败，公主随夫为外官，初欲出卖，木石当二千万，山池别馆，仍不为数。遂奏为观，以中宗号为名。词人名士，竞入游赏。

又曰：延寿坊东隅，驸马裴巽宅。高祖末，裴行俭居之。自行俭以前，居者辄死。自俭卜居，有狂僧突入，髡其庭中大柳树，中有豕走出，径入北邻，其家数月暴死尽，此宅清宴。

又曰：永兴坊西门北魏徵宅，本宇文恺宅。及徵居之，太宗幸焉，时将营小殿赐徵为堂。

又曰：通化坊东南，郧公殷开山宅，西北颜师古宅，又有欧阳询宅。时人谓之吴儿坊。

又曰：延寿坊北门之西，有中书令阎立本宅。宅内西亭有立本画水之迹。

又曰：明教坊龙兴观西南隅，开府宋璟宅。南门之东，国子司业崔融宅。璟造宅，悉东西相对，不为斜曲，以避恶名。融为则天哀策，用思精苦，下直马过其门不觉，文就而卒。

又曰：尚善坊东南隅，岐王范宅。宅有薛稷画鹤，世称妙绝。

又曰：劝善坊东北隅，太子太师郑公魏征宅。山池院有进士郑光乂画山水，为时所重。

又曰：宣风坊北街之西，中书令苏味道宅。宅有三十六柱亭子，时称巧绝。

《禄山事迹》曰：禄山旧宅在道政坊，玄宗以其隘陋，更于亲仁坊选宽爽之地，出内库钱更造宅焉。敕所司穷其华丽，不限功力财物，堂皇院宇，重复窈窱，周匝诰曲，户牖交疏，高台临池，宛若天造，帷帐幔幕，充牣其中。至九年八月，禄山献俘至京，方命入此新宅。

《春秋内事》曰：阴宅以日奇，阳宅以月偶；阴宅先内男子当令奇，阳宅先内女子当令偶，乃吉。阴宅内男子三人，阳宅内女子二人。

《地镜图》曰：人望百家宅法中有赤气者，家有汛财。白气入人家，有财不保。黑气有五，其伏在宅中，青气者有银，地宝也。

嵇康《宅无吉凶论》曰："设为三公之宅，而命愚民居之，必不为三公，可知也。夫寿夭之不可求，甚于贵贱。然则择百年之宫，而望殇子之寿，孤逆魁忌，以速彭祖之夭，必不几矣。然则果无宅也，是性命自然，不可求矣。"

《楼观本记》曰：隋之开皇元年，敕旨："楼观者，本尹先生卜居之胜宅，老君说经之圣迹，乃玄教根源，福田之首。宜令所司别作图样，开拓旧居。"

太平御览卷第一百八十一 居处部九

第

《汉书》曰：高祖诏列侯食邑者，皆赐大第室。二千石，受小第室。注云：有甲乙次第，故曰第。又曰：出不由里门，面大道者，名曰第。

《史记》驺奭者，齐诸邹子，亦颇采驺衍之术以纪文。于是齐王嘉之，自如淳于髡以下，皆命曰列大夫，为开第，康庄之衢，高门大屋，尊宠之。览天下诸侯宾客，言齐能致天下贤士也。

《汉书》：霍去病益贵，上为治第，辞曰："匈奴不灭，无以家为。"

又曰：高后德夏侯婴、脱孝惠、鲁元于下邑，赐北第。上曰近我，以尊异之，注云：第以北为尊。

又曰：平恩侯许伯入第，司隶校尉盖宽饶往贺，酒酣，仰视屋曰："美哉！富贵无常，忽则易人，如此传舍，所阅多矣。唯谨慎为得久，君侯可不诫哉！"

《晋书》：青溪桥东南临淮水，周三里九十步，太宗旧第，后为会稽文孝王道子宅。谢安薨后，道子领扬州刺史，于此理事，时人呼为东府，至是筑城，以东府为名。其城东北角有灵秀山，即道子宅内山，嬖臣赵牙所筑也。

《齐书》：刘瓛姿状纤小，而儒学冠于当朝，京师贵游士子莫不下席受业。瓛性谦下，不以高名自居。住檀桥，有屋数间，上皆穿漏。学徒不敢斥，呼为青溪焉。竟陵王子良亲往谒。表世祖为瓛立馆。学徒不敢斥，呼为青溪焉。竟陵王子良亲往谒。表世祖为瓛立馆，以杨烈桥故主第给之。生徒皆贺，瓛曰："室美岂为人灾？华宇岂吾宅哉？"未及徙居，遇疾卒。

《唐书》：段纶，兵部尚书。纶少任侠，落拓，不修细行。仕隋左亲卫，隐太子见而悦之，妻以琅琊长公主，舍高祖之旧第，数闻鼓吹之音，观之，无所睹。绝谓主曰："闻图谶李氏当王命，今于第内有此祯祥，必而家应箓之征也。"

又曰：张延赏东都旧第，在思顺里，亭馆之丽，甲于都城，子孙五代，无所加工。时号三相张氏云。

《魏王奏事》：爵虽列侯，食邑不满万户，不得作第。其舍在里中，皆不称宅。

《荀氏家传》曰：荀彧，字文若。太祖既定冀州，为公起大第于邺。诸将各以功次受居地。太祖亲游之，笑曰："此亦《周礼》六勋之差也。"

《文选·蜀都赋》：亦有甲第，当衢向术。

《西京赋》：北阙甲第，当道直启。

邸

《史记》曰：代王驰入北邸。

《史记·封禅书》曰：方士多言古帝王有都甘泉者。其后天子又朝诸侯甘泉。甘泉作诸侯邸。

陆机《洛阳记》曰：百郡邸，在洛城中东城下步广里中。

屋

《说文》曰：屋，居也。

《释名》曰：大屋曰庑，庑，抚也，覆也；亦谓之正也，屋之正大者。

《通俗文》曰：客堂曰序。

《声类》曰：庑，堂下周也。

《释名》曰：屋，奥也；其中温奥。

《易·丰卦》曰：丰其屋，蔀其家，窥其户，阒其无人。王弼注云：屋，藏荫物也。以荫处极而最在外际自藏阴者也。既丰其屋。又覆其家，暗之甚也。弃其所处而深自藏。窥户无人。

《诗·鹊巢·行露》曰：谁谓雀无角，何以穿我屋？

又曰：于我乎！夏屋渠渠。注：夏，大也。渠渠，犹勤勤也。

又《车辚·小戎》曰：在其板屋，乱我心曲。注：西戎版屋。心曲，心之委曲也。

又曰：瞻乌爰止，于谁之屋？

《周礼·冬官·庐人》曰：殷重屋，堂修七寻，崇三尺，四阿，重屋。《考工记》：葺屋三分，瓦屋四分。注：各分，其修，以其一为峻。

《尚书大传》曰：武王伐纣，观兵于盟津，有火流于王屋，化为赤乌，三足。

《礼记》曰：富润屋。

《左传》：清庙茅屋，昭其俭也。

又曰：宋灾，乐嘉为政，火所未至，撤小屋，涂大屋。注：大屋难撤，故就涂之。

又曰：栾氏乘公门，宣子谓赵鞅曰："矢及君屋，死之。"鞅用剑以帅卒，栾氏退。

又《昭六年传》曰：叔孙婼聘于晋，一日必葺其墙屋，去如始至。

《东观汉记》曰：锺离意为棠邑令，初到无屋，意乃出俸钱作屋。民赍柱趣作，浃日而成。毕，为民士祝曰："兴功役者令也。如有祸祟，令当之。"民大悦。

又曰：王霸，建武初，连征不至。霸安贫贱，居常茅屋蓬户，藜藿不厌。然乐道不息，以寿终。

《吴志》曰：吴仪，字子羽。为人不治产业，造屋才足自容。邻家起大宅，孙权出，望见起屋，左右曰："是仪家。"权曰："吴子羽俭，必非也。"令人亲至，果是邻舍。

又曰：鱼宗为将军朱据长史，将母在营。夜雨屋漏，宗起，涕泣谢母，母曰："但当勉之，何足泣也？"

《晋记》曰：左将军王廙，中宗姨弟也，为母起屋违制，上流涕责廙。

皇甫谧《列女传》曰：卫农与妻宿客舍，遇雷雨，妻梦虎啮其足，惊起，相谓曰："我此行未宜，天欲戮我。"夫妻出，中夜叩头。屋坏，压杀数十人。

《家语》曰：孔子厄于陈蔡，从者七日不食。子贡以货窃犯围出，籴于野人，得米一石焉。颜回、仲由炊之。坏屋之下有埃尘，墨堕饭中，颜回取而食之。子贡自井望见之，不悦，以为窃食。《吕氏春秋》亦载。

又曰：周公居冢宰之尊，而犹下白屋之士。日见百七十人。

《新语》：尧、舜之人可比屋而封，桀、纣之人可比屋而诛。

《汉武故事》曰：上起神屋九间，虽昆仑玄圃不之过也。

又曰：武帝四岁封胶东王，长主抱膝上，问曰："儿欲得妇？"长主指左右长御百余人，皆云不用。因指其女问曰："阿娇好不？"笑对云："好。若得阿娇作妇，当作金屋贮之。"长主大悦，乃苦要上，遂定婚。

《汉官典职》曰：南北宫相去七里，中间作大屋，复道三行，天子案行中央，台官从左右。

崔凯《丧服节》曰：礼，人君宫室之制为殷屋。殷屋，四厦屋也。卿大夫为夏屋，隔半以北为正室，中半以南为堂。正室，斋室也。

《神异经》曰：西北金阙，北荒有百屋，齐长四十丈，画以五色。

戴延之《西征记》曰：洛阳城有郁金屋。

《广志》曰：大秦国以青水精为屋。

《郡国志》曰：秦州俗尚气力，不耻寇盗，弓马射猎，以为工能。其居，八板为屋。故《诗》云："在其板屋，修我甲兵，及车辚辚，四铁小戎。"皆言田狩之事。

《论衡》曰：丰屋知名家，乔木知旧都，鸿文在国，圣世之验。又工伎之书，起宅盖屋，必择吉日。夫屋覆人形，宅居人体，何患害于岁月而必择之？亦如以彰蔽人身者神要之，则夫装车、治船，亦当择日。

《世说》曰：蔡司徒说在洛，陆机兄弟住参佐廨中，数间瓦屋，士龙住东头，士衡住西头。

又曰：庾阐作《杨都赋》成，以示庾亮。亮云："可三二京，四三都。"谢安云："不得尔，此是屋下架屋耳，事事拟学而无不俭狭。"景阳诗：蜘蛛网四屋。

《七启》曰：云屋皓旰音旱闲宫显敞。

《陶潜集》：少无适俗韵，性本爱丘山，方宅十余亩，草屋八九间。

刘义恭《启事》曰：洪恩潭被，赐臣息伯仑柽屋二间。

《楚词·九歌》曰：鱼鳞屋兮龙堂。

家

《说文》：牖户之间谓之扆，其内谓之家。

《易·家人》：有严君焉，父母之谓也。

又：家人嗃嗃，未失也；妇子嘻嘻，失家节也。

《易·家人》：女正位乎内，男正位乎外。

《诗》：刑于寡妻，至于兄弟，以御于家邦。言文王自家刑国。

《后汉书》曰：李通严毅，治家如官庭。

舍

《说文》曰：市居曰舍。

《礼记》有客弗能馆，不问其所舍。

《左传》秦获晋侯以归，晋大夫反首拔舍而从之。注：反首，乱头发反下垂也。拔舍，草止也。

《汉书》：曾城舍，班婕妤居之。

又曰：成帝赵皇后女弟绝幸，为昭仪，居昭阳舍。

桓子《新论》：董贤女弟为昭仪，居椒风舍。

《后汉书》曰：朱祐初学长安，帝往候之，祐不得相劳苦，而先升讲舍。后车驾幸其第，帝因笑曰："主人得无舍我讲乎？"以有旧恩，数蒙赏赖。

谢承《后汉书》曰：赵昱请处士綦母君公立精舍，受《公羊传》。

又曰：杨震客居湖县，立精舍，家贫，常以种蓝自业。

又曰：杨奇，字公挺，震之玄孙。少有志节，不以家势为名，交结英彦，不与豪右相交通，于河南缑氏界中立精舍，门徒常二百人。

又曰：陈寔，字仲弓。诣太学，郭林宗、陈仲举为亲友。归家，立精舍，讲授诸生数百人。

又曰：周磐，字坚伯。初为安陵令，以从弟畅为司隶，县属州部换阳平令，复换重合令。磐已历二县，耻复经三城，遂去还家，立精舍，教授学徒，守先人冢庐，远方知名。

又曰：张奂，字然明，弘农华阴人。诣太学受业，博通五经。隐处在扶风郿县界中，立精舍，斟酌法乔卿之《雅训》，昼诵《书》《传》，暮习弓马。

魏武令曰：孤本欲自立精舍，今遂为国讨贼。

《后汉书》：张湛称疾不朝，拜太中大夫，居中东门候舍，故时人号曰东门君。

《齐书》：周颙，字彦伦，汝南安城人也。智林道人遗书颙。于锺山西立隐舍，休沐则归之。

《古今注》野人为员舍如蜗牛之壳，故曰蜗舍。

庐

《说文》曰：庐，寄也；春夏居，秋冬去。

《释名》曰：寄此为庐。

《周礼》：凡国野之道，十里有庐，庐有饮食。

《汉书》：武帝赐严助书曰：制诏会稽太守，君厌承明之庐，张宴曰：承明庐，在石渠阁外直宿山，曰庐也。劳侍从之事，怀故土，出为郡吏。会稽东接于海，南近诸越，北枕大江。间者阔焉，久不闻问，具以《春秋》对，无以从横说。

华峤《后汉书》曰：汝南薛苞，字孟尝。父取后妻，憎苞，分之出外。日夜号泣不能去，被殴杖，不得已庐于门外。旦入洒扫进食，父怒逐之。又庐于里头，晨昏不废。积岁余，父母惭而还之。

《东观汉记》曰：耿纯率宗族归光武，纯兄归，烧家庐舍。上以问纯，纯曰："恐宗人宾客，卒有不同，故焚烧庐舍，绝其反顾之望。"上大笑。

又曰：李恂为武威太守，后坐事免，无田宅财产，居山泽，结草为庐。

《魏略》曰：杨沛前后宰历城，守不以私计介意。后家无余积，无他奴婢，占河南席阳亭部荒田二顷，分牛庐，居止其中。

《魏志》曰：管宁至辽东，乃庐于山谷。时避难者多居郡南，而宁居北，示无迁志。

《晋书》：征虏将军石崇，河南金谷涧中有别庐，冠绝时辈，引致宾客，日以赋诗。

诸葛亮《表》：先帝不以臣卑鄙，三顾臣于草庐之中，谘臣以当世之事。

《郡国志》：庐山，周武王时有匡俗先生，字君孝，兄弟七人皆有道术，结庐于此仙去。空庐尚存，故曰庐山。

皇甫谧《高士传》曰：世莫知焦先所出，或言生汉末，无父母兄弟，见汉衰乃不言，常结草为庐，冬夏袒露，垢污如泥。后野火烧其庐，先因露寝，遭冬雪大至，先袒卧不移，人以为死，就视如故。

《洛阳故宫名》曰：侍中庐，在南宫中。

屠苏附

《通俗文》曰：屋平曰屠苏。

《广雅》曰：屠苏，庵也。

《魏略》曰：李胜为河南尹，厅事前屠苏坏，令人治之。

庵

《释名》曰：圜屋曰庵，庵，掩也；自覆掩也。

太平御览卷第一百八十二 居处部十

门上

《说文》曰：门，扪也；在外为人所扪摸也。从二户，象形也。阊阖，天门也。阖，门扉也。閈，门也。门乡，门向也。阛阓，市门也。阍，门竖也。阍，昏也；门常昏闭，故曰阍即守门隶人也。阎，里中之门也。

《易·说卦》曰：艮为门。

《尔雅》曰：閍谓之门。注：《诗》曰祝祭于祊是也。

又曰：正门谓之应门，宫中之门谓之闱。谓相通之小门。

韩杨《天文要集》：角，天门也。

《风俗通》曰：闬，城外郭内里门也。

《礼记》注云：天子五门：皋门、雉门、库门、应门、路门。鲁有库、雉、路三门，则诸侯三门也。

汉制，内至禁省为殿门，外出大道为掖门。

应劭注《汉书》曰：掖者，言在司马门之旁掖。王者行幸，设车宫辕门，帷宫旌门，无宫则供人门。郑注《周官》云：次车为藩，则仰车辕以表门。张帷为宫，则树旌以表门。陈列周卫，则立长人以表门。

《周礼》曰：掌舍，掌王会同之舍，设陛枑再重，设车宫辕门，为坛壝宫棘门，为帷宫设旌门，无宫则供人门。辕门，谓次以为藩，即车以为门。人门，谓以人为卫，立长人以为门。

又曰：师氏，掌以以美诏王。居虎门之左，司王朝。注云：虎门，路寝门也；王日视朝于路寝门外也。画虎焉，以明勇猛于守宜也。

《尚书》曰：舜宾于四门，四门穆穆。

又曰：辟四门

《诗》曰：乃立皋门，皋门有伉。乃立应门，应门锵锵。

又曰：《北门》，刺士不得其志也。言卫之忠臣不得其志耳。出自北门，忧心殷殷。

又曰：高门有闶。

又曰：《衡门》，诱僖公也。愿而无立志，故作是诗以诱掖其君也。衡门之下，可以栖迟。

《诗义问》曰：横一木作门而上无屋，谓之衡门。

《易》曰：重门击柝，以待暴客。

又曰：出门同人，无咎。

又曰：不出户庭，无咎。

《礼记》曰：凡与客入者，每门让于客。客至于寝门，则主人请入为席，然后出迎客。主人入门而右，客入门而左。

又曰：生男，悬弧于门左。

又曰：立不中门，行不履阈。

又曰：妇人送迎不出门，见兄弟不逾阈。

又曰：两君相见，揖让而入门，入门而悬兴。作乐。

又曰：大夫、士出入公门，由闑右，不践阈。

又曰：入门而问讳。

又曰：孔子负手曳杖，逍遥于门。

又曰：天子诸侯台门，此以高为贵者。

又《月令》曰：孟秋，其祀门，祭先肝。阴气出，祀之于门外，顺阴也。

又曰：孟冬，戒门闾，修键闭。

《左传》启塞从时。门户桥道谓之启，城郭墙堑为之塞，皆启闭之急，不可一日而阙也。

又《襄二年》王叔之宰曰："荜门圭窦之人而皆陵其上，难为上矣。"荜门，柴门，闺窦小户穿壁，上锐下方，状如圭。

又曰：新作南门，书不时也。注：本名稷门，公吏高之，改高门也。

又曰：郑大水，龙斗于时门之外洧渊。

又曰：公及邾师战，败绩。邾人获公胄，悬诸鱼门。杜预曰：鱼门，邾城门。

又曰：楚子囊围宋，门于桐门。

又曰：楚子为陈夏氏乱，遂入陈，杀夏徵舒，轘诸栗门。轘，车裂也，栗门，陈城门也。

《论语·宪问》曰：子击磬于卫，有荷蒉而过孔氏之门者曰："有心哉，击磬乎！"

又曰：邦君树塞门，管氏亦树塞门。

又《乡党》曰：入公门，鞠躬如也。

《史记》曰：金马门者，官者署门也。门旁有铜马，故谓之曰金马门。

又曰：太史公曰："余过大梁，求所谓夷门者，大梁城东门也。"

又曰：夫以汲、郑之贤，有势则宾客十倍，无势则否，况众人乎！下邽翟公有言，始翟公为廷尉，宾客阗门；及废也，门外可设爵罗。翟公复为廷尉，客欲往，翟公乃大署门曰："一死一生，乃知交情。一贫一富，乃知交态。一贵一贱，交情乃见。

又曰：万石君子庆为内史。庆归，入门不下车。万石君闻之，不食。庆恐，肉袒请罪，不许。举宗及兄建肉袒，万石君让曰："内史贵人，入闾里，里中长老皆走匿，而内史坐车中自如，固当。"乃谢罢庆。庆及诸子入里门，趋至家。

又曰：吕不韦说子楚曰："吾能大子之门。"子楚笑曰："盍自大子之门，顾乃大吾门！"不韦曰："吾门待子门而大耳。"

《汉书》曰：太液池有壁门。

又曰：陈平家贫，负郭穷巷，以席为门，然门外多长者车辙。

又曰：魏勃家贫，欲见齐相曹参，无以自达，常早起扫其门。人问故？勃曰："欲见相君无因，故为子扫门。"乃见参，参用为舍人。

又曰：梅福居家，常以读书养性为事。至元始中，王莽颛政，师古曰：颛与专同。福一朝弃妻子，去九江，至今传以为仙。其后，人有见福于会稽者，变姓名，为吴市门卒云。

又曰：于定国父于公，其闾门坏，父老方共治之。于公谓曰："少高大闾门，令容驷马高盖车。我治狱多阴德，未曾有冤，子孙必有兴者。"至定国为丞相，永为御史大夫，封侯世传云。

又曰：张释之为公车令，顷之，太子与梁王共车入朝，不下司马门，如淳曰：宫卫令，诸出入殿门公车司马门者皆下，不如令，罚金四两。于是释之追止太子、梁王毋入殿门。遂劾不下公门不敬，奏之。薄太后闻之，文帝免冠谢曰："教儿不谨。"薄太后使丞诏赦太子、梁王，然后得入。文帝繇是奇释之，拜为中大夫。

又曰：郑崇为尚书，上谓曰："君门如市，何以欲禁切主上？"师古曰：请求者多，交通宾客者也。崇对曰："臣门如市，臣心如水。"

又曰：邹阳谏吴王曰："今臣尽智毕义，易精极虑，则无国不可奸；饰固陋之心，则何王之门不可曳长裾乎！"

又曰：王尊为东平相。是时，东平王以至亲骄不奉法度。傅相连坐。师古曰：前任傅相者，頞坐王得罪。及尊视事，奉玺书至庭中，王未及出受诏，尊持玺书归舍，食已及还。致诏尊持后，谒者见王，傅在前说《相鼠》之诗。师古曰：《鼠》，墉风篇名，刺无礼之诗也。其辞曰：相鼠有皮，人而无仪，人而无仪，不死何为。相，视也。言视鼠有皮，虽处高显之地，偷食苟得，不知廉耻。人无礼仪，亦与鼠同，不如速死也。尊曰："毋持布鼓过雷门！"师古曰：雷门，会稽城门也。有大鼓，越击此鼓，声闻洛阳，故尊引之也。布鼓，谓以布为鼓，故无声。王怒，起入后宫，尊亦直趋出就舍。

又曰：盖宽饶，字次公。为谏议大夫，行郎中户将军。师古曰：《百官公卿表》郎中令属官有郎中、事户，骑三将，各以所主为名也。将者，主户卫也。劾奏卫将军张安世子侍中阳都侯彭祖不下殿门，师古曰：过殿门不下车也。并连及安世居位无补。彭祖时实下门，宽饶坐举奏大臣非是，左迁为卫司马。

又曰：萧望之署小苑东门候时，王仲翁出入从仓头卢儿，顾谓望之："不肯录录，反抱关为。"师古曰：录录，谓循常也。言望之不能随例搜索以建忤，执政不得大官而守门。望之曰："各从其志。"

又曰：钩弋夫人大有宠，有娠，十四月乃产，是为昭帝。武帝曰："昔尧十四月生，今钩弋亦然。"乃命其门曰尧母门。

范晔《后汉书》曰：孔融云："郑君里门，四方所由观礼，其广令容高车结驷，名为通德之门。

又曰：郅恽，字君章。为上东门候，帝常猎，夜还，恽拒门不开。帝乃回从中东门入。赐恽布，贬中东门候。

又曰：《李膺传》曰：是时朝廷日乱，纲纪颓弛。膺独持风裁，以声名自高。士有被其容接者，名为登龙门。"以鱼为喻。龙门，河水所下之口，在今绛州龙门县。

辛氏《三秦记》曰：河津，一名龙门，水陆不通，鱼鳖之属莫能上，江海大鱼薄集龙门下数千，不得上，上则为龙。

袁宏《汉纪》曰：建初二年，有司依旧典奏封诸舅，太后诏曰："前过濯龙门上，见外家车如流水马如龙。吾不谴怒之，但绝其岁用。"

《后汉书·马援传》曰：孝武皇帝时，善相马者东门京铸作铜马法献之，有诏立马于鲁班门外，则更名鲁班门为金马门。

又曰：赤眉入长安，更始单骑走，从厨城门出，《三辅黄图》曰：洛城门，王莽改曰建子门，其内有长安厨官，俗名之为厨城门。今长安故城北面之中门是也。诸妇女从后连呼曰："陛下，当下谢城。"更始即下拜，复上马去。

又《郭祚传》曰：祚迁尚书右仆射。故事，令仆中丞驺唱而入宫门，至于马道。及祚为仆射，以为非尽敬之宜，言于世宗，帝纳之，诏御在太极唱至止车门，御在朝堂至司马门。驺唱不入宫，自此始也。

又曰：张湛，建武初为左冯翊。在郡修典礼，设条教，政化大行。后告归平陵，望寺门而步。告，请也。告归，谓请假归寺门。即平陵县门也。主簿进曰："明府位尊德重，不宜自轻。"谌曰："《礼》，下公门。轼辂马。辂，大也。君所居曰辂寝。车马曰辂马。轼，车前横木也。《乘车》曰：必正之有所敬，则抚轼谓小俯也。孔子于乡党，恂恂如也。父母之国，所宜尽礼，何谓轻哉？"

又曰：虞延为陈留督邮，敕延一人从驾到鲁，还经封丘城门，门下小，不容羽盖，帝怒，使挞侍御史，延因下见引咎，以为罪在督邮。言辞激扬，有感上意，乃制诏曰："以陈留督邮虞延故，侍御史罪宜放。"

《魏书》曰：文帝初在东宫，集诸儒于肃城门内，讲论大义，侃侃无倦。

《吴志》曰：张昭谏，孙权不从，称疾不朝。权自出，过其门呼昭，辞疾笃。权使烧其门，欲恐之，昭更闭户。权使灭火，住门良久，昭诸子共扶昭起，权载以还宫。

又曰：初平中，谣曰："黄金车，班兰耳，阊阖门，出天子。"阊阖，吴西郭门，夫差所作。

又曰：诸葛恪有迁都意，更起武昌宫。是月，武昌门灾，改作端门。

《晋书》曰：王衍既有盛才美貌，明悟若神，尝自比子贡。声名藉甚，倾动当世。妙善玄理，唯谈《庄》、《老》。每捉玉柄麈尾，与手同色。义理有所不安，随即改更，世号口中雌黄。朝野翕然，谓之一世龙门。

又曰：贺循，时廷尉张闿住在小市，将夺左右近宅以广其居，乃私作都门，早闭晏开，人多患之，讼于州府，皆不见省。会循出，至破冈，连名诣循质之。循曰："见张廷尉，当为及之。"闿闻而遽毁其门，诣循致谢。其为世所敬服如此。

又曰：陈頵，字延思，陈国若人也。少好学，有文义。父䜣立宅起门，頵曰："当使容驷马车。"䜣笑而从之。

又曰：稽含自号即丘子，门曰归厚之门。

崔鸿《十六国春秋·夏录》曰：赫连勃勃宫殿大成，乃刻石都南，颂其功德。其南门曰朝宋门，东门曰招魏门，西门曰平朔门。又起冲天台于南山，欲登之望长安。

又《后赵录》曰：建武十年，白虹出自大社，经凤阳门，东南连天，十余刻乃灭。于是闭凤阳门，唯元日乃开。

又《后秦录》曰：姚兴从朝门游于文武苑，及昏而还，将自平朔门入，前驱既至城门，校尉王满聪被甲持杖，闭门拒之。乃回从朝门而入。旦而召聪，谓之曰："卿社稷之臣也，朕有喜焉。"于是进位二等。

《隋书》曰：高祖初为定州总管。先是，定州城西门久闭不行。齐文宣帝时，或请开之，以便行路。帝不许，曰："当有圣人来启之。"及高祖至而开焉，莫不惊异。

《陈书》曰：高祖七年，改作云龙、神虎二门。案：《宫殿薄》曰：云龙门，第二重宫墙东西门，晋本名中东华门，本晋东掖门也，梁改之，西对第三重墙万春门。神虎门，第二重宫墙西门，晋本名中西华门，本晋西掖门，宋改名西华，东入对第三重墙千秋门。

《水经注》曰：长安城，惠帝元年筑，六年成，即咸阳也。本离宫无城，故城之。十二门：东出北头第一门宣平门，王莽更名春王门，正月亭，民曰东城门，其郭门曰东都门，逢萌挂冠处也。第二清明门，一曰凯门，王莽更曰宣德门，布恩亭内有籍田仓，亦曰籍田门，第三霸门，王莽更名仁寿门，无疆亭，民见门色青，又名青城门，亦曰青绮门，邵平种瓜处也。南出东头第一门覆盎门，王莽更曰永春门，长茂亭，其南有下杜城，应劭曰：故杜陵之下聚落也，故曰下杜门。又曰端门，北对长乐宫。第二门安门，亦曰鼎路门，王莽改曰光礼门，显乐亭。第三西安门，北对未央宫，本名平门，王莽更名信平门，城正亭。西出南头第一章门，王莽更名万秋门，亿年亭亦曰故光毕门也。又曰便门，第二直门，王莽改曰直道门，端路亭，故龙楼门也。第三西城门，亦曰雍门，王莽更名章义门，著谊亭，其水北有函里，民名曰函里门，又曰光门，亦曰突门，北出西头第一门横门，王莽更名朔都门，左幽亭，如淳曰：横音光，故曰光门，其外郭有棘门，徐广曰：棘门在横门外，《北汉书》徐厉军此以备匈奴，又有通亥门也。第二门洛门，又曰朝门，王莽更名建子门，广世亭，一名高门。

太平御览卷第一百八十三　居处部十一

门下

《家语》曰：孔子谓子路曰：“见长者不能黜其色，见幼者不能尽其辞，虽有疾风雨，吾不入其门矣。”

《白虎通》曰：门四出何？所以通四方。故《礼·三朝记》曰：“天子之宫四通。”

《太公金匮门之书》曰：敬遇宾客，贵贱无二。

蔡邕《明堂月令论》曰：《礼·古大明堂之礼》曰：“膳夫氏相，礼，日中出南闱，见九侯及门；日昊出西闱，亲五闱之事；日暗出北闱，视帝绩、帝猷。明堂之西北门称闱。

《墨子》曰：夫城守之法，为悬门沉机也。

《潜夫论》曰：贵戚愿为其宅吉而制令名，欲其门坚而造作铁枢。卒其所以败者，非苦禁忌而门枢朽，常苦崇财货而骄僭耳。上不顺天心，下不育人物，而任其私智，窃弄君威，反戾天地，欺诬神明，居累卵之危而图泰山之安，为朝露之行而思传代之功，岂不惑哉？

《吴地记》曰：阊阖者，吴王阖闾所作也，名为阊阖门，高楼阁道。后由此伐楚，改曰破楚门。

《世说》曰：杨修为魏武主簿，作相国门，始构榱桷，魏武自看，使人题门作“活”字，便去。杨修见，即命坏之，曰：“门中活，阔字，王嫌门大也。”

《鲁连子》曰：先生见孟尝君于杏唐之门。

《说苑》韩昭侯造高门，屈宜咎曰：“昭侯不出此门。”曰：“何也？”曰：“不时。吾所谓不时者，非时日也，人固有利不利，昭侯尝利矣，不作高门。往年秦拔宜阳，明年大旱民饥。不以此时恤民之急，而反益以奢，此谓福不重至，祸必重来者也。”高门成，昭侯卒，竟不出此门矣。

常璩《华阳国志》曰：秦孝文王以李冰为蜀守。冰作石犀五头以压水精，在市桥门，今所谓石牛门。

《吴越春秋》曰：吴王阖闾为太子聘齐女。齐女思之齐，日夜号泣，因而为疾。阖闾乃为起北门，名曰望齐门；作楼，令女往登，游其上。

又曰：子胥为吴造大城。陆门八，象天之八风；水门八，法地之八听。立阊门者，象天门通阊阖风也。立蛇门，以象地户，亦名破楚门。亦名蛇门者，吴位辰，属龙，故小城南门作龙，以厌蛇气也。

又曰：吴赦越王，使归国，送之蛇门外之，大纵酒，群臣祖道。

《晏子春秋》曰：晏子使楚，晏子身短，楚人为小门于大门之侧延晏子。晏子曰："使狗国者，从狗门入。今臣使楚，不当从此门入。"乃更通大门。

《淮南子》曰：周文王作玉门，言以玉饰也。

又曰：昆仑山旁有四百四十门。

又曰：北极之山，曰寒门。《楚辞》曰：踔绝寒门。

又曰：自东北方曰方土之山，曰苍门。东方曰东极之山，曰开明之门。东南方曰波母之山，曰阳门，南方曰南极之山，曰暑门。西南方曰编驹之山，曰白门。西方曰西极之山，曰阊阖之门，西北方曰不周之山，幽都之门。北方曰北极之山，曰寒门，八门之风，是节寒暑焉。

《神异经》曰：东北有鬼石室，三百里户共一门，石榜题曰鬼门。西南铜关，颊榜题曰人往门。向东北铜阙，夹门榜题曰人来门。

张晏注《汉书》曰：龙楼门，门上有铜龙。

《汉宫殿名》曰：长安有宣平门、覆盎门、万秋门、横门郭门、东都门本名青门、宣德门、礼成门、青绮门、章义门、仁寿门、寿成门。成宫有辟门，有慈石门。

又曰：洛阳有泰夏门、阊阖门、西华门、万春门、仓龙门、长秋门、景福门、永巷门、丙舍门、鸿都门、金牙门、不老门、章台门、濯龙门、定鼎门。

蔡质《汉官仪》曰：宫北朱雀门至止车门，内崇贤门，内建礼门。

《洛阳故宫名》曰：洛阳有飞兔门、含章门，又有建礼门、广怀门，有明礼门、泰夏门、司马门、阊阖门、南止车门、东西止车门、西华门、神虎门、云龙门、东掖门、西掖门、千秋门、南端门、笙镛门、神仙门、敬法门、却非门、含德门、上东门、广阳门、津门、小苑门、开阳门、中东门、司马门、北阙门、玄武门、南掖门、北掖门、南端门、金门、九龙门、白虎门、春兴门、青锁门、金商门、宜秋门。

《古今地名》曰：河南定鼎门，九鼎新定。

《晋宫阙名》洛阳有承明门。

又许昌有崇礼门。

晋宫门又有大夏门、长春门、朱明门、青阳门。

《三辅黄图》曰：又有章城门、直城门、洛城门。

《水经注》曰：神兽门东对云龙门，衡栿之上，皆刻云龙凤虎之状。

又曰：谷水东流建春门石桥下，即上东门也。一曰上升门，又曰阊阖门，汉之西上门。

又曰：陶水东南经高门南，盖层阜堕缺，故有高门之称矣。又经司马子长墓北入于河，亦谓之龙门。《太史公自叙》云："迁生于龙门"是也，在冯翊夏阳县。

《郡国志》：贺州封阳有堤，陂内水深百寻，大鱼自掷，登此门化为龙，不过者曝鳃点额也。

又曰：同州龙门城带龙门山，大鱼点额暴鳃半死，谓此也。

司马彪注《庄子》云：吕梁，即龙门也。

又曰：郢城南有三门，东曰龙门。《离骚》云："过夏首而西浮，顾龙门而不见。"夏首即夏口也。

又曰：洞庭山有宫五门，东通林屋，西达峨眉，南接罗浮，北连岱岳。东有石楼，楼下两石鼓，扣之即清越，所谓神钲也。

又曰：兖州乘丘，《左传》"公子偃曰：'宋师不整，可败也。'自雩门突出，蒙皋比而先犯之。大败宋师于乘丘。"即此也。

又曰：长安县，汉高祖五年置。故城在京西北二里，汉惠帝筑。南为南斗形，北为北斗形，入街九陌，东面有青绮门，东陵侯邵平，秦破为布衣，种瓜此门外。西北面有棘门，汉文屯兵。

又曰：鲁城，伯禽邑也。西五门，东一曰鹿门，即臧孙纥斩鹿门关以出奔邾；第三曰稷门，即圉人荦能投盖于稷门之所。

又曰：蜀望帝以褒斜为前门，熊耳、灵关为后户。

又曰：鄜州仙宫门，即汉武帝所游相思川也。伏陆县有相思乡。

又曰：洛阳南面最东曰开阳门，初未有名，夜有一柱飞在楼上，乃是琅邪开阳县南门一柱飞去，遂记其年月日，以为名。

又曰：鸿门在新丰县西八里，沛公见项羽处。

又曰：蓟城，慕容儁铸铜马于门侧，谓曰铜马门。今大厅前有石函，长二尺，高一尺，代不敢开，铭云：秦建元十年造铜虎马。

又曰：汴州陈留郡，本春秋卫地，魏惠王自安邑徙都，亦称梁惠王焉。士多髦俊，儒艺，游侠每集夷门，即侯嬴抱关处。

又曰：洪州西门、昌门。豫章生松阳门内，大二十五围，尝枯，永嘉中忽更荣茂，以为元帝中兴之瑞。故郭璞《南郊赋》云："弊樟擢秀于祖邑。"以宣帝曾为此郡守故也。

又曰：虬门，即吴大城门也。

又曰：广州卢耽仕州为治中，有仙术。刺史步骘恶之，以状闻，后诛之。耽后题其门曰："珠门，珠门，国虽存，无射年。欲知此书，卢耽还。"太守削之，随削，字更生。

又曰：越州雷门，勾践所立，以吴有蛇门，得雷而发，表事吴之意。吴以越在辰巳之地，作蛇门。

石虎《邺中记》曰：邺宫南面三门，西凤阳门，高二十五丈，上六层，反宇向阳，下开二门；又安大铜凤于其镇，举头一丈六尺；门窗户，朱柱白壁。未到邺城七八里，遥望此门。

《述征记》曰：青门外有魏车骑将军郭淮碑。小城最东一门名落索门，门里有司马京兆碑，郡民所立。

《豫章记》曰：郡，灌婴所筑，有六门；其一曰松阳门，其所以郡为名。西二门，其一曰昌门，其一曰皋门。东及北一门，亦即以东北为名。晋太元中，太守顺阳范君更开门之北为东阳门，以对皋门，开北门以对松阳门。今八门相望，通路直指。

《安城记》曰：郡大城旧有六门，今为八。

《荆州图记》曰：临澧县南三百里有高峦特立，素崖千里，望之有似香炉。吴永安六年，自然洞开，其朗如门，古老相传名天门，门两角上各生一竹，垂下为之天帚云。

《吴地记》曰：匠门，本名干将门，门外有干将墓。后语讹呼为匠门，其言剑匠，因之名。

又《郡国志》云：申公巫臣家亦在西南面。

刘澄之《宋初山川古今记》曰：魏武听政殿前有听政门。

《丹阳记》曰：司马门之名起汉世。案《列女传》："锺离春诣齐司马门。"《史记》又云："司马欣请事咸阳，留司马门三日。"是则名起战国，非独汉也。今又曰公车门，而俗称谢章门也。

《西京记》：秦阿房宫以磁石为门，怀刃入者辄止之。

《西征赋》曰：门磁石而梁木兰，构阿房之倔奇。

《芜城赋》曰：制磁石以御冲，糊赪坏以飞文。

韦述《西京新记》曰：西京，俗曰长安城，亦曰京城。高一丈八尺。南面三门：中明德门，东启夏门，西安化门。东面三门：中春明门，北通化门，南延兴门。西面三门：中金光门，北开远门，南延平门。皇城西：芳林门、金光门、朱雀门、通化门，春明门有萧望之冢，启夏门、先农坛。皇城南面六门：正南承天门，门外两观、肺石、登闻鼓，东长乐、广运、重明、永春门，次西永安门。次北嘉猷，东西恭礼、安仁门。东西廊归仁、纳义门，次北太极门。西至殿北面三门：正北玄武，次东安礼门、玄德门。西面二门：南通明，北嘉猷门。太极殿旁东上西上阁门，东西廊左。右延明门。甘露殿门外东西永巷，日华、月华门，东西千步廊。东宫重明门，北左右永福门，内廊左右嘉善门，东西奉化门。

又曰：西京大明宫南面五门：正南丹凤门，次东望仙、延政门，次西建福、兴安门。

又曰：大明宫含元殿，东西通乾、观象门，殿北宣政门，门设外屏，东崇明门，门南出含曜门、昭训门，西光顺门，东西廊日华、月华门。紫宸殿，前紫宸门，门设外屏，东崇明门，南出含曜门、昭训门；西光顺门，南出昭庆门、光范门。

又曰：东京，俗曰洛阳城。城高一丈八尺。南面三门：正南曰定鼎门，东建春门，南永通门。北面二门：东安喜门，西徽安门。西面连苑。

又曰：东京紫微宫，城南面六门：正南应天门，门外观相夹肺石、登闻鼓；次东兴教门，重光门，大和门；次西光政门，洛南门。东面一门：重光北门。西南二门：南洛城西门，北嘉豫门。北面二门：西玄武，东安宁门。应天次北乾元门，门东万春门，西千秋门，门外东西廊、左右延福门。又西会昌门，西北景运门。

又曰：上阳宫东西二门：南曰提象门，北星躔门。内门曰观风门。

又曰：东都苑东面四门曰垂豫、上阳、新门、望春门。南面三门曰兴善、兴安、灵光门。西面四门曰延秋、游义、笼烟、灵溪门。北面四门曰朝阳、灵圃、望冬、应福门。

又曰：东都皇城南面三门：正南曰端门，东左掖门，西右掖门，东面一门宾曜门。西面二门：南曰丽景门，北曰宣耀门。

又曰：东都城东面一门：宣仁门。南面一门：永福门。北面一门：含嘉门。

又曰：万年县门，宇文恺所造。高宗末，太平公主出降，于县廨为婚第，以县门窄隘，欲毁之。高宗敕曰："其宇文恺所作，不须坼。"于他所开门，遂存。

《楚辞》曰：望长楸而太息，涕零零其若霰，过夏首而西浮，顾龙门而不见。

又曰：君之门兮九重。

又曰：魂兮下来入修门。王逸曰：修门，郢城门也。

挚虞《门铭》云：禄无常家，福无定门。人谋鬼谋，道在则尊。

李尤《平城门铭》曰：平门督司，午位处中。外临僚侍，内达帝宫。正阳南面，炎暑赫融。

李尤《广城门铭》曰：广阳位孟，厥月在申。凉风时至，白露已纷。

李尤《上东门铭》曰：上东少阳，厥位在寅。条风动物，月当孟春。

李尤《中东门铭》曰：东处仲月，厥位在卯。仓庚有声，鹰隼匿爪。除去桎梏，狱讼勿考。

李尤《旄城门铭》曰：旄门值季，位月在辰。顺阳布惠，贫乏是振。

李尤《门铭》曰：门之设张，为宅表会，纳善闭恶，击邪防害。

李尤《西上门铭》曰：上西在季，位月惟戌。菊黄豹祭，号令严悉。

李尤《夏门铭》曰：夏门值孟，位月在亥。不周用事，玄冥幽晦。阴阳不通，螮蝀匿彩。迎冬北坛，顺阴所在。

李尤《谷城门铭》曰：谷门北中，位当于丑。太阴主刑，杀伐为首。

班固《西都赋》曰：披三条之广路，立十二之通门。

左思《吴都赋》曰：通门二八，水道陆衢，

《西京赋》曰：重门袭故，阳曜阴藏。

潘岳《怀县作诗》曰：绿槐夹门植。

《魏文帝赋序》曰：王粲直贤门也，故纂之。

古诗曰：黄金为君门，白玉为君堂。

太平御览卷第一百八十四 居处部十二

户

《释名》曰：户，护也；所以谨护闭塞也。

《说文》曰：半门曰户。

《易·丰卦》：窥其户，阒其无人。

《毛诗·鸿雁·斯干》曰：筑室百堵，西南其户。

《大戴礼》曰：隋武子《户之铭》曰："夫难得而易失。"又《夏小正》曰："七月，汉案户。汉，天汉也。案户者，直户也；言正南北也。"

《礼记·曲礼上》曰：户外有二屦，言闻则入，言不闻则不入。将入户，视必下。入户奉扃视瞻毋回。不于掩人之私。户开亦开，户阖亦阖。有后入者，阖而勿遂。

又《礼运》曰：大道之行，外户而不闭，是谓大同。

又《玉藻》曰：君子之居恒当户。自明。

又《月令》曰：孟春，其祀户，祭先脾。阳气出祀之于户也。

《论语》曰：子曰："谁能出不由户者？何莫由斯道也。"

《史记》：田婴贱妾有子名文，五月五日生。婴告其母勿令举，妾窃举之。及婴见文，怒曰："五月之子，长与户齐，不利其父母。"文顿首曰："人生受命于天乎？受命于户乎？如受命于户，则高其户，谁能至者！"婴叹曰："子休矣。"

《后汉书》曰：庞参为汉阳太守。郡人任棠者，有奇节，隐居教授。参到，先候之。棠不与言，但以薤一大本，水一盂，致于屏前，自抱孙儿伏于户下。主簿白以为倨。参思其微意，良久曰："棠是欲晓太守也。水者，欲吾清也。拔大薤本，欲吾击强宗也。抱儿当户，欲吾开门恤孤也。"于是叹息而还。参在职，果能抑强扶弱，以惠政得人。

又曰：魏应，字君伯，任城人也。少好学。建武初，诣博士受业，习

《鲁诗》，闭户诵习，不交僚友，京师称之。

又曰：鲁恭十五，及弟丕俱居大学，习《鲁诗》，鲁申公诗。闭户讲诵，绝人间事。兄弟俱为诸儒所称，学士争归之。

《晋书·羊祜传》：襄阳百姓于岘山祜平生游憩之所建碑立庙，岁时飨祭焉。望其碑者，莫不流涕，杜预因名为墮泪碑。荆州人为祜讳名，屋室皆以门为称，改户曹为祠曹也。

《老子》曰：不出户，知天下。

《庄子》曰：原宪居鲁，蓬户不完，桑以为枢也。

《慎子》曰：天明，不忧人之暗。虽不忧暗也，阙户牖必敢以明焉。

《淮南子》曰：使鬼神玄化，则不待户牖而行，若循虚而出入，则亦无履也。夫户牖者，风气所从往来也；而风气者，阴阳之户牖者也。离者必病，故托鬼神以戒之。

又曰：百星之明，不若一月之光，十牖毕开，不若一户之明。

杨子《法言》曰：山径之蹊，不可胜由矣；向墙之户，不可胜入矣。曰："恶由入？"曰："孔氏。孔氏者，户也。"曰："子户乎？"曰："我户哉！吾独有不户者矣？"恶大不由圣人之道者也。

《三辅黄图》曰：明堂有三十六户，法极阴之变数。

束哲《发蒙记》曰：治户伤孕妇。

《楚国先贤传》曰：孙敬入学。闭户牖。精力过人。太学号曰闭户先生。

《语林》曰：大将军、丞相诸人在此时闭户共为谋身之计，王旷、世弘来，在户外诸人不容之。旷乃剔壁窥之，曰："天下大乱，诸君欲何所图谋？"将欲告官，遽而内之，遂建江左之策。

《神异经》曰：东南有石井焉，上二石阙，东南面上有榜着阙，题曰地户。

《列士传》曰：吴王阖闾畏王僚之子庆忌，作石室铜户以备之。

《太公金匮·户之书》曰：出畏之，入惧之也。

解道虎《齐记》曰：巢父城北十五里石户，圣人去转欲闭，今裁广数寸，窥屋里方二丈。

《论衡》曰：燕王生明光宫，所卧处三户尽闭，使二十人开，不得。

《越地传》曰：勾践宫有百户。

《列仙传》曰：方回，尧时隐人，食云母。夏桀时为人所闭于宫中，从求道，因化得去，印封其户。时人曰："得方回一丸泥，闭户不可开。"

枢

《尔雅》曰：枢谓之椳。郭璞注曰：门户扉枢也。孙炎曰：门户扇枢间，可依蔽，为椳也。

《说文》曰：门枢谓之椳。

《魏志·华佗》曰：户枢不朽。

《潜夫论》曰：贵戚惧家之不吉，而聚为令名；惧门之不坚，而为作铁枢。卒其所败者，非禁忌少门枢朽也，苦崇货财而行骄僭，失民心耳。事具门部。

《傅子》曰：汉武世，王侯观殿重阶，金枢紫墀。

李陵诗曰：明月照户枢，想见余光辉。

《文选·诗》曰：秦地天下枢，八方溱贤才。

《尚书·顾命》曰：四人綦弁，执戈上刃，夹两阶戺。孔安国曰：綦文鹿子皮。弁亦土也。堂廉戺曰，土所立也。

《尔雅》曰：枢达北方谓之落时，落时谓之戺。

《三秦记》曰：明光殿以金为戺。

关

《易·复卦》曰：先王以至日闭关，商旅不行，后不省方。

焦贡《易林》曰：《大畜之乾》："金柱铁关，坚固卫灾。君子居之，居当忧居。"

《左传·襄四年》：季孙攻臧纥，斩鹿门之关以出，奔邾。

《方言》曰：关而东陈楚之间，户籥。

《老子》曰：善闭无关键。

《史记》曰：侯嬴谓魏公子曰："嬴乃夷门抱关者。"

又《汉书》：王仲翁谓萧望之曰："不肯录录，反抱关为。"录录，循常也。

《鲁连子》曰：鲁连先生见孟尝君于杏堂之门，孟尝君曰："吾闻先生有势数，可得闻乎？"连曰："势数者，譬若门关，举之而便则可；以一指持中而举之，非便，则两手。不关，非益加重两手，非加，罢也。彼所起者，非举势也。彼可举，然后举之，所谓势数。"

钥

《周礼·地官》曰：司门，掌授管键，以启闭国门。郑司农云：键为牡也。

《方言》曰：关西谓之钥。

何承天《纂文》曰：牡，出钥者也。人作钥子、钥母，非也。

《东宫旧事》曰：守钥四人，对番上下。东宫门钥，在中庶子坊。

《太公金匮钥之书》曰：昏慎守，深察讹也。

《风俗通》曰：钥施悬鱼，翳伏渊源，欲令楗闭如此。

闱

《尔雅》曰：宫中门谓之闱。

《周礼·考工记》曰：闱门容小扃。

蔡邕《明堂月令语》曰：明堂之门，北门称闱。

闺

《尔雅》曰：闱小者谓之闺。

《说文》曰：闺，持主户也；上圆下方，有似于圭。

《文选》曰：闺中风暖。

阁

《说文》曰：阁，门傍户也。

《尔雅》曰：小闺谓之閤。

《史记》曰：汲黯为东海太守，以清静为政。黯多病，卧阁内不出，岁余，东海大治。

《汉书》曰：公孙弘为丞相，起客馆，开东閤，以延贤人。

又曰：田延年盗三千万，即闭閤独居，偏袒持刀东西步。数日，使者召延年诣廷尉。闻鼓声，自刎死。

《汉书》曰：左冯翊韩延寿行县，之高陵，有昆弟相与讼田，延寿耻不能明教化，因入传舍，闭閤思过。讼者自髡，肉袒谢之。

《宋书》曰：孝武宴朝贤，张畅、何偃并在坐，偃因醉曰："张畅固是奇才，同义宣作贼亦能无咎，非才何以致此？"畅乃厉声曰："太初之时，谁黄其閤？"帝曰："何事相苦？"初元凶时，偃父尚之为元凶司空，义师至新林，门生皆逃，尚之父子与婢妾共洗黄閤，故畅讥之。

《晋宫閤名》曰：洛阳宫有金光閤、清阳閤、朱明閤、承休閤、安乐閤、白藏閤、显仁閤、崇明閤、章德閤、飞云閤、安世閤、长安閤。长安有东明閤、西华閤、紫闼閤。

《傅玄歌诗》曰：我家近宫掖，易知复难忘，黄金为閤门，白玉为殿堂。

《晋宫閤名》曰：洛阳有金光閤、文成閤、明度閤、飞云閤、安世閤。长安有东明閤、西华閤、紫闼閤。

《宋志》：三公黄閤，前史无其义。按《礼记》，士韠与天子同，公侯大夫则异。郑注云：贱与君同，不嫌也。夫朱门洞开，当阳之正色也。三公与天子礼秩相亚，故黄其閤以示嫌，不敢近天子也，且汉制云尔。

阁

《周书·作雒》曰：凡五宫，堂咸有深阁。

《韩诗外传》曰：黄帝时，凤皇集东园，止于阿阁，栖梧桐，食竹实，终身不去。

《礼记·内则》曰：大夫七十而阁。天子之阁，左达五，右达五。郑玄元注曰：阁，以板为之，藏食物也。王者三牲，肉及鱼腊。

《广雅》曰：栈，阁也。

《汉书》曰：甘露中，五经诸儒杂论于石渠阁。

又《扬雄传》曰：王莽时，雄校书天禄阁上，治狱使者来，欲收雄，雄恐不免，乃从阁上自投，几死。莽闻之曰："雄素不与事，何故在此？"间请问其故。乃刘棻子棻尝从雄学作奇字，雄不知情。有诏勿问。然京师为语曰："惟寂惟寞，自投于阁。"

后汉杨级上言：宣帝博征群儒，论定五经于石渠阁。方今天下少事，学者得成其业，而章句之徒破坏大体，宜如石渠故事，永为后世法。于是诏诸儒于白虎观，论考同异焉。

《陈书》曰：至德二年，后主于光昭殿起临春、结绮、望仙等三阁。长数丈，并数十间。其窗牖户壁皆以悬柏栏槛之类，并以沉檀香木为之。又饰以金玉，间以珠翠，外施珠帘，内有宝帐；其服玩之属，瑰宝珍异，皆近古所未有。每微风暂动，香闻数里；朝日初照，光映后庭。其下积石为山，引水为池，植以奇树，杂以花药，后主自居临春阁，贵妃居结绮阁，龚、孔二贵嫔居望仙阁，并复道交相往来。

《五代史·朱梁传》曰：宰相柳璨奏："西京旧有凌烟阁图画国初功臣，今迁奉东都，比未崇建四镇，副元帅梁王勋业冠古，请近新凌烟阁别创一阁，图画梁王，以旌德业。"诏曰："魏赏彭阳之功，别创纪勋之观，齐旌泗水之绩，乃崇嘉德之楼，式示新规，爰从旧典。宜令所司于皇城内择吉地别造凌烟阁，图写赐名曰天祐旌功之阁。"

《战国策》曰：田单栈道木阁以迎齐襄王及后，于城阳山反之国。

《楚汉春秋》曰：项王为高阁，置太公于上，告汉王曰："今不急告下，吾烹太公。"汉王曰："吾与项王约为兄弟，吾翁即汝翁，若烹汝翁，幸分我一杯羹。"

《三辅旧事》曰：秦二世起凌云阁与南山齐。

《汉宫殿疏》曰：天禄阁、骐驎阁，萧何造，以藏秘书，画贤臣。凌云阁，秦二世造。

《洛阳宫殿簿》曰：“高平观南行至清览观，高阁六十四间。修龄观南行至临商观，高阁五十五间。太极殿前南行仰阁三百二十八间，南上总章观，阁十三间。东上凌云台，阁十一间。永宁宫连阁二百八十六间。十二间连阁上下数见，亲观差阁九间。

《洛阳地记》曰：云台高阁十四间，乘风观高阁十二间。

《丹阳记》曰：汉魏殿观多以复道相通，故洛宫之阁七百余间。

《三辅故事》曰：天禄阁、石渠阁在大殿北，以阁秘书。又画贤臣象凡十一人，霍光第一，苏武第十二。

《尸子》曰：泰山之中有神房阿阁。

《物理论》曰：故人之任孕者，总其名籍，上之天府。天子立金匮玉阁，命司录以监省之。

《西京记》曰：西京大明正中含元殿，殿东西翔鸾栖凤，阁下肺石登闻鼓，左右龙尾道。

《东京记》曰：紫微宫有临波阁、阊阖阁。

班固《西都赋》曰：周庐千列，徼道绮错，辇辂经营，兰除飞阁。

张衡《西京赋》曰：钩陈之外，阁道穹隆，属长乐与明光，径北通乎桂宫。

葛龚《反遂初赋》曰：考天文于兰阁，览群言于石渠。

古诗曰：交疏结绮窗，阿阁三重阶。

陆机《乐府诗》曰：昌门何峨峨，飞阁跨通波。

崔琦《七蠲》曰：紫阁青宫，绮错相连。

《东京赋》曰：飞阁神行。

《南都赋》曰：连阁焕其相辉。

《上林赋》曰：重座曲阁。

陆机表云：登三阁。注：三阁谓秘书郎掌内外三阁经书。

鲍昭诗：观霞登彩阁。

《蜀都赋》曰：行阳城之延阁。注：延，长也。

江淹表云：府之延阁。注：延阁，书府也。

《天台赋》曰：朱阁玲珑于云间。

陆机诗曰：飞阁缨虹带。

张景阳《七命》：翠观岑青，雕阁霞连。

《谢玄晖诗》曰：寻云陟累树，随山望茵阁。

《楚辞》曰：兰阁兮黄楼。

古诗曰：层阁肃天居。

簃音驰，又音移。

《尔雅》曰：连阁谓之簃。郭璞注曰：堂楼阁连小屋，今呼之簃厨、连观也。

《通俗文》：连阁曰簃。

闼

《东观汉记》曰：帝诏马严留仁寿阁，与校书杜抚、班固定《建武注记》。

《晋宫阁名》曰：洛阳宫有崇阳闼、延明闼、通明闼、修云闼、通福闼、徽音闼、承休闼、玄明闼、玄晖闼、崇礼闼、白藏闼。

太平御览卷第一百八十五 居处部十三

厅事

《郡国志》曰：广州，吴孙皓时以滕修为刺史，未至州，有五仙人骑五色羊负五谷来，迎而去。今州厅事梁上画五仙人骑五色羊为瑞。

裴渊《广州记》曰：州厅事梁上画五羊像，又作五谷囊，随像悬之，云昔高固为楚相，五羊衔谷茎于楚庭，于是图其像。广州则楚分野，故因图像其瑞焉。

《临海记》曰：章安县南门有赤兰桥，世传成公绥作县此桥上，制厅，县令年常祭厅事神用生鹿。其年活得白鹿还，于厅事上生以祭神，仍遂食之，岁时用焉。自是以后，白鹿不可复得，而必须生鹿，历代相承，迄今不绝。

《世说》曰：庾太尉兄弟初渡江，行路人有避雨者悉聚诸厅事，上征西车骑自譬，遣之不肯去。太尉新沐头，散发高咏从阁内出，避雨者退，莫有留者。

王朗《与许靖书》曰：武皇帝于江陵刘景升厅事上共论道，足下至，于通夜不寐，忘倦，饥渴无已。

卢谌《祭法》曰：凡祭法，有庙者置之于座；未遑立庙，祭于厅事可也。

《两京记》曰：考功员外厅有薛稷画鹤，宋之问为赞；工部尚书厅有薛稷画树石，并为时所重。

斋

《王安成记》曰：太和中，陈郡殷府君引水入城穿池，殷仲堪又于池北立小屋读书，百姓于今呼曰读书斋。

《晋徵祥说》曰：桓玄镇姑熟，屋壁先画作黄盘龙号盘龙斋。俄而玄败，将军刘毅居之，毅小名盘。

《襄沔记》曰：金城内刺史院有高斋。梁昭明太子于此斋造《文选》。鲍至云：简文为晋安王镇襄阳，日又引刘孝威、庾肩吾、徐防、江伯操、孔敬通、惠子悦、徐陵、王囿、孔铄等于此斋综覆诗集。于时鲍至亦在，数凡十人，资给丰厚，日设肴馔，于时号为高斋学士。

《雍州记》云：高斋，其泥色，甚鲜净，故此名焉。南平世子恪临州，有甘露降此斋前竹林。昭明太子于斋营集道义，以时相继。

又曰：白土斋南道有一斋，以栗为屋。梁武帝临州，寝卧于此斋中，常有五色云回转，状如盘龙，屋上恒紫云腾起，形似伞盖。远近望者，莫不异焉。梁武帝于此龙飞。

又曰：高斋东北有一斋名曰下斋，次于高斋，制度壮丽，极爽垲。刺史辨决狱讼，旧出此斋。

《国史补》曰：梁武造寺，令萧子云飞白大书一"萧"字在焉。李约自江淮竭产买归洛中，置于小亭，号曰萧斋。

房

《说文》曰：房，室在旁也。

《释名》曰：房，旁也；室之两旁也。

《尚书大传》曰：古后夫人将侍于君，前息烛，后举烛，至于房中，释朝服，袭燕服，然后入御于君。

《毛诗·黍离》曰：君子阳阳，左执簧，右招我由房。

《汉书》曰：哀帝初即位，躬行俭约，省减诸用，政事由己出，朝廷翕然望焉。有诏问丞相、大司空："定陶恭王太后宜当何居？"孔光不欲令帝旦夕相近，即议以为定陶王太后宜改筑宫。大司空何武曰："可居北宫，有紫房复道通未央宫。"太后果从复道朝夕至帝所，求欲称尊号，贵宠其属。使上以不得直道而行。

应劭《汉官仪》曰：皇后称椒房，以椒涂室，主温暖，除恶气也。

郦善长《水经注》曰：芒水出南山芒水谷，北流，迳玉女房。水侧山际有石室，世谓之玉女房。

《郡国志》曰：葭萌县玉女房，昔有玉女入石穴，空有竹数茎，下有青石坛，每因风恒自扫坛。

王子年《拾遗记》曰：越欲灭吴，蓄天下奇宝、美人、异味以进于吴，杀三牲以祈天地，杀龙以祠川海，以江南亿万户民输为佣保。越又有美女二人，一名夷光，一名修明，以贡于吴。吴处之以椒华之房，贯细珠为帘晃晃，内窃窥者莫不动心惊魂，谓之神人。吴王妖惑，怠于国政。及越兵入，乃抱二女以逃吴苑。

《晋宫阁名》曰：洛阳宫内有义和温房。

《十洲记》曰：昆仑山有紫翠丹房。

《拾遗录》曰：昆仑丹密云房，东西千步，望之如丹霞。

《尸子》曰：泰山之中有神房阿阁。

《楚辞》曰：姱容修态絙洞房。

又《九歌》曰：桂栋兮兰橑，新夷楣兮药房。

宋玉《风赋》曰：主人女子，乃更有兰房奥室，止臣其中。

庭

《说文》曰：庭，朝中也。

《尚书》曰：咸造，勿亵在王庭。

《周易》曰：扬于王庭，孚号有厉；造自邑，不利即戎；利有攸往。

《礼记》曰：诸侯之庭。

《毛诗》曰：洒扫庭内。

又曰：俟我于庭乎而。

又曰：殖殖其庭。

又曰：子有庭内，弗洒弗扫。

又曰：有瞽有瞽，在周之庭，

《左传》曰：庭实旅百。

《论语》曰：鲤趋而过庭。曰："学诗乎？"

又曰：孔子谓季氏。“八佾舞于庭，是可忍也，孰不可忍也？”

《周书》曰：成王四征不庭。

《汉书》曰：王商为人多质有威重，师古曰：多质，言不为文饰。长八尺余，身体鸿大，容貌绝人。河平四年，单于来朝，引见白虎殿。丞相商坐未央庭中，单于前，拜谒商。师古曰：单于将见天子，而经未央庭中遇商。商起，离席与言，单于仰视商貌，大畏之，迁延却退。天子闻言而叹曰：“真汉相矣。”

《晋书》曰：谢玄，字幼度。少颖悟，与从兄朗俱为叔父安所器重。安尝戒约子侄曰：“子弟亦何豫人事，而正欲使其佳？”诸人莫有言者。玄答曰：“譬如芝兰玉树，欲使其生于庭阶耳。”安悦。

《说苑》曰：吴入楚，申包胥告急于秦，秦哀公曰：“诺。固将图之。”申包胥立哭于秦庭，昼夜哭，七日七夜不绝声。哀公曰：“有臣如此，可不救乎？”兴师救楚，吴人引兵而还。昭王反，复欲封申包胥，包胥辞曰：“救亡，非为名也。功成受赐，是卖勇也。”遂退而隐，终身不见。

阶

《释名》曰：阶，梯也；言有等差。

《说文》曰：阶，陛也；陛，升高阶也。除，殿陛也。阼，主阶也。

《尚书》曰：舞干羽于两阶，七旬，有苗格。

《礼记》曰：季氏之葬在西阶下。

又《大传》曰：天子阼阶高九尺。

又曰：主人与客让登，主人先登；客从之。拾级聚足，连步以上。上于东阶，则先右足；上于西阶，则先左足。

又曰：夏后氏殡于东阶之上，则犹在阼也。周人殡于西阶之上，则犹宾之也。

《左传》曰：石之纷如死于阶下。

又曰：卫孙子来聘，公登亦登。

《论语》曰：没阶趋进，翼如也。

《史记》曰：尧舜土阶三等，堂高三尺。

《三秦记》曰：明光殿以玉为阶。

《吕氏春秋》曰：周之明堂，茅茨蒿柱，土阶三等，以见俭节也。

《文选·诗》曰：红药当阶翻，苍苔依砌上。

又曰：阿阁三重阶。

陛

挚虞《决要注》云：其制有陛，石墄左平，平以文砖相亚次，墄者为陛级也。九锡之礼，纳陛以登，谓受此陛以上殿。

《灵光殿赋》曰：飞陛缘云以上征。

蔡邕《独断》曰：天子陈兵于陛，故呼陛下，用卑达尊之意也。

墀

《说文》曰：墀，涂地也。

《礼记》曰：天子赤墀。

《汉官典职》曰：以丹漆地，故曰丹墀。《汉书》有白玉墀。

又曰：曲阳侯王根僭作赤墀青琐，司隶京兆奏，根负钺谢罪。

刘桢《清虑赋》曰：骈雄黄以为墀。

序

《尔雅》曰：东西厢谓之序。郭璞曰：所以序别外内也。犍为舍人曰：殿东西堂，序尊卑处。

《广雅》曰：反坫谓之序。

《说文》曰：序，东西墙也。

《尚书·顾命》曰：《大训》，在西序。《河图》，在东序。孔安国曰：《大训》，《唐虞书》典、谟也。《河图》，八卦也。

王延寿《鲁灵光殿赋》曰：东序重深而奥秘。

廊

《周书·作雒》曰：凡五宫明堂，咸有重廊。

《史记》：纣有谀臣，曰左强，夸而目巧，教纣为象廊。

《汉书》曰：武帝策茂才曰："盖闻虞舜之时，游岩廊之上。"文颖注曰：殿下外屋也。晋灼注曰：堂边曰岩峻之廊也。

郑缉之《东阳记》曰：石步廊，去歌山十里，临流虚构，高可数丈，长三十丈，可容百人坐。

《韩子》曰：师旷为晋平公请角，一奏，有云从西北方起；再奏，大风而随之，裂帏幕，破俎豆，堕廊瓦。平公惧，伏于廊室。

《两京记》曰：隋炀帝从东都至西京，御道并作长廊。

枚乘《七发》曰：连廊四注，台城增光。

陆机《与弟云书》曰：听颂观东作百丈许廊屋。

塾

《尔雅》曰：门侧之堂谓之塾。郭璞注曰：东门堂。

《尚书·顾命》曰：先辂在左塾之前，次辂在右塾之后。

《礼记·学记》曰：古之教者，家有塾。

《白虎通》曰：所以必有塾何？以饰门，因取其名也。明臣下当见于君，先孰思其事也。

《东观汉记》曰：赵孝为郎，每告归，往来常白衣步担过道上邮亭，但称书生，寄止于亭门塾。

《魏武制度奏》曰：三公列侯，门施内外，塾方三十亩。

坛

《左传》曰：子产相郑伯以如楚，舍不为坛。

《汉书》曰：萧何荐韩信于高祖，高祖择日斋戒，设坛，拜为将军。

《庄子》曰：孔子游乎缁维之林，休坐于杏坛之上。弟子读书，孔子弦歌鼓琴。奏曲未终，有渔父者下船而来，左手据膝，右手柱颐以听。曲终而招子贡、子路，二人俱对。客指孔子曰："彼何为者也？"子路曰："鲁之君子也。"

徐灵期《南岳记》曰：南岳山上有飞流坛，悬水激石，飞湍百仞，即孙温伯所丧身处也。又有曲水坛，水行石上成沟渎，如世人临河坛也，三月三日时来逍遥。

《梁州记》曰：沔阳城，先沔阳县所治也，在汉水南，旧萧何所筑。刘备为汉王，权住此城，盟于城下。今门外有盟坛犹存。

《帝王世记》曰：雍郊有五畤坛，汉武获麟处。

屏

《尔雅》曰：屏谓之树。郭璞曰：小墙当门中者也。犍为舍人曰：以垣当门蔽为树。

《广雅》曰：复罳谓之屏。

《说文》曰：屏，蔽也。

《释名》曰：屏，自鄣屏也。萧墙，在门内；萧，萧也；臣将入，于此自肃警之处也。罘罳，在门外；罘，复也；臣将入请事，于此复重思也。

《礼记·礼器》曰：康圭疏屏，天子之庙饰也。郑玄注云：屏，树也。今谓之罘罳。

《论语·八佾》曰：或问："管氏知礼乎？"曰："邦君树塞门，管氏亦树塞门。管氏而知礼，孰不知礼？"郑玄注曰：树，屏也。

又《季氏》曰：吾恐季孙之忧不在颛臾，而在萧墙之内。萧墙，谓之屏也。

《汉书·佞幸传》曰：哀帝令将作为董贤起冢营义陵旁，内为便房，刚柏题凑，外徼道，周垣数里，门辟罘罳甚盛。

又曰：《王莽传》曰："莽性好时日小数，及事迫急，但为厌胜，遣使坏渭陵园门罘罳。"曰："无使民复思汉也。"

《汉官典职》曰：省阁下大屏称曰丹屏，尚书郎含鸡舌香，伏其下奏事。

《晋书》曰：阮籍为东平相，彻去屏障，使内外相对。

《孙卿子》曰：天子外屏，诸侯内屏，礼也。外屏不欲见于外，内屏不欲见于内也。

《风俗通》曰：屏，卿大夫以帷，士以帘，稍有第以自障蔽也，示臣临见，自整屏气处也。

《吴越春秋》曰：越将伐吴，越王命于夫人，王背屏，夫人向屏而立，王曰："自今日之后，内政无出，外政无入。各守其职，已尽其信。内中辱者，则是子。境外千里辱者，则是予也。吾见子于是，已明试矣。"王出宫，夫人送王不过屏。因反阖其门，填之以土。

《白虎通》曰：所以设屏何？所以自障也，示极臣下之故也。天子德大，故外屏。诸侯德小，所照见近，故内屏。

扆

《尔雅》曰：户牖之间谓之扆。郭璞注曰：窗东户西也。《礼》云：斧扆，形如屏风。画为斧文置扆地，以其所名之耳。

《尚书·顾命》曰：设黼扆。

《仪礼·觐礼》曰：天子负扆，南面朝诸侯，是升致命也。

《礼记·明堂位》曰：天子负斧扆，南而立。

宁

《尔雅》曰：门屏之间谓之宁。郭璞注曰：人君视朝门，宁立处也。

《释名》曰：宁，伫也；见君所伫立定气之处也。

《毛诗》曰：俟我于著乎而。

《曲礼》曰：天子当宁而立，诸公东面，诸侯西面，曰朝。

太平御览卷第一百八十六 居处部十四

厨

《说文》曰：厨，庖屋也。

《易》曰：庖有鱼义，不及宾也。

《毛诗》：大庖不盈。

《礼记·玉藻》曰：君子远庖厨，凡有血气之类，弗身践也。又田猎之礼，一为干豆，二为宾客，三为充君之庖。

《汉书·贾谊》曰：其禽兽，见其生不忍见其死，闻其声不忍食其肉，故远胞厨，所以长恩，且明有仁也。

《后汉书》：祢衡到许都，人问："荀文若、赵稚子云何？"赵为荡寇将军。见《魏志》。衡曰："文若可使借面吊丧，稚长可监厨请客。《典略》云：衡见荀仪容，但有貌耳，故可吊丧，赵有腹健，啖肉，故可监厨也。

《七贤传》曰：阮籍以步兵厨中有美酒，求为步兵校尉。

司马相如《上林赋》曰：庖厨不徙，后宫不移。

古诗曰：左顾敕中厨。

灶

《礼》：有五祀，灶居一焉。

《月令》：孟夏，其祀灶，祭先肺。阳气盛，热外，祀之于灶，从热类也。

《礼》：臧文仲燔柴于灶者，灶者，老妇之祭也；盛于盆，尊于瓶，非所柴也，文仲焉知礼？

《礼》：庶人立一祀，或立户，或立灶。

《论语》：王孙贾曰："与其媚于奥，宁媚于灶。"

《史记》：孙膑救韩入魏，为十万灶，明日为五万灶，又明日为三万灶。庞涓经三日，大喜曰："我固知齐人怯，入吾地三日，士卒亡者过半。"遂逐之。

又曰：李斯曰："灶上骚除，万世一时也。"骚音扫。

《汉书》：李少君言祀灶皆可致神物，而丹沙可化为黄金，黄金成以为器，以食则益寿，寿益则海中蓬莱仙者乃可见之，封禅则不死，黄帝是也。天子亲祀灶焉。

又曰：初，霍氏奢侈，茂陵徐生曰："霍氏必亡。夫奢则不逊，不逊必侮上。侮上，逆道也。在人之右，众必害之也。霍氏秉权日久，害之者多矣。天下害之，而又行以逆道，不亡何待！"乃上疏，言"霍氏太盛，陛下即爱厚之，宜以时抑制，无使至亡。"书三上，辄不报闻。其后霍氏诛灭，而告霍氏者皆封。人为徐生上书曰："臣闻客有过主人者，见其灶直突，傍有积薪，客谓主人，更为曲突，远徙其薪，不者且有火患。主人不应。俄而家果失火，邻里共救之，幸而得息。于是杀牛置酒谢其人，灼烂者在于上行，余各以次，不录言曲突者。人谓主人曰：'鄉使听客之言，不费牛酒，终亡火患。今论功而请宾，曲突徙薪亡恩泽，焦头烂额为上客。'主人乃寤而请之。茂陵徐福数上书言霍氏且变，宜防绝之。鄉使福说行，则国亡裂土出爵之费，臣亡逆乱诛灭之败。往事既已，而福不蒙其功，唯陛下察之，贵徙薪曲突之策，使居焦发灼烂之右。"上乃赐福帛千疋，后以为郎。

又曰：息夫躬祠灶，人见之，告咒诅，遂弃市。

又曰：昭帝时，燕王宫豕出圂胡困切，坏都灶。注：都灶，蒸炊之大灶也。刘向以为豕祸。

《后汉书》：李南女晓术，为由拳县人妻。晨诣灶室，卒有暴风，妇上堂从姑求归，辞其二亲。姑不许，乃跪而泣曰："家世传术，疾风起，先吹灶突及井，此祸为妇女主爨者，妾将应之。"因著其亡日。乃听还家，如期病卒。

又曰：《更始传》：李轶、朱鲔擅命山东，王匡、张卬横暴三辅。其所与官爵皆群小贾竖，或有膳夫庖人，多著绣面衣、锦裤、襜褕、诸于，骂詈道中。长安为之语曰："灶下养，中郎将。烂羊头，关内侯。"

又曰：虞诩为怀令。后羌寇武都，邓太后以诩有将帅之略，迁武都太守，引见嘉德殿，厚加赏赐。羌乃率众数千，遮诩于陈仓、崤谷，诩即停军不进，而宣言上书请兵，须到当发。羌闻之，乃分钞傍县。诩因其兵散，日夜进道，兼行百余里。令吏士各作两灶，日增倍之，羌不敢迫。或问曰："孙膑减灶，而君增之。兵法日行不过三十里，以戒不虞，而今日行二百，何也？"诩曰："虏众多，吾兵少，徐行则易为所及，速过则彼所不测。虏见吾灶日增，必谓郡兵来迎。众多行速，必惮追我。孙膑见弱，吾今示强，势有不同故也。"

又曰：向栩性不恒，又似狂，坐于灶北板屋上。

又曰：张忠署孙宾为主簿，遂祭灶，请比邻。

又曰：阴识之腊日晨炊而灶神见。杀黄羊，因祀之。三世繁昌，遂常以腊日祭也。

《战国策》曰：智伯攻晋阳城，城不沉者三板，洎灶生蛙，悬釜而炊。

《鲁连子》曰：一井五瓶，泄可立待。一灶五突，烹饪十倍，分烟者众。

《淮南子》曰：黄帝作灶，死为灶神。

《庄子》曰：仲尼读《春秋》，老聃踞灶觚而听。觚，灶额也。

又曰：阳子居南郭之沛，老聃西游于秦，邀还于郊，至于梁而遇。老子中道仰天而叹曰："始以汝为可教，今不可也。"阳子居不答。至舍，进盥漱巾栉，脱屦户外，膝行而前曰："向者弟子欲请夫子，夫子行不闲，是以不敢问。今闲矣，请闻其过。"老子曰："而睢睢盱盱，而谁与居？大白若辱，盛德若不足。"阳子居蹴然变容曰："敬闻命矣！"其往也，舍者迎将，家公执席，妻执巾栉，舍者避席，炀者避灶。其反也，舍者与之争席矣。

《宜都县记》曰：宜都山绝崖壁立数百丈，有一火烬扦在崖间，望可长数尺。传云尧洪水，人泊船此旁，爨余留之，故曰插灶崖。

《万毕术》曰：灶神晦日归天，白人罪。

《梦书》曰：灶主食，梦者得食。

李尤《灶铭》曰：燧人造火，灶能以兴。

窦

《周礼·考工记》曰：宫中之窦，其崇三尺。

《左传》曰：荜门圭窦之人皆凌其上。

又曰：有涡氏灭夏后相，后缗方娠，逃出自窦。

《晋书》：光逸避乱依胡母辅之初，至属辅之与谢鲲、阮放、毕卓、羊曼、桓彝、阮孚散发裸袒，闭室酣饮已累日。逸将排户入，守者不听，逸便于户外脱衣露头于狗窦中窥之而大叫。辅之惊曰："他人决不能尔，必我孟祖也。"遽呼入，遂与饮，不舍昼夜。时人谓之八达。

《家语》曰：子羔为卫之士师，刖人之足。卫有蒯聩之乱，子羔逃至郭门，刖者守焉。谓子羔曰："彼有缺。"子羔曰："君子不逾。"又曰："彼有窦。"子羔曰："君子不隧。"又曰："彼有室。"子羔入焉。追者罢，子羔乃去。

厕

《广雅》曰：清溷，屏厕也。

《说文》曰：厕，清也。

《释名》曰：厕，言人杂厕在上，非一也。或曰：溷，浊也。或曰：清至秽，宜常修治，使清洁。

《仪礼》曰：隶人温厕。温，塞也；为人复往亵也。

《左传》曰：晋侯将食麦，如厕，陷而卒。

《史记》曰：朱虚侯入未央宫，遂击吕产，产走。天风大起，从官乱，莫敢斗，遂杀产于郎中府吏厕中。

又曰：范雎事魏中大夫须贾。贾为魏昭王使于齐，雎从。齐襄王闻雎辩有口才，乃使人赐雎金十斤及牛酒。须贾以雎持魏阴事告齐，故雎独得此馈，心怒。归以告魏相魏齐。齐使人笞击雎，折胁折齿。雎佯死，卷以置厕中。宾客饮者醉，更溺雎，以惩后，令无妄言者。

又曰：李斯者，楚之上蔡人也。少时为乡小吏，见吏舍厕中鼠食不絜，近人犬，数惊恐之。斯入仓，观仓中鼠，食积粟，居大庑下，不见人犬之忧。于是李斯乃叹曰："人之贤、不肖譬如鼠矣，在所自处耳！"乃从荀卿学帝王之术。

又曰：万石君长子建老白首，万石君尚无恙。建为郎中令，每五日洗沐归谒亲，入子舍，窃问侍者，取亲中裙厕腧，身自浣涤，徐广曰：窬，筑垣短板也。《音注》：厕窬，谓溷垣墙，隐于其侧而浣涤也。一谓窬窦。言建又自洗荡厕窦。厕窦，泻除秽污之穴也。复与侍者，不敢令万石君知，以为常。

又曰：赵襄子灭智伯，其臣豫让遁逃山中，曰："嗟乎！士为知己者死，女为说己者容。今智伯知我，我必为报仇，而死以报智伯，则吾魂魄不愧矣。"乃变名姓为刑人，入宫涂厕，中挟匕首，欲以刺襄子。襄子如厕，心动，执问涂厕之刑人，豫让内持刃兵，曰："欲为智伯报仇。"左右欲诛之，赵襄子曰："彼义人也，我谨避之耳；且智伯亡无后，而其臣欲为报仇，此天下之贤人也。"卒释去之。

又曰：大将军卫青侍中，上据厕而视之。注：溷，厕也。

《汉书》：郅都侍上。贾姬如厕，有野彘入厕，上目都击之，都不往。上欲自行，都伏谏曰："一姬死，复一姬进，上虽自轻，奈太后宗庙何？"太后闻之，赐都金。

《晋书》：王戎，惠帝反宫，以戎为尚书令。既而河间王颙遣使说成都王颖，将诛齐王冏。檄书至，冏谓戎曰："孙秀作逆，天子幽逼。孤纠合义兵，扫除元恶，臣子之节，信著神明。二王听谗，造构大难，当赖忠谋，以和不协。卿善为我筹之。"戎曰："公首举义众，定大业，开辟已来，未始有也。然论功报赏，不及有劳，朝野失望，人怀贰志。今二王带甲百万，其锋不可当，若以王就第，不失故爵。委权崇让，此求安之计也。"冏谋臣葛旟怒曰："汉魏以来，王公就第，宁有得保妻子乎！议者可斩。"于是百官震悚，戎伪药发堕厕，得不及祸。

又曰：郭璞素与桓彝友善，彝每造之，或值璞在妇女间，便入。璞曰："卿来，他处自可径前，但不可厕上相寻耳。必客主有殃。"彝后因醉诣璞，正逢在厕，掩而观之，见璞裸身被发，衔刀设醊。璞见彝，抚心大惊曰："吾每属卿勿来，反更如是！非但祸吾，卿亦不免矣。天实为之，将以谁咎！"璞终婴王敦之祸，彝亦死苏峻之难。

《魏氏春秋》曰：许允为镇北将军，未发，徙乐浪。允善相，印将拜，印以不善更刻大，如此者三。允曰："印虽好而已被辱。"问送印者，果怀之而坠于厕。

《幽明录》曰：建德民虞敬上厕，辄有一人授草手内与之，不睹其形，如此非一。过后至厕，久无送者，但闻户外斗声，窥之，正见死奴与死婢争先进草，奴适在前，婢便因后挝之，由此，辄两相击。食顷，敬欲出，婢奴阵势方未已，乃厉声叱之，奄如火灭。自是遂绝。

又曰：阮德如尝于厕见一鬼，长丈余，色黑眼大，著皂单衣、平上帻，去之咫尺，德如心安气定，徐唤而语之曰："人言鬼可憎，果然。"

桓谭《新论》曰：博士弟子谭生居东寺，连三夜有恶梦，以问人，教使晨起厕中说之。三旦而人告，以为咒诅，扑治数日。

《曹毗》曰：杜兰香戒张硕不宜露头上厕，夜行必烛，若脱误，当跪拜谢。

周景式《孝子传》曰：管宁避地辽东，经海遇风，船人危惧，皆叩头思过；宁思惟无愆，念常如厕不冠，即便悔过，海风寻止。

《异苑》：陶侃曾如厕，见数十人悉持杖，有一人著平上介帻，自称后帝，云：君长者，故出相见。"

《襄沔记》：蜀先主之依刘表，起至厕，见髀里生肉，慨然流涕。还坐，表怪问之，备曰："平常身不离鞍，髀肉皆消。今不复骑，髀里肉生。日月若驰，老将至矣，而功业不建，是以悲耳。"表虽重备，因此欲取备。备觉，伪如厕，潜遁出。所乘马名的卢，从襄阳城西檀溪水中而渡，被溺不得出，备既急，乃曰："的卢：今日危矣，可不努力乎！"的卢乃一踊三丈，遂得过溪而去。

《神仙传》曰：淮南王安谒仙伯，坐起不恭。主者奏安不敬，谪守厕三年。

《抱朴子·内篇》曰：河东项曼都入山学仙，十年而归。家问其故，曼都曰："在山中，仙人乘龙迎我上天，先过紫府，金床玉几，真贵处也。仙人以流霞杯饮我，辄不死不饥渴。昔淮南王事天帝有失行，谪之守厕矣，吾何人哉？"

《语林》曰：刘实诣石崇，如厕，见有绛文帐茵缛甚丽，两婢持锦囊。实遽退，笑谓崇曰："向误入卿室。"崇曰："是厕耳。"实更往，向乃守厕婢所进锦囊是筹，良久不得便，行出，谓崇曰："贫士不得此厕。"乃如他厕。

又曰：石崇厕常有十余婢侍列，皆佳丽，藻饰置甲煎沉香，无不毕备；又与新衣，客多不能着。王敦为将军年少，往脱故衣，着新衣，气色傲然。群婢谓曰：此客必能作贼。

《世说》：王大将军敦初尚主，厕见漆箱中盛干枣，本以塞鼻，王谓厕上下果，食遂至尽。既还，婢擎金澡盘盛水，琉璃碗盛澡豆，敦自倒着水中而饮之，谓之干饭。群婢掩口而笑之。

太平御览卷第一百八十七 居处部十五

墙壁

《说文》曰：垣蔽曰墙。又曰：壁，垣也。

《尔雅》曰：墙谓之墉。

《广雅》曰：墉，垣墙也。

《释名》曰：墉，容也；所以蔽隐于形容也。壁，辟也；所以辟断风寒也。墙，障也；所以自障蔽也。垣，援也；人所阻以为援卫也。

《易》曰：公用射隼于高墉之上，获之，无不利

《书》曰：既勤垣墉，惟其涂塈茨。

《尚书大传》云：天子贲庸，诸侯疏杼。注曰：贲，大也；言大墙正道直也。疏，衰也；杼，亦墙也；亦衰杀其上，不得正直。

《诗》曰：百堵皆作。

又曰：筑室百堵。

又曰：谁谓鼠无牙，何以穿我墉？

又曰：乘彼垝垣，以望复关。

又曰：《墙有茨》，卫人刺上也。公子顽通于君母，而不可道也。墙有茨，不可扫也。《笺》：墙，所以防非常也。

又曰：君子无易由言，耳属于垣。由，用也，人将听之。

又曰：将仲子兮，无逾我墙。

又曰：兄弟阋于墙，外御其务。务，侮也。

又曰：彻我墙屋，田卒污莱。毁墙屋，不得农也。

《书序》：秦始皇灭先代典籍，焚书坑儒，天下学士逃难解散。我先人用藏其家书于屋壁。至鲁恭王时，好治宫室，坏孔子旧宅以广其居，于壁中得先人所藏古文虞、夏、商、周之书及《传》《论语》《孝经》，皆科斗文字。

又曰：峻宇雕墙。

《礼》曰：七月，坯墙垣。六月小署后五日，蟋蟀居壁。

《周礼》曰：墙厚三尺，崇之。注云：高卑为率，足以相为胜也。

《左传》：叔孙曰："人之有墙，以蔽恶也。墙之郤坏，谁之咎也？"注：咎在墙也。

又曰：巢牛隐于短垣以射吴子诸樊。

又曰：寺人披伐蒲，重耳逾垣而走，披斩其袪。

又曰：晋灵公不君，厚敛以雕墙。

《论语》：叔孙武叔谓子贡曰："仲尼岂贤于子乎？"对曰："譬之宫墙，赐之墙及肩，窥见室家之好。夫子之墙数仞，不得其门而入，不见宗庙之美。"

又曰：粪土之墙不可杇也。

又曰：其犹正墙面而立也欤？

《史记》曰：孝景帝即位，晁错为内史，贵幸用事。门东出，不便，乃穿一门出太庙暖垣。丞相申屠嘉闻之，奏请诛错。上爱之，曰："错所穿非真庙垣，乃外暖，且又我使为之。"错谢而出。嘉曰："吾悔不先斩错。"

又曰：司马相如家成都，贫，家徒四壁立。

《汉书》曰：贯高等欲害高祖。置人于复壁中。

《后汉书》曰：逢萌与同郡徐房、平原李子云、王君公相友善，并晓达阴阳，怀德秽行。房与子云养徒各千人，君公遭乱独不去，侩牛自隐。侩，谓平会两家买卖之事。时人语曰："避世墙东王君公。"

又曰：史叔宾者，陈留人也。少有盛名。郭林宗见而告人曰："墙高基下，虽得必失。"后果以论议阿枉毁名云。

又曰：崔寔仕宦，历位边郡而愈贫薄，家徒四壁。卒，无以殡敛，光禄勋杨赐、太仆袁逢、少府段颎为备棺椁葬具，大将军袁隗树碑颂。

又曰：杜安，字伯夷。少有志节，年十三入太学，号奇童。京师贵戚慕其名，或遗之书，安不发，悉壁藏之。及后捕案贵戚宾客，安开壁出书，印封如故，竟不罹患，时人贵之。位至巴郡太守。

《吴志》曰：吕蒙病，孙权时在江安，迎置内厩，治护万方。欲数见颜色，又恐劳动，常穿壁瞻之，见其少食则喜，不能则咄嗟也。

《晋书·外国传》：大秦国以琉璃为墙壁。

《齐书》曰：刘琎，字子瓛。方轨正直。兄瓛夜隔壁呼琎出，不答，方下床着衣立，行及帘外，然后应瓛。问其故，琎曰："向束带未竟。"

又曰：徐孝嗣初在率府，昼卧斋北壁下，梦两童子遽云："移公床"，孝嗣惊起，行数步而壁崩。

《左传》曰：正考父一命而伛，再命而偻，三命而俯，循墙而走，孰敢不轨！言人不敢以不轨之事侮之。

《家语》曰：孔子观乎明堂，睹四门之墉有尧、舜、桀、纣之象，各有善恶之状，兴废之诫焉。

《衡山记》曰：甘泉宫有石壁焉，禹所刻文在此。

《洞冥记》曰：元狩三年，帝复起陵霞观，去地九十丈，累白玉为壁，以八分篆写羲皇以来讫周成王封禅之事。所谓事登壁间，盖帝王之本绩也。

《孟子》：知命者不立乎岩墙之下，恐颓也。

《淮南子》曰：舜作宫筑墙始也。

《汉官仪》曰：省中皆胡粉涂壁，画古烈士。

《新序》曰：诸侯墙有黑垩之色，无丹青之彩。

《神仙记》：白和事王君，王君语曰："我暂往瀛州，汝于正北石室熟视北壁，当见文字，读之得道矣。"三年，方见壁上有古人所刻《太清经》，读之得仙。

《魏略》曰：赵岐避难青州市，孙嵩知岐避事，置岐于复壁中。

《西京杂记》云：匡衡凿邻家壁，偷光读书。

宋玉《赋》云：东家美女登墙窥玉三年，玉犹未许。

焦赣《易林》曰：千仞之墙，祸不入门。

孟奥《北征记》曰：邺城避雷室西南石沟北有华林墙，墙高九丈，方圆一里也。

柱

《广雅》曰：楹谓之柱。

《释名》曰：柱，住也。楹，亭也。亭，亭然孤立也。

《周书》曰：文王在镐召太子发曰："吾桰柱而茅茨，为民爱费也。"

《左传》曰：叔孙豹指楹曰："虽恶是，其可去乎？"

又曰：丹垣宫楹。

《谷梁传》曰：丹桓宫楹。礼，天子丹，诸侯黝，大夫苍，士黈。

《大戴礼》曰：周时德泽和洽，蒿茂以为宫柱，名曰蒿宫。

《汉书·郊祀志》曰：武帝铸柏梁铜柱。

又曰：成帝立赵皇后，刘辅谏曰："朽木不可为柱，卑人不可为主。"

范晔《后汉书》曰：李膺拜司隶校尉。时张让弟为野王令，贪残无道，至乃杀孕妇。闻膺厉威严，惧罪逃还京师，因匿兄让第舍柱中。膺知其状，率将吏往，破柱，付洛阳狱。受辞毕，即杀之。

《魏略》曰：大秦国以水精为室柱。

《吴志》曰：孙坚为董卓所攻，坚与数十骑驰围而出。坚常著赤罽帻，令亲近将祖茂著之。卓骑争逐茂，急，见一柱在草中，因脱帻著柱上。卓骑望见，围绕数重，后觉是柱，乃去。

《晋书》曰：石季龙掘秦始皇冢，取其铜柱，铸以为器。

又曰：太始二年秋，营太庙，致荆山之材，采华山之石，铸铜柱十二，涂以黄金，镂以百物，缀以明珠。

曹嘉之《晋纪》曰：诸葛诞以气励称。常倚柱读书，雷震其柱，诞读书自若。

《陈书》曰：初，梁侯景焚太极殿。及景平，至陈武帝议欲营之，独阙一柱。至是有樟木大十八围，长四丈五尺，流泊后渚。因得用之。

《汉武内传》曰：上起神屋，铸铜为柱，金涂，大五围。

《帝王世纪》曰：桀作金柱三千。

《列女传》曰：纣作铜柱，以炭火然之，有罪者令抱其柱，辄堕炭中，妲己观以为笑。

《汉官典职》曰：德阳殿柱皆金刻镂作，奇禽万巧，间以丹青翡翠，竟柱构以水精，一柱三带，韬以赤缇。

应劭《汉官》曰：开阳门始成，未有名。夜有一柱飞来楼上，后琅邪开阳县上言：南门一柱飞去。光武使视，因刻记其年月，以名门焉。

《神异经》曰：昆仑山有铜柱，其高入天，所谓天柱也，围三千里，周回如削。下有仙人府与天地同，休息男女名曰玉人，男即玉男，女即玉女，无为配匹而仙道成也。

《三辅决录》曰：长陵田凤，字季宗。为尚书郎。仪貌端正。入奏事，灵帝目送之，因题殿柱曰："堂堂乎！张京兆田郎。"

伏滔《北征记》曰：广陵，吴王濞所都。修大城，得柏柱三，皆柏心，盖吴王濞门柱也。

华延隽《洛阳记》曰：太极殿有四金铜柱。

焦赣《易林·旅之咸》曰：金梁铁柱。

又曰：《家人之升》曰："高楼无柱，颠僵不久，纣失人主，身死牧野。"

盛弘之《荆州记》曰：巴东城西有一柏柱孤殖，大可数围，高三丈余。相传是公孙述时楼柱，乃云：斫之血出，枯而不朽，历代弥固，将恐有物凭焉。

《江陵记》曰：沔城内有赤湖客舍，襄阳大道经城中过。元嘉十年，连雨，城南门沮坏，得土中故楠柱，长一丈七尺。临川康王取以为大斋西北柱，初时色黑，一季后不复黑，计此千年。

《列子》曰：共工触不周山，天柱折。

《晏子春秋》曰：晏子将死，凿楹纳书焉，谓妻曰："楹记日也，子壮而示之。"

《燕丹子》曰：荆轲以匕首擿决秦王，入铜柱，火出。

《淮南子》曰：柱不可以刺齿，蓬不可以持屋。

《世说》曰：陆抗初拜司空，有人往索酒，便自起酌梁柱间，祝曰："当今乏才，以尔为柱石之任，莫倾人栋梁。"陆笑曰："感卿良箴。"

《楚辞·天问》曰：八柱何当？东南何亏？

傅玄《正都赋》曰：锦墙雕柱。

刘良《七举》曰：绿柱朱榱，青琐壁珰。

李尤《楹铭》曰：干强体正，虽重不移；上下相安，高而不危。

《世说·夏侯玄赞》曰：玄尝倚柱作书，霹雳其柱，神色无变，作书如故。

俞益期笺曰：马文渊昔立两铜柱于林邑。岸北有遗兵十余家，不反，居宁寿灵岸南对铜柱，悉姓为马，自为婚姻，有二百户。交州以流寓，号曰马流。言语饮食，尚与华夏同。山川移易，铜柱今没在海中，正赖此民以识故处。

梁

《尔雅》曰：宲廇谓之梁。郭璞注曰：屋大梁。

《吴越春秋》曰：夏禹庙以梅木为梁。

焦贡《易林·旅之咸》曰：金梁铁柱，完全不腐。

《汉官典职》曰：德阳宫画屋朱梁。

曹子建《七启》曰：彤轩紫柱，文榱华梁。

《古歌》曰：本自南山松，今为宫殿梁。

《西京赋》曰：亘雄虹之长梁。

司马相如《长门赋》曰：饰文杏以为梁。

班固《西郊赋》曰：应瑰材而究奇，抗应龙之虹梁。

《楚词》曰：玄玉之梁。

曹植诗：文榱华梁。

栋

《尔雅》曰：栋谓之桴。郭璞注曰：屋檼也。

《广雅》曰：檼，栋也。

《释名》曰：檼，稳也，似桷也。或谓之望，高可望也。或谓之栋。栋，中也。屋脊曰甍。甍，蒙也；在上覆蒙屋也。

《易·大过卦》曰：栋桡，本末弱也。王弼注曰：初为本，而上为末。

《左传·襄二十八年》曰：卢蒲癸刺庆舍，王何解其肩。犹援庙桷，动于甍。柱注曰屋栋。

又曰：子产谓子皮曰："子于郑国，栋也，栋折榱崩，侨将压焉。"

《汉武帝故事》：上起神屋，甍附作金凤，轩翥若飞，口衔流苏，长十余丈。

《神仙传》曰：左慈共曹公饮，饮毕，以杯掷屋栋悬着，栋动摇，似飞鸟。

《淮南子》曰：郢人买屋栋而与之车毂，跪而度之，大虽可而长不足也。

《桓子新论》曰：王公大人则嘉得良师明辅，品庶凡民则乐畜仁贤哲士，皆国之柱栋而人之羽翼。

《楚辞·九歌》曰：桂栋兮兰橑，新夷楣兮药房。

郭璞《游仙诗》曰：云生梁栋间。

傅玄《栋铭》曰：国有维辅，屋有栋梁。室之倾尚可柱也，心之倾不可辅也。

太平御览卷第一百八十八 居处部十六

窗

《说文》曰：窗，穿壁以木为交窗，所以见日也。向北出牖也。在墙曰牖，在屋曰窗。

又曰：棂，楯间子也。栊，房室之疏也。

《释名》曰：窗，聪也；于内视外，为之聪明。

《大戴礼》曰：随武子《牖之铭》曰："随天之时，以地则之，敬祀皇天，敬以先时。"

《礼记·郊特牲》曰：薄社北牖，使阴明也。

又《儒行》曰：荜门闺窦，蓬户瓮牖。

《论语》曰：伯牛有疾，子问之，自牖执其手，曰："亡之，命矣夫！"

《五经典义》曰：虞主埋之庙北牖下，北方无事，虞主亦无事也。

《东观汉记》曰：明德马后不喜出入游观，希尝临御窗牖。

《老子》曰：凿户牖以为室。

又曰：不窥牖，见天道。

《汉官·封禅仪》曰：泰山有天窗。

《三辅黄图》曰：明堂有七十二牖。

《孝经注》曰：明堂之制，八窗四闼。

《东宫旧事》曰：阁内有曲鄣，鄣上雀目窗。

又曰：宫有四面窗，八所，绫绮连钱及青匡郭飞板。

《郭子》曰：满奋畏风，在武帝坐北，窗作琉璃，扉实密似疏，奋有难色，帝问之，对曰："臣若吴牛，见月而喘。"

《西京杂记》曰：昭阳殿窗户扉多是绿琉璃，皆通照，毛发不得藏焉。

《汉武故事》曰：西王母降，东方朔于朱雀牖中窥母。母谓帝曰：

“此儿无赖，久被斥逐，原心无恶，寻当得还。”

又曰：帝起超神屋，有云母窗、珊瑚窗。

《贤圣冢墓记》曰：东平思王奢靡，及死，生葬所幸奴婢著铜窗内，令守冢。

《五行数》曰：《太公金匮·牖之书》曰：“门望端审，且念所得，可思所忘。”

李尤《牖铭》曰：天设窗牖，开光照阴，施于明堂，以象八风。

陆机诗曰：安寝北堂上，明月入我牖，照之有余辉，览之不盈手。

《灵光殿赋》曰：玉女窥窗而下视。

《文选·诗》曰：窗中列远岫。

《蜀都赋》曰：列绮窗以瞰江。

古诗曰：盈盈楼上女，皎皎当窗牖。

又曰：文疏结绮窗，何阁三重阶？

槛

《汉书》曰：朱云忠谏，攀槛，槛折。及治，上曰：“勿易！因而辑之，以旌直臣。”

《文选》曰：伏棂槛而俯听，闻雷霆之相激。

《鲁灵光殿赋》曰：轩槛蔓延。

《楚词》曰：坐堂伏槛临曲池。

又曰：照槛兮扶桑。

椽

《说文》曰：椽，榱也，桷也，橑，机也。秦谓之榱，周谓之椽，鲁谓之桷。

《通俗文》曰：屋加椽曰橑来早切。

《汉书解诂》曰：桷，椽也。诸侯丹桷，以丹色也。

《诗》曰：松桷有梴。

《谷梁》曰：刻桓宫桷。礼，天子之桷，斫之磨砻之，加密石焉。诸侯之桷，斫之砻之。大夫斫之。士斫本。刻桷，非正也。

《左传》曰：宋人伐郑，以太宫之椽为卢门之椽。

《续汉书》曰：蔡邕避难在吴，告人曰："吾昔经会稽高迁亭，见屋椽竹从东间数第十六，可以为籥。取用，果有异声。"

张璠《汉记》曰：梁冀起台殿，梁柱椽桷镂为青龙白虎，画以丹青云气。

《战国策》曰：或谓孟尝君曰："廊庙之椽，非一木之枝。先王之法，非一士之智。"

《汉武故事》曰：上起神屋，以金为椽，刻玳瑁为龙虎禽兽以薄其上，状若隐起，椽首皆作龙形，龙首衔铃，流苏悬之。

《西京杂记》曰：照阳殿椽桷皆刻作蛇龙，萦绕其间，鳞甲分明，见者莫不惊慄。

《韩子》曰：尧舜采椽不刮，茅茨不剪。

檐

《说文》曰：檐，椳也。

又曰：楣，秦名屋联櫋也。齐谓之檐，楚谓之梠。

《释名》曰：檐，梫也；梫屋前后也。梠，旅也；连旅之，或谓之櫋。櫋，绵也；连绵榱头使平也。上入曰雀头，形似爵也。

《礼记·明堂位》曰：复庙重檐，天子之庙饰也。

《谷梁传·文公》曰：坏庙之道，易檐可也。

《尔雅》曰：檐谓之樀。郭璞曰：屋檐也。

棁

《尔雅》曰：梁上楹谓之棁。

《汉官解诂》曰：棁，梁上柱也。诸侯藻棁，为藻文也。

华延儁《洛阳记》曰：堂皇宫殿皆石玉珰、龙桷、藻棁。

《礼记·礼器》曰：管仲镂簋、朱纮、山节、藻棁，君子以为滥矣。

楶

《尔雅》曰：栭谓之楶。郭璞注曰：即栌也。

《三辅故事》曰：王莽起九庙，为铜鏄栌。

杨子《法言》曰：吾未见斧藻其德若斧藻其楶者也。

枅

《尔雅》曰：笄谓之疾。郭璞注曰：柱上薄也，亦名枅。犍为舍人曰：朱儒下小方木。

《广雅》曰：薄谓之枅。曲枅谓之栾。

《说文》曰：枅，屋强也。

王延寿《灵光殿赋》曰：曲枅夭矫而环勾。

韦仲将《景福殿赋》曰：于是周览升降，流目详观，丛楹负极，飞栌承栾，枅梧绮错，棁楶鲜攒。

铺首

《通俗文》曰：门扇饰谓之铺首。

《说文》曰：门扇环谓之铺首。

《风俗通》曰：门户铺首，《百家书》云："输般见水上蠡，谓之曰：开汝头，见汝形。蠡适出头，般以足画图之。蠡引闭其户，终不可开。设之门户，欲使闭藏，当如此固密也。"

杨雄《甘泉赋》曰：排玉户而扬金铺兮，发兰蕙与穹穷。

李尤《平乐观赋》曰：过洞房之辅闼，历金环之华铺。

藻井

《风俗通》曰：殿堂象东井形，刻作荷菱。菱，水物，所以厌火也。

《西都赋》曰：蒂倒茄于藻井，披红葩之狎猎。

《魏都赋》曰：绮井列疏以悬蒂。注：疏，布也。以板为井形，饰以丹青，如绮也。

王延寿《鲁灵光殿赋》曰：圆渊方井，反植荷蕖；绿房紫的，咄咤垂珠。

左思《魏都赋》曰：绮井列疏以悬蒂，华莲垂葩以到披。

曹植《七启》曰：绮井含葩，金壁玉箱。

颜延之《七绎》曰：木写云气，土秘椒芳，既挺天而到井，又斫圆而镂方。

鸱尾

《晋中兴书》曰：泰元十年，鹳巢太极殿东鸱尾。

《晋安帝纪》曰：义熙五年六月，雷震太庙鸱尾，彻壁柱，若有文字。

宋武大明元年五月戊午，嘉禾一株五茎，生清暑殿鸱吻中。

《陈书》曰：高祖二年戊辰，重云殿东鸱吻有紫烟出属天。

《唐会要》曰：汉柏梁殿灾后，越巫言海中有鱼虬尾似鸱，激浪即降雨。遂作其象于屋以厌火祥。时人或谓鸱吻非也。

质础

《尚书大传》曰：大夫有石材，庶人有石承。注曰：石材，柱下质也。石承，当柱下而已，不外出为饰。

《说文》曰：碛，柱下石也。古以木，今以石。

《广志》曰：舄石有五色者，光泽以为柱碛，出苑蓬山。

《战国策》曰：智伯攻赵襄子。襄子之晋阳，谓张孟谈曰："吾城郭完，仓廪实，铜少奈何？"孟谈曰："臣闻董安于之治晋阳，公之堂皆以黄铜为柱碛。请发而用之，则有余铜矣。"

《古史考》曰：秦始皇使刑徒七万人作骊山，以北山石为舄。

《异物志》曰：大秦国以水精为舄。

《淮南子》曰：山云蒸，柱础润。

张衡《西京赋》曰：雕楹玉舄。

何平叔《景福殿赋》曰：金楹齐列，玉舄承跌。

奥

《论语·八佾》曰：与其媚于奥，宁媚于灶。

《尔雅》曰：西南隅谓之隩。郭璞注曰：室中隐隩处。

《通俗文》曰：奥内曰扆。

《韩子》曰：卫将军文子见曾子，曾子不起而延之于坐席，正身见于奥。文子谓其御曰："曾子愚人哉！以我为君子也，君子安可不敬！以我为愚人，愚人安可侮也！"

《吕氏春秋》曰：苑春谏卫公云："君因隅隩有灶，不知寒矣。"

屋漏

《毛诗·荡·抑》曰：相在尔室，尚不愧于屋漏。

《尔雅》曰：西北隅谓之屋漏。郭璞注曰：屋漏，义未详也。犍为舍人曰：古者撤屋西北，猥以炊浴，没者讫而覆之，故谓之屋漏也。

宧

《尔雅》曰：东北隅谓之宧。郭璞注曰：义未详。犍为舍人曰：东北阳气始起，万物所养，故谓之宧也。

《说文》曰：宧，养也；室东北隅食所居也。

窔

《尔雅》曰：东南隅谓之窔。郭璞注曰：窔，暗也。犍为舍人曰：东北万物生，蛰虫必出，无不由户窔。

《释名》曰：窔，幽也；亦取宧也。

砖

《诗》曰：乃生女子，载弄之瓦。瓦，纺砖也。

又曰：中堂有甓。注：一名瓴甋。

《晋书》曰：陶侃，字士行。在广州无事，辄朝运百甓于外，暮运于内。人问其故，答曰："吾方致力中原，过尔优逸，恐不堪事。"

《宋书》范晔母如厕而产，额为砖所伤，故以砖为小字。

瓦

《说文》曰：瓦，土器已烧之总名也。

《礼记》曰：有虞氏瓦棺。

又曰：毁方而瓦合。

《史记》曰：秦军武安西，鼓噪勒兵，武安屋瓦尽震。

《汉书》曰：霍光巷行，人见有人在屋上撤瓦投地，就视不见。而霍氏诛。

又曰：平帝元始四年，东风吹，长安城东门，屋瓦尽落。

《魏志》曰：魏文帝谓周宣曰："朕梦殿上双瓦落地，化为鸳鸯，何也？"宣曰："后宫当有暴死者。"须臾，后宫相害，死者。

《吴录》曰：景帝时，戎将于广陵掘诸冢，取版砖为城，所坏甚多。

《晋书》曰：张孟阳貌丑，尝从潘岳游洛阳市。岳美皃，群女争以果掷岳，满车厢；孟阳被投之瓦石。

《博物志》曰：桀作瓦。

《古史》曰：昆吾氏作瓦。

《老子》曰：挻埴以为器。

《梦书》云：梦见瓦，为甲铠，御祸患。

《春秋潜巴潭》曰：宫瓦自坠，至死不祥。

《汉武故事》云：上起神屋，以铜为瓦。

《庄子》曰：虽有忮心，不怨飘瓦。

又曰：以瓦注者巧。注，射；赌物也，所赌轻则意巧。

又曰：陶者曰："我善冶埴。"

《大秦记》曰：大秦以水精为瓦。

《抱朴子》曰：班狄不能削瓦石为芒针。

燕子丹曰：荆轲之东宫，临池舍瓦投蛙，太子进金瓦。

太平御览卷第一百八十九 居处部十七

井

《释名》：井，清也；泉之清洁者也。

《风俗通》云：井者，法也，节也；言法制居人，令节其饮食，无穷竭也。久不滞渫，涤为井泥。《易》云，井泥不食。不停污曰井渫。《易》云：井渫不食。涤井曰浚井。水清曰洌井。《易》云：井洌，寒泉。甃聚砖，修井也。《易》云：井甃无咎。

《易传》曰：井，通也；物所通用也。

《礼记》曰：井与门、户、灶、中霤为五祀。

《世本》曰：伯益作井。

《周书》云：黄帝作井。

《说文》云：八家一井。

《易》曰：改邑不改井，无丧无得。往来井井。

又曰：井洌寒泉。

《周礼》曰：挈壶氏：掌挈壶以令军井。

《左传》曰：楚伐萧，还无社谓申叔展曰："目于眢井而拯之。""若为茅绖，哭井则已。"

又曰：郑公子归生受命于楚，伐宋。战于大棘，宋师败绩，囚华元，获乐吕。狂狡辂郑人，狂狡，宋大夫。辂，迎也。入于井，倒戟而出之，获狂狡。君子曰："失礼违命，宜其为禽也。戎昭果毅以听之之谓礼，听，谓常在于耳，著于心，想闻其政令。杀敌为果，致果为毅。易之，戮也。"

《史记》曰：瞽叟使舜穿井，穿井匿空旁出。舜既入深，瞽叟与弟象共下土实井，从匿空中出，去。

《汉书》曰：蜀多盐井，罗褒以盐井致富。

又曰：陈遵每大饮会，宾客满堂，辄闭门，取客车辖投井中。

《汉书》曰：元帝时，谣曰："井水溢，灭灶烟，灌玉堂，流金门。"至成帝，北宫井水溢，王莽之征也。

又曰：朱博为御史大夫，府吏舍百余区井水俱竭，长老异之。后果废焉。

又曰：王莽时，井得白石上圆下方，有丹书著文曰："告安汉公莽为皇帝。"符命之兴，自此始矣。莽使群公白太后，太后曰："此诬罔天下，不可施行。"宗广刘京上书言："七月中，齐郡临淄县昌兴亭长辛当一夕暮数梦，曰：吾，天公使也，公使我告亭长曰：摄皇帝当为真，即不信我，此亭中当有新井。亭长晨起视亭中，有新井，入地且百尺也。"

《后汉书》曰：琅邪有冰井，冰厚尺余。

又曰：耿恭之攻匈奴，以疏勒城傍有涧水可固，五月，引兵据之。七月，匈奴复攻恭，恭募先登数千人直驰之，胡骑散走，匈奴遂于城下拥绝涧水。恭于中穿井十五丈不得水，吏士渴乏，笮马粪汁而饮之。恭仰天叹曰："闻昔贰师将军拔佩刀刺山，飞泉涌出。今汉德神明，岂有穷哉！"乃整衣服向井再拜，为吏士祷。有顷，水泉奔出，众皆称万岁。乃令士扬水以示虏，《东观记》曰：恭亲自挽笼，于是令士且勿饮，先和泥涂城，并扬示之。虏出不意，以为神明，遂引去。

又曰：淳于恭门侧有井，乡里小儿争饮牛，恭恶之，多置水器，汲水满之。

又曰：张让劫天子至河，掌玺者投玺井中。后孙坚讨董卓至杞国，见井有五色光，后浚井得玺。

《吴书》曰：孙策功曹魏滕有罪谴，欲杀之，左右忧恐，计无所出。夫人乃倚大井召策谓曰："汝新造江南，其事未集，方当优贤礼士，阐过录功。功曹在公尽规，汝今杀之，他人明日皆叛汝矣。吾不忍见汝祸及，当先投此中。"策大惊，遽释滕罪。

《晋书》曰：阮瞻尝群行，冒热渴甚，逆旅有井，众人竞趣之，瞻独逡巡在后，须臾，饮者毕，乃进，其夷退无竞如此。

又曰：元帝为晋王，使郭璞筮，遇豫之睽，璞曰："会稽当出钟，以告成功，上有勒铭，应在人家井泥中得之。繇所谓先王以作乐崇德，殷荐之上帝也。"及帝即位，太兴初，会稽剡县人果于井中得一钟，长七寸二分，口径四寸半，上有古文奇书十八字，云"会稽岳命"，余字时人莫识之。璞曰："盖王者之作，必有灵符，塞天人之心，与神物合契，然后可以言受命矣。"

《梁书》曰：巴郡忽有地自开成井，方六丈，深三十二丈。

《帝王世纪》曰：尧时，老人击壤于路而歌曰："凿井而饮，耕田而食，帝力于我何有哉？"

《南史》曰：延陵县季子庙沸井之北，忽闻金石声，疑有异，凿深三尺，得沸井，奔涌若浪。其地又响，即复凿之，复得一井，涌沸亦然。井中得一木简，长一尺，广二分，上有隐起字曰："庐山道人张陵再拜谒。"简文坚白，字色乃黄。

鱼豢《魏略》曰：明帝九龙殿前为玉井绮栏。

《高士传》曰：管宁所居井，会汲者，或男女杂错，或争井斗。宁乃多买器，分置井傍，汲以待之。

《唐书》曰：长庆中，长安主簿郑翦主役太清宫御院。忽于院前西序见一白衣老人云："此下有井，正直皇帝过路，汝速实之。不然，罪出不测。"翦惶恐，遽领役人视之，其处已陷数尺，发之，则一古井宛然。惊顾之际，已失老人所在。翦以闻。上既至宫，群臣及供奉官于马前蹈舞贺。有诏命翰林学士韦处厚纪述，以表其异。

《孟子》曰：有为者譬若掘井，九轫而不及泉，犹为弃井也。有为，仁义也。轫，八尺也，虽深，不及泉。喻有为者中道而尽弃前行也。

《庄子》曰：公孙龙问于魏牟曰："龙困百家之智，穷众口之辩，以为至达，今吾闻庄子之言，茫然异之，无所开吾喙。"公子牟笑曰："子独不闻坎井之蛙谓东海之鳖曰：吾跳梁乎井幹之上，入休乎缺甃之岸；赴水则接掖持颐，蹶泥则灭足没跗；还虷蟹与科斗，莫吾能若也。且夫擅一壑之水，而跱坎井之乐，亦至矣。夫子奚不时来入观乎！”东海之鳖左足未入，而右膝已絷矣。于是逡巡而却，告之海若曰：“夫万里之远，不足举其大；千仞之高，不足极其深。禹之时十年九潦，而水不为加益；汤之时八年七旱，而崖不为加损。夫不为顷久之推移者，此亦东海之大乐。”于是坎井之蛙闻之，适适然惊，规规然自失。

《墨子》云：备城五十步一井。

《范子》曰：直木先伐，甘井先竭。

《孙子兵法》曰：地多陷曲曰天井。

《墨子》云：二舍共一井。

《抱朴子·内篇》曰：临沅县有寮氏，家世老寿。后子孙辄夭贱折，他人居其故宅复世寿，乃知是宅所为，不知何故，疑井中赤，乃掘井左右，得古人埋丹砂数十斛，丹汁入井，是以饮其水而得寿。

《吕氏春秋》曰：天下之美者，昆仑之井。

又曰：宋丁氏无井，常一人溉汲于外。及自穿井，喜而告人：“吾穿井得一人。”人传之者闻于宋君，召问其故，对曰：“得一人之使，非得一人于井中也。”

《说苑》曰：季桓子穿井得土缶，中有羊。以问孔子言得狗。孔子曰：“以吾所闻，非狗乃羊也。木之怪夔罔两，水之怪龙罔象，土之怪羒羊也，非狗也。”桓子曰：“善哉！”

《管子》曰：桓公将与管仲饮，十日斋戒，掘新井而柴焉。注：新井以柴盖覆之，取其清洁，示敬也。

《葛仙公传》曰：仙公取数十钱，使一人投井水，公从井上呼，钱又一一飞从井中出，入公器中也。

《桂阳列仙传》曰：苏躭启母曰：“有宾客来会，躭受性当仙，今招躭去，违于供养。今年多疫，窃有此井水，饮之可得无恙，卖此水过于供养。”使宾客随去焉。

《水经注》曰：华林园疏圃中有古井，悉珉玉为之，以缋石为口，玉作精密，独不变古，粲焉如新。

《异苑》曰：兰陵昌虑县郳城有华山，山上有井，鸟巢其中，金喙黑色而团翅，此禽见则大水。井又不可窥，窥者盈岁辄死。

又曰：广陵郡东界有黄公冢高坟二所，前有一井，面广数尺，每旱不竭，有于其中得铜釜及罐各一。

又曰：谢晦，字宣明。宅南路上有古井，以元嘉二年汲者忽见三龙甚分明，行道往观，莫不嗟异。有人入井，始知是砖隐起作龙形。

又曰：浔阳昙椿世居长沙，宅有古井，每夜辄闻有如炮竹声，相承谓为龙咤。

《风俗通》曰：庞俭，父先逃走，随母流宕。后居乡里，凿井得铜，生遂致富。后买奴，曰："堂上者，我妇也。"问其故？奴曰："我妇姓艾，字阿宏。足下有黑子，腋下有赤志。"母曰："我翁也。"遂为夫妻。时人曰："凿进得铜，买奴得翁。

又曰：庞俭凿井，得钱数万。

又曰：郄子路行饮马，投钱井中。

《续汉礼义志》曰：夏至日，浚井改水。冬至日，钻燧改火。

《淮南子》曰：伯益作井而黄龙登。

《异物志》曰：卢陵城中有一井，井中有二色，半青半黄，黄者似炭汁，作糜粥皆金色，因名之金井。

《幽明录》曰：山阴县九侯神山上有灵坛。坛前有古井，常无水。及请告神，即水涌出，供用足乃复渐止。

《浔阳记》曰：盆城，汉灌婴所筑。孙权经此城，自立摽井，令人掘，得故井，铭曰："颍阳侯所开，三百年当塞，不满百年，为当运者所开。"权忻，以为瑞井。江中风浪，井水辄动。

《豫章记》曰：厌源山西北余侔村五六里有洪井，说云洪崖先生之井。

《蜀都赋》曰：火井照荧于幽泉。注：蜀都有火井，欲出其火，先将家火投之，隆隆如雷声，须臾火出，光耀十里，以竹筒盛之，其光不灭。

《博物志》曰：临邛有火井，纵广五尺，深二三丈，在县南百里。昔时有竹木投之以取火。诸葛丞相往视之，后火转盛热，以盆着井，煮盐得盐。后以烛火投井中，即灭。迄今不复也。

盛弘之《荆州记》：随郡北界有庙乡，村南有重山，山下有一村，父老相传，云是神农所生村。西有重堑，内周回一顷二十亩，地中有九井。相传神农既育，九井自穿。又云：汲一井则众井水动。则以地为神农社，年常祀之。

《浔阳记》：龙窟有深泉，泉侧常见龙。曾有人于水边洗铜碗，忽浪起水涨，便失碗，此人没水逐取，既出，复失去。后人见龙衔碗在城里井边。

《幽明录》曰：襄邑县南有濑乡老子庙，庙中有九井，洁斋入者，温清随人意念。

《濑乡记》：老子庙中有九井，汲一井，余井水并动。

《广志》曰：临邛有粉井，得其水汰粉，则益光。

《嵩山记》：少室山有云母井，出云母。

《洛阳记》：宫墙西有两铜井连御沟，名曰蒙汜。

《羊头山记》：卫青破月支，月支有井，色如酒，因名曰酒井。

又曰：东阿城北门有大井，深七尺，煮之得胶，贡之。

又曰：雍丘县有神井，兴雾雹，享祀不辍。

又曰：盘固山有大井，铜人尝守之，五十年一踊，水起数十丈，铜人每以手掩之，即止。

又曰：零浦有盐井二十四，其一出火，筒取密闭，万里不灭。

又曰：金龙井，西京太极殿上有之，金龙负山于上，兼金鹿卢。

《山海经》曰：昆仑山墟，在西北帝之下都，高百仞，面有九井，以玉为槛。

《洞冥记》：珠甜水去虞渊八千里，有甜溪水如蜜。东方朔游此水，还，将数斛以献帝。帝投阴井，井里遂恒甜而寒，洗肉肌理柔滑。瑶琨去玉门九万里，有碧草如麦，锉之以酿，则味如酒而验烈，看之则颜色如醉，饮一合则三旬不醒，啜甜水则随饮随醒。

又曰：长安东七百里有云山，山头有井，云从中出，若土德王则黄云出，火德王则赤云出，水德王则黑云出，金德王则白云出，木德王则青云出。

《荆州记》：风井，夏则风出，冬则风入。

又曰：益阳县有冈，冈上有金井数百尺。传云：昔有金人以杖撞地而辄成井。

王子年《拾遗记》：峻锾山石下有金井，白气冠其上，井中金桑，弱可缄滕。

又曰：范蠡相越，致千金，僮者万人。收四海难得之货，盈于越都，以为兵器，铜铁之类如山阜者。或藏之井堑，谓之宝井。奇容丽色溢于闺房，谓之游宫。自历古已来，未之有也。

又曰：频思之国，人皆多力拳颈，不食五谷，日中无影，饮桂浆云露，羽毛为衣。发大如缕，坚韧如筋，申之裁至一丈，置则自缩如螺。绩此人发以为绳，以汲丹井之水，至久方得升合之水。水中有白蛙两翅，去来常在井上，仙者食之。至周王子晋临井而窥，有青雀衔土杓以授，子晋取而饮之，乃有雪飞，子晋以衣袖扐雪，则雪自止，白蛙化为双白鸠入云。

又曰：王傅，先时家贫，穿井得铁印，铭曰："佣力得富至亿庾，一土三田军门主。"果大富。永初中，以钱买官，至中垒校尉。三田一土，乃垒字也。

《郡国志》曰：姑衍州有凉风井，穴深不可测，常有微风，虽三伏盛暑犹须衣裘。

又曰：恒州常穿井，得白玉，方四尺，下有石，石有龟，长二尺许。

又曰：连浑府姑衍州遥火山西有火井，深不可见底，炎气上升，常若微电，以草爨之则烟腾火发其山，似火从地发，故名荧台。

又曰：濮州姚墟有二井，是舜井也。以物投一井，即二井水皆动。耕于历山，渔于雷泽，即此也。

又曰：硖州宜阳山有风井，穴大如瓮，夏出冬入。有樵人置笠穴口，风翕之入，后于长溪口得笠，则知潜通也。

又曰：朔州有神泉，人歌曰：纥真山头有神井，入地千尺绝骨冷。

又曰：贵州有司命井，半甘半淡，潜涌江波，虚盈如势。

又曰：衡山侯昙山，山有溪豪神祠坛。坛傍有石井，常无水，人祀之即水出，事了即干。

又曰：柳州昔相岭西麓下有潮井，广半亩，一日三涌三落。

又曰：尧井在汜水县东十五里，汉高祖败，项羽追之，入此井得免。见井中有双鸠飞出，有蜘蛛网，因而得免。

又曰：济州谷城，管仲私邑。今城内有夫子五井焉。

又曰：洪州庞源山，山上有风雨池，言山高水深，流激着树，洒如风雨，云是洪崖之井。

又曰：广州越井冈，一云越王井。云赵佗误坠酒杯于井，遂浮出石门。故诗云“石门通越井”是也。

又曰：儋州淞井与沦水通，有人以竹置井中口，沦水得之。俚人呼竹为滔淞，因以为名。

师旷问天老曰：人家忌腊日杀生于堂上，有血光，一不祥；井上种桃，花落井，二不祥也。

《天文志》曰：玉井四星，在参左足下。水以符瑞，王者清净，则浪井出。

《符瑞图》曰：浪井者，不凿自成。王者清净，则有仙人主之。

《丹阳记》曰：句容县有沸井，亦曰沸潭。

《两京记》曰：醴泉坊，本名承明坊。开皇初，缮筑此坊，忽闻金石之声，因掘，得甘泉浪井七所，饮者疾愈，因以名坊。

《水经注》云：襄国西石冈上有井，大如车轮。《图志》云此井光武营库所凿。《魏都赋》曰：墨井盐池。注：邺西高陵有石墨井。

《岭表录》：绿珠井在白州双角山下。昔梁氏之女有容貌，石季伦为交趾使，以真珠三斛买之。梁氏之居旧井存焉。

《渚宫故事》云：江陵城东二十里有天井，周回二里，其深不测，旱而祷之，即大雨即至。

《隋图经》云：常山唐县中山城西北隅有一大井，俗名赵母井。昔云“醇酎千日”，即是此井所酝。后以石盖之，人不敢开，齐刺史博陵王济欲开之，即有云雾隐蔽，惧不敢开。

魏文诗曰：双桐生空井，枝叶自交加。

《白泽图》曰：井神曰吹箫女子。

江文通《井赋》曰：穿重壤之千仞兮，构玉甃之百节，营之不日，既汲既渫。

晋郭璞《井赋》曰：尔乃冠玉槛，甃鳞错，鼓鹿卢，挥劲索。

魏明帝《猛虎行》曰：双桐生空井，枝叶自交加，通泉浸其根，玄云润其柯。

太平御览卷第一百九十 居处部十八

仓

《说文》曰：仓，谷藏也；仓黄取而藏之，故谓之仓。

《周礼》注曰：藏米曰廪。

《释名》曰：仓，藏谷物也。

《诗》云：乃求千斯仓，乃求万斯箱，以峙其粻。

又曰：丰年多黍多稌，亦有高廪，万亿及秭。

又曰：我仓既盈，我庾惟亿。

《尚书》曰：武王克商，发巨桥之粟，大赖于万姓。巨桥，纣仓也。

《传》曰：楚庄王赈廪同食。注：赈廪，开仓。同食，上下无异。

《礼记·月令》：季春，发仓廪，赐贫穷。

又曰：五谷皆入，必量于岁。

又曰：循行积聚，无有不敛。

又曰：孟冬，命有司穿窦窖，修囷仓，谨益藏，务积聚。

又曰：国无九年之畜为不足，无三年之畜曰急。

《周礼》曰：储畜以待凶荒。

又曰：仓人：掌粟入之藏。办九谷之物，以待邦用。若谷不足，则止余法用；有余则藏之，以待凶而颁之。

又曰：廪人：掌九谷之数，以待国之匪颁、赐、稍食。以岁之上下数邦用，以知足否，以诏谷用，以治年之丰凶。

《公羊传·桓公》曰：御廪灾，御廪者何？粢盛之所藏也。

《论语》曰：旧谷既没，新谷既升。

《春秋佐助期》曰：天廪仓神名均明。

《史记》曰：舜母嫉舜，舜父使舜涂泥仓，放火而烧舜，舜垂席而下，得无伤。

又曰：李斯年少时入仓，观仓中鼠食粟，居大庑下。斯乃叹曰："人之贤不肖譬如鼠矣，在所处耳。"乃从荀卿学帝王之术。

又曰：宣曲任氏之先为督道仓吏。秦之败也，豪杰皆争取金玉，而任氏独窖仓廪。及楚汉交兵，民不得田，而豪杰金玉尽归任氏。

又曰：高帝七年，立太仓。

《汉书》曰：汲黯因使矫制发仓，救河内饥民。上释罪。

又曰：武帝之初，民给家足，太仓之粟，陈陈相因。《诗》曰："如冈如阜，如山如陵。"

又《宣纪》曰：耿寿昌奏设常平仓，丰则籴，俭则粜，以利民。

又曰：王嘉奏事曰："孝文时吏居官者或长子孙，以官为氏。仓氏、库氏则仓库吏之后也。"

又邹阳上书吴王曰：吴有诸侯之位，而实富于天子，转粟西乡，陆行不绝，水行满河，如淳曰：言汉京师仰须山东漕运以自给耳。不如海陵之仓。

又贾捐之上书曰：武帝元狩六年，太仓粟红腐不可食。

又《食货志》曰：汉宣帝时，年丰人少利。时大司农中丞耿寿昌上计，令郡国皆筑仓，以谷贱时增其价而籴，以利农；谷贵时减其价而粜，以利人，名曰常平仓。百姓利之也。

《后汉书》曰：韩韶，字仲黄，颍川舞阳人也。少仕郡，辟司徒府。泰山贼公孙举伪号历年，守令不能破，多为坐法。尚书选三府掾属能治剧者，乃以韶为嬴长。嬴县，故城在今兖州砖城县东北也。贼闻其贤，相戒不入嬴境。余县多被寇，废耕桑，其流入县界求索衣粮者甚众。韶愍其饥困，乃开仓赈之，所廪赡万余户。主者争谓不可。韶曰："长活沟壑之民，而以此伏罪，含笑入地矣。"太守素知韶名德，竟无所坐。

又曰：隗嚣既败，公孙述欲安众。以成都郭外有秦时旧仓，述改名白帝仓，述以色尚白，故改之。自王莽以来常空。述即使人言白帝仓出谷如山陵，百姓空市里往观之。述乃大会群臣，问曰："白帝仓竟出谷乎？”皆对言：“无。”述曰：“讹言不可信，道隗王破者复如此矣。”俄而嚣将王元降，述以为将军。

又曰：虞诩时，朝歌贼宁季等数千人攻杀长吏，屯聚连年，州郡不能禁，乃以诩为朝歌长。故旧皆吊诩曰：“得朝歌何衰！”诩笑曰：“志不求易，事不避难，臣之职也。不遇盘根错节，何以别利器乎？”始到，河内太守马棱勉之曰：“君儒者，当谟谋庙堂之上，反在朝歌邪？”诩曰：“初除之日，士大夫皆见吊勉。诩筹之，知其能为也。朝歌者，韩、魏之郊，背太行，临黄河，去敖仓百里，而青、冀之人流亡万数。贼不知开仓招众，劫库兵，守成皋，断天下右臂，此不足忧也。今其众新盛，难与争锋。兵不厌权，愿宽假辔策，勿令有所挙阂而已。”及到官，设令三科以募求壮士，自掾吏已下各举所知，攻劫者为上，偷盗为次，带丧服而不事家业者为下。收得百余人。诩为之飨会，悉负其罪，使入贼中，诱令劫掠，乃伏兵以待之，遂杀贼数百人。乃潜遣贫民能缝者，佣作贼衣，以采缝其裾为帜，帜，记也。《续汉书》曰：以缝缕其裙也。有市里者，吏辄擒之。贼由是骇散，咸称神明。

《魏志》曰：袁涣，字耀卿。为魏国郎中令。及卒，太祖为之流涕，以谷二千斛，一教“以太仓谷千斛赐郎中令家”，一教“以垣下谷千斛与曜卿家”，外不解其意。教曰：“以太仓谷者，官法也；垣下谷者，新旧也。”

《吴书》曰：建康宫城即吴苑城，城内有仓名曰苑仓，故开北渎，通转运于仓所，时人亦呼为仓城。晋咸和中，修苑城为宫，惟仓不毁，故名太仓，在西华门内道北。

《晋书》：郑默出为东郡太守，值岁荒人饥，默辄开仓赈给，乃舍都亭，自表待罪。朝廷嘉默忧国，诏书褒叹，比之汲黯。班告天下，若郡县有此比者，听出给。入为散骑常侍。

又曰：王浑，武帝受禅，加扬烈将军，迁徐州刺史。时年荒饥，浑开仓赈赡，百姓赖之。

又曰：王蕴为吴兴太守。民饥，辄开仓赡恤。主簿请先列上待报，蕴曰:“行仁义败,无恨。”坐违科免官,士庶诣阙,左降晋陵太守。

《郡国志》曰:衡山石廪峰一如仓庾,有二户一开一闭,闭者亦有关钥之形。

王子年《拾遗记》曰:曹曾遇世乱,家家焚庐,曾畜书万卷,虑其先文湮没,乃积石如仓廪以藏书,世谓曹家书仓焉。

《水经注》云:汾阳故城,积粟所在,名之曰羊肠仓,在晋门间阳北。石磴萦委若羊肠,故以为名。即今羊肠坂是也。

《越绝书》曰:君均东仓,春申君造。西仓名曰君均西仓,门周一里八步。

又曰:吴两仓,春申君所造,一名均输。

《洛阳记》曰:有常满仓。

《天门集》曰:廪星主仓。

《说苑》曰:子路为蒲令,备水灾。与民春修沟渎,为民烦苦,故人予一箪食、一壶浆。孔子闻之,使子贡止之。子路忿然不悦,往见夫子曰:“由也,以暴雨将至,恐有水灾,故与民修沟渎以备之,而民多匮于食,故与人一箪食、一壶浆。而夫子使赐止之,何也?夫子止由之行仁也,夫子以仁教而禁其行仁,由也不受。”子曰:“尔以为饿,何不告于君,发仓廪以给食之;而以尔私馈之,是汝不明君之惠,见汝之私义也。速已则可矣,否则尔受责不久矣。”子路心服而退。

又曰:北郭骚踵见晏子曰:“窃悦先生之义,愿乞所以养母者。”晏子使人分仓粟、府金而遗之,辞金而受粟。有间,晏子见疑于景公,出奔。北郭子召其友而告之曰:“吾悦晏子之义,而尝乞所以养母者。吾闻之曰:养及亲者,身更其难。今晏子见疑,吾将以身白之。”遂造公庭求复之,曰:“晏子,天下之贤者也,今去齐国,国必侵矣。方必见国之侵也,不若先死,请绝颈以白晏子。”逡巡而退,因自杀也。公闻之大骇,乘驰而自追晏子,及之郊,请而反之。晏子不得已而反之。闻北郭子之以死白己也,太息而叹曰:“婴不肖罪过,固其所也,而士以身明之,哀哉!”

《晋阳秋》曰：泰始四年七月，立常平仓，丰则籴，俭则粜，以利民也。

《管子》曰：错国不倾之地，积不涸之仓，藏不竭之府。注：不涸之仓，言务五谷也。

《述征记》曰：东城二石桥，旧于王城之东北，开渠引洛水，名曰阳渠，东流经洛阳，于城之东南，然后北回，通运至建春门，以输常满仓。

《永嘉郡记》曰：青田溪发源太湖，湖是白土，无复细石，中生蕴藻，冬天水热如汤，故众鱼归之，名为鱼仓。

《益州记》曰：今成都县东有颓城毁垣，土人云古白帝仓也。

《异苑》曰：馀姚县仓封闭完密，而年年辄大损耗，是富阳县桓王陵上双石龟所食。即断毁龟口，于是无复亏减。

《三辅故事》曰：汉大将军周亚夫军于细柳，今石激是也。石激西有细柳仓，城东嘉禾仓。

《老子》曰：田甚芜，仓甚虚。

《管子》曰：仓廪实，知礼节。

又曰：不务地利，则仓不盈。

《庄子》曰：诸中国之在海内，不似稊米之在太仓乎！

《韩子》曰：韩昭侯之时，黍种贵，昭侯令人覆廪，吏果窃黍种粜之。

《淮南子》曰：近敖仓者不为之多饭，期满腹而已。

《盐铁论》曰：匈奴因山谷为城池，水草为仓廪。

《地理志》曰：敖仓在河南广武山，郑国所置。汉王与项羽争天下，运敖仓之粟。

囷

《西京杂记》曰：曹元理善算。友人陈广汉有二囷，忘其石数。后算欠一斗，乃有鼠大如斗，在其中。

《吴志》曰：周瑜过鲁肃求资，肃有米三千石，乃指一囷与之。

《续异记》曰：晋陵无锡尉严无欲贮谷。后开，乃成蛇。以草焚之，便贫。

《诗》曰：胡取禾三百囷兮。

庾

《韩诗外传》曰：王者藏于天下，诸侯藏于百姓，农夫藏于囷庾，商贾藏于箧笥。

《毛诗》曰：曾孙之庾，如坻如京。注曰：庾，露积也。

太平御览第八卷居处部十九

太平御览卷第一百九十一 居处部十九

府库藏

《释名》曰：库，舍也；物在舍也，齐鲁谓库为舍也。

《说文》曰：库，兵车所藏也。帑，金帛所藏也。府，文书所藏也。

《礼记》曰：季秋之月，命百工审五库之量。

蔡邕《月令章句》曰：五库者：一曰车库，二曰兵库，三曰祭器库，四曰乐器库，五曰宴器库。

又《月令》曰：季春，命有司开府库，出币帛，聘名士。

《周礼》曰：太府：掌九贡、九赋、九功之贰，以受其货贿之入，颁其货于受藏之府，颁其贿于受用之府。凡万民之贡，以充府库。太府，下大夫，若今之司农。

又曰：玉府：掌王之金玉、玩好、兵器，凡良货贿之藏。共王之服玉、佩玉、珠玉、含玉。诸侯则共珠盘、玉敦。

又曰：内府：掌受九贡、九赋、九功货贿，良兵、器，以待邦之大用。凡四方之币献之金玉、齿革、兵器，凡良货贿，入焉。

又曰：外府：掌邦布之出入，以供百物而待邦之小用。注：布帛之藏，帛曰布，小用赐也。

又《天官·王府》曰：合诸侯，则供珠盘。郑玄注曰：以珠饰盘承牛耳。

又《春官·天府》曰：天府：掌祖庙之守藏与其禁令。凡国之玉镇、大宝器藏焉。若有大祭、大丧，则出而陈之；既事，藏之。凡官府乡州及都鄙之治中，受而藏之，以诏王察郡吏之治。察，贰其黜陟也。治中，谓治薄书之要。

《尚书》曰：武王克殷，散鹿台之财。纣所积之府库曰鹿台。

《春秋文耀钩》曰：咸池、天潢五星，五帝车舍也。宋均注曰：舍，库也；五帝车府。

《曲礼》：天子六府，曰：司土、司木、司水、司草、司器、司货，典六职。注：谓主藏物之税也。

《左传》曰：晋侯之竖头须，守藏者也。及公子出也，窃藏以逃，尽用以求纳之，求纳文公。

《论语》曰：鲁人为长府，藏货曰府。闵子骞曰："仍旧贯如之何？何必改作？"

《汉书》曰：汉高祖七年，萧何立东阙前殿武库。

又曰：立武库以藏禁兵。

又曰：枚乘谏吴王曰："夫汉并二十四郡，十七诸侯，转输错出，军行数千里不绝于郊，其珍怪不如东山之府。"如淳曰：吴王之府藏也。

谢承《后汉书》曰：灵帝光和中，武库屋自坏。司隶许冰上书曰："武库，禁兵所在，国之禁，为灾深矣。"

《魏志》曰：嘉平中，二鱼集于武库屋上。

《晋书》曰：武库封闭甚密，忽有雉雊。张华曰："此必蛇化为雉。"视之，果有蛇蜕也。

又曰：赵王伦既还，谄事贾后，因求录尚书事，后又求尚书令。张华与裴頠皆固执不可，由是致怨，伦、秀疾华如仇。武库火，华惧因此变作，列兵固守，然后救之，故累代之宝及汉高斩蛇剑、王莽头、孔子履等尽焚焉。时华见剑穿屋而飞，莫知所向。

又曰：裴楷有知人之鉴，目锺会云："如观武库森森，但见矛戟在前。"

《商君书》曰：汤、武破桀、纣，海内无患，遂筑五库，藏五兵，偃武也。

锺会《刍荛论》曰：国之称富者，在乎丰人，非独谓府库盈，仓廪实。非上天所降，皆资之于人。人困则国虚矣。

《洞冥记》曰：元狩四年将夕，有黄发叟怀内探径尺玉以授帝。帝以玉还宝库，即龙玉也。

王子年《拾遗记》曰：糜竺用陶朱公计术，日益亿万之利赀，拟王家有宝库千间。

《世说》曰：郄公大聚敛，钱数千万。嘉宾意甚不同，尝朝旦问讯，郄家法，子弟不坐，因倚语移时，遂及钱货事。郄云：“汝正当欲得我钱耳！”乃听一日开库，任意用。郄公始止，谓损数百万许。嘉宾遂一日中乞与人，都尽。郄公闻之，惊怪不能已。

《拾遗录》曰：太上皇以宝剑赐高祖。及吕后，藏于瑶库。守者见白气从户中出如龙蛇，吕后更瑶库名曰灵金藏。及诸吕擅权，白气亦灭。惠帝即位，以此贮禁兵，名曰灵金府。

《韩诗外传》曰：晋平公藏宝之台烧，救火三日三夜。公子晏贺曰：“臣闻王者藏于天下，诸侯藏于百姓，农夫藏于囷仓，商贾藏于箧匮。今百姓乏于外，而赋敛无已者，是以天火之。桀、纣残贼而为天下戮。今皇天降灾于藏台，是君之福也。

《庄子》曰：天地有官，阴阳有藏。

魏都白藏之藏注曰：白藏库在西城，有屋一百七十四间。《尔雅》“秋为白藏”，因以为名。

《列子》曰：范氏之藏大火，商丘开入火，往还无难色，埃不漫，身不焦。子华之客乃谢之。

晋挚虞《武库屋铭》曰：有财无义，惟家之殃；无爱粪土，以毁五常。

张衡《西京赋》曰：武库禁兵，设在兰锜。

曹毗《魏都赋》曰：百藏之库，戎储攸归。

潘岳诗曰：微火不戒，延我宝库。

厩

《说文》曰：厩，马舍也。

《释名》曰：厩，鸠也，聚也，牛马之所聚也。

《诗》曰：乘马在厩。

《左传》曰：庄二十九年，新作延厩，书不时也。凡马日中而出，日中而入。注：日中，春秋分也。治厩当以秋分，今以春作，不时也。

《谷梁传》曰：二十九年，新延厩，延厩者。法厩。注：《周礼》天子十二闲，言法厩者，六闲之旧制。

又曰：晋献公欲伐虢，荀息曰："何不以屈产之乘，垂棘之璧，假道于虞也？"公曰："此晋之宝也。"息曰："是我取之中府而藏之外府，取之中厩而藏之外厩。"

《礼记·杂记》曰：厩焚。孔子拜乡人为火来者。拜之，士一，大夫再。亦相吊之道也。

《论语·乡党》曰：厩焚。子退朝，曰："伤人乎？"不问马。

《史记》曰：夏侯婴为沛厩司御，每送客还，过高祖语，未尝不移日。

《东观汉记》曰：顺帝汉安元年，始置承华厩舍令。

又曰：灵帝光和四年，初置绿骥厩，领受郡国调马。调，谓征发。

《汉旧仪》曰：天子六厩，未央厩、承华厩皆万匹。

《三辅黄图》曰：未央宫有金厩、辂軨厩、大厩、果马厩、乾梁厩、骑马厩、大宛厩、胡河厩、騊駼厩，凡厩九，在城内。

《孟子》曰：厩有肥马，野有饿殍，是率兽而食人也。

《郡国志》曰：雍州霸昌厩，在长安西二十五里。王莽使司徒王寻发长安宿此。

《春秋佐助期》曰：厩星传令神，名诗时。

市

《古史考》曰：神农作市。《世本》：祝融作市。

《说文》曰：市，买卖之所也。

《古今注》曰：阛市，垣也；阓市，门也。

《风俗通》曰：俗言市井者，言至市鬻卖，当须于井上洗濯，令物鲜洁，然后市。案二十亩为一井，今因井为市。

《礼记》曰：用器不中度，不鬻于市；布帛精粗不中数，幅广狭不中量，不鬻于市；奸色乱正色，不鬻于市也。

《周礼》曰：大市，日昃而市，百族为主；朝市，朝时而市，商贾为主；夕市，夕时而市，贩夫、贩妇为主。注云：主者，言其多也。百族，百姓也。

又曰：凡国凶、荒、札、丧，则市无征。

又曰：国君过市，刑人赦；夫人过市，罚一幕；世子过市，罚一帟；命夫过市，罚一盖；命妇过市，罚一帷。注曰：市者，交利而行之处也。君子无故不游观焉。

《史记》曰：吕不韦撰《春秋》成，榜于秦市曰："有人能改一字者，赐金三十斤。"

《后汉书》曰：张楷，字公超。通《严氏春秋》、《古文尚书》，门徒常数百人。宾客慕之，自父党夙儒，皆造门焉。车马填街，黄门及贵戚之家，皆起舍巷次，以候过客往来之利。楷疾其如此，辄徙避之。家贫无以为业，常乘驴车至县卖药，足给食者，辄还乡里。司隶举茂才，除长陵令，不之官。隐居弘农山，学者随之，所居成市，后华阴山中，遂有公超市。

又曰：王充家贫无书，尝游洛阳市，阅所卖书，一遍而诵之。

《晋书》曰：羊祜疾渐笃，乃举杜预自代。寻卒，时年五十八。帝素服哭之，甚哀。是日大寒，帝涕泪沾须，皆为冰。南州人方市，闻祜丧，莫不号恸，罢市，巷哭者声相接。吴守边将士亦为之泣。其仁德感人如此。

《韩子》曰：庞共与魏太子质于邯郸，其谓魏王曰："今一人言市有虎，王信乎？"王曰："否。""二人言，王信乎？"曰："否。""三人言，王信乎？"王曰："寡人信矣。"共曰："夫市无虎明矣。三人言，成市虎。今邯郸去魏远于市，谤臣者过于三人，愿王察之。

《越绝书》曰：伍子胥至吴，徒跣被发，乞于吴市三日。市正疑之，而导于阖闾曰："市中有非常人，徒跣被发，乞于吴市三日。"阖闾曰："吾闻荆王杀其臣伍奢而非其罪，其子胥勇且智，彼必经诸侯之邦，可以报其父之仇者。”王即使召子胥入，吴王下阶迎而唁数之，曰：“吾知子非常人也，何素穷如此？”子胥跪而垂泣曰：“胥父无罪，而楚王杀之，并其子。子胥得道遁逃出走，唯可以归骸骨者，唯大王哀之。”吴王曰：“诺。”上殿与语，三日，语无复者。王乃令：“邦中无贵贱长少，有不听子胥教者，犹不听寡人之罪，至死不赦。”

又曰：吴市者，春申君所造，阙两城以为市，在湖里。

班固《两都赋》曰：内则街衢，洞达闾阎，且千九市，开场货，别隧分，人不得顾，车不得旋，阗城溢郭，傍流百廛，红尘四合，烟云相连。

《宫阙记》云：长安市有九所，各方二百六十六步，六市在道西，三市在道东。四里为市，凡九市，致九州之人。在突门夹横桥大道南，又有当市观。

又曰：旗亭楼在杜门大道南，又有当市观。

张衡《西京赋》云：郭开九市，通阛带阓，旗亭五重，俯察百隧是也。又按《郡国志》云：长安大侠万子夏居柳市；司马季主卜东市；西市在醴泉坊，隋曰利人市，因有西市署。

《洛阳记》曰：三市，大市名也；金市在大城西，南市在大城南，马市在大城东。按金市在临商观西，兑为金，故曰金市。马市在东，旧置丞焉。又郦道元《注水经》云，马市即嵇康为司马昭所害之处。

《蜀本记》曰：老子为关令尹喜著《道经》，临别曰：“子行道千日后，于成都青羊肆寻吾。”今为青羊观是也。

《郡国志》曰：幽州有邠亭。《新论》云：“添县邠亭，本大王所部，其人相与夜市，不为则有重害焉。”

又曰：始皇陵有银蚕金雁，以多奇物，故俗云秦王地市。

又曰：郢城内有市名蒲胥，故南齐校尉府也。

又曰：越州梅市，即梅福为市门卒之所。

又曰：齐桓公宫内有七市，韩娥东之齐乏粮，过雍门鬻歌于市，乃此也。

又曰：雍州富平西南十五里有直市城，秦文王造。物无二价，以直市为名。

《西京记》曰：东京丰都市东西南北居二坊之地，四面各开三门，邸凡三百一十二，区资货一百行。初筑市，掘得古冢，土藏无砖甓，棺木陈朽，触之便散，尸着平上帻、朱衣，得铭曰："筮道居朝，龟言近市，五百年间，于斯见矣。"当时达者参验其文，魏黄初二年所葬也。

又曰：大业六年，诸夷来朝，请入市交易，炀帝许之。于是修饰诸行，葺理邸店，皆使甍宇齐正，卑高如一，瓌货充积，人物华盛。时诸行铺，竞崇侈丽，至卖菜者亦以龙须席藉之。夷人有就店饮啖，皆令不取直。胡夷惊视，寖以为常。

又曰：西市，隋曰利人市。市西北隅有海池，长安中僧法成所穿，分永安渠以注之，以为放生之所。穿池得古石，铭云："百年为市，而后为池。"自置都立市，至是时百余年矣。

太平御览卷第一百九十二　居处部二十

城上

《说文》曰：城，以盛民也。墉，城垣也。

《释名》曰：城，盛也；盛受国都也。

又曰：城上垣谓之睥睨，言于孔中睥睨非常也。亦曰陴，言裨助城之高也。亦曰女墙，言卑小比之于城，若女子之于丈夫也。所谓堞，亦女墙也。

《易》曰：城复于隍。

《诗》曰：宗子维城，无俾城坏。

又曰：挑兮达兮，在城阙兮。

又曰：卫文公徙居楚丘，始建城市而建宫室，得其时制焉。孑孑干旌，在浚之城。

又曰：崇墉言言。

又曰：哲夫成城，哲妇倾城。

又曰：静女其姝，俟我于城隅。

又曰：赳赳武夫，公侯干城。

《礼记·曲礼上》曰：登高不指。城上不呼。

《左传·隐公》曰：郑庄公立，姜氏爱共叔，为请京，使居之，谓之京城太叔。祭仲曰："都城过百雉，国之害也。"

又曰：美城之大名也。

又曰：楚囊瓦城郢，沈尹戌曰："苟不能卫，城无益也。"

又曰：梁伯好土功，亟城而不处，民罢而不堪。则曰："某寇将至。"乃沟公宫，曰："秦将袭我。"民惧而溃。

又曰：备豫不虞，善之大者也。莒恃其陋，而不修城郭，浃辰之间，而楚克其三都。

又曰：无戎而城，仇必保焉。

又曰：楚子围郑。守陴者皆哭。楚子退师，郑人修城，进复围之，三月克之。

又曰：叔向告晋侯曰："城上有乌，齐师其遁？"

又曰：君其修德而固宗子，何城如之。

又曰：士弥牟城成周，计丈尺，揣高卑，度厚薄，仞沟洫，物土方，议远迩，量事期，计徒庸，虑材用，书糇粮，令役于诸侯。

又曰：宋城，华元为植，巡功。城者讴曰："睅其目，皤其腹，弃甲而复。于思于思，弃甲复来。"使其骖乘谓之曰："牛则有皮，犀兕尚多，弃甲则那？"役人曰："纵其有皮，丹漆若何？"华元去之曰："去之，夫其口众我寡。"

《谷梁传·襄公》曰：古者，大国过小邑，必饰城礼罪，礼也。明己国无罪。

《公羊传》曰：城雉者何？五板而堵，五堵而雉，百雉而城。

《公羊传》注曰：天子之城千雉，高七雉；公侯百雉，高五雉；男五十雉，高三雉。

《史记》云：秦始皇使蒙恬北筑长城，西属流沙，东至辽水，以捍胡。

又曰：秦二世欲漆城，优旃曰："善哉！漆城光荡荡，寇来不得上。易为漆耳，顾难为荫屋。"二世笑，遂止。

《汉书》曰：武帝太初元年，使将军公孙敖筑塞外受降城。

又曰：梁孝王广睢阳城，周围七十里。

又曰：贰师遣属国胡骑二千与虏战，虏兵坏散死伤者数百人，汉军乘胜追，北至范大夫城。汉将姓范，初筑此城，范亡其妻率众完保之，因以为名。

又曰：车师前治交河城，外分流绕城下，故号交河，去长安八千一百五十里。

又曰：昭帝元凤六年，募郡国徙辽东玄兔城。

《续汉书》曰：耿恭，字伯宗。为戊己校尉，屯后王部金蒲城。谒者关宠为戊己校尉，屯前王部柳中城。

《魏志》曰：曹公攻马超，渡渭，每为超骑所冲突，营不得立地，又多沙，不可筑城。娄子伯说公："今天寒，可沙为城，以水灌之，一夜可立。"从之。乃多作缣囊以盛土堰水，夜渡兵作城，比明，城立，公军于是尽得渡。

干宝《晋记》曰：魏文帝之在广陵，吴人大骇，乃临江为疑城，自石头城至于江乘，以木为枝，衣以苇席，加彩饰焉，一夕而成。

《晋书》云："凉州城有龙形，故名卧龙城，本匈奴所筑也。"

又曰：朱序迁梁州刺史，镇襄阳。符坚遣军围序，序母韩氏自行城，谓西北角当先弊，遂领百余婢及城中女丁筑二十余丈。贼攻，新筑不败，遂引退。襄阳谓之夫人城。

《晋载记》曰：赫连勃勃以叱于呵利领将作大匠，乃蒸土筑城。以锥刺之，锥入一寸，即杀作者；不入，即杀行锥者。勃勃以为忠。

沈约《宋书》曰：檀道济见收，脱帻投地，曰："乃坏汝万里长城。"

又曰：氐师杨难当寇汉中，魏兴太守薛健据黄金城。

崔鸿《十六国春秋·北燕录》曰：初，后燕帝光始中，丁灵民杨道猎于白鹿山，为契丹所获，流漂塞外，至大难北及黎大国，逐水草，以射猎为业。至十月，乃收苇为城，水浇令冻，高一丈五尺，东北七八十里，南北二十余里，名凌城，居于其中。

又《夏录》曰：赫连勃勃下书曰："古人制起城邑，或因山水，或以义立名。今都城已建，万堵斯作，克成弗远，宜有美名。朕方统一天下，君临万国，可以统万为名焉。

《燕书》曰：太祖跳八年，使唐柱等筑龙城，立门阙、宫殿、庙园、籍田，后遂改为龙城县。

《北齐书》曰：唐邕，字道和。为给事黄门中书舍人。文宣出塞，邕必陪从。文宣尝登并州童子佛寺，望并州曰："此何等城也？"或曰："金城汤池，天府之国也。"文宣曰："我谓唐邕是金城，此非也。"

《唐书》曰：景云二年三月，张仁愿于河北筑三受降城。先是，朔方与突厥以河为界，北有佛云祠，突厥每入寇，必祷祠，候冰合而入。时默啜西击，仁愿乘虚夺取漠南之地，筑三城，首尾相应。以拂云祠为中城，东西相去各四百里，背据津济，遥相应接。北拓三百余里，于牛头胡那山北置烽候百八十。自是突厥不得度山放牧，朔方更无寇掠，减镇兵数万人。

又曰：天宝二年正月二十八日，筑神都罗城，号曰金城。

又曰：天宝六载十二月，筑会昌城于阳所，置百司及公卿邸第。

又曰：建中元年五月，筑奉天城。四年十月，上避难于奉天。初，术士桑道茂奏请城奉天为王者之居，至是方验。

又曰：贞元九年二月，诏复筑盐州。先是，贞元三年，城为吐蕃所坏，自后塞外无堡障，犬戎入寇。既城之后，边患顿息。

《五经异义》曰：天子之城高九仞，公侯七仞，伯五仞，子男三仞。

《白虎通》曰：天子曰崇城，言崇高也；诸侯曰干城，言不敢自专，御于天子也。

《周处》曰：周公作成周于土中，立城方千六百二十丈，郛方七十二里，南系洛水，北因陕山，为天下之大制也。

《家语》：邑百雉之城，古之制也。

《国语》曰：众心成城，言以众心为城。

《墨子》曰：解带为城。

《琴操》杞梁死，妻援琴歌曰："乐莫乐兮新相知，悲莫悲兮生别离，哀感皇天兮城为隳。"

《列女传》曰：齐人杞梁，袭莒战而死。其妻就夫之死城下哭之，七日而城崩。

《淮南子》曰：昆仑山有层城九重。

又曰：鲧作九仞之城。

《墨子》曰：城四门守城之法：积樵营，杂茅苇，有木，有荻，有积沙，有蓬艾，有麻脂，有金钱，有积粟。

《庄子》曰：孔子说盗跖曰："使为将军造大城数百里。"跖曰："城之大者，莫大乎天下也。"

《韩子》曰：靖郭君城薛，客谏靖郭君曰："君失齐国，虽薛城至于天，犹无益也。"靖郭君乃不城薛。

《博物志》曰：处士东里块责禹乱天下。禹退作三城，强者攻，弱者守，敌者战。城郭，禹始也。

又曰：代城始筑，立版干，一日亡西南五十里，于泽中自立，结苇为门，因就营筑焉，其城圆周三十七里，为九门，故城处呼曰东城。

崔豹《古今注》曰：秦所筑长城土色紫，汉塞亦然，故称紫塞。

《韩诗外传》曰：赵简子薨，未葬，中牟叛之。既葬五日，襄子兴兵而攻之。围未匝而城自坏，襄子击金而退军。吏曰："诛中牟之罪而城自坏，天助也，何为退？"襄子曰："吾闻君子不乘人于利，不厄人于险。使其城成，然后攻之。"

《述异志》曰：庐山上北岭有城号康王城，天雨闻鼓角之声。传云周康王好音，累巡名山，故有康王之号。

又曰：寻阳柴桑县城，晋永和中有童谣呼为平石城，时人佥谓平灭石之征也。后桓玄篡位，晋帝为平固王，恭帝为石阳公，具迁于此城。

又曰：寻阳张允，家在本郡。郡南有古城，张少贫约，屡往游憩，忽有一老公来，与张言，因问之："此城何名？"答曰："吾不知。""为南郡城耳。"言讫便去，不知所之。张既出官，仕进累迁，位登元凯。后为南郡太守，即以城号，以志老父之言焉。

又曰：安阳有金城，城皆如金色，坚劲不崩摧。先儒云：上古时天雨黄金也。

郦元《水经注》曰：鲁阳关水历衡山西，南经皇后城。建武元年光武遣侍中傅俊持节迎光烈皇后于济阳，后发兵三百余人，宿卫皇后道路归京师，盖税舍所在，故得其名矣。

又曰：汉水东合甲水，南流，经金井城。

又曰：汉水东经方石城，城在高原上，高十余丈，四面临平，形若覆盆。其城宿是流杂聚居，故世亦谓流杂城。

又曰：易水出西山宽中谷，东经五大夫城，昔北平侯王潭所居。王莽之乱，子兴生五子，并避乱，隐居此山。故其后居，世以为五大夫城。

《河北记》云：易县有五公城。王潭不从王莽，潭子兴生五子避隐于此，世祖并封为侯：元才北平侯、显才蒲平侯、益才安嘉侯、仲才新市侯、季才唐侯，所谓中山五侯。其西三十里有五大夫城，说与此同。

《说苑》曰：中行穆子围鼓，鼓人有以城叛来降者，穆子不许。军吏曰：“师徒不勤得城，何故不受？”穆子曰：“有以吾城叛者，吾所恶也。人以城来，独何赏？”

《秦州记》曰：天水郡治上邽城，前有湖水，冬夏中停无增减。天水取名，由此湖也。

又曰：金城郡，汉昭元始六年所置。应劭云：初筑城，得金，故曰金城。凡城皆称金，言其固也。故《墨子》称金城汤池。

《齐地记》曰：即墨城东西百八十里平昌城，高六丈，有台，有井与荆水通，失物于井，得之于荆水。又神龙出入焉，故一名龙城。

《三齐略记》曰：阳庭城东西二百五十里青城山，秦始皇登此山，造石城，入河三十里，临海射鱼，方四百里水变血色，今犹尔也。

解道虎《齐记》曰：不夜城，在阳庭东南一百二十里。淳于髡称海童作妖，城古有日夜出见于东境，故莱子此城以不夜为名异之。

《梦书》曰：城为人君，一县尊也，梦见城者见人君也，梦筑新城，有功名。

《新序》曰：梁伯湎于酒，淫于色，心惛而耳塞，好作大城而不居，民罢甚。

《武当山记》曰：魏兴锡县有长利城，父老伯相传，云是长安土所筑，邑塞于余城。

王韶之《始兴记》曰：有任将军城，秦南海尉任嚣城也。合迳有三城：马鞍城、白鹿城、白沙城。郡晋咸康中张鲂甚有惠政，白鹿群游，取一而献之，故因以为名。

袁山松《宜都记》曰：限山县有山名下鱼城，四面绝崖，两道可上，皆险，山周回可二十里，上有林木池水，里民种于山下。晋永嘉乱，土人登此避贼，贼守之经年，食鱼掷下与贼，以示不穷，贼遂退散。因以此为下鱼城。

《吴地记》曰：胥门外越城者，越来伐吴，吴王在姑苏筑此城以逼之。又有越来溪。

又曰：越来溪西鱼城者，吴王既游姑苏，筑此城以养鱼。

又曰：鱼城之西有故城，长老云筑以酿酒。今俗人呼之为苦酒城。

又曰：匠门外鸭城者，吴王筑此城以养鸭。

又曰：娄门外鸡陂者，吴王养鸡城。

又曰：海渚有吴王阖闾，与越结怨，相伐，筑城名曰南武城，以御越。

盛弘之《荆州记》曰：马牧城东三里有蜂城。故老相传，云饥年民结侣拾蜂，止憩其中，故因为城。又云城随门势，上大下尖，其形似蜂，故有蜂号。二称莫知所附，故并载焉。

又云：当阳县东南有麦城。城东有驴磨城、掎角城。传云伍员造此二城以攻麦城，故假驴磨之名。

又曰：樊城西北有鄾城，即《春秋》所称鄾子之国。光武云“宛最强，鄾次之”，即谓此。鄾城西北行十余里，邓侯吴离之国，为楚文王所灭，今为邓县。邓城西百余里有谷城，伯绥之国，城门有石人焉，刊其腹云：“摩鞬慎莫言。”疑此亦周太庙，金人缄口铭背之流也。

又曰：秭归县西有杨城，周回十余里，即熊绎所居。

《荆州图记》曰：江夏郡所治夏口城，其西南角因矶为高崇墉，枕流，上则过眺山川，下则激浪崎岖，是曰黄鹄矶。实舟人之所艰也。

又曰：白帝城，西临大江，东南高二百丈，西北高一千丈。

又曰：邓城有樊城，是樊仲山甫所封也。

又曰：沌阳县有却月城，西一里有马城也。

又曰：夷阳县南对岸有陆抗故城，即山为墉，四面天险，上有步阐故城。

又曰：新野郡魏三公城，左右传汉时三公饯离处也。

伏滔《北征记》曰：梁国，名故宋国，微子所封。城再重。大城，梁孝王所筑。

孟粤《北征记》曰：许昌，在洛水之西。城方圆二十里，有三重。城南北东西士门金城，西南员实中台高六丈余，方圆二亩，上有庙城，门有铁镬。

《关中记》曰：长安地皆黑壤，城今赤如火，坚如石。父老所传，凿龙首山土为城，又诸台关亦尔。

《益州记》曰：益州城，张仪所筑。锦城在州南，蜀时故宫也，其处号锦里。

《成都记》曰：府城本呼为锦城，秦灭蜀，张仪所筑也。每面各三里，周回十二里，高七丈。屡皆倾侧，忽有大龟周行，随其所蹑而筑之，功果就焉，故亦号为龟城。

《三辅黄图》曰：长安城西南头第二门名直城，王莽改曰端路，今名直城。

太平御览卷第一百九十三 居处部二十一

城下

《丹阳记》曰：石头城，吴时悉土坞，义熙始加砖、累石头，因山以为城，因江以为池，形险固，有奇势。故诸葛亮曰："钟山龙盘，石城虎踞。"良有之矣。

又曰：赵城，去宫八里，案《越绝书》，则东瓯越王所立也。

又曰：江宁县北三十里有白马城，吴时为烽火之所。

《太康地记》曰：梁孝王筑睢阳城十二里，以鼓唱节杵，而下和称睢阳，因以为县。

又曰：雁门马邑县，秦时建此城辄崩，不成。有马周旋驰走反复，父老异之，因以筑城，遂名马邑云。《搜神记》亦载也。

《述征记》曰：思子城，汉武帝延和二年，卫太子遇江充之乱，奔湖自缢。壶关三老、太庙令田千秋诉太子之冤，筑思子宫于湖，其城存焉。

《续述征记》曰：广固城有大涧甚广，阻之为固，谓之广固。

又曰：白马城，魏黄初中曹彪封白马王，治于此城。

又曰：小城阳城，在阳城西南半里许，实中俗说囚尧城。

《羊头山记》：邯郸城，邯，山名；郸，尽也，邯山至此而尽也。

又曰：曲阜城，城内有曲阜逶迤，长八九里。

东方朔《十洲记》曰：昆仑山有积金，为天城，四面千里。

《关中记》曰：长安城，其形似北斗，其土本皆黑壤，今城赤如火，坚如金。父老所传，凿龙首山土以为城也。

《幽明录》曰：始兴县有皋天子庙，因山崎岖，十有余里，坑堑数重，阡陌交通。城内堂基碎瓦柱穿犹存，东有皋天子冢。皋天子，未之闻也。

刘植《京口记》曰：有小升城。

邓德明《南康记》曰：归美山下有石城，高数丈，有一门，门外有二石，夹左右高数百丈，远望嵯峨，云阙腾空。故老谓之神仙游焉。

《江宁图》曰：石头城，吴之金陵城，为石城。

《郡国志》曰：兖州两观城，即仲尼为鲁司寇诛少正卯之处。

又曰：陕州魏城，即芮伯万母恶芮伯，逐之，出居于魏处也。晋献公灭之，以赐毕万。山河之间，土地迫隘，故魏国著《十亩》之诗。

又曰：云中府快马城有绫罗泉，即塞上翁所居之邑，有快马亭。塞上翁，六国前人，姓李也。

又曰：雍州霸陵城，在通化门东二十里。秦襄王葬于其坂，谓之霸上。

又曰：汴之高陵城，即高阳之墟也。繁阳城，汉云外黄县，有繁阳亭。张耳为外黄令，有夏后祠神井，能兴雨雹。

又曰：徐州薛城，高厚无比。多出暴桀子弟，盖孟尝君余风也。

又曰：六壁府，后魏太平真君五年，讨胡于六壁，即此城。俗以城为六面，因以为名焉。

又有虢城、虞城，相传云：晋既灭虞、虢，迁其人于此，筑城以居之。

又曰：幽州无终县西平城，即李广射石虎之处。

又曰：复州竟陵城、云梦城，城西大泽，即古云梦泽也。却月城在河口，魏将黄祖所守处。

又曰：妫州涿鹿城，即黄帝擒蚩尤处。黄帝泉今枯而不流，即古之版泉也。

又曰：凉州昌松县有鸾鸟城，魏改为神鸟城。张轨时，有五色鸟集，于其处筑城。

又曰：卫州有狗城，盖纣养狗之处也。

又曰：洛州夫人城，即赵武灵王夫人筑也。

又曰：卫州有酒城。

又曰：凉州卧龙城，又云鸟城，亦名多翅城。

又曰：登州文登县有不夜城、尚书城。有石桥，即秦始皇造；欲观日处文登山，始皇召文士而登此山。

又曰：齐有士乡城。郑玄云："齐有士乡城，越有君子军。"

又曰：同州韩城，即韩原也。《诗》所谓"韩侯受命"，是此韩地。春秋时，秦擒晋惠公处也。

又曰：肃州福禄城，因谢艾所筑也。

又曰：廉州，宋太始年，陈伯绍平夷，至合浦，见三青牛，围之不获，即其处置城，俗号青牛城。

又曰：箕子城，石勒每破一州必简别衣冠，号为君子城。洎乎幽州，擢荀绰、裴宪等，还襄国，路经此。后俗讹为箕子城。

又曰：平州孤竹城，即孤竹国也。汉灵帝时，辽西守廉翻梦人云："余孤竹君之子也，今辽海漂吾棺。"明日，见浮棺，因葬之。

又曰：云中府齐柳牙舒城有道人城，初筑时有仙人游其地，遂名城焉。

又曰：成都郡城，秦惠王二十七年张仪筑，以象咸阳。沃野千里，号曰陆海。有万岁池，即筑城取土之处也。

又曰：定州博陵县唐城，尧为唐侯，国于此。

又曰：阳翟县，旧属汝州，有鸡鸣城。

又曰：隋州博望城，即张骞封侯之国也。

又曰：许州雍城，即黄帝臣雍父始作杵臼处。

又曰：朔州太平城，后魏穆帝治也。太极殿、琉璃台瓦及鸱尾，悉以琉璃为之。

又曰：郑州博浪城，即张良为韩报仇击秦王处。

又曰：雍州杜城，在安仙门南七里。《春秋》范宣子云："在周为唐杜氏"，即是此也。

又曰：益阳城，鲁肃筑也。云登之望见长沙城邑人马，形色宛然相去三百里。故老云："长沙、益阳，一时相望。"

又曰：广州万人城，即尉佗故城也。

又曰：张掖郡，窦融筑千秋城、万岁城。

又曰：洛阳渑池县有秦赵二王城，号为俱利城。

又曰：定州博陵县乐羊城，魏文侯使乐羊取中山造。

又曰：重泉城，汉武为李夫人所筑。

又曰：蓝田有青维泥城，亦曰柳城。

又曰：贺州芜城，池隍中颇出珠玉宝器，即尉佗拒防之所也。

又曰：曹州漆园城，庄周为吏处。

又曰：曹州白雁城，即卫侯伐郑至于鸣雁，是此也。

又曰：洛州王城，宫城西入苑，故郏鄏城也。周武王伐殷，迁九鼎此地也。夏至之影，尺有五寸，谓之土中焉。泉亭，即春秋时泉、皋、伊、洛之戎同伐京师。

又曰：坊州鄜城，即高奴城，俗谓高楼城。

又曰：汴有浚城。《鄘诗》云："孑孑干旌，在浚之城。"

又曰：爰有寒泉，在浚之下，水冬夏常冷，因曰寒泉。

又曰：滑州鹿鸣城，城内有鸣鹿台。

又曰：陈官城，周二十里，东晋所筑，号曰六门城。宣阳门楣上作虎，刻木相对，又施云楣藻井。言武门上作重楼，号曰西辰观。吴初筑在府宫南，号太初宫，正殿曰神龙殿；又有临海赤乌殿，孙皓起显明宫，引水激之，饰以珠玉，有弯崎、临硎之观门及楼。皆击鼓持夜以齐，以鼓多惊眠，改为铁磬。

《过秦论》曰：秦践华以为城，因河以为池。

《越绝书》曰：石城者，吴王阖闾所置美人离城也。

又曰：楼门外马宁溪止复城者，故越王余复君所治也。

又曰：楼门外鸿城者，故越王城也，去县百五十里。吴鸡笼山外鸡陂，故吴王所畜鸡使李保之养，去县二十里。阖闾姑胥台外有九曲路，阖闾造以游姑胥之台，太湖中窥百姓，去县三十里。

又曰：吴大城，周四十七里二百一十步，陆门二，有楼，水门八；

南面十四里四十二步，西面七里百一十二步，北面八里二百六十步，东面一十里七十九步，阖闾所造也。吴郭周六十八里六十步，吴小城周一十二里，其下广二丈七尺，高四丈，门三，皆有楼。东宫周一里二百步路。西宫在长秋门，周一里二百二十六步。秦始皇帝二十一年，守宫者照燕失火烧之。

《吴越春秋》曰：鲧筑城以卫君，造郭以居人。此城郭之始也。

又曰：范蠡观天文，法于紫宫，筑作小城。周千一百二十二步，一员三方。西北立飞翼之楼，以象天门。东南服漏石窦，以象地户。陵门四达，以象八风。外郭筑城而缺西北，示服事吴也。不敢壅塞。内以取吴，故缺西北，而吴不知也。

又曰：伍子胥为吴相土尝水，象天法地，造筑天城。周回四十七里，陆门八，以象天之八风；水门八，以象地之八窗。筑小城十里，陆门三。东面者欲以绝越明矣。立阊门者，以象天门通阊阖风。立地门者，以象地户也。阖闾欲西破强楚，楚在西北，故立阊门以通天气也，因复名破楚门。

《水经注》云：叶东界有故城，始犨县东，至瀙水，达泚阳县界，南北联联数百里，号为方城，一谓之长城云。郦县有故城一面，未详里数，号为长城，即此城之西隅，其间相去六百里。北南虽无基筑，皆连山相接，而汉水流其南。故屈完答齐桓公云："楚方城以为城，汉水以为池。"

《郡国志》曰：叶县有长城曰方城，指此城也。

《吴地记》曰：袁山松城，《晋书》云："左将军袁山松，陈郡人。时为吴郡太守，隆安五年筑此城，在沪渎边江城之，以御孙恩围。山松于此城陷害。"山松城今为波潮所冲，以半毁江中。山松城东夹江又有二城相对，阖闾所筑以备越处。

《鄱阳记》曰：仙人城，在县东南，其城皆峭壁危石，直上千仞，自古呼为仙人城。每天空无云，秋日清澈，其上宫殿、仓廪，历历可见。

赵晔《吴越春秋》曰：尧听四岳之言，用鲧修水。鲧曰："帝之遭天灾，厥黎及康。”乃筑城造郭，以为国固。

《淮南子》曰：昆仑山上有层城九重。

《列女传》曰：齐人杞梁殖袭莒战而死。其妻无所归，乃就夫尸于城下而哭之，七日，城崩，妻遂投淄水而死。

郭附

《说文》曰：郭，廓也；廓落在城也。

《礼记·月令》曰：孟秋之月，修宫室，补城郭。

又《礼记》曰：正月，无置城郭。妨农也。

《国语》曰：火见而清风，戒寒而修城郭。

《月令》曰：孟夏，坯城郭。

《汉书》曰：马援所过，为郡县，治城郭。

谢承《后汉书》曰：汝南廖扶，毕志衡门，死葬北郭，号曰北郭先生。

《风俗通》曰：郭，郛者，亦大也。

《庄子》曰：孔子谓颜回曰：“回，来！家贫居卑，胡不仕乎？”颜回对曰：“不愿仕。回有郭外之田五十亩，足以给饘粥；郭内之田十亩，足以为丝麻；鼓琴足以自娱；学夫子之道，足以自乐。回故不仕矣。”

《魏略》曰：秦国石为城郭。

《管子》曰：内谓之城，外谓之郭。

焦贡《易林》曰：金城铁郭，上下同力，寇不敢贼。

王肃《表》曰：夫城之有郭，犹里之有表，骨之有皮。表里各异，则保障不完；皮骨分离，则一体不具。

壕附

《释名》曰：城下谓之壕。壕，翱也；言都邑内所翱翔祖驾处也。

《礼》曰：今大道既隐，天下为家，各亲其亲，各子其子，货力为己；城郭沟池以为固。谋用是作，兵由是起。

《汉书》：神农之教曰："有石城十仞，汤池百步，带甲百万，而无粟不能守。"

橹

《释名》曰：橹，露也；露上无覆屋也。

《孙子兵法》曰：攻城之法，修橹枌榅，其器械三月而后成。

陆机《洛阳记》：洛阳城，周公

制。东西十里，南北十三里，城上百步有一楼橹，外有沟渠。

太平御览卷第一百九十四 居处部二十二

馆驿

《说文》云：馆，客舍也。从食，官声。

《周礼》曰：五十里有市，市有馆，馆有积，以待朝聘之客。

《广雅·释宫》云：馆，舍也。《桂苑》云：客舍也，待宾之舍曰馆。《开元文字》云：凡事之宾客馆焉，舍也，馆有积以待朝聘之官是也。客舍，逆旅名，候馆也。公馆者，公宫与公所为也。私馆者，自卿大夫以下之家。

《礼记》曰：旧馆人之丧，脱骖而赙。

《左传》曰：敢辱大馆。

又《庄公》曰：楚令尹子元欲蛊文夫人，为馆于其宫侧，而振万焉。万，舞。

又《僖上》曰：改馆晋侯，馈七牢焉。

《诗·国风·郑·缁衣》曰：适子之馆兮，还，予授子之粲兮。

又《大雅》云：笃公刘，于豳斯馆。

《周礼·地官·司徒下》云：国野之道，十里有庐，庐有饮食。三十里有宿，宿有路室，路室有委。五十里有市，市有候馆，馆有积。注云：候楼馆可以观望也。

又《秋官·司寇下》云：凡诸侯入王，则逆劳于畿。及郊劳，视馆。注云：视馆，致馆也。

又《司仪》云：主君郊劳；交摈，三辞。车送，拜；三揖，三辞；受拜。车送，三辞；再拜。致馆亦如之。注云：馆，舍也。使大夫授之，君又以礼亲致之。《仪礼·聘礼》云：卿致馆。注云：致，至也；至此馆。主人以礼致之，所以安之也。

又《环人》云：掌送迎邦国之通宾客，以路节达诸四方。舍则授馆。

又云：至于国，宾入馆，次于舍门。注云：次，待事于客。

《仪礼·公食大夫礼》云：有司卷三牲之俎，归于宾馆。注云：牲之俎，正馔，尤尊。尽以归，尊宾之至也。

又《聘礼》云：厥明，讶迎于馆。注云：此讶下大夫，以君命迎宾，谓之讶迎，亦皮弁也。

《礼记·曲礼上》云：问疾弗能遗，不问其所欲。见人弗能馆，不问其所舍。

又《檀弓上》云：宾客至，无所馆。夫子曰："生于我乎馆，死于我乎殡。"

又曰：子贡曰："于门人之丧，未有所说骖。说骖于旧馆，无乃以重乎？"

又《曾子问》云：卿大夫之家曰私馆。公馆与公所为曰公馆。注云：公馆，若今县官舍也。

《左传·庄元年经》云：夏，单伯送王姬。秋，筑王姬之馆于外。注云：公在谅暗，虑齐侯当亲迎，不忍便以礼接于庙，又不敢逆王命，故改筑舍于外也。

又《僖三十年传》云：晋分曹之田，公使臧文仲往，宿于重馆。重馆人告曰："晋新得诸侯，必亲其恭，不速行，将无及也。"

又《襄三十一年传》云：子产相郑如晋，晋侯以我丧故，未之见也。子产使坏其馆之垣而纳车马。士文伯让之曰："敝邑以政刑之不修，寇盗充斥，是以令吏人完客所馆。今吾子坏之，其若异客何？"子产曰："侨闻之文公之为盟主也，宫室台榭，以崇大诸侯之馆。今铜鞮之宫数里，而诸侯舍于隶人。门不容车，不可逾越。"士文伯不能对。晋侯见郑伯有加礼，厚其宴好而归之。乃筑诸侯之馆。

又《昭十三年传》云：宣子谓叔向曰："子能归季孙乎？"对曰："不能。鲋也能。"乃使叔鱼，见季孙曰："鲋闻诸吏，将为子除馆于西河，其若之何？"且泣。

又曰："叔孙所馆，虽一日必葺其墙屋，去之如始至。

《汉书》：薛宣子惠为彭城令，宣过之，桥梁、邮驿不修。宣知其不能。

又《郊祀志》曰：孙卿曰："仙人可见，上往常遽，以故不见。今陛下可为馆如缑氏城，置脯酒，神人可致。且仙人好楼居。"于是上令长安作飞廉、桂馆，甘泉作延寿馆。

又曰：郑庄置驿以延宾客。

又曰：公孙弘起徒步，数年至宰相，封侯。于是起客馆，开东阁，以延贤人，与参谋议。

又《元后传》曰：王莽又知太后妇人餍居深宫中，莽欲娱乐以示其权，乃令太后四时车驾巡狩四郊，存见孤寡妇人。春幸茧馆，率皇后列侯夫人桑，遵霸水而祓除。

又《外戚传》曰：成帝许美人在上林鹿馆，数召，入饰室中。元延二年，怀子。

《汉书·叙传》曰：述元纪云：宫不新馆，陵不崇墓。

又《扬雄传·长杨赋》云：张网置罘，捕熊豪猪狖玃狐兔麋鹿，载以槛车，输长杨射熊馆。又《羽猎赋》云：于是禽弹中衰，相与集于靖冥之馆。

《魏志》曰：文昭甄宣后，明帝母也。后已早废。父逸，上蔡令，早卒。及明帝即位，追封逸为上蔡侯，谥敬侯；適孙蒙袭爵。薨，子畅嗣。上为畅起大第，车驾自临之。

《世说》曰：魏明帝为外祖母筑馆于甄氏，自行视，谓左右曰："馆当以何为名？"侍中缪袭对曰："陛下圣恩齐于哲王，罔极过于曾闵，此馆之兴，情钟舅氏，宜以渭阳为名。"

《魏书》曰：帝于后园为母起观及宫，名其里曰渭阳里。

《晋书·天文志》云：传舍九星在茎善上，近河，宾客之馆，主胡人入中国。客星守之，备奸使，亦曰胡兵起。

《宋书·文帝本纪》云：帝临玄武馆阅武。

又《隐逸·雷次宗传》云：征诣京邑，为筑室于钟山西岩下，谓之招隐馆。

《齐书·褚伯玉传》云：高帝即位，手诏吴、会二郡以礼迎伯玉。伯玉辞疾。上不欲违其志，敕于剡白石山立太平馆以居之。

《梁书·高祖纪》云：大统七年，幸于宫城西，立士林馆，延集学徒；置集雅馆，以招远学。

《冲虚真经·黄帝》云：黄帝于是放万机，舍寝室，去直侍，彻锺县，减厨膳，退而闲居大庭之馆，斋心服形，三月不亲政事。

《汉武帝故事》云：上自封禅后，梦高祖坐明堂。群臣亦梦。于是祀高祖于明堂以配天，还，作高陵馆。

《郡国志》：台州仙石山有馆，土人谓之黄公客堂。堂两边有石步廊，触石云起，崇朝必有雨；有四竿筋竹，风吹自成阴，拂石皆净。即王方平游处。

《荆州图记》云：襄阳县南，水行四十里，陆道六十里，有桃林馆。

《建康地记》云：显仁馆，在江宁县东南五里青溪中桥东湘宫巷下，古高丽使处。

《西京杂记》云：公孙弘自以布衣为宰相，乃开东阁，营客馆，以招天下之士。其外曰钦贤馆，以待大贤；翘材馆，以待大材；接士馆，以待国士。

又曰：梁孝王游于忘忧之馆，进诸游士，各使为赋。

《隐诀》易迁馆、含真台，有女真二人为主，一曰张微子，二曰傅礼和。

《晋宫阁名》云：华林馆有繁昌馆、建康馆、显昌馆、延祚馆、寿安馆、千禄馆。

班孟坚《西都赋》云：于是天子乃登属玉之馆，历长杨之榭。

张平子《西京赋》曰：顾往昔之遗馆，获林光于秦余。

又云：郡国宫馆，百四十五，石极盩厔，并卷酆鄠。

又云：豫章珍馆，揭焉中峙。

班婕妤《自伤赋》曰：痛阳禄与柘馆，皆宫名，生二子处。此二馆皆失也。仍禨禖而罹灾，岂妾人之殃咎兮？将天命之不可求也。

张衡《西京赋》曰：既新作于迎风，增露寒与储胥，托高基于山冈，直墆霓以高居。薛综注曰：此二皆系馆名。

张衡《东京赋》曰：其西则有平乐都场，示远之馆，龙雀盘蜿，天马半汉。

刘劭《赵都赋》曰：置酒乎黄华之馆。

左思《魏都赋》曰：营密馆以周坊，饰宾侣之所集。

潘尼《东都馆赋》曰：东馆者，盖东武阳侯之馆也。俄而迁居，谓余曰："吾将老焉，故有终焉之心，而无移易之意，子且为我赋之。"

传舍

《释名》曰：传，传也；人所止息而去，后人复来，转相传，无常人也。

《史记》：相如为赵王奉璧使，秦王舍之广成传舍。古县也。或云秦始皇因为望海台。

传载曰：郑审，开元中为殿中侍御史，充馆驿使。令每传舍立十二辰候，自审始也。

亭

《释名》曰：亭，停也。人所停集也。

《风俗通》曰：谨案《春秋国语》有寓望，谓金亭也，民所安定也。亭有楼，从高省，丁声也。汉家因秦，大率十里一亭。亭，留也。今语有亭留、亭待，盖行旅宿食之所馆也。亭亦平也，民有讼诤，吏留辩处，勿失其正也。

《汉书·项羽传》曰：乌江亭长舣舡待羽。

又曰：武帝元封元年，幸缑氏，登太室，上闻万岁声者三，故立万岁亭。

又《韩信传》曰：信从下乡南昌亭长食，张晏曰：下乡属淮阴。亭长妻苦之，乃晨炊蓐食。

又曰：李广尝夜从一骑至霸陵，亭，霸陵尉醉呵。止广宿亭下。

高允《塞上公亭诗序》曰：延和三年，余赴京师，发石门北行，失道，夜寓宿代之快马亭，其俗云古塞上公所贵之邑也。曰公有良马，因以命之，此其所贵也。负长城而面南山，皋泽带其侧，涌波灌其前；停騑策以流目，抱遗风以依然，仰德音于在昔，遂挥毫以寄言。代人云：塞上公姓李，代之李氏并其后也。此段及后段根据《四库全书》所收抄本，当系倒错，故从本卷前部"馆驿"移入。

潘岳《伤弱子》曰：惟元康二年三月壬寅，弱子生。夏五月，余之长安，壬寅于新安之千秋亭，甲辰而弱子失。越翌旦乙巳，瘗于亭。

《续汉书》曰：灵帝到夏门亭，使窦武持节以玉青盖迎入殿中。

又曰：蔡邕避难在吴，告人曰："吾昔至会稽高迁亭，见竹椽从东间数，第十六可以为籥。"取用，果有异声。

《东观汉记》曰：王郎起，光武自蓟东南驰，晨夜至饶阳无蒌亭，时天寒，众皆饥，冯异上豆粥。

又曰：赵孝父为田禾将军。孝尝从长安来，欲止亭。亭长难之，言有贵客过，扫洒，不欲秽污地。良久，乃听止，吏因问曰："田将军子从长安来，何时发？几日至？"孝曰："寻到矣。"

张璠《汉记》曰：楚畔为天水太守，之官，与故太守丧会于陇亭堂。吏移丧避畔，畔让丧于正堂，关西称之。

谢承《后汉书》曰：苍梧广信女子苏娥，行宿鹊巢亭，为亭长龚寿所杀，及婢致富，取财物埋置楼下。交阯刺史周敞行部宿亭，觉寿奸罪，奏之，杀寿。《列异传》曰：鹄奔亭。

《汉官典职》曰：洛阳二十四街，街一亭；十二城门，门一亭。

《魏略》曰：从长安至大秦，人民连属，十里一亭。

《魏书》曰：元皇后以汉延熹三年二月生齐郡白亭，有黄气满室，移日不散。

《吴志》曰：孙权将如吴，亲乘马射虎庱亭，马为虎所伤，权投以双戟，虎即毙。

又曰：大史慈与刘繇住县，立屯府，大为山越所附。孙策躬自攻讨，遂见囚执。策即解缚，捉其手曰："宁识神亭战时耶？若卿尔时得我云何？"慈曰："未可量也。"策大笑。

王隐《晋书》曰：徐苗，字叔胄，高密淳于人也。曾祖华至行感灵，夜有神人告亭欲崩，苗出，亭崩，得免。

又曰：王羲之初渡江，会稽有佳山水，名士多居之，与孙绰、谢询、谢尚、支遁等宴集于山阴之兰亭。

崔鸿《十六国春秋》曰：慕容垂请入邺城拜庙，苻不许。乃潜服而入亭，吏禁之，垂怒斩吏，烧亭而去。

沈约《宋书》曰：孔宁子与王华并有富贵之愿，自徐羡之等秉权，日夜构之于太祖。宁子尝东归至金昌亭，左右欲泊船，宁子命去之，曰："此弑君亭，不可泊也。"

又曰：徐湛之为广陵郡守，善为政，威惠并行。广陵城旧有高楼，湛之更加修整；更起风亭、月观、吹台、琴室，果竹繁茂，花药成行。

《帝王世纪》曰：桀败于鸣条之野，案《孟子》舜卒鸣条，乃在东夷之地。或言：陈留平丘今有鸣条亭，在安邑之西。

《世说》曰：过江诸人每至暇日，辄相要出新亭，藉卉饮宴。周侯在坐，而叹风景不殊，举目有江河之异，皆相视流泪。唯丞相愀然变色曰："当共戮力王室，克复神州，何至作楚囚相对泣耶！"

《梦书》曰：亭为积功，民所成也。梦筑亭者，功积成也。梦亭坏败，恩泽伤也。

韦耀《云阳赋》曰：八乡九市，亭侯三六，列树表涂，路有庐宿。

《丹阳记》曰：京师三亭。新亭，吴旧亭也，故基沦毁，隆安中，有丹阳尹司马恢移创今地。谢石创征虏亭，三吴缙绅创治亭，并太元中。

《寻阳记》曰：稽亭北瞰大江，南望高岳；淹留远客，因以为名焉。

刘桢《京口记》曰：劫亭临湖，亭通阿湖陵郡治丹徒县，八县，来往经过此，湖中多劫，于边立亭，因以为名。

裴渊明《广州记》曰：尉佗筑台，以朔望升拜，号为朝拜台。傍江构起华馆，以送陆贾，因称朝亭。

《永嘉记》曰：乐城县三京亭，此亭是祖送行人之所。

王韶之《始兴记》曰：淘水源有尧山，长岭衡亘，远望如阵。云山下有平陵，陵上有古大堂基十余处，虽已夷漫而犹可识，谓曰尧故亭。父老相传：尧南巡登此山，故亭即其行宫。

《三齐略记》曰：曲城齐城东有万岁水，水北有万岁亭，汉武帝所造。

伏琛《齐地记》曰：平寿城西北有平望亭，亦古县。或云秦始皇因为望海台。

《庄子》曰：仁义者，先生之蘧庐也。注：传舍也。

华延儁《洛阳记》曰：城内都亭、华林、奉常、广世、昌益、广莫、定阳、遮要、暴室、广阳、西明、万岁、文阳、东明、视中、东因、建奉、止奸、德宫、东阳、千秋、安众、孝敬、清明二十四亭。河阴界东出，户乡亭、南泉亭、街邮亭。

孔晔《会稽记》云：江夏太守宋辅于重山南白楼亭立学教授。

又《郡国志》云：沛国桓俨避地至会稽，闻陈业贤而往候之，不见。临去入交州，留书系白楼亭柱而别。

《鄱阳记》曰：白云亭，在县西南，旁对干越亭而峙焉，跨石城之危，瞰长江之深。隋州刺史刘长卿题诗曰："孤城上与白云齐"，因以白云为名。

《豫章记》曰：徐孺子墓在郡南十四里，曰白社亭。吴嘉禾中，太守长沙徐熙于墓墬种松，太守南阳谢景于墓侧立碑。永安中，太守梁郡夏侯嵩于碑边立思贤亭。松、碑、亭今并在，松大合抱，亭世世修治至今，谓之谢君亭。

《越绝书》曰：女阳亭者，勾践入宦于吴，夫人从，道产女于亭，养于槜李，谓之语儿乡。

《郡国志》皇甫谧云：鸣条之野，立鸣条亭。

又曰：凉州候马亭，贰师伐大宛，得天马，感西风，顿羁而逸，至敦煌北塞下，鸣而去。贰师候于此，遂名之。

又曰：韶州潼溪里有三枫亭。

又曰：济州周首亭，即埋长狄乔如首于山西是也。

又曰：冀州华阳亭，即嵇叔夜学琴于此。

又曰：幽州督亢亭，即荆轲以地图献秦处。

又曰：柳州武丁冈有栾亭，即太守栾巴所建也。

又曰：柯亭，一名千秋亭，又名高迁亭。《会稽记》云：汉议郎蔡邕避难宿于此亭，仰观椽竹，知有奇响，因取为笛，果有异声。

又曰：润州覆舟山有阆风亭。

《襄江记》：岘山亭在襄阳县东一十里，今基迹尚存。

《两京新记》曰：西京苑内有望云亭、鞠场亭、柳园亭、真兴亭、神皋亭、园桃亭、临渭亭、永泰亭。南昌园园北，昌国亭、流杯亭、青门亭，邵平种瓜之所也。

又曰：东京上阳宫有曜掌亭、九州亭。

又曰：东都苑内有金谷亭、凝碧池。

《建安记》曰：止马亭在飞猿岭口，马之登降于此止息，故名之。

太平御览卷第一百九十五 居处部二十三

逆旅

《左氏传·僖公上》曰：荀息假道于虞，曰：“今虢为不道，保于逆旅，以侵弊邑之南鄙。”

《史记》曰：师尚父东就国，道宿行迟。逆旅之人曰：“吾闻，时难得而易失，客寝处安，殆非就封者也。”太公闻之，夜衣而行，至国。莱侯来伐，与之争营丘。

《汉武帝故事》曰：上尝至柏谷，夜投亭宿，亭长不内，乃宿于逆旅。逆旅翁谓上曰：“汝长大多力，当勤稼穑，何忽带剑群聚，夜行动众？此不欲为盗，则淫耳。”上默然不应，因乞浆饮，翁曰：“吾正有溺，无浆也。”有顷，还内，上使人觇之，见翁方要少年十余人皆持弓矢刀剑，令主人妪出安过客。妪归，谓其翁曰：“吾观此丈夫，乃非常人也，且亦有备，不可图也。不如因礼之。”其夫曰：“此易与耳，鸣鼓会众，讨此群盗，何忧不克？”妪曰：“且安之，令其眠，乃可图也。”翁从之。时上从者十余人，既闻其谋，皆惧，劝上夜去。上曰：“必致祸，不如且止以安之。”有顷，妪出，谓上曰：“诸翁子不闻主人翁言乎！此翁好饮酒，狂悖，不足计也。今日具令公子安眠，无他。”妪因还内。时天寒，妪酌酒，多与其夫，诸少年皆醉。妪出谢客，杀鸡作食。平明，上去。是日还宫，乃召逆旅夫妻见之，赐妪金十斤，其夫为羽林郎。自是惩戒，希复微行。

《续汉书·五行传》曰：灵帝数游戏于西园中，令后宫采女为客舍主，身为商贾服行，至舍，采女下酒食，因共饮食以为戏乐。

《东观汉记》曰：第五伦自度仕宦牢落，遂将家属客河东，变易姓名，自称王伯齐。常与奴载盐北至太原贩卖，每所止客舍，去辄为粪除道上。号曰道士，开门请求不复责舍宿直。

范晔《后汉书》曰：周防，字伟公。父杨，少孤微，常修逆旅以供过客，而不受其报。

《郭林宗别传》曰：林宗每行宿逆旅，辄躬洒扫。及明去，后人至，见之曰："此必郭有道昨宿处也。"

《晋书》曰：桑虞尝行寄逆旅，同宿客失脯，疑虞为盗，虞默然无言，便解衣偿之。主人曰："此舍数失鱼肉鸡鸭，多是狐狸偷去，君何以疑人？"乃将脯主至山冢间寻求，果得遗脯。以衣还虞，虞投之不顾。

《说苑》曰：郑桓公会封于郑，暮舍于宋东之逆旅。逆旅之叟从外来，曰："客将焉之？"曰："会封于郑。"逆旅之叟曰："闻之，时难得而易失也，客之寝安，殆非就封者也。"郑桓公闻之，援辔自驾，行十日十夜至，即有与之争封者。

《楚辞·七谏》曰：路室女之方桑兮，路室，客舍。孔子过之以自侍。言孔子出游，过于客。舍其女方采桑，一心，不视。善其贞信，故以自侍。

潘岳《客舍议》曰：尚书敕："客舍废农，奸淫亡命，败乱法度，皆当除坏。十里安一官舍，使老小贫民守之；又差吏掌主，依官舍收钱数。春农事兴，求须冬闲。"谨案：客舍逆旅久矣，其所由来矣，行者赖以顿止，居者薄收其直，交易贸迁，各得其所。官无役赋，而因民成利；惠加百姓，而公无所费。语曰："许由辞帝尧之命，而舍于逆旅。"自唐到今，未有不得客舍之法。

道路

《尔雅》曰：庙中路谓之唐。一达谓之道路，二达谓之枝旁，三达谓之剧旁，今南阳冠章县乡数通交错道路，呼之五剧乡。四达谓之衢，五达谓之康，六达谓之庄，七达谓之剧骖，三道复一道歧出者，北海极县有此道。八达谓之崇期，四道交出。九达谓之逵。四者交道出，复有旁通者。

又曰：大路谓之奔。

《说文》曰：一达谓之道路。

又曰：馗，九达道也；似龟背，故谓之馗。

《易》曰：艮，为径。王廙注曰：物始，故为径路。

又曰：何天之衢，道大行也。

又曰：憧憧往来，朋从尔思

《诗》曰：道之云远，曷云能来？

又曰：行路迟迟，中心有违。

又曰：踧踧周道，鞫为茂草。

又曰：路阻且跻。跻，升。

又曰：周道逶迟。历远貌。

又曰：周道如砥。贡赋均平。

又曰：有杕之杜，行彼周道。

又曰：遵大路兮，掺执子之袪兮。

又《关雎·兔罝》曰：肃肃兔罝，施于中逵。

《周礼·夏官》曰：合方氏，掌天下道路。

又曰：司险，掌九州之图，以周知其山林川泽之阻，而达其道路。

又《夏官·候人》曰：各掌其方之道。

《礼记·檀弓》曰：哀公使人吊蒉尚，遇诸道，于路画宫而受吊焉。哀公，鲁君也。画宫，画地为宫象。曾子曰："蒉尚不如杞梁之妻知礼也。"

又《月令》曰：三月，开通道路。

又曰：道路，男子由左，妇人由右，车从中央。

《左传》曰：公孙阏与颍考叔争车，颍考叔挟辀以走，子都拔戟以逐之，及大逵，弗及，子都怒。

又曰：盟诸王父之衢。

《史记》曰：文帝行至霸陵，慎夫人从，上示慎夫人新丰道曰："此走邯郸道也。"

《东观汉记》曰：逢萌被征，上道，迷不知东西，云："朝所征我者，为聪明睿智，有益于政。方面不知，安能济政？"即驾而归。

《国语》曰：夫辰角见而除道，故《夏令》曰："九月除道"。贾逵注曰：辰角，大辰，仓龙之龙。角，星名也。

《家语》曰：武王克商，通道于九夷八蛮。

《魏晋春秋》曰：阮籍有时率意独行，不由径路，车迹所穷，辄恸哭而返。

陆机《洛阳记》曰：宫门及城中大道皆分作三，中央御道，两边筑土墙，高四尺余，外分之。唯公卿尚书章服道从中道，凡人皆行左右，左入右出，夹道种榆槐树。此三道四通五达也。

《淮南子》曰：杨朱见歧路而哭，曰："可以南可以北！"

又曰：圣人之道，如衢设樽，过者斯酌之。

《博物志》曰：文王以太公为灌坛令，其年，风不鸣条。文王梦一妇人甚丽，当道哭，问其故，曰："我东山女，嫁为西海妇，行必以暴风雨，今灌坛令当道有德，吾不敢以风雨过也。"

《十洲记》曰：天帝君之城，仙真之人出道径自有一路，内到钟山海阿门外。天帝君总九天之维，贵无比焉。

崔豹《古今舆服注》曰：警跸，所以戒徒行。跸，路也；谓行者警于途路。

《列子》曰：尧治天下，未知其天下治欤不治欤？微服游于康衢，闻儿童谣曰："立我烝民，莫匪尔极。"

任豫《益州记》曰：江油左檐道，案《图》，在阴平县北，于成都为西。其道至阻，自北来者，担在左肩，不得度担也。邓艾束马悬车处。

《郡国志》曰：雍州积道，在通化门东北十里。

又曰：朱超石与兄书曰："洛下道路本好，青槐荫映可爱。"

《列子》曰：杨子之邻亡羊，既率其党，又请杨子之竖追之。杨子曰："亡一羊何追者众？"曰："多歧路。"既反，问："获羊乎？"曰："亡之矣，歧路之中又有歧焉，吾不知所之而反。"杨子曰："大道以多歧亡羊，学者以多方丧生。"

《韩子》曰：鲁以五月起众为长沟，子路私为浆饮，要作沟者于五甫之衢，孔子讥其不知礼也。

《楚辞》曰：心不怡之长久，忧与愁之相接。惟郢路之辽远兮，江与夏之不可涉。

《古乐府诗》曰：相逢狭路间，道隘不容车。

《古诗》曰：驱车驾言迈，悠悠涉长道。

驰道

《史记》贾山曰：秦为驰道，东穷燕，齐，南极吴楚江湖之上，濒海之观毕达，道广五十步。三丈而树，厚筑其外，隐以金椎，以铁椎筑之。隐，于靳反。树以青松。十里一亭，亭有长。十亭一乡，乡有三老：有秩、啬夫、游徼。三老掌教化，啬夫职听讼，收赋税；游徼，徼循盗贼，秦制也。

《汉书》曰：江充出，逢馆陶长公主行驰道中，充问之，公主曰："有太后诏。"充曰："独公主得行，车骑皆不得。"尽劾没入官。充从上甘泉，逢太子家使乘车马行驰道中，充以属吏。太子闻之，使人谢充曰："非爱车马，诚不欲令上闻之，以教敕亡素者，唯江君宽之！"充不听，遂白奏。上曰："人臣当如是矣。"大见信用，威震京师。

又曰：惠帝为东朝长乐宫，作复道，方筑高帝庙南，叔孙通曰："陛下何筑复道高帝寝，衣冠月出游高庙？奈何令子孙宗庙道上行哉？"惠帝惧，曰："急坏之。"通曰："人主无过举。今已作，百姓皆知矣。愿陛下为原庙渭北，衣冠月游之，益广宗庙，大孝本也。"帝从之。

又曰：元帝即位，成帝为太子。上尝召，太子出龙楼门，不敢绝驰道，至直城门得绝乃度。上迟之，问其故，以状对。上乃令太子被召得绝驰道。

又曰：上居雒阳南宫，从复道望见诸将往往数人偶语。上曰："此何语？"良曰："陛下不知乎？此谋反耳。"上曰："天下属安定，何故而反？"良曰："陛下与此属取天下，今陛下已为天子，而所封皆萧、曹故人，所诛者皆平生仇怨。今军吏计功，天下不足以遍封，又恐见疑过失及诛，故相聚谋反耳。"上乃忧曰："为将奈何？"良曰："上平生所憎，群臣所共知，谁最甚者？"上曰："雍齿与我有故，数窘辱我。"良曰："今急先封雍齿，以示群臣，则人人自坚矣。"于是置酒，封雍齿为什方侯，而急趣丞相御史定功行封。群臣皆喜曰："雍齿且侯，我属无患矣。"

涂

《易·震卦》曰：震，大涂。王廙注曰：火涂，万物所出。

《论语·阳货》曰：道听而涂说，德之弃也。

《尔雅》曰：堂涂谓之陈。路依涂。

《吕氏春秋》曰：孔子用鲁，男行乎涂左，女行乎涂右，财物之遗者，民莫之举。

司马相如《上林赋》曰：长涂中宿。

阡陌

《史记》曰：商鞅相秦孝公，坏井田，开阡陌。

《汉书·游侠传》曰：原涉乃大治冢舍，周阁重门。初，武帝时，京兆尹曹氏葬茂陵，民谓其道为京兆阡。涉慕之，乃买地开道，立署曰南阳阡，人不肯从，谓之原氏阡。

《赵书》曰：佛图澄建武末卒，葬邺西紫陌，先造生墓已数年矣。

《三辅故事》曰：文王、武王、周公、召公皆葬毕陌南北。

《风俗通》曰：南北曰阡，东西曰陌。

曹植诗曰：东西经七陌，南北越九阡。

陆机诗曰：回渠绕曲陌，通波扶直阡。

街

《说文》曰：街，四通道也。

《汉书》曰：张敞无威仪，罢朝会，走马章台街。瓒曰：在长安建章台下街也。

《郡国志》曰：雍州司天台西北有香室街。

又曰：夕阴街在右扶风南。

《东观汉记》曰：建武时，天下垦田皆不实，诏下州郡检实。时州郡各遣使奏事，帝见陈留史牍上有书，视之云："颍川、弘农可问，河南、南阳不可问。"帝诘史，言于长寿街得之。

《汉官典职》曰：洛阳有二十四街，街一亭。

华氏《洛阳记》曰：两铜驼在官之南街，东西相对，高九尺，汉时所谓铜驼街。洛阳又有香街。

《三辅故事》曰：太上皇在长安香街南，高庙在长安城门街东、太常街南。

《汉宫殿疏》曰：长安有八街九市。

《风俗通》曰：京师有长寿街、万岁街、土马街、若此非一。街者，携也；离也；四出之路，携离而别。

巷

《毛诗·缁衣·丰》曰：子之丰兮，俟我乎巷兮。巷门外也。

又曰：叔于田，巷无居人。叔于狩，巷无饮酒。叔适野，巷无服马。

又曰：姜嫄始生后稷，诞置之厄巷，牛羊腓字之。

《论语》孔子曰：贤哉回也！一箪食，一瓢饮，在陋巷，人不堪其忧，回也不改其乐。

《尔雅》曰：宫中谓之壶。

《汉书》曰：陈平家贫，负郭穷巷，以弊席为门，门外多长者车辙。

《晋书》曰：纪瞻性静默，少交游，好读书，或手自抄写，凡所著述，诗赋笺表数十篇。兼解音乐，殆甚妙。厚自奉养，立宅于乌衣巷，馆宇崇丽，园池竹木，有足赏玩焉。

《丹阳记》曰：七战巷者，庾亮与苏峻战宣阳门外，峻初小退，寻复来攻，交战者七，亮乃南奔，故有此名。

《商君书》曰：穷巷多怪，曲学多辨也。

《尸子》曰：舜之方陶不能利其巷也，及南面而君天下，蛮夷皆被其福。

太平御览卷第一百九十六　居处部二十四

苑囿

《风俗通》曰：苑，蕴也；言薪蒸所蕴积也。

又曰：囿者，畜鱼鳖之处也。囿，犹有也。

《说文》曰：苑有园曰囿，一曰养禽兽曰囿。

《毛诗·文王·灵台》曰：王在灵囿，麀鹿攸伏。

《左传·僖上》曰：齐侯与蔡姬乘舟于囿，荡公，公惧变色，禁之不可。公怒，归之未绝。蔡人嫁之。

又《成下》曰：十八年秋，筑鹿囿，书，不时也。

又曰：冬，筑郎囿。书，时也。季子欲速成，叔孙昭子曰："焉用速成？其以剿民也。无囿犹可，无民其可得乎？"

又曰：郑之有原圃，犹秦之有具囿。注：皆囿名也。

《毛苌诗注》曰：囿，所以养禽兽，天子百里，诸侯四十里。

《大戴礼》曰：正月，祭韭囿。

《周官》曰：囿人，掌囿游之兽禁。郑玄注云：囿，游囿之离宫。小苑，游观处也。禁者，其蕃卫也。囿游之兽，游牧之兽也。

《史记》曰：汉二年，东略地，诸故秦苑囿园池，皆令民田之。

又《滑稽传》曰：秦始皇欲大苑囿，东至函谷关，西至陈仓。优旃曰："善。多纵禽兽于其中，寇从东方来，令兽触之足矣。"始皇以故辍止。

又：萧相国请曰："上林中多空地，愿令民得田苑中。"上大怒曰："相国多受民财，乃为民请吾苑。"乃下廷尉械系。数日，王卫尉侍，曰："便于民而请，真宰相事。陛下距楚数岁，陈豨黥布反，上自击之，当是时，相国守关中，摇足则关已西非陛下有也。相国不此时为利，今乃利贾人之金乎？陛下何疑？"于是使持节赦出何，徒跣谢。上曰："休矣！相国为民请吾苑，吾不许，我不过为桀纣主，而相国为贤相耳。”

《汉书》曰：武帝好微行，后南山下乃知帝微行数出也，然尚迫于太后，未敢远出。丞相御史知旨，乃使右辅都尉微循长杨以东，右内史发小民供待会。后乃私置更衣从宣曲以南一十二所，中休更衣，师古曰：宣曲，宫名，在昆明池西。投宿诸宫，长杨、五柞、倍杨、宣曲尤幸。于是上以为道远劳苦，又为百姓所患，乃使太中大夫吾丘寿王待诏能用算者二人，举籍阿城以南阿城本秦阿房宫也，盩厔以东，宜春以西，堤封顷亩，及其贾直，欲除以为上林苑，属之南山。又诏中尉、左右内史表属县草田欲以偿。时东方朔在傍，进谏曰：“臣闻谦逊静悫，天表之应，应之以福；骄溢靡丽，天表之应，应之以异。今陛下累郎台，恐其不高也；师古曰：郎者，堂下周屋也。弋猎之处，恐不广也。如今不为变，则三辅之地尽可以为苑，何以盩厔、鄠、杜乎！奢侈起制，天为之变。上林虽小，臣尚以为大也。夫南山，天下之陌也，南有江淮，北有河渭，其地从汧、陇以东，商、雒以西，厥壤肥饶。汉兴，去三河之地，止霸产以西，都泾、渭之南，此所谓天下陆海之地，秦之所以虏西戎，兼山东者也。其山出玉、石、金、银、铜、铁、豫章、檀、柘，异类之物，不可胜原，师古曰：原，本也。言说不能尽其根本也。此百工所取给，万民所足印也。又有秔稻梨栗，桑麻竹箭之饶，土宜姜芋，水多蛙鱼，贫者得以人给家足，无饥寒之忧，故酆、镐之间号为土膏，其贾亩一金。今规以为苑，绝陂池水泽之利，而取民膏腴之地，上乏国家之用，下夺农桑之业，弃成功，就败事，损耗五谷，是其不可一也。且盛荆棘之林，而长养麋鹿，广狐兔之苑，大虎狼之墟；又坏人冢墓，发人室庐，令幼弱怀土而思，耆老泣涕而悲，是其不可二也。斥而营之，垣而囿之，骑驰东西，车骛南北，又有深沟大渠，夫一日之乐，不足以危无堤之舆，苏林曰：堤，限也。舆，乘舆也。不敢斥天子，故言舆也。张晏曰：一日之乐，谓田猎也。无堤之舆，谓天子富贵无堤限也。是其不可三也。故务苑囿之大，不恤农时，非所以强国富人也。夫殷作九市之宫而诸侯叛，应劭曰：纣于宫中设九市。灵王起章华之台而楚民散，秦兴阿房之殿而天下乱。粪土愚臣，忘生触死，逆盛意，犯隆指，罪当万死，不胜大愿，愿陈《泰阶六符》，孟康曰：泰阶，三台也。每台而二星，凡六星，符，六星之符，验也。应劭曰：黄帝泰阶六符，经曰：泰阶者，天之三阶也。上阶为天子，中阶为诸侯、公卿、大夫，下阶为庶人。上阶上星为男主，下星为女主；中阶上星为诸侯，三公；下星为卿大夫；下阶上星为元士，下星为庶人。三阶平则阴阳和，风雨时，社稷神祇，咸护其宜，天下大安，是谓太平。三阶不平，则五神乏祀，日有蚀之，水润不浸，稼穑不成，冬雷夏霜，百姓不宁，故治道倾，天子行暴令，好兴兵甲，修宫室，广苑囿，则上阶为之奄奄。疏，阔也，以孝武皆有此事，故朔为陈之。以观天变，不可不省。”是日因奏《泰阶》之事，上乃拜朔为太中大夫、给事中，赐黄金百斤。然遂起上林苑。

又曰：武帝建元三年，微行始出，北至池阳，西至黄山，南猎长杨，东游宜春。皆宫观名。八九月中，侍中、常侍、武骑及待诏陇西、北地良家子能骑射者期诸殿门，故有骑门之号，自此始也。旦入山下驰射鹿豕狐兔，手格熊罴，驰骛禾稼秔稻之地，民皆号呼骂詈也。

又曰：宣帝神爵三年，起乐游苑。《三辅黄图》云在杜陵。

又曰：元始元年，罢安定呼池苑以为安民县。

又曰：枚乘说吴王曰：“汉上林离宫，积聚玩好，圈守禽兽，不如长洲之苑。游曲台，临上路，不如朝夕之池。”

又曰：房太子既冠就宫，为立博望苑，以通宾客。

范晔《后汉书》曰：永初六年春正月庚申，诏越巂置长利、高望、如昌三苑，又令益州置万岁苑，犍为置汉平苑。

又曰：延熹二年初，造显阳苑，置丞尉。

又曰：安帝永初元年，以广成游猎地假与贫民。贫民广成，苑名。在汝州。

又曰：灵帝光和三年，作毕圭灵昆苑。毕圭苑有二，东圭周一千五百步，中有鱼梁台；西苑周三千三百步，在洛阳宣平门外。

又曰：灵帝光和五年，始置圃囿，以宦者为令。

又曰：杨赐为少府光禄勋，代刘郃为司徒，帝欲造毕圭灵琨之苑，赐上疏谏曰："窃闻使者并出，规度城南人田，欲以为苑。昔先王造苑囿，裁足以修容三驱之礼，薪莱刍牧，皆悉往焉。先帝之制，左补鸿池，右作上林，鸿池在洛阳东，上林在西。不奢不约，以合礼中。今猥规郊城之地，以为苑囿，坏沃衍，废田园，驱居人，畜禽兽，殆非所谓若保赤子之义。今城外苑已有五六，阳嘉元年起西苑，延熹三年造显阳苑，《洛阳宫殿名》有平乐苑、上林苑，桓帝延熹元年置鸿德苑。可以逞情意，顺四时也，宜惟夏禹卑宫，太宗露台之义，以慰下人之劳。"书奏，帝意欲止，以问侍中任芝、中常侍乐松等，曰："昔文王之囿百里，人以为小；齐宣七十里，人以为大。今与百姓共之，无害于政也。"帝悦，遂令筑苑。

《汉官典职》曰：宫内苑聚土为山，十里九阪，种奇树，育麋鹿麑麂，鸟兽百种，激上河水，铜龙吐水，铜仙人衔杯，受水下注，天子乘辇，游猎苑中。

《汉旧仪》曰：上林苑中广长三百里，置令、丞、左右尉，苑中养百兽。天子遇秋冬猎射苑中，取禽无数。其中离宫七十所，皆容千乘万骑。

又曰：武帝时，使上林苑中官奴婢，及天下民贫赀不满五十万徙置苑中，人日五钱，到元帝得七十亿万，以给军击西域。

《续汉书·献帝纪》曰：昭宁元年，董卓住兵屯阳苑，使者就拜司空。

《续汉书·百官志》曰：上林苑令一人，六百石，主苑中禽兽。

《东观汉记》曰：桓帝延熹元年，初置鸿德苑。

张璠《汉记》曰：梁冀多规苑囿，西至弘农，东至荥阳，南入鲁阳，北到河淇，周旋十里。

《崔鸿十六国春秋·后赵录》曰：赵王八年春正月，立桑梓苑于襄国。

又《后燕录》曰：慕容熙筑龙腾苑，广袤十余里，役徒二万人。又起景灵山苑，内基广五百步，峰高十七丈。又起逍遥宫、甘露殿，连房数百，观门相交；凿天河渠引入宫。

《晋宫阁名》曰：洛阳有洪德苑、灵昆苑、平乐苑。

《河南十二境簿》曰：河南县有鹿子苑，洛阳城西有桑梓苑。

《孟子》曰：齐宣王问孟子曰："文王之囿方七十里，有诸？何其大也？"孟子曰："犹以为小也。"王曰："寡人囿方四十里，民以为大，何也？"曰："文王之囿，刍荛、雉兔者往焉。与民同之，民以为小，宜矣。王之囿，杀麋鹿者如杀人之罪，是以四十里为穽于国中也。民以为大，不亦宜乎！"

《吕氏春秋》曰：昔先王之为苑囿园池，足观望劳形而已矣，非好侈，节乎性也。

陶季直《京都记》曰：覆舟山，周回二十里，有林名白水苑。

又曰：建康县北，吴朝为桂林苑。

《南朝宫苑记》曰：乐游苑，在覆舟山，南北连山筑台观，苑内起正阳、林光等殿。

又曰：桂林苑，在落星山之阳。《吴都赋》云"数军实于桂林之苑"，即此也。

又曰：芳林苑，一名桃花园，本齐高帝旧宅，在废东府城东边秦淮大路北。齐王融作《曲水诗》序载"怀平浦乃睠芳林"，即此也。

又曰：南苑，在台城南凤台山。宋孝武以南苑地给张永，云"且给三百年，期讫更启"，即此也。

《渚宫故事》云：湘东王于子城中造湘东苑，穿地构山，长数百丈，植莲蒲，缘岸杂以奇木。其上有通波阁跨水为之。南有芙蓉堂，东有禊饮堂，堂后有隐士亭。北有正武堂，堂前有射堋、马埒。其西有乡射堂，堂安行堋，可得移动。东南有连理，太清初生此连理，当时以为湘东践祚之瑞。北有映月亭、修竹堂、临水斋。前有高山，山有洞石，潜行宛委二百余步；山上有阳云楼，极高峻，远近皆见；北有临风亭、明月楼、颜之推云"屡陪明月宴"，并将军扈义熙所造。

《三辅黄图》曰：宫二、观十四，在甘泉苑垣内。甘泉苑起仙人观。

石虎《邺中记》曰：邺城西三里桑梓苑，有宫临漳水，凡此诸宫皆夫人、侍婢。又并有苑囿养獐鹿雉兔虎，数游宴其中。

《西京杂记》曰：庐陵王胥有勇力，恒于别囿学格熊罴，后遂能空手搏之。

又曰：乐游苑自生玫瑰树，树下多苜蓿。

又曰：文帝为太子，立思贤苑以招宾。

又曰：梁孝王好宫室苑囿之乐，作曜华之宫，筑兔园。园中有白室山，山上有肤寸石、落猿岩、栖龙岫。又有雁池，池间有鹤洲凫渚。宫馆相连，延亘数里；奇果异树，瑰禽怪兽，靡不毕备。王与宫人宾客弋钓其中。

《韩子》曰：秦大饥，应侯请发五苑果枣栗以活民，王曰："秦法，赏有功，诛有罪。今发五苑，是有功无功俱赏也。"

《礼稽命征》曰：外内之制，各得其所；四方之事，无有畜滞，则麒麟游囿，六畜繁多，天苑有德星应。

《白虎通》曰：苑囿所以在东方何？苑囿，养万物者也，东方所以生也。

《战国策》曰：张仪说韩王曰："大王不助秦，鸿台之宫，乐林之苑，非韩之有也。"

《拾遗记》曰：黄帝为养龙之囿。

《洞冥记》曰：北及玄阪，云空同七十万里，日月不至，其地自明，有紫河万里，流沫千丈，中有寒荷，霜下方香茂也。北有渍阳之山。有兔如鼠能飞，毛色光如漆，以脑和丹食则不死。帝使放兔于昭祥苑，苑在甘泉宫西，周千里，万国献异物，皆集此中。

《三辅黄图》曰：甘泉苑起仙人观，缘山谷行至云阳，三百八十里，入右扶风，周回五百四十里。

《两京记》曰：东宫有九殿。禁苑在宫城之北，苑中有四面监，分掌宫中种植及修缉，又置苑总监都统，并属司农寺。

又曰：东都苑，隋曰会通苑，又改为芳华。

又曰：神都苑，周回一百二十六里，东面七十里，南面三十九里，西面五十里，北面二十四里。

司马相如《封禅文》曰：般般之兽，乐我君囿。

太平御览卷第一百九十七 居处部二十五

园圃

《说文》曰：园树果，圃树菜也。

《易》曰：贲于丘园，束帛戋戋。

《毛诗》曰：园有桃，其实之肴。

又曰：折柳樊圃。

《周礼》曰：场人，掌国之场圃，而树之果蓏珍异之物，以时敛而藏之。凡祭祀、宾客，供其果蓏，享亦如之。注云：果，枣栗之属。蓏，爪瓠之属。珍异，蒲桃、枇杷之属。

又曰：大宰九职，二曰园圃，毓草木。

又曰：园廛二十而一。注云：以利少，故二十而税一也。廛，城市中空地。

又曰：圃以树事贡草木，谓果瓜葵韭。

《论语》曰：樊迟请学为圃，子曰："吾不如老圃。"

《史记》曰：梁有漆园，楚有桔柚园。

又曰：王剪为秦将伐楚，请善田宅园池甚众。

《汉书》曰：始曹参微时，与萧何善，及为宰相，有隙。至何且死，所推贤唯参。参代何为相国，举事无所变更，一遵何之约束。择郡国吏长大，讷于文辞，谨厚长者，即召为丞相史。史之刻深，欲务声名，辄斥去之。日夜饮酒，卿大夫以下吏及宾客见参不事事，来者皆欲有言。至者，参辄饮以醇酒，度其欲有言，复饮酒，醉而后去，终莫得开说，以为常。相舍后园近吏舍，吏舍日饮歌呼。从吏患之，无如何，乃请参游后园。闻吏醉歌呼，从吏幸相怒召按之。乃反取酒张坐饮，大歌呼与相和。参见人之有细过，掩匿覆盖之，府中无事。

又曰：董仲舒，广川人也。以治春秋，孝景时为博士。下帷讲诵，弟子传以九次相授业，或莫见其面。盖三年不窥园圃，其精如此。

《后汉书》曰：法真隐大泽，讲论艺术，历年不窥园圃也。

又曰：窦宪以贱直请夺沁水公主田园，沁水，明帝女。主畏逼，不敢言。后肃宗驾出游过园，指以问宪，宪阴喝不得对。阴，于禁反。喝，一介反。犹噎塞也。后发觉，帝大怒，责宪曰："贵主尚见侵夺，何况小人哉！国家弃宪如孤雏腐鼠耳。"宪大震惧。

《魏志》曰：颜斐，字文林。为京兆守，于府下起菜园，使吏投简锄治也。

《晋书》曰：范汪好学，外氏家贫，无以资给。汪乃庐于园中，布衣蔬食，然薪写书，写毕，诵读亦遍，遂博学多通，善谈名理。

又曰：华廙既废黜，武帝后又登凌云台，望见廙苜蓿园，阡陌甚整，依然感旧。太康初，大赦，乃得袭封。久之，拜城门校尉，迁左卫将军。数年，以为中书监。

又曰：和峤性至俭，家有好李，帝求之，不过数十。王济侯其上直，率少年诣园，共啖毕，伐树而去。

王隐《晋书》曰：凉州牧张骏增筑四城，相去各千步。东城殖园果，命曰讲武场；北城殖园果，命曰玄武圃，皆有宫殿。

《宋书》曰：柳元景多产业，居南岸有数十亩菜园。时有人求之，或留钱，元景曰："本立园自为供吃，岂求利耶？"

《齐书》曰：世祖太子性颇奢丽，宫内多雕饰，精绮过于王宫。开拓玄圃，园与台、城北堑等，其中起出池阁。楼、观、塔、宇多聚奇石，妙极山水。虑上宫望见，乃傍列修竹，内施高鄣，造游墙数百间，施诸机巧宜须鄣蔽。以晋明帝为太子时立西池，乃启世祖引前例，求于东田起小苑，上许之，穷极制度。

《陈留耆旧传》曰：范丹学通三经，常自任灌园。

《向秀别传》曰：秀与吕安灌园于山阳，收其余利，以供酒食之费。

《庄子》曰：子贡过汉阴，见一丈人为圃畦，凿隧而入，抱瓮而出灌。子贡曰："有机于此，一日浸百畦，用力甚寡而见功多，夫子不欲乎？”为圃者仰而视之曰：“奈何？”曰：“凿木为机，后重前轻，挈水若抽，其名为槔者。”圃者忿然作色而笑曰：“吾闻之吾师，有机械者必有机事，有机事者必有机心。机心存于胸中，则纯白不备；纯白不备，则神生不定；神生不定者，道之所不载也。吾非不知，羞不为也。”子贡告孔子，孔子曰：“假修浑沌之术者也。”

《杂记》曰：于陵子辞卿相而桔槔灌园。

又曰：戴宏为河间相，自免归而灌蔬，以经教授也。

《西京杂记》曰：茂陵富人袁广，藏镪巨万，家童八九百人。于邙山下筑园。东西五里百步，激流水注其内。构石为山，高十余丈，连延数里。养白鹦鹉、紫鸳鸯、旄牛、青兕，奇禽怪兽，委积其间。聚沙为洲，激水为波潮，其中江鸥海鹄，乳雏产鷇，延漫林池。奇树异草，靡不具植。屋皆徘徊连属，重阁修廊，行之，移晷不能遍。广有罪诛，没入为官园，鸟兽草木，佥移上林苑中。

又曰：乐游园自生玫瑰树，树下多苜蓿。苜蓿亦名怀风，时人或谓光风，风在其间常肃肃然，日照其花，有光彩，故名苜蓿曰怀风，茂陵谓之连枝草。

又曰：梁孝王兔园有落猿岩、栖龙岫、雁池、鹤洲、凫渚，宫观相属。

《隋图经》曰：《史记》谓梁孝王筑东苑，方三百里，是曰兔园。

王褒《云阳记》曰：车箱阪下有梨园一顷，树数百株，青翠繁密，望如车盖。

《水经注》曰：睢水东南流，入于竹圃，水次绿竹荫渚，青青实望，世人言梁王竹园也。

又曰：玄瓠湾中地数顷有栗园，栗小，殊不并固安之实也；然岁贡三百石以充天府。水渚即栗洲，树木高茂，望若屯云，中有栗堂，甚闲敞，牧宰英彦多所游薄。

《魏志》曰：有芳林园、桐园，芳林后避少帝讳，改为华林。

《晋宫阁名》灵芝园。邺有鸣鹤园、蒲桃园、华林园。

司马彪《续汉书》曰：濯龙园在洛阳西北角也。

郭仲产《仇池记》城东有苜蓿园。

《列女传》：鲁漆室之女曰："昔有客系马园中，马逸，践葵，使予终岁不饱葵。"

《淮南子》曰：园有螫毒，葵藿为之不采。

《陈留志》曰：园庾，襄邑人也。庾始居园中，故代谓之园公。

《天文要集》曰：庖瓜为天子果园，又天园主果实茹蓄储。

又曰：芙蓉园，本隋氏之离宫，居地三十顷，周回十七里，贞观中赐魏王泰。泰死，又赐东宫，令属家令寺。园中广厦修廊，连亘屈曲，其地延袤爽垲，跨带原隰，又有修竹茂林，绿被冈阜，东坂下有凉堂，堂东有临水亭，按《黄图》曲池，汉武所造，周回五里，池中遍生荷芰菰蒲冒间禽鱼翔泳。宣帝立庙曲池之北，名曰乐游庙。即今升平坊内基趾是也。此在秦为宜春苑，在汉为乐游苑。宇文恺营建京城，以罗城东南地高不便，故缺此隅头一坊，余地穿入芙蓉池以虚之。

《郡国志》云：西夷有荔支园。僰僮，施夷中最贤者。古之谓僰僮之富，多以荔支为业，园植万株，树收一百五十斛。

《隋图经》曰：司竹园在盩厔县东十二里，穆天子西征至玄池乃植竹，即此是也。

《史记》曰渭川千亩竹，汉谓鄠杜竹林，故有司竹都尉；《西都赋》所谓鄠杜滨，其足竹林果园芳草甘木也。

圈

《史记》曰：窦太后好黄老书，召辕固问老子书，固曰："此家人言耳。"太后怒曰："安得司空城旦书乎？"乃使固入圈击豖。

《汉书》曰：孝武帝作建章宫，度为千门万户，其西则数十里虎圈。

又曰：李禹有宠于太子，然好利，亦有勇。尝与侍中贵人饮，侵陵之，莫敢应。后诉之上，上召禹，使制虎，悬下圈中，未至地，有诏引出之，禹从洛中以剑斫绝累，欲刺虎。师古曰：落与络同，谓当时繯络而下也。

累，索也。上壮之，遂救止焉。

《三辅故事》曰：师子圈在建章宫西南。

《列士传》曰：秦召公子无忌，忌不行，使朱亥奉璧。秦王大怒，将朱亥着虎圈中，亥瞋目视虎，虎不敢动。

《郡国志》曰：雍州虎圈在通化门东二十五里。秦王置朱亥于其中，亥瞋目，虎不敢动。

汉文帝问上林尉处及冯婕妤，当熊在此。

《汉宫殿疏》曰：有彘圈，有师子圈，武帝造。秦故虎圈，周匝三十五步，长二十步，西去长安十五里。

牢

《说文》曰：牢，闲养牛马园也。

《诗》曰：乃造其曹，执豕于牢。注云：曹，群也；言搏豕于牢中，以为饮酒之淆。

《穆天子传》曰：高奔戎获虎，畜于东虞，命曰虎牢。事具州群。

曹子建《求自试表》曰：如微才不试，没世无闻，禽息鸟视，终于白首，此徒圈牢之养物，非臣之所志也。

藩篱

《易》曰：羝羊触藩，羸其角。

《诗》曰：折柳樊圃。樊，或云藩。

《左传》曰：宋向戌请弭诸侯之兵。襄公二十七年，诸侯之大夫会于宋，以藩为军。注云：示不相忌也。

又《哀十二年》：卫侯会兵于郧。吴人藩卫侯之舍。子服景伯谓子贡曰："夫诸侯之会，事既毕矣，侯伯致礼，地主归饩，以相辞也。今吴不行礼于卫，而藩其君舍以难之，子盍见太宰？"乃请束锦以行，乃免卫侯。

《晋书》曰：庾衮，字叔褒。初，衮诸父并贵盛，唯衮父独安贫约。躬耕稼穑，以给供养，而执事勤恪，与弟子树篱，跪以授条。或曰："今在隐屏，先生何恭之过也？"答曰："幽显易操，非君子意也。"

《宋书》曰：谢瞻，字宣远。弟晦，时为宋台右卫，权遇已重，于彭城还都迎家，宾客辐凑。瞻在家，惊骇谓晦曰："吾家以远退为业，汝遂势倾朝野，此岂门户福耶？"乃坚篱隔门庭，曰："吾不忍见此。"

《南朝宫苑记》曰：建康篱门，旧南北两岸篱门五十六所，盖京邑之郊门也，如长安东都门亦周之郊门。江左初立，并用篱为之，故曰篱门。南篱门在国门西，三桥篱门在今光宅寺侧。东篱门本名肇建篱门，在古肇建市之东。北篱门今覆舟东头玄武湖东南角，今见有亭，名篱门亭。西篱门在石头城东，护军府在西篱门外路北。白杨篱门外有石井篱门。

《庄子》曰：愿游其藩。

《闲居赋》曰：芳枳坚篱。

宋玉对问曰：藩篱之鷃。

《鷦鷯赋》曰：鷦鷯长于藩篱之下。

华表

崔豹《古今注》：程雅问曰："尧设诽谤之木何也？"答曰："今之华木，以横木交柱头，状如华，形似桔槔，大路交衢悉施焉。或谓之表木，以表王者纳谏，亦以表识衢路。秦乃除之，汉始复焉。今西京谓之交午柱。

辽东华表。见鹤门。

燕昭王墓前华表。见狸门。

太平御览卷第一百九十八 封建部一

叙封建

《周礼·夏官·职方氏》曰：乃辨九服之邦国，方千里曰王畿，其外方五百里曰侯服，又其外方五百里曰甸服，又其外方五百里曰男服，又其外方五百里曰采服，又其外方五百里曰卫服，又其外方五百里曰蛮服，又其外方五百里曰夷服，又其外方五百里曰镇服，又其外方五百里曰藩服。凡邦国千里封公，以方五百里，则四公；方四百里，则六侯；方三百里，则七伯；方二百里，则二十五子；方百里，则百男。以周知天下。

《史记》曰：太史公曰："殷以前尚矣。周封五等公侯，伯禽、康叔于鲁、卫地，各四百里，亲亲之义，褒有德也。太公于齐，兼五侯地，尊勤劳。武王、成、康所封数百，而同姓五十，地上不过百里，下三十里，以辅卫王室。

又曰：高祖定天下，田横犹居海岛，帝喻之曰："横来，大者王，小者侯。"

又曰：齐威王召即墨大夫而语之曰："自子之居即墨也，毁日至。然吾使人视即墨，田野辟，民人给，官无事，东方以宁。是子不事吾左右以求誉也。"封之万家。

又曰：邹忌以鼓瑟见齐威王，王悦之，三月而受相印。淳于髡见之曰："善说！髡有愚志，愿陈诸前。"髡说毕即出，至门而语其仆曰："是人者，吾说之微言，其应我若响之应声，是必封不久矣。"

《汉书》曰：李广与望气王朔语："自汉击匈奴，广未尝不在其中，而诸校尉材能不及中，以军功取侯者数十人。广不为人后，然终无封邑者，何也？岂吾相不当侯耶！"朔曰："将军自念，岂有所恨者乎？"广曰："吾为陇西太守，羌尝反，吾诱降八百余人，诈而同坑。"曰："祸莫大于杀降，此乃将军所以不得侯也。"

《东观汉记》曰：上封功臣，皆为列侯，大国四县，余各有差。博士丁恭等议曰："古帝王封诸侯不过百里，故利以建侯，取法于雷。"上曰："古之亡国，皆以无道。未尝闻封功臣地而灭也。"

又曰：冯勤为郎中、给事尚书，以图议军粮，任事精勤，遂见亲识，由是使典诸侯封事。

《百官表注记》曰：王者之制，公、侯、伯、子、男，凡五等。上大夫卿、下大夫、上士、中士、下士，凡五等。周兴，隆三圣制法，立爵五等，封国八百。亲亲建国，则周公宅鲁，康叔启卫。贤贤表德，则太公封齐。九命既赐，用征诸侯。鲁以周公之故，郊祭昊天，车服有裕。季世陵迟，僭施无度，强弱相吞，旧制不复循也。

《禹贡》徐州土五色，王者取五色土以为社；封四方诸侯，各割其方色土与之；皆苴以白茅，皆假铜虎、竹使、符第五。夫为诸侯始受封之。各有菜地，百里之诸侯以四十里为菜地，七十里之诸侯以三十里为菜地，五十里诸侯以十五里为菜地。其后子孙虽有黜地，而菜地世世不黜。

《汉杂事》曰：天子太社，以五色土为坛；封诸侯者，取其土；苴以白茅授之，各以所封方之色，以立社于其国，故谓之受茅土。汉兴，唯皇子封为王者得茅土，其他臣以户赋租入为节，不受茅土，不立社。

王隐《晋书》曰：元康初，杨骏辅政，封赏过度，石崇与散骑常侍蜀郡何举共为驳议，以为陛下圣德光被，皇灵启祚，正位宣化，万国归心，今承洪基，此乃天授，至于班爵行赏，优于太始。

崔鸿《十六国春秋·后燕录》曰：苻定、苻绍等降，慕容垂下书封绍等为侯，以酬秦王之惠，且拟三恪。

《吴越春秋》曰：吴王闻勾践尽心自守，增之以封。越王乃使大夫种赍葛布十万、甘蜜九棿、文笥七枚、狐皮五双以报增封之礼。

《韩子》曰：穰侯越魏而东攻齐五年，秦不益一尺之地反，乃成其陶邑之封。应侯以攻韩八年，成其汝南之封。自是以来，诸用秦者皆应、穰之类也。故胜战则大臣尊，益地则私封立。

《说苑》曰：郑桓公东会封于郑，舍于宋东之逆旅。逆旅之叟从外来，曰："客将焉之？"曰："会封于郑。"逆旅之叟曰："吾闻之，时难得而易失也。今客之寝安，殆非会封者也。"郑桓公闻之，援辔自驾，其仆接术而载之。

《袁子》曰：今有卿相之才，居三公之位，循其治政，以宁国家，未必封侯也。今军政之法，斩一牙门将者封侯。夫斩一将之功，孰与安宁天下者？安宁天下者不爵，斩一将之功者封侯，失赏之意也。

又曰：《春秋》郑庄公封母弟于京，祭仲曰："都城过制，国之害也。"其后卒相攻伐，国内大乱。故过度则有强臣之祸，鄙小则有微弱之忧。秦以列国之势而并天下，自以由诸侯而起之也，于是去五等之爵而致郡县，虽有亲子、母弟，皆为匹夫。及其政衰，夫一呼而天下去。及至汉家，见亡秦以孤特亡也，于是大封子弟，或连城数十，廓地千里，自关已东，皆为王国。力多而权重，故亦有七国之难。

《白虎通》曰：王者即位，先封贤者，忧民之急也。故列土分疆，非为诸侯；张官设府，非为卿大夫，皆为民也。封诸侯以夏何？阳气盛养，故以封诸侯，盛养贤也。立人君阳德之盛者也。

又曰：受命之王，致太平之君，美群臣上下之功，故尽封之。及中兴征伐，大功皆封，所以褒大功也。盛德之士亦封之，所以尊有德。封者必试之，为附庸三年有功，因而封之五十里。凡士有功者，亦为附庸，附世其位。大夫有功，成封五十里，卿封七十里，公成封百里。

又曰：公居百里，侯居七十里何？封示之优贤义，欲褒尊而上之。何以知殷家侯不过七十里？曰土有三等：有百里，七十里，五十里。公、卿、大夫者何谓也？内爵称也。为爵称公、卿、大夫何？爵者，量其职，尽其才。公之为言，公正无私也。卿之为言，章也，善明也。大夫之为言，大扶，扶进人也。

王充《论衡》曰：尧、舜之人，可比屋而封。桀、纣之人，可比屋而诛。

曹植《迁都赋》曰：余初封平原，转出临淄，中命鄄城，遂徙雍邱，改邑浚仪，而末将适于东阿。号则六易，居实三迁，连遇瘠土，衣食不继。

爵

《易·中孚卦》曰：鸣鹤在阴，其子和之。我有好爵，吾与尔縻之。

《左传·襄公二十一年》曰：齐庄公为勇爵。设爵位以命勇士。殖绰、郭最欲与焉。州绰曰："东闾之役，臣左骖迫还于门中，识其枚数。识门枚数。其可与乎？"公曰："子为晋君也。"对曰："臣为隶新。然二子者，譬之禽兽，臣食其肉而寝其皮矣。"言尝射得之也。

《白虎通》曰：爵五等者，法五行。或三等者，法三光。或法三，或法五何？质者据天，故象三光；文者据地，故法五行。

《礼含文嘉》曰：殷爵三等，周爵五等，各有宜也。

《王制》曰：五者之制，爵禄凡五等，谓公、侯、伯、子、男乎。此据周也。所以名之为公、侯何？公者，公正无私之意。侯者，侯顺逆故也。

《孝经援神契》曰：二王之后称公，大国侯皆千乘，象雷百里，所润云雨同。

《史记》曰：秦闻马服子将，乃阴使白起为上将军，奇兵绝赵军后。赵军分而为二，粮道绝。秦王闻赵食道绝，王自之河内，赐民爵各一级，发十五以上悉诣长平，遮绝救之。

又曰：秦始皇四年，百姓内粟千石，拜爵一级。

《汉书》曰：惠帝元年，民有罪，得买爵三十级以免死罪。应劭曰：一级直钱二千，凡为六万。若今赎入三千匹强矣。晋灼汉武帝一级七十万。《始皇本纪》入粟千斛拜爵一级。时制各异者也。赐民爵，户一级。六年，令民得卖爵。

又曰：卫青比年击胡，赋税既竭，不足以奉战士。有司请令民得卖爵及赎禁锢、免赋罪，请置赏官，名曰武功爵也。

又曰：宣帝五凤四年，大司农、中丞耿寿昌奏设长平仓，以给北边，省转漕，爵关内侯。

袁山松《后汉书》曰：建宁二年，爵乳母赵尧为平民君。

《魏书》曰：太祖置名号：侯爵十八级，关中侯爵十七级，关外侯十六级，五大夫十五级，与旧例侯凡六等。

《魏氏春秋》曰：黄初三年，帝欲封太后母，尚书陈群奏曰："案典籍之文，无妇人分土命爵之制。在《礼》，妇人因夫爵。秦违古法，汉氏因之，非先王之令典。"帝曰是也。

《晋书》曰：长乐冯恢，父为弘农太守，爱少子淑，欲以爵传之。恢父终，服阕，乃还乡里，结草为庐，阳喑不能言，淑得袭爵。恢始仕。

《管子》曰：爵不尊，禄不重者，不与图难犯危，以其道为未可以求之也。是故先王制轩冕，足以著贵贱，不求其美；设爵禄，足以守其服，不求其观；使君子食于道，小人食于力。

《孟子》曰：有天爵者，有人爵者。仁义忠信，乐善不倦，此天爵也。公卿大大，人爵也。天爵以德，人爵以禄。古之人修天爵而人爵从之。今之人修其天爵以要人爵，既得人爵而弃其天爵，则惑之甚者也。

《商君书》曰：明王之所贵唯爵，其赏不荣，则民急；其列不显，则民不事；爵易得也，则民不贵。

《淮南子》曰：爵禄者，人臣之贤辔。

《说苑》曰：晋文公出亡，周流天下，舟之侨去虞而从文公。文公反国，择可爵而爵之，择可禄而禄之，侨独不与焉。文公酌诸大夫酒，酒酣，公曰："二三子盍为寡人赋乎。"舟之侨曰："君子为赋，小人请陈其辞，辞曰：有龙矫矫，顿失其所，一蛇从之，周流天下；龙反其渊，蛇宁其处。"公懼然曰："子欲爵也，请待旦日之朝。子欲禄耶，请今命廪人。"之侨曰："请而得其赏，廉者不受也。言尽而名至，仁者不为也。"遂退，终身诵《甫田》之诗。

《风俗通》曰：汉武帝讳彻，改曰通侯，或曰列侯。秦时六国未平，将帅皆家关中，故称关内侯。通侯，言其功大，通于王室。列者，言其功德列著，乃飨爵也。

王粲《爵论》曰：爵自一级，转登十级而为列侯；譬犹秩自百石，转迁而至公也。而近世赏人，皆不由等级从，无爵封，无列侯。原其所以，爵废故也。《司马法》曰："赏不逾时，欲民速观为善之利也。"近世爵废，人有小功，无以赏也，乃积累焉，须事足乃封侯，非所以速为而及时也。上观古比高祖功臣，及白起、卫鞅，皆稍赐爵，为五大夫、客卿、庶长，以至于侯，非一顿而封也。夫稍稍赐爵，与功大小相称而俱登，既得其义，且侯次有绪，使慕进者逐之不倦矣。

异姓王封

《汉书》曰：高祖定天下，功臣异姓而王者八国：张耳、吴芮、彭越、黥布、臧荼、卢绾与两韩信。皆徼一时之权变，以诈力成功，咸得裂土，南面称孤。见疑强大，怀不自安，事穷势迫，卒谋叛逆，终于灭亡。张耳以知全，至子亦失国。唯吴芮之起，不失正道，故能传号五世，以无嗣绝，泽流支庶，有以矣夫。以其不用诈力也。

《汉书》曰：张耳，大梁人也。少时及魏公子无忌为客。尝亡命游外黄。外黄富人女甚美，庸奴其夫，亡邸父客。父客谓曰："必欲求贤夫，从张耳。"女听，为请决，嫁之。女家厚奉给耳，耳故致千里客，宦为外黄令。高祖为布衣时，尝从耳游。秦灭魏，故购求耳千金。耳变姓名，之陈，为里监门。后项羽秦亦闻耳贤，乃分赵立耳为常山王。田荣袭耳，耳败走汉。汉二年，遣耳与韩信击破赵井陉，斩陈余泜水上。四年夏，立耳为赵王。耳薨，子敖嗣为王。

又曰：韩信平齐，使人言汉王曰："齐夸诈多变，反覆之国，南边楚，不为假王以填镇也之，其势不定。今权轻，不足以安之，臣请自立为假王。"当是时，楚方急围汉王于荥阳，使者至发书，汉王大怒，骂曰："吾困于此，旦暮望而来佐我，乃欲自立为王！"张良、陈平从后蹑汉王足，因附耳语曰："汉方不利，宁能禁信之自王乎？不如因立，善遇之，使自为守。不然，变生。"汉王亦寤，因复骂曰："大丈夫定诸侯，即为真王耳，何以假为！"遣张良立信为齐王，征其兵使击楚。

又曰：彭越，字仲，昌邑人也。常渔钜野泽中，为盗。陈胜起岁余，泽间少年相聚百余人，往从越，请仲为长。乃行略地，收诸侯散卒，得千余人。沛公之从砀北击昌邑，越助之。昌邑未下，沛公引兵西。越亦将其众居钜野泽中。项籍入关，王诸侯，还归，越众万余人无所属。齐王田荣叛项王，汉乃使人赐越将军印，使下济阴以击楚。大破楚军。汉二年，拜越为魏相国，将兵略定梁地。汉王之败彭城解而西也，越皆亡其所下城，独将其兵北居河上。汉三年，越常往来为汉游兵击楚。项王与汉王相距荥阳，越攻下睢阳、外黄十七城。汉王追楚，为项籍所败固陵，乃谓留侯曰："诸侯兵不从，为之奈何？"留侯曰："彭越本定梁地，功多，始君王以魏豹故，拜越为相国。今豹死亡后，且越亦欲王，而君王不蚤定。今取睢阳以北至谷城，皆许以王彭越，则兵至矣。"于是汉王发使使越，如留侯策。使者至，越乃引兵会垓下。项籍死，立越为梁王，都定陶。

又曰：项羽入咸阳，黥布为前锋。项王封诸将，立布为九江王。后与随何俱归汉。汉王方踞床洗，而召布入见。布大怒，悔来，欲自杀。出就舍，张御饮食从官如汉王居，布又大喜过望。汉益分布兵而俱北，收兵至成皋。四年秋七月，立布为淮南王。

又曰：卢绾，丰人也，与高祖同里。及高祖初起沛，绾以客从，入汉中为将军。项籍死，使绾别将刘贾击临江王共尉，还，从击燕王臧荼，皆破平。时诸侯非刘氏而王者七人，上欲王绾，群臣觖望。及虏臧荼，乃下诏诸将相列侯，择群臣有功者以为燕王。群臣知上欲王绾，皆曰："太尉长安侯绾常从平定天下，功最多，可王。"上乃立绾为燕王。诸侯得幸莫如燕王者。汉十年，陈豨反。汉既斩豨，其裨将降，言燕王绾使范齐通谋豨所。上使使召绾，绾称病，又谓其幸臣曰："非刘氏而王者，独我与长沙耳。今上病，属任吕后。吕后妇人，专欲事诛异姓王者及大功臣。"乃称病不行。高祖崩，遂亡入匈奴。

又曰：吴芮，秦时番阳令，甚得江湖间民心，号曰番君。天下之初叛秦也。黥布归芮，芮妻之，因率越人举兵以应诸侯。沛公攻南阳，乃遇芮之将梅鋗呼玄反，与偕攻析、郦，降之。及项羽相王，以芮率百越佐诸侯，从入关，故立芮为衡山王。项籍死，上以鋗有功于入武关，故德芮，徙为长沙王，都临湘。

又曰：惠帝崩，立孝惠后宫子为帝，吕太后临朝称制。遂立周吕侯子台为吕王，台弟产为梁王，建城侯释之子禄为赵王，台子通为燕王。又封诸吕凡六人，皆为列侯。太后病困，以赵王禄为上将军，居北军；梁王产为相国，居南军，戒产、禄曰："高祖与大臣约：非刘氏王者，天下共击之。今王吕氏，大臣不平，我即崩，恐其为变，必据兵卫宫，慎毋送丧，为人所制。"太后崩，太尉周勃、丞相陈平、朱虚侯刘章等共诛产、禄，迎立代王，是为孝文皇帝。

《晋书》曰：初，武帝为王时，王祥与荀顗往谒。顗谓祥曰："相国王尊重列侯，既已尽敬，便当拜也。"祥曰："相国诚为尊贵，然是魏之宰相。吾等魏之三公，公王相去，一阶而已，班列大同，安有天子三司而辄拜人者！损魏朝之望，亏晋王之德，君子爱人以礼，吾不为也。"及入，顗遂拜，而祥独长揖。帝曰："今日方知君见顾之重矣。"

《北齐书》曰：尉景之子粲，少历显职，体性粗武。天宝初，封库狄干等为王。粲以不预王爵，大恚恨，十余日闭门不朝。帝怪，遣就宅问之。隔门谓使人曰："天子不封粲父作王，粲不如死。"使云："须开门受敕。"粲遂弯弓隔门欲刺使者。使者以状闻之，文宣使段韶谕旨。粲见韶，唯抚膺大哭，不答一言。文宣亲诣其宅慰之，方复朝请。寻追封景为长乐王。

《唐书》曰：安禄山死，朝廷欲图大举，诏郭子仪帅师趋京城。师于潏水之西，与贼将安太清、安守忠战。后从元帅广平王率蕃、汉之师十五万进收长安。京师老幼百万夹道欢叫，涕泣而言曰："不图今日复见官军。"是时河东、河西、河南所盗郡邑皆平，以功加司徒，封代国公。入朝，天子遣兵仗戎容迎于灞上，肃宗劳之曰："虽吾之家国，实由卿再造。"子仪顿首感谢。乾元元年九月，诏子仪与九节度之师讨安庆绪，以中官鱼朝恩为观军容宣慰使。朝恩害子仪之功，媒蘖之，召还京师。子仪虽失兵柄，乃心王室，以祸难未平，不遑寝息。俄而史思明再陷河洛，朝廷旰食，复虑蕃寇逼迫京畿。言事者以子仪有社稷大功，今残孽未除，不宜置之散地。肃宗深然之。上元元年，以子仪为诸道兵马都统，复为朝恩所间，事竟不行。上元二年，李光弼兵败于邙山，河阳失守。又河中军乱，杀其帅李国贞。太原节度使邓景山亦为部下所杀。恐其合从连贼，朝廷深忧之。后辈帅臣未能弹压，遂用子仪为朔方、河中、北庭、潞、仪、泽、沁等州节度行营兼兴平定国副元帅，进封汾阳郡王，出镇绛州。子仪至绛，擒杀其国贞贼王元振数十人，并诛之。太原辛云京闻子仪诛元振，亦诛害景山者。由是河东诸镇率皆奉法。

又曰：浑瑊，皋兰州人也，本铁勒九姓部落之浑部也。父释之，少有武艺，从朔方军，积战功于边上，累迁至开府仪同三司、宁朔郡王。德宗幸奉天，瑊率家人子弟自京城至，乃署为行都虞侯以拒朱泚。贼平，德宗还宫，以瑊为河中尹，河中、绛、慈、隰节度使，封咸宁郡王。

又曰：马燧，字洵美，汝州郏城人。少尝与诸兄读书，辍卷叹曰："丈夫当建功于代，以济四海，安能矻矻为一儒哉！"燧姿度魁异，沉勇多智略。后朱泚之乱，燧守太原，燧以晋阳王业所起，乃引晋水而注城之东，潴以为池，寇至，计省守陴者万人。寻兼保宁军节度使，封北平郡王。

太平御览卷第一百九十九　封建部二

公封

韦昭《辩释名》曰：公，直也；取其正直无私。

《易·师卦》曰：大君有命，开国承家。

《周书》：能移于众，与百姓同之谓公。

《周礼·地官》曰：大司徒职曰：诸公之地，封土方五百里，其食半。

又《春官》曰：大宗伯职曰：公执桓圭。

《晋书》曰：陶侃，有善相者师圭谓侃曰："君左手中指有竖理，当为公。若彻于上，贵不可言。"侃以针决之见血，洒壁而为公字，以纸裹手，公字愈明。

《后魏书》曰：许洛阳为雁门太守，家田三生嘉禾，皆异垄合颖。世祖善之，进爵北地公。

魏咸熙元年，相国晋王奏建五等，诸公地方七十五里，邑一千八百户，置相一人，典祠、典书、典卫、典礼各一人，妾六人，车前司马十人，旅贲四十人。

侯封

《周易·豫卦》曰：豫，利建侯，行师。彖曰：豫，顺以动，故天地如之，而况"建侯行师"乎。

又《比卦》曰：地上有水，比。先王以建万国，亲诸侯。

又《屯卦》曰：盘桓，利居贞，利建侯。

《周书》曰：能树名生物，与天道俱，谓之侯。

《周礼·春官》：大宗伯职曰：侯执信圭。

又典命职曰：诸侯伯七命，其国家、宫室、车旗、衣服、礼仪皆以七为节。

《汉书解诂》曰：列侯金印紫绶，以赏有功，功大者食县邑，小者食乡亭。

《后汉书》曰：冯石袭母公主封获嘉侯，亦为侍中，稍迁卫尉。能取悦当代，为安帝所宠。帝幸其府，留饮十许日，赐驳犀贝剑、佩刀、以班犀饰剑也。紫艾绶、艾，绿色也。其色似艾。玉玦各一。半环曰玦，以饰带也。

又曰：丁綝，建武元年，拜河南太守。及封功臣，帝令各言所乐，诸将皆占丰邑美县，唯綝愿封本乡。或谓綝曰："人皆欲县，子独求乡，何也？"綝曰："昔孙叔敖敕其子，受封必受墝埆之地，今綝能薄功微，得乡亭厚矣。"帝从之，封为定陵新安乡侯，食邑五千户。后徙封陵阳侯。

又曰：韩歆封扶阳侯。好直言，无隐讳，帝每不能容。尝因朝会，闻帝读隗嚣公孙述相与书，歆曰："亡国之君皆有才，桀、纣亦有才。"帝大怒，以为激发。歆又证岁将饥凶，指天画地，言甚刚切。坐免归田里。帝犹不释，复遣使宣诏责之。

又曰：建武二年，定封景丹栎阳侯，帝谓丹曰："今关东故王国虽数县，不过栎阳万户邑。夫富贵不归故乡，如衣绣夜行，故以封卿耳。"《前书》武帝谓朱买臣之词也。丹顿首谢。

又曰：光武下诏封诸将，博士丁恭议曰："古帝王封诸侯不过百里，故利以建侯，取法如雷。"

又曰：阴兴迁侍中，赐爵关内侯。帝后召兴，欲封之，置印绶于前，兴固辞曰："臣未有先登陷阵之功，而一家数人并蒙爵土，令天下觖望，诚为盈溢。臣蒙陛下责之，恩泽至厚，富贵已极，不可复加，至诚不愿。"帝嘉兴之让，不夺其志。

又曰：傅昌嗣，建初中遭母忧，因上书，以国贫不愿之封，乞钱五十万，为关内侯。肃宗怒，贬为关内侯，竟不赐钱。

《魏志》曰：张鲁自巴中将其余众降，封鲁及五子皆为列侯。又曰：文帝黄初二年，分三公户邑封子弟各一人为列侯。

又咸熙元年，晋王奏建五等，诸侯地七十里，邑千六百户，官属同诸公，妾五人，车前司马八人，旅贲三十六人。

《吴志》曰：全琮，字子璜。刘备将关羽围逼襄阳，琮上疏陈羽可讨之计。权时已与吕蒙阴议袭之，恐事泄，故寝琮表不答。及擒羽，权置酒公安，顾谓琮曰："君前陈此，孤虽不相答，今日之捷，亦君之功也。"于是封华亭侯。

《晋书》曰：高贵乡公将攻文帝，召王沈及王业告之。沈驰白帝，以功封安平侯，邑二千户。沈既不忠于主，为众论所非。

又曰：卫瓘都督幽州，以其离间二虏功，赐子亭侯。瓘乞以封弟，未受命而亡，子密受封为亭侯。瓘六男无爵，悉让于弟，远近称之。

《隋书》曰：李崇，字永隆，英果有筹算，胆力过人。后周元年，以父贤勋封回乐县侯。时年尚小，拜爵之日，亲族相贺，崇独泣。贤怪而问之，对曰："无勋于国，而幼少封侯。当报主恩，不得终于奉养，是以悲耳。"贤由是大奇之。

伯封

《周书》曰：率众时作，谓之伯。

《周礼·春官》：大宗伯职曰：伯执躬圭。

《孝经援神契》曰：伯，白也。

《魏志》曰：咸熙元年春，晋王奏建五等，伯地方六十里，邑千二百户，妾四人，车前司马八人，旅贲二十八人。

《后周书》曰：王勇论讨茹茹功，别封永固县伯，邑五百户。时有别封者，例听回授次子，勇独请封兄子元兴，时人义之。

子封

《周礼·春官》典命职曰：子男五命，其国家、宫室、车旗、衣服、礼仪皆以五为节。

又曰：春官大宗伯职曰：子执谷璧。

《魏志》曰：蒋恺，济之孙也。咸熙中开建五等，以济著勋前朝，改封恺为下蔡子。

又曰：咸熙元年，相国晋王奏建五等，诸子地方五十里，邑八百户，相一人，典词令、典书丞、典卫丞各一人，妾三人，车前司马四人，旅贲二十人。

《齐书》曰：王敬则封重安县子，邑三百五十户。敬则少时于草中射猎，有虫如鸟豆集其身，擿去乃脱，其处皆流血。敬则恶之，诣道士卜，道士曰："不须忧，此封侯之瑞也。"敬则闻之喜，故出都自效，至是如言。

《环济要略》曰：子独孳孳，栖下之称也。

男封

《周礼·地官》：大司徒职曰：诸男之地，封疆方百里，其食者四之一。

又《春官》：典命职曰：男执蒲璧。

《环济要略》曰：男，任也；任治事，受王命为君也。

《魏志》曰：咸熙元年，相国晋王奏建五等，男地方三十五里，邑四百户，相一人，典祠长、典书丞各一人，妾二人，车前司马二人，旅贲十二人。又次国男方二十五里，邑二百户。

同姓封

《毛诗·閟宫》曰：乃命鲁公，俾侯于东。奄有龟蒙，遂荒大东。

《左传·僖中》曰：昔周公吊二叔之不咸，故封建亲戚，以蕃屏周。管、蔡、郕、霍、鲁、卫、毛、聃、郜、雍、曹、滕、毕、原、酆、郇、文之昭也。文昭十六国也。邘、晋、应、韩，武之穆也。武穆四国。凡、蒋、邢、茅、胙、祭，周公之胤也。周公胤六国也。

又《昭公上》曰：武王邑姜娠大叔，梦天谓已："余命而子曰虞，将与之唐。"及生，文在手曰虞，遂以命之。

《史记》曰：吴太伯，太伯弟仲雍，皆周太王之子，而季历之兄。二人知大王欲立季历，乃适荆蛮，以避季历。义而归之千余家，立为吴太伯。太伯无子，而仲雍代立。五世，武王克商，求太伯、仲雍之后，得周章。周章已君吴，因而封之。

又曰：武王封吴周章之弟虞仲于虞，列为诸侯。十二世而为晋所灭。

又曰：周公旦，武王之弟。佐武王平纣而封于少皞之墟曲阜，是为鲁公。凡四十四世而楚考烈王灭鲁。

又曰：管叔鲜，蔡叔度，武王之弟。武王已克殷，封鲜于管，封度于蔡。周公诛武庚，杀管叔，放蔡叔。蔡既迁而死，其子曰胡。胡乃改行率德，周公言于成王，复封于蔡。凡二十五世，至侯齐而楚惠王灭蔡。

又曰：曹叔振铎者，武王弟也。武王已克殷，封振铎于曹。凡二十四世，至伯阳而宋灭曹。

又曰：卫康叔者，武王弟也。周公以成王之命伐武庚，放蔡叔，杀管叔，以殷余民封康叔，为卫君。凡三十九世，至君角而秦并天下，废为庶人。

又曰：晋叔虞者，成王之弟。成王与叔虞戏，削桐叶为圭，曰："以唐封汝。"史佚因言，请择日立叔虞。成王曰："吾与之戏耳。"史佚曰："天子无戏言。"遂封叔虞于唐。唐在河汾之东。三十五世，至靖公而韩、魏、赵三分其地。

又曰：郑桓公友者，周厉王庶子。封于郑。二十四世，至郑君乙而韩哀侯灭郑，并其地。

又曰：越王勾践，其先禹之苗胤，夏后少康之子。封会稽以奉守禹之祀。断发文身。二十余世，至子勾践立，灭吴，称霸。后十世，闽君摇佐诸侯平秦，高祖以摇为楚王。

《汉书》曰：汉兴之初，尊王子弟，大启九国。京师内外凡十五郡，公主、列侯颇邑其中。而国大者跨州兼郡，小者连城数十也。

又曰：高祖封兄喜为代王，匈奴入代，废为合阳侯。子濞为吴王。

又曰：吕后封楚王郢为下邳侯，齐王肥子章朱虚侯，兴居东牟侯。

又曰：孝文封齐王肥子十人为侯，淮南王子长四人为侯，后改封王。

又曰：孝景封楚王子四人为侯，梁王子二人为侯。

又曰：淮南厉王死后，孝文怜淮南王有子四人，年皆七八岁，乃封子安为阜陵侯，子勃为安阳侯，子赐为阳周侯，子良为东城侯。

又曰：梁孝王死，窦太后泣极哀，不食。帝哀惧，不知所为。与长公主计之，乃分梁为五国，尽立孝王男五人为王，女五人皆令食汤沐邑。奏之太后，太后乃悦，为帝一食。

又曰：孝武帝令诸王推恩分子弟，诸王子孙一百七十七人为侯。

又曰：武帝以子弘为齐王，子旦燕王，子胥广陵王，子髆昌邑王。髆子贺为昭帝后，即位二十七日，废归故县。

又曰：武帝使御史大夫张汤策立子闳为齐王，曰："于戏！小子闳，受兹青社。朕承祖考，维稽古，建尔国家，封于东土，世为汉蕃辅。"立子旦燕王，曰："小子旦，受兹玄社，建尔国家，封于北土。"子胥为广陵王，曰："小子胥，受兹赤社。建尔国家，封于南土。"

又曰：宣帝诏曰："盖闻象有罪，舜封之。其封昌邑王贺为海昏侯。"

又曰：宣帝封子厥为淮阳王，宇为东平王，嚣为楚王，竟为中山王，广陵王子胥弘为高密王。

又曰：昭帝封诸王子孙十二人，宣帝封六十三人，元帝封四十八人，成帝封四十三人，哀帝封九人，平帝封四十八人为侯。

《续汉书》曰：灵帝封河间王子庾为济南王，奉帝父孝仁祀。

《魏志》曰：明帝太和六年春二月，诏曰："古之帝王，封建诸侯，所以藩屏王室也。《诗》不云乎：怀德惟宁，宗子维城。秦、汉继周，或强或弱，俱失厥中。大魏创业，诸王开国，随时之宜，未有定制，非所以永为后法也。其改封诸侯王，皆以郡为国。"

《晋起居注》曰：武帝诏：皇子裕生七岁矣，得疾，封始兴王。

又曰：武帝诏：安平献王孙承，昔以父早亡，不建大祚，以县封之。今以三县，封为武邑王。

又曰：惠帝诏：侍中司马讨杨骏之功，封东海王，食六县。

《晋百官名》曰：武帝以齐王蕤为辽东王，绍弟弟定国后。赞为广陵王，绍弟广德后。

《陈留风俗传》曰：周成王戏其弟，桐叶之封。周公曰："君无二言。"遂封之于唐。唐侯常慎其德，其《诗》曰："媚兹一人，唐侯慎德"是也。

《华阳国志》曰：武帝封子颍为成都王，以蜀、广汉、犍为、汶山十万户为王国，易蜀郡太守号为成都内史。

外戚封

《史记》曰：武帝卫后弟青，封长平侯，四子皆封侯，贵震天下，天下歌曰："生男无喜，生女无怒，独不见卫子夫霸天下。"

《汉书》曰：文帝封太后弟薄昭为轵侯，又封王舅驷钧为侯。

又曰：景帝封太后弟侄窦广国为章武侯，窦彭祖为南皮侯，窦婴以破吴楚功封魏其侯. 后弟王信为益靖侯。

又曰：武帝封太后同母弟田蚡为武安侯，胜周阳侯，皇后弟卫青以伐匈奴封长平侯，皇后姊子霍去病以伐匈奴封冠军侯。

《汉书》曰：元帝封王皇后父禁为平阳侯。薨，长子凤嗣。

又曰：王音既以从舅越亲用事，小心亲职。岁余，上下诏，封音为安阳侯，食邑与五侯等，俱三千户。

又曰：成帝封太后兄子莽为新都侯，宣帝悼皇考皇舅孙史丹为武阳侯，皇后兄赵钦为新成侯，父赵临为成阳侯，太后姊子淳于长定陵侯，中山王舅冯参为宜阳侯。

又曰：哀帝欲封祖母傅太后从弟商，郑崇谏曰："孝武皇帝封亲舅五侯，天为赤黄，昼昏，日中有黑气。今祖母从昆弟二人已侯，许皇后父高武侯以三公封，尚有因缘。今欲复封商，坏乱制度，逆天人心，非傅氏之福。"

《东观汉记》曰：封马防兄弟三人各六千户，防为颍阳侯，特以勋劳，绥定西羌，以襄城羹亭一千二百户增防。防身带三勋，宠贵至盛。

又曰：邓训，自中兴后累世宠贵，凡侯者二十九人，贵盛莫比。

《后汉书》曰：玥德马后诏不得封外戚。章帝省诏悲叹，复重请曰：

“汉兴，舅氏之封，犹皇子之为王也。太后诚存谦虚，奈何令臣独不加恩三舅乎？且卫尉年尊，两校尉大有病，卫尉，太后兄廖，两校尉，兄防，兄光也。如今不讳，使臣长抱刻骨之恨。宜及吉时，不可稽留。”太后报曰：“吾反复念之，思令两善，岂徒欲获谦让之名，而使帝受不外施之嫌哉！以恩泽封爵外家为外施也。昔窦太后欲封王皇后之兄，窦太后，文帝后也。王皇后，景帝后也。兄即王信，后封为益侯。丞相条侯言受高祖约，无军功，非刘氏不侯。条侯，周亚夫也。前书曰，高帝与功臣约，非刘氏不王，非功不侯。如违约，天下共击之。今马氏无功于国，岂得与阴、郭中兴。之后等耶？”

《后汉书》曰：阴识封阴乡侯。二年，以征伐军功增封，识让曰：“天下初定，将帅有功者众。臣托属掖庭，乃加爵邑，不可以示天下。”帝甚美之。

《魏志》：黄初二年，诏曰：“后族之家，不得横受茅土之爵。以此诏传后世，若有违背，天下共诛之。”

《魏志》曰：明帝追封甄后父逸安成乡侯，兄豫袭封。后改为魏昌侯，子畅嗣父封，畅弟温、韡、艳皆列侯。又以后亡从孙黄合葬帝爱女淑，追封黄列侯。

《吴志》曰：孙皓元年十二月，封后父滕为高密侯，舅何等三人皆列侯。

王隐《晋书》曰：武帝封杨后父镇军将军杨骏为临晋侯，后母太原庞为安昌乡君。太学生王铃曰：“侯称临晋，后必制国也。”骏渐骄傲，胡奋语骏曰：“卿恃女更豪耶？人与天家婚，未有不灭门者，早晚事耳。”骏曰：“卿女复不在天家耶？”奋曰：“我女与卿女作婢，何能增损！”

又曰：杨骏以女超居重位，自镇军将军迁车骑将军，封临晋侯。识者议之曰：“夫建诸侯，所以藩屏王室也。后妃，所以供粢盛，弘内教也。后父始封而以临晋为侯，兆于乱也。”